2015 中国连锁经营年鉴

China Chain Store Almanac 2015

中国连锁经营协会　编

U0838445

中 国 商 业 出 版 社

图书在版编目（CIP）数据

2015中国连锁经营年鉴/中国连锁经营协会编．—北京：中国商业出版社，2015.11

ISBN 978-7-5044-9157-2

Ⅰ.①2… Ⅱ.①中… Ⅲ.①连锁经营-中国-2015-年鉴
Ⅳ.①F721.7-54

中国版本图书馆CIP数据核字（2015）第247730号

责任编辑：唐伟荣

中国商业出版社出版发行
010-63180647 www.c-cbook.com
（100053 北京广安门内报国寺1号）
新华书店总店北京发行所经销
北京明月印务有限责任公司印刷
*
787×1092毫米 16开 37.75印张 860千字
2015年12月第1版 2015年12月第1次印刷
定价：360.00元
* * * *
（如有印装质量问题可更换）

编辑委员会名单

编委会名誉主任：张志刚　全国政协委员
　　　　　　　　　　　　中华人民共和国商务部　原副部长
　　　　　　　　　　　　中国商业联合会　党委书记
　　　　　　　　　　　　中国连锁经营协会　名誉会长
　　　　　　　　杨树德　国家工商行政管理总局　原副局长
　　　　　　　　　　　　中国连锁经营协会　名誉会长
　　　　　　　　黄　海　全国政协委员
　　　　　　　　　　　　中华人民共和国商务部　原部长助理
　　　　　　　　　　　　中国连锁经营协会　名誉会长

编委会主任：王　填　步步高商业连锁股份有限公司　董事长
　　　　　　郭戈平　中国连锁经营协会　会长

编委会副主任：郑万河　北京王府井百货（集团）股份有限公司　名誉董事长
　　　　　　　洪　杰　华润万家有限公司　首席执行官
　　　　　　　苏敬轼　百胜餐饮集团中国事业部　原主席兼首席执行官
　　　　　　　孙　坚　上海如家酒店管理有限公司　首席执行官
　　　　　　　孙为民　苏宁云商集团股份有限公司　副董事长
　　　　　　　邢　颖　中国全聚德（集团）股份有限公司　总经理
　　　　　　　李燕川　北京超市发连锁股份有限公司　总裁
　　　　　　　王培桓　山东家家悦集团有限公司　董事长　总经理
　　　　　　　朱丽筠　北京福奈特洗衣服务有限公司　总经理
　　　　　　　纪志坚　松下冷链（大连）有限公司　董事长
　　　　　　　车建新　红星美凯龙家居集团股份有限公司　董事长兼首席执行官
　　　　　　　唐嘉年　家乐福（中国）管理咨询服务有限公司
　　　　　　　　　　　家乐福大中华区　总裁　家乐福集团　副总裁
　　　　　　　王俊洲　国美电器有限公司　首席执行官
　　　　　　　蒙进暹　北京物美商业集团股份有限公司　董事长
　　　　　　　朱　菁　永旺（中国）投资有限公司　董事长兼总裁
　　　　　　　储德群　山西美特好连锁超市股份有限公司　董事长

总编：裴　亮

执行总编：李建中

编辑人员：杨青松　王文华　苏　霜　武瑞玲　楚　东
　　　　　王洪涛　郭玉金　彭建真　陈　烁　王　升

前　言

2014年是中国经济增速20多年来最低的年份，也是连锁企业发展步入深刻变革之年。随着国家统计年报和连锁零售业各项榜单及相关统计的出台，看上去并不太美的数据背后，展现的却是经济转型和可持续发展企稳向好的曙光。产业和增长动力结构变化、服务业和新兴产业加快崛起、技术创新和管理变革推动增长、消费取代投资成经济最主要驱动、区域结构及东中西部地区经济发展协调性增强，加之实体零售门店遇冷但O2O、全渠道如火如荼，这些变化都揭示了经济发展的新逻辑——增速换挡是表象，转型升级才属实，中国整体经济及连锁行业发展已进入“新常态”。综观2014年中国连锁行业整体发展状况，呈现出新的特征和变化。

据中国连锁经营协会调查显示，近五年连锁百强销售增速持续放缓，2014年连锁百强销售总体增长5.1%，连续四年慢于社会消费品零售总额的增长，不仅是历年增长最慢的一年，而且连锁百强企业所占市场份额也在缩减，百强的扩张步伐也在不断放慢，这既是国内经济整体放缓、行业自身发展规模的反映，也是受经营成本持续提升、消费渠道加速分流、消费意愿与消费层级随互联网应用平台日新月异提升变化等多重因素影响的结果。从业态看，以百货和快消品为主的连锁企业，整体销售增幅均慢于连锁百强平均增幅，而购物中心和便利店均展现较好的发展态势，其中购物中心销售增幅居各业态之首；而为迎合消费结构升级、消费层次分化以及移动网络销售强势冲击，实体零售尝试多业态经营成严酷环境下的被动选择。从渠道看，网络和移动零售继续保持高速发展，移动购物已成主流化趋势，强力挤占传统零售市场，而零售企业在关店数量创出新高的同时，加快拥抱新技术实现线上与线下融合，加速向全渠道模式转型打造全新的无缝对接消费体验，促使O2O产业链渐趋完善；此外，跨境电商成新的增长点，不断催生新的垂直电商。在企业规模方面，全国性经营企业年均销售规模265亿元，销售增率和毛利率最高，分别为9.6%和25.2%；而跨省经营企业年均销售规模145亿元，销售增率和毛利率最低，分别为4.8%和16.6%，均低于省内经营企业，表明跨省经营企业面临比其他两类企业更大的压力。在成本方面，房租和人工费用继续上升，仍是影响企业利润提升最主要的两个因素。从零售资本市场看，行业加快整合，并购依然活跃，其中2014年较上年并购规模提升4.5倍，特别是外资并购内资企业提升4.97倍，而内资并购外资企业萎缩49.8%，行业集中度进一步提升。在经营方面，尽管企业总体销售增幅连续下降，成本明显上升，但企业围绕消费结构和客户需求变化，积极融入网络化、数字化大潮，打造以数据为主导，互联网和大数据为工具，高效掌控消费需求，提供超值购物体验，形成内外通修、形神兼备，向智慧零售演进的大趋势。

2014年，相对成熟的中国特许经营市场得到投资者的进一步认可，特许体系吸引了大量的加盟商。总体看，在政府逐年加大政策支持力度的大环境下，越来越多的直营连锁企业开始发展加盟，许多电商也在通过特许加盟方式进军实体门店，同时特许企业积极利用互联网和大数据，探索加盟商的网络化支持和精准营销。其中，华东地区加盟商密度最旺，二、三线城市仍是追捧热点；以加盟模式发展的便利店、汽车后市场成增长亮点；咖啡和饮品、中式快餐等业态被更多的特许企业与投资人看好。据中国连锁经营协会调查，2014 年中国特许连锁百强企业销售规模达 4282 亿元，拥有连锁店铺 12.41 万个，其中加盟店 9.71 万个，平均拥有店铺 1240 个，加盟店占总店铺数的 78.2%。调查显示，2014 年上榜特许连锁百强的民营企业占比有所下降，为 51%，但不同经济类型企业的分布格局未有明显变化。不同于上年，本年度服务业特许企业加速发展，金融投资成加盟亮点；中青年加盟创业者成特许百强主力，但高素质人才仍稀缺难求；企业经营模式更加灵活，诸多专属直营企业开启加盟；特许企业线上线下加速融合，O2O 渗透全行业。调查还显示，2014 年 71%的特许企业选择单店特许模式招募加盟商；82%的企业投资回报期在 2 年以内。同时，网络销售已经越来越成为特许商家提高利润、降低成本的有效途径，50%的企业以网络新媒体平台为加盟品牌营销主渠道，97%的通过“互联网+”开展了 O2O 业务，60%的企业运用自建网络平台开展网上业务，40%的企业应用支付宝或微信等工具实现了网上支付；而新媒体被更多的消费者接受和关注，特许企业也加快适应并遵循消费者的心理偏好，通过新媒体技术开展更多的营销推广。

2015 年，政府通过简政放权等利好政策继续支持促进内需消费的同时，力推“大众创业、万众创新”，而中国 3 亿之众的中等收入人群，以及欠发达水准的 50%城镇化率，都为中国经济增长和行业发展提供了广阔的空间。

2015 年是“十二五”的收官之年，是连锁企业通过转型、变革寻突破、谋转机、上台阶的关键时段。中国连锁经营协会集业内同仁普遍共识，向行业提出“智慧零售”，就是基于以新技术引导的经济社会转型过程中，企业领导者必须在文化、价值观上实现突破，要以创新的勇气，科学化地将资源、流程、价值观等核心因素有效匹配并把控到各个体系。同时，关注员工成长，强化激励，构建和培养员工持续学习、快速行动、勇担责任的机制与习惯，是智慧零售赋予智慧员工共同成长的基本要求和基础保障。转型意味着挑战，变革蕴含着机会。连锁企业要做好应对各种困难的充分准备，要对未来发展更加从容和自信，要以创新变革的勇气、融会贯通的智慧，不断迎接新的挑战，鼎力实现行业和企业的可持续发展。

随着中国连锁经营持续稳定、健康的发展，数据资料愈加成为业内人士进行科学决策和分析的重要依据。《2015 中国连锁经营年鉴》继续秉持调查调研为主体，内容严谨、数据翔实、论述客观的风格，详尽反映 2014–2015 年中国连锁经营市场的发展状况，直观描述行业的运行环境，为业内人士经营、管理和决策提供高价值的参考和帮助。在此，向参加本书编写的专家、学者、业内人士和编委会工作人员表示衷心的感谢！

中国连锁经营协会理事会主席　王　填　　　　中国连锁经营协会会长　郭戈平

目　录

第一部分　综合篇

2014 年中国连锁零售百强企业发展总体情况 …………………………………………………… (3)
2014 年中国零售行业发展总体情况…………………………………………………………… (28)
2014 年中国特许经营发展总体情况…………………………………………………………… (44)
2014 年中国特许加盟投资景气调查报告……………………………………………………… (63)
第十六届中国连锁业会议主题报告 …………………………………………………………… (69)

第二部分　行业业态篇

2013-2014 年度连锁零售企业总体经营状况分析报告 ……………………………………… (75)
2013-2014 年度大型超市、超市经营状况分析报告 ………………………………………… (96)
2013-2014 年度百货店经营状况分析报告…………………………………………………… (113)
2013-2014 年度便利店经营状况分析报告…………………………………………………… (123)
2013-2014 年度中国便利店发展报告………………………………………………………… (133)
2013-2014 年度专业店经营状况分析报告…………………………………………………… (149)
2013-2014 年度购物中心经营状况分析报告………………………………………………… (156)
2014 年中国购物中心与连锁品牌合作发展调研报告 ……………………………………… (161)
2014 年中国汽车后市场企业连锁经营调研报告 …………………………………………… (192)
2014 年互联网思维推动中国餐饮业发展调研报告 ………………………………………… (245)
中国零售企业 2008-2013 年财务状况研究报告 ……………………………………………… (267)

第三部分　管理与技术篇

2014 年中国连锁行业基础岗位人才需求及中职毕业生就业状况调研报告 ………… (299)
2014 年特许经营管理专业本科人才需求状况校企双向调查报告 ……………………… (327)
2014 年中国零售业节能环保发展状况调研报告 …………………………………………… (346)
2014 年中国零售业顾客忠诚度总体状况研究 ……………………………………………… (376)
2014 年中国零售业新营销发展状况调研报告 ……………………………………………… (391)
2014 年中国零售业全渠道模式对分销渠道影响研究报告 ………………………………… (415)
2014 年中国传统零售企业开展网络零售业务研究报告 …………………………………… (432)
2013-2014 年中国零售业转型期零供关系发展状况研究报告…………………………… (458)

第四部分　政策法规篇

国家税务总局关于商业零售企业存货损失税前扣除问题的公告
（2014 年 1 月 10 日）……（495）
商务部关于加快发展大众化餐饮的指导意见
（2014 年 5 月 27 日）……（496）
国务院关于促进市场公平竞争维护市场正常秩序的若干意见
（2014 年 6 月 4 日）……（500）
交通运输部等十部门关于促进汽车维修业转型升级提升服务质量的指导意见
（2014 年 9 月 3 日）……（508）
国务院办公厅关于促进内贸流通健康发展的若干意见
（2014 年 10 月 24 日）……（515）
国家发改委等七部门关于我国物流业信用体系建设的指导意见
（2014 年 11 月 18 日）……（521）
商务部关于促进中小商贸流通企业健康发展的指导意见
（2014 年 11 月 28 日）……（525）
商务部　环保部　工信部印发《企业绿色采购指南（试行）》
（2014 年 12 月 22 日）……（529）
商务部发布《网络零售第三方平台交易规则制定程序规定（试行）》
（2014 年 12 月 24 日）……（535）

第五部分　附录

附录一

中国连锁业终身成就奖……（541）
CCFA 2014 中国连锁年度人物……（542）
2014 年度零售业员工最喜爱的公司……（543）
2014 年度中国特许经营系列奖项……（544）
2013 年度中国特许经营系列奖项……（548）
CCFA 2014 年度购物中心金百合奖……（551）
2014 年度中国便利店奖系列奖项……（553）
2014 年度中国餐饮连锁企业系列奖项……（555）
2014 年度中国零售创新奖、创新大奖……（556）
2014 年度 CCFA 十佳金牌店长及金牌店长单项奖……（557）
2014 年度 CCFA 零售业防损之星、防损优秀管理者……（559）
2014 年度中国连锁业最佳（优秀）O2O 案例……（561）
2011-2015 年零售业“低碳示范商店”……（562）

附录二

2014 年中国连锁百强名单 …………………………………………………………（564）
2014 年中国快速消费品连锁零售百强名单 …………………………………………（568）
2014 年中国特许经营连锁 100 强名单 ……………………………………………（572）
2014 年中国主要连锁百货企业经营情况 ……………………………………………（576）
2014 年中国主要连锁便利店企业发展情况 …………………………………………（578）
2014 年主要外资连锁企业经营情况 ………………………………………………（580）
2014 年部分 B2C 购物网站销售规模排名 …………………………………………（581）
中国连锁零售行业报告相关指标说明 ………………………………………………（582）

附录三

中国连锁经营协会简介 ………………………………………………………………（584）
地区连锁协会名录 …………………………………………………………………（588）
部分开设连锁经营相关专业高等院校名录 …………………………………………（590）

第一部分　综合篇

2014 年中国连锁零售百强企业发展总体情况

2014 年，全球经济处于缓慢复苏阶段，而中国经济进入新常态，增速继续放缓。零售行业依然面临成本和利润挑战，持续上升的房租和人工费用造成企业经营成本高企，利润空间被进一步压缩。同时，实体零售受到电商冲击，传统零售业遇转型阵痛，而电商之间的竞争也愈发激烈。另外，技术的驱动、消费者购物习惯的改变和个性化的消费需求也促使企业大力发展线上业务，转向 O2O 全渠道经营，并加速布局移动电商和跨境电商。

对于 2014 年中国连锁零售行业的发展状况及趋势，主要有如下发现：

● 经济增长放缓、消费升级、新兴业态以及网络和移动购物的崛起都对实体零售企业带来巨大的冲击，导致企业增速放缓。与此同时，不断攀升的房租和人工费用给企业带来持续且巨大的成本压力。2014 年中国连锁百强企业销售增幅下滑到 5.1%，净利润也较上年下跌 0.03 个百分点，至 2.08%。

● 在相对低迷的零售环境中，企业经营业绩进一步分化。我们发现全国性企业得益于规模效应及成熟的运营和管理机制，经营业绩优于区域性企业；在业态方面，购物中心和便利店具有较强的抵御电商的能力，同时又适应了消费需求的升级和转变，因而保持了良好的成长态势。尽管企业将多业态发展作为抵御风险的尝试，然而从本次调研所统计的经营数据看，单一业态企业的表现仍优于多业态企业，可见企业转型应审慎而行。

● 零售行业加快资本整合，企业通过并购寻求突围，外资面临本土企业强有力竞争，而国内企业间并购活跃，并且跨业态并购风行。

● 得益于快速发展的互联网技术和物流配送，网络购物市场交易规模和市场份额持续增长。

● 实体零售业加速转型调整，将继续通过主动关闭门店来优化商业布局，同时应用新兴技术来实现差异化经营。

● 零售行业整体向 O2O 全渠道经营转型，最后一公里配送仍是关系消费者体验的最重要的问题。

● 跨境电商成为新增长点，进口份额占比平稳提升，B2C 与 B2B 业务将协同发展，不仅网络巨头继续加强跨境布局，而且实体零售也积极试水跨境电商。

移动购物已占据整体网购近一半的市场，并日趋主流化，移动支付技术的加速渗透进一步促进了移动端交易增长。

一、宏观环境

（一）国际宏观环境

1. 全球大势

（1）油价下跌。相较于2014年上半年，全球石油价格已下降超过50%。油价下降主要是由于美元升值、市场预期全球石油供给上升及全球经济油耗强度下降所致。油价下跌对全球经济产生广泛的影响，降低了各国的通胀压力——对于美国、欧洲和日本等发达市场尤为如此；提升日本、印度、美国和欧洲等石油消费国的购买力。同时，相比油价上升，油价下跌将为经济增长提供更大动力；对于俄罗斯、伊朗、委内瑞拉和尼日利亚等石油输出国，油价下跌导致国际收支和经济增长明显恶化。

短期来看，石油价格有可能进一步下跌。在美国，石油管网中已经有相当数量的新油生产工作蓄势待发，预计2015年即可开工运营，原油库存将因而继续累积。但从长远来看，价格低开将有可能抑制液压破碎开采方面的投资。事实上我们看到，钻探许可证的数量已有所削减，石油公司的资本支出也有所下降。因此，美国石油减产将可能在全球需求开始回暖之际出现。这种情况一旦发生，油价必定反弹，这在未来一两年内就可能成为现实。石油价格攀升将给消费国带来通胀，增加外债借贷压力，而且很有可能迫使相关国家采取货币紧缩政策，至少在美国即是如此。而油价上涨则有益于石油输出国，尤其是俄罗斯、伊朗、委内瑞拉和墨西哥等国。

（2）美元升值。2014年至2015年初的一个重大趋势是美元对其他多数主要货币大幅升值。其中有多方面原因，包括石油价格的下降、美国经济增长加速、美国利率预期看涨，以及欧洲、中国和日本在增长乏力的同时推出更为积极的货币政策。美元的上涨具有多重影响。首先，在美国国内，美元的升值能通过降低进口价格而抑制通胀。这将为美联储在不得不提高短期利率之前赢得更多时间。其次，美元上涨对美国以外的其他地区具有通胀效应。这将有利于通胀水平过低的欧洲和日本，而对许多新兴市场则是一个问题。事实上，一些新兴市场所在地区为了稳定本国货币、对抗通胀，已经上调了短期利率，结果导致经济增长放缓。第三，对于新兴国家当中负有美元债务的公司，美元上涨会抬高债务负担，提升债务风险。过去七年，这类债务已经翻了两番。展望未来，尽管很难准确预测汇率，但美元极有可能继续升值趋势。

2. 重要市场概况

（1）美国。美国经济加速，2015年将出现自2005年以来最快的增长。经济虽然走强，但2015年第一季度也出现了疲软，而最为重要的正面迹象则在于异常强劲的就业市场，以及商业投资迎来回暖之势。美国经济中，房地产是主要的薄弱环节。在过去的一年，由于抵押贷款利率和房价较高，以及首次购房者常常受到学生债务的困扰，因此房地产数据有所起伏。但房地产的中期前景看好，这是因为价格呈现趋稳态势、抵押贷款利率下降、就业增长强劲，而且存在相当大的潜在需求。

此外，由于原油价格大幅下降等原因，国内通胀仍远低于美联储2.0%的目标。因此，美联储在2015年年底前仍有加息计划。不仅如此，低通胀率和较低的能源价格正在起着提振消费者购买力的作用。与近几年不同的是，美国目前并未展开财政整顿。由于经济强劲，财政赤字已急剧下降，几乎消解了应对赤字的政治压力。

长远来看，美国面临着人口结构的矛盾，即劳动人口的增长落后于退休人口的增长，所带来的负面影响包括经济增长放缓、2025 年前后预算赤字开始上扬以及养老金融资问题。人口问题方面，可能的解决方案是增加移民、提高平均退休年龄、增加税收并将税收用于资助政府的养老计划以及采取激励措施鼓励人们为退休进行更多储蓄。

（2）欧洲。欧元区经济出现改善。虽然经济增长不尽如人意，但也有一些改善的早期迹象，包括就业强势增长、零售额上升、制造业业绩提高、信贷市场状况局部有所改善。但最主要的问题在于信贷市场疲软最终导致的岗位聘用量低位徘徊和失业率高企。信贷市场的疲软源于多个因素，例如状况堪忧的银行竭力通过出售风险资产、避免引入新风险而进行资产重组，高企的风险伴随着人们对主权风险的担忧和对通货紧缩的恐慌情绪而在欧洲外围蔓延。尽管适度宽松的货币政策促使广义货币供应量增长，但面向私营企业的银行信贷仍继续下降。

为应对信贷市场上的问题，欧洲央行近期推出更为激进的货币政策，包括设定非常低廉的利率，向银行直接授予低息贷款（其条件是银行贷款后要将款项借贷给私人部门），以及最重要的一点——购买政府债券，即更为人所熟知的“定量宽松”措施。初期迹象虽然向好，但单凭量化宽松政策不足以恢复强劲增长。欧洲还需要更为宽松的财政政策，需要欧元区内主要国家进行更大幅度的经济结构调整和金融一体化。

（3）日本。经大幅加税后，日本于 2014 年陷入衰退，消费者支出和商业投资双双缩水，这与日本的初衷背道而驰。安倍晋三上任时曾提出以“三支箭”（财政刺激、积极的货币政策和结构性改革）为核心的激进政策，即所谓的“安倍经济学”。根本而言，就是实施放松管制和自由贸易。三支箭只有货币政策一支被射了出去。按照这一政策，日本银行曾实施无限制量化宽松，目标是最终达到 2.0%的通胀率。这将打压日元、推高证券价格、提升通胀水平、抑制实际利率。最初，该政策对经济增长曾产生过积极的影响。随后，形势却有所逆转。工资水平并未出现相应变化，而真实的消费者购买力却有所下降，进而对消费者支出产生负面影响。日本国外也未能给予合作，疲软的外部需求使出口受到冲击。然而，最严重的是 2014 年 4 月实施的大规模增税，早在安倍上任时这一政策就已箭在弦上，而实施该政策已导致现今日本经济的衰退。

2014 年 11 月，安倍宣布原定于 2015 年 10 月的第二轮增税将推后 18 个月。问题是，安倍晋三将如何放出第三支箭。他能否履行最初的诺言，并最终实施在政治层面势必举步维艰的种种改革？例如劳动力市场自由化，产品市场放松管制，自由贸易化，改变公司治理和采取刺激措施鼓励女性进入劳动力市场。对于后两项改革举措，安倍已有所行动。安倍经济学的支持者们希望他能解决所有这些问题。若是如愿，则有可能对企业生产力产生积极的影响，还可能提振企业信心进而激活投资。

与美国情况相比，日本银行的货币政策目前表现得极为积极。按照当前的轨迹发展，预计央行资产在国内生产总值中的相对比重将大幅增加。最终这是否会导致通货膨胀到政府所需要的水平还难下定论。日本有着非常强烈的通货紧缩心理，难以破除。到目前为止，与其说该政策对通胀产生了影响，倒不如说对日本资产价格的影响更大，这样的状况可能还会继续。

（二）国内宏观环境

尽管中国政府努力扭转经济放缓趋势，但疲软的迹象依然继续显现。2014 年，中国经济增长 7.4%，是自 1990 年以来的最低增长率。政府预期的 2015 年度增长率仅为 7.0%。中国经济为什么会减速？首先，欧洲等主要出口市场萎靡不振，即便美国市场也不是中国所曾经面对的局面。此外，近年来中国的工资水平和汇率节节攀升，从而降低了中国产品的出口竞争力。其结果是，一些产能已经从中国转移到越南、印尼等成本更低的地区。

其次，政府一直试图限制影子银行体系的发展。此前影子银行体系的快速膨胀已导致房地产、基础设施和重工业过度投资，进而造成不良资产不断增加，威胁到金融体系的稳定。然而，限制这类投资行为却又造成增长放缓。既要限制金融风险，又要避免增速锐减，政府进退两难。现在中国政府已采取措施限制影子银行贷款规模的增长，同时尝试通过货币宽松政策来盘活更多种类的传统信贷。利率和银行的存款准备金率确已双双下调，但问题是，由于房地产和工业存在可观的产能过剩，宽松的货币政策是否必然导致信贷市场行为的增加尚不清楚，信贷行为如果增加，其是否有益也不明确。信贷活动增加可能会使产能过剩和批发价格趋紧的问题更为加剧，从而最终导致经济损失。

1. 国内消费成拉动经济新力量

从图 1 可以看出，VAI[①] 增速持续探底，社会消费品零售收入虽然增速减缓但却远高于国内的工业增速。从 2015 年年初数据来看，整体消费市场已经企稳回升。可以预期，在未来新常态的格局下，消费市场将为中国经济带来新的曙光。同时，油价的持续走低减缓了国内通胀压力；CPI[②] 走势平稳，这些都为政府实施货币政策提供更大的调节空间，对鼓励企业投资与居民消费也有积极促进作用。另一个明显的消费驱动力是城市化进程加速与人均收入的增长正在促使包括教育、旅游和文化娱乐在内的新兴消费市场崛起。

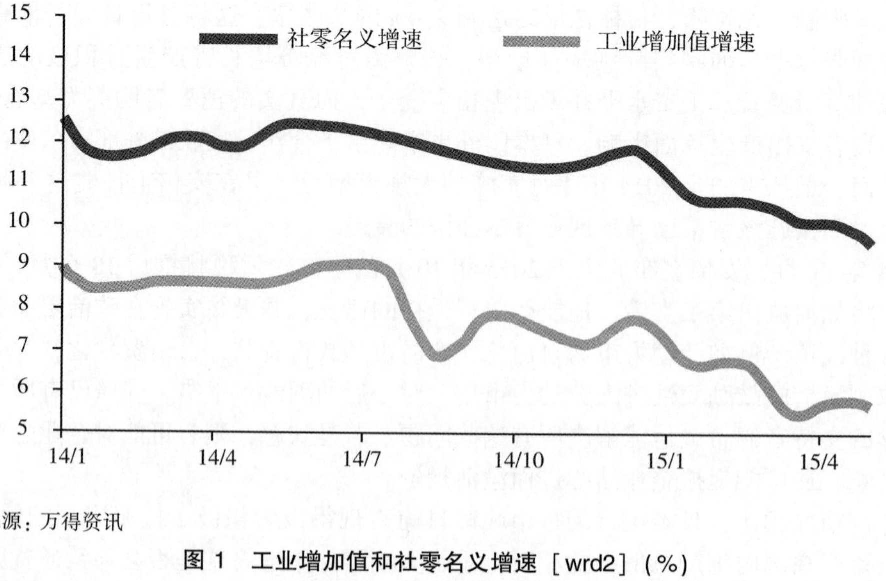

数据来源：万得资讯

图 1　工业增加值和社零名义增速［wrd2］（%）

---

① VAI：工业增加值。

② CPI：消费者物价指数。

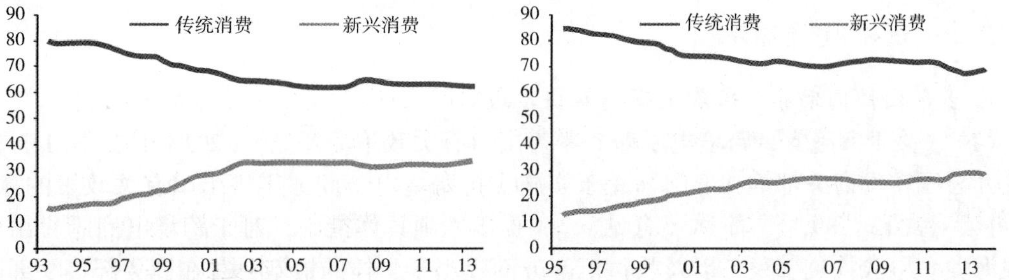

数据来源：国家统计局数据

图 2　城镇居民与农村居民消费支出结构（%）

我国当前的消费市场进一步发展，迫切需要国企放开垄断领域，降低市场壁垒。图 3 数据显示，教育、体育和文化艺术等行业，国企仍然保持着 50%以上的份额，这就导致这些市场难以发力。值得欣慰的是，从近年来的变化看，国企垄断程度在逐渐下降，国家正在不断推出进一步推动更充分竞争、赋予市场更大活力的政策。

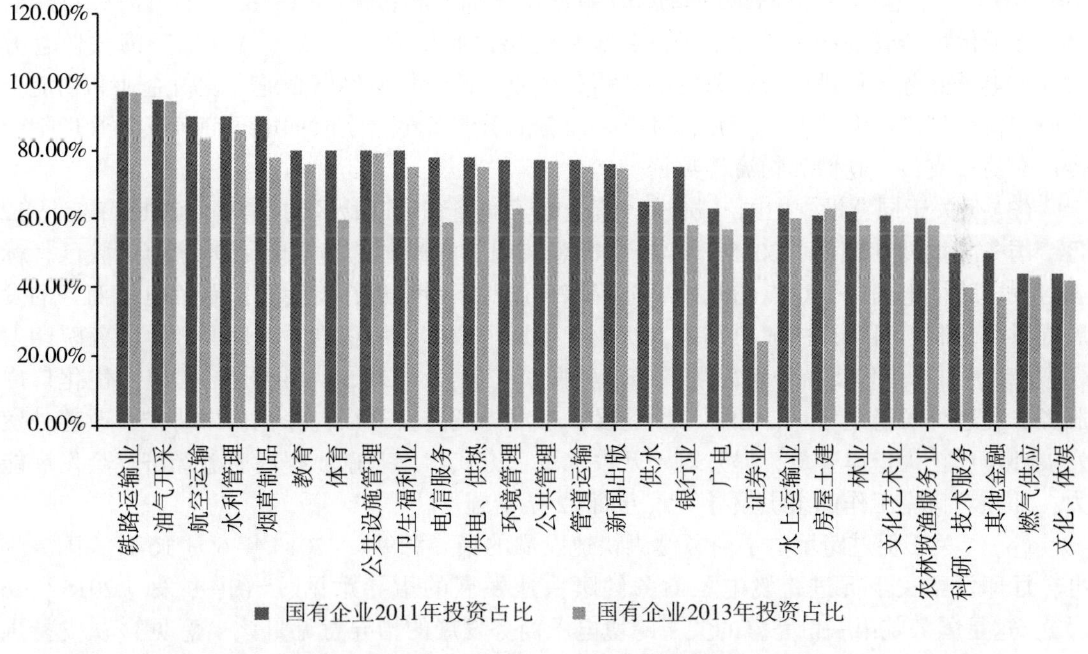

图 3　各行业国有企业 2011 年、2013 年投资占比比较（%）

2. “互联网+”重塑实体经济，为消费行业增添创新动力

“互联网+”已成为全国热议的焦点，我国的互联网产业虽然起步晚，但却体现出较强的后发优势。一方面，同欧美等发达国家相比我国互联网增速呈现爆发性增长，速度远超其他国家；另一方面，在渗透率上我国体现出明显优势。我国网上消费占消费总额的比重超过 10%，且仍在快速增长，而美国仅为 5%。2014 年，中国实物零售规模相当于美国的 80%，而网上零售已经相当于美国的 150%以上。未来我国线上经济将成为国民经济的重要支柱力量。

（三）近期政策环境

1. 多部门协同助推，跨境电商进入快车道

（1）《关于实施支持跨境电子商务零售出口有关政策的意见》。2013 年 8 月 21 日，国务院办公厅转发商务部等 9 部门《关于实施支持跨境电子商务零售出口有关政策的意见》（国办发［2013］89 号，简称《意见》），提出六项具体措施，对于跨境电商零售出口业务在海关、检验检疫、税务以及收付汇等方面提出了具体的措施，并在商务部等 9 部门内协调开展。这是商务部第一次正式对跨境电子商务进行明确的政策支持。

《意见》发布后，开展跨境贸易电子商务通关服务试点的上海、重庆、杭州、宁波、郑州等 5 城市已先期施行新政策，10 月 1 日起，上述政策已在全国有条件的地区实施。

（2）《关于增列海关监管方式代码的公告》。为促进跨境贸易电子商务零售进出口业务发展，方便企业通关，规范海关管理，实现贸易统计，2014 年 1 月 24 日海关总署发布第 12 号公告：一、增列海关监管方式代码"9610"，全称"跨境贸易电子商务"，简称"电子商务"，适用于境内个人或电子商务企业通过电子商务交易平台实现交易，并采用"清单核放、汇总申报"模式办理通关手续的电子商务零售进出口商品（通过海关特殊监管区域或保税监管场所一线的电子商务零售进出口商品除外）。二、"9610"海关监管方式开展电子商务零售进出口业务的电子商务企业、监管场所经营企业、支付企业和物流企业应当按照规定向海关备案，并通过电子商务通关服务平台实时向电子商务通关管理平台传送交易、支付、仓储和物流等数据。

（3）《关于同意设立中国（杭州）跨境电子商务综合试验区的批复》。2015 年 3 月 12 日，国务院批复（国函［2015］44 号）同意杭州建立中国跨境电子商务综合试验区，标志着我国跨境电商综合试点的开始。随着综合试验不断推进，将为我国跨境电子商务的发展提供可复制、可推广的成熟经验，行业有望迎来快速发展机遇。4 月 1 日，国务院印发《关于改进口岸工作支持外贸发展的若干意见》（国发［2015］16 号），提出：优化口岸服务，促进外贸稳定增长；加强口岸建设，推动外贸转型升级；深化口岸协作，改善外贸发展环境；扩大口岸开放，提升对外开放水平；夯实口岸基础，提高服务经济社会发展能力；加强对口岸工作的组织领导等六方面 22 条措施。

（4）《关于促进跨境电子商务健康快速发展的指导意见》。2015 年 6 月 16 日，国务院办公厅印发《关于促进跨境电子商务健康快速发展的指导意见》（国办发［2015］46 号），这是国务院第一份完整的关于跨境电子商务发展的指导意见。该《意见》从支持国内企业利用电子商务开展对外贸易、鼓励有实力的企业做大做强、优化配套海关监管措施、完善检疫监管政策、规划进出口税收政策、完善电子商务支付结算管理、提供积极财政金融支持、建设综合服务体系、规范经营行为及加强多双边国际合作等 12 个方面提出了意见，也为我国"互联网+外贸"的发展奠定了基调，跨境电商在快速发展的基础上又迎政策春风。如果说 2014 年是中国跨境电商元年，那么 2015 年则是跨境电子商务的牛年。2015 年伊始，国家已在多项贸易政策中提出了对跨境电商的支持，从外贸进出口到电子商务行业发展，从"一带一路"到"自由贸易试验区"，跨境电商成为国际贸易合作的重要领域之一。

2. 国务院发布电子商务发展指导意见，鼓励互联网企业境内上市

2015 年 5 月 4 日，国务院印发《关于大力发展电子商务加快培育经济新动力的意见》（国发［2015］24 号），鼓励符合条件的互联网企业境内上市。该《意见》明确指出，各有关部门要按照各自职能，加大金融服务支持；建立健全适应电子商务发展的多元化、多渠道投融资机制；支持商业银行、担保存货管理机构及电子商务企业开展无形资产、动产质押等多种形式的融资服务。鼓励商业银行、商业保理机构、电子商务企业开展供应链金融、商业保理服务，进一步拓展电子商务企业融资渠道；引导和推动创业投资基金，加大对电子商务初创企业的支持。此外，该《意见》还明确三点基本原则：一是积极推动。主动作为、支持发展，积极协调解决电子商务发展中的各种矛盾与问题；二是逐步规范。简政放权、放管结合，法无禁止的市场主体即可为，法未授权的政府部门不能为，最大限度减少对电子商务市场的行政干预；三是加强引导。把握趋势、因势利导。

二、连锁零售百强发展概况和趋势

（一）行业概况

1. 实体零售行业增长持续放缓，成本压力依然巨大

伴随宏观经济和城镇居民收入增长放缓，零售行业销售增速持续下滑。2014 年社会消费品零售总额为 262394 亿元①，同比名义增长 12.0%，连续第 5 年增幅下降。连锁百强企业的销售状况也不例外，不仅销售增幅持续回落，从 2010 年的 21%下滑到 2014 年的 5.1%，而且所占市场份额也在缩减，在社会消费品零售总额中的占比从 2010 年的 11%降至 2014 年的 8%。百强的扩张步伐也在不断放慢，门店增幅从 2010 年的 9.8%降至 2014 年的 4.2%。2014 年有 23%的企业净增门店数量为负，7%的企业门店数量与上一年持平。

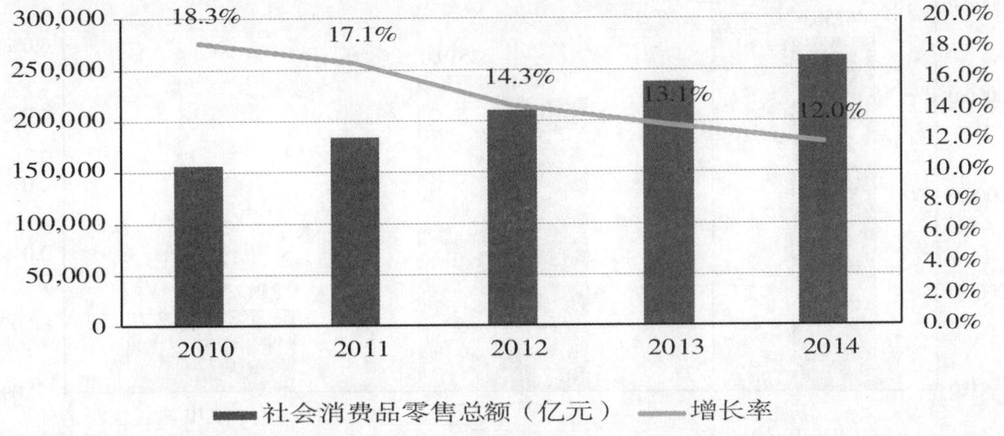

数据来源：Wind，德勤分析

图 4　中国社会消费品零售总额（亿元）及同比增率（%）

---

① 2014 年社会消费品零售总额：《2014 年统计公报》中该数据为 262394 亿元，而《2015 中国统计摘要》中该数据为 271896.1 亿元。本报告选用前者。

实体零售企业经营面临多重压力。经济增长放缓、消费升级、新兴业态以及网络和移动购物的崛起都对实体零售企业带来了巨大的冲击，导致企业增收缓慢；而经营成本的不断攀升更是进一步压缩企业利润空间，促使经营业绩产生分化。从图 6 可以看出，本次样本企业的总体房租和人工费用仍然保持了较高增幅，分别为 7.0%和 7.7%，而水电费则小幅下降 2.7%①。面临困境，企业更加注重运营效率的提升。从此次收集的数据来看，企业通过精简员工来控制成本，2013 年和 2014 年连锁百强门店平均员工数量分别下降 0.8%和 1.2%。

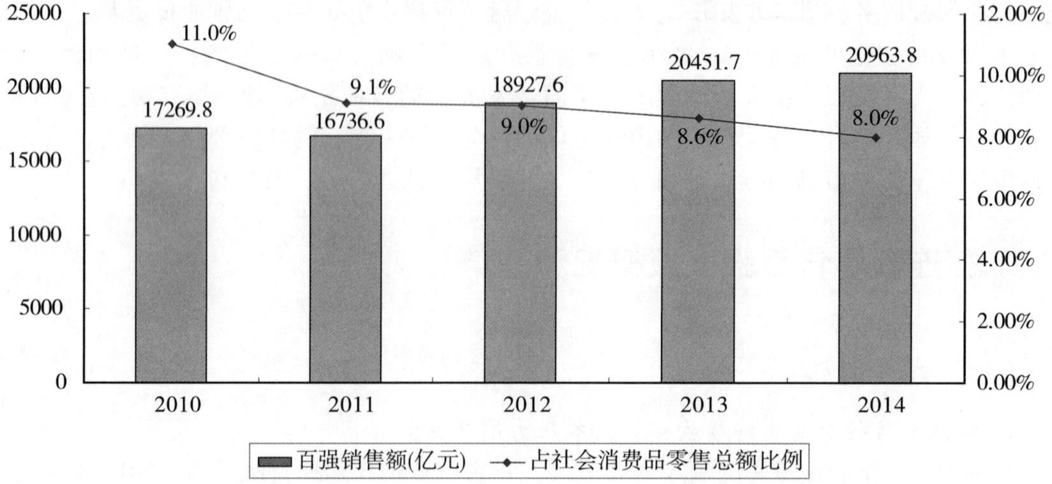

图 5　连锁百强零售总额（亿元）及占社会消费品零售总额比率（%）

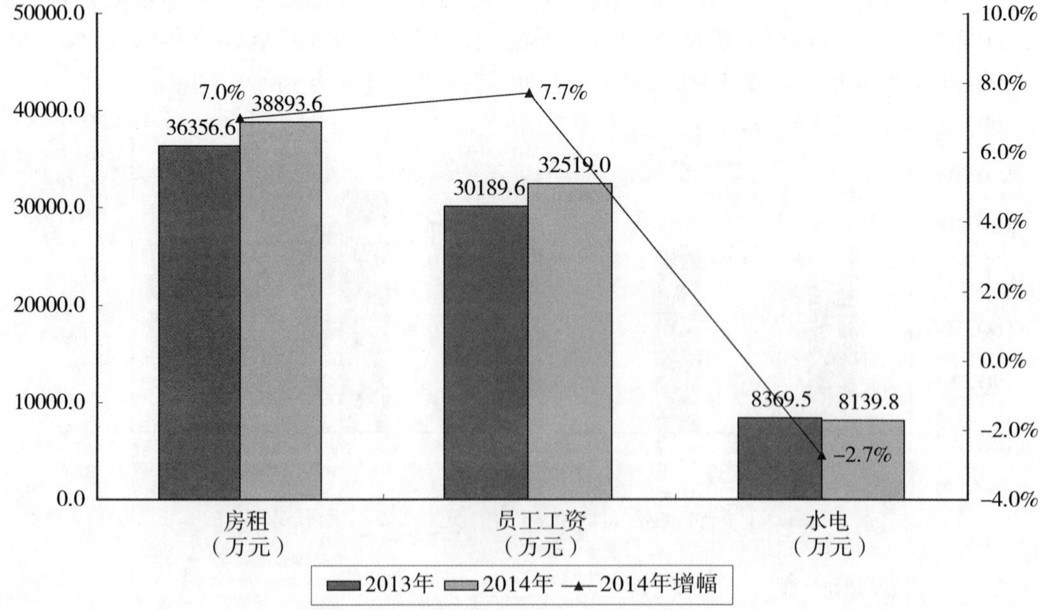

图 6　样本企业三项费用（万元）及增率（%）

① 2013 年样本门店房租、人工和水电费增幅分别为 1.9%，10.2%和 -0.9%。

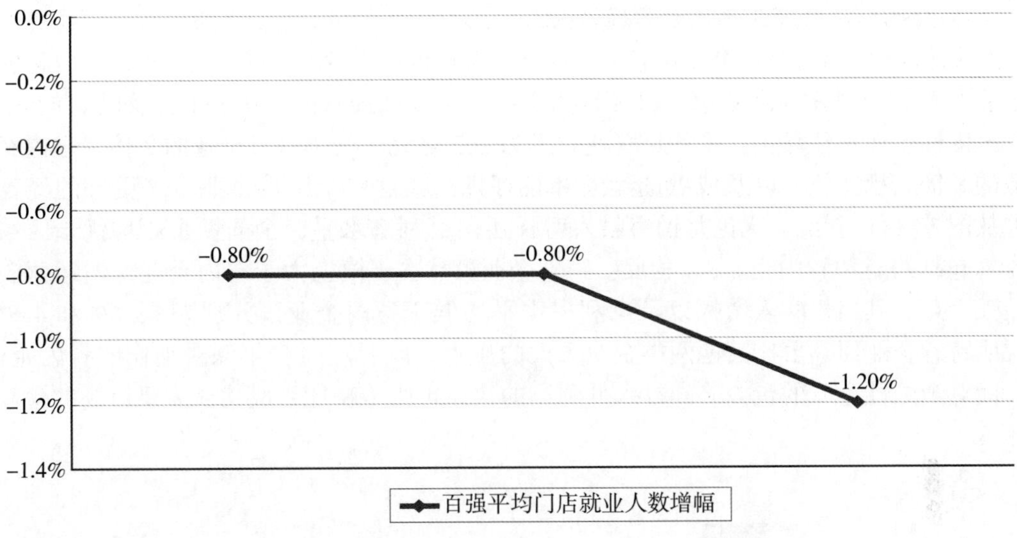

数据来源：wind，中国连锁经营协会，德勤分析

图 7　2012-2014 年连锁百强企业门店平均就业人数增幅

2. 企业净利润率下降，经营业绩分化

销售收入增长乏力，扩张步伐减慢以及成本的持续攀升不断挤压企业利润空间。根据中国连锁经营协会 2014 年连锁企业问卷数据统计，虽然百强企业平均毛利率略高于上年 0.2 个百分点，为 16.4%，但净利润率却较上年下降 0.03 个百分点，为 2.08%。伴随行业整体下行的是企业经营业绩进一步分化。在 206 家有效样本企业中，销售额增幅下降的有 52 家企业，占比 27%；而销售额增幅在 20%以上的企业也有 31 家，占比 16%。其中，填报毛利额的 144 家企业中，毛利下降的企业有 39 家，增幅在 20%以上的有 31 家。可以看到，即使在市场低迷、成本高企而实体零售又备受电子商务冲击的情况下，良好的经营策略、精细的运营和成本管理以及优秀的客户营销仍能使企业异军突起，寻得自身在市场的立足之地。

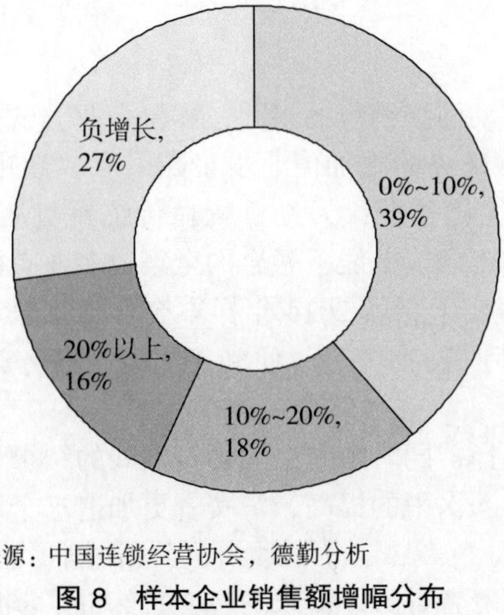

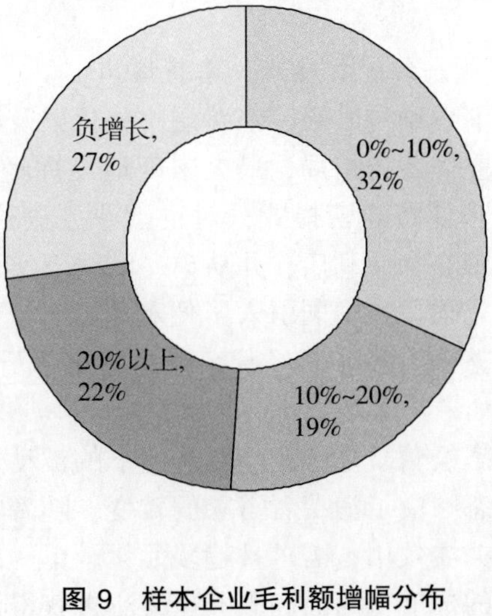

数据来源：中国连锁经营协会，德勤分析

图 8　样本企业销售额增幅分布　　**图 9　样本企业毛利额增幅分布**

3. 全国性企业经营业绩优于区域性企业

在2014年的样本企业中，104家（51%）为省内经营企业，54家（26%）为跨省经营企业（跨2~5个省），48家（23%）为全国性企业（经营范围在6个省及以上）。

全国性企业规模较大，平均年营业收入为265亿元，约为跨省企业的2倍，省内经营企业的8倍。规模效应以及成熟的运营和管理机制给这些全国性企业带来更好的经营效益。从图10可以看到，无论是销售收入增长还是毛利率水平，全国性企业均优于区域性企业（包括跨省和省内企业）。相反，跨省企业虽然在规模上大于省内企业，但运营表现却差强人意。其销售收入增幅以及毛利率水平均低于省内企业，分别为16.6%和4.8%。这说明跨省企业面临着比其他两类企业更大的压力，既要应对多年深耕细作的省内企业，又要面对全国性企业的包抄，高投入低利润的快速扩张策略能否成功还需要市场的检验。

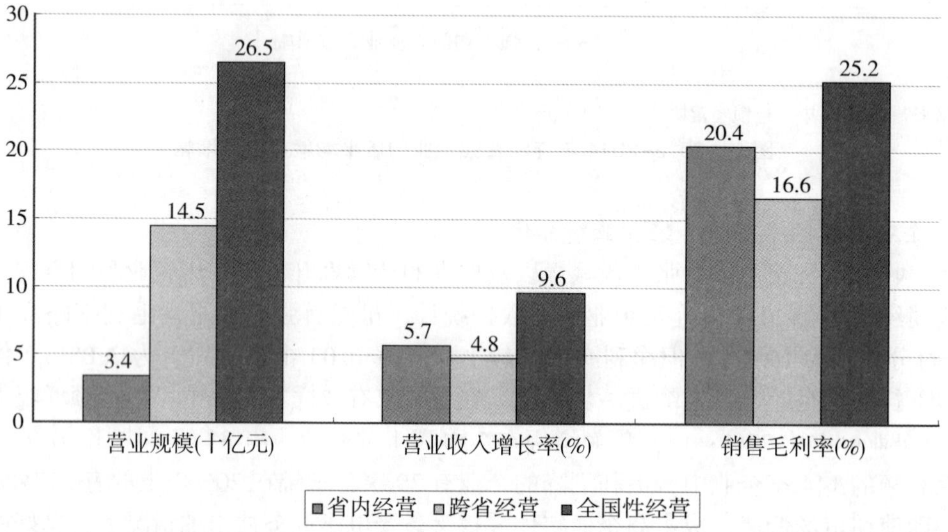

数据来源：中国连锁经营协会，德勤分析

图10 全国性、跨省和省内零售企业主要财务指标对比

4. 多业态经营打造立体零售格局

面对消费结构升级、消费层次分化以及移动网络销售的兴起，零售企业尝试多业态经营以打造立体零售格局，最大限度地发挥经营优势的附加值。步步高采取"超市+百货+电器"的多业态经营模式，对主营业务进行优化整合；天虹百货在传统百货店基础上，新添购物中心和便利店，并从单一的线下实体走向线上线下融合的全渠道多业态模式；麦德龙和家乐福也在中国引入了便利店业务。事实上，就2014年样本企业数据来看，60%的企业已整合为多业态经营，涉足超市、百货、购物中心、便利店、电子商务等多种业态。

多业态经营既是严酷经营环境下的被动选择，同时也是企业自身发展的结果。多元化的经营业态顺应了消费者需求的转变。随着收入水平的提高，消费者更加追求个性，更注重体验，关注效用，需求日趋多元化。单一的"一站式"大卖场已经无法满足消费需求，千篇一律的标准化商品和服务也无法再获得消费者青睐。需求的转变必然带来零售企业的转型。企业根据消费者需求的演变来调整自身运营标准、商品结构以及促销策略，并形成了多元化的经营业态。同时多业态经营还有利于实现协同效应，通过品牌效应在旗下的各业态间共享客流、扩大规模以提升针对上游的议价能力。多业态模式还可以分散风险提高利润，比如步步高多业态发展战略就是其保持快速增长的主要原因。

尽管多业态经营有诸多好处，但仍需谨慎。我们将样本企业按单一业态（如国美，苏宁等）和多业态（如华润万家，联华超市等）进行分类，并就两组企业的经营表现进行对比。数据显示，无论是盈利能力还是公司成长方面，单一业态的表现均优于多业态企业。这在某种程度上反映了企业拓展多业态经营的困难。我们认为，虽然多业态经营有利于企业优化资源配置，将多种业态的优势加以整合以满足不同层次的消费需求，但企业在转型中仍应充分认识自身竞争能力的强弱，在拓展多业态运营的同时注重突出主业纵深发展，加强各业态之间的协同发展和有机结合。

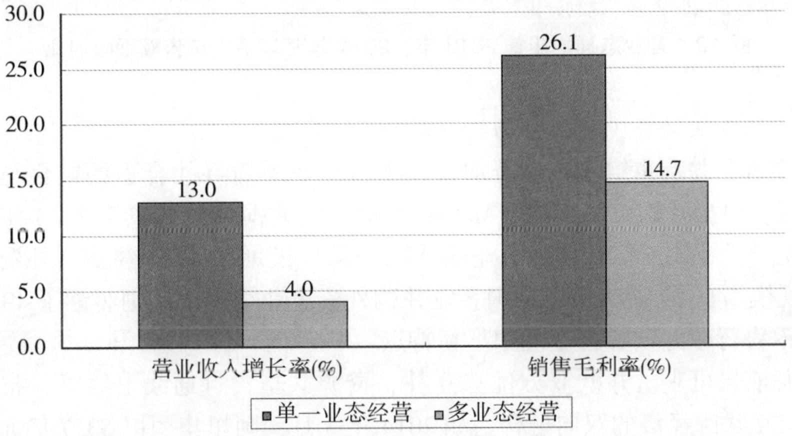

数据来源：中国连锁经营协会，德勤分析

图 11　多业态与单一业态零售公司主要财务指标对比

5. 购物中心和便利店表现较好成长态势

随着零售行业整体增长放缓，各业态的经营业绩呈现分化，其中购物中心和便利店成长态势相对较好。此次中国连锁经营协会的调查问卷数据显示，购物中心和便利店样本店铺在 2013 年、2014 年两年的平均销售额增幅分别为 6.7%和 3.6%，高于大超、超市、百货以及专业店的 1.7%、0.5%、-1.2%和-3.3%的增幅。购物中心以其体量大、包容性强以及重体验的优势，被视为线下零售的“避风港”，在近几年取得较好的成长业绩。当然也应看到，大量企业蜂拥建设购物中心也带来激烈的竞争，盈利压力不断加大，将来购物中心差异化、品牌化和连锁化发展会是必然趋势。相比之下，便利店投资成本低、成熟周期短，加之具备的空间、时间、服务便利性以及贴近消费者的特征，使其在未来几年将保持快速成长，在成熟市场继续深耕并逐步开发空白乃至利基市场。

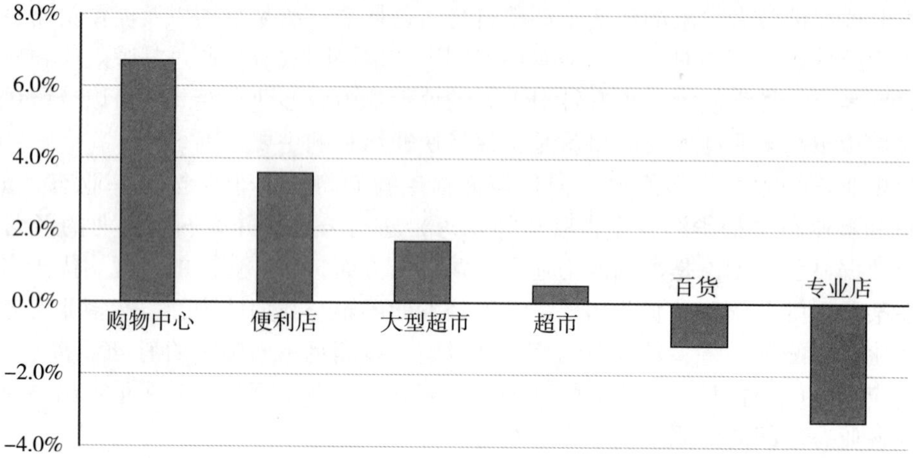

数据来源：中国连锁经营协会，德勤分析

图 12　各业态样本店铺 2013 年、2014 年两年平均销售额增幅对比

6. 零售行业加快整合，资本市场持续活跃

2014 年零售业并购重组步伐显著加快，零售企业纷纷寻找合适的机会与合适的对象进行并购突围。根据并购市场咨询（Merger Market）数据统计，较于 2013 年我国零售企业并购总规模增长了 4.5 倍，国内企业间并购交易规模增长了 4.73 倍，外资企业并购中国企业交易规模增长了 4.97 倍，中国企业并购外资企业交易规模则萎缩了 49.8%。

2014 年零售行业并购整合呈现如下新特点：

（1）并购前景可观。并购双方优势互补、资源共享；打通线上线下、布局 O2O，促进实体商业与互联网经济的双向融合。如 2014 年 3 月，阿里集团以 53.7 亿元港币对银泰商业进行战略投资，双方将打通线上线下的未来商业基础设施体系，并组建合资公司。交易完成后，阿里巴巴持有银泰 9.9%的股份，以及总额约 37.1 亿元港币的可转换债券，根据双方的约定，未来 3 年内，在相关法律法规许可的前提下，阿里巴巴集团可将可转换债券转换为银泰商业的普通股股份，从而使阿里巴巴集团最终在银泰商业的持股比不低于 25%。

（2）外资面临本土企业强有力的竞争。当前零售业竞争白热化，国际经济形势存在不确定性，外资零售商倾向更为审慎的资本分配和可盈利路径。另外，未来需求潜力促使本土零售商加大加快开店步伐，内资利用国外品牌争夺国际市场的可能性也越来越大。如 2014 年 5 月，中国最大的零售企业华润万家成功收购外资品牌 TESCO 乐购，合资双方将组成多元化零售合资公司，TESCO 将其中国业务及现金注入合资公司。基于此，华创持有合资公司 80%的股份，TESCO 持有合资公司 20%的股份。TESCO 内地的 135 家门店统一改为“华润万家”，“乐购”品牌退出中国市场。

（3）跨业态并购风行。零售行业的跨业态扩张已拉开序幕，企业通过并购来调整经营战略，实现多元化发展，确保具备持续盈利能力。2014 年 12 月 22 日，物美集团与英国翠丰集团签署正式协议，物美以 1.4 亿英镑（约合 14 亿元人民币）收购中国百安居 70%的股权。收购完成后，翠丰集团仍将持有百安居 30%股份。此次收购成为国内零售业界内跨度最大的并购事件。

（4）国内并购活跃。2014 年国内企业间并购规模远超其在 2011-2013 年的总和，并且单笔并购金额也创出新高。在宏观经济增速减缓的大背景下，国内零售业以并购、整合来快速实现资源优化配置、提高市场占有率，以求在激烈的竞争中处于优势。2014 年 5 月 11 日，步步高商业连锁股份有限公司宣布以 15.7 亿元收购广西南城百货股份有限公司 100%股份，成为近年国内零售行业最大的并购重组案。

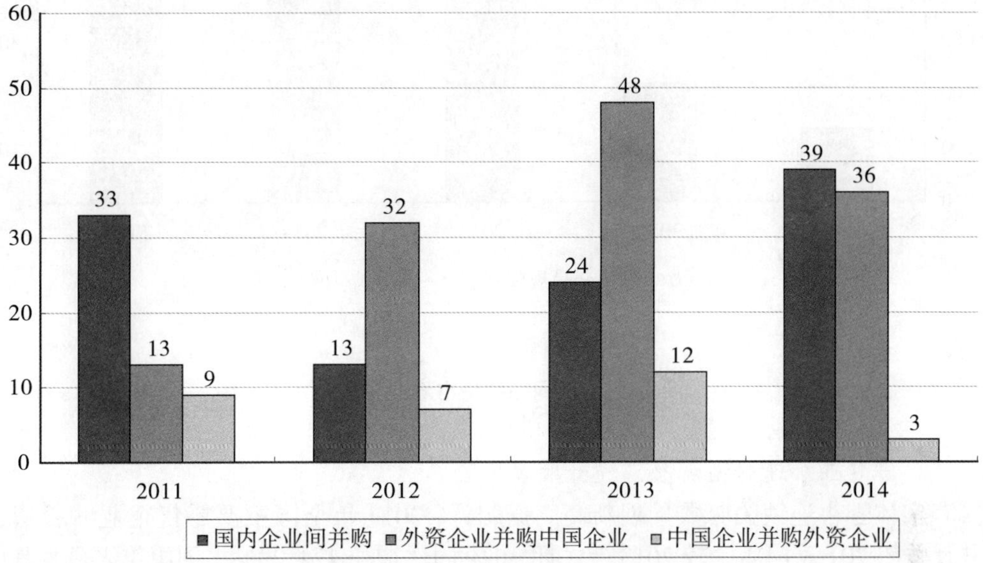

图 13　零售行业并购规模（$ Million）

（二）趋势

1. 网络零售规模继续保持高速增长

2014 年网络零售市场继续保持快速发展态势，市场占有率进一步提升。随着互联网络及网络终端的普及、支付技术的不断创新和物流配送效率的快速提升，电子商务保持快速发展。根据艾瑞咨询（如图 14 所示）发布的中国网络购物市场调查数据，2014 年中国网络购物市场交易规模达 2.81 万亿元，同比增长 48.7%，增速同比放缓 10.7 个百分点，为近年来首次跌破 50%。但市场份额保持进一步上升，2014 年网络购物市场约占社会消费品零售总额的 10.71%，线上渗透率首次破 10%，在竞争实力及经营活力方面明显领先于传统实体零售。受益于移动购物市场快速发展和渠道下沉，网络零售市场规模有望保持高速增长。

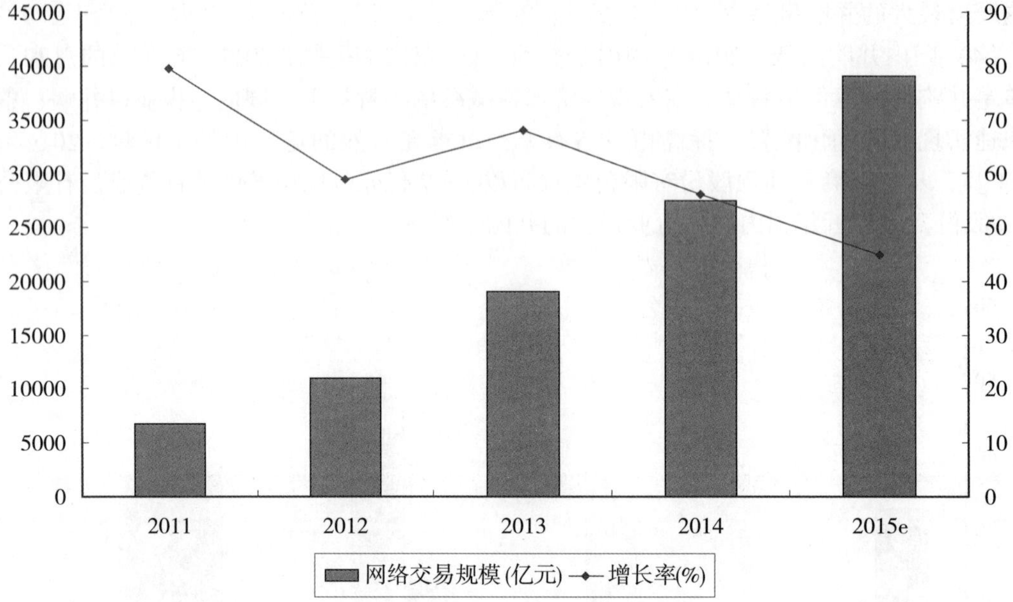

数据来源：艾瑞咨询

图 14 中国网络购物市场交易规模

2. 实体零售业加速转型调整，提升顾客体验

（1）实体零售连锁关店数量创新高。据统计，2014 年全国主要零售企业（百货、超市）共计关闭 201 家门店，较 2013 年关闭 35 家同比增长 474. 29%，创历年之最。其中百货业态关闭 12 家，超市业态关闭 146 家，值得关注的是，外资零售企业关店数达 118 家，占关店总数的 75%（含中外合资企业百全超市）。江苏、浙江、安徽等二、三线城市，成为零售业关店最多的区域。依据 2015 年 7 月 13 日万达集团内部下发文件显示，万达百货将关闭济南、唐山、江门、温州、沈阳以及湖北荆州等多个地区共 40 多家严重亏损的门店，剩余的上海宝山、泉州、襄阳等地区的个别门店将进行调整，压缩经营面积。受租约到期、结构性调整、盈利能力偏弱、转型等因素的影响，实体零售企业为优化商业布局，主动关闭门店。

（2）实体零售拥抱新兴技术、提升顾客体验。尽管实体店铺受到众多挑战，但其不会消失。如何实现差异化经营，提升顾客体验对提升店铺销售至关重要。新兴技术融于企业经营，不仅为顾客创造便捷，同时也提升店铺管理水平。新技术的创新应用对于零售企业精准发现消费需求、引导消费路径、满足消费行为提供了有力支持，有效促进交易机会的提升和交易额度的增加；同时也让零售企业能为用户提供更丰富、更时尚、更个性的周到服务。如，永辉全程自助体验超市、乐城“未来超市”、顺丰“嘿店”以及苏宁超市都给实体零售带来更多的启发。不管是购物中心、百货店、大卖场还是社区超市，都会融入更多的科技元素，加快迈向智慧零售时代。零售业主要技术应用包括：

● 获取消费者位置信息并与其兴趣点相匹配。通过 GPS 定位、室内地图、热点追踪等技术手段了解消费者消费记录、社交记录等信息，以便分析并描绘消费者兴趣特征，从而在相应的位置推送消费者感兴趣的内容。

● 收集数据预测消费者行为。通过对消费者住所、日常行程、兴趣爱好、社交行为等数据的挖掘，从而立足以消费者未来行为为导向，提供更符合消费者特征和关注点的服务与产品。

● 实时情景管理。根据消费者的位置、环境等信息，实时自我调整，更加个性、精准地满足消费者需求，以便消费者在需要某资源或系统时即刻使用。

3. 零售业向全渠道模式转型，O2O 产业链逐渐完整

2014 年众多实体零售企业将发展 O2O 作为重中之重。以大润发、步步高的网络平台飞牛、云猴上线为标志，众多知名零售企业大力发展线上业务；而以阿里对银泰商业战略投资为代表的线上企业也积极与实体零售展开合作，线上线下全渠道融合转型成为零售业的集体动作。据艾媒咨询数据显示，2014 年 O2O 市场规模已超过 3000 亿元，而 2015 年 O2O 市场规模将达到 4655.4 亿元。2014 年中国连锁百货企业线上交易额约 61 亿元，渗透率约为 1.6%，未来随着更多的传统企业开展线上业务，渗透率会进一步提升。2015 年，随着阿里以 283 亿元巨资连锁苏宁云商，京东商城以 43 亿元参股永辉，零售业将迎来线上线下双轮驱动的时代。消费者体验的将不仅是单纯的商品购物渠道的多元化，而是融合了生活、服务等多种增量服务的便利化生活。

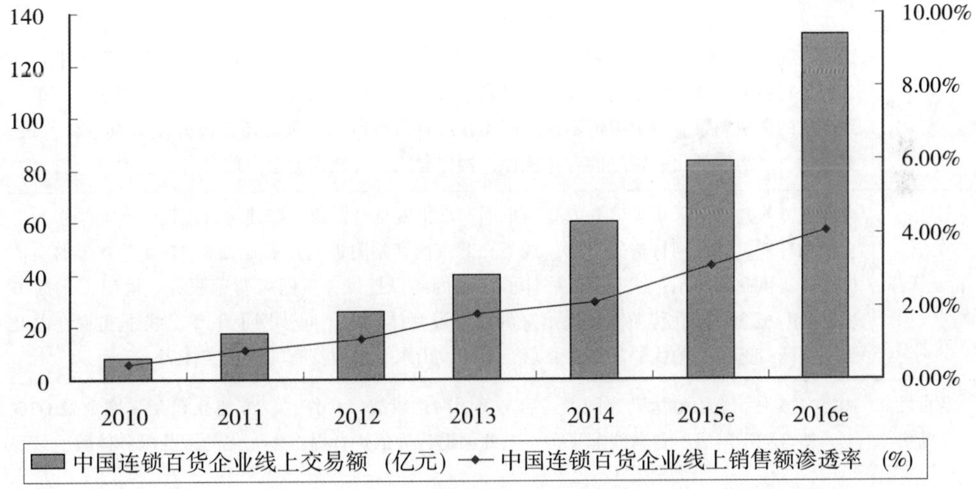

来源：艾瑞咨询

图 15　中国连锁百货企业线上交易额

（1）企业争相布局 O2O。BAT（百度、阿里、腾讯）互联网三巨头凭借各自平台流量优势，通过自我营销、接入第三方平台以及与大型传统零售商合作，全面搭建 O2O 生态链。除与互联网巨头合作外，传统零售企业也采用自建平台，构建从搜索、下单、支付到提货的消费场景。随着巨头们的落子逐渐增多，O2O 产业链的完善以及移动支付的逐渐成熟，企业为解决资源壁垒问题、线上线下利益分配问题以及营销推广问题等，全面向全渠道 O2O 转型。

表 1　　　　O2O 全渠道布局案例

	企业	O2O 全渠道布局
线下到线上	苏宁云商	苏宁在2010年上线苏宁易购，2013年苏宁在整个线上线下进行价格统一，并更名为苏宁云商，明确涉足全品类领域。为实现线上线下融合，苏宁打通后台系统，所有消费者在门店都可以买到任何一种在苏宁线上销售的商品，当门店货物不全时，苏宁引导用户进行线上购物并送货到家。为提高用户体验和服务质量，苏宁还尝试去提供实体店退换货、出货一小时极速送达、微购服务等。
	大润发	大润发与台湾 Uitox 共同投资成立的飞牛网于2014年1月16日正式上线运营，以弥补线下实体门店货架受限的劣势，形成深度融合 O2O 模式。依托大润发全国300多家实体门店资源，以顾客为核心，打通线上线下，进行全渠道经营。
	王府井	王府井百货的全渠道是以实体店为基础，多种渠道共同搭建王府井百货线上线下的融合。王府井百货的全渠道是“N+1”模式：“N”是所有基于新技术的新渠道构建——包括 WEB 端官方购物网站、WEB 端平台旗舰店、移动端 WAP 商城、微信商城、APP 应用、导购电子工作台、店内自助终端以及24小时虚拟货架。
	步步高	步步高整合云猴，发展三大核心产品——积分支付、个人消费金融和预付费业务，通过平台整合，链接步步高的消费者和商户；同时在该平台开展第三方团购与预订、广告与流量运营两大核心服务。
线下到线上	国美在线	国美在线 O2O 有线上“1+1+N”拓展、线上渠道+移动终端+社会化点上联营和供货平台三个环节，是将线下和线上渠道用移动互联串联起来的全渠道布局战略，希望构建从搜索、下单、提货到支付的消费场景。线上渠道不仅是国美在线自身的网站，国美还积极开发自营平台，跟天猫、亚马逊、当当等都是非常好的合作伙伴，构建起线上开放式的全方位平台。
	世纪天乐	光耀东方收购世纪天乐大厦并成立动批网。动批网整合资源，搭建物流配送、仓储平台，提供安全购物环境。动批网打造的 O2O，线下在北京西客站附近构建商业面积12万平方米的实体体验广场，提供商品展示；线上给入驻体验广场的商户提供免费网络营销服务。世纪天乐提出“百城百店”概念——在优质客户选出来的城市设立体验店，同步网上下单，线下实现，以此来加强动批网打造后期的优势。如在北京、上海、山东、山西都有的线下实体店。
跨界	老百姓大药房	2015年5月，老百姓大药房网上药店与美团网达成战略合作，双方建立在互联网金融 O2O 基础上，整合线下门店、自营线上平台、电商渠道，为消费者提供多元化的医药服务体验。
	在线旅游	在线旅游与电商形成互助平台。途牛与京东联合对外宣布战略合作，京东投资3.5亿美元认购途牛股份。合作后，作为京东旅行—度假频道的独家运营商，途牛将借助京东的海外流量和广泛的客户基础，向客户提供更优品质的服务；京东也将为用户提供更优质的在线旅游消费体验，建立中国首屈一指的在线电商平台。
线上到线下	腾讯	腾讯以微信平台为入口，搭建 O2O 生态链条：以微信支付做支撑，整合本地生活服务，如滴滴打车、大众点评，构建线上线下互动闭环。
	美味七七	专营生鲜食品的电商平台，同时开设社区实体店，让用户享受其线下服务体验，再引导用户到线上进行交易。
	顺丰嘿客	顺丰店将以“社区”为重点布局，以“生活服务”为主线，不局限于商品销售与展示，借助顺丰速运的高效配送能力，进行各方资源连接，提高一系列适配社区的产品和服务，甚至是上门服务。

来源：德勤研究，公开信息整理。

（2）“最后一公里”配送难，便利店成为服务站点。在企业向O2O全渠道转型的同时，物流却未能跟上电商的脚步，由于城市内物流设施不够齐全，物流企业服务质量良莠不齐等问题致使电商企业在城市配送中遇到“最后一公里”配送难的问题。企业为提高送货速度，提高客户满意度，采取以下四种方式解决“最后一公里”配送问题。其中，整合闲散资源，巧妙利用社区周围的便利店作为配送点成为解决“最后一公里”的关键点。然而，这些模式也同时给O2O创业者带来很大的成本支出，阻碍了O2O企业的快速增长，没有根本解决送货上门的终极目标。从未来O2O发展来看，很多O2O模式还需找到降低物流损耗的方式，才能令O2O不仅仅停留在资本投资阶段，而是创造良好的产业循环系统，彻底解决企业、用户的供需要求。

表2　“最后一公里”服务模式

自建物流中心	在小区附近建立配送站点	上门服务	整合闲散资源提供快速服务
·生鲜O2O、餐饮O2O ·投入大量物流中心成本，在根本上把送货时间降到最低，并且对第一次送货中的物品都保证质量。	·社区O2O ·在物流不能覆盖，或者是对配送要求高的物流，O2O企业建立了星罗横布的服务站点，将货物送到这里，然后再以这里为基础，送到附近小区的居民手中，甚至是可以去自提。	·家政O2O、美业O2O ·掌握具备一定专业技能服务者的资源，将其提供给需要服务的用户。比如阿姨帮和河狸家的O2O模式，就是签约了很多阿姨和美甲师，给他们发工资，并且经过专业和严格的培训后上岗，在平台上提供上门服务的内容。	·生鲜O2O ·利用闲散物流的资源，把成本降低，提供快速服务。可以利用快递员下班或者是休息时间,或者各住宅区及办公区周边的便利店店主，额外支付送货费，后台将订单分发到距离用户最近的这些闲散物流资源，再由他们完成最后环节的配送。

来源：德勤研究，公开信息整理。

4. 跨境电商成为新增长点，新垂直电商不断被催生

（1）跨境电商成新增长点，进口份额占比保持平稳提升。2014年中国跨境电商交易规模为4.2万亿元，同比增长33.3%，发展势头十分强劲。随着国家利好政策的先后发布、行业参与者的积极推动以及行业产业链的不断完善，预计未来几年跨境电商将继续保持平稳快速发展。从2014年中国跨境电商的进出口结构看，中国跨境电商中出口占比达到85.4%，进口比例14.6%。目前我国跨境电商进口还处于起步阶段，但伴随着中国消费者对海外商品需求的增加，进口份额将快速增长。但受国家政策影响，我国跨境电商进口份额占比会保持平缓提升。海淘成为零售业绩的新增长点，海内外线上线下企业纷纷布局跨境电商，竞争将十分激烈。

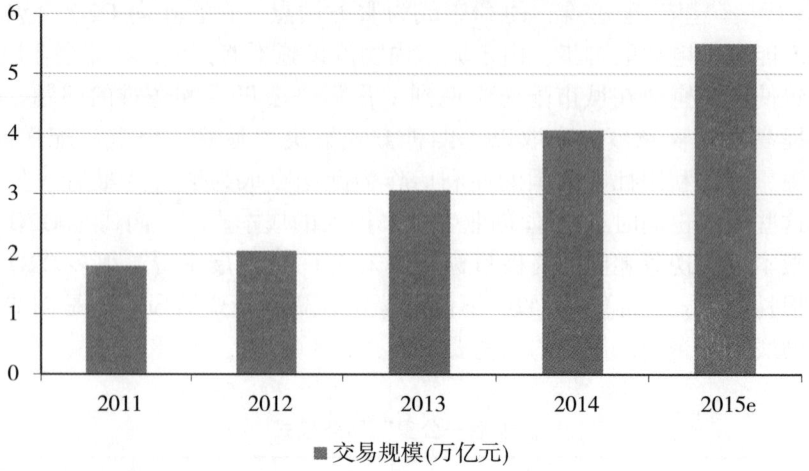

数据来源：中国电子商务研究中心，德勤研究

图 16　中国跨境电商交易规模

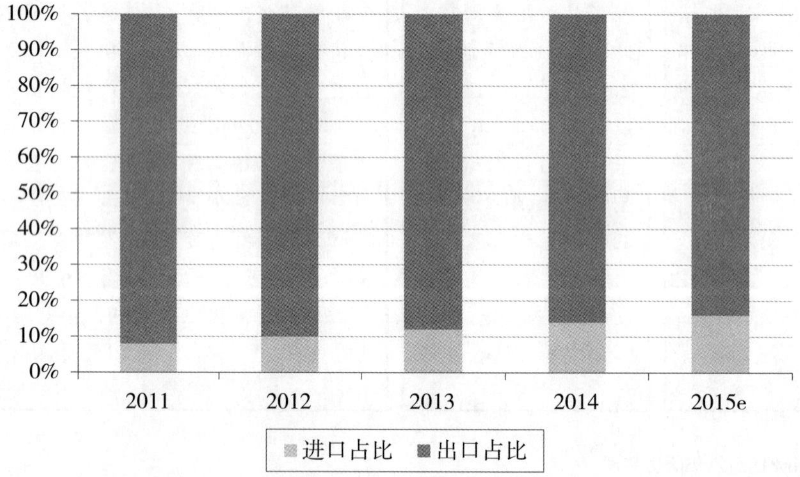

图 17　中国跨境电商交易规模进出口结构

表 3　　海淘成为电商新的增长点

向外延伸	2014 年，国内主要电商纷纷将业务向外延伸，比如淘宝的全球购、天猫国际、聚美优品开放海淘专区，苏宁成立跨境电商项目组等。同时，大型电商阿里巴巴也通过投资方式加快进军美国市场，加速其经营业务的在美布局，与亚马逊等本土品牌竞争。如阿里巴巴持续购入 Zulily 股票，持有 Zulily A 类股票量增至 1150 万股，价值 11.56 亿美元，成为美国母婴用品电子商务公司 Zulily 最大的外部股东。
向内延伸	随着跨境电子商务政策的逐步开放，海外电商也对中国的海淘市场“虎视眈眈”。欧洲大型电商 Farmaline 在线药房开通中文网站，中国消费者可以在该网站用银联支付，海淘 3 万多种产品，并享有产品直邮服务。Farmaline 是比利时最大的电商，四周交通发达，可以提供法国、德国等欧洲各大品牌最全类别的商品，而且即使加上物流费也比其他直邮购物平台更加实惠。

来源：德勤研究，公开信息整理。

（2）跨境电商不断成熟发展，与以下因素密不可分

● 国务院领导高度重视跨境电子商务。2013 年 7 月 26 日国务院办公厅下发《国务院办公厅关于促进进出口稳增长、调结构的若干意见》，提出具体支撑政策，其中包括对电子商务出口经营主体的分类、建立适应电子商务出口的新型海关监管模式并进行专项统计、建立相适应的检验监管模式、支持企业正常收结汇、鼓励银行机构和支付机构为跨境电子商务提供支付服务、实施相适应的税收政策，以及建立电子商务出口信用体系，解决了海关、检验检疫、税务和收付汇等方面的问题。

● 开展跨境贸易电子商务通关服务试点。包括上海、重庆、杭州、宁波、郑州、广州及深圳等 7 个城市，或以进口保税为主，或以直购为主，或以出口为主等，同时由于各大品牌电商企业、物流企业以及各大零售商品企业纷纷号召入驻，呈现不同的规模趋势。此外，这些试点城市同时试行上述国务院办公厅下发的政策，全面推动了跨境电商的发展。

● 上海、天津、南沙等自贸区先后落地，促进大企业纷纷投身跨境电商，使得行业步入规范与健康，同时大量优质低价的进口产品将在自贸区内涌现。

● 传统企业不断重视跨境电商平台、中国消费者对海外物美价廉、优质品牌的商品的强大购买需求都使跨境电商成为未来驱动贸易发展的新动力。

（3）B2C 占比提升，与 B2B 协同发展。从 2014 年中国跨境电商的交易模式看，目前跨境电商 B2B 交易占比达到 93.5%，占据绝对优势。随着跨境贸易主体越来越小以及产品从工厂到消费者的途径越来越多样化，跨境交易订单趋向于碎片化和小额化，并且物流、互联网技术的发展及利好政策的发布，都将促使未来 B2C 交易占比进一步提升。然而由于 B2B 交易量级较大且订单比较稳定，在可以预见的未来，B2B 仍然是中国企业开拓海外市场的最重要模式。B2C 面对终端消费者，能更准确的把握市场需求，拉近了与消费者的距离，B2B 与 B2C 互补远远大于竞争，二者将协同发展。

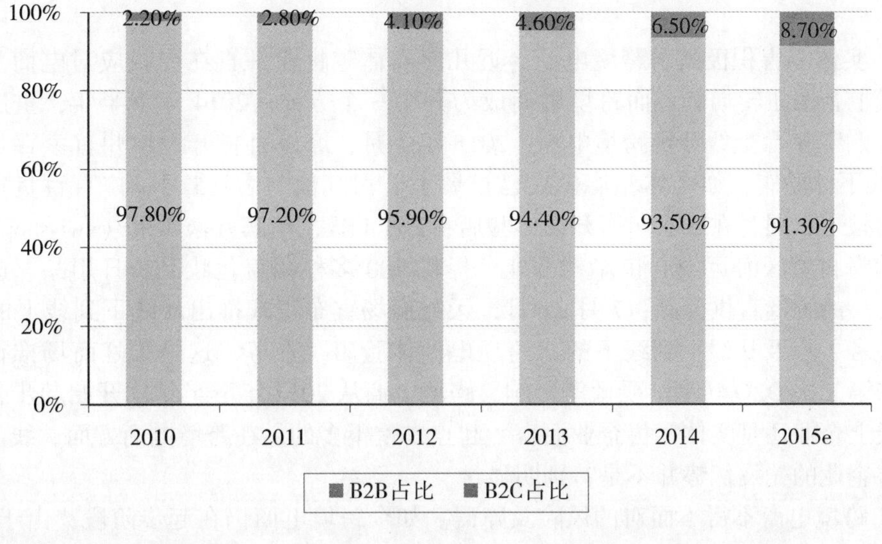

数据来源：中国电子商务研究中心

图 18　2010-2015 年中国跨境电商交易规模 B2B 与 B2C 结构

（4）网商巨头加大力度“跨境”。我国跨境电子商务平台已超过 5000 家，企业超过

20 万家。其中 80%的企业来自广州、宁波等有传统外贸基础的地区。以阿里、京东、亚马逊等为首的跨境电商巨头都围绕跨境电商战略展开了一系列活动，加速各自海外电商的布局，抢占市场份额。如，1 号店、当当、唯品会等也紧紧跟随，积极展开跨境电商业务。此外，洋码头、蜜淘、蜜芽宝贝、买个便宜货等颇具代表性的跨境电商公司渐渐崭露头角，在母婴、美妆、服饰类等垂直细分领域打造自己的品牌特色。

表 4　　跨境电商巨头及其战略布局

跨境电商巨头	战略布局
阿里	2014 年 5 月，阿里与美国电商物流公司 ShopRunner 合作，中国用户可直接通过阿里平台订购海外商品。阿里通过速卖通、天猫国际布局跨境电商，并通过参加双十一大促，将支付宝里数据接入海关信息系统，更好地通过大数据技术拓展海外业务。2015 年 5 月 5 日，阿里巴巴采购批发网站 1688. com 于 18 日上线全球货源平台，成为集团跨境进口战略的重要环节，打通海外原产地与中国零售商家的中间链条。
京东	2012 年底，京东开通英文网站，向海外买家直销商品。2015 年 4 月 15 日正式上线京东全球购业务，集五六百商家和几十万种商品品类于此平台。2015 年京东将打通跨境电商海关和保税仓库的通道，并于年末前将五个口岸对跨境电商进行开放，由此丰富 SKU，并由专门的团队去国外进行谈判。
亚马逊	2014 年 8 月份，亚马逊落户上海自贸区，并开始在自贸区内建立跨境电商平台，中国消费者自此可通过亚马逊进行在线海外购物；11 月初，亚马逊中国宣布开通海外六大站点直邮中国的服务，中国消费者可通过亚马逊中国直接购买到美国、英国、法国、德国、西班牙、意大利的六大海外站点的 8000 多万种国际商品。与此同时，亚马逊也通过“海外购” + “直邮中国”加入双十一大促。

来源：德勤研究，公开信息整理。

（5）实体零售积极试水跨境电商。近几年实体零售业一直在寻找应对电商之法，纷纷转型线上企图扭转局势，而跨境电商成为其中一个方向。2014 年下半年，重庆百货旗下“世纪购”平台上线涉足跨境电商；2015 年 4 月，摩登百货开设广州首家百货跨境电商 O2O 线下体验店，如今体验店模式已扩展至公司其他门店；5 月，广百百货宣布上线跨境电商频道，同时在 3 家门店开设体验店；7 月 1 日，华润万家旗下（ewj shop）“港货店”在前海自贸区海运中心口岸楼开业，提供 500 多种涵盖化妆品、日用品、进口食品和生鲜食品的香港直供商品；7 月 21 日，天虹商场宣布正式推出从线下到线上的“天虹到家”业务，以及从线上到线下的“跨境电商体验店”业务，这是天虹商场推行全渠道战略以来第二次 O2O 转型。受政策影响，跨境电商从 2014 年下半年才开始起步，因此不论是对线上企业还是实体零售企业而言，起点是差不多的。在跨境电商方面，线上企业对实体零售企业的先发优势并不是特别明显。

（6）跨境电商不得不面对的风险及障碍。如今跨境电商仍在起步阶段，由于跨市场、跨国家、跨文化、跨海关等问题，其在稳速发展的同时也存在各种各样的风险和障碍。主要分为两大类：

一是跨境供应链管理。其中问题最大的两个环节是海外供应商管理和跨境物流执行。由于高质量的产品招商难，很多进口电商平台对海外货源的把控力相对较弱，由此产生假货、仿货现象，给整个进口电商行业造成不小的负面影响。同时，依靠转运公司来完成跨境物流环节容易造成供应链三流合一的断裂，通关速度和关税预期管理能力不足将会直接让消费者体验打折扣。

二是监管政策方向有待系统化明确。目前，每个试点区域对相关政策的具体操作存在着不一致的情况。另外，与消费者利益直接相关的小额进口税制政策也尚不明确。小额外贸存在着逃税、逃商检、逃避非关税壁垒、服务滞后、信用危机等问题。

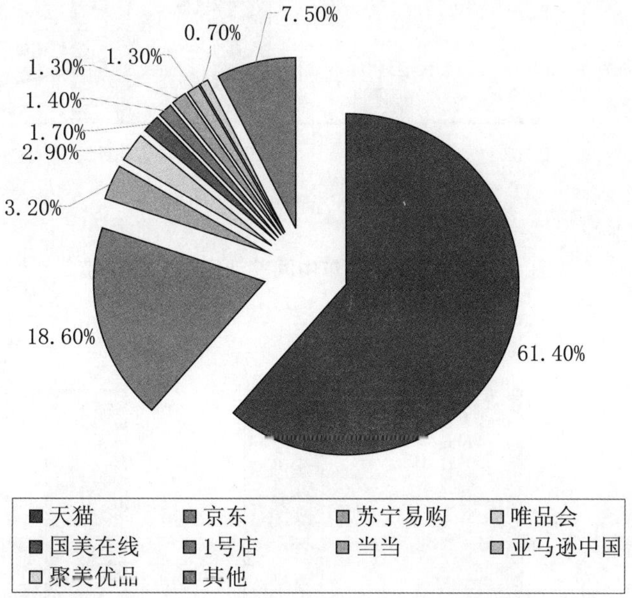

数据来源：艾瑞咨询，德勤研究

图 19 2014 年中国 B2C 购物网站交易规模市场份额

5. *移动购物主流化，移动电商为零售商带来新机遇*

据中国电子商务研究中心监测数据显示，截止到 2014 年 12 月，中国移动网购交易规模达 9285 亿元，而 2013 年为 2731 亿元，同比增长 240%，依然保持快速增长的趋势。根据艾瑞咨询最新统计数据，2015Q1 中国移动购物市场规模达 3623.4 亿元，同比增长 168.3%，保持高速发展态势。在网购整体市场中，移动端占比 47.8%，同比增长迅速。2015 年，各大电商平台、多家传统品牌企业加速布局移动端，不断丰富移动端业务，完善移动端服务，促进移动端网民规模持续增长与移动端交易额的高速增长，随着移动支付技术的进一步提升和渗透，预计 2015 年中国移动购物交易额在中国网络购物整体市场中的占比有望过半。

阿里研究院发布的《县域电子商务数据报告（第 1 期）》（简称《县域报告》）显示，在阿里巴巴零售平台上，2014 年县域移动购物金额突破 2000 亿元，同比增速超过 250%，远超过同期网络购物金额增速。在实体零售薄弱的乡镇地区，移动购物市场呈现出强劲的增长势头，这也将成为零售企业扩展市场的新蓝海。

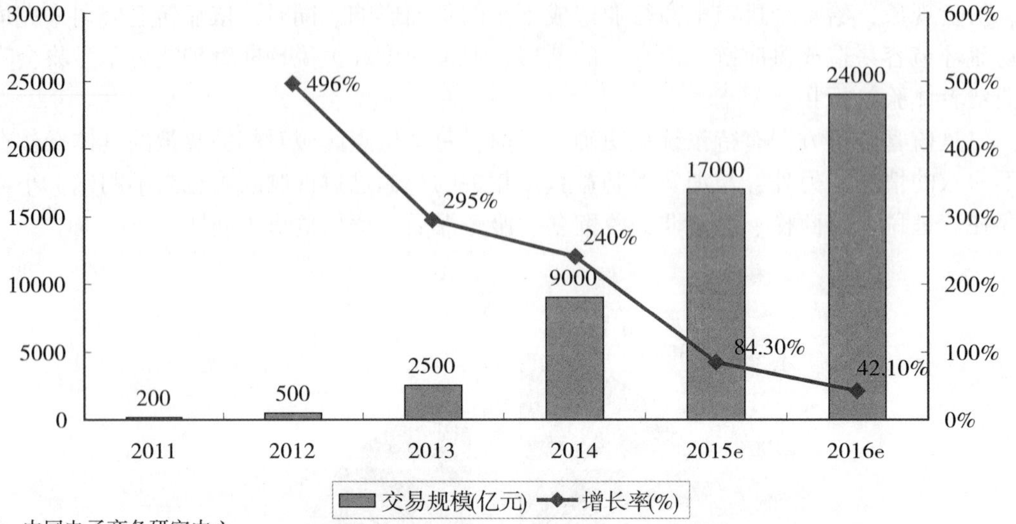

来源：中国电子商务研究中心

图 20　2011-2016 年中国移动网购交易规模

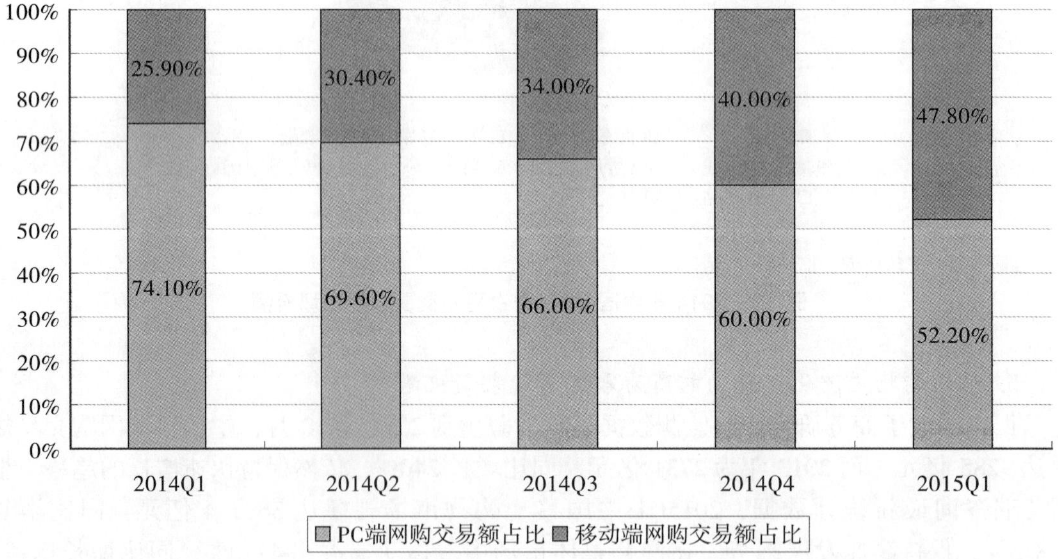

来源：艾瑞咨询

图 21　中国网购交易额 PC 端和移动端占比

从企业移动端份额来看，2015 年一季度阿里无线依旧以压倒性份额稳居首位，在移动购物市场中的份额占比为 84.5%；京东、唯品会移动端市场份额均有一定上升，占比分别为 5.2%、2.8%。此外，移动端核心企业之外的“其他”企业市场份额也有一定增长，从 2014 年四季度的 4.2%增长至 2015 年一季度的 4.6%。与此同时，各企业也通过推出节日促销、开启移动海外购和加入微商等渠道加速在移动端抢夺移动市场份额，移动购物市场竞争将持续激烈。

表 5

淘宝	在无线端推出“3.8 码上生活节”，提高网购体验的便捷性，并在 3 月底推出“淘小铺”工具，降低卖家在移动端开店门槛。
京东	在春节期间通过微信和移动 QQ 分发了总计约 1 亿元人民币虚拟“红包”，促进品牌知名度，增强了用户移动端黏性。
唯品会	将团购移植至移动端，且上线细分领域 App，强化移动端细分类目。
聚美优品	发力海外购业务，“极速免税店”成为其移动端增长的引擎。
传统企业	苏宁易购、国美在线、当当、1 号店、亚马逊等传统企业均开始全力出击移动端，通过推出移动微店、开启移动海外购、实行移动端节日促销等方式争夺更大移动端市场。
其他移动购物企业	如美丽说上线移动端海外购物独立 App，同时接入微信钱包入口以获取更多流量资源。

来源：德勤研究，公开信息整理，艾瑞咨询。

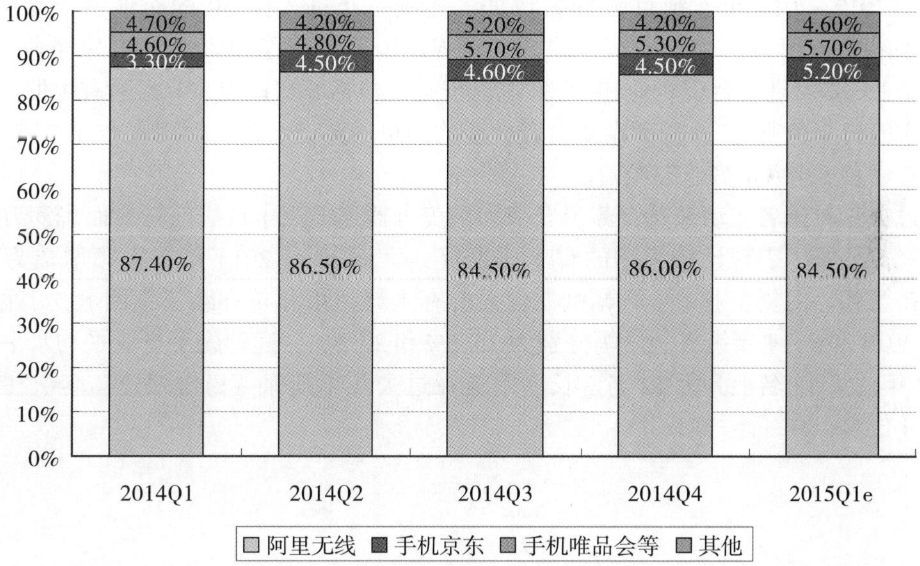

注：1. 手机唯品会等包括：手机唯品会、手机苏宁易购、手机国美在线、手机 1 号店、手机聚美优品、手机当当网、手机亚马逊中国以及买卖宝。

2. 来源：艾瑞咨询。

图 22　中国移动购物企业交易规模市场占比

2015 年，全球经济仍处于复苏阶段。其中，欧元区经济持续改善，但各经济体差异化显著；日本在“安倍经济学”中陷入深度衰退；唯美国进入强势复苏通道，美元对其他多数主要货币大幅升值，第四季度的加息计划也令大多数新兴经济体货币面临加速贬值，增加了人民币的贬值压力。而中国实体经济虽然逐渐企稳，但 2015 年上半年中国 GDP 同比增长仍在 7%徘徊，拉动 GDP 增长的三驾马车——出口、投资、国内消费的增长依然落后于预期。尽管社会消费品零售总额增速减缓，但远高于国内工业增速，并且随着股市向好、消费信心持续改善，消费潜力将会进一步释放，未来消费仍是提升中国经济的拉动力。此外，油价持续下跌冲抵了通胀压力，而低通胀为宽松货币政策提供了空间。为进一步鼓励投资与消费，降低企业融资成本，政府宏观政策导向已从“稳增长，调结构”转向“保增长”，可预期的是，2015 年度中国连锁零售行业仍是谨慎乐观向好的前景。

附：连锁百强常青企业

连锁百强2014
· 20964亿元——百强销售总规模
· 107366——百强总门店数
· 210亿元——平均企业销售规模
· 31亿元——百强入围门槛
· 16.4%——平均毛利率

中国连锁经营协会 2015 年 4 月发布的“2014 年中国连锁百强”榜单及其调研数据显示，本年度百强总销售规模为 2.1 万亿元，同比增长 5.1%；门店数为 10.74 万家，同比增长 4.2%。百强入围门槛为 31 亿元，较上年降低 9.8%。企业平均销售规模为 210 亿元。百强企业平均毛利率为 16.4%，较上年上升 0.2 个百分点。

基于 2012-2014 年连锁百强排名数据，连续三年进入前 30 的企业共有 23 家，其 2014 年总销售规模为 1.14 万亿元，占连锁百强总销售规模的 54%。这 23 家企业中，6 家为外资企业，1 家港澳台资企业和 16 家内资企业（包括 6 家国有，1 家国有控股，8 家民营和 1 家股份制企业）。外资和港澳台资企业均为单一业态经营，而内资企业中有 10 家是单一业态经营，6 家是多业态经营。

就过去三年排名变动来看，苏宁云商和国美电器连续三年稳居前三，而华润万家排名保持第三。外资中表现比较突出的有康成投资（大润发），2014 年销售额增幅为 6.9%，排名保持第四。内资企业中上升幅度比较大的有永辉超市和长春欧亚集团股份有限公司。前者在 2013 和 2014 年销售额增幅分别为 25.5%和 22.6%，远领先于行业平均水平，排名从 2012 年的第 13 名上升为 12 名。长春欧亚在过去几年则保持稳健增速，名次在过去三年上升 4 位。

连锁百强常青企业名单

企业	排名			2014年销售规模（含税，万元）	销售增幅%
	2014	2013	2012		
国美电器有限公司	1	2	3	14348266.00	7.6%
苏宁云商集团股份有限公司	2	1	1	14276100.00	3.5%
华润万家有限公司	3	3	4	10400000.00	3.6%
康成投资（中国）有限公司（大润发）	4	4	5	8567000.00	6.9%
沃尔玛（中国）投资有限公司	5	5	6	7237558.00	0.2%
重庆商社（集团）有限公司	8	9	7	6148418.00	2.0%
百胜餐饮集团中国事业部	10	10	8	5070000.00	1.0%
家乐福（中国）管理咨询服务有限公司	11	11	10	4572212.00	−2.1%
永辉超市股份有限公司	12	13	13	4300000.00	22.6%
大商股份有限公司	13	12	11	3768000.00	−4.6%
武汉武商集团股份有限公司	14	15	14	3400003.00	10.8%
长春欧亚集团股份有限公司	15	19	19	3232232.00	14.3%
中百控股集团股份有限公司	16	18	16	3221803.00	9.9%
石家庄北国人百集团有限责任公司	17	16	17	3213628.00	6.5%
宏图三胞高科技术有限公司	18	20	15	3035023.65	10.1%
农工商超市（集团）有限公司	19	17	12	2938187.00	−2.1%
海航商业控股有限公司	20	22	20	2790000.00	5.7%
天虹商场股份有限公司	23	25	23	2338992.00	6.2%
利群集团股份有限公司	24	24	22	2307900.00	0.9%
烟台市振华百货集团股份有限公司	25	26	27	2306100.00	5.0%
文峰大世界连锁发展股份有限公司	27	28	26	2170674.00	4.8%
北京王府井百货（集团）股份有限公司	28	23	21	2166596.00	−8.4%
江苏五星电器有限公司	29	21	18	2100000.00	−21.1%
合计				113908692.65	3.93%

数据来源：中国连锁经营协会，德勤分析。

2014 年中国零售行业发展总体情况

2013 年，我国零售业保持平稳增长态势，销售额平稳增长，营业面积进一步扩大，从业人员小幅增加，网络零售保持高速增长，网络零售与实体零售融合步伐加快，进一步推动零售业的信息化、供应链整合及商务电子化转型升级发展。随着居民收入提高及消费习惯改变，便利店进入快速发展通道。但受宏观经济下行影响，零售业出现销售额增幅下滑，营业面积扩大及从业人员增速放缓，零售业面临下行压力。同时，房租、人工等成本持续上涨，进一步压缩企业盈利空间，毛利率、净利率普遍下降，企业营业利润增幅进一步放缓，盈利能力持续减弱，企业关店调整现象频现。企业转型也面临困境，线上线下的融合仍有诸多困难和不确定性。

尽管面临压力，2014 年零售行业仍保持平稳增长态势，网络零售继续保持较快速度增长，线上线下加快融合，企业信息化、商务电子化程度快速提升，全渠道趋势更加明显。随着网络零售高速发展和线上线下加快融合，供应链整合进入快车道，政策利好进一步促进物流业更快发展，零售格局出现了新的变化，行业集中度的增速也快于连锁化时代。同时，精细化管理被企业普遍关注并遵从，经营商品和经营服务的零售本质重回企业核心竞争，进而零售企业的经营能力得以整体提升。

第一部分 零售业发展情况

2013 年我国零售企业销售额保持平稳增长，营业面积和从业人员小幅增加，网络零售持续高速增长，便利店业态发展良好，发展空间较大。但受宏观经济调整影响及持续的成本上涨，零售业企业销售增速下滑，盈利空间进一步压缩，影响企业门店及人员的扩张，营业面积及从业人员增幅均处于较低水平。

一、总体规模

（一）企业数量稳步增加

根据国家统计局相关历史数据及商务系统典型零售企业数据测算①，2013 年全国零售

① 本报告注明的据测算数据，依据国家统计局相关历史数据和商务系统典型企业数据测算生成，旨在及时为行业发展提供基本导向。相关数据以国家统计局正式发布为准。本报告第一部分所述的数据均为零售业整体测算数据，除此以外，其他部分的数据及分析均不含汽车、油品、医药及烟草专业零售数据。

业经营单位达 2498 万个，比上年增长 6.1%。其中大中型法人企业 2.36 万个，较上年增长 6.2%；小微型企业及个体户单位 2495.7 万个，较上年增长 6.1%。

表 1　　2013 及 2012 年全国零售业经营单位数　　单位：万个

经营单位类型	2012 年	2013 年	增速（%）
大中型法人企业	2.22	2.36	6.2
小微型法人企业及个体户	2352.2	2495.7	6.1
总体	2354.4	2498.0	6.1

（二）销售额平稳增长，增幅收窄

据测算，2013 年全国零售业经营单位实现销售额 18.24 万亿元，较上年增长 12.8%，其中大中型法人企业实现销售额 7.34 万亿元，同比增长 10.2%，小微型法人企业及个体户实现销售额 10.90 万亿元，同比增长 14.6%。

表 2　　2013 及 2012 年全国零售业经营单位销售额　　单位：万亿元

经营单位类型	2012 年	2013 年	增速（%）
大中型法人企业	6.66	7.34	10.2
小微型法人企业及个体户	9.51	10.90	14.6
总体	16.17	18.24	12.8

（三）从业人数小幅增长

据测算，2013 年末全国零售业经营单位从业人数为 6262 万人①，其中大中型法人企业从业人数为 477 万人，比上年增长 1.9%；小微型法人企业及个体户从业人数为 5743 万人，增长 2.1%。在全部从业人员中，大中型法人企业从业人数占 7.6%，小微型法人企业及个体户从业人数占 92.4%。

表 3　　2013 及 2012 年全国零售业经营单位从业人数　　单位：万人

经营单位类型	2012 年从业人数	2013 年从业人数	增幅（%）
大中型法人	468	477	1.9
小微型法人及个体户	5666	5785	2.1
总体	6134	6262	2.1

① 全国零售业从业人数，根据商务系统典型企业调查数据，结合分业态及大中小法人企业结构推总测算所得。

（四）企业营业面积小幅扩大

据测算，2013 年全国零售业法人企业年末营业面积为 7.8 亿平方米，比上年增长 3.1%。其中大中型企业 2.4 亿平方米，增幅为 3.0%，占零售业法人企业营业总面积的 30.7%；小微型企业为 5.4 亿平方米，增幅为 3.1%，占零售业法人企业营业总面积的 69.2%。

表 4　　2013 及 2012 年全国零售业法人企业营业面积　　单位：亿平方米

企业类型	2012 年营业面积	2013 年营业面积	增幅（%）
大中型法人企业	2.3	2.4	3.0
小微型法人企业	5.2	5.4	3.1
总体	7.5	7.8	3.0

二、效益与效率

（一）利润额增长但利润率小幅下降

1. 营业利润小幅增长

据测算[①]，2013 年企业营业利润比上年增长 3.4%，其中大中型法人企业增长 3.9%，小微型法人企业增长 3.2%。

表 5　　2013 年全国零售业法人企业营业利润增幅　　单位：%

企业类型	2013 年营业利润增幅（%）
大中型法人企业	3.9
小微型法人企业	3.2
总体	3.4

2. 毛利率有所下降

据测算，2013 年我国零售业法人企业销售毛利率为 14.4%，比上年下降 0.5 个百分点。其中大中型企业为 15.8%，比上年下降 0.6 个百分点；小微型企业为 14.1%，比上年下降 0.1 个百分点。

① 根据商务系统典型企业数据和中国连锁经营协会百强统计数据综合测算。

表 6　　**2013 及 2012 年全国零售业法人企业毛利率**　　单位:%

企业类型	2012 年	2013 年	毛利率差额（%）
大中型法人企业	16.4	15.8	-0.6
小微型法人企业	14.2	14.1	-0.1
总体	15.6	15.1	-0.4

3. 净利润率略微下降

据测算，2013 年我国零售业法人企业净利润率为 2.4%，较上年下降 0.1 个百分点。其中，大中型法人企业为 2.8%，比上年下降 0.2 个百分点；小微型法人企业为 2.3%，与上年持平。

表 7　　**2013 及 2012 年全国零售业法人企业净利率**　　单位:%

企业类型	2012 年	2013 年	净利率差额（%）
大中型法人企业	3.0	2.8	-0.2
小微型法人企业	2.3	2.3	0
总体	2.5	2.4	-0.1

（二）平效、劳效小幅提升

1. 平效小幅提升，提高单店效率平衡房租上涨压力

2013 年，零售业法人企业平效①为 14622 元/平方米·年，比上年上升 5.5%。分企业类型看，大型法人企业为 15404 元/平方米·年，中型企业为 8628 元/平方米·年，小微型法人企业为 3963 元/平方米·年，同比分别上升 5.5%，5.2%和 8.4%。平效上升原因主要有二：一是营业面积的扩张速度小于销售额的上涨速度，二是企业进行店面调整，关闭效益较差的店，提升单店效率，平效提高。零售业企业在利润率下滑情况下保持谨慎规模扩张的同时，着力提高单店的营业额。

2. 劳效小幅增加，企业提高人均劳效平衡人工上涨压力

2013 年零售业法人企业人均劳效②为 892623 元/人·年，比上年提高 5.6%，销售额增长快于从业人员增加，人均创造的销售额在提升。大型法人企业为 973598 元/人·年，中型法人企业为 544655 元/人·年，小微型法人企业为 186186 元/人·年，增幅分别为 5.4%、5.1%和 6.5%。在人工成本不断上涨，利润率维持较低水平的情况下，企业调整人员规模的扩充速度，通过提高人均劳效来平衡成本上升的压力。

① 此处计算的平效指标，不包含汽车、摩托车销售、汽车摩托车燃料及零配件零售、医药及医疗器材零售及烟草零售数据。

② 劳效：指个人实现的年销售额，用于考察从业企业人员效率的指标，单位为元/人·年，此处计算的劳效指标，不包含汽车、摩托车销售、汽车摩托车燃料及零配件零售、医药及医疗器材零售及烟草零售数据。

3. 流动资产周转率小幅下降

2013 年法人企业流动资产周转率为 2.58 次，比上年有所下降。其中大中型企业为 2.63 次，小微型企业为 2.12 次，周转速度下降。

表 8　　2013 及 2012 年全国零售业流动周转率　　单位：次

企业规模	2012 年流动周转率	2013 年流动周转率	周转率差额
大中型	2.63	2.62	-0.01
小微型	2.13	2.12	-0.01
总体	2.59	2.58	-0.01

三、行业贡献

据测算，2013 年末全国零售业从业人数为 6262 万人，占第三产业从业人数 27995 万人的 22.3%，占全国从业人员的 8.1%。其中，2013 年零售业新增就业人数 128 万人，占第三产业新增就业人数的 41.9%。

2013 年零售业实现增加值 1.79 万亿元，占第三产业增加值的比重为 6.8%，比上年下降了近两个百分点，占 GDP 比重为 3.1%，比上年下降了 0.6 个百分点。

2013 年零售业实现税收 4159 亿元，较上年增长 8.2%，占全国税收收入的比重为 3.7%，比上年上升了 0.3 个百分点。

四、业态发展情况

（一）业态结构

1. 便利店销售额占比上升、专业店下降明显

2013 年，专业店、专卖店、百货店、超市、大型超市、便利店销售额占零售业销售总额的比重分别为 36.2%、21.3%、13.4%、11.4%、9.0%和 2.6%，专业店和专卖店仍是最大的两个业态。从两年比重变化来看，便利店比重上升较快，较上年上升了 0.6 个百分点，便利店的比重虽然较小，但近两年持续呈上升趋势。专业店占比下降趋势明显，下降了 0.6 个百分点，其次是百货店和大型超市，分别下降了 0.2 和 0.1 个百分点。

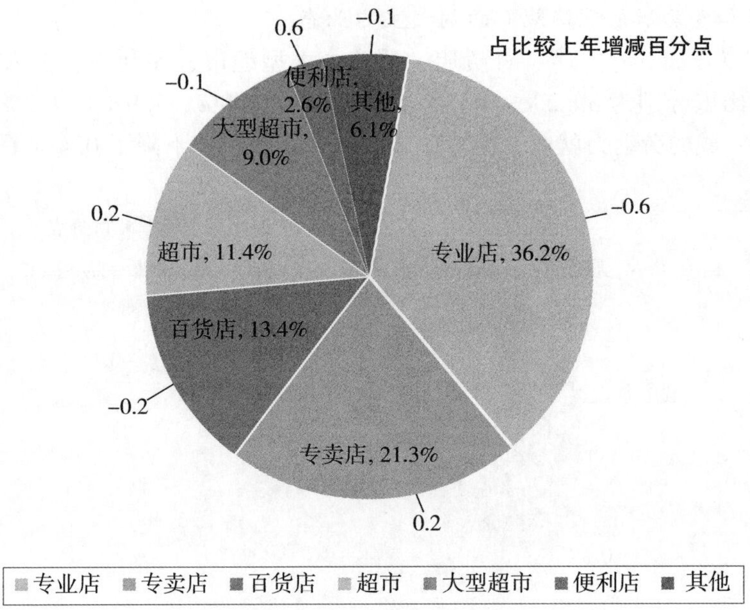

图 1　2013 年各业态销售额占比及较上年增减情况

2. 专业店、百货店和专卖店占据行业近八成的营业面积

2013 年，专业店、百货店、专卖店、超市、大型超市、便利店营业面积占零售业营业总面积的比重分别为 37. 4%、19. 7%、17. 5%、9. 3%、9. 0%和 3. 5%，面积集中于专业店、百货店和专卖店，三者面积占了近 75%。从比重变化来看，便利店占比上升了 0. 5 个百分点，处于扩张态势；专业店受关店影响，面积占比下降了 0. 9 个百分点，呈收缩态势；百货店占比下降了 0. 2 个百分点。

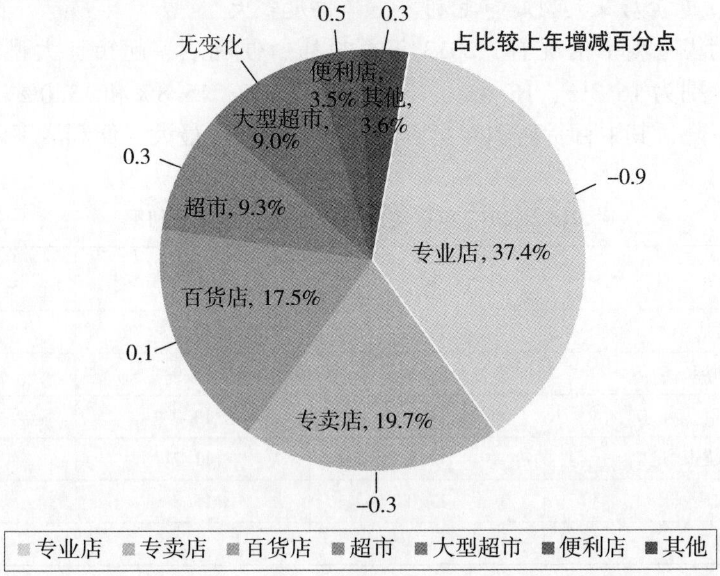

图 2　2013 年各业态营业面积占比及较上年增减情况

3. 专业店和专卖店是吸纳就业的两大主力业态

2013 年，专业店、专卖店、百货店、超市、大型超市、便利店从业人员占零售业从业人员总数的比重分别为 39.2%、19.4%、11.1%、10.8%、7.9%和 4.2%。专业店和专卖店贡献了近六成的劳动力就业，但专业店的从业人数占比下降了 0.4 个百分点。

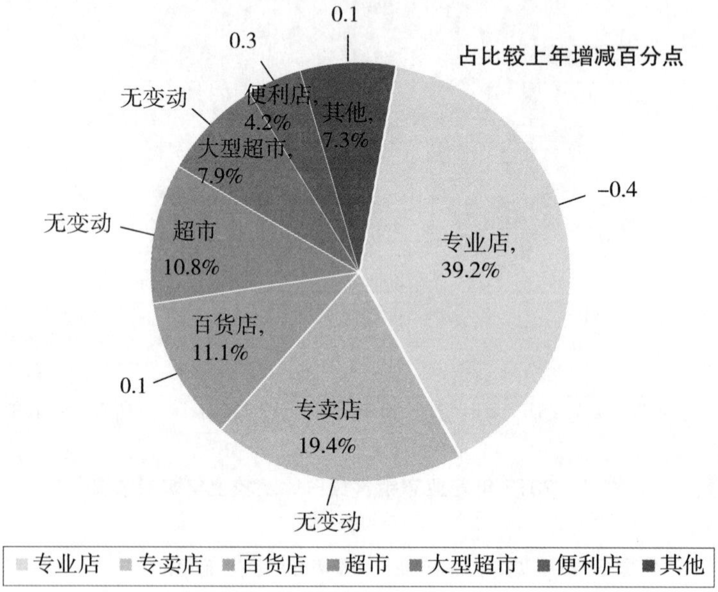

图 3　2013 年各业态从业人数占比及较上年增减情况

（二）各业态效益与效率①

1. 百货店、专卖店及大型超市毛利率下降幅度较大

从各业态销售毛利率情况看，2013 年百货店、便利店、超市、大型超市、专卖店、专业店毛利率分别为 16.3%、16.9%、13.9%、11.7%、15.8%和 13.0%。各业态毛利率均有不同程度下降，其中百货店和专卖店毛利率下降幅度最大，便利店下降幅度较小。

表 9　　2013 及 2012 年零售业各业态法人企业毛利率　　单位:%

业态	2012 年	2013 年	毛利率差额（%）
百货店	17.5	16.3	-1.2
便利店	17.3	16.9	-0.4
超市	14.5	13.9	-0.6
大型超市	12.4	11.7	-0.7
专卖店	17.0	15.8	-1.2
专业店	13.1	13.0	-0.1

① 各业态效率与效益部分及以下内容的分析均不包含个体户数据。

2. 净利率普遍下降

从各业态销售净利率情况看，百货店3.0%、便利店3.3%、超市1.8%、大型超市1.3%、专卖店3.8%、专业店2.1%，除大型超市外，各业态均有不同程度下降，其中百货店和专卖店下降幅度最大。

表10　2013及2012年零售业各业态法人企业净利率　单位:%

业态	2012年	2013年	净利率差额（%）
百货店	3.4	3.0	-0.4
便利店	3.4	3.3	-0.1
超市	2.0	1.8	-0.2
大型超市	1.3	1.3	0.0
专卖店	4.2	3.8	-0.4
专业店	2.2	2.1	-0.1

3. 便利店、百货店费用率小幅上升，专业专卖店小幅下降

分业态看法人企业营业收入费用率，百货店、便利店、超市、大型超市、专卖店、专业店营业收入费用率分别为12.4%、16.0%、12.9%、15.3%、18.0%、10.2%，百货店及便利店的费用率均有小幅上升，专业店受店面调整、门店关闭等影响，费用率有所下降。总体来看，营业收入费用率维持上年水平。

表11　2013及2012年零售业各业态法人企业营业收入费用率　单位:%

业态	2012年营业收入费用率	2013年营业收入费用率	营业收入费用率差（%）
百货店	12.3	12.4	0.1
便利店	15.9	16.2	0.2
超市	12.9	12.9	0.0
大型超市	15.6	15.6	0.0
专卖店	18.1	18.0	-0.1
专业店	10.6	10.4	-0.2

4. 平效提升，发展模式转变

分业态看零售业企业平效，专卖店平效最高，达24271元/平方米·年，其次是专业店，达22576元/平方米·年，二者平效远高于其他业态。超市平效最低，为10170年/平方米·年。百货店、便利店、大型超市的平效分别为12748元/平方米·年、15626元/平方米·年、15790元/平方米·年。从两年平效变化看，专业店平效增幅最高，达7.1%，专业店业态在维持稳定增长的同时，营业面积呈负增长态势，这说明专业店进行了有效的门店调整，关闭经营业绩较差的门店，同时强化现存门店的单店效率。其余业态均有4%及以上的增幅。在零售业增速稳中放缓的大背景下，零售业企业的营业面积增速处于较低水平。从平效的提升可以看出，过去的一年，零售业企业发展模式已经开始发生改变，从以圈地运动为特征的粗放的扩张模式向追求单店效率的提升上。

表 12　　2013 及 2012 年零售业各业态法人企业平效　　单位：（元/平方米·年）

业态	2012 年	2013 年	平效增幅（%）
百货店	12258	12748	4.0
便利店	14783	15626	5.7
超市	9631	10170	5.6
大型超市	14967	15790	5.5
专卖店	22876	24271	6.1
专业店	21001	22576	7.5

5. 便利店、超市劳效①不到专卖店和百货店的一半

分业态看零售业法人企业劳效，差异较大，专卖店最高，达 1251231 元/人·年，其次是百货店，为 1216637 元/人·年，专业店、大型超市分别为 1085738 元/人·年和 734906 元/人·年，均远高于便利店和超市，二者分别为 371463 元/人·年和 396938 元/人·年。从增幅来看，专业店劳效增幅最高，达 6.9%，其次为专卖店，达 6.2%，便利店、大型超市、超市、百货店分别为 5.1%、4.6%、4.5%和 4.2%，各业态都有不同程度的上升，体现了企业从粗放扩张到单店效率提升的转型路径。

表 13　　2013 及 2012 年零售业各业态法人企业劳效　　单位：（元/人·年）

业态	2012 年	2013 年	平效增幅（%）
百货店	1167598	1216637	4.2
便利店	353438	371463	5.1
超市	379845	396938	4.5
大型超市	702587	734906	4.6
专卖店	1178184	1251231	6.2
专业店	1015658	1085738	6.9

第二部分　零售业发展特点及主要问题

一、行业发展主要特点

（一）网络零售快速增长，线上线下融合步伐加快

据初步测算，2013 年中国网络零售市场交易规模超 1.85 万亿元，同比增长达 40%以上，保持高速增长态势。一方面，传统零售企业加速“触网”，开展多渠道营销。2013 年

① 劳效：个人实现的年销售额，用于考察企业人员效率的指标。

传统零售企业网络零售增速达38.6%，从事网络零售的企业中，网络零售销售额占整体销售额的比重从1.7%提升至2.3%。另一方面，电商企业主动向线下实体渗透。2014年以来，短短四个月，阿里入股银泰，1号店牵手美特好，同时自建线下社区实体店，腾讯联手京东，京东牵手唐久、华冠、超市发、台湾全家便利店、獐子岛并宣布计划与15座城市的上万家便利店进行O2O合作，顺风快递开设实体店，线上线下渠道合作趋势明显。同时，移动电子商务加速发展，仅2013年上半年，手机淘宝客户端新增激活用户数便突破1亿，总用户数突破4亿。

（二）传统企业积极开展网络零售，自建平台为主

中国连锁经营协会连锁百强统计显示，2013年，百强企业中共有67家开展了网络零售业务，开展网络零售以自建方式为主。67家企业中，51家采用自建平台方式，8家采用自建平台和入驻第三方平台相结合的方式，8家未自建平台，仅入驻第三方平台。百强企业利用移动互联技术，在促销推广、商品查找、下单、在线支付等方面积极尝试，提升客流，改善顾客体验。

（三）便利店增速快，百货、大型超市增长放缓

便利店发展良好，据测算数据显示，2013年销售额增速为13.7%，增速居各业态之首。百货店、专业店、大型超市等传统主力业态竞争压力继续加大，增长步伐放缓。根据商务部典型零售企业统计，2014年一季度，超市和便利店销售额同比增长均保持10%以上，其中便利店销售额同比增长12.8%，营业面积同比增长6.7%，增长势头强劲；百货店和大型超市销售额均同比增长7.1%，增幅分别较上年第四季度回落0.4和0.9个百分点；专卖店销售额同比增长9.8%，相对平稳。

（四）传统大型零售企业增速下滑较快，份额下降

根据中国连锁经营协会统计，2010年以来，连锁百强的销售增速持续回落，从2010年的21%下滑至2013年的9.9%，2011年、2012年和2013年分别下降9个百分点、1.2个百分点和0.9个百分点。2013年，销售增速首次出现个位数，是百强统计以来销售增幅最低的一年，增速下滑速度快于行业整体。连锁百强销售额占社会消费品零售总额的比重也持续回落，从2010年前保持多年的11%下滑到2013年的8.9%，份额下滑明显。

（五）一线城市企业关店增加，渠道继续下沉

一线城市的零售业发展趋于饱和，租金及人工成本不断攀升，企业开始调整网点布局，关店现象频现，同时，网店布局开始向二、三线延伸，拓展区域市场，渠道下沉。以沃尔玛为例，资料显示，2013年沃尔玛开设了30家新店，仅在2013年第四季度就在湖南、四川、广东、河北、江西、河南、湖北、云南、山西等省市开设了14家新门店，其中大部分新店位于三、四线城市。

（六）供应链整合加速，渠道效率提高

零售企业在面临成本上升、利润下滑的情况下，主动开展供应链整合，向供应链效率

要效益，如超市进行基地直采、开展农超对接。据不完全统计，全国开展农超对接的大型流通企业已超过 800 多家，这在一定程度上减少了中间环节，提高了流通效率。在农超对接成功开展的同时，厂超对接也在积极探索，如物美集团在 2013 年底开始从农超对接逐渐深入到厂超对接，经过一系列的商品联合招商变革和营销创新变革取得了初步成效。厂超对接的不断深入，使得商品采购价格进一步降低。同时，各生产型企业通过与物美的直接合作减少了中间环节，也愿意给予更加优惠的进货价格，大大提高了渠道效率。除此以外，超市及百货自有品牌的拓展，自采自营的比例也进一步扩大，压力倒逼企业加速供应链整合，提高渠道效率。

（七）竞争格局加快调整，并购重组增加

2013 年我国亿元以上的零售企业并购案超过 20 起，并购规模和频率明显提高。零售企业并购呈现三个新特点：一是内资企业反购外资企业案例增多，如华润万家整合乐购，物美酝酿并购卜蜂莲花等，业界影响深远；二是实体店商与线上电商之间的并购成为热点，继沃尔玛收购 1 号店、国美收购库巴之后，京东正组建专业的投资并购团队，酝酿跨行业并购；三是抱团取暖，应对宏观经济下行，如翠微收购当代商城和甘家口大厦，步步高收购广西南城百货；四是跨业并购，如苏宁云商收购 PPTV 股权，利用移动端布局全渠道。

二、各业态发展特点

（一）便利店发展良好

便利店在 2013 年处于快速成长期，销售额占零售行业比重从 2%上升至 4%。我国便利店主要分布于大中城市，据 2014 年中国连锁经营协会发布的针对 26 个城市的《中国城市便利店发展指数》统计结果看，便利店开店速度整体较快，2013 年店铺平均增速为 19.5%。普遍高于百货、大型超市的开店速度。数据显示，温州、呼和浩特和徐州的增速均超过了 50%，其中徐州的增速达到了 100%。

（二）专卖店发展平稳

专卖店发展平稳，销售额增速为 10.7%，是零售业的第二主力业态，销售额占零售业销售额比重为 21.3%，较上年上升了 0.2 个百分点，营业面积所占行业比重上升了 0.1 个百分点，平效、劳效均高于其他业态，发展势头良好。网络零售方面，大多专卖店是集生产和销售于一体，是较早开始网络零售的业态，通过自建网购平台、入驻第三方平台、与新媒体如微信的合作等多渠道发展，渠道扁平化和多渠道化发展趋势明显。但部分专业店由于受库存高企、过度扩张导致的渠道控制乏力，面临持续调整。

（三）专业店销售下滑，加快转型升级

专业店销售额增速是主要的几个业态中仅次于百货店的第二低的业态，且关店现象明显。专业店是主要的几个业态中销售额占比最大的业态，其增速的变化对整个零售业的影

响较大。测算数据显示，专业店营业面积呈现负增长。中国连锁经营协会百强统计中，前两名的国美、苏宁 2013 年的门店较 2012 年减少了近 200 家，专业店正面临持续的多方面的压力。一是网络零售的高速发展和网络零售环境的优化，由于经营品类与网络零售企业高度重合，替代效应明显；二是持续的销售下滑，成本持续上涨，原有的粗放扩张模式问题逐步暴露出来，被迫对效率低下的门店做出调整，同时一些有实力的企业如苏宁等，加速对网络零售及全渠道零售模式的积极转型，力求在未来的竞争环境中保持主导地位。

（四）超市稳步发展，大型超市布局调整

2013 年超市业态特别是社区型超市稳步发展，销售额保持两位数增长，达 12.7%，增速仅次于便利店。而大型超市特别是一、二线城市的大型超市，市场处于饱和状态，销售额增速为 10.2%，明显低于超市。门店布局调整较为明显，从 2013 年部分外资零售企业新开门店情况来看，渠道向三、四线城市下沉趋势明显，新开店铺最多的大润发，2013 年新开店铺城市分布中，三、四线城市占比高达 84.5%；沃尔玛有 70%的新开门店在三线及以下城市。

（五）百货店面临困局，转型困难

百货店仍面临较大压力，2013 年销售额增幅在主要的几个业态中垫底，增幅为 10.1%，营业面积增幅及从业人员也处于几个业态中的第二低。在过去两年的转型探索中，百货店并未找到适合自身发展的突破口。一是联营模式阻碍了百货店的变革。联营模式下百货店可规避买卖风险，旱涝保收。这种模式在助推百货店高速发展的同时，也积聚了诸多弊端，如零售经营能力下降，不了解顾客消费习惯等等。二是百货店的网络零售转型，不是简单将线下品牌商搬到线上，而是整个经营模式的变革，除了 IT 技术外，核心是零售技术，即经营产品和服务的能力，而这正是百货店真正欠缺的。三是购物中心的冲击，购物中心除了具备百货的功能外，还提供集餐饮、休闲娱乐、服务于一体的一条龙服务，功能单一的百货店面临尴尬境地。

关于百货店的转型，业内诸多专家的建议，一是提高自营比例，发展买手制，以消费者为中心，重构百货店核心竞争力。二是借助互联网，特别是借助移动互联网构筑全渠道零售。不管是哪条路，百货店的转型变革，都面临着比其他业态更多的困难。

三、存在的主要问题

（一）传统零售企业经营成本增加，利润下滑

自 2013 年以来，我国经济处于调整期，零售业面临的房租和人工成本负担较重，三公消费下降、物流成本过高、工商电费不同价等问题加重企业负担。据测算，2013 年零售业职工薪酬上涨了 16.4%，房租增幅达 12.4%，实体零售企业经营压力加大，盈利能力和利润水平呈下滑态势。2013 年零售企业毛利率为 15.1%，同比下降 0.5 个百分点；净利润率为 2.4%，同比下降 0.1 个百分点。其中，百货店、专卖店毛利率降幅较大，较上年降低 1.2 个百分点以上。零售连锁企业关店现象增加，中国连锁百强数据显示，排名

前两名的苏宁和国美，2013 年门店总数分别较 2012 年减少 79 家和 100 家。

（二）转型升级依然没有成熟模式

近年来，面临网络零售冲击，主要零售企业都拿出了针对性的对策，发展网络零售，转型升级。但截至目前，仍然还没有形成成熟的模式。

2013 年年初，华润集团网上商城万家摩尔停运；5 月，永辉超市生鲜网站半边天刚上线就关停；卜蜂莲花线上业务也停产；7 月，麦德龙天猫店停止营业；8 月，武汉中商的电商关闭。

正在转型中的苏宁，2013 年初宣布战略调整，改名苏宁云商，打造“店商+电商+零售服务商”的零售模式，正式对外宣布转型。2014 年初，苏宁云商发布了 2013 年财报，数据显示，其营收仅同期增长 7.05%，净利润却同期下滑 95.8%。另一零售企业国美，在经历了并购库巴、合并库巴发展国美在线后，2013 年也主动收缩了网络零售业务。

传统零售企业先期集中在网络零售业务上的转型探索，大部分以不成功告终，转型升级仍没有成熟的模式，需进一步探索。

（三）线上线下的实质性融合仍有待深化

2013 年底天猫与全国 19 家家居企业联合开展的 O2O（线上线下）项目终止，苏宁因 O2O 运营体制不顺于 2014 年 2 月再次宣布大调整，无不反映出当前无论是线上向线下延伸，还是传统企业打通 O2O 渠道，均缺乏整体设计和深度融合考量。特别是多数零售商仍沿用传统思维对待网络，仅将互联网作为一条销售渠道，尚未构建起线上线下协同共进的信息网络、物流配送体系、库存、结算及创新体验。许多传统零售企业花费巨资建设电子商务平台，换来的却是每天几千元的网络销售量，线上线下的真正融合仍有待深化。

（四）现有网络零售运营模式缺乏可持续性

多数网络零售运营模式实质上只是传统零售经营模式的翻版，营业收入一方面来自商品买卖差价，另一方面主要来自对供应商的收费。B2C 平台以各项名义对在网络上交易的供应商收取进场费、佣金、广告费等费用，这些因素导致平台缺乏差异化，过度竞争，难以形成良性的各方利益共享机制。

第三部分　零售业发展趋势

一、零售业将保持中速增长

2014 年零售业将维持稳中趋缓的增长态势，全年保持 12%左右增长，将通过经营调整逐步消化相关不利因素带来的影响，并在经营渠道、业态布局、盈利模式等多方面呈现出积极的变化。

二、大型综合服务体和便利店将成为主流零售业态

未来，实体商业商品销售将靠服务消费带动的趋势会更加明显，综合各类生活服务功能的大型商业体将稳定增长，以生活体验为主的专卖店、餐饮店和药妆店将受到新一代消费者的欢迎。同时，对比我国每百万人拥有的便利店店铺数仅为美国的1/10、日本的1/8的状况，可以预期，下一步集价格、位置便利和服务快捷优势的便利店业态，将会逐步进化成为一种主流零售业态，实现较快的发展。

我国便利店主要分布在大中型城市，饱和度还处于较低水平，且各地差异较大。数据显示，东莞、上海便利店发展水平最高，平均每3000人就拥有一家便利店，其中东莞每2667人拥有一家便利店。但从总体看，大部分城市在5000人以上的水平，有的城市每2万人甚至3万人才拥有一家便利店，远低于便利店发展较为成熟的日本及我国台湾地区。随着顾客消费习惯的转变及网络零售对便利店的促进，我国便利店迎来良好的发展机会。

三、线上线下在竞合中加快全渠道零售推进

线上线下将加快磨合，逐步在经营思维、运营方式、销售管理及服务体系等方面实现协同，在价格系统、个性化互动、跨渠道推销、库存、物流、售后服务及创新体验等多个方面同步，使消费者能够从实体店、网络平台、移动终端获得一致、优质的服务与购物体验。我国零售业在经历了单渠道、多渠道后，正逐步迈向以消费者为核心，消费者自然地在各种现实和虚拟购物间自由转化的“全渠道”无缝式对接融合的新型商业模式。

四、移动端网络零售步伐加快

随着智能手机的普及和移动互联网的发展，移动网络应用的接受程度和使用程度不断加深，网络零售日益向移动端转移。微信支付、支付宝移动终端支付等支付环境的便利化、移动端APP、比价搜索工具等各种网络购物应用的“人性化”设计，大大提升了消费者的购物体验，从而激发消费者的网络购物需求。根据中国互联网信息中心的统计，手机网络购物用户规模达到1.44亿，使用率从2012年的13.2%提升到2013年的28.9%。手机网购已经发展成为网络购物市场重要方式。以阿里巴巴为例，2013年共有1.45亿活跃用户通过移动端访问了淘宝、天猫和聚划算等平台，手机交易额为2320亿元，占总销售额的19.7%。

五、零售跨区域并购进一步提速

我国经济下行压力加大，而成本费用高企，零售业企业经营压力加大，前景不容乐观，在客观上促进了零售企业抱团取暖。与此同时，零售业企业为了进一步扩大经营网络，取得区域乃至全国市场的优势地位，通过跨区域的并购是最有效的方式，在经济下行、竞争加剧的环境下，以资本为纽带的跨区域并购将迎来更多机会，实现将连锁经营不

断向区域、中小城市乃至农村市场的拓展，进一步提高行业的集中度。

六、实体零售店服务将更加立体化和精细化

在网络购物快速发展的形势下，实体零售店将在加快发展电子商务的同时，进一步转变经营思路，更多地以消费者为中心，强化服务功能，提升客户体验性消费，并在原有商品售卖点的基础上，增加提货处、交流中心、服务中心、生活方案解决中心等多种功能。特别是通过安装 WIFI 等设备，应用移动商务、社交媒体、语音识别等技术，及时采集分析消费数据，将加快实现精准化营销和精细化管理。

七、供应链整合步伐将加快

随着零售业市场竞争日趋激烈，对市场需求的响应速度成为提升企业核心竞争力的关键，核心是企业对供应链的整合和把控能力，对供应链系统的技术支持、信息共享及零供协作能力。零供之间将会交换更多决策权、工作职责和资源，决策权由供应链更合适做决定的一方做出决策，以加强协作，对库存进行最优化管理，向供应链要效率、要效益。

O2O 等新模式的加快发展促进全渠道零售的发展，将进一步推动零售企业组织之间的兼并重组，加快制造商、批发商和零售商之间的供应链整合，塑造全新的联盟和协作关系，通过信息共享和成本优化提升各方效益。

同时，由大型电商主导的“干线物流+区域配送中心+落地配”的模式也将冲击传统端到端配送的网络模式，成为推动未来物流乃至供应链市场发展的主要力量，并带动供应链的整合和资源优化配置。

八、物流将迎来大发展，提高渠道效率

物流业是服务业的重要组成部分，是国民经济的基础性、战略性产业。当前，我国物流业面临三大难题，物流成本高，同时物流企业规模小、物流配套基础设施不健全，这制约了物流的发展进而影响整个零售业乃至流通业的发展。由于自然经济和计划经济观念的存在，在一些地区和部门管理者头脑中仍根深蒂固，各类地方“关卡”、“壁垒”长期存在，造成我国物流成本居高不小。2014 年 6 月 11 日国务院常务会议通过了《物流业发展中长期规划》，我国物流业将获得物流规划、税收及相关政策支持及有望打破地区壁垒，“物畅其流”，将大大提高渠道效率。

九、网络零售促进行业集中度加快提高

2014 年 4 月，中国连锁经营协会组织统计的 2013 年中国连锁百强出炉。数据显示，百强销售额再创新高，达 2.04 万亿元，但百强增幅 9.9%，创近年新低。销售额占社会消费品零售总额比重下降至 8.9%，连续三年下滑，前两年分别为 9.1%和 9.0%，而 2006-2010 年，这一比重一直保持在 11%上下。与之相应的是，2013 年网络零售销售额总额达

1.85 万亿元，增幅超过 40%，网络零售销售额占社会消费品零售总额的比重逐年递增，2013 年比重达 7.9%，2014 年这一数字将接近或超过连锁百强。

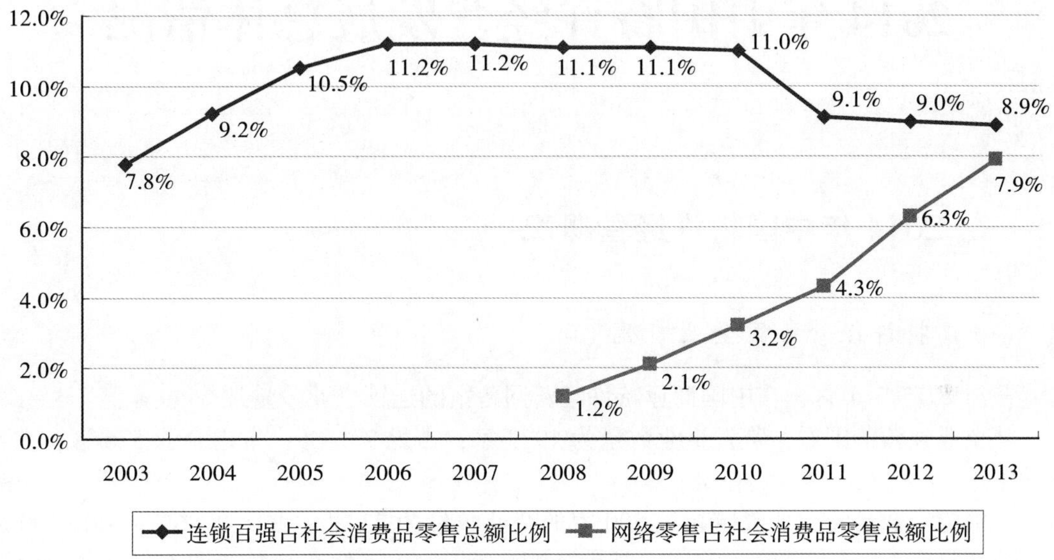

图 4　2013 年连锁百强企业及网络零售占社零额比重

网络零售兴起打破了原有市场格局。天猫平台的年销售额早在 2012 年就已经超过连锁百强排名第一的企业，如果认为天猫是众多商家的贡献确立的这一地位，来看以主营为主的京东，2013 年销售额突破 1100 亿元，相当于连锁百强企业第三名的销售额。零售行业由于网络零售新贵的出现，市场格局已经发生了质的变化，主要玩家已经从几年前的传统企业独霸天下变为今天传统与电商共舞的格局。

同时，行业集中度将随着网络零售及线上线下融合的发展进一步提高。从中国第一家连锁企业“美佳超市”在市场上出现至今，连锁经营已经走过了二十多个年头，多年的发展，出现了苏宁、国美等网点遍布全国的连锁企业，集中度在连锁化发展下，从无到有，从低到高。但较发达国家相比，仍处较低水平，发达国家前十名的零售商，市场份额能超过 60%，而中国连锁百强企业的销售额，占社会销售额比重从未突破 12%，且近年还有持续下滑的趋势，比重跌入个位数，传统零售企业的集中度在进一步降低。相反，网络零售则在短短几年的时间突飞猛进，销售额正逐渐接近连锁百强 100 家企业的销售额，占社零额比重 7.9%，而市场主要的十多个电商企业就贡献了超过 90%，集中度远高于连锁百强。在可预见的未来，网络零售仍将持续快速发展，市场集中度的天平也将继续偏向电商，同时随着传统零售企业的介入，网络零售的集中度将因此进一步提升，速度将快于连锁化时代。

2014 年中国特许经营发展总体情况

一、2014 年中国特许经营概况

(一) 特许经营备案企业概况

截至 2015 年 1 月，在中国商业特许经营网备案的连锁企业数量达 2549 家。

从企业经营范围看，跨省企业数量为 1973 家，占比 77.4%；省内企业 576 家，占比 22.6%。

从加盟店数量看，加盟店超过 500 家的企业数量为 73 家，占比 2.86%；301-500 家的企业数量为 54 家，占比 2.12%；其中加盟店小于 10 家的企业数量最多，达 1302 家，占比 51.08%。

从所在行业看，零售业、餐饮业、其他商业服务业的企业数量占据前三，分别为 946 家、763 家、366 家，占比分别为 37.11%、29.93%、14.36%。

从企业所属区域看，排名前三的区域为北京、上海、广东，数量分别为 598 家、291 家、224 家，占比分别为 23.4%、11.41%、8.78%。

(二) 特许加盟商总体概况

随着我国特许经营事业的快速发展，并逐步得到投资者的认可，特许体系吸引了大量的加盟商。

从加盟商性别看，近几年男性、女性加盟商比例大约保持在 3∶2 左右，且选择加盟创业的女性数量在逐渐增多。

从加盟商加盟前从事的职业看，“经商”所占比例最多，占 50%以上，其他职业还有“下岗”、“公司职员”、“政府工作”等。研究还发现，加盟前所从事的职业特点是影响特许关系的主要因素，他们对自己所从事的行业及其规则相对熟悉，在进入加盟初期是有利的条件。但随着加盟时间的持续，特许双方的矛盾开始凸显，过去的职业开始产生影响，主要表现在对规则的理解以及对特许体系的质疑和修正等。

从加盟商的文化程度看，大专及以上学历的加盟商比例一直保持在 50%以上，且加盟商的文化程度呈现出逐步提高的趋势，选择加盟而不是自己创业被越来越多的高学历人士所认可。

从加盟商的年龄来看，年龄组别总体变化不大，主要集中在 25 岁到 45 岁之间。同时，数据还显示，较小年龄组的占比在逐渐提高，这说明特许经营事业正开始逐步受到青年人的关注，很多刚刚开始工作的人在逐渐转向加盟创业，而不是独立发展，可看出特许市场在逐渐规范，并取得社会大众的信任。

（三）特许经营发展特点

1. 电商通过特许加盟的方式进军实体店

随着 O2O 的发展和全渠道概念不断普及，特许经营行业出现了新的特点——网商正在尝试通过特许加盟的方式进军实体店。原来的纯粹网上零售商逐渐把终端向线下延伸，线上线下结合的趋势逐渐显现。例如，化妆品专卖电商乐蜂网，通过特许加盟的方式在线下开设连锁店，加盟店依靠现场达人的化妆表演来增强消费体验。主要面向女性的团购网站，如聚美优品也在线下积极发展加盟店。同时，部分网商则通过特许加盟的方式在二、三线市场开拓线下市场。

2. 越来越多的直营连锁企业开始发展加盟

直营连锁企业通过对现有直营店进行内部加盟改造，将一部分直营店转给内部员工加盟，通过这种方式对店铺一线人员进行有效的激励。同时，原来只发展直营的连锁企业，目前正在大幅度开放加盟，采取了合资加盟或区域授权等方式，如麦当劳、7-11 等企业。另外，第三类新兴的加盟企业是实体零售企业，专业零售企业和地方区域性零售集团在拓展电商业务的过程当中，逐渐通过特许加盟模式进行市场渗透。比如步步高推出电商之后，为了实现更高效的配送，也推出了加盟业务，利用步步高总部的采购和物流的资源，整合现有市场，这也是整个 O2O 战略的重要组成部分。类似还有婴幼儿产品的连锁店，如乐友 400 家直营店，推出 O2O 战略之后，在三、四线市场同时推出了加盟计划。另外，还有山西美特好，需要一些终端的便利店来配套业务发展，同样是以加盟模式发展。从这几个方面来看，特别是在 O2O 和全渠道这样新概念的推动之下，特许经营市场出现了很多新鲜的面孔，应该说也是特许加盟模式转型、提升、繁荣的一个重要的推动力。

3. 特许企业积极利用互联网和大数据，探索精准营销

围绕着移动互联和大数据，特许加盟企业纷纷采用新技术来改善业务流程，调整业务模式，积极探索利用互联网和新技术，开展积极有益的探索。例如，部分特许企业在招募加盟商时，通过与大数据公司合作，让大数据公司提供精准的潜在加盟人和投资人的数据，从而提高加盟招募的成功率。另外，有一些特许企业把 APP 应用到企业内部加盟商的管理当中，封闭式 APP 的管理方式，主要用于加盟店的信息沟通和培训，目前看也取得了较好的效果。再比如特许企业和 BAT 这一类平台数据企业进行合作，为了扩大网上流量，与天猫、京东合作，为了做更精准营销，与支付宝合作来获取支付宝后台的大数据，开展定向营销。还有一些企业与微信、百度搜索合作来进行社交网络的传播和营销，这些都是目前企业的积极探索。所以，从特许加盟整体市场和企业情况来看，由于移动互联的发展，企业在进行一些创新性或者变革性的实践和探索。

4. 政策支持力度逐年加大

政策方面，近两年国务院对中小企业，特别是小微企业的发展高度重视。今年以来国务院常务会议八次提到了中小企业如何扶持发展的问题，特许经营就是促进中小企业发展非常好的一个渠道。根据国务院的精神把特许经营当作扶持中小企业发展的重要途径，商务部已经开始着手建立中小企业服务体系，会同财政部引进新的支持政策，通过支持服务机构，为小微企业提供良好的服务。

5. 咖啡和饮品、中式快餐等业态被特许企业与投资人看好

根据 2014 年中国特许加盟投资景气调查报告显示，2014 年最被看好的特许行业前三名分别为咖啡和饮品、中式快餐、儿童早教。

其中，特许企业最看好的业态前五名分别是：咖啡和饮品、儿童早教、经济型酒店、食品专卖、职业技能培训。投资人看好的业态前五名依次是：咖啡和饮品、中式快餐、儿童早教、便利店、汽车维修美容。这表明，在经济不景气时，与民生相关的刚性需求更具抗跌性，有更好的抗风险能力。

特许企业和投资人普遍对 2014 年特许经营前景看好。调查显示，92%的特许企业有新开店计划，其中 76%的企业预计新开店增幅将在 5%以上，36%的企业预计增幅将在 20%以上。

6. 便利店、汽车后市场靠加盟方式发展迅速，成增长亮点

便利店业态在中国经过 20 多年的飞速发展，已成为中国零售业态中的重要组成部分。尽管零售业在 2012 年整体遭受到外部环境的冲击和压力，但便利店企业依然保持了良好的发展势头，销售规模实现 17%的增长，而超市大卖场的增速约为 8%，百货商场更是由于受到购物中心以及电商的冲击，增速低于 1%，家电大卖场、书店、玩具店等专门店则进入了负增长的时期。各种数据显示，在严峻的大环境下，作为一种小型先进业态的便利店企业保持了良好的增长，中国便利店行业正在进入二次扩张时期。

汽车后市场行业同样发展迅速，受益于中国全球最大汽车市场的地位及汽车保有量持续快速增长的态势，汽车后市场行业进入快速成长期。数据显示，目前中国汽车后市场的从业企业数量估计在数十万家，多数依附于分布在全国的约 800 家汽配市场，年销售规模大约为 4000 亿–5000 亿元人民币。目前总体上国内汽车后市场呈现出企业规模小、随市场增长而增长、管理基础薄弱等特点，预计未来将集快速发展与竞争秩序逐渐规范于一体的状况。

（四）国内特许经营将面临的问题

1. 受国内经济增速影响，企业销售增幅下降

受国内经济增速减缓的影响，本年度特许企业在店铺总数增速、加盟店增速、加盟店与总店铺数占比、平均拥有店铺增速均出现下滑趋势，同时，超市、便利店、食品零售、酒类专卖等零售业态，以及餐饮业的开店增幅则有明显下滑。

从营业额增率看，超市、便利店、食品零售、餐饮、经济型酒店、培训教育、洗染、家装的增幅比上年度有所下降。

2. 经营成本持续攀升，盈利能力面临挑战

本年度特许企业经营成本继续走高，其中尤以人力和房租成本为甚，进一步压缩了企业的盈利空间。另外，成本的持续上升使特许连锁企业对未来投资回收周期的预期延长。

3. 战略布局面临调整，运营能力有待提高

面对经济下行的预期和持续高企的经营成本，以及员工招聘困难局面的加剧，特许企业正在经受资金和管理等几方面压力加剧的重大考验，这对企业未来的战略布局与管理能力都提出巨大的挑战。

一线城市竞争日趋激烈，市场趋于饱和，同时，人力成本、房租持续居高不下，盈利

空间被进一步压缩，特许企业在一线城市的发展将越来越困难。因此，企业不得不向二、三线城市进行重心转移，未来将成为特许企业竞争的重要战场。同时，考虑到资金压力，企业将会减少直营店规模，增加加盟店比重。这对企业未来的店铺选址布局，运营管理能力都提出巨大的挑战。

二、2014 年中国特许百强总体情况

根据中国连锁经营协会（简称协会）2014 年度中国特许连锁行业发展状况调查及数据统计，协会于 2015 年 5 月 16 日发布了“2014 中国特许连锁 100 强”企业榜单。调查统计显示，2014 年中国特许连锁 100 强企业销售规模达 4280 亿元，共拥有连锁店 12.41 万个，其中加盟店 9.71 万个，每家企业平均拥有店铺 1.24 千个。

（一）特许百强基本情况

1. 区域分布

从地区分布看，特许百强企业总部所在地覆盖全国 18 个省级区域，但集中度较高的是华北和华东地区，两大区域特许百强企业总部合计占比 76%；而特许百强企业总部分布最多的是北京、上海、广东，三者占比分别为 34%、21%和 11%。特许百强区域分布[①]格局与上年度基本一致（见图 1、图 2）。

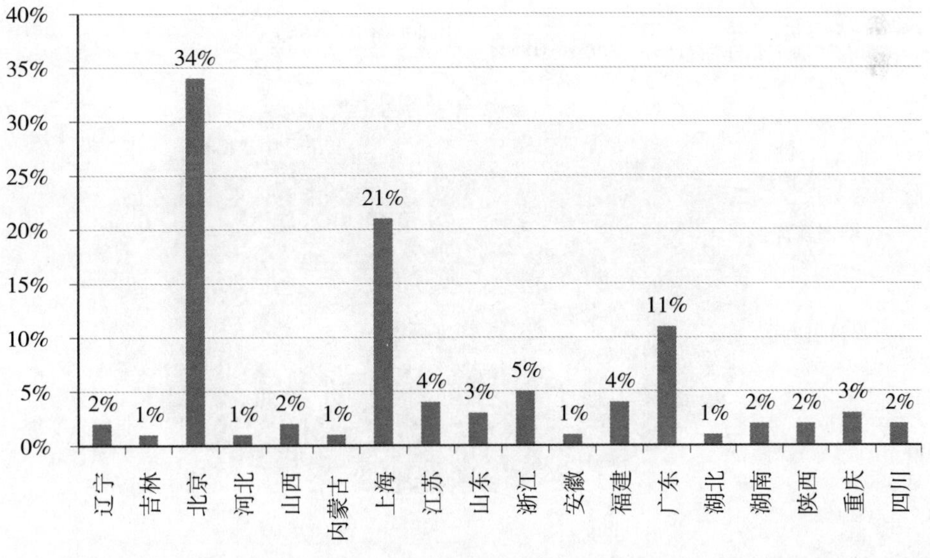

图 1　2014 年特许连锁百强总部地区分布情况（1）

① 区域分布：本报告将中国内地分为六大区域，即东北（辽、吉、黑）、华北（京、津、冀、晋、内蒙古）、华东（沪、苏、浙、皖、闽、赣、鲁）、中南（豫、鄂、湘、粤、桂、琼）、西南（渝、川、黔、滇、藏）、西北（陕、甘、青、宁、疆）。

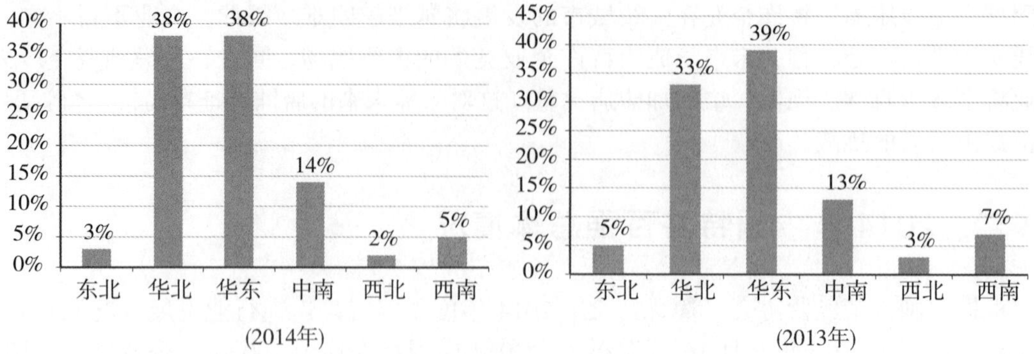

图 2　特许连锁百强总部地区分布情况（2）

2. 行业分布

从行业分布看，特许百强企业中零售企业占比最高，为 38%；其次是服务类企业，占比为 33%；餐饮类企业占比为 29%。与上年相比，上榜企业行业分布格局基本未变（见图 3）。其中，联华超市以 4325 家超市、617.51 亿元的销售总额位列超市业态首位；美宜佳便利店以 6390 家总店铺数、76.84 亿元的销售规模排名便利店业态第一名；全聚德以 104 家国内门店数、32.76 亿元的总销售额排名中式正餐首位。本年度，联华、美宜佳、全聚德再次蝉联各自所属业态的首位。

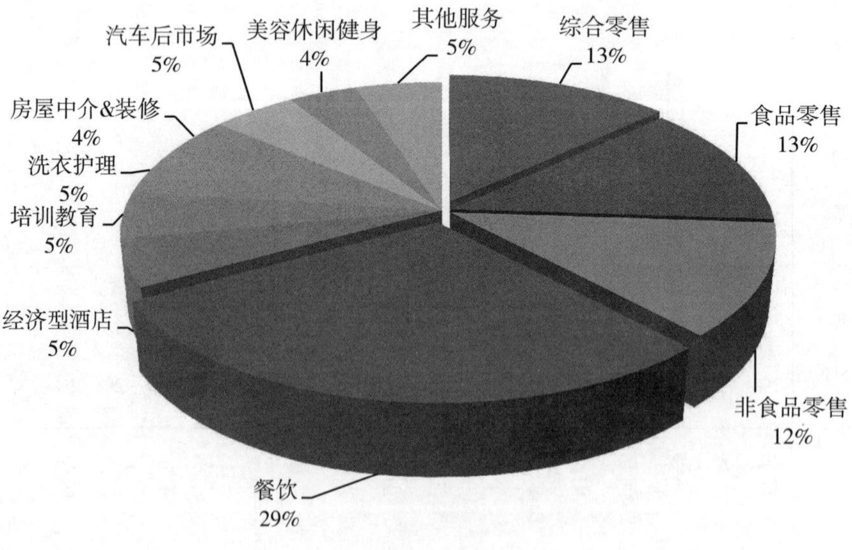

（2014年度）

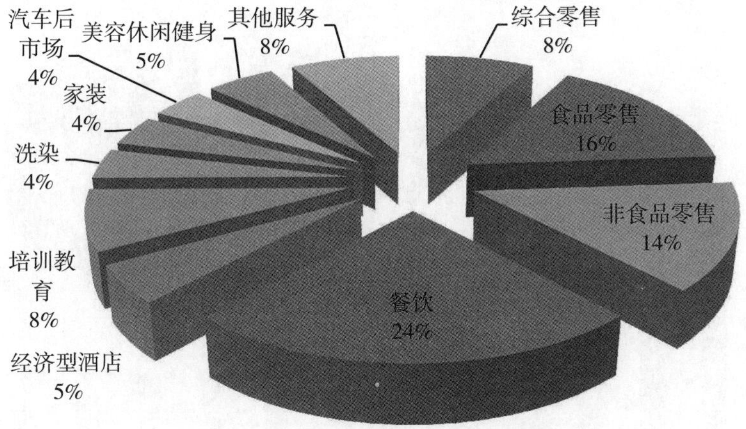

（2013年度）

图 3　特许连锁百强行业分布情况

3. 经济类型情况

从经济类型看，特许百强企业中民营企业占比达 51%，其次是外商独资企业、国有企业、中外合资企业，分别占比 13%、12%、11%，港澳台资企业占比最低，为 5%，其他类型企业占 8%。与上年相比，上榜企业中民营企业占比有所下降，港澳台资、中外合资、外商独资等企业占比均有提升，但不同经济类型企业的分布格局未有明显变化，见图 4 所示。

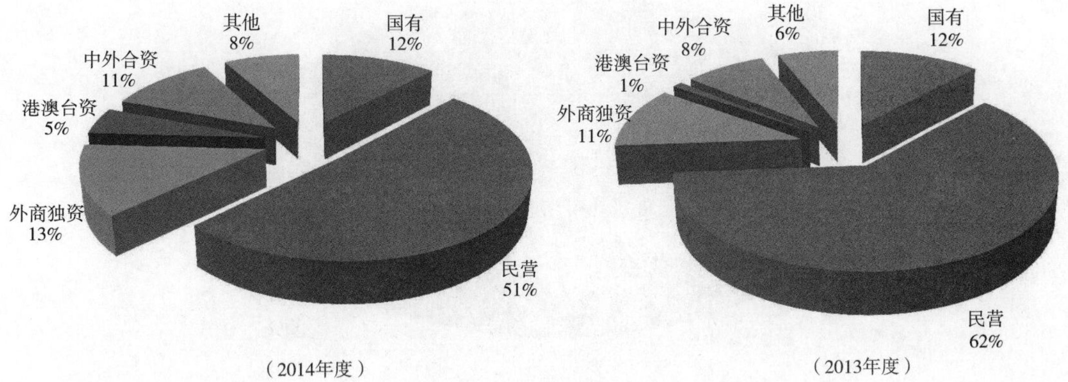

图 4　特许连锁百强企业经济类型分布情况

4. 加盟商情况

（1）加盟商区域分布：本年度特许百强企业加盟商分布最多的三个省份调查统计显示，加盟商分布最多的三大区域是华东、中南和华北，其占比分别为 43%、24%和 19%。加盟商分布最多的前 15 个省份见图 5 所示。

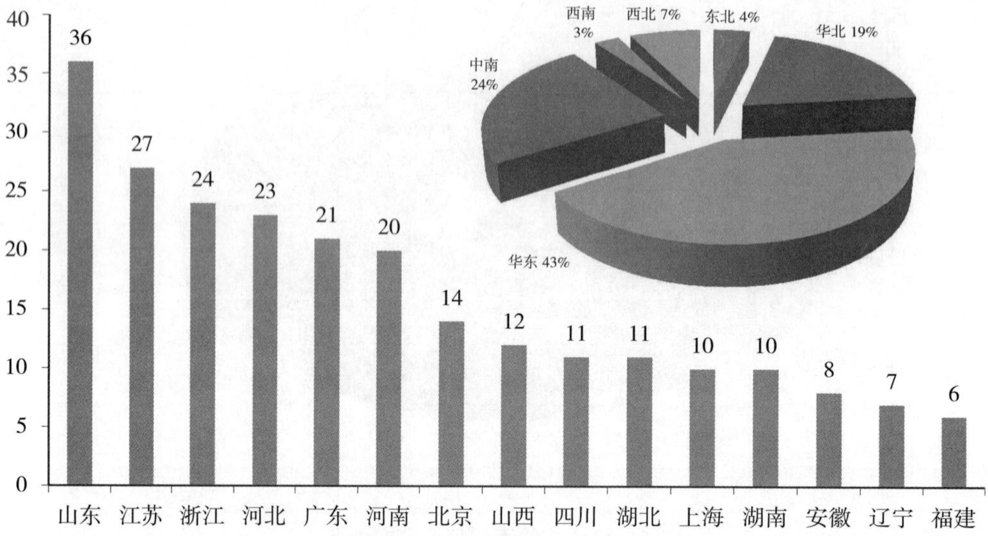

图 5　特许连锁百强加盟商区域分布占比及分布最多的前 15 个省份情况

（2）加盟商年龄分布：从特许百强加盟商年龄分布看，40 岁及以下的加盟商超过七成，其中 31–40 岁的加盟商占比高达 55%；而 51 岁及以上加盟商仅为 6%。可见，中青年加盟创业者是特许百强的主力军。见图 6。

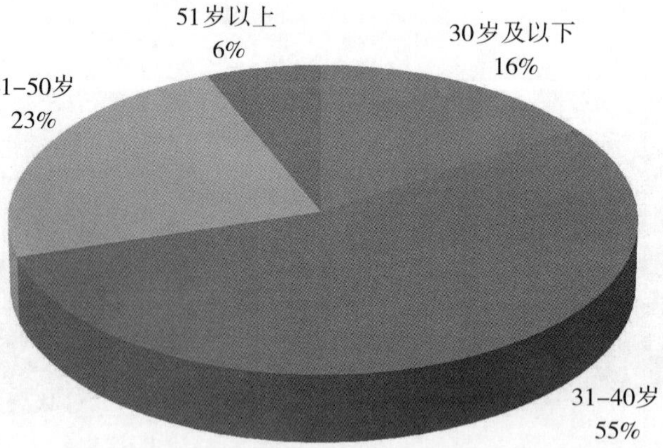

图 6　特许连锁百强加盟商年龄分布情况

（3）加盟商学历情况：本年度特许百强加盟商的学历以本、专科为主，达 58%；研究生及以上学历仅占 5%；而高中及以下的加盟商占比近四成。加盟商学历构成状况表明，高学历层次的加盟商还很稀缺，加盟商的学历教育还有较大的提升空间，这也是特许企业所期望的。

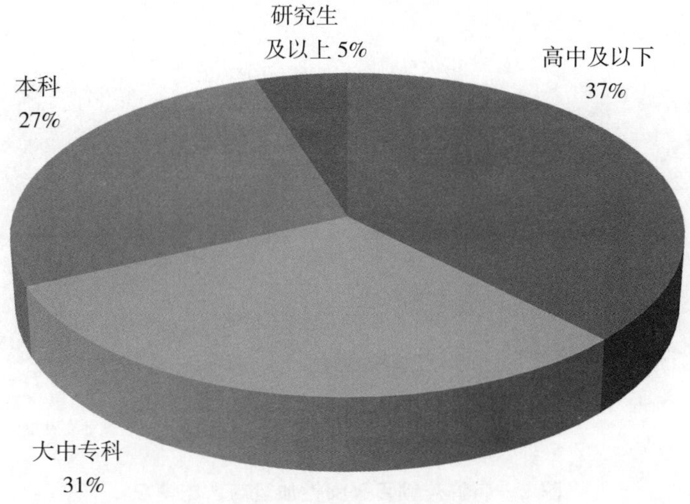

图 7　特许连锁百强加盟商学历情况

（4）应届毕业生加盟情况：仅就本年度大中专、本科及研究生等学历应届毕业生加盟特许百强企业调查统计显示，应届生加盟占比为 10%及以下的加盟商达到 68%，在 11%~40%和 40%以上的加盟商占比均为 16%；而应届高中毕业生选择加盟创业调查数据要乐观许多（见图 8）。可见，相对较高专业知识层次的应届毕业生献身特许加盟的意愿不是很高，这既与特许百强加盟商学历构成基本一致，也预示着招募高素质人才的困难和长远性。

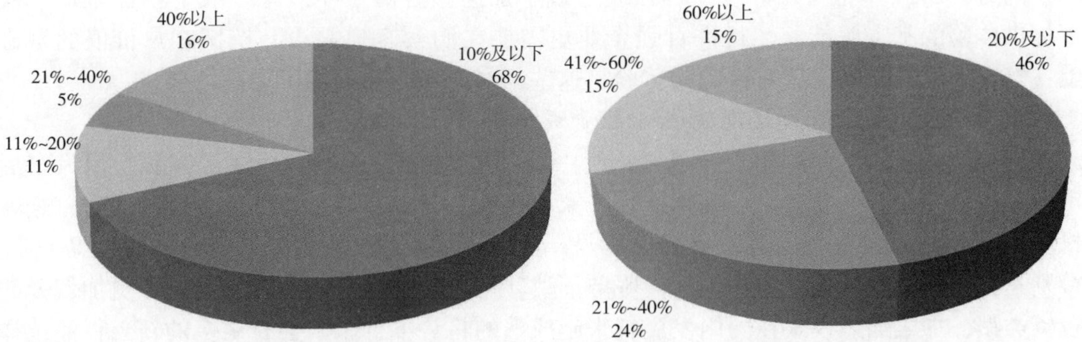

图 8　特许连锁百强应届毕业生加盟占比情况

（5）女性加盟商占比：如图 9 所示，特许百强企业中女性加盟商占比相对均衡，即 35%的企业中女性加盟商占比为 20%及以下；38%的企业中女性加盟商占比在 21%~60%；也有 21%的企业中女性加盟商占比在 60%以上。从不同业态女性加盟商占比情况看，食品与非食品零售相对均衡，综合零售集中于 40%以下，而餐饮则显现女性加盟商占比 20%及以下和 60%以上的企业更多。

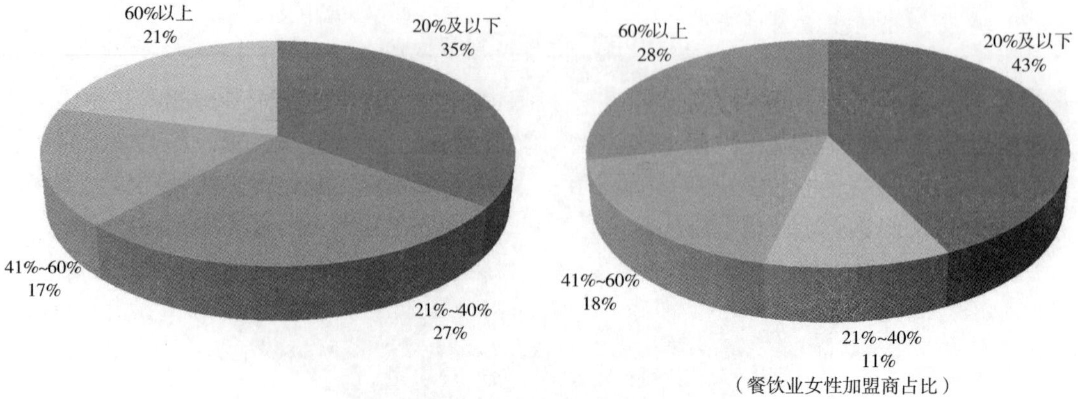

图 9　特许连锁百强女性加盟商占比情况

（二）特许百强发展特点

纵观本年度特许连锁百强企业发展状况，呈现如下新的特点：

1. O2O 渗透全行业 线上线下加速融合

"互联网+" 在特许加盟各行业的运用领域和影响深度都在快速拓展。调查显示，97%的特许百强企业已开展了 O2O 业务；60%的企业运用自建网络平台开展网上业务；25%的企业选择自建平台与入驻第三方平台相结合的方式开展网上业务；还有 40%的企业应用支付宝或微信等支付工具实现网上移动支付。

同时，2014 年也是特许连锁百强线上线下加速整合的一年。除了线上引流推广、线下提供体验的基本职能外，特许百强企业更需要在洞察客户需求、挖掘客户价值的基础上，打造线上线下的无缝对接购物体验，这些都对百强企业提出了更高的要求。

2. 服务业特许经营加速发展 金融投资成加盟亮点

在消费升级、"互联网+" 的影响下，零售行业加盟发展的步伐逐渐减缓，而汽车后市场、教育培训、大众餐饮、休闲饮品、家政等服务行业特许经营加速发展。同时，金融投资领域成为 2014 年特许连锁模式的黑马，涌现出诸多从事理财与融资业务的加盟企业。特别是在国内消费结构由实物消费向服务消费转型，金融理财悄然成为消费者更加偏爱的投资类型，加之加盟模式在国内发展越来越成熟的趋势下，未来会有更多的新兴行业选择加盟模式获得快速发展。

3. 灵活模式应对市场 专属直营开启加盟

有鉴于加盟模式在全行业的稳定发展，特别是更多新兴行业在竞争加剧的市场环境中选择加盟模式获得成功，部分坚持只以直营模式经营发展的企业也开启了加盟模式。

如，2014 年百胜集团宣布全面启动必胜客在中国的特许加盟业务。在注重 "质量而不是数量" 的经营发展理念指导下，必胜客采取灵活的加盟模式应对市场，即 "不从零开始" 的加盟模式。简言之，就是将一家成熟的必胜客餐厅整体转让给通过资格评估的加盟申请人，同时授权其使用必胜客品牌，按必胜客一贯制标准和要求继续经营。

必胜客调整发展战略，一方面与中国特许经营市场发展愈加有序健康有关，另一方面也反映出中国从事特许经营的专业人员越来越成熟。

4. 增长变化呈现行业特征 成本费用增幅趋缓

从销售及门店增幅综合情况看，增率变化呈现行业特征。整体看，全行业销售增幅普遍趋缓，其中房屋中介 & 装修呈现销售与店铺增幅近似同步的快速放缓，而餐饮销售、汽车后市场及经济型酒店店铺数均呈现增幅明显回落态势，特别是部分餐饮企业出现销售负增长。与此同时，经济型酒店、培训教育、食品零售、汽车后市场则显现销售与店铺数同步较快增长态势。

从分行业销售与净利润增率变化情况看，二者不同步状况也存在明显的行业特征。如餐饮业销售同比增率相对较慢，但净利润增率相对其他业态较为乐观，其中火锅、西式快餐更为突出；而食品零售、休闲饮品等业态销售增率较快，但其净利润率明显萎缩。

从经营成本费用率变化看，本年度除个别特许百强企业的房租成本出现下降外，大部分企业的经营成本与上年相比继续提升，但增幅总体持平或趋缓。其中，房租费用率相较上年同比增长 14.9%，而人工费用率同比增长 9.1%。

5. 中青年加盟创业者成特许百强主力 高素质人才稀缺仍难求

特许百强加盟商年龄分布显示，40 岁以下加盟商超过七成，50 岁以上加盟商仅为 6%，中青年加盟创业者构成特许百强企业的主要力量。然而，学历构成和应届毕业生加盟调查显示，高学历层次加盟商仍很稀缺，相对较高专业知识层次的应届毕业生献身特许加盟的意愿也不是很高，加盟商学历教育还有较大的提升空间，招募高素质人才任重而道远。

6. 2015 年全行业景气乐观 加盟商密布华东 二、三线城市仍是追捧热点

2015 年总体预期：九成以上的企业认为销售保持增长并持续拓展店铺、扩大比例的加盟策略，其中 44%的企业乐观预期销售增幅高于上年，仅有 7%的企业拟计划缩减开店数；投资回报方面，逾八成的企业认为投资回报周期与上年持平或缩短，从而呈现全行业景气乐观态势。

调查表明，华东、中南、华北是特许百强加盟商分布最多的三个区域，其中覆盖华东的加盟商占比达 43%，这也是我国经济最为发达和活跃的地区。而随着我国城镇化进程的持续推进，二、三线城市的发展空间、潜力和范围加速释放和拓展，从而更强地吸引更多的企业携资本进驻；而一线城市已趋于饱和的状况，以及四线城市尚不完善的服务配套与尚待开发、培育的消费市场，使得企业选择新的发展区域和发展战略时出现试探性发展、持币观察、战略调整等情况。

同时，调查显示，特许百强企业通过传统纸媒、电视进行品牌宣传的热度正在下降，而在持续保持网络宣传力度不减的基础上，利用特许加盟展大肆拓展、招募加盟商，推广特许品牌成为百强企业的重要手段。

（三）特许百强经营变化情况

1. 分行业销售与店铺发展

从特许百强销售额与店铺数增长情况看，本年度各业态的企业都较上年有所增长，但不同业态的变化情况差异较大，该状况与 2013 年类似（见图 10-1 和图 10-2）。

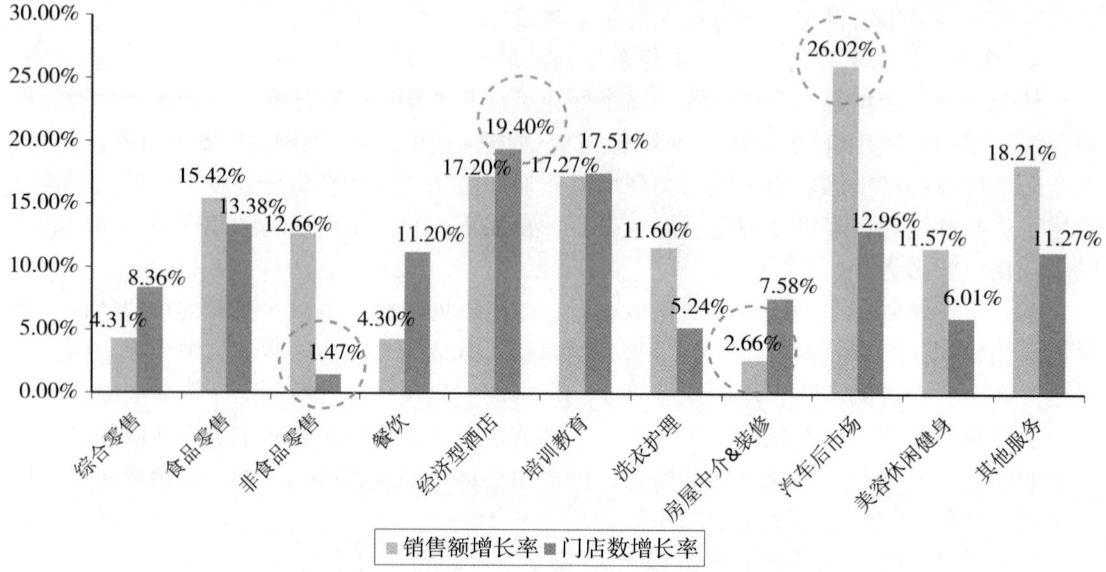

图 10-1　2014 年特许百强销售额与门店数同比增长情况

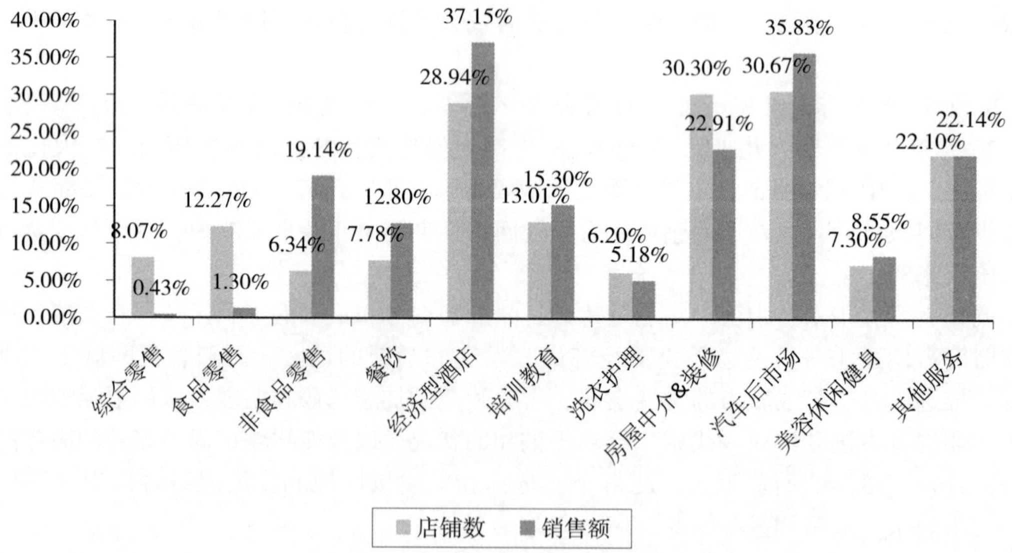

图 10-2　2013 年特许百强销售额与店铺数同比增长情况

从销售额同比增长看，汽车后市场（26.02%）、培训教育（17.27%）、经济型酒店（17.20%）、食品零售（15.42%）增速较快，而房屋中介 & 装修、餐饮、综合零售等业态销售增长相对较慢。与上年经济型酒店（37.15%）、汽车后市场（35.83%）、家装（22.91%）、非食品零售（19.14%）销售增长较快，以及综合零售、食品零售、洗衣护理等销售增长较慢情况比较，一是汽车后市场、经济型酒店、培训教育继续保持快速增长，而食品零售更是快速提升；二是全行业销售增幅放缓，其中房屋中介 & 装修、餐饮放缓程度尤为明显。

从店铺数同比增长看，经济型酒店（19.40%）、培训教育（17.51%）、食品零售（13.38%）、汽车后市场（12.96%）显现与其销售近似同步的较快增速，而非食品零售、洗衣护理、美容休闲健身等业态店铺数增长相对较慢。与上年汽车后市场（30.67%）、家装（30.30%）、经济型酒店（28.94%）、培训教育（13.01%）店铺数增长较快，以及洗衣护理、非食品零售、美容休闲健身等店铺数增长较慢情况比较，一是虽然经济型酒店、培训教育、汽车后市场、食品零售继续保持店铺数较快增长，但其中汽车后市场、经济型酒店店铺数增幅回落明显；二是房屋中介 & 装修店铺数变化呈现与销售近似同步的快速放缓。

2. 净利润率情况

调查显示，本年度特许百强净利润率比上年增长的企业达 40%，持平的企业为 28%，下降的企业为 32%。其中，占比 10%的企业净利润率增长 10%及以上，24%的企业净利润率增长在 5%及以内，但也有 9%的企业净利润率下降 5%~10%，只有 2%的企业净利润率下降达 10%及以上。调查还显示，就分行业销售增率与净利润增率变化情况看，二者存在明显的不同步状况，如餐饮业销售同比增率相对较慢，但净利润增率相对其他业态较为乐观，其中火锅、西式快餐更为突出；而食品零售、休闲饮品等业态销售增率较快，但其净利润率明显萎缩。

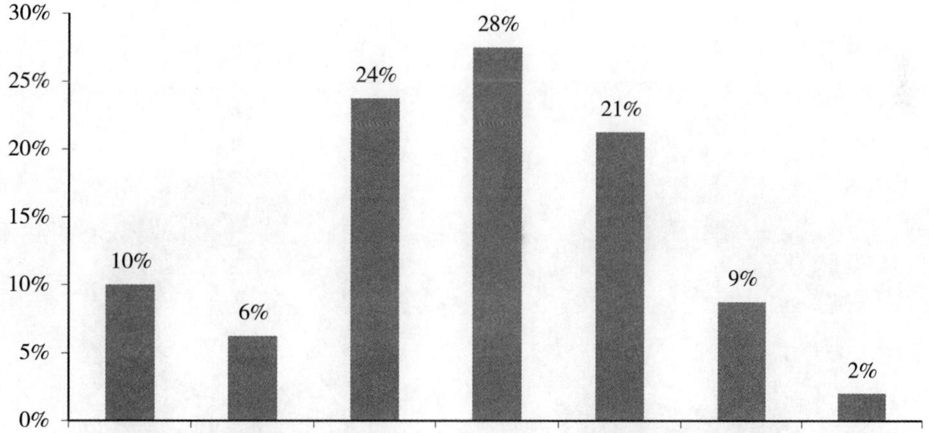

图 11　特许连锁百强不同净利润率占比情况

3. 主要经营成本费用率情况

从房租、人力、资金三大经营成本费用率来看，本年度除个别特许百强企业的房租成本出现下降外，大部分企业的经营成本与上年相比继续提升，也有部分企业经营成本实现持平。其中，19%的企业房租和人力成本增幅高达 10%及以上，69%和 73%的企业房租和人力成本增幅在 0~10%；而资金成本方面，34%的企业与上年持平，57%的企业增幅在 0~10%（见图 12）。

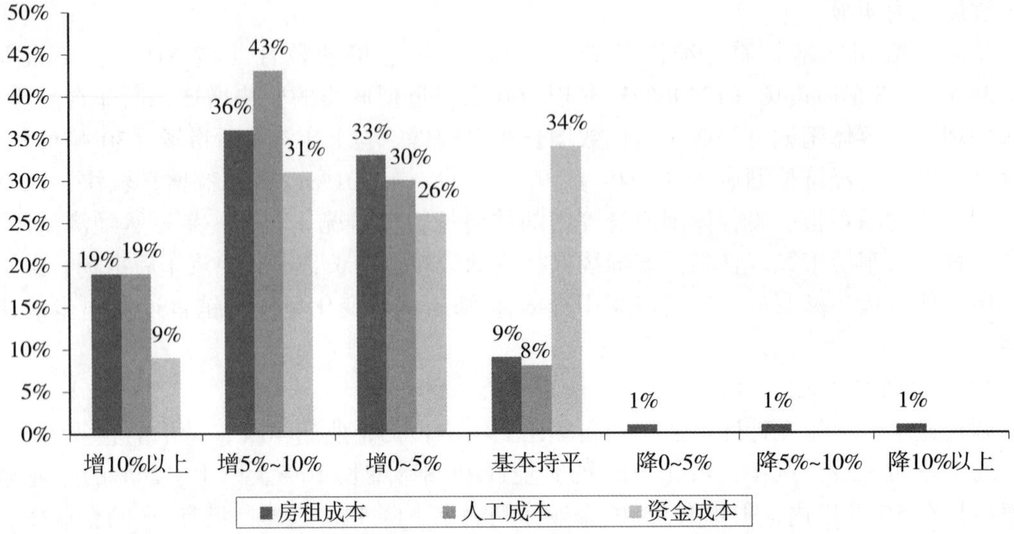

图 12　特许连锁百强房租、人工、资金三大经营成本不同费用率占比情况

4. 招募加盟情况

（1）加盟模式：调查显示，本年度特许百强企业在主要加盟模式选择上与上年趋于一致，即71%的企业以单店特许方式为主，区域开发模式的占17%，而二级特许的占10%。

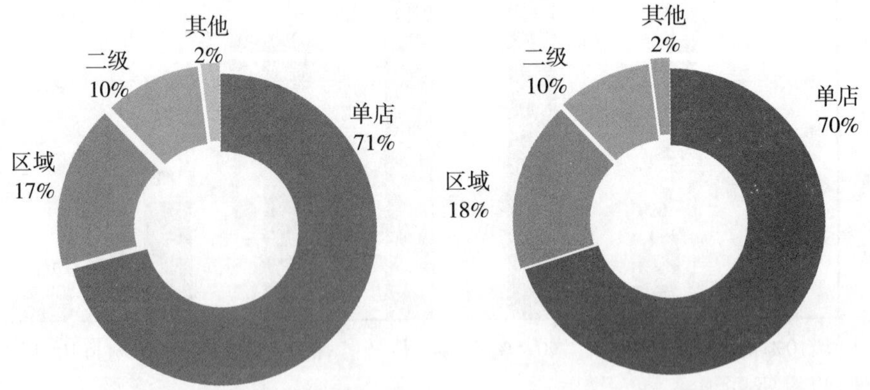

图 13　特许连锁百强主要加盟模式

（2）加盟金：本年度特许百强企业加盟金主要集中于10万元以内，占比达62%（而20万元以内的企业占比为71%）；其他加盟金额段较为均衡，如11万~20万元、21万~30万元、31万~40万元以及40万元以上的企业占比均为9%或10%。这与上年特许百强加盟金主要分布于20万元以内（占比59%）和21万~50万元（占比33%）虽有一定差异，但加盟金占比格局近乎一致。见图14。

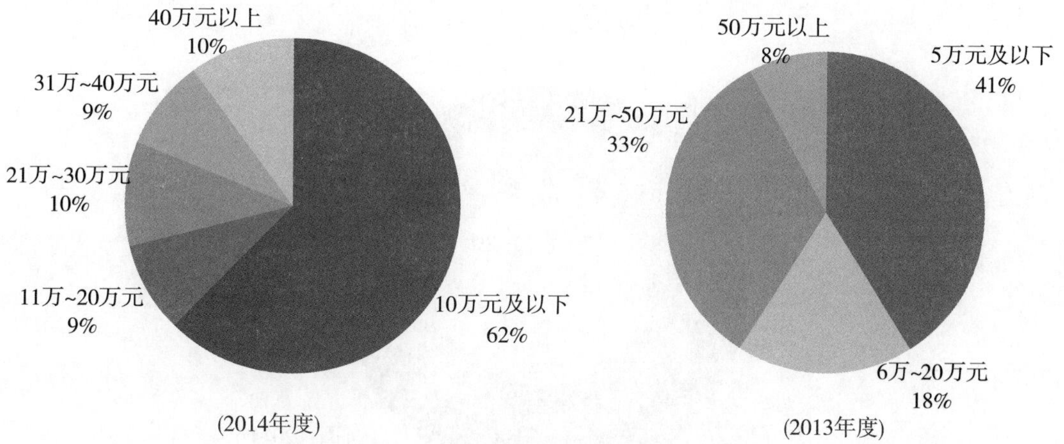

图 14　特许连锁百强加盟金情况

（3）特许权使用费缴纳方式：本年度年特许百强企业特许权使用费的收缴方式仍以定额缴纳为主，占比为67%，略低于与上年的69%；按销售额缴纳的企业占比13%，降低了6个百分点，而按企业与加盟商约定的其他灵活方式收缴的占比提升了8%。见图15所示。

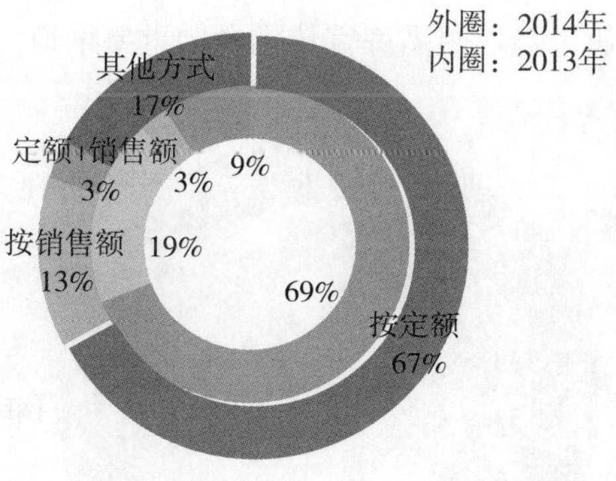

图 15　特许连锁百强特许权使用费缴纳情况

（4）加盟投资回报情况：2014年，44%的特许百强企业加盟投资回报周期在13~24个月，38%的企业投资回报期在12个月以内，14%的企业投资回报期在25~36个月，只有4%的企业在36个月以上，投资回报期整体状况与上年大致相同。

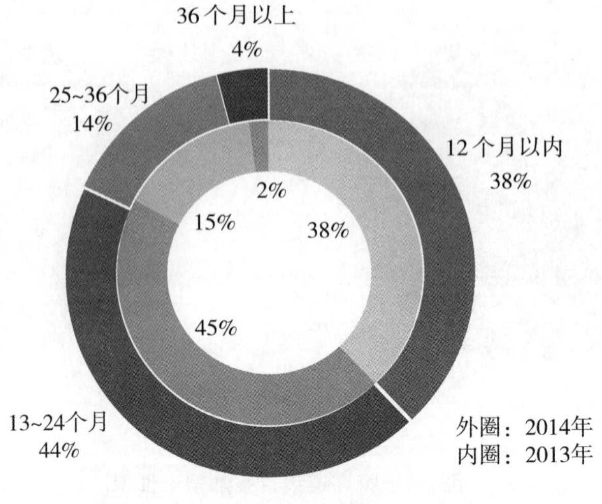

图 16　特许连锁百强投资回报期情况

（5）加盟品牌营销推广情况：调查显示，本年度特许百强在加盟品牌营销推广方面仍保持以网络新媒体平台为主渠道，占据半壁江山；利用纸媒、电视的占比则分别下滑10%和2%，但选择特许展推广品牌的企业占比达到28%，比上年提升13个百分点。各类特许展已成为特许百强企业进行加盟品牌宣传推介的重要渠道。见图17。

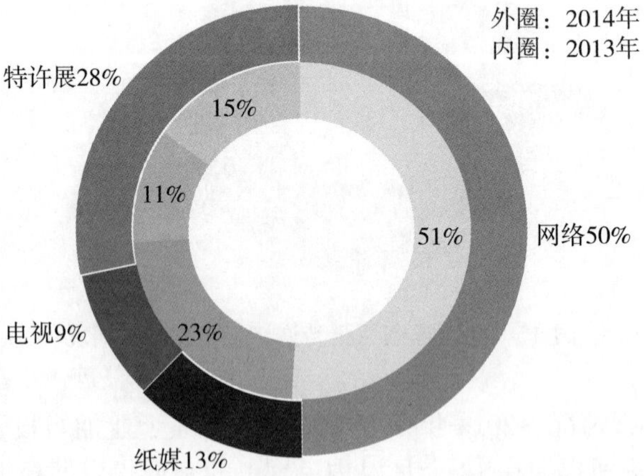

图 17　特许连锁百强加盟推广渠道情况

5. 开展 O2O 业务情况

调查显示，“互联网+”在特许加盟各行业普遍开展，运用领域和影响深度都在快速加大。其中，97%的特许百强企业已开展了 O2O 业务；60%的企业运用自建网络平台开展网上业务；25%的企业选择自建平台与入驻第三方平台相结合的方式开展网上业务；还有40%的企业应用支付宝或微信等支付工具实现网上支付业务。见图18。

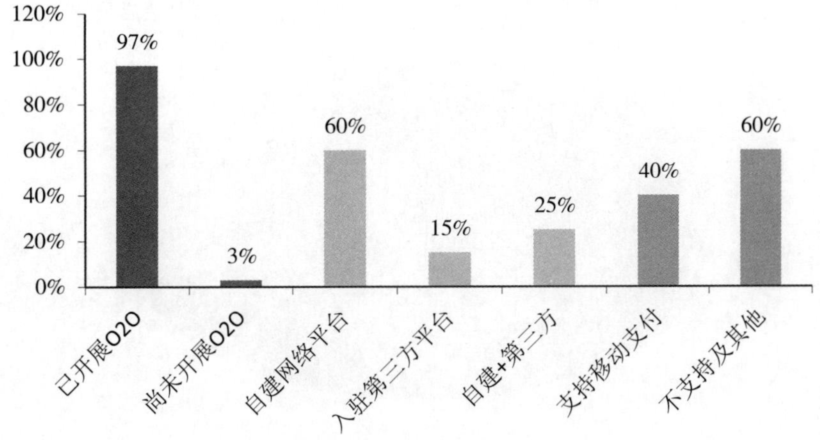

图 18　特许连锁百强开展 O2O 业务情况

6. 面临的困难

针对特许百强 2014 年遇到的主要困难，调查显示，43%的企业认为最大的困难是经营成本太高，19%的企业认为是人才流失与短缺，24%的企业认为二者兼有，同时还有 14%的企业认为主要困难涵盖诸多方面，如精细化管理、相关政策环境、侵权困扰、适宜店址稀缺、盈利能力下降等。

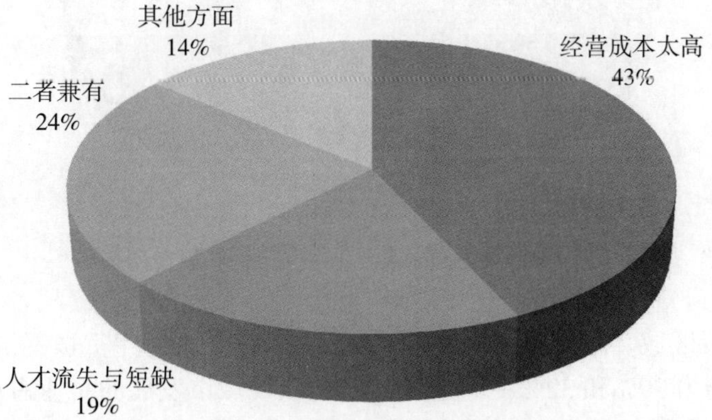

图 19　特许连锁百强面临困难

7. 发展趋势

（1）发展加盟策略。调查显示，2015 年加盟策略方面，高达 92%的企业选择增加加盟店数量，并逐步扩大加盟比例；只有 8%的企业选择减少加盟店数量，并逐步缩小加盟比例。

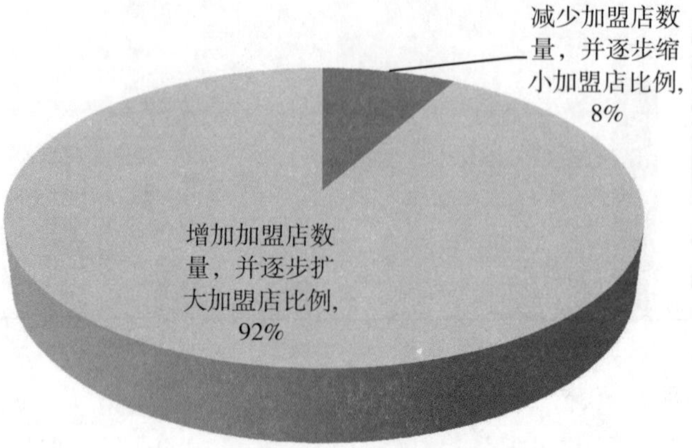

图 20　特许连锁百强 2015 年加盟发展策略

（2）新开店计划。2015 年，只有 7%的企业计划新开店数量少于上年，32%的企业新开店数量与上年持平，而高达六成以上的企业计划新开店数量多于上年。

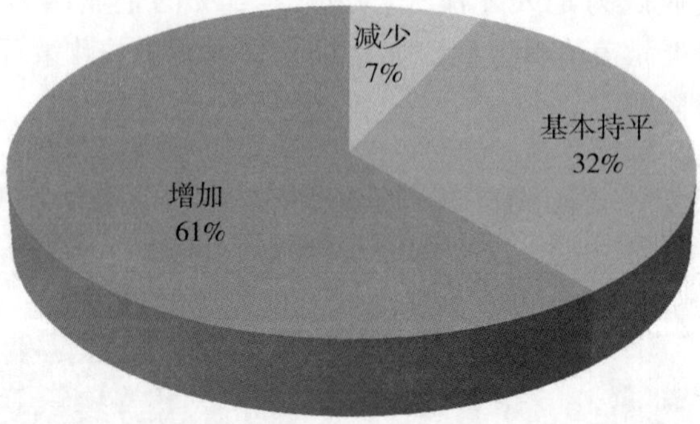

图 21　特许连锁百强 2015 年不同开店数预期占比

（3）重点发展区域。调查显示，2015 年特许百强企业更注重选择二、三线城市发展加盟，其占比分别为 39%和 32%；而选择一线和四线城市发展的企业占比为 15%和 14%。与上年相比，重点发展区域的总格局未变，只是对二、三线城市的发展更加倚重，占比小幅提升，而在一、四线城市的占比有所收缩（见图 22）。调查数据表明，随着我国城镇化进程的持续推进，二、三线城市促进商业发展相关政策、基础设施及其配套加快完善，使之发展空间、潜力和范围加速释放和拓展，从而更强地吸引着更多的企业携资本进驻；而一线城市已趋于饱和的状况，以及四线城市尚不完善的服务配套与尚待开发、培育的消费市场，使得企业选择新的发展区域和发展战略时出现试探性发展、持币观察、战略调整等情况。

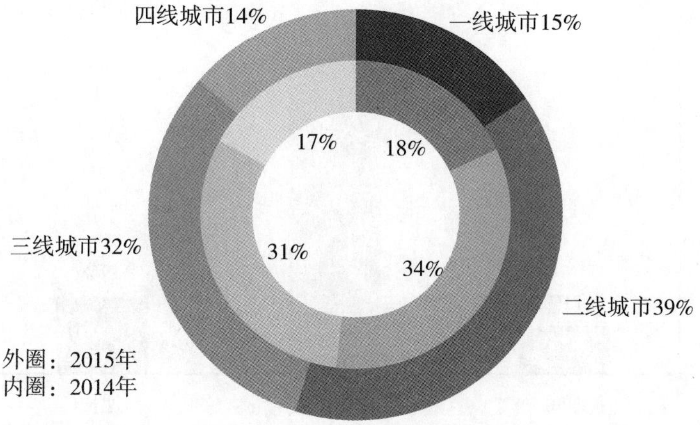

图 22　2014 年、2015 年特许连锁百强重点发展区域比较

（4）销售预期。调查表明，绝大多数特许百强企业认为 2015 年将保持销售持续增长。其中，近半数（44%）的企业认为销售增幅将超过上年，38%的企业认为销售增幅与上年持平，17%的企业认为销售增幅将比上年有所回落；只有 1%的企业认为 2015 年销售将会出现负增长。

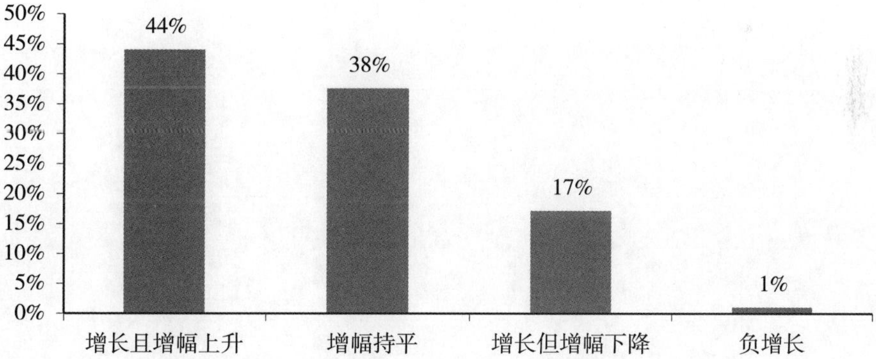

图 23　特许连锁百强 2015 年不同销售预期占比情况

（5）投资回报周期预期。对 2015 年投资回报期的预期，72%的企业认为将基本维持上年状况保持不变，11%的企业则乐观预期投资回报期将会缩短，但也有 17%的企业感受到企业发展的压力不断加大，保守预估 2015 年投资回报期将会延长。

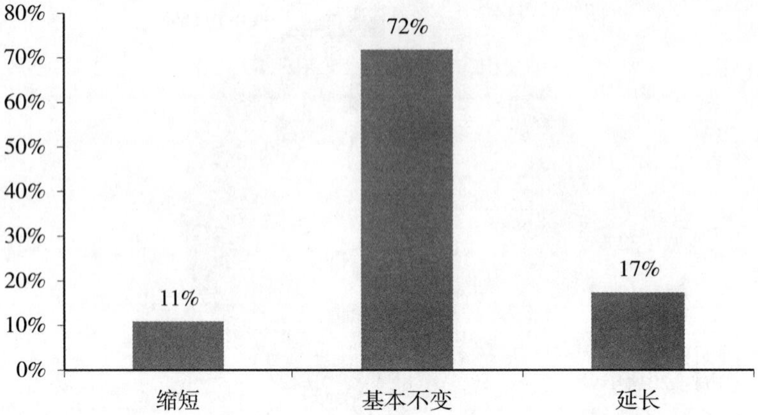

图 24　特许连锁百强 2015 年投资回报预期

2014年中国特许加盟投资景气调查报告

由中国连锁经营协会组织开展的2014年度中国特许加盟投资景气调查及其数据统计分析于2014年9月完成。本次调查面向特许企业高管（占比52.7%）、加盟商（占比5.5%）和投资人（占比41.8%），调查对象涵盖零售、餐饮及服务业等行业，涉及超市、便利店、餐饮企业、经济型酒店、洗衣等几十个业态（见文末附：本次调查样本企业主要业态）。

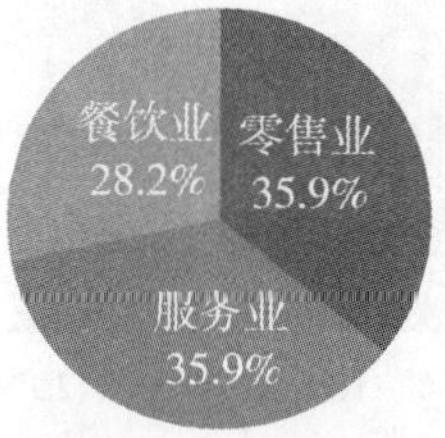

图1　样本涵盖行业及占比

图2　样本类别及数量占比

调查结果显示，在2014年最被看好的特许加盟行业投票中，咖啡和饮品荣膺榜首，中式快餐、儿童早教分列榜眼和探花。

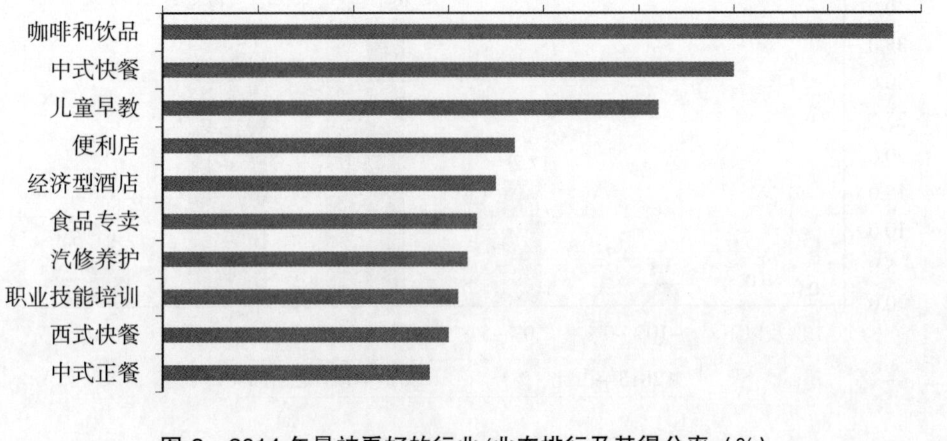

图3　2014年最被看好的行业/业态排行及其得分率（%）

其中，特许企业最看好的业态前五名依次是：咖啡和饮品、儿童早教、经济型酒店、食品专卖、职业技能培训；投资人最看好的业态前五名依次是：咖啡和饮品、中式快餐、儿童早教、便利店、汽车维修美容。

就此结果，中国连锁经营协会秘书长裴亮分析说：在国内经济转型及经济大环境不甚景气时，与民生相关的刚性需求更具抗跌性，有更好的抗风险能力。如，餐饮、儿童教育都属于刚性需求。

调查数据还显示，特许加盟样本企业 2014 年销售增幅趋缓，特别是同比增幅 20%以上的企业更加明显。

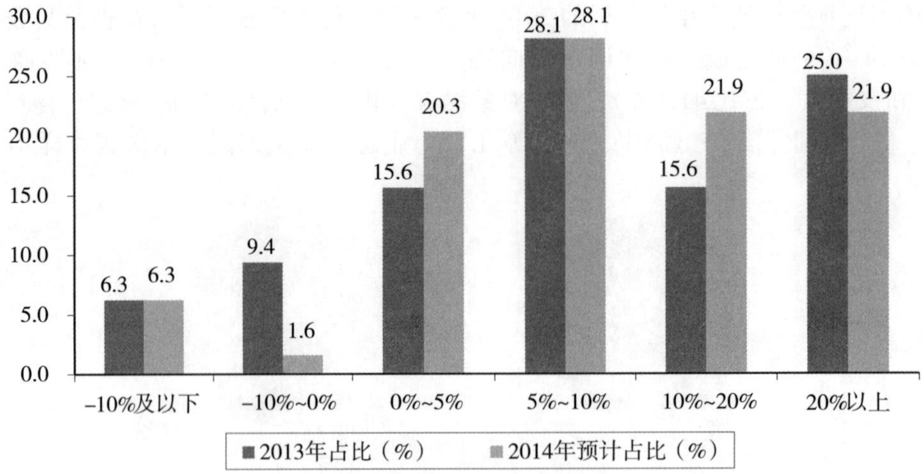

图 4　样本企业销售同比增幅情况

其中，特许企业所承受的人工、房租、资金等成本压力仍持续保持稳定且偏高的增幅。

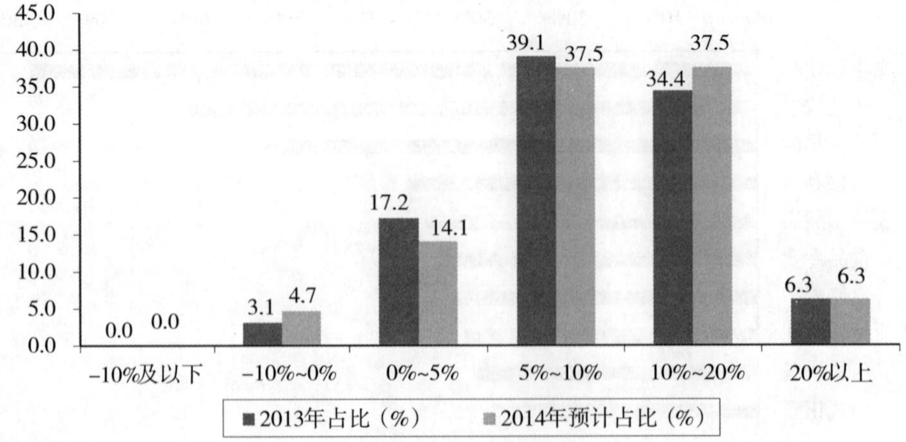

图 5　样本企业人工成本同比增幅情况

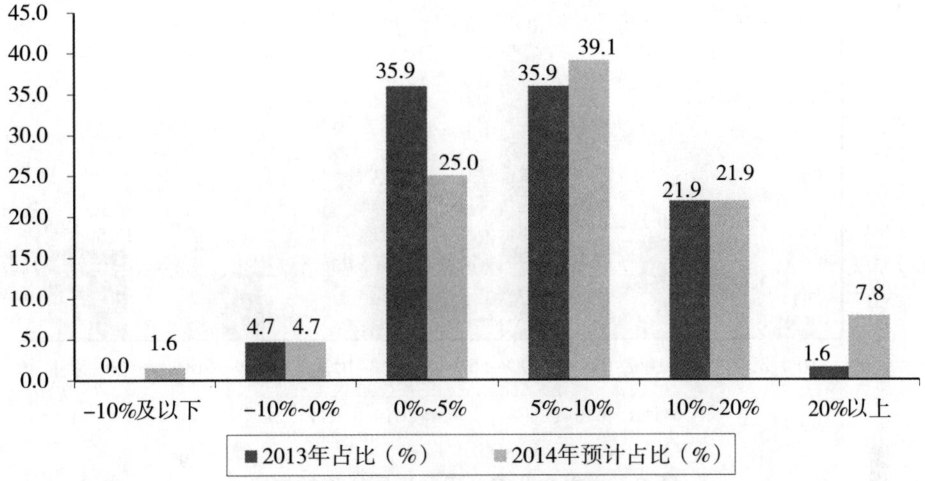

图 6 样本企业房租成本同比增幅情况

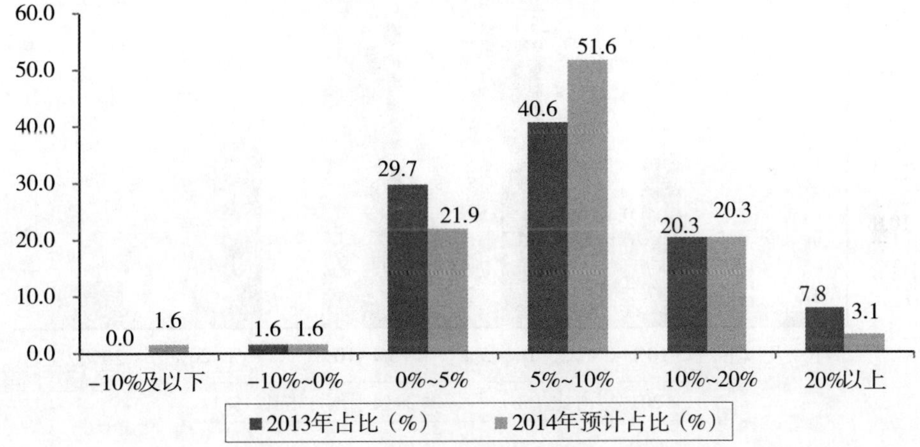

图 7 样本企业资金成本同比增幅情况

而从特许企业 2014 年综合毛利率、净利率看，其综合同比增幅保持增长，但增率大多在 10%以下。

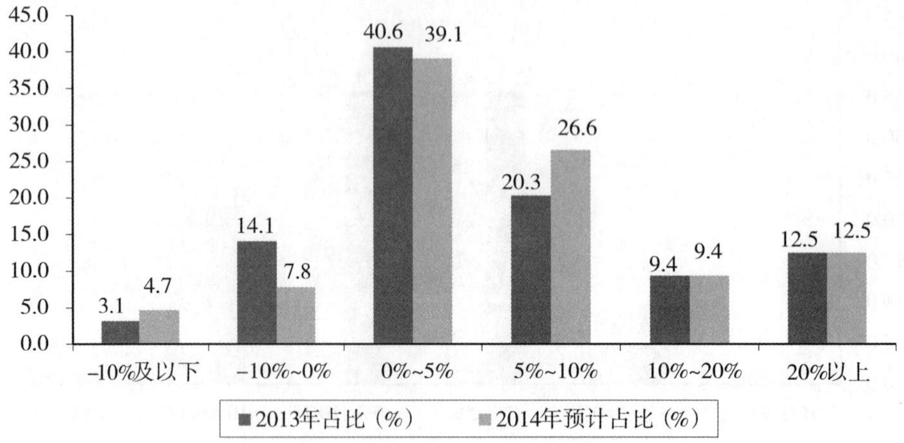

图 8　样本企业综合毛利率同比增幅情况

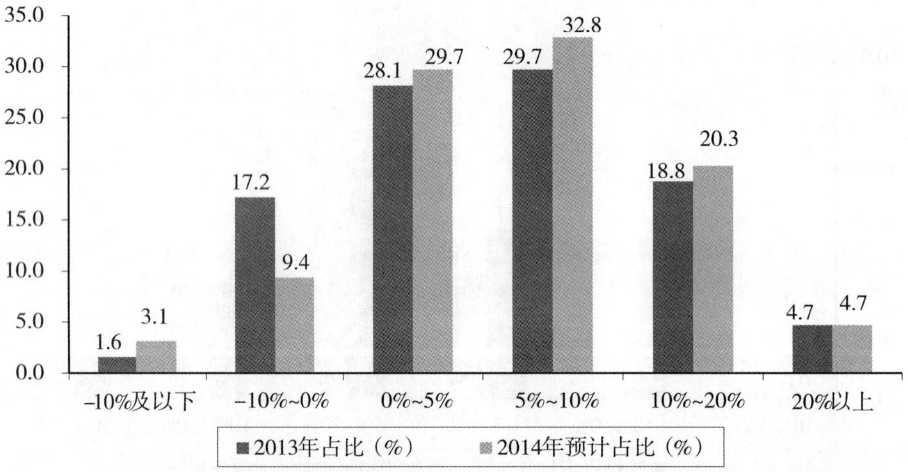

图 9　样本企业综合净利率同比增幅情况

与特许加盟市场被普遍看好相呼应，根据对中国连锁经营协会主办的“中国特许展”参展企业相关数据统计分析发现，来自咖啡和饮品行业的品牌超过 40 家，是参展集中度较高的行业，包括迪欧咖啡、两岸咖啡、SPR、快乐柠檬、老舍茶馆、鲜果时间等知名特许品牌均参加了 2014 中国特许展。

而参加 2014 中国特许展的幼儿教育品牌有 30 多个，包括红黄蓝、悠游堂、爱心灰姑娘、积木宝贝、东方童、圣巴赫、天线宝贝等知名品牌，涉及幼儿舞蹈、钢琴、潜能开发、技能培养等；还包括能动英语、优胜教育、精锐教育、北大青鸟等学习辅导类的教育品牌。

展望 2014 年特许经营发展前景，特许企业和投资人普遍持乐观态度。

调查显示，91. 4%的特许企业有新开店计划，其中 75. 9%的企业预计新开店增幅将在 5%以上，36. 2%的企业预计增幅将在 20%以上。

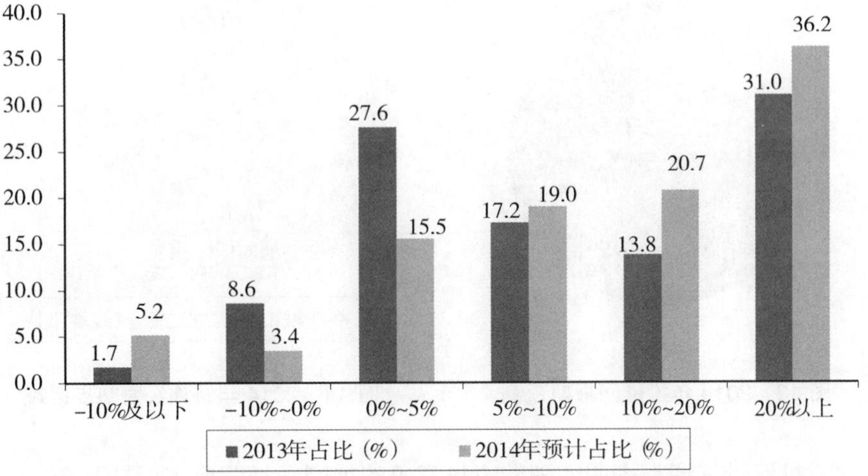

图 10　特许企业及投资人新开店铺同比增幅情况

超过八成的企业认为特许经营市场仍存在发展空间，其中近五成的企业认为发展空间能使企业保持稳定的增长。另外，70%的企业认为特许经营市场竞争激烈，仅有 3%的企业认为市场竞争不足。

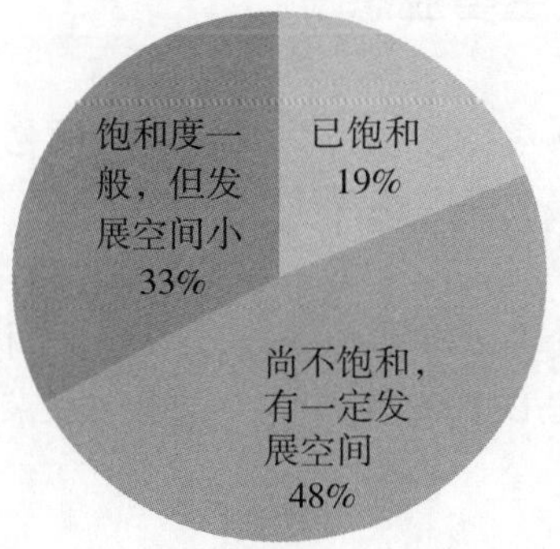

图 11　特许企业及投资人预计市场饱和情况

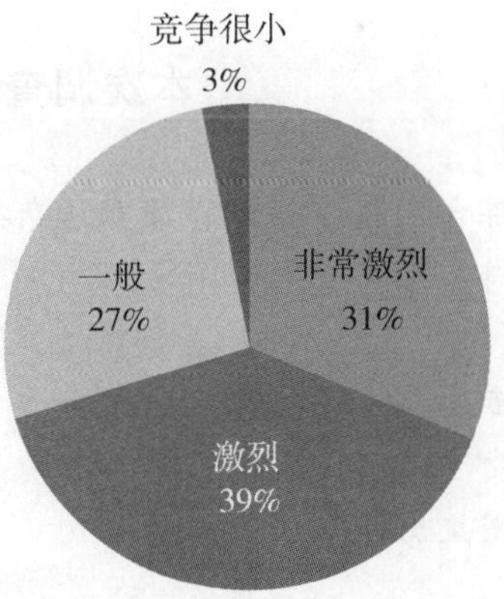

图 12　特许企业及投资人预计市场竞争状况

超过五成的特许企业及投资人认为 2014 年投资回报期将延长，而拓展特许加盟热点区域将主要在二、三线城市（占比 85%以上）。

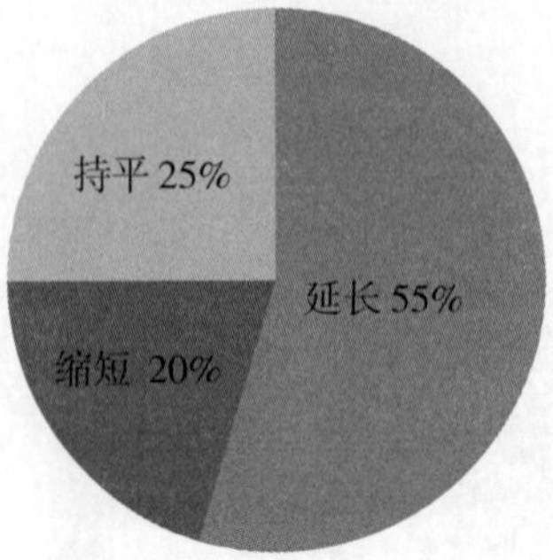

图 13 2014 年投资回报期预测

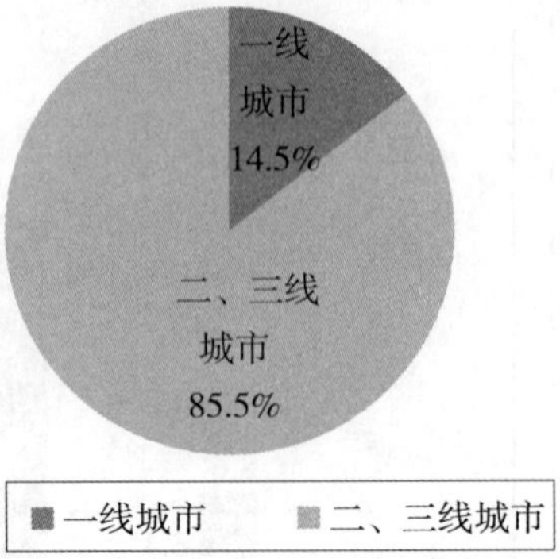

图 14 2014 年特许经营热点区域

特许加盟投资景气调查表明，随着市场竞争的加剧、经营成本保持高企、一线城市的饱和等因素，特许经营发展的空间已向下一层级市场转移，且特许经营发展及其更优厚盈利将在更成熟、更具活力和创新、能更好满足市场需求的领域稳定前行。

附：

本次调查样本企业主要业态

超市及综合商超	百货及家居杂品	便利店	面包西点零售
婴幼服饰及用品	休闲食品	高端食品保健等	
蜂产品专卖	特色食品专卖	中外名酒专卖	葡萄酒专卖
茶叶专卖	珠宝饰品专卖	创意 DIY 及时尚潮品专卖	服装鞋帽专卖
五金、图文影像等专业店			
中式正餐、快餐	西式快餐、正餐	火锅　特色品牌餐饮	韩式快餐
冰淇淋	主题咖啡	休闲饮品等	
经济型酒店	汽车后市场	洗衣及皮具养护	美容美发
健康养生	休闲健身	美胸健体	儿童早教
少儿运动健身	职业技能培训	幼儿看护	家政服务
金融中介等			

第十六届中国连锁业会议主题报告

——智慧零售，拥抱新消费时代

回顾行业近期的发展境况，可以用“一冷一热”来形容：

冷，是实体门店普遍遭遇的客流下降，有的甚至门庭冷落；热，是O2O、全渠道大行其道，如火如荼。冷、热变化，昭示着行业正在发生深刻的变革，即传统零售正在融入网络化、数字化大潮，向智慧零售演进。

中国连锁经营协会（以下简称协会）在本次大会提出智慧零售，是对业内同仁普遍共识的提炼。智慧零售，既是零售业以数据为主导，了解及预测消费者需求，提供超值购物体验的能力，也是数字化时代零售业的形神兼备、内外通修的过程；还是以互联网和大数据为工具，提高供应链效率的策略。

目前，O2O或全渠道营销是零售业最主要的互联网策略，具体表现多种多样，如微信营销、网站和APP、门店WIFI、卡券等不一而足。协会适时提出智慧零售，就是希望业界能更全面地认识、理解互联网和大数据时代的零售业，关注前端的营销，不为乱象所惑。零售行业需要智慧的工具，更需要智慧的思维和流程；零售行业需要智慧的门店，更需要智慧的管理者和员工。

一、消费者重在链接，链接抓手在会员

互联网赋予消费者更多权利，也更移动化，智慧零售可以让我们更高效地获取客户数据，多触点地链接顾客，提高来客数，提高客户黏性和忠诚度。

首先，应强化会员管理，开发和维护好企业自己的客户数据。

网络零售的优势是掌握消费者所有上网痕迹，包括浏览页面和购买历史，累积客户大数据。实体零售的优势是利用会员系统获得客户及其消费行为数据。目前的突出问题是会员管理系统基础薄弱，突出表现为信息不准确、维护不及时、使用不方便、管理不科学。

近期，华润大幅投资并重构会员管理体系，实现会员政策全国统一，推出千款会员独享低价商品；家乐福推出家庭式会员卡，一人开卡全家共享、一店开卡全城通用。还有一些企业通过网站、微信、EDM等，开展个性化的会员营销。

强化会员管理，必须调整员工考核KPI，建立顾客忠诚度测量指标体系，包括客单价、购买频率等行为忠诚度指标，信任、满意等情感忠诚度指标（PPT），鼓励员工与顾客建立社会化人际关系等黏度指标。

其次，拓展全渠道营销的各个接触点，打通O2O网上网下“任督二脉”。

实体零售商与消费者的链接，采用最广的是微信、购物网站和 APP，存在的最大难题是流量不足。协会组织的《新营销时代》调查数据显示，有 73%的受访企业开通了官方微信，但八成企业微信订阅数少于 5 万，而电商订阅数动辄就百万以上。

电商平台投资大、培育期长、路径不清晰。协会组织的《传统零售商开展网络零售研究》调查数据显示，截至 2014 年 8 月，国内连锁百强企业中有 67 家开展了电商业务，其中 56%的企业 2013 年网上销售不足 1000 万元。苏宁、银泰、王府井、大润发、步步高、天虹等企业是业内电商平台的领军者，它们八仙过海，各显其能，但移动互联网和 APP 无疑是最具活力的新触点。

在客户数据和引流方面，一家企业的资源终归有限，因而协会倡导连锁企业在公平合理的基本原则下与阿里、腾讯、百度、京东等网络平台企业开展合作。

建立全渠道的接触点只是第一步，在日常营销活动中，要打通各个触点，包括线上线下会员的打通、企业内不同业态会员间的打通，并探索企业间营销活动的互通。

二、门店重在体验，体验上演三部曲

在网络零售的带动下，门店不再等同于卖场，业态分类也日渐模糊。实体门店开始上演三部曲：一是商品、环境和人员服务的提升；二是服务功能的增加；三是虚实结合，做好数字化配套。

第一，全力提升传统门店的核心价值。

商品、环境和人员服务是零售门店的核心价值。智慧零售的首要目标就是提升零售的核心价值，而不应为所谓的互联网思维，放松甚至忽略零售的根本。

受网络零售冲击最大的实体店，也正是商品竞争力最弱的实体店。价格虚高、同质化、商品组合不合理、品质安全无保证，这样的实体店再“智慧”，也会被消费者摒弃。

长久以来，百货因联营失去了买的能力，超市因通道费弱化了买的能力，建立买手制已不容迟疑。协会组织的《分销研究》调查报告发现，在互联网影响下，供应链有更加扁平化的趋势，需要企业更加强化买的能力。对于短时间内无法实现统一采购的业态和商品，可以渐近式发展。如王府井百货提出的深度联营，与供应商开展同步商品管理。

对于食品零售企业来说，鲜食是实体店的重要特色，也是与线上零售竞争的关键品类。很多企业通过扩大生鲜经营面积应对网络零售竞争，而有的企业则以生鲜为切入点开展电商业务。此外，自有品牌是零售企业开展差异化竞争的有效途径，是最容易数字化的商品，也是最适宜实体零售商开展网络营销的产品，因此在强化采购能力的基础上，应有意识地加大自有品牌的投入。整体而言，目前自有品牌的销售仅占企业销售总额的 2%左右，其增长潜力十分巨大。

同时，大数据和互联网为商品的采购与营销提供了新的工具和新的路径，传统企业在变革盈利模式、导入买手制、品类管理时应不断学习，大胆尝试。

第二，强化门店体验，赋予门店新功能。

现场体验是实体零售区别于网络零售的优势之一，也是智慧零售的组成要素。通过动线和布局陈列设计、美术灯光等环境要素设计，让顾客感受到逛店购物的舒适体验与美感享受，无疑也会延长顾客驻店停留时间，增加售卖机会。如乐城的波浪形货架、收银风景线、动漫主题区、儿童活动区等布局，既体现多样、完备的功能，又富含便捷与时尚感，实践证明对客流、顾客满意度、销售促进等都带来积极而有效的影响。再如天虹整合生活服务项目，实现“中心店向时尚化体验性转型”和“社区店向社区生活中心转型”。目前行业内最有代表性的功能区划是儿童娱乐区，它已成为零售门店的标准配置。同时，重视环境与体验也意味着企业投资理念的调整，而更多企业确也加大了环境方面的投入。

面对面的人员服务是实体店的又一优势。如今，实体店已经不仅仅是卖场，它更是购物者的体验中心和服务中心，这对人员及其服务提出更高的要求。同时，与顾客的互动早已不能局限在店内，很多企业的员工已步入社区，宣传品牌，赢得信任。如超市发把每年7月作为社区营销月，与周边千余个社区形成常态化互动。再如家乐园通过走访门店周边社区和会员家庭，与社区建立了更为融洽、紧密的互助关系，促成了稳定的消费群体。智慧零售离不开智慧的零售人员，在人工成本高涨、人口红利消退的背景下，需要大家付出更大的努力，找到适合企业自身发展特点的途径。

移动互联网环境下，门店作为物流节点的功能越来越凸显。很多便利店都与物流快递公司合作，提供送件取件服务。从国外零售与物流合作经验看，网络零售的送货成本是迟早要跨越的一道门槛，而实体门店充当最后一公里的网购物流中心，将是更普遍的趋势。

第三，实现门店与网络的完美组合。

目前，门店提供WIFI环境正在普及并扩大，其相关技术包括地图导航、促销推送、自助终端等也如雨后春笋般涌现。如苏宁Expo超级店实现WIFI全覆盖，其设立了苏宁易购直销区、虚拟货架、云体验中心等多个线上线下融合专区，实现了门店互联网化；又如津工超市在店内放置便民网络服务平台终端，顾客通过该终端，可实现网购、缴费、医疗预约；再如常客隆的家易乐系统，在门店设置蔬菜柜，通过优化电商订购和配送流程，实现生鲜零库存、零损耗。

三、供应链重在效率，效率源于改造

智慧零售在前端炫目多彩，在后台则冷静缜密。这是一个高效运转的智慧供应链支撑下的系统工程。长期以来，零售企业对供应链的重视和投入不够，而近期电商热，企业则是把关注点放在前端的全渠道营销上。在大家热议各种网络新思维的诞生之际，沃尔玛在中国的第十一个生鲜配送中心在太原落成，其生鲜配送系统的布局基本完成。届时，门店约85%的非生鲜商品和50%的生鲜商品将通过自有物流配送中心进行配送。

随着零售市场增速放缓，竞争加剧，供应链建设滞后的潜在危机将会很快浮出水面。目前，供应链的主要问题包括机械化和信息化管理水平低、协同性不好，而商品经营模式造成的环节多、流程长，从整体结构上制约了供应链效率的提升，使供应链无法对消费者需求做出快速反应。由此，可通过三方面改造予以有效提升：

其一，高效源于信息化。供应链的精细化管理应建立在信息化的基础上，越是发展电商、O2O，越要重视IT的基础性作用，否则外强中干，外热内虚，长远发展就会出问题。如国美电器近一年来业绩逆市上扬，除了采购和物流的高效协同外，也得益于信息化的协同和交互，这是国美电器整个供应链协同建设的基础。

其二，高效源于协同效应。企业内部部门间的协同效率往往是影响供应链效益的关键因素。它既包括采购、运营等业务部门的协同，也包括 IT、物流、财务等支持部门的协同，还包括零售商与供应商的协同。如华润万家与宝洁利用大数据进行供应链协同，实现了销售增长、现金流增加和运营成本下降。

其三，高效源于软硬件升级。大多数连锁企业建设了配送中心，有了硬件基础，但运营效率并不高。这就需要进一步调整投资策略，提高配送中心的机械化、电子化和标准化水平。虽然实现机械化和电子化的短期投入较大，但可以有效提高运营效率，从根本上解决人工成本上涨或未来无人可用的问题。标准化则包括操作流程的标准化、托盘的标准化等。

其四，高效源于差异化。不同商品的供应链策略应有所不同。零售供应链上的商品成千上万种，对于不同特点的商品和供应商，在不同的销售周期，都应有相应的供应链管理方法。

智慧零售需要智慧的领导者。过去，零售企业领导者的价值观和勇气，对资源和机会的把握是成功的关键因素。今天，在以新技术为代表的经济社会转型过程中，企业的领导者面对变化，必须能够在文化、价值观上实现突破，这不仅需要创新的勇气和对资源的有效利用，还要关注流程的把控，因为企业的核心能力是资源、流程、价值观在各个体系的匹配。

智慧零售同样需要智慧的员工，企业应强化激励，让员工养成持续学习、快速行动、勇担责任的习惯，使之与企业共同成长。

转型意味着挑战，转型更蕴含着机会。让我们共同面向未来，以创新变革的勇气、融会贯通的智慧，不断迎接新的挑战！

（根据中国连锁经营协会会长郭戈平在 2014 年 11 月第十六届中国连锁业会议上的讲话改编）

第二部分

行业业态篇

2013-2014 年度连锁零售企业总体经营状况分析报告

2013-2014 年度，零售行业面临宏观经济增长减速、消费疲软、电子商务渠道分流、消费升级以及成本持续高企，致使传统零售业的发展速度连续下滑。2013 年零售百强企业销售额虽然突破 2 万亿元，但增幅首次出现个位数，仅为 9.9%，占社会消费品零售总额的比重也从 2009 年的 11.1%下降到 2013 年的 8.6%。为了应对逆境，零售企业纷纷探索创新道路，在扩张模式、运营模式、销售渠道和物流运作等方面寻求突破，迎来了自身变革的时代。

未来中国零售行业发展主要呈现以下几个趋势。首先，零售行业增长放缓，进入相对稳定的发展阶段。其次，2013 年国内零售行业并购市场活跃，企业间的兼并整合继续热络，行业集中度进一步提高。再次，近几年中国的网络和移动零售取得惊人发展，而零售行业在经过单一销售渠道向多渠道过渡后，开始加速线上线下的融合以实现全渠道经营，打造全新的无缝对接的消费体验。全渠道的核心是价值平台，而不仅仅在于多方位的销售渠道，因而企业需要对全渠道经营有着清楚的战略定位，达到信息、物流配送、客户服务和组织构架全方位的协同，围绕客户需求创造价值方可取胜。最后，我国零售业大都走的是大而全的路线，同质化严重，与消费者日益成熟以及多样化的需求并不相符。差异化定位和专业化经营将会是企业打造核心竞争力并拓展经营空间的有力武器。

就各业态的发展来看，便利店和购物中心展现出较好的发展态势。便利店本着其空间、时间和服务的便利性以及贴近消费者的特性，或将成为零售行业的制高点。特别是随着电商和便利店业态的逐步融合，我们有望看见一个电商、服务商、货品供应商与便利店深度合作，将体验、社交、生活服务和购物融合为一体的以社区客群为服务核心的全新的商业模式。与此同时，购物中心顺应了消费者需求多元化，娱乐、健身、就餐消费需求日益增加的趋势，也有望保持较快的增速。相比于这两个业态，超市、百货和专业店在过去两年增长较慢，进入调整转型期。

中国连锁经营协会（简称协会）于 2014 年初开展了对连锁企业的调研，共获得 164 个有效企业样本和 134 个店铺样本。本报告结合协会与德勤的行业研究观点及其相关调研数据，对中国宏观环境、零售业和各主要业态的发展态势进行分析和总结。

一、宏观环境变化及影响

（一）国际宏观环境

国际上，发达经济体宏观指标总体改善，新兴经济体的发展也渐趋稳定。2014 年国际经济增长有望加快，增长格局将逐步由新兴经济体主导转变为发达经济体主导。国际货币基金组织（IMF）4 月预测，2014 年全球经济增长 3.6%，比 2013 年高 0.6 个百分点，2015 年将达到 3.9%。经济增长的动力主要来自于发达经济体，经济增速有望在 2014 年达到 2.2%，比上年增长 0.9 个百分点。新兴经济体在过去一年增长动能相对疲弱，但在发达经济体的带动下也将提速，预计经济增速会在 2014 年提高 0.2 个百分点。如果全球经济维持在相对快速复苏的轨道上，我国外贸形势将进一步改观，对中国经济有正面推动作用。当然影响全球复苏的不确定因素依然存在。美联储弱化并最终退出量化宽松政策对于全球金融市场以及资本流动的影响仍不明朗。欧元区失业率高企，日本短期刺激政策效应递减，部分新兴市场国家存在滞胀风险以及世界贸易投资格局变化的不确定性都有可能导致世界经济波动。

全球经济在 2013 年下半年持续走强并预期在 2014 年加快复苏进程，经济增速比 2013 年高出 0.6 个百分点。经济增长动力主要来源于发达经济体。美国、日本和欧元区近半年的综合领先指数不仅在荣枯线 100 以上，而且创下近两年来最高水平，表明其经济增长坚挺。

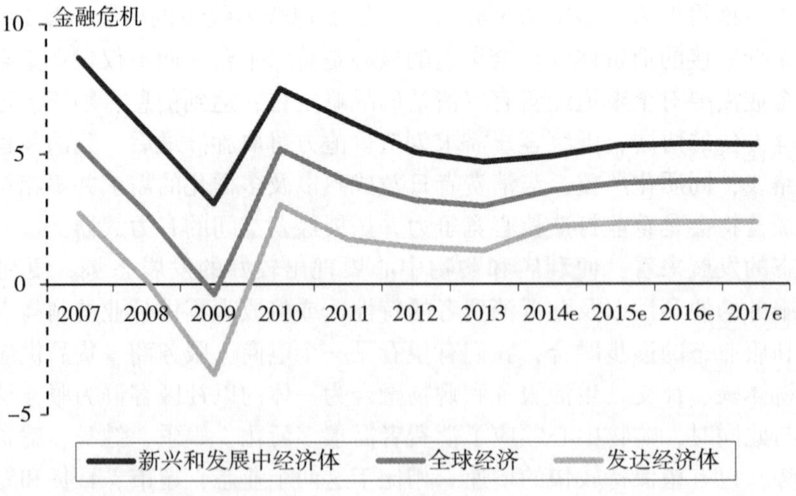

数据来源：国际货币基金组织，德勤分析

图 1　国内生产总值（GDP）年增长率（%）

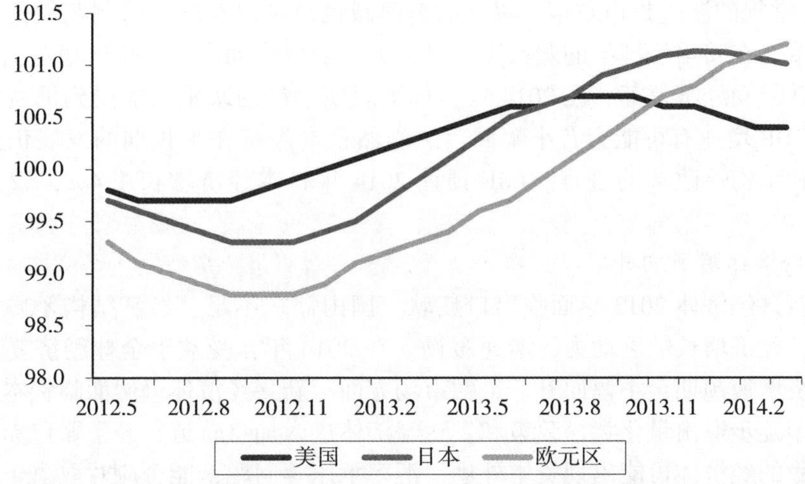

数据来源：经济合作与发展组织，德勤分析

图 2　经济综合领先指数①

1. 美国复苏态势增强

私人消费的扩张，房地产市场的复苏，就业状况的好转以及企业经济活动信心的增强，从根本上推动了美国经济走向复苏。而随着私人和企业资产负债状况的改善，我们预期能看到一个就业增长、消费扩张，从而激发更多投资并进一步推动就业的良性循环。在美国政府和国会就债务上限短期达成一致意见，年度财政悬崖风险消弭，而经济基本面良好的情况下，美联储在 2014 年 4 月已第四次缩小量化宽松的规模至 550 亿美元，并预计在 2014 年底结束月度购债计划。而政策利率，联储的另外一个决定投资成本高低的工具，预计将在 2014 年维持在一个超低的水平，为经济发展提供一个宽松的货币环境。IMF 预期美国经济在 2014 年增幅有望达到 2.2%，高出 2013 年 0.9 个百分点。美国经济的好转将对其他发达国家乃至全球经济产生较大带动作用。

2. 欧元区经济趋稳

欧元区已开始实现经济正增长并呈现若干复苏迹象。主权债务危机有所缓解，欧元汇率高度联动，在德国经济持续走强的带动下欧元汇率基本保持稳定，未出现资本外逃。从 2013 年三季度开始，私人消费和投资对国内生产总值（GDP）的贡献开始由负转正，意味着欧元区经济衰退的结束。虽然目前失业率高企，需求疲软以及通缩风险等问题仍不甚乐观，考虑到投资意向在稳定的经济环境和历史新低的利率支持下持续走强，消费者信心达到过去六年新高，同时近期爱尔兰、西班牙等重债国经济开始出现改善迹象，而核心国家如德国稳健增长，我们预期欧元区经济在 2014 年将趋稳，实现微弱增长。IMF 预测欧元区在 2014 年经济增长能够达到 1.2%，在 2015 年达到 1.5%。

3. 日本经济小幅回落

2012 年底，日本首相安倍晋三推出重振日本经济的一系列政策被媒体称为“安倍经

① 经济综合领先指数是经济合作与发展组织基于一系列引导经济循环的经济指标，用于预测经济转变情况以及衡量未来数月经济趋势的经济指标。

济学”，即超常规的激进货币政策、灵活的财政减税政策以及减少管制刺激民营经济发展的结构性改革。在安培经济学的刺激下，日元大幅贬值推动出口，价格稳定上涨，私人消费热情提高并带动经济复苏。在 2014 年，日本短期刺激的政策效应受到消费税率大幅上调的制约，GDP 增速有可能会有小幅回落。当然日本经济在中长期的发展仍然取决于其财政的治理和结构性改革的进程。IMF 预计 2014 年日本经济增长 1.4%，较上年有所放缓。

4. 新兴经济体有所回升

大部分新兴经济体 2013 年面临出口疲软、国内需求不足、经济结构矛盾突出、资金外流等问题，经济增长缺乏动力，增速缓慢。在 2014 年，受益于全球经济复苏带来的贸易回升，经济增速预期会小幅回升。金融市场方面，新兴经济体仍然面临资本外逃的可能性。随着美国逐步退出量化宽松政策和发达经济体进入加息轨道，经常账户赤字较高，经济基本面欠稳的经济体可能出现资本外逃、汇率承压等问题，能否应对取决于其结构型改革措施的推进。IMF 预测 2014 年新兴经济体增速有望比 2013 年提升 0.1 个百分点，达到 4.9%。

（二）国内宏观环境

中国经济增长已从 10%的高速增长阶段进入到 7%左右的中高速增长期。中国政府不仅接受经济的适度放缓，并且有意识地控制经济增速以推进结构调整。2013 年我国经济运行总体稳中有进。不仅保持了 7.7%的增速，高于政府预期的 7.5%，而且在产业结构上取得了阶段性的成果，第三产业（主要为服务业）首次在 GDP 占比和增速上同时超越第二产业。这反映消费结构升级的不断加快，也标志着中国经济正式迈入“服务化”时代。展望 2014 年，中国经济发展的机遇和挑战并存。

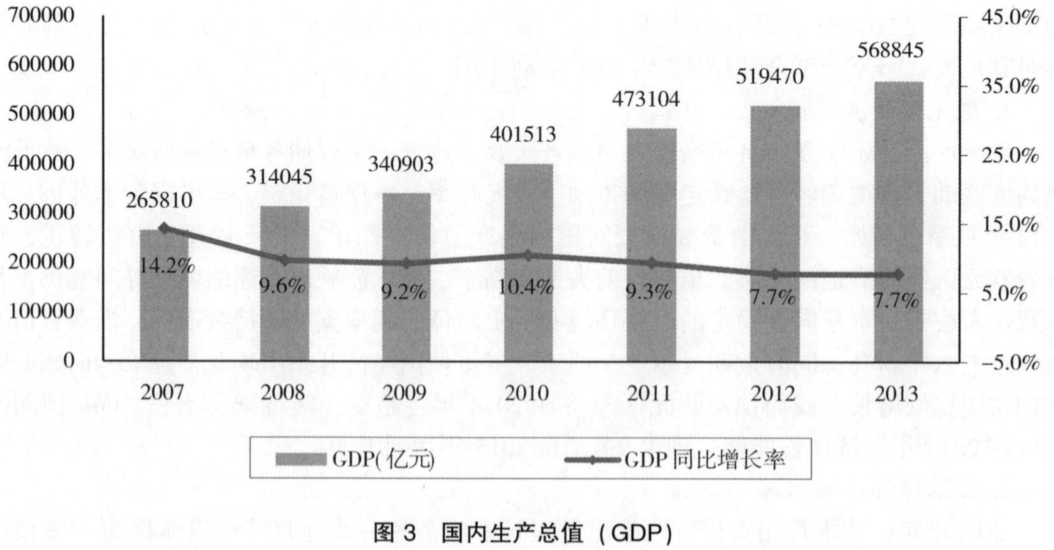

图 3 国内生产总值（GDP）

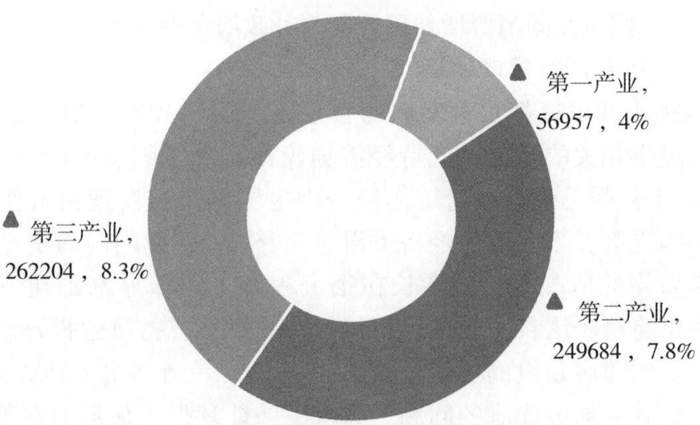

数据来源：国家统计局，德勤分析

图 4　三大产业增加值①

1. 出口温和复苏但难撑经济增长大局

2014 年，美、日、欧三大经济体经济形势整体好转，增长势头有望持续，而新兴和发展中经济体也渐趋稳定。全球经济向好，将促进我国出口温和增长。但由于短期内发达经济体复苏力度有限，对于我国经济拉动作用仍显不足。从中长期来看，由于人民币升值以及我国出口基数大等因素，出口也很难再实现从前的高速增长，国内经济增长的稳定还有赖于内需的发力。

2. 国内消费引擎有待发动

尽管政府把“调结构，扩内需”放在重要高度，并在这方面相继出台政策以拉动内需，但消费增长仍然缺乏动力。从 2013 年二季度以来，投资已经连续三季度超过消费成为拉动经济增长的主动力。而 2014 年一季度，社会消费品零售总额增速下滑到 12%，创 2009 年以来的新低。“扩内需”面临着居民财富不足、社会保障体系不健全、消费环境相对较差等深层次的问题，相应政策在短期内难以全面推出并生效。同时，总体经济增速放缓，城镇居民收入增长减慢以及政府反腐节约更进一步加剧消费疲软。

从中国整体经济结构来看，国内消费仍具有巨大潜力。中国消费者对当前经济形式的满意度和未来经济走势的预期乐观程度都保持在高位，2014 年 4 月消费者信心指数为 104. 8，远领先于其他发达国家。同时消费占国内生产总值的比例较国际水平偏低。据国家统计局数据，2012 年我国比率仅为 36%，而经合组织国家的消费占比平均超过 60%。这些都说明中国国内消费增长具有很大的空间。从中长期来看，我们认为消费增长依然有很多有利因素。首先，新的消费热点正在形成。从消费领域来看，信息、教育、医疗、养老和旅游等服务需求增长迅猛。新兴科技（如互联网和移动终端）和传统产业的结合催生了新的商业模式，有力地促进了消费潜能的释放。其次，社会保障体系的不断完善，城镇化进程的推进以及保障性住房建设力度的加强也为消费增长奠定了坚实基础。再次，扩大消费和推动消费新增长点以及完善消费环境的政策会逐步见效。最后，中国政府对公款消费的控制仍会继续，企业

① 第一产业指农、林、牧、渔业；第二产业指采矿业、制造业、电力、煤气及水的生产和供应业、建筑业；第三产业是指除第一、二产业以外的其他行业。

会对此作出相对调整，同时民间消费增长可能会弥补政府消费缺失。

3. 投资拉动经济短期内仍难以撼动

2013年在国内需求和出口都相对疲软的背景下，中国政府采取一系列措施加大基础设施建设，增加与民生相关的投资以支持经济增长，实现了固定资产投资19.6%的增长。而在2014年3月，李克强总理在政府工作报告中也明确指出要把投资作为稳定经济的关键。这些都表示中国决策者不会放任经济下滑过“下限”，在国内消费没有明显起色而外需又还未能接过接力棒的情况下，稳增长在很大程度上要依靠基础建设。展望2014年，我们认为资产投资仍将稳步增长。首先，政策导向将继续支持基建投资。城镇化建设，产业向中西部转移以及保障房建设的稳步推进将拉动投资。当然由于地方政府负债率较高，增加基础建设会导致政府债务膨胀的问题。其次，节能环保、信息消费等战略性产业的加快发展将为经济增长注入活力。再次，2014年是十八届三中全会提出全面深化改革的元年，许多为经济发展提供动力和红利的措施将会实施。这将带动民营资本投资的热情，促进投资快速增长。最后，国际环境的好转也将提升制造业投资的积极性。

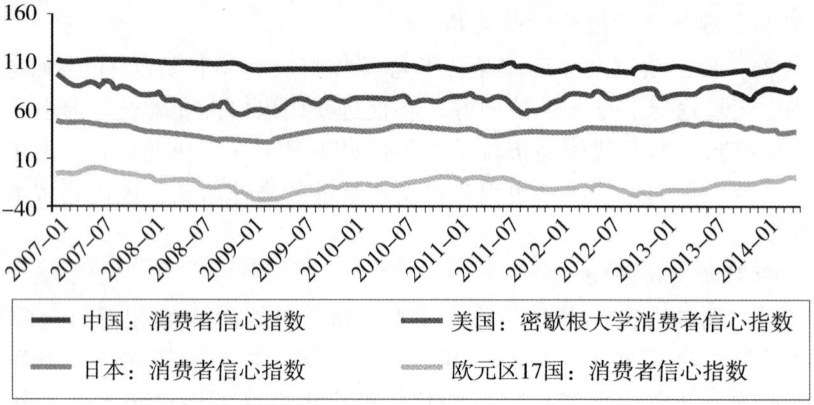

图5 各国消费者信心指数

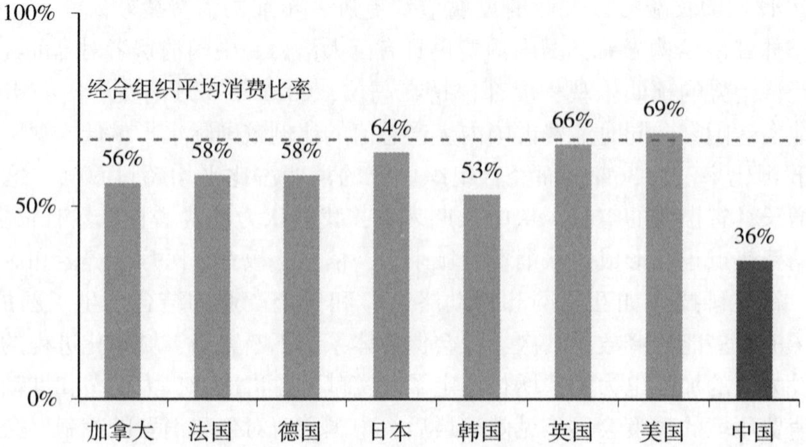

数据来源：经济合作与发展组织，德勤分析

图6 消费占国内生产总值比率

(三) 近期政策

直接消费补贴政策将淡出，促消费政策将转向扩大消费的长效机制。继家电下乡和家电以旧换新之后，2013 年 6 月节能家电补贴政策也已到期并停止延期。2014 年 4 月商务部研究院发布了《2014 年消费市场发展报告》，称由于税收难度大，难以延续以往的直接消费补贴政策，中国消费将主要依靠内生动力支持，而国家扩大消费的政策将以完善消费环境为主。具体对策包括通过落实城镇化来提升消费规模、完善社保保障体系，以及通过改善小微企业创业环境来保障就业等方式以提升消费能力和实施《消费者权益保护法》等方式来改善消费环境、提升消费意愿等。这意味着政府刺激消费路径由“一时一策”和“一事一策”的临时性措施向提高居民收入水平、提升消费环境和消费者保护的长期稳定的消费政策转变，为今后的消费增长奠定基础。

1. 国家积极培育和规范电子商务

2013 年 11 月，商务部发布了《关于促进电子商务应用的实施意见》，确立的工作目标包括：在 2015 年，网络零售额占社会消费品零售总额达到 10%以上，我国规模以上企业应用电子商务比例达 80%以上。《意见》提出十项重点任务，其中之一就是发展零售，强调引导网络零售企业优化供应链管理，提升客户消费体验，同时支持百货商场、连锁企业、专业市场等传统流通企业依托线下资源优势开展电子商务，实现线上线下资源互补和应用协同。商务部此次明确表示将安排专项资金推动电子商务的发展，而各地政府财政和政策支持也会随之加大，这对于电商拓展业务以及传统零售企业转型都是利好消息。另外《意见》也提到要加快完善地方电子商务政策体系，促进电子商务立法工作以及加强电子商务统计监测和信用体系的建设，提升电子商务在依法纳税和消费者利益保护方面的作用。

2. 商务部部署商贸物流建设，零售企业有望降低商贸物流成本

我国物流行业目前存在统一配送率和社会化配送比率低、基础设施落后以及效率低下等问题。2013 年 11 月，商务部召开“商贸物流”专题发布会，明确提出 6 项推动商贸物流业发展的重点工作，其中包括：推进物流标准化建设，提高物流运作效率，利用信息技术整合资源，鼓励第三方物流企业发展，提高专业化、社会化和规模化的水平以及加快城市物流布局，解决“最后一公里”配送难的问题。目前我国物流成本比较高，社会物流总费用占 GDP 的 18%，比世界平均水平要高 6. 8 个百分点。物流效率低下是制约我国电子商务和零售发展的重要瓶颈。此次发布会过后，商务部提出将出台一系列促进商贸物流发展、降低流通成本的专向规划和指导性文件，在未来有可能降低电商和零售企业的运营成本。

二、行业发展概况和趋势

(一) 零售行业整体增长放缓，传统大型零售企业份额下降

伴随宏观经济和城镇居民收入增长放缓，零售行业销售增速持续下滑。从图 7 可以看到，城镇居民人均可支配收入实际增幅连续下降，而 2014 年第一季度实际增长率仅为

7%，低于国内生产总值增速。与此同时，2013 年社会消费品零售总额为 237810 亿元，同比名义增长 13.1%，连续四年增幅下降。万德（WIND）预计 2014 年增速还将下降 0.7 个百分点至 12.4%。同时，传统大型零售企业的销售份额也持续下降。连锁百强销售规模在社会消费品零售总额中的占比从 2008 年的 11.1%下滑到 2013 年的 8.6%。传统大型零售企业经营面临多重压力。随着经济增长放慢、消费升级、三公消费下降和成本高企，企业面临增收缓慢、节支困难和利润空间严重压缩等问题，同时新兴业态的涌现和网络、移动购物的崛起，更是对传统零售业造成了强烈的冲击。面对压力，零售企业不断谋求创新，在运营模式、扩张模式、销售渠道和物流运作等多方面寻求突破。

伴随着城镇居民收入放缓，零售业增速下滑，传统大型零售企业市场份额持续下降。

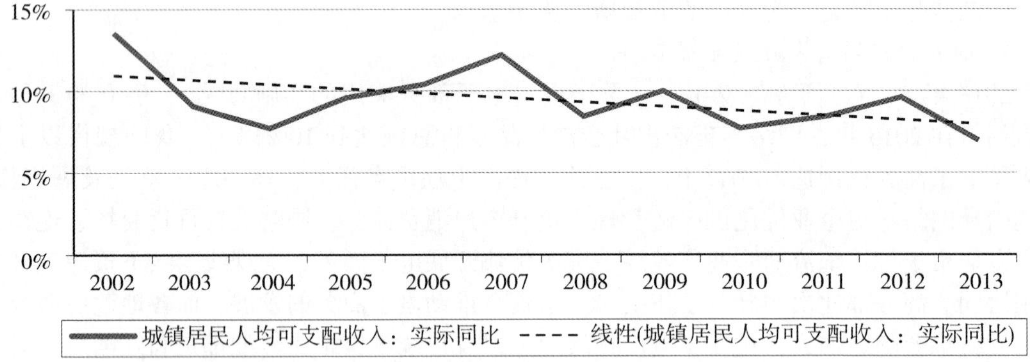

图 7　城镇居民人均可支配收入实际同比增幅①

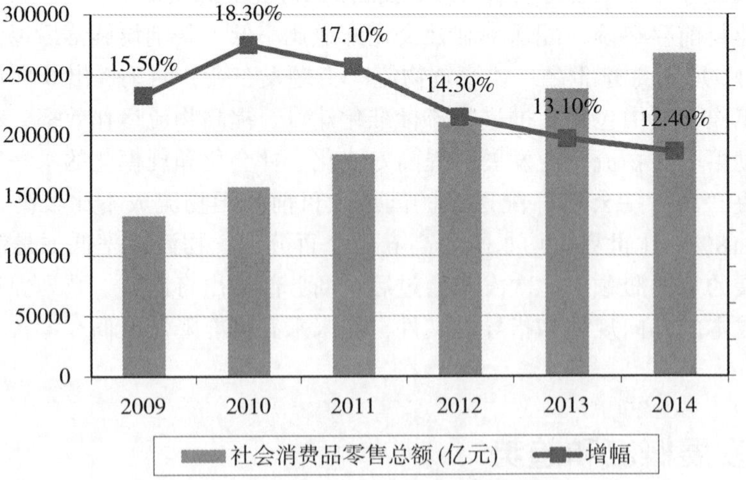

图 8　中国社会消费品零售总额及增长率

① 扣除价格因素。

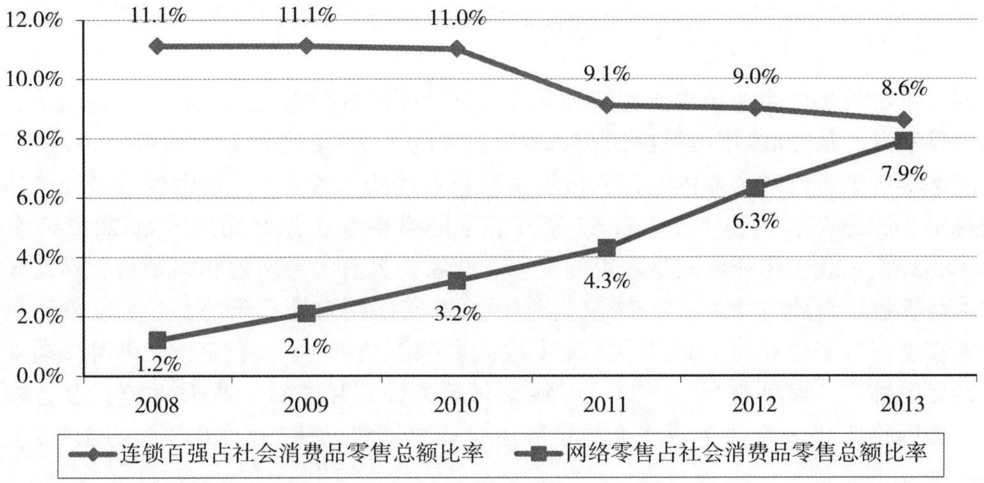

数据来源：国家统计局，中国连锁经营协会，WIND，德勤分析

图 9　连锁百强和网络零售占社会消费品零售总额比率

（二）购物中心和便利店呈现较好的态势

虽然零售行业总体增速放缓，就各个业态比较来看，购物中心和便利店表现出相对较好的态势。此次中国连锁经营协会的调查问卷数据显示，购物中心和便利店的样本店铺平均销售额增幅分别为 11.4%和 3.4%，高于大超、超市、百货店和电器、3C 专业店的增幅。购物中心顺应了消费者需求多元化和娱乐文化、外出就餐需求日益增加的趋势，有望保持较快的增速。而便利店有着空间、时间、服务便利性以及贴近消费者的特性。随着电商和便利店的进一步融合，一个集电商、服务商、货品供应商与便利店深度合作，将体验、社交、生活服务和购物融为一体的以社区客群为中心的崭新模式将会出现。便利店或将成为零售行业的另一个制高点。

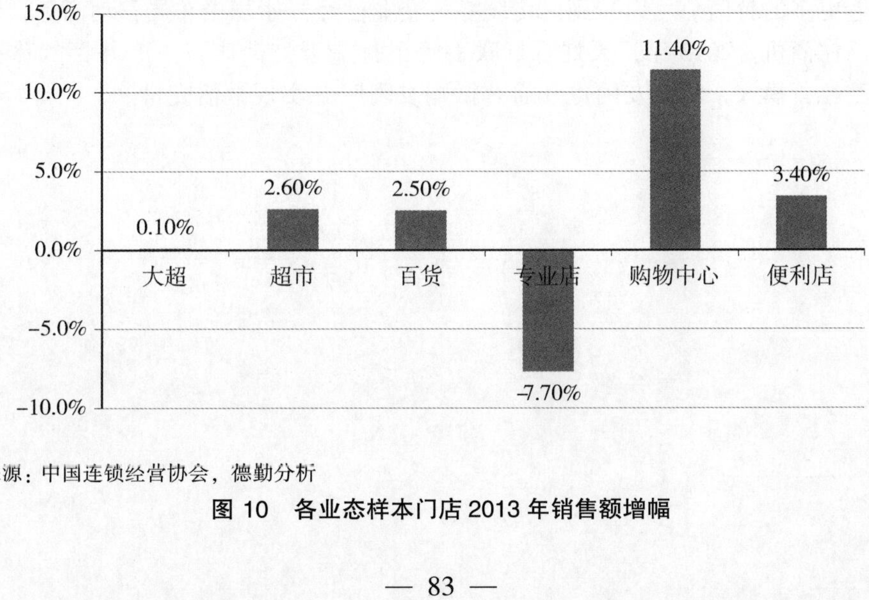

数据来源：中国连锁经营协会，德勤分析

图 10　各业态样本门店 2013 年销售额增幅

（三）传统零售企业积极“触网”

相对于传统零售企业销售份额持续下降，网络零售在过去几年取得了飞速发展，市场份额一路攀升，从2008年占社会消费品零售总额的1.2%上升到2013年的7.9%（图9）。拓展网络零售渠道已成为业内共识，传统零售企业纷纷“触网”。据中国连锁经营协会的数据显示，2013年，百强企业中有67家开展了网络零售业务（2011年和2012年分别为41家和62家，2013年开始网络零售的企业有9家，另有4家暂停网络销售，净增5家）。开展网络零售以自建方式为主。67家企业中，51家采用自建平台方式，8家采用自建平台和入驻第三方平台相结合的方式，8家仅入驻第三方平台。百强企业利用移动互联技术，在促销推广、商品查找、下单、在线支付等方面积极尝试，提升客流，改善顾客体验。开展网络零售的百强企业线上销售额占企业总销售的比例由2012年的2.9%上升到3.7%。

（四）移动消费增长迅速，引领全新消费模式

智能手机的迅速普及、基础环境和手机应用的完善推动了互联网用户向移动端迁徙。据中国互联网信息中心数据，2013年我国网民规模达6.18亿，手机网民已占81%超过5亿。随着智能手机成为最主要的智能终端设备，移动技术将会和传统行业深度融合，而零售行业也不例外。事实上在过去的五年，移动消费已经有了爆炸式的增长。中国电子商务研究中心的数据显示，2013年我国移动电子商务用户为3.8亿人，市场规模达到了2325亿元，过去5年的复合增长率分别为80%和209%。预计2014年，移动电子商务的用户将达到5.3亿人，市场规模达到4124亿元。移动消费之所以有如此飞速的发展，是因为它顺应了消费者消费时间日益“碎片化”的趋势，使消费者可以随时随地获取产品信息、购买商品、进行支付并分享购物经验。零售企业可以通过结合实体店面和移动装置，找到购物“碎片化”时代下增强购物体验的突破口，使实体门店成为移动端的线下入口；也可以把移动端口作为重要的营销工具，运用移动优惠券、电子会员卡等吸引消费者，增强与消费者的互动；还可以利用后台数据，分析消费者需求和购买行为，修正营销模式并为消费者创造更多的价值。可以看到，传统零售企业已经开始积极布局移动商务，以求在这一趋势中抓住商机。2013年，天虹百货联手腾讯打造天虹微店，王府井百货移动终端上线布局互动经营模式，湖南友阿也开通“微购友阿”并实现微信支付。

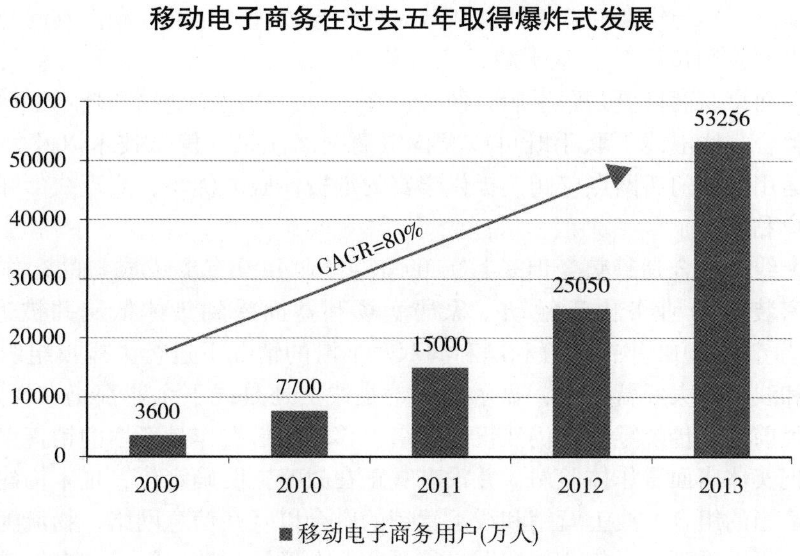

数据来源：中国电子商务研究中心，德勤分析

图 11　移动电子商务用户规模图

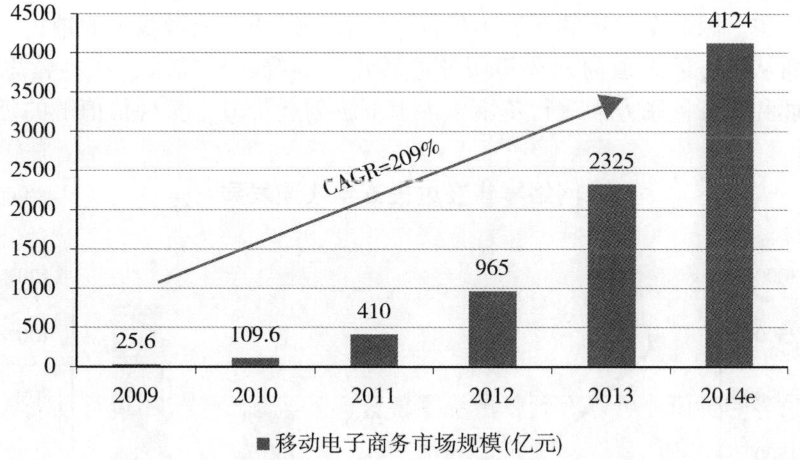

图 12　移动电子商务市场规模

（五）多渠道全渠道模式，打造全新客户体验

电商和传统零售企业线上线下融合的步伐正进一步加快。一方面，传统零售龙头掀起上线热潮以求增强竞争实力。网络零售在过去几年的高速增长对传统零售造成了重大冲击。电商不仅分流终端消费者，同时争夺上游供应商，因而削弱了传统零售商对产品、进价和售价的控制权。另一方面，电商也开始遭遇增长瓶颈，虚拟化的线上购物无法满足客户对购物体验的全方位要求，传统物流又很大程度上制约了电商的扩张，因此，电商纷纷"落地"，自建实体店面或者寻求线下合作。在过去一年，两者联手打造线上线下闭环的

趋势尤为明显。天猫与银泰商业集团达成战略合作形成优势互补，湖南友阿与腾讯签订合作协议，建设“友阿微购”公众平台，实现移动在线支付、线上线下信息共享、会员卡绑定等功能。而京东商城更是联手唐久便利，在会员、物流、仓储和技术上深度打通实现资源的高效整合。线上线下联手既可以发挥电商网络流量、信息技术以及大数据分析优势，又可以运用实体门店网点广阔、提供丰富的消费体验的优势，实现线上和线下相互导流，增加客户黏度。

虽然线上线下融合是趋势，但是目前我国零售业并没有形成成熟的运作模式。2013年底，天猫家装O2O业务由于触动了家居卖场利益而受到集体抵制并被迫中止业务；2014年初，苏宁在2013年销售额和净利润双双下滑的情况下进行大规模组织调整以更好地整合线上和线下两大经营平台，显示出无论是线上还是线下企业都仍在探索O2O模式的道路上。目前许多传统零售商仍然仅把网络、移动销售看作是新增的销售渠道，而一些电商也只是把实体店面看作体验站，并没有真正在战略上明确定位，也未构建起线上产品和线下产品恰当的组合、线上营销和线下营销的融合以及在信息网络、物流配送和售后服务上的协同。可以看到，零售业的发展必将是企业在经历过单一渠道、多渠道经营后最终向全渠道销售转型的过程。企业将结合所有销售渠道，将消费者在各不同购物渠道的购物体验无缝链接，以科技为支点为消费者提供最优体验和服务的价值销售模式。全渠道的核心是价值平台，是运用互联网、移动技术和零售资源，围绕客户的需求提供最高的价值，回归零售的本质。因此全渠道的开展不仅仅意味着开通线上或者线下的销售，而是意味着零售商、电商从单一的渠道商向零售服务商转化，围绕客户需求，在经营思维、运营方式、销售管理和服务体系方面进行革新，为上下游创造价值，实现价值链的延伸。

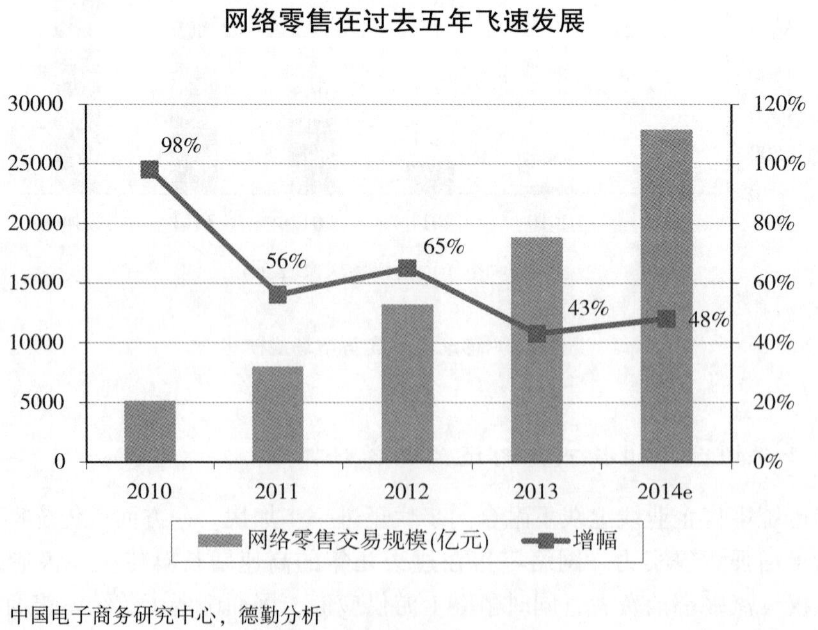

数据来源：中国电子商务研究中心，德勤分析

图13　网络零售交易规模

表 1　　零售企业 O2O 布局

公司	O2O 布局
苏宁云商	全面转型“云商”发展模式。2013 年已实现双线渠道的全面融合，即线上线下的组织融合、商品陈列融合、商品价格融合、购物流程融合和服务融合，进入到了线上线下多终端的无缝融合。
徐家汇	推出徐家汇商城“在线购物平台”，将徐家汇商业中心六大实体百货公司、购物中心特色商品和精品服务整合触网，打通徐家汇商业中心网上线下供应链、积分通兑、VIP 会员资源和物流配送的渠道。电商平台、预付卡“徐家汇 e 卡通”、移动端 APP——Vgo 徐家汇三大主营业务，构成徐家汇商圈线上线下一体化战略转型的三驾马车。
王府井百货	2013 年网上商城、APP 平台、微信公众服务号齐亮相；积极推广线上多渠道拓展、线上线下“O2O”资源整合，同时组织开展线上线下互动营销。
南京中商	“云中央”电子商务平台成功上线运营；推出“中央商城 APP2.0”移动商城；提供网页在线、新浪微博、微信公众服务号、腾讯 QQ 等形式多样的客户服务。
银泰百货	到 2013 年底，银泰在所有门店铺设 Wifi 无线网络。O2O 战略实施关键：数据无缝漂移，包括消费者数据和货品数据；提高消费者满意度，通过手持移动终端，实现无线收银；货品单品管理，将移动终端应用于专柜管理和电子开票设备，由营业员负责维护商品信息。
天虹商场	天虹实体门店、网上天虹、天虹微信、天虹微店，共同构成一个完整的全渠道。天虹模式的创新主要体现在：随时随地随身的 O2O；线上线下业务闭环，做到会员管理、购物流程及店员服务的线上线下闭环；重视与重构体验；社交化 CRM 建设，多渠道发卡线上线下通用。
广州友谊	在线下实体商场中导入 Wifi 无线网络、智能导购、微信推广、专柜和大宗交易便捷支付系统，以“智能化”的便捷服务提升到店客人的购物体验；整合线下实体店铺与“友谊网乐购”线上商城，运用微博、微信营销、移动在线营销等手段，实现线上线下营销推广的联动对接，丰富消费选择，引导消费需求。
友阿股份	“微购友阿”打造粉丝经济，平台融合提供 O2O 体验。“微购友阿”平台不仅打通所有实体门店的会员体系，还具有线上线下会员卡通用、优惠券用后即焚、微信购物支付、门店自动导航和订阅品牌资讯等功能；“玩购友阿”APP 是公共服务消费平台，通过“积分联盟”，金融服务、通讯服务、航空服务等都可以在这里实现积分互通，通过 APP 平台用户能进行水电煤气费的缴纳，机票、彩票的购买等多项操作。
步步高	全渠道、全业态、全品类的 O2O 零售战略；采用精而深的品类选择，用本地化对抗天猫、京东；建设本地化的开放平台，实现异业导流，与步步高商城形成互补；门店自提点建设。通过以上战略的实施，最终实现商品、购物、支付的无缝转换，自提与送货的自主选择。
红旗连锁	联手腾讯打造微信平台。与苏宁云商签署电子商务战略协议，实现电子商务平台的无缝对接。
武汉武商	“武商网”在线商城正式上线；布局“武商网”移动 APP 网络，进军移动购物领域；运用微信、微博等新媒体、新渠道发布各类促销信息。
太原唐久	与京东商城联手，将彼此的信息系统、商品系统、供应链系统、服务系统、支付系统和会员体系进行了打通和深度整合，实现优势资源互补，通过线上线下相融合的模式开展合作。完成组织平台的扩充融合、商品融合、物流融合和服务融合。

数据来源：公司年报，德勤分析。

（六）零售行业加快整合，并购市场尤为活跃

据并购市场咨询（Mergermarket）数据统计，2013 年我国传统零售业并购交易量同比增长 148%，并购交易总额接近 2012 年总额的 3 倍。从王府井百货收购中国春天百货、华润创业与英国零售集团 Tesco 成立合资公司、2014 年南京新百收购 House of Fraser 和金鹰控股收购美国 Skinmint，都反映出零售企业正抓紧时机，通过并购重整以调整经营战略，实现规模扩张和业态延伸。可以预见，国内零售行业的并购整合还将延续。在零售行业逐渐步入慢增长轨道，企业分化加剧的情况下，业绩相对较好的龙头公司利用有利时机，用低成本并购低估值的零售企业，突破业态和地域瓶颈，提升协同效应以增强自身实力，提高市场占有率。同时，由于新开门店的成本高企而商圈优良资源稀缺，我国零售业“跑马圈地”的外延式扩张已经大幅放缓，取而代之的是通过并购重组，快速占有成熟的零售资源，优化配置，扩大企业规模。规模经济有利于企业降低成本，提升与上下游议价的能力，同时也为企业提高自营比率、开展全渠道销售和实现差异化经营等转型奠定了坚实的基础。

表 2　　2013 年主要零售企业并购重组

公布时间	收购方	目标公司	交易额（亿元）
2013 年 1 月	北京王府井百货	春天百货	39.4
2013 年 8 月	华润万家	乐购超市中国业务	33.8
2013 年 11 月	凯德商用	广州白云绿地中心	26.5
2013 年 10 月	翠微股份	当代商城、甘家口大厦	24.6
2013 年 11 月	凯德商用	北京首地大峡谷	17.4
2013 年 9 月	世纪金花	金花投资	16
2013 年 8 月	GCREF Acquisitions 22 Ltd	广州西城都荟	30.2
2013 年 10 月	苏宁云商	PPTV	13.1
2013 年 5 月	新世界百货	上海泓鑫时尚广场	7.1
2013 年 10 月	西安民生集团	西安兴正源	5.02
2013 年 1 月	西安民生集团	汉中世纪阳光商厦	3.4
2013 年 9 月	新华百货	东桥电器	3.1
2013 年 9 月	武汉商联集团	武汉中百集团	2.8
2013 年 10 月	新世界百货	上海汇姿百货	2.8
2013 年 12 月	欧亚集团	郑州百货大楼	1.1
2013 年 11 月	欧亚集团	白山合兴	0.4

数据来源：汤森路透，德勤分析。

（七）精准定位创造竞争“真空”地带

零售业是零售商与消费者在需求的满足与被满足的循环互动过程中逐渐演变的。比如百货公司曾经是我国唯一的零售业态。但是在消费者日常购物和非日常购物需求差异加大的情况下，食品、日用品逐渐独成一类并随着消费者日常购物的多样化而变得多样化。食品零售商因而开始通过连锁经营获得规模经济并建立超市，并逐渐使其壮大成为零售业的主要业态之一。由此可见，零售行业演变的过程并不是单纯对旧业态的淘汰，而是旧业态在竞争压力下追求差异化定位，在竞争中创造生存真空地带的过程。目前我国零售业大都走的是大而全的路线，同质化严重，与消费者日益成熟以及多样化的需求并不相符。比如随着生活节奏的加快和生活品质的提高，一些消费者希望日常就近购物和娱乐，但在假期或者周末去大型的品类齐全的购物中心、超市作一次性的购买或者休闲，这就对零售供给提出了不同的需求，同时也为不同定位的业态创造了市场空间。千篇一律地开设大型购物中心和超市，只会在某个细分市场造成供过于求，企业恶性竞争，但在另一细分市场又无法满足消费者需求。差异化定位和专业化经营是企业打造核心竞争力并拓展经营空间的有力武器。零售企业可以通过细分市场，进行业态定位、功能定位、店址定位和目标客群定位，树立起独特的市场经营模式。比如以经营生鲜为切入点的永辉超市就在整体市场低迷的情况下实现了23.7%的营收增长和43.5%的利润增长。永辉正是满足了消费者重视消费环境和产品的新鲜安全而消费时间并不宽裕的需求，在电商的冷链系统和配送系统还无法满足生鲜商品有效存储和运输因而覆盖范围有限的情况下找到了突显自身竞争优势的“真空”地带。

三、连锁百强企业

协会于2014年4月发布“2013年中国连锁百强”。本年度连锁百强总销售规模为2.04万亿元，同比增长9.9%，门店数为93983家，同比增长7.6%，增速均为历年最低。虽然整体增速放缓，但企业更加注重提升运营效率，并积极从粗放式的扩张经营向精耕细作的效益经营转变。2013年百强平均毛利率为16.9%，较上年增长0.7个百分点，增幅高于上年水平。2013年百强入围门槛为35亿元，较上年增长6%。企业平均销售规模为204亿元。

（一）百强整体增长趋缓，但不乏销售额和利润大幅上升的企业

2013年连锁百强总体销售规模突破2万亿元，然而增幅首次出现个位数，仅为9.9%，是自百强统计以来最低的一年。不仅增幅减低，百强销售总规模占社会消费品零售总额的比重也持续下降，从2009年的11.1%下滑到2013年的8.6%。就发展模式来看，企业继续放缓新开门店，门店增幅从2010年的18.9%降为2013年的7.6%。2013年，有21家企业的店铺总数出现负增长，负增长的企业数为上年的一倍。百强增长趋缓，不仅是宏观经济增长放缓、城镇居民收入增速下降、成本高企、渠道分流和消费结构升级等多种因素作用的结果，也是行业发展到一定规模，进行自我调整的选择。

百强企业的差异化更加明显。2013年，百强企业中销售额增幅最高的达到51%，增

幅20%以上的有13家，而增幅为负的有16家。在样本企业中，毛利率最高为35%，比2012年上升3个百分点，最低为0.87%。这些高成长企业的共同特点是团队能力强、主业突出、有较强的区域优势。由此可见，即使在经营环境相对艰难的情况下，优异的运营能力，恰当的战略部署依然能为企业赢得丰厚的回报。

百强销售总规模占社会消费品零售总额的比重持续下降

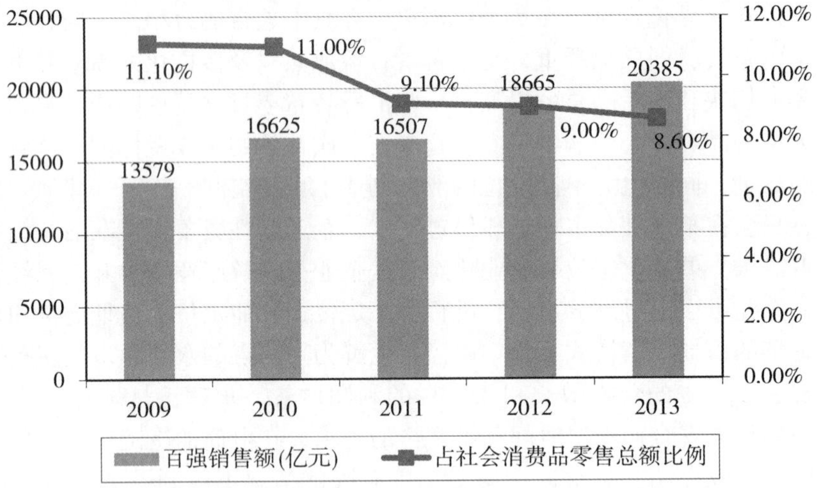

数据来源：中国连锁经营协会，国家统计局，德勤分析

图 14　百强销售规模及占社会消费品零售总额比例

（二）外资企业调整战略部署，注重门店盈利能力

2013年进入百强的外资和中外合资企业有26家，销售额占百强总销售额的29.6%，比2012年和2011年分别下滑2.9个和3.8个百分点。26家企业2011-2013年总销售额复合年增长率为7%，门店增长率为22%，均低于内资企业增速。面对更加成熟的内资零售企业，日益激烈的竞争，高企的成本和增速放缓的宏观环境，外资企业进入深度调整期，在调整规模扩张的同时，更加注重门店的运营效率和盈利能力。从百强数据可以明显看到，虽然外资零售企业近两年扩张放缓，其运营水平仍高于行业平均水平。2013年，外资企业的平均毛利率为19%，高出百强平均水平2.1个百分点。不仅如此，过去四年内外资毛利率水平呈现逐渐拉大的趋势。

虽然百强外资企业销售增长相对内资企业放缓，但盈利能力仍然高于平均水平

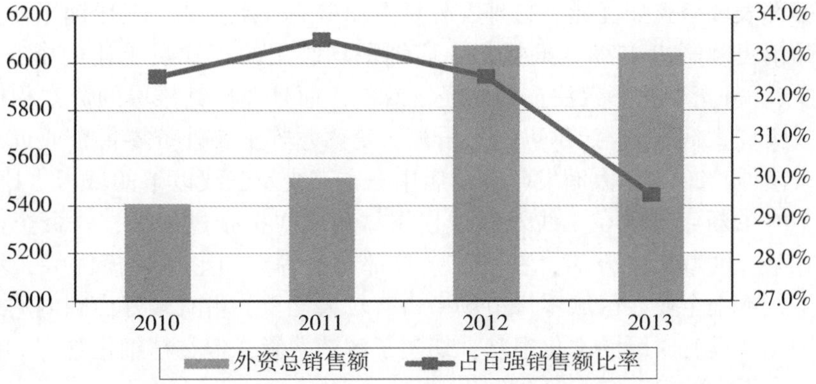

图 15　百强外资企业销售总规模和占比

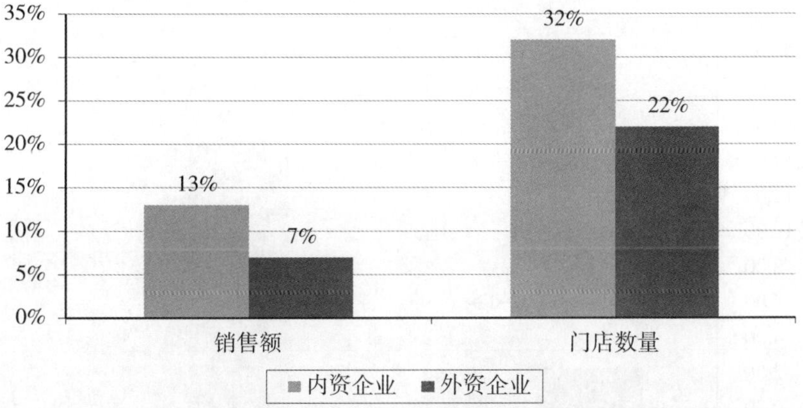

图 16　百强内外资企业 2011-2013 复合年增长率对比

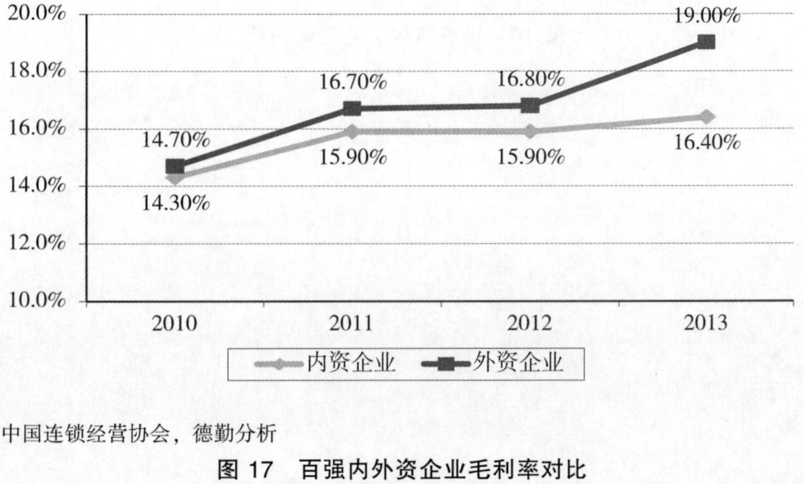

数据来源：中国连锁经营协会，德勤分析

图 17　百强内外资企业毛利率对比

百强中的外资企业大部分（23 家）为单一经营模式，专注于某一业态精耕细作。比如大型超市业态，中国连锁经营协会 2013 年企业问卷数据显示，外资企业无论在销售规模还是毛利率都表现得更加优异。另外，外资企业单店效率更高。其店铺平效是内资企业的两倍，单品销售额高出 17%。虽然每个店铺平均聘用的正式员工比内资企业多 64%，但人效仅低 9%。外资企业不仅注重门店经营效率，而且凭借其雄厚的资本积极进行战略布局。康成投资（大润发）、沃尔玛、家乐福、麦德龙等主要外资零售企业近年都开始向三、四线城市渗透。2013 年大润发新开门店中，在三线及三线以下的城市占比高达 85%。而沃尔玛有 70%的新店设立在三线及三线以下城市。在扩张过程中，外资企业注重发挥区域优势。在某一区域集中开店，在物流、总部功能等方面形成规模优势，然后向外扩张。相比之下，本土企业在区域零售市场中占有较大比重，占有较好商圈内的地产，拥有丰富的零售网点并具有深厚的文化根基，切实了解消费者，但在精细化管理、提升运营能力等方面仍然有很大的提升空间。

2013 年外资企业样本店铺在销售规模和毛利率方面的表现都优于内资企业店铺

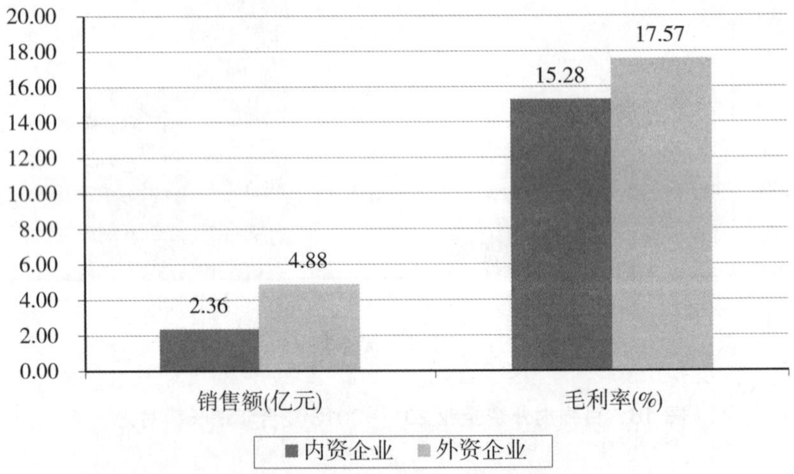

图 18　销售规模、毛利率对比

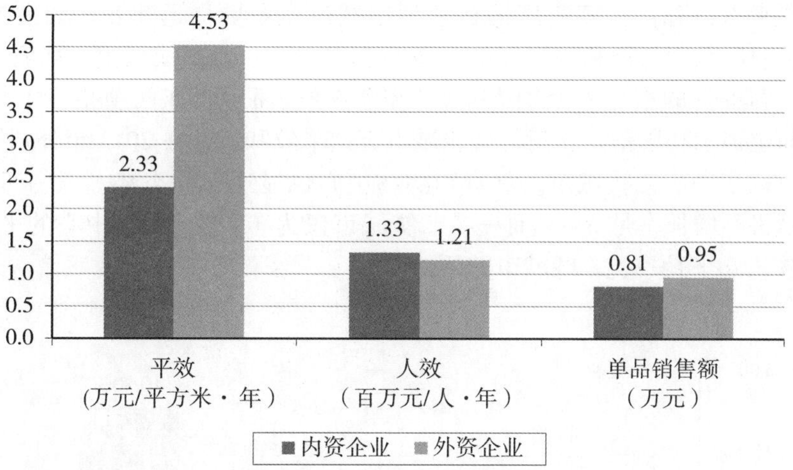

数据来源：中国连锁经营协会，德勤分析

图 19　经营效率对比

（三）三、四线城市发展迅速，成为零售企业发展重点

三、四线大超店铺在销售规模、单品销售额和运营效率增长上都强于一、二线城市

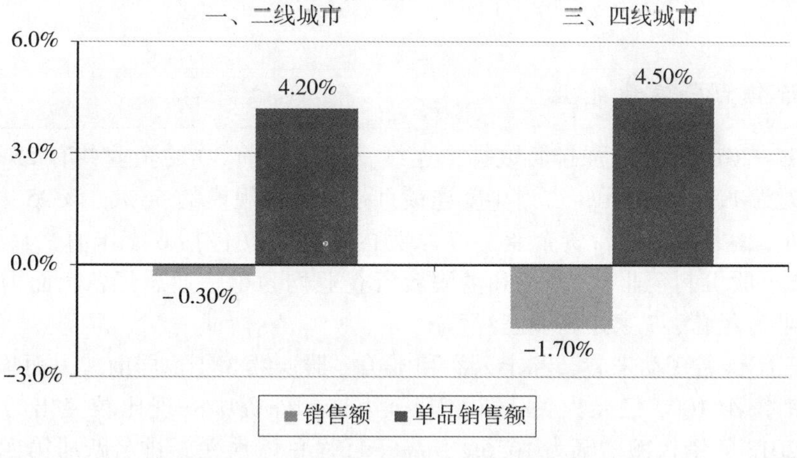

图 20　2013 年销售规模、单品销售额增幅

与往年相似，多数上榜企业仍然来自一、二线城市，占比 81%。然而成本高企、市场饱和以及竞争激烈等因素迫使企业纷纷转战三、四线城市。不仅外国连锁品牌积极向中小型城市拓展，本地企业也把目光锁定三、四线城市。比如永辉超市已渗透到县城，其正在筹建的 161 家门店中，有 34%落户三、四线城市。步步高集团更是以立足于中小城市为经营战略，从湖南向四川、重庆、贵州、广西和江西拓展。从 2013 年企业问卷中相同店

铺的对比数据来看，总体上零售店铺在中小型城市发展更加迅速。比如大型超市业态，三、四线城市门店在销售额和日均客单价增速上均强于一、二线城市。前者 2013 年平均销售额和日均客单价的增长率分别为 4.2%和 4.5%，而后者在两项指标上均有所下滑。运营效率方面也揭示相同信息，三、四线城市店铺平效和人效在 2013 年分别提高了 5.4%和 10.3%，远高于一、二线城市。百货和购物中心也显现相同态势。三、四线城市百货店铺的平均销售额增长率是 6%，而一、二线城市仅为 1.4%，购物中心的平均销售额增长率为 19.2%，几乎是一、二线城市的两倍。

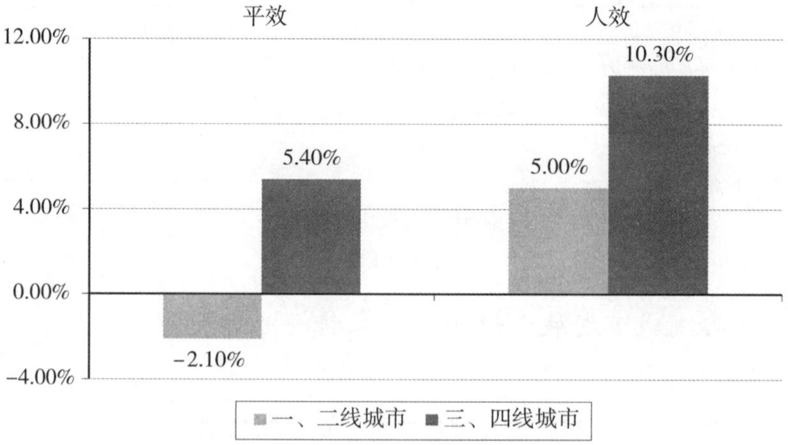

数据来源：中国连锁经营协会，德勤分析

图 21　2013 年经营效率指标增幅

（四）连锁百强常青企业

基于 2011-2013 年度百强排名数据，连续三年进入前 30 的企业共有 25 家，其 2013 年总销售规模为 1.14 万亿元，占当年度连锁百强总销售规模的 56%。该 25 家企业中有 7 家为外资企业，1 家为港澳台资企业，17 家为内资企业（包括 6 家国有、1 家国有控股、8 家民营和 2 家股份制企业）。外资和港澳台资企业均为单一业态经营，而内资企业中有 10 家是单一业态经营，7 家是多业态经营。

就过去三年排名变动来看，苏宁云商和国美电器连续 3 年稳居前三，而华润万家更是首次突破年销售额 1000 亿元大关，排名升至第三。外资中表现比较突出的有康成投资（大润发），2013 年销售额增幅为 10.6%，高于百强总体水平，排名跃居第四。内资企业中上升幅度比较大的有永辉超市和武汉武商集团股份有限公司。前者在 2012 年和 2013 年销售额增幅分别为 22.1%和 25.5%，远领先于行业水平，排名从 2011 年的第 20 名跃居为 13 名；武汉武商在过去几年则保持稳健增长，名次在过去 3 年上升 4 位。

表 3　　连锁百强常青企业名单

序	企业	排名			2013 年销售规模（含税万元）	销售增幅（%）
		2013 年	2012 年	2011 年		
1	苏宁云商集团股份有限公司	1	1	2	*13800000	11.3%
2	国美电器有限公司	2	3	2	13334000	13.5%
3	华润万家有限公司	3	4	4	10040000	6.7%
4	康成投资（中国）有限公司（大润发）	4	5	5	8012000	10.6%
5	沃尔玛（中国）投资有限公司	5	6	9	7221464	7.3%
6	重庆商社（集团）有限公司	9	7	6	6029699	10.6%
7	百胜餐饮集团中国事业部	10	8	8	5020000	-3.8%
8	家乐福（中国）管理咨询服务有限公司	11	10	7	4670588	3.2%
9	大商股份有限公司	12	11	11	*3948386	6.1%
10	永辉超市股份有限公司	13	13	20	3506000	25.5%
11	武汉武商集团股份有限公司	15	14	19	3068458	14.5%
12	石家庄北国人百集团有限责任公司	16	17	18	3016801	18.7%
13	农工商超市（集团）有限公司	17	12	13	3000119	-1.0%
14	中百控股集团股份有限公司	18	16	17	2931874	11.8%
15	长春欧亚集团股份有限公司	19	19	22	2827826	17.1%
16	宏图三胞高科技术有限公司	20	15	16	2756384	4.2%
17	江苏五星电器有限公司	21	18	14	2660383	10.0%
18	海航商业股份有限公司	22	20	15	2640000	10.0%
19	北京王府井百货（集团）股份有限公司	23	21	21	2364353	9.6%
20	利群集团股份有限公司	24	22	24	2286202	6.8%
21	天虹商场股份有限公司	25	23	25	2202249	8.1%
22	烟台市振华百货集团股份有限公司	26	27	27	2196400	15.2%
23	文峰大世界连锁发展股份有限公司	28	26	23	2071675	6.3%
24	特易购乐购（中国）投资有限公司	29	24	26	*2050000	2.5%
25	百盛商业集团有限公司	30	25	30	2045299	4.3%
	合计				113700160	9.9%

注：1. 2011 年连锁百强排名中，苏宁控股集团和国美电器有限公司并列第 2 名。

2. * 为估计值。

3. 数据来源：中国连锁经营协会，德勤分析。

2013-2014 年度大型超市、超市经营状况分析报告

中国连锁经营协会（简称协会）于 2014 年年初开展了连锁零售企业年度行业调查，其中以超市为主营业态的样本企业为 83 家（包括未进入百强的企业）。本报告结合协会与德勤的行业研究观点及其相关调研数据对其发展环境、主要态势等进行分析和总结。

一、大型超市和超市发展概况及趋势

（一）行业整体增长放缓，两极分化加强

在经历了上年业绩增速新低后，本年度大型超市和超市行业延续了发展放缓的态势。2013 年连锁百强中以超市为主营业态的企业销售额年增长率仅为 8.7%。而企业问卷调查的 83 家样本超市企业（包括未进入百强的企业）的增速更低，仅为 6%。与此同时，企业两极分化的趋势进一步加强。在这 83 家样本企业中，销售额增幅在 20%以上的企业有 10 家，同时销售额呈负增长的有 14 家。在毛利率方面，15 家企业取得 20%以上的增长，而 14 家企业的毛利额为下滑。可见在市场环境低迷，电子商务冲击且成本高企的情况下，企业必需掌控良好的经营策略、优化的成本管控、精细的品类管理和客户管理等科学、优化措施方能使企业立于不败之地。

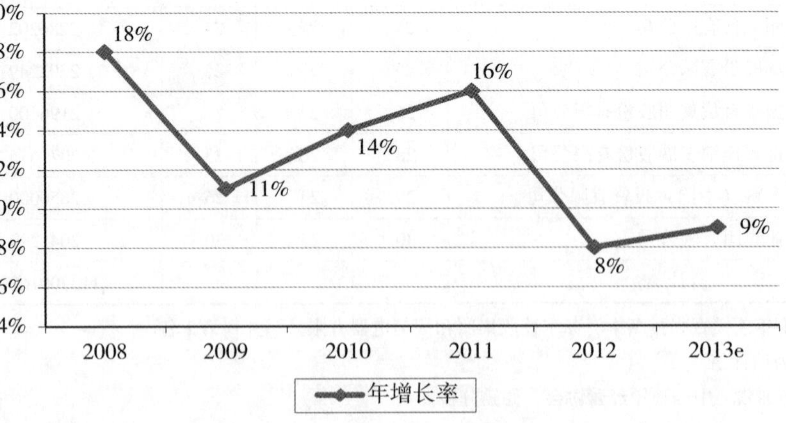

数据来源：国家统计局，德勤分析

图 1　大型超市和超市的年销售额增长率①

① 销售额包括超市、大型超市和仓储会员店。2013 年销售额和增幅根据中国连锁经营协会 2013 年百强超市企业销售额增幅估算。

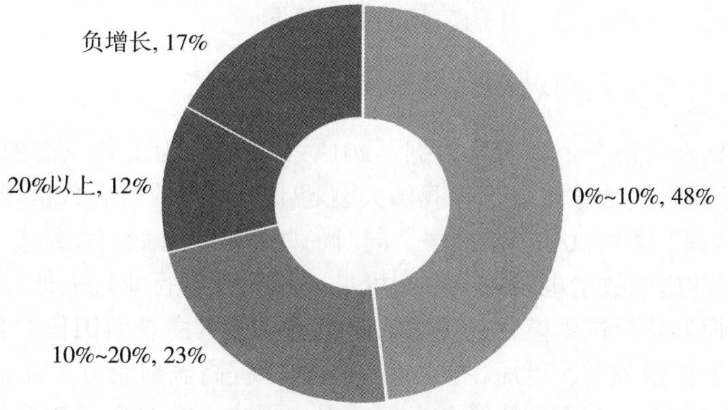

图 2　大型超市和超市样本企业销售额增幅分布

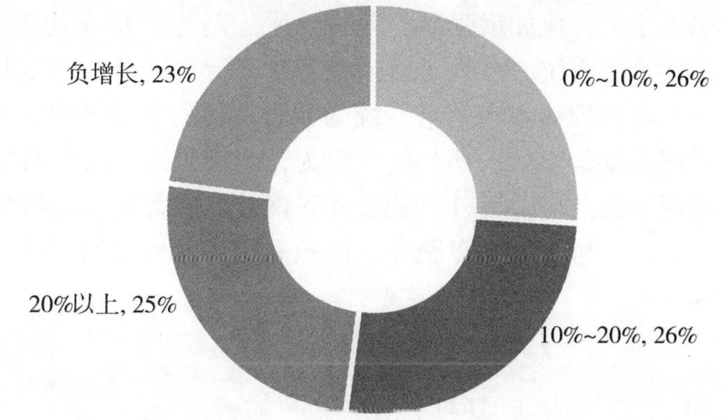

数据来源：中国连锁经营协会，德勤分析

图 3　大型超市和超市样本企业毛利额增幅分布

（二）并购热潮涌现将拉高行业集中度

虽然超市行业整体增长趋缓，企业并购交易活动在 2013 年却尤为活跃。无论是和记黄埔启动百佳超市的出售交易，华润收购 Tesco 中国业务，还是物美拟与卜蜂莲花互持股权重组事件都牵动行业神经。企业并购整合云涌和行业集中度有待提高是紧密相连的。虽然我国超市行业的集中度在近 10 年有所增长，但相较于发达的零售市场仍然偏低。基于中国连锁经营协会的百强数据来计算，我国排名前八的超市类企业占据 58%的市场，市场份额超过 10%的企业只有两家（华润万家和康成投资）①。与此相较，英国最大的零售公司 Tesco 一家在英国的市场份额就已达到 29.7%。就企业的未来成长而言，无论是实现顾客的全渠道购物体验、开发自营产品还是加强物流，都离不开“规模”二字。企业并购不仅可以给企业带来规模经济，降低运营成本，也可以带来市场权利效应，提高企业市

① 市场份额计算基于中国连锁经营协会百强数据和国家统计局超市（超市、大型超市和仓储式会员店）销售额。

场份额。可以预见，行业内的“并购”还将持续不断。

（三）企业增长模式向精细化管理方式发生转变

根据中国连锁经营协会企业问卷数据，2013 年以超市为主营业态的企业门店增幅已降到 4%。而国家统计局数据也显示，我国大型超市和超市的门店数量增幅持续下降，已经从 2008 年的 11%下降到 2012 年的 5%。同时一些企业也开始对业绩差的店铺进行调整，因此 2013 年关闭的店铺数量也较高。由此可见，我国超市行业过去通过新增门店夺取市场并扩大经营规模的外延扩张模式正在面临终结。在成本高企而销售增长乏力的情况下，超市企业开始调整扩张节奏、更加注重经营效益以求提高盈利能力。就此次企业问卷数据也可以看到，大部分企业在人员精简上大下功夫，平均人效提高了 7%。值得注意的是门店人工费用过分压缩，易导致客户体验下降，在长远来看损害客户满意度。相比之下，外资超市企业虽然人效低于内资企业，但平效却几乎是其两倍，说明内资企业在其他方面提高经营效率的空间仍然很大。比如增强品类管理水平，与生产厂商建立良好的合作关系，运用完备的数据化品类管理系统，深入了解消费者购买行为满足客户需求。企业还需要增强后台的管理能力，提高管理体系和信息系统的契合程度，有效管理商品品种减少损耗。在物流方面也可以运用高度集中的采购与配送行为，运用先进的信息系统，使连锁超市各门店在物流方面形成规模化效应。另外，随着互联网技术的普及以及整个零售业的转型升级，实体店功能逐步从以销售为主向以服务、体验和销售并重转型，这是企业门店增速放缓的另一原因。

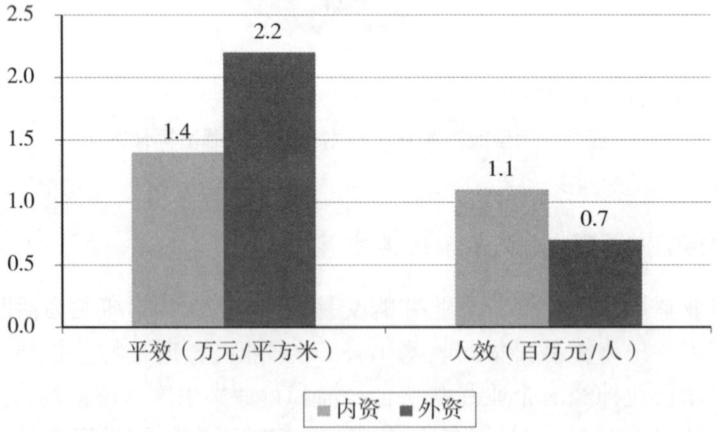

数据来源：中国连锁经营协会，德勤分析

图 4　大型超市和超市样本企业内资、外资经营效率对比

（四）生鲜产品成为超市经营热点

生鲜产品是消费者日常采购的重点，而我国目前大多数的生鲜产品仍然通过传统农贸市场销售给消费者。相对于农贸市场，超市具有购物环境良好、产品质量有保障和营业时间长等优点。随着城镇化的推进，消费者对消费环境和卫生要求的提高，超市生鲜必然有着较大的发展潜力，给超市带来竞争优势。如永辉超市一直以自营生鲜商品为市场切入点，生鲜品类占比在行业中最高，达到46%。2013年永辉营业收入增长23.7%，净利润增长43.5%，远远领先于行业平均水平。永辉年报对营业收入和利润水平增长的解释中提到，“通过生鲜及加工提升品质促进引流，食品用品拉动营收，服装增加利润贡献度”。而其他超市企业也纷纷将提高生鲜占比作为头等要务。联华超市在财报中表示，要将经营生鲜作为工作重点，已通过农超对接建立了319家企业生鲜基地，生鲜销售额在2013年增幅为28%。物美也将生鲜资源进行整合，成立了生鲜事业部。

当然生鲜经营也存在较大风险。生鲜产品保质期短，在采购、存储、加工和销售环节都容易损耗。同时虽然农超对接可以减少流通环节节约成本，但由于生鲜供应高度分散不易管理，也会拉高成本。因此经营生鲜需要在采购、物流、配送和管理体系方面大下功夫。另外也应当看到，电子商务也正在拓展生鲜品类，一旦冷链配送系统能够在低成本下运营，将会对传统超市的生鲜品类冲击不小。因此利用线下优势，加快从线下门店向线上业务的扩展也将成为必然。

二、大型超市和超市样本企业经营发展基本情况

从本年度问卷调查的83家以超市和大型超市为主营业态的有效样本企业数据看，销售额在100亿元以上的企业有21家，占比为25%；销售额在50亿~100亿元的企业占13%，而多数企业销售额在50亿元之下，占比62%。

（一）企业平均规模

83家样本超市企业2013年平均销售额为105.5亿元，年销售增长率保持在6.0%，低于所有样本企业9.8%的平均增幅。门店数量增长3.8%，而营业面积增长8.1%，说明平均单店面积有所上升。同时员工数量仅增长了3.8%，表明企业在人工费用高企的情况下，尽量减少员工数量以求削减运营成本。在后面的门店分析中也将看到，超市和大型超市样本店铺的平均平效和人效都较上年有所提高。

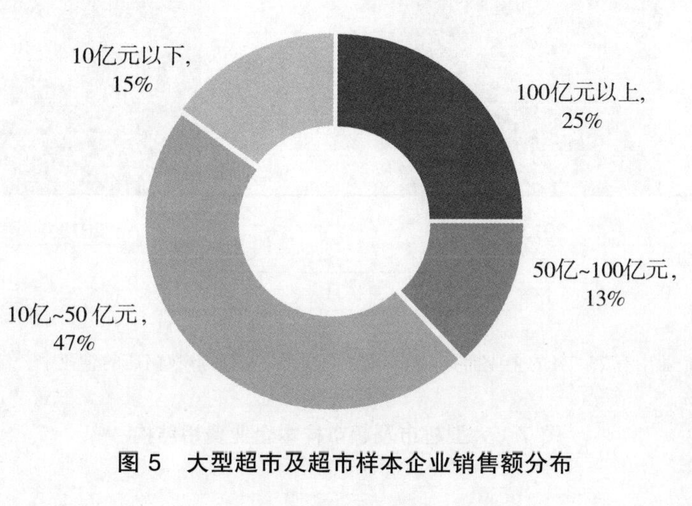

图5　大型超市及超市样本企业销售额分布

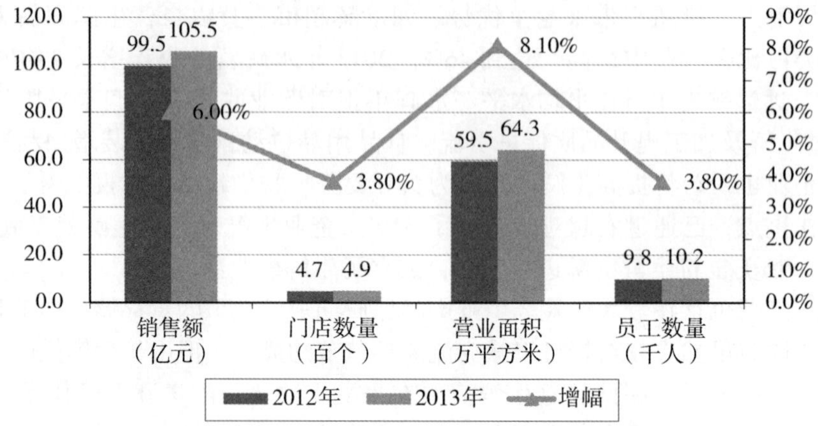

图 6　大型超市及超市样本企业平均规模

（二）企业费用情况

人工费用仍然是超市和大型超市的第一大费用，占比 55. 9%。其次为房租和水电，占比分别为 30. 9%和 13. 2%。就增幅来看，这三项费用的涨幅均较上年大幅回落，分别下降 15. 0、8. 9 和 16. 2 个百分点，反映企业在费用高企的情况下，缩减开支，向精细化管理转变。各项费用占销售额比率的增幅也揭示相同信息：2013 年房租和人工费用与销售额的比率虽然分别增长 4. 9%和 1. 3%，但远低于上年增幅，水电占销售额比率则下降了 5. 3%。

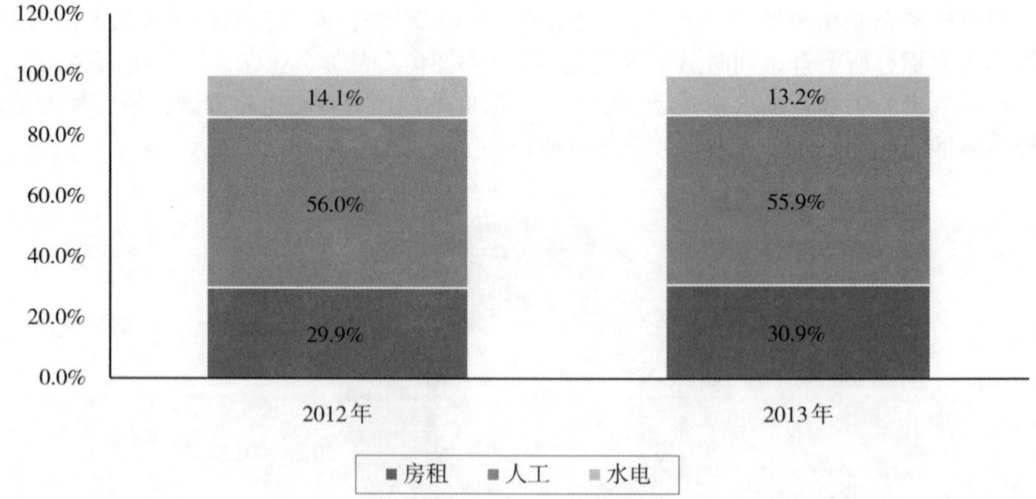

注：2013 年样本企业中有 73. 7%的企业拥有自有产权门店。拥有自有产权门店的企业中，自有产权门店占门店总数的平均比例为 22. 4%。

图 7　大型超市及超市样本企业费用结构

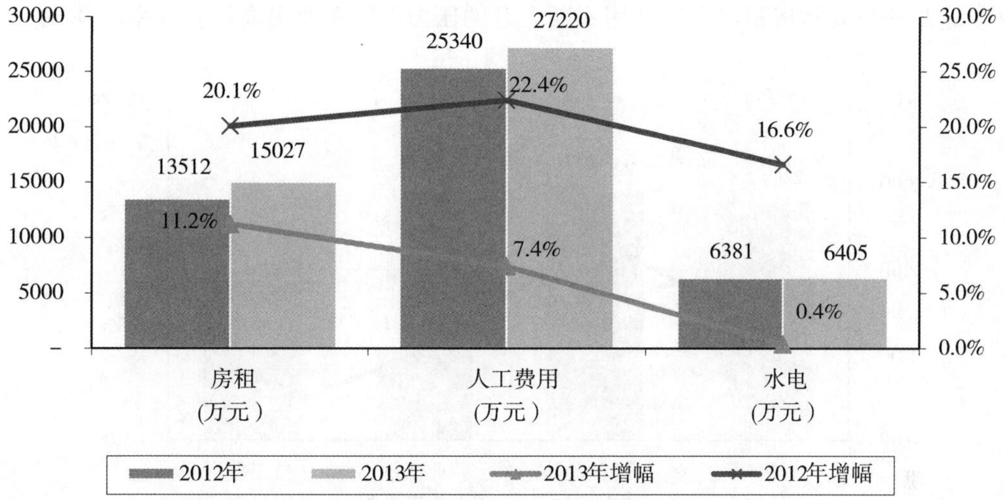

图 8　大型超市及超市样本企业费用

(三) 网络零售业务

在超市和大型超市样本企业中，57%的企业开展了网络零售业务。平均年网络销售额为2464万元，占总销售额的0.2%，低于其他业态水平，可见网上零售还未给企业销售带来足够的贡献。

(四) 自有品牌

在超市和大型超市样本企业中，78%企业经营自有品牌，自有品牌的销售额占总销售额的5.4%。

三、大型超市和超市样本门店经营发展基本情况

按照国家零售业态分类标准，我们将样本门店按营业面积划分为两类：营业面积超过6000平方米的为大型超市，营业面积不足6000平方米的为一般超市（简称超市）。

(一) 大型超市样本门店情况

本次企业问卷调查中，数据完整且门店营业一年以上的大型超市的样本店铺共有37家，各店铺都是企业中经营较好、代表行业领先水平的门店。37家店铺中，19家位于一、二线城市，18家分布在三、四线城市。平均营业面积为1.1万平方米，最低为6000平方米，最高为2.1万平方米。平均销售额为2.8亿元，最低为0.54亿元，最高为10.7亿元。

1. 门店平均规模

本年度样品店铺平均每店经营单品数量比上年增加1104种，销售额则没有明显变化（平均每店增加30万元）。在销售与上年基本持平的情况下，营业面积和员工数量均有所

下降。这是在近几年房租与人工费用不断上升的压力下，企业提高经营效率的体现。

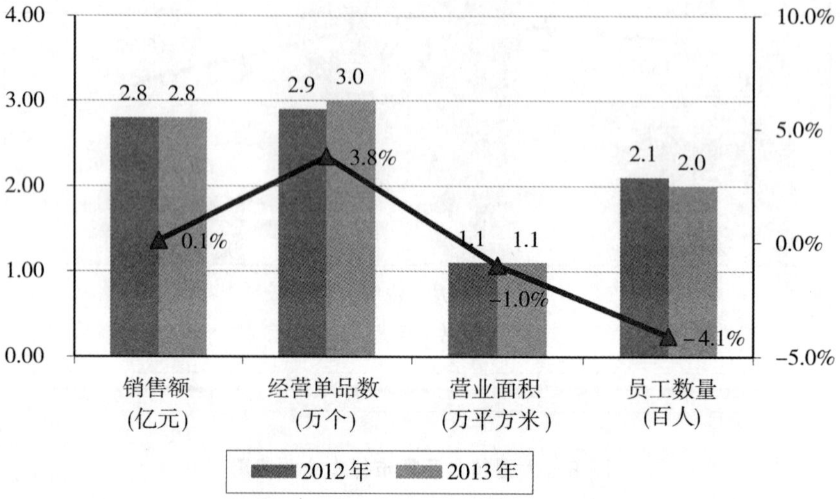

图 9　大型超市样本店铺的平均规模

2. 门店经营效率

与上述结论相符，2013 年大型超市样本店铺的平效和人效都有所提升，特别是人效，较上年增长了 6.6%，显示各门店在人工效率上有了很大提高。单品销售额持续下降，是由于销售总额几乎不变而单品数量增加，这也揭示出商品间竞争更加激烈。

表 1　　大型超市样本店铺平效、人效和单品销售额

项目	平效（万元/平方米·年）	人效（万元/人·年）	单品销售额（万元）
2013 年	2.6	131.5	0.8
2012 年	2.6	123.3	0.9
2013 年增幅	0.4%	6.6%	-3.3%

3. 门店日均客单价

2013 年日均客单价为人民币 82.1 元，与 2012 年（81.4 元）相比没有明显变化。相比之下，2011 年和 2012 年两年日均客单价增幅均为 13.0%以上，远高于 2013 年的增幅。网络销售以及专业店等其他销售渠道的销售分流可能导致了客单价增长乏力。

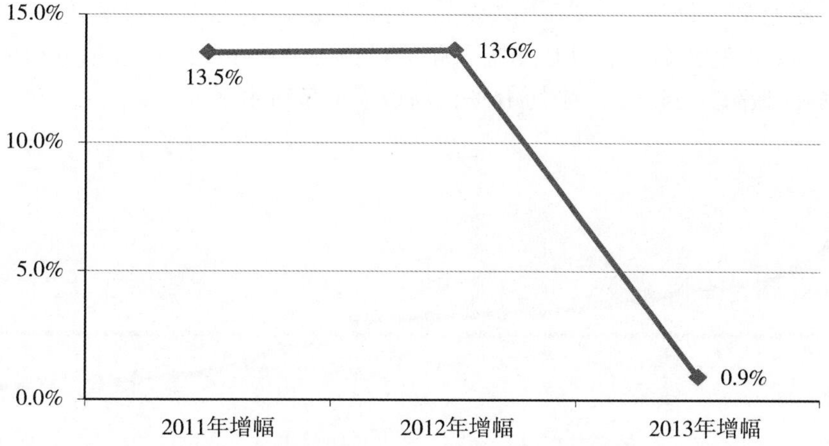

图 10 大型超市样本店铺日均客单价增幅

4. 门店费用情况

2013 年三项费用（房租、人工和水电）占销售收入比率为 6.9%，较上年略有上升。费用比率增长主要原因是房租和人工费用的增加，特别是人工费用，比上年增加了 6.4%。相比之下，水电费用降低了 2.2%。费用结构并没有太大变化，人工费用仍然是大型超市的第一大费用，其次是房租和水电。

表 2 大型超市样本店铺的三项费用

项目	三项费用占销售收入比率	房租（万元）	员工工资（万元）	水电（万元）
2013 年	6.9%	449.7	723.7	267.2
2012 年	6.8%	444.9	680.4	273.1
2013 年增幅	2.0%	1.1%	6.4%	-2.2%

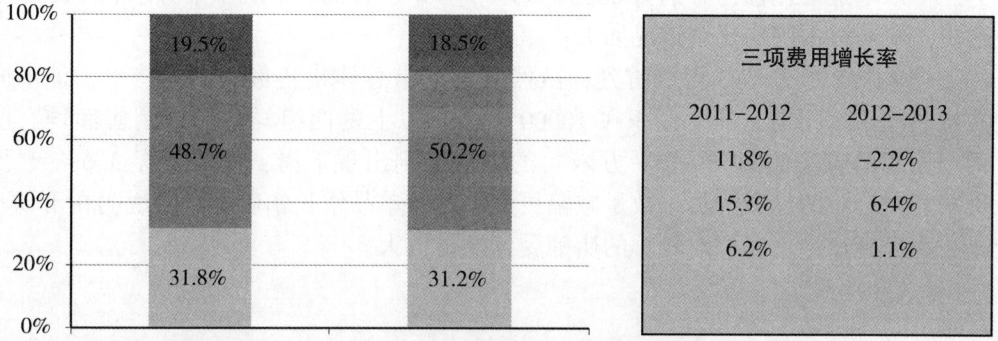

图 11 大型超市样本店铺的三项费用结构

5. 门店毛利率

大型超市平均毛利率水平为 15. 6%，略高于 2012 年的 15. 2%。店铺毛利率差别较大，最低为 8. 1%，最高为 24. 1%，平均 16%，高于大型超市水平。

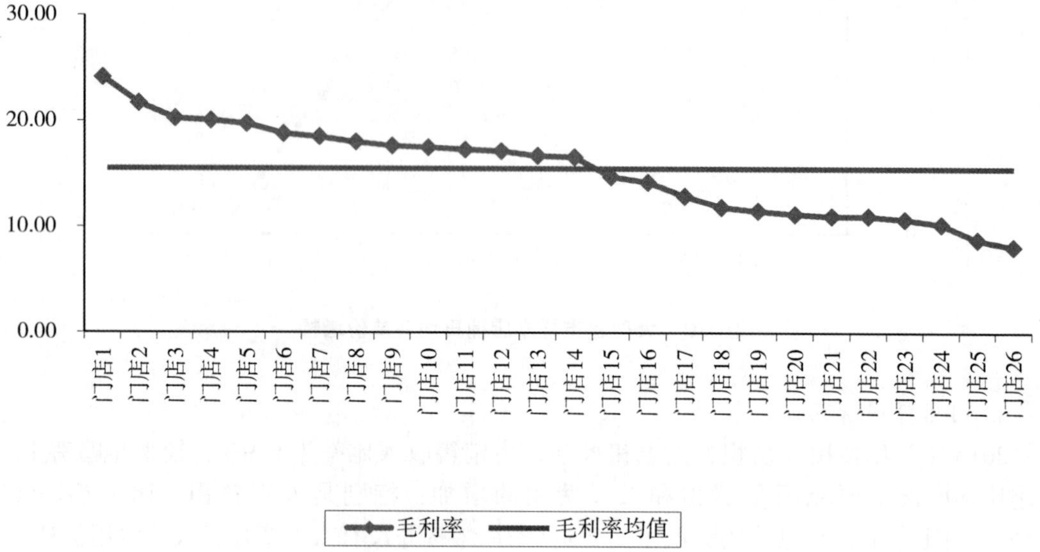

注：由于填报店铺均为各企业经营状况较好的门店，故平均毛利率高于一般大型超市毛利率水平。

图 12　大型超市样本店铺的毛利率分布①

6. 物流配送与周转情况

样本门店的统一配送率平均为 56%，与 2012 年持平。库存周转平均为 32 天，比 2012 年平均缩短两天。

7. 不同面积的大型超市对比

由于大型超市门店营业面积跨度仍然较大，本调研按以往惯例将样本门店按营业面积细分为三类以增加可比性，分别为 6000-9999 平方米、10000-14999 平方米和 15000 平方米及以上。三组样本门店比较情况如下：

（1）平均规模。从表 3 可以看到，虽然大型超市总体销售额与上年持平，但不同面积的店铺表现不尽相同，其中面积在 10000 平方米以上的两组样本店铺销售额均有所增长，而小面积门店（6000-9999 平方米）的销售额则出现下滑，同比下降 3. 6%。另外，经营面积相对较小的超市的员工数量减幅更大，经营单品增长幅度更小，说明在市场不利情况下，大型超市中面积相对较小的店铺受到冲击更大。

---

① 有五家门店没有公布毛利率信息，因此图中只有 32 家门店的信息。

表 3 大型超市三组样本门店的平均规模

面积分类（平方米）	年份	营业额（万元）	平均营业面积（平方米）	正式员工平均数（人）	经营单品（个）
≥15000	2013 年	48213	17668	262	32622
	2012 年	46846	17668	264	30081
	2013 年增幅	2.9%	0.0%	-0.8%	8.4%
10000-14999	2013 年	28466	11922	210	32733
	2012 年	27558	11922	217	31394
	2013 年增幅	3.3%	0.0%	-3.4%	4.3%
6000-9999	2013 年	19792	7504	181	27005
	2012 年	20530	7549	191	26378
	2013 年增幅	-3.6%	-0.6%	-5.4%	2.4%

（2）经营效率。从表 4 可以看到，三组门店的人效较上年都有所提高，特别是中等营业面积（10000-14999 平方米）和大面积门店（≥15000 平方米），人效分别提高了 11.8%和 6.8%，达到 163 万元/人·年和 148 万元/人·年，最低的是小面积门店（6000-9999 平方米），为 103 万元/人·年。人效反映员工的人员素质和专业技术技能，与门店的运营成本——人工费用息息相关。样本门店的平效与人效分布不太一样。2013 年平效最高的是大面积门店和小面积门店，平效均为 2.8 万元/平方米·年，而中等面积门店相对较低，平效为 2.4 万元/平方米·年。中等面积和大面积门店的平效均较上年有所提高，而小面积门店由于销售额较上年下降导致平效降低 2.2%。

中等营业面积和大面积门店的单品销售额均较上年下滑，其中大面积门店的下滑幅度最大，比上年降低 6.8%。就三组超市 2013 年的单品销售额比较，大面积门店的单品销售额最高，而小面积门店最低。

表 4 大型超市三组样本门店的平效、人效及单品销售额

面积分类	年份	平效（万元/平方米·年）	人效（万元/人·年）	单品销售额（万元）
≥15000	2013 年	2.8	148.5	1.1
	2012 年	2.7	139.1	1.2
	2013 年增幅	2.2%	6.8%	-6.8%
10000-14999	2013 年	2.4	162.6	0.9
	2012 年	2.3	145.5	1.0
	2013 年增幅	3.1%	11.8%	-3.7%
6000-9999	2013 年	2.8	102.8	0.7
	2012 年	2.8	100.3	0.7
	2013 年增幅	-2.2%	2.5%	1.1%

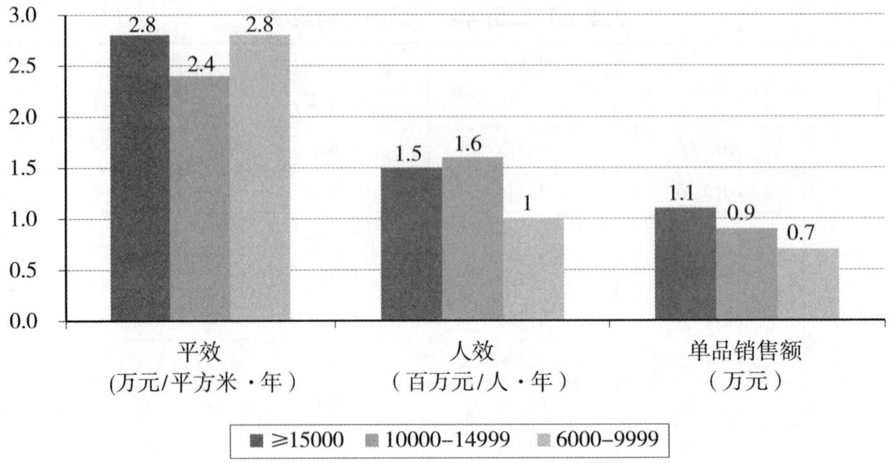

图 13　2013 年三组样本门店经营效率对比

（3）日均客单价。如图 14 所示，2013 年大面积（≥15000 平方米）和中等面积门店（10000-14999 平方米）的日均客单价相当，均为 94 元左右。而小面积门店（6000-9999 平方米）由于可选择的单品种类更少，日均客单价较低，为 70.4 元。与上年比较，大面积门店的日均客单价有所下降，而中等面积的门店上升了 4.5%。小面积门店日均客单价没有明显变化。

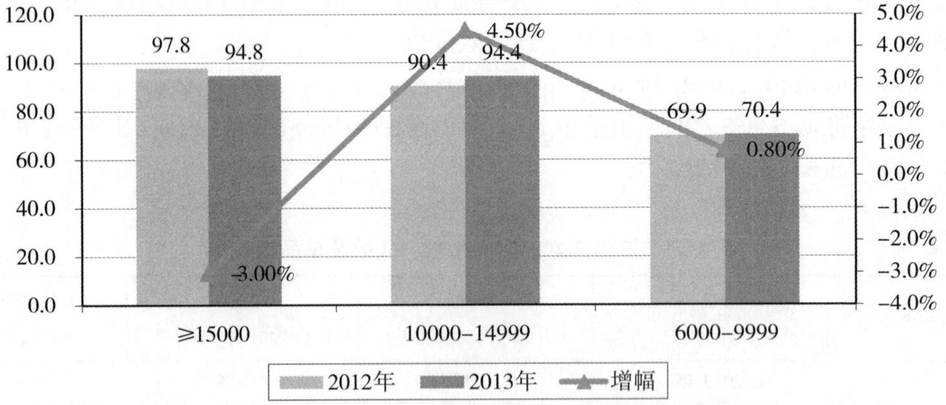

图 14　大型超市三组样本门店的日均客单价

（4）毛利率。三组样本店铺 2013 年毛利率分别为 17.5%、15.9%和 14.8%。大面积门店（≥15000 平方米）毛利率水平最高，增幅也最大。相比之下，小面积门店（6000-9999 平方米）的毛利率水平最低，而中等面积门店（10000-14999 平方米）的增幅最小。

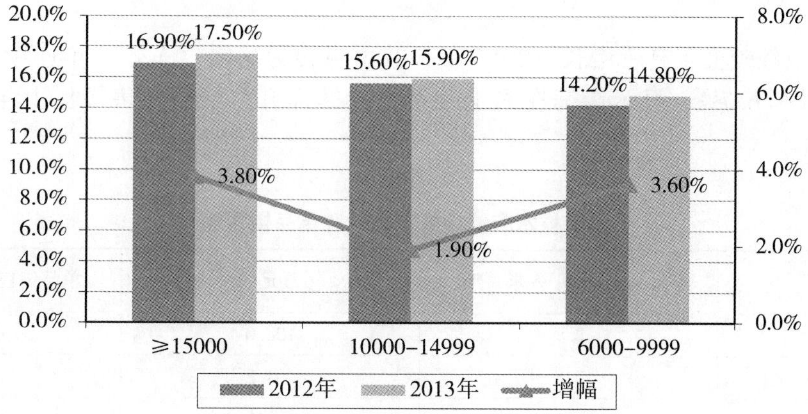

图 15 大型超市三组样本门店的毛利率

(二) 超市样本门店情况

本节分析营业面积在 6000 平方米以下的“一般超市”（下称“超市”）经营情况。企业调查问卷中，超市样本店铺有 25 家，其中 16 家位于一、二线城市，9 家分布在三、四线城市。平均营业面积为 0. 25 万平方米，最低为 500 平方米，最高为 5800 平方米。平均销售额为 0. 75 亿元，最低为 0. 13 亿元，最高为 2. 54 亿元。

1. 平均规模

2013 年样本超市店铺销售额增长 2. 6%，增幅高于大型超市。与大型超市相似，店铺营业面积没有明显变化，但正式员工数量有所下降，平均每店减少三人。销售额增幅高于营业面积和员工数量增幅，说明企业经营效率较上年有所提高。经营单品数量比上年增加 1003 种，与大型超市增量相近。

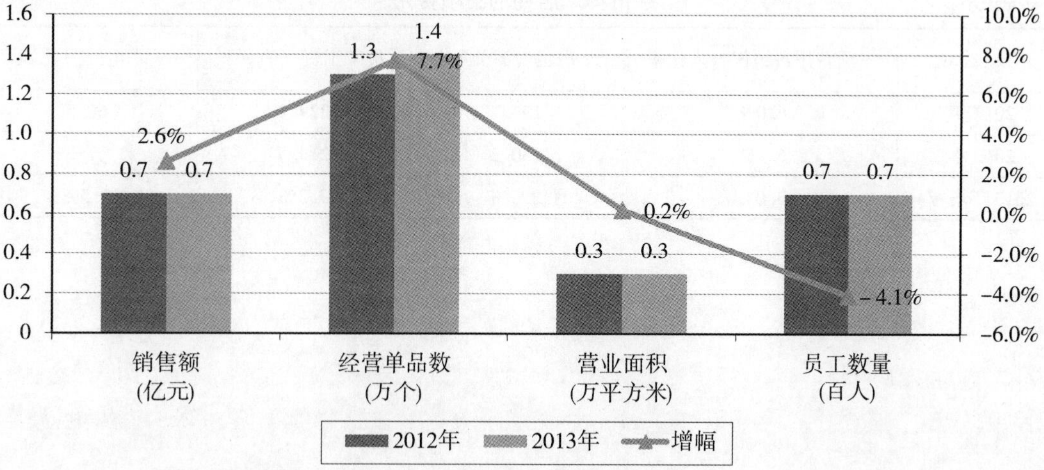

图 16 超市样本店铺的平均规模

2. 经营效率

由于销售额较上年有所增长，2013 年平效由降转为略增。人效两年连续增长，增幅分别为 4.9%和 6.7%，显示店铺在人工效率上持续提升。单品销售额比上年有所增长，增幅 1.4%。

表 5　　超市样本店铺平效、人效和单品销售额

项目	平效（万元/平方米·年）	人效（万元/人·年）	单品销售额（万元）
2013 年	2.9	108.0	0.6
2012 年	2.8	101.2	0.6
2013 年增幅	0.3%	6.7%	1.4%

注：本表中，单品销售额计算方法为：先求出各企业单品销售额，再求其平均值，得出 2013 年 0.56 万/单品和 2012 年 0.55 万/单品。如果采用下面的计算方法，即所有企业销售额的平均值除以所有企业经营单品数平均值，则结果为：2013 年 0.53 万/单品和 2012 年 0.56 万/单品，增幅为-5.4%。本文数据均采用前一种方法计算得出。

3. 日均客单价

2013 年日均客单价为人民币 49.3 元，比 2012 年提高 7.6%，保持了与之前两年相似的增幅。

4. 费用情况

超市样本店铺的房租、员工工资和水电费用均较上年有所上升，这三项费用的总和占销售收入比率因此比上年增加了 0.1 个百分点（增幅 3.0%）。涨幅最大的是员工工资，为 7.3%，考虑到员工数量平均下降了 4%，可见人工费用增长主要是由于员工工资的上浮。就费用结构而言，由于员工费用的大幅上升，其在三项费用中的比率上升了近 1 个百分点。房租和水电费用占比都略有下降。

表 6　　超市样本店铺的三项费用

项目	三项费用占销售收入比率	房租（万元）	员工工资（万元）	水电（万元）
2013 年	6.0%	134.7	229.2	60.5
2012 年	5.9%	130.2	213.5	57.3
2013 年增幅	3.0%	3.5%	7.3%	5.5%

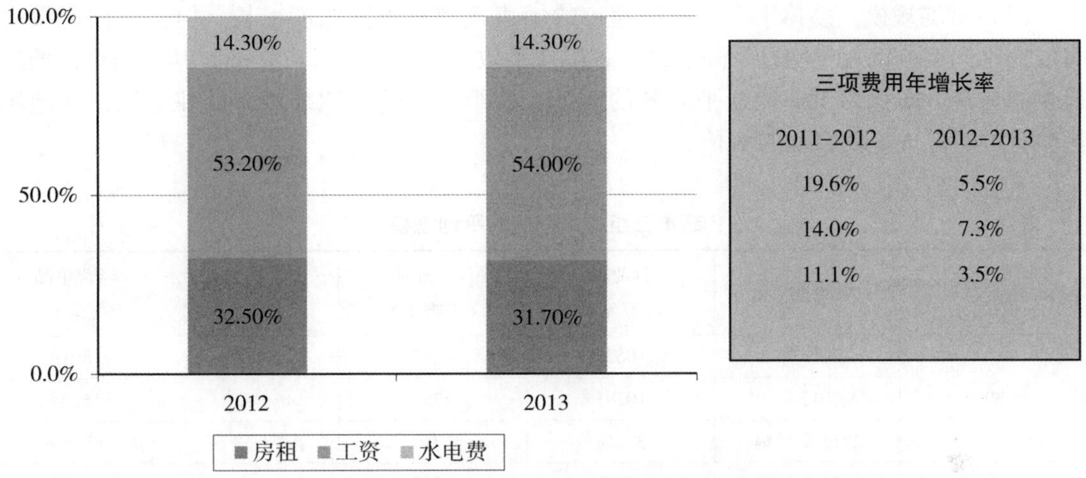

图 17　超市样本店铺的三项费用结构

5. 门店毛利率

超市平均毛利率水平为 14.6%，略低于 2012 年的 14.7%。店铺毛利率差别较大，最低为 7.1%，最高为 30%。如果以样本店铺平均销售额来计算，毛利率最高和最低的门店的毛利额相差 1763 万元。所有业态样本店铺的平均毛利率为 16%，高于超市水平。

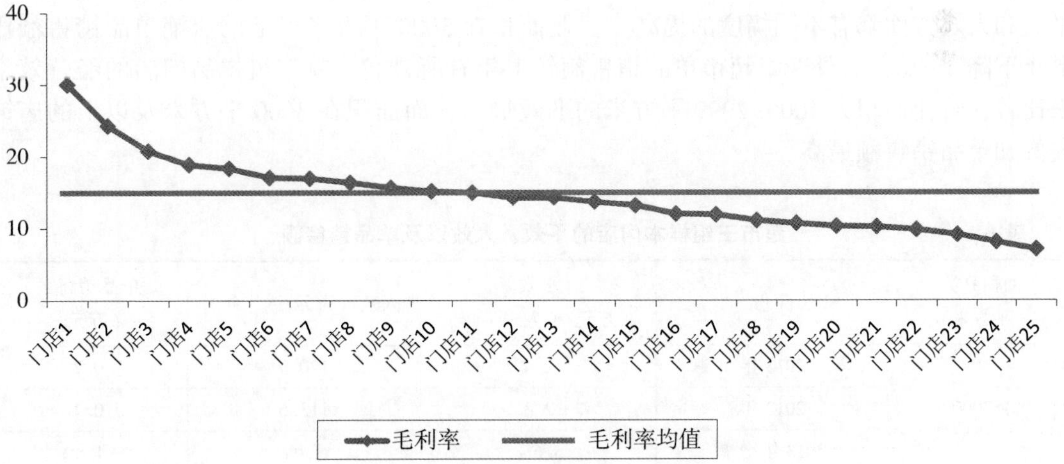

图 18　超市样本店铺的毛利率分布

6. 物流配送与周转情况

样本店的统一配送率平均为 60%，略高于 2012 年。库存周转平均为 28 天，比 2012 年增加 1 天。

7. 不同面积的超市对比

为增加可比性，本调研按惯例将超市样本门店按营业面积细分为三类：500-999 平方米、1000-2999 平方米和 3000 平方米及以上。三组样本门店比较情况如下：

（1）平均规模。整体来看，三组超市的销售额都有不同幅度增长，但营业面积没有明显变化，且员工数量均有下降，显示各组在平效和人效方面都有提高。其中销售额增速最大的是营业面积为500-999平方米的店铺，这组样本位于四线城市的住宅区，其地域优势有可能促进了销售额的增长。

表7　　超市三组样本门店的平均规模

面积分类（平方米）	年份	营业额（万元）	平均营业面积（平方米）	正式员工平均数（人）	经营单品（个）
≥3000	2013年	10626	4227	85	18918
	2012年	10295	4227	87	16124
	2013年增幅	3.2%	0.0%	-3.3%	17.3%
1000-2999	2013年	6547	1862	67	12011
	2012年	6423	1854	70	12033
	2013年增幅	1.9%	0.4%	-4.6%	-0.2%
500-999	2013年	1308	530	17	7248
	2012年	1194	530	18	7255
	2013年增幅	9.5%	0.0%	-5.7%	-0.1%

（2）经营效率。与上述销售额、营业面积和员工数量的数据相符，三组样本门店在平效和人效方面都有不同幅度的提高。营业面积在3000平方米以上的店铺单品销售额比上年下降4.8%，另外两组超市单品销售额较上年有所升高。就三组样品门店的经营效率来比较，营业面积为1000-2999平方米的平效最高，而面积在3000平方米及以上的店铺人效和单品销售额最高。

表8　　超市三组样本门店的平效、人效以及单品销售额

面积分类（平方米）	年份	平效（万元/平方米·年）	人效（万元/人·年）	单品销售额（万元）
≥3000	2013年	2.4	120.9	0.7
	2012年	2.3	113.6	0.7
	2013年增幅	3.6%	6.4%	-4.8%
1000-2999	2013年	3.1	105.0	0.6
	2012年	3.1	99.4	0.5
	2013年增幅	0.7%	5.6%	6.5%
500-999	2013年	2.5	80.9	0.2
	2012年	2.3	68.5	0.2
	2013年增幅	9.4%	18.1%	9.5%

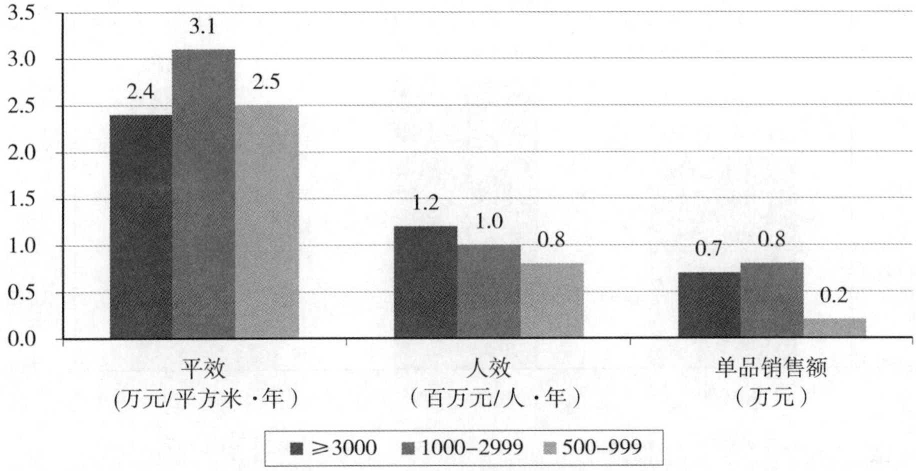

图 19　2013 年三组样本门店经营效率对比

(3) 日均客单价。如图 20 所示，在三组样本门店中，大面积店铺（≥3000 平方米）日均客单价最高，其次是营业面积为 1000-2999 平方米店铺，最后为小面积超市，日均客单价较 2012 年均有所增长。

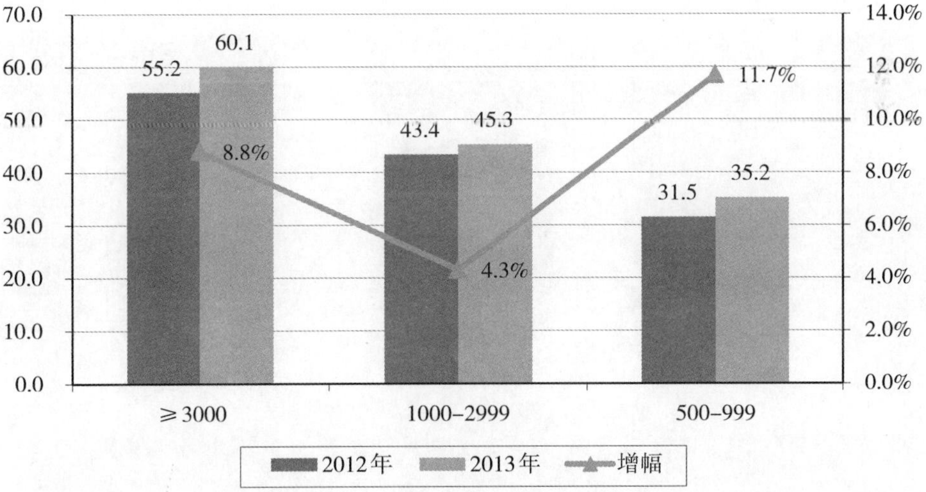

图 20　超市三组样本门店的日均客单价

(4) 毛利率。三组样本店铺的毛利率分别为 11. 8%，16. 4%和 15. 7%。其中面积为 1000-2999 平方米的店铺的毛利率水平最高，而面积在 500-999 平方米的店铺增幅最大。相比之下，面积在 3000 平方米及以上的店铺毛利率水平最低，且较上年有微幅下降。

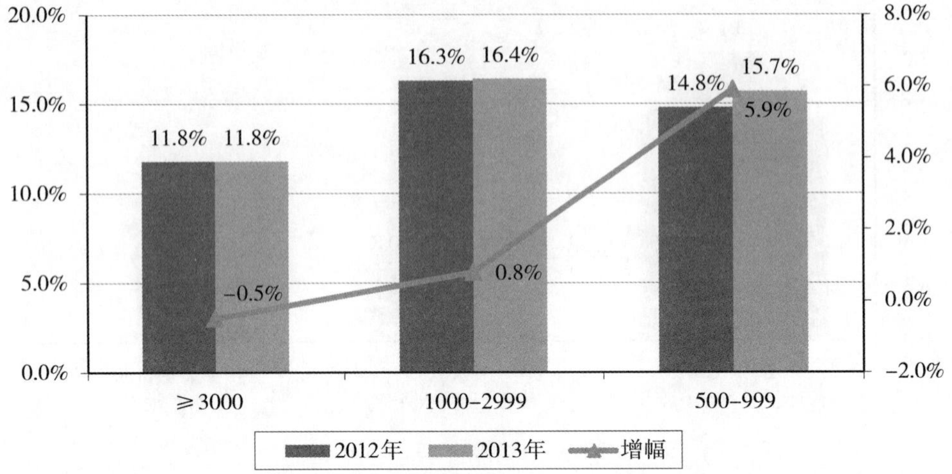

图 21　超市三组样本门店的毛利率

2013-2014 年度百货店经营状况分析报告

中国连锁经营协会（简称协会）于 2014 年年初开展了连锁零售企业年度行业调查，其中以百货店为主营业态的样本企业为 42 家。本报告结合协会与德勤的行业研究观点及其相关调研数据对百货店发展环境、主要态势等进行分析和总结。

一、百货企业发展变化概况及趋势

1. 百货行业增长乏力，企业加快转型寻求突破

协会调查显示，2013 年连锁百强中以百货业务为主营业态的 50 家企业销售额增长 9.6%，与 2006-2011 年 25%的复合增长率相去甚远。同时门店增幅仅为 0.4%，比上年下降 8 个百分点，并低于连锁百强整体水平，反映出百货行业整体增长乏力。究其原因主要有四个方面：

首先，仓储店、电器家具专业店和购物中心等新兴业态以及网络/移动购物的兴起导致分流效应。从下游看，新型业态和购物渠道提供了更多且新颖的消费选择，因此分流走当今百货业本就增长缓慢的消费群体；从上游看，由于品牌商和经销商有了更多的销售渠道，因而降低了对百货店的依赖程度，使得百货店的议价能力大为削弱。

其次，房租和人工成本费用的持续上升逐年挤压百货店的盈利空间。据协会对 42 家百货样本企业问卷调查显示，本年度百货企业的房租和人工费用均有较大增幅，特别是人工费用，比上年上升了 18%。在成本高企的情况下，企业的平均毛利率较上年下降了 0.08 个百分点。

再次，百货店主要采取联营模式，严重同质化，业内竞争激烈，价格战已成惯用的竞争手段，减少了百货企业的销售收入。

最后，政府限制三公消费的措施也在一定程度上抑制了消费。为了寻求突破，百货企业加快转型，提高单品经营能力加大自营自采，实现差异化经营并下沉渠道以增加盈利和销售空间，发展网络零售实施全渠道营销。在转型的同时，并购重组也成为零售龙头企业在慢增长期实现成长的主要方式，如 2013 年王府井、大商股份、杭州解百、翠微股份等企业纷纷上演重磅重组。

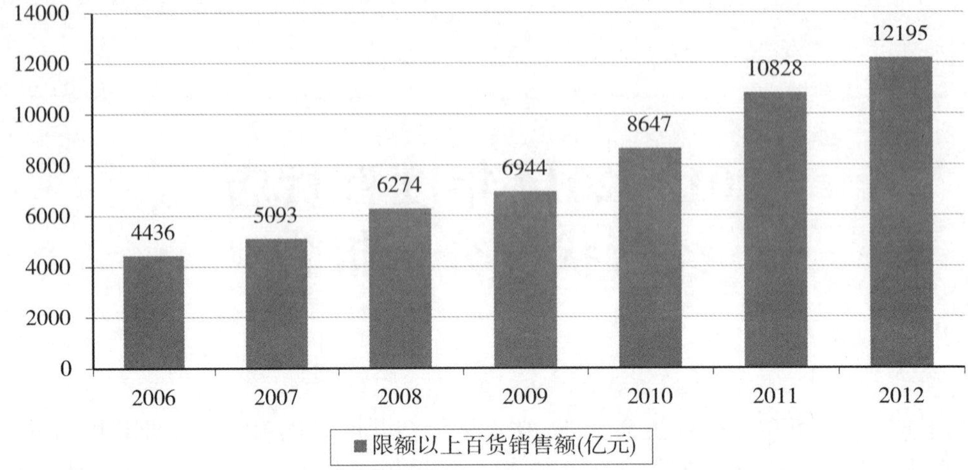

数据来源：国家统计局，德勤分析

图 1　全国限额以上百货连锁企业销售额（亿元）

2. 提升业态核心技术，重塑渠道价值

我国百货公司大多实行联营模式，这种模式虽然使百货店得以降低采购、销售等费用并有效规避经营风险，但商业经营的核心技术也在弱化。作为品牌和消费者之间的桥梁，百货企业对商品和消费者信息掌握都极为不足，职能变得越来越“管道化”，有被边缘化的风险。尤其在互联网发展飞速的情况下，品牌商的销售渠道得以在线上拓宽，进一步削弱了百货企业的重要性和议价能力。在刚性成本上升而零售需求又疲软的情况下，百货企业成长和盈利空间都受到极大的挤压。

百货企业重新定义其在价值链中的位置，实现功能转换迫在眉睫。目前百货企业仍然是大多数品牌商、经销商不可或缺的线下销售渠道，可以同时获取供应商和消费者的信息。在不动摇联营的基础上，运用信息技术实现从品类管理到数据化单品管理的过渡。通过单品管理，企业一方面可以实现商品和消费者信息的对接，对百货门店的产品进行最优组合，和供应商合作对产品进行改进，并增加和消费者的互动，加大销售的力度，由此实现在价值链上下游功能上的延伸。另一方面，未来的大部分百货企业都会“触网”，数字化的商品信息和价格信息也为企业实现网上对接奠定了基础。自营也成为百货企业提升核心技术的另一方式，如南京新百收购 House of Fraser，正是看中了其联营、买手和自有品牌混合的商业模式，在保持来自联营模式的稳定现金流的基础上，获取来自买手和自有品牌的高收益。而金鹰控股 SKINMINT 也将通过该公司试水买手制经营。通过经营自营品牌，结合消费者心理设计出畅销的产品，百货企业可以控制生产和价格，掌握商品经营的主动权，减少代理费用和中间环节，获取超额利润。据统计，在美国、欧洲等地区采取自营的百货企业，其综合毛利率可以达到 40%。同时拥有百货企业的自营产品对其他品牌可以起到替代作用，因此增加百货企业与品牌商的议价能力。

3. 差异化经营是取胜关键

我国百货业普遍存在同质化的问题。一方面百货企业的联营模式导致其最终转向单一的高端品牌的争夺，造就了“千店一面”的局面，以至价格战成为大部分百货商场吸引顾客的手段；另一方面近年来购物中心纷纷涌现，在品牌结构上与百货店有较高的重合，而功能规划以及环境设计方面又有优势，也对百货企业造成了品牌商和客户分流的压力。如何突破“同质化”、抓住主流客户成为百货店的重要课题。国外百货店的发展历程给我们提供了启示，那就是恰当的定位，确定目标客群并在客户心目中树立独特的商业形象，以达到差异化经营拓展生存空间的目的。企业可以向高毛利率的专业化店转型如美国西尔斯推出的五金专业百货店，可以向品牌化商店转型如英国的玛莎百货出售自己的品牌，也可以向廉价百货转型如美国的21世纪百货商店。基于适当的定位，企业可以通过特色的品牌搭配形成自身的特色，特别是在区域龙头逐步形成的情况下，规模形成有助于提高百货商引进品牌的能力并取得城市协同品牌效应。同时企业也可以通过提高自营比例，依据消费者需求提供有针对性的商品和服务，不仅可以提高整个百货品牌的知名度、增加客户黏度，也可以提高毛利率水平。

二、百货样本企业经营发展基本情况

从本年度问卷调查的42家以百货店为主营业态的有效企业数据看，多数企业销售额在200亿元以下，其中100亿元以下和100亿~200亿元的企业分别有18家，各占43%。6家企业销售额在200亿元以上，占14%。这些企业大部分来自一、二线城市，共33家，有9家企业来自三、四线城市。

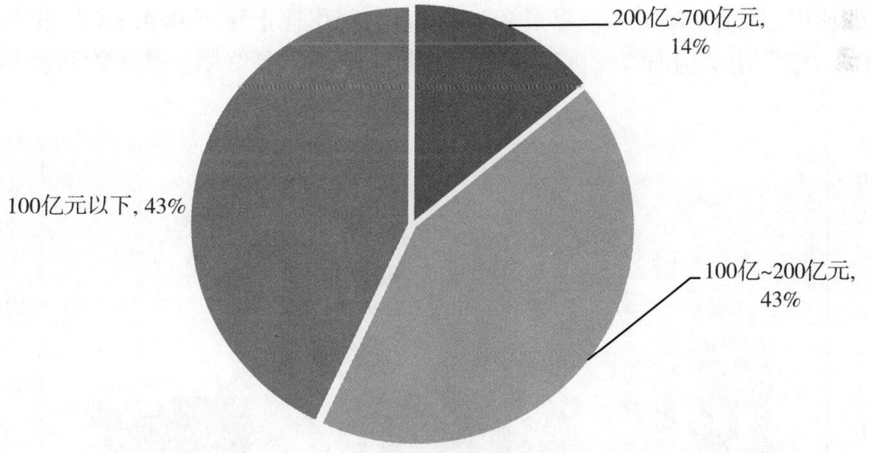

图2　百货店样本企业销售情况

1. 企业平均规模

42家样本企业在2013年销售额增长了11.8%，增幅高于以超市为主营业态的企业。持续上年的走势，企业的门店数量再次下降5.0%，说明百货企业店效有所提高。

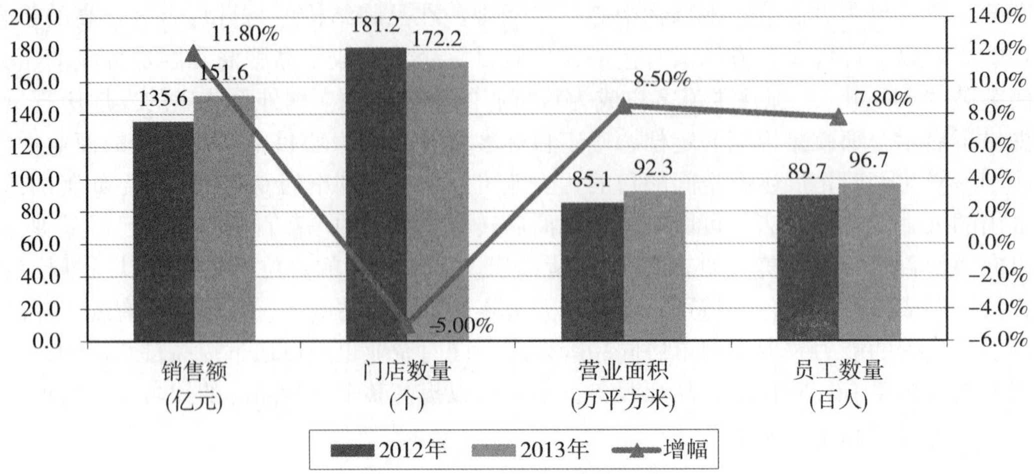

图 3　百货店样本企业平均规模

2. 企业费用情况

百货样本企业的人工费用仍然保持了较高的增速，比 2012 年上升 18.0%，增幅高于上年的 14.8%。人工费用占销售额比率为 2.6%，较上年上升了 5.5%，增幅也高于上年水平，可见百货企业面临较大的人工费用压力。样本企业的平均房租费用比上年上涨 9.4%，涨幅低于上年的 17.3%。房租费用的上升主要来源于营业面积的增加，房租费用占销售额的比率在 2013 年实际下降了 2.1%。水电费用比上年下降 4.3%，占销售额比率下降 14.4%。就费用结构而言，人工费用是百货企业的首要费用，其次为房租和水电。

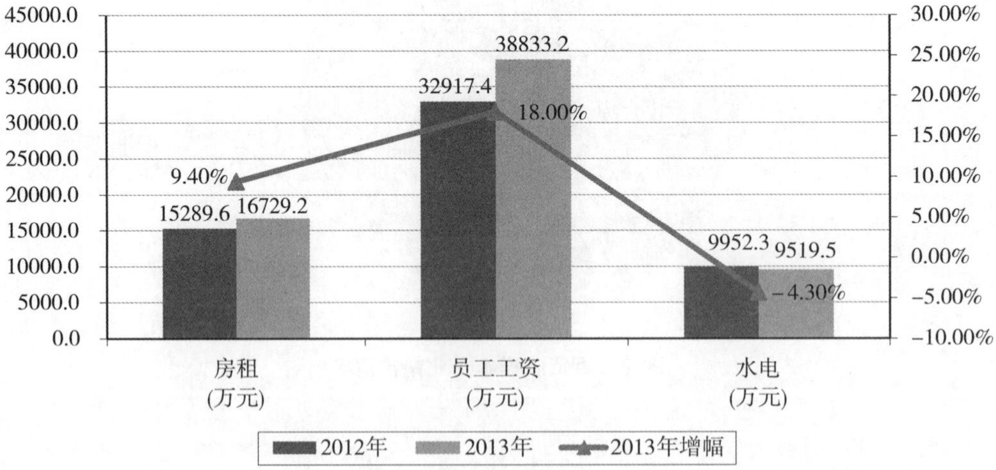

图 4　百货店样本企业费用

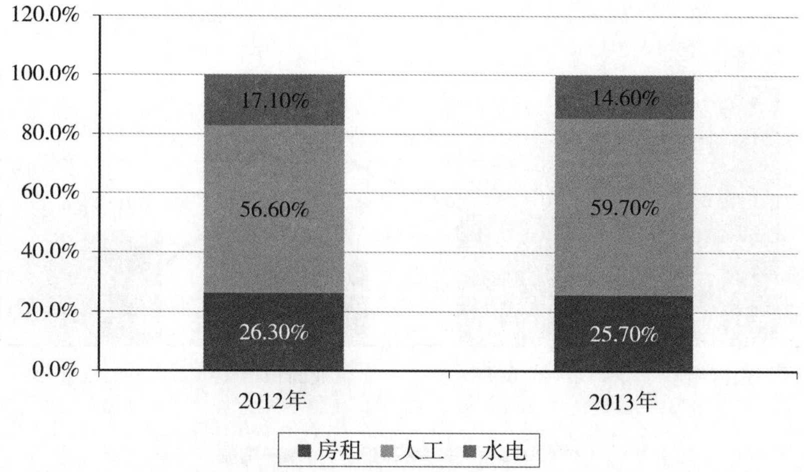

注：2013 年百货样本企业中有 66.7%的企业拥有自有产权门店。拥有自有产权门店的企业中，自有产权门店占门店总数的平均比例由上年的 17.4%上升到 20.9%，自有产权门店数上升 14%。

图 5　百货店样本企业费用结构

3. 网络零售业务

在百货店样本企业中，已开展网络零售业务的企业的年均网络销售额为 4688 万元，仅占总销售额的 0.24%。

4. 自有品牌

在百货店样本企业中，75%的企业经营自有品牌，然而自营品牌的销售额仅占总销售额的 1.9%。

三、百货样本门店经营发展基本情况

本次企业问卷调查中，百货样本门店共 19 家，其中 13 家位于一、二线城市，6 家分布在三、四线城市。平均营业面积为 3.8 万平方米，最低为 1.3 万平方米，最高为 13.1 万平方米。平均销售额为 13.3 亿元，最低为 1.63 亿元，最高为 30 亿元。

1. 门店平均规模

本年度百货样本店铺销售额同比增长 2.5%，但考虑到全国居民消费价格指数上涨了 2.5%，样本店铺的实际销售规模基本没有变化。营业面积较上年略有上升，员工数量下降 2.5%，经营的单品数量增长 1.1%。

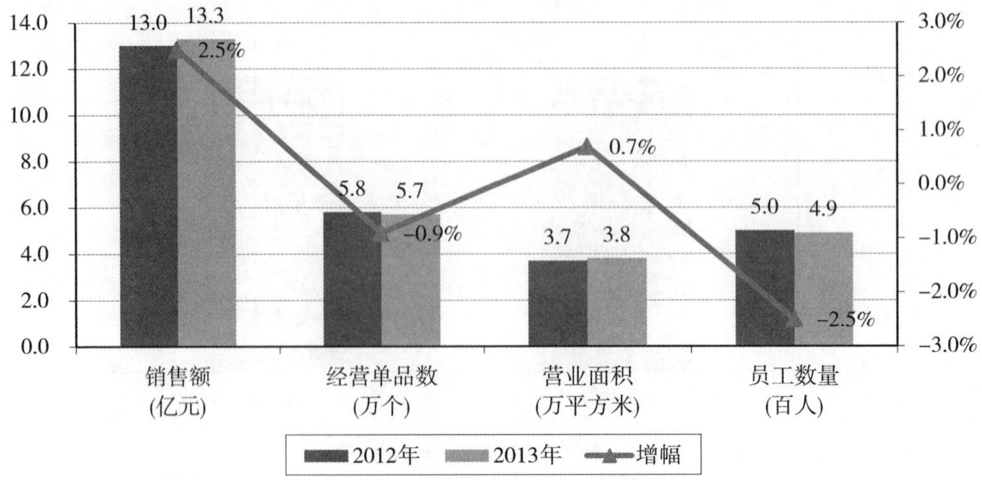

图 6　百货样本店铺的平均规模

2. 门店经营效率

2013 年百货样本店铺平效、人效与单品销售额均有小幅增长。

表 1　百货样本店铺平效、人效和单品销售额

项目	平效（万元/平方米·年）	人效（万元/人·年）	单品销售额（万元）
2013 年	3.4	253.6	1.9
2012 年	3.3	250.7	1.9
2013 年增幅	2.2%	1.2%	2.7%

3. 门店日均客单价

2013 年百货样本店铺日均客单价为人民币 465.9 元，与上年（425.3 元）相比增加了 9.6%。日均客单价的增幅在过去三年呈下降趋势。

4. 门店费用情况

2013 年百货样本店铺三项成本费用均较上年上涨，三项费用占销售收入的比率增加 0.2 个百分点。特别是员工工资，保持了上年约 8%的增幅。考虑到员工人数较上年下降 2.5%，可见人工费用的增长主要来源于人工工资的上涨。百货的第一大费用仍然是员工工资，在三项费用中占 60.4%，比上年增加 1.4 个百分点。其次是房租和水电，增长幅度都较上年有所下降。

表 2　百货样本店铺的三项费用

项目	三项费用占销售收入比率	房租（万元）	员工工资（万元）	水电（万元）
2013 年	4.7%	2355.0	3110.3	819.8
2012 年	4.7%	2339.0	2894.1	812.0
2013 年增幅	1.5%	0.7%	7.5%	1.0%

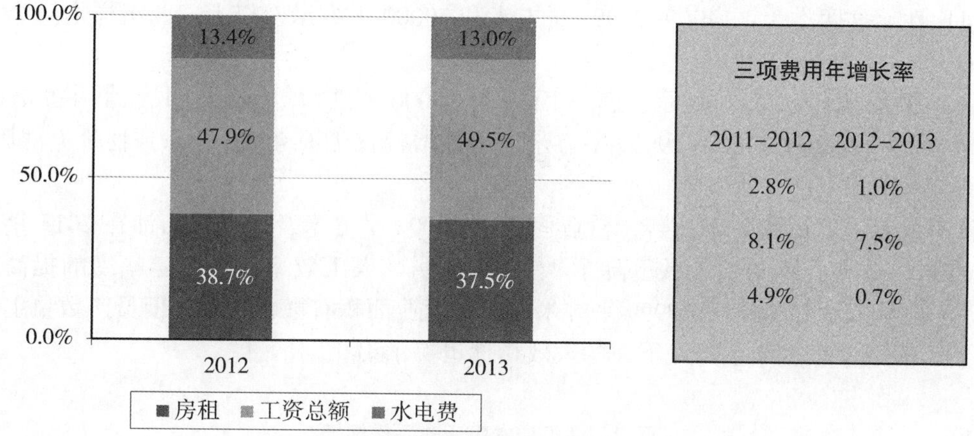

图 7　百货样本店铺的三项费用结构

5. 门店毛利率

百货样本店铺平均毛利率水平为 17. 2%，略高于上年的 16. 8%。店铺毛利率差别较其他业态相对较小，最低为 12%，最高为 25%。但由于百货店铺平均规模较大，以样本店铺平均销售额来计算，毛利率最高和最低门店的毛利额相差绝对值较大，为 1. 6 亿元。各业态样本店铺的平均毛利率为 16%，低于百货店的毛利率水平。

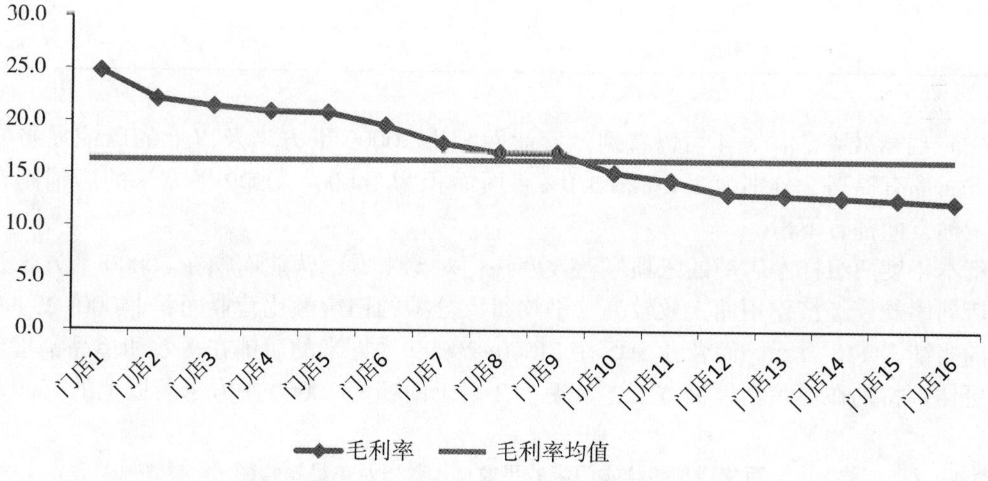

图 8　百货店样本店铺的毛利率分布①

6. 物流配送与周转情况

样本店的统一配送率平均为 49%，较 2012 年小幅上涨。库存周转平均为 42 天，比 2012 年平均缩短 3 天。

7. 不同面积的百货门店对比

由于百货门店营业面积跨度较大，本调研按惯例将样本门店按门店面积细分为两类以

① 有三家门店没有公布毛利率信息，因此图中只有 16 家门店的信息。

增加可比性。这两类为：14000-29999 平方米和 30000 平方米及以上。两组样本门店比较情况如下：

（1）平均规模。表 3 显示，营业面积为 30000 平方米及以上的店铺销售增幅为 4.1%，而营业面积在 14000-29999 平方米的店铺增幅仅为 0.4%。考虑到物价上涨因素，后者的实际销售规模有所下降。

就两组店铺的运营效率而言，营业面积在 30000 平方米及以上的店铺在 2013 年营业面积上升了 1.1%，而员工人数下降了 3.9%，说明其人工效率有了一定幅度的提高。相比之下，营业面积在 14000-29999 平方米的店铺营业面积有微幅下降，但员工数量上升了 2.7%，人工效率较上年下降。下面的人效指标也揭示出相同信息。

表 3　　百货店两组样本门店的平均规模

面积分类（平方米）	年份	营业额（万元）	平均营业面积（平方米）	正式员工平均数（人）	经营单品（个）
≥30000	2013 年	176493	55285	558	100221
	2012 年	169469	54685	580	101059
	2013 年增幅	4.1%	1.1%	-3.9%	-0.8%
14000-29999	2013 年	77745	20944	390	44166
	2012 年	77453	21000	379	45012
	2013 年增幅	0.4%	-0.3%	2.7%	-1.9%

（2）经营效率。从表 4 可以看到，营业面积为 30000 平方米及以上的店铺在平效和人效方面都有提高，分别为 3.6% 和 5.0%。而面积为 14000-29999 平方米的店铺则在这两个指标方面都有下滑。

就本年度两组样本店铺的三项经营效率指标对比来看，营业面积在 30000 平方米及以上的店铺因规模经济作用而人效较高，平均每人分摊的销售额比营业面积 14000-29999 平方米的店铺多 110 万元。而营业面积在 14000-29999 平方米的店铺在平效和单品销售额上表现更佳；特别在单品销售额方面，其近乎 2 倍于面积为 30000 平方米及以上的店铺。

表 4　　百货店两组样本门店的平效、人效以及单品销售额

面积分类	年份	平效（万元/平方米·年）	人效（万元/人·年）	单品销售额（万元）
≥30000	2013 年	3.3	332.3	1.3
	2012 年	3.2	316.3	1.3
	2013 年增幅	3.6%	5.0%	7.4%
14000-29999	2013 年	3.6	222.1	2.3
	2012 年	3.6	229.9	2.3
	2013 年增幅	-0.5%	-3.4%	1.0%

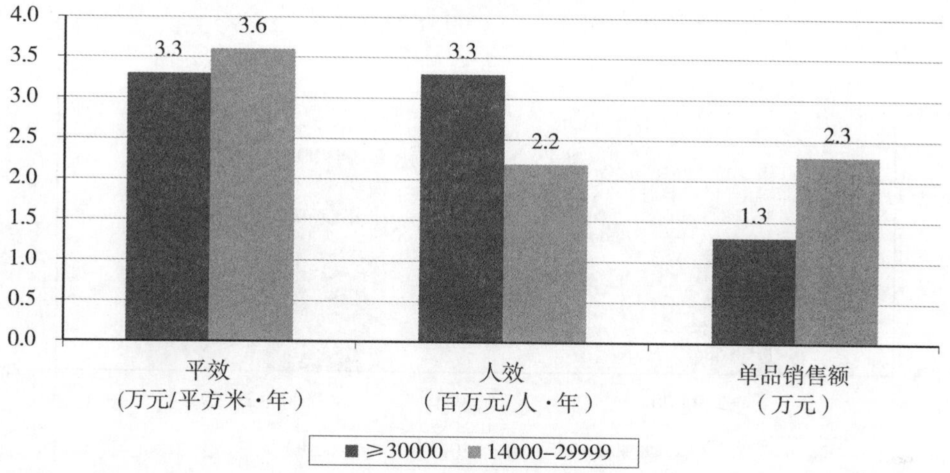

图 9 2013 年两组样本门店经营效率对比

（3）日均客单价。本年度两组店铺的日均客单价均有较大幅度的提高，均在 9%以上。营业面积在 30000 平方米的店铺的日均客单价为 742.6 元，是营业面积 14000-29999 平方米店铺的 2 倍。

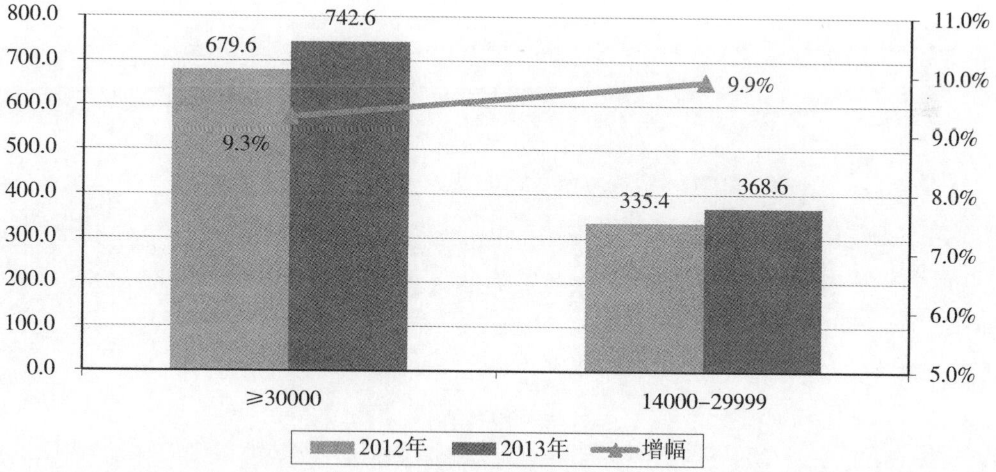

图 10 百货店两组样本门店的日均客单价

（4）毛利率。两组店铺的毛利率水平均为 16.3%，但营业面积为 30000 平方米及以上的店铺毛利率水平较上年上升了 0.8%，而营业面积为 14000-29999 平方米的店铺则下降了 1.5%。

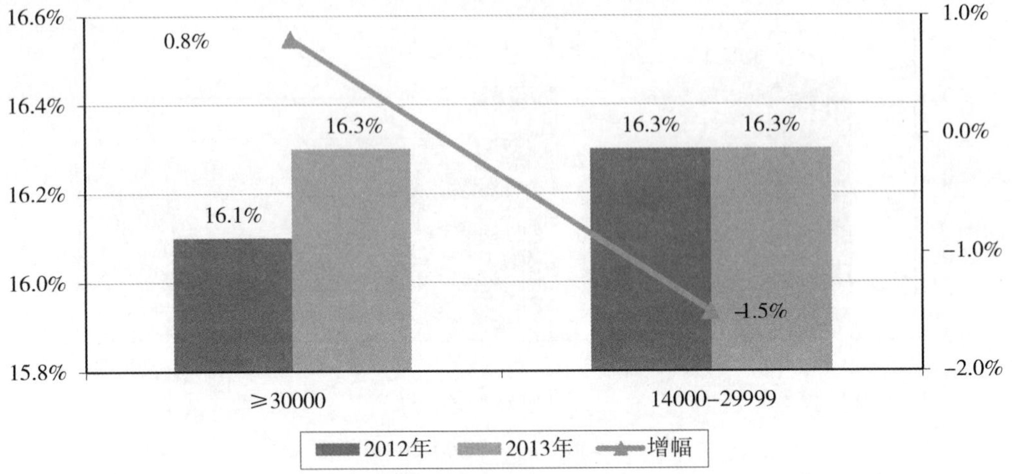

图 11　百货店两组样本门店的毛利率

2013-2014年度便利店经营状况分析报告

中国连锁经营协会于2014年年初开展了连锁零售企业年度行业调查，其中以便利店为主营业态的样本企业为21家。此外，2013年年末协会还对26个大中型城市的便利店发展状况进行了专项调查。同时，本报告结合协会与德勤的行业研究观点及其相关调研数据对便利店发展环境、主要态势等进行分析和总结。

一、便利店企业发展概况及趋势

1. 便利店业态成为零售行业的新热点

受经济疲软、渠道分流和成本刚性上涨的影响，我国实体连锁零售行业进入整体放缓但相对稳定的发展阶段。便利店本着其空间、时间和服务便利的特性以及密集的网点分布，有望成为行业的一个制高点。据2013年中国连锁经营协会发布的对26个大中型城市便利店发展状况的分析，便利店开店增速普遍高于百货和大型超市，为19.5%，在温州、呼和浩特和徐州等城市均超过了50%。同时各传统零售商和电商也积极进行战略部署进军便利店市场。华润万家、岁宝百货、广百、步步高、天虹等国内多个知名零售企业近年开始涉足便利店业态以寻找更大的成长空间；电商如京东、亚马逊和支付宝等也纷纷与便利店结盟，以求弥补线下业务短板，提高消费者体验；更有快递巨头顺风拓展零售业务，实施O2O战略自营便利店。事实上，在全球范围内，小型零售业态也备受瞩目。如全球第一大零售商沃尔玛就于2014年3月在美国开了第一家便利店，并宣布在2014年增加大约270~300家小型门店。

从我国的经济和市场环境来看，便利店具有广阔的发展空间。在日本和台湾，便利店兴起于人均GDP达到5000美元、顾客更加追求便捷且对价格敏感度较小的时期。2012年，我国人均GDP为6597美元，但分布极不均衡，如上海和北京人均GDP已分别达到13761和14100美元。同时从人口密度看，有70%以上的省、直辖市人口密度超过2000人/平方米，城镇化已超过53%。随着城镇化的进一步推进，城市人口密度还将上升，这些都为便利店的发展奠定了有利的经济基础。同时我国人口结构、生活和消费习惯的变化也推进了便利店的发展。人口老龄化、职业女性和单身人口上升以及购物时间的减少都增加了对便捷的日用品、新鲜熟食、外食和日常服务的需求。目前我国便利店的密集度仍然较低。在日本平均2800人拥有一家便利店，在台湾地区平均每2000人拥有一家便利店，而据中国连锁经营协会对我国26个样本城市的统计数据显示，大部分城市要5000人以上才拥有一家便利店。有的城市如北京、南宁，平均要二三万人才拥有一家，可见便利店在我国还有很广大的扩展空间（见图 1）。

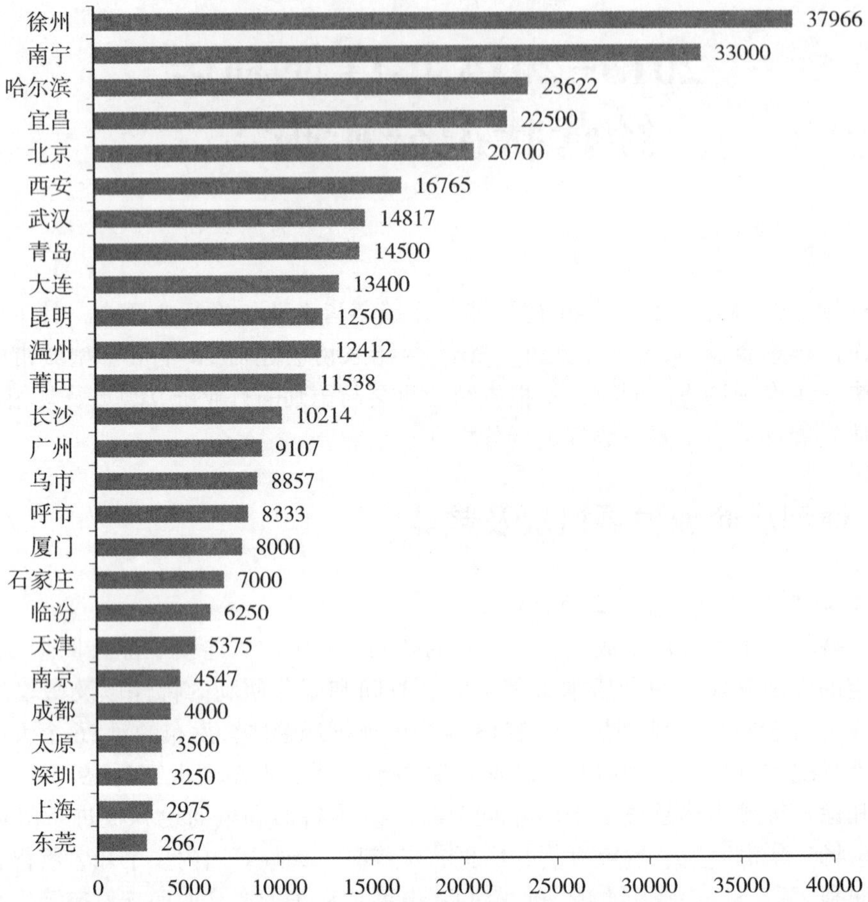

数据来源：中国经营连锁协会，德勤分析

图 1　26 个样本城市便利店饱和度情况（人口/每家便利店平均拥有）

2. 便利店、电商联手打造崭新商业模式

网络和移动零售的迅猛发展迫使便利店企业寻求线上延伸以拓宽现有的销售品类和销售渠道，同时电商也希望融合线下，解决配送难题及提升消费者体验。便利店以其销售网点分布广泛的优势和贴近消费者的特性成为电商极佳的合作伙伴。如果说亚马逊、1 号店和上海全家便利店合作，为顾客提供收货自提和货到付款服务是电商和便利店业态联合的初体验，那么京东与太原唐久的联盟则为便利店向互联网转型塑造了一个初步的商业模式。后者合作内容不仅仅局限于便利店负责将电商的采购产品配送至门店或者送货上门，实现电商“最后一公里”的延伸，而且在信息、物流、供应链方面都深度打通，实现线上线下客户相互导流。电商强大的互联网技术和用户流量可以拓展便利店的 SKU 数量，大数据分析能力能帮助其更加精准地把握客户需求，并迅速提升便利店在物流、技术信息方面的能力。便利店广大的销售网点给电商提供了把线下消费者转化为线上用户的机会，物流方面的合作更是可以大大减少配送成本。随着电商和便利店业态融合的逐步成熟和推广，我们有望看见一个各类电商和服务商与便利店深度合作，将体验、社交、生活服务和购物融为一体的以社区客群为服务核心的崭新商业模式。

3. 社区便利店崭露头角

社区便利店因其营业时间长，紧邻住宅区的特征以及其配备的各种便民服务适应了现代人的生活方式，成为便利店业态中的新宠。鲜食和速食是社区便利店特色商品中的重要组成部分，具有很强的聚客能力，也有利于提高毛利率水平。然而我国便利店速食占比只有6.4%，远低于台湾统一超商（16.4%）、日本7-11（39.6%）、日本全家（32.2%）水平①。当然经营鲜食和速食具有更高的难度。由于鲜食的保质期很短，这对便利店的冷链系统和储备系统都提出了更高的要求。便利店需要对客户需求有更加精确的预测，物流方面也必须实现小批量高频次的运送。另外便利店必须和供应商更加密切地合作，开拓适合客群口味的食品并确保食品的质量。多元化的社区服务是社区便利店的另外一个核心竞争力。便利店可以提供缴费、邮寄、票务、旅游订票等服务，可以和电商合作推广包裹代收、送货上门和退货等服务，通过对社区数据分析提供针对社区人群的特殊服务如定制代购、社区团购或者针对老年人群的服务以增加客户黏性。

二、便利店样本企业经营发展基本情况

从本年度问卷调查的21家以便利店为主营业态的有效企业数据看，多数企业销售额在100亿元以下，其中10亿元之下和10亿~100亿元之间的企业各有9家，各占43%。销售额在100亿~300亿元之间的企业有2家，而在300亿元以上的仅1家。这些企业大多数来自一、二线城市，而三、四线城市仅有4家。

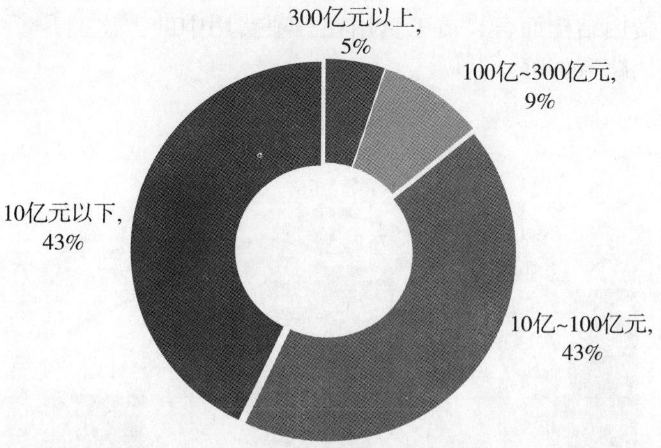

图2　便利店样本企业销售情况

① 广发证券。

1. 平均规模

从图 3 可以看到，2013 年便利店样本企业的门店数量和营业面积分别增长 8. 6% 和 11. 4%，相对于超市和百货业态显示出更强的增长态势。其销售额增长 18. 2%，主要增长来源还是门店的外延式扩张。

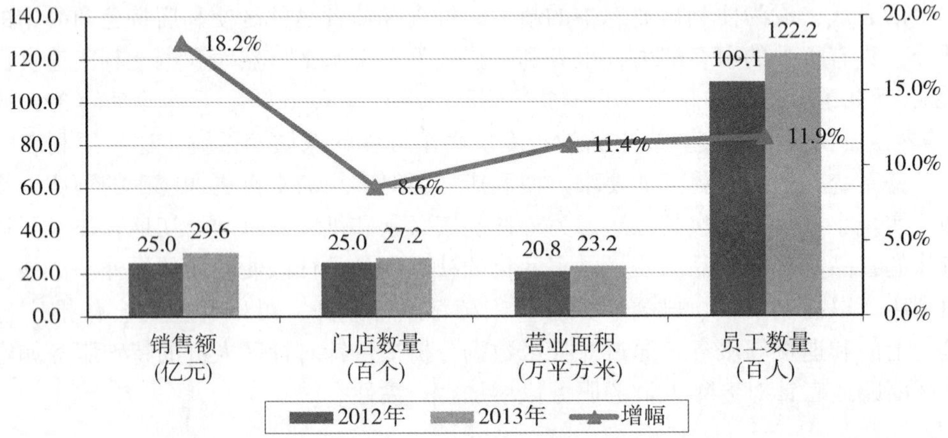

图 3　便利店样本企业平均规模

2. 费用情况

由于便利店样本企业仍然保持快速扩张，在门店数量、营业面积和员工数量方面都有超过 10% 的增长，其人工、房租和水电三项费用在 2013 年也保持了大幅上升的态势。其中员工工资涨幅最大，为 28. 8%，远高于销售额增幅，使得员工工资占销售额比率上升 15. 5%，达到 2. 3%。其次为房租，同比上升 19. 7%，占销售额比率上升 7%。水电同比上升 14. 7%，增幅与销售额相近，占销售额比率上升 2. 9%。可见便利店经营面临较大的人工和房租压力。就费用结构而言，员工费用在三项费用中的占比上升了 2 个百分点，而房租和水电费用占比均略有下降。

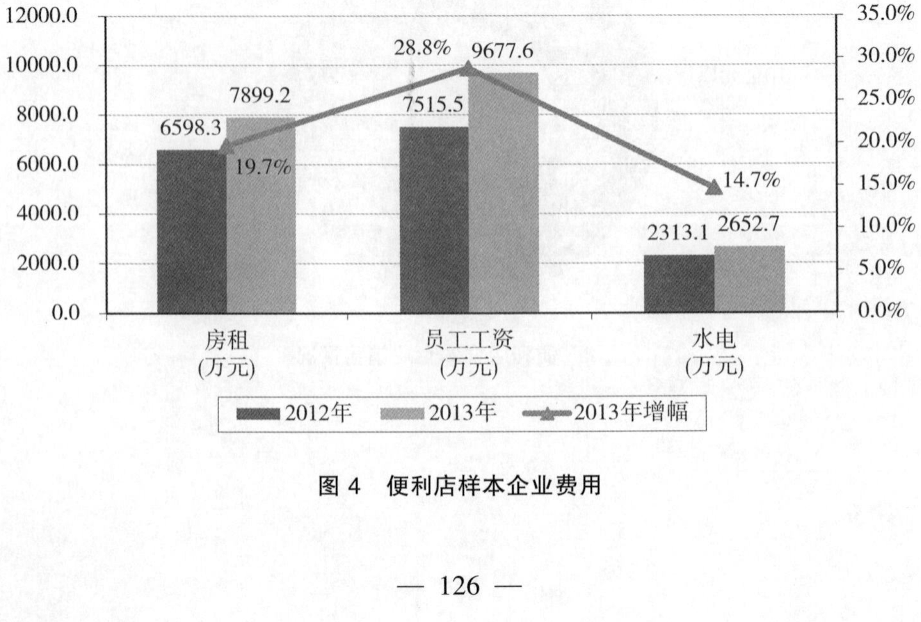

图 4　便利店样本企业费用

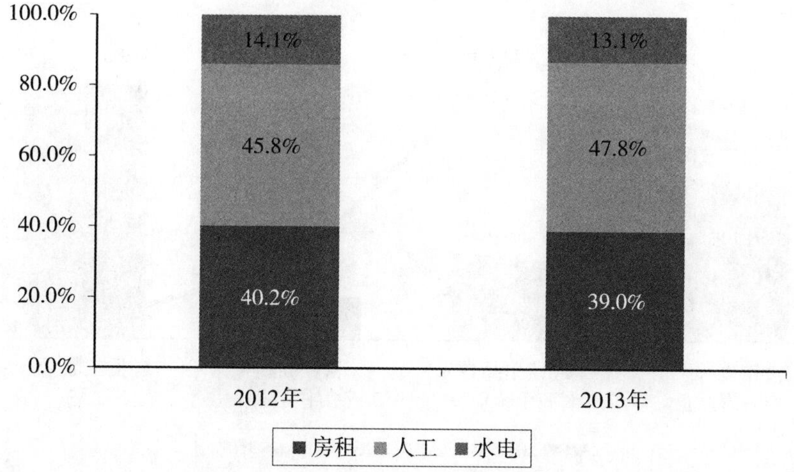

注：便利店样本企业中，80%拥有自有产权门店。2013 年，自有产权门店数上升 9.4%。

图 5　便利店样本企业费用结构

3. 网络零售业务

在便利店样本企业中，50%企业开展了网络零售业务，年平均网络销售额为 622 万元，占总销售额的 0.14%。

4. 自有品牌

在便利店样本企业中，自有品牌的销售额占总销售额的 12%，高于超市和百货业态。

三、便利店样本门店经营发展基本情况

本次企业问卷调查中，数据完整且门店营业一年以上的便利店样本门店有 25 家，其中 17 家位于一、二线城市，8 家分布在三、四线城市。平均营业面积为 158 平方米，最低为 38 平方米，最高为 396 平方米。平均销售额为 597 万元，最低为 198 万元，最高为 1369 万元。由于受访调查的样本门店为各公司销售情况较好的门店，因此销售规模、经营业绩相对较好。以销售为例，样本门店的平均日销售额为 1.64 万元。

1. 门店平均规模

本年度样本店铺的销售额同比增长了 3.4%，增幅持续放缓。员工数量较上年下降 3.5%，因此人工效率有所提升。各店的经营单品数量平均增加了 199 个。

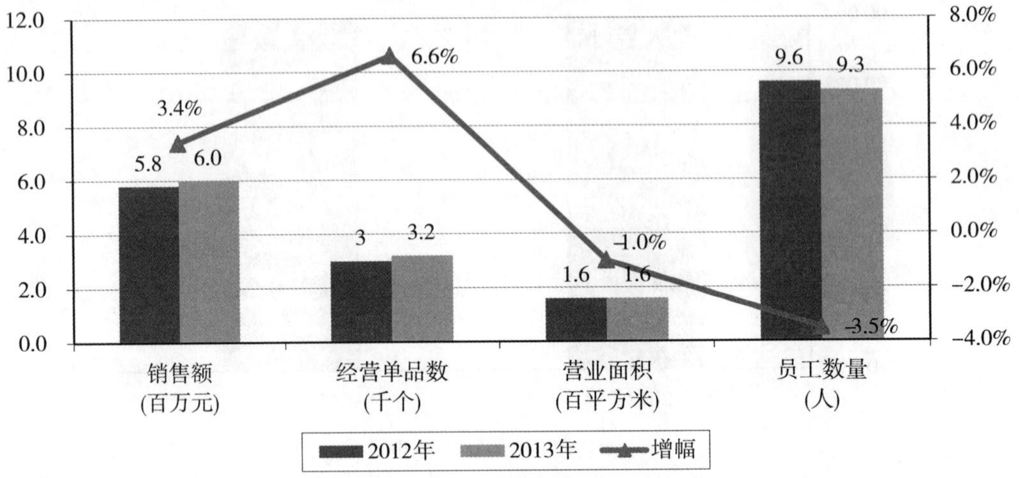

图 6　便利店样本店铺的平均规模

2. 门店经营效率

便利店样本门店的平效增长 5.6%，人效增长 0.8%，增幅均小于上年。单品销售额也有小幅上升。

表 1　　便利店样本店铺平效、人效和单品销售额

项目	平效（万元/平方米・年）	人效（万元/人・年）	单品销售额（万元）
2013 年	3.9	74.5	0.2
2012 年	3.8	74.0	0.2
2013 年增幅	2.4%	0.8%	1.6%

注：表中的单品销售额计算方法为：先求出各企业单品销售额，再求其平均值。如采用企业销售额的平均值除以各企业经营单品数的平均值，则结果为 2013 年 0.185 万/单品和 2012 年 0.191 万/单品，增幅为-3.1%。

3. 日均客单价

2013 年便利店样本门店日均客单价为人民币 21.6 元，与 2012 年（19.4 元）相比增加了 11.3%。

4. 费用情况

房租、人工费用都保持了较高的增速，分别增长了 11.6%和 13.2%，增幅高于上年。水电费较上年有所减低，下降了 1.6%。总体来说，这三项费用占销售收入的比率为 9.4%，比上年上升 0.6 个百分点。员工工资是便利店的首要费用，占三项费用总和的 53.5%，其次是房租和水电，占比分别为 35.1%和 11.4%。

表 2　　便利店样本店铺的三项费用

项目	三项费用占销售收入比率	房租（万元）	员工工资（万元）	水电（万元）
2013 年	9.4%	19.7	30.1	6.4
2012 年	8.8%	17.7	26.6	6.5
2013 年增幅	7.1%	11.6%	13.2%	-1.6%

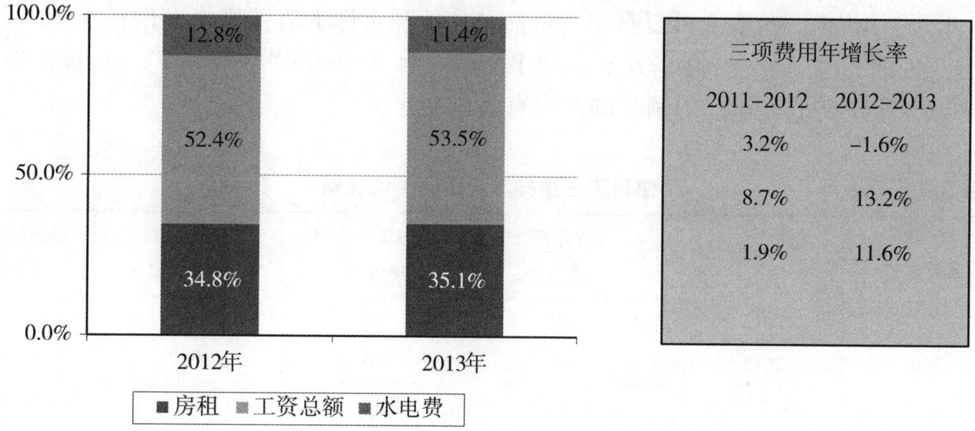

图 7　便利店样本店铺的三项费用结构

5. 门店毛利率

便利店样本门店平均毛利率水平为 20%，略高于上年的 19.3%。店铺毛利率差别较大，最低为 0.15%，最高为 34%。如果以样本店铺平均销售额来计算，毛利率最高和最低的门店的毛利额相差 230 万元。而各业态样本店铺的平均毛利率为 16%，低于便利店样本门店的水平。

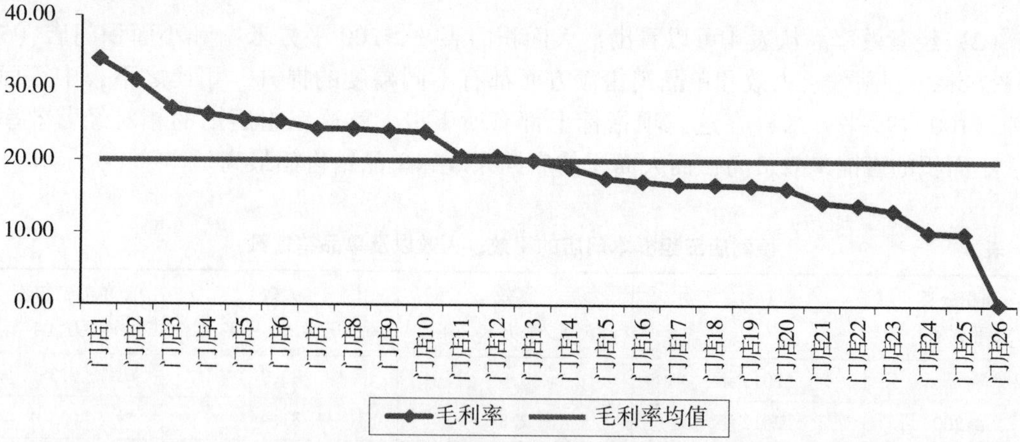

图 8　便利店样本店铺的毛利率分布①

① 有一家门店没有公布毛利率信息，因此图中只有 26 家门店的信息。

6. 物流配送与周转情况

便利店样本门店的统一配送率平均为 86.9%，较上年小幅上涨（1.5%）。库存周转平均为 22 天，比上年平均缩短一天。

7. 不同面积的便利店对比

由于便利店门店营业面积跨度较大，本调研按惯例将便利店样本门店按面积细分为三类以增加可比性。这三类为：50-99 平方米、100-199 平方米和 200 平方米及以上。三组样本门店比较情况如下：

（1）平均规模。从表 3 可以看出，虽然总体便利店样本店铺销售额增长 3.4%，但增长来自于大面积门店（≥200 平方米）和小面积门店（50-99 平方米）两类店铺。中等面积门店（100-199 平方米）的销售额并没有明显变化。

表 3　　便利店三组样本门店的平均规模

面积分类（平方米）	年份	营业额（万元）	平均营业面积（平方米）	正式员工平均数（人）	经营单品（个）
≥200	2013 年	801	301	9	2978
	2012 年	741	301	9	2794
	2013 年增幅	8.1%	0.0%	3.8%	6.6%
100-199	2013 年	611	141	11	3626
	2012 年	611	141	12	3365
	2013 年增幅	0.0%	0.0%	-6.9%	7.7%
50-99	2013 年	399	65	7	2795
	2012 年	380	71	7	2679
	2013 年增幅	4.8%	-7.9%	-2.1%	4.4%

（2）经营效率。从表 4 可以看出，大面积门店（≥200 平方米）和小面积门店（50-99 平方米）在平效、人效和单品销售额方面都有不同幅度的提升。相比之下，中等面积店铺（100-199 平方米）在这三项指标上都有所下滑。就这三组店铺的相对经营效率来看。小面积的店铺平效最高，而大面积的店铺人效和单品销售额最高。

表 4　　便利店三组样本门店的平效、人效以及单品销售额

面积分类（平方米）	年份	平效（万元/平方米·年）	人效（万元/人·年）	单品销售额（万元）
≥200	2013 年	3.0	83.9	0.3
	2012 年	2.8	81.4	0.3
	2013 年增幅	6.9%	3.1%	7.9%
100-199	2013 年	4.0	69.2	0.2
	2012 年	4.0	71.6	0.2
	2013 年增幅	-0.8%	-3.4%	-6.9%

续表

面积分类（平方米）	年份	平效（万元/平方米·年）	人效（万元/人·年）	单品销售额（万元）
50-99	2013 年	5.1	72.2	0.2
	2012 年	4.9	69.1	0.2
	2013 年增幅	4.2%	4.4%	8.1%

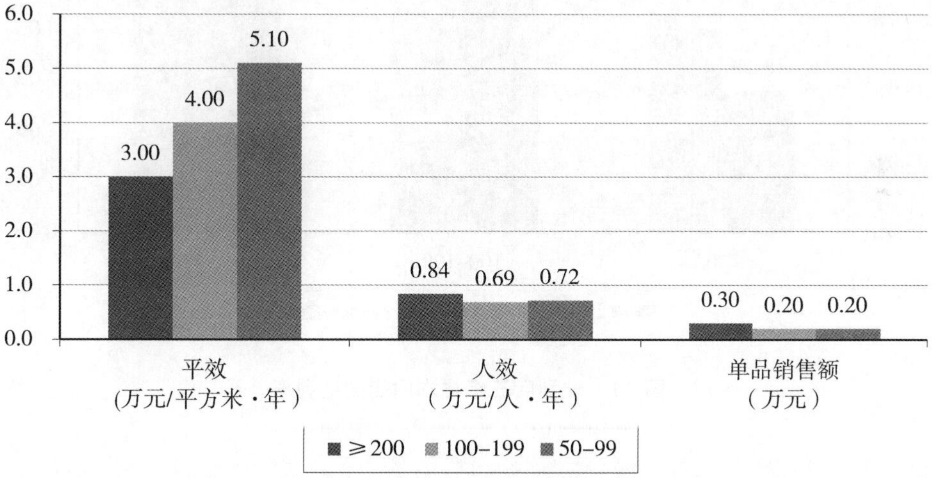

图 9　2013 年三组样本门店经营效率对比

（3）日均客单价。便利店三组样本店铺日均客单价都有提升，特别是大面积（≥200平方米）店铺，日均客单价从 22.3 元上升到 27.1 元，增长 21.6%。小面积（50-99 平方米）店铺的日均客单价也有很可观的上升，增幅为 8.1%从 14.5 元上升到 15.6 元。

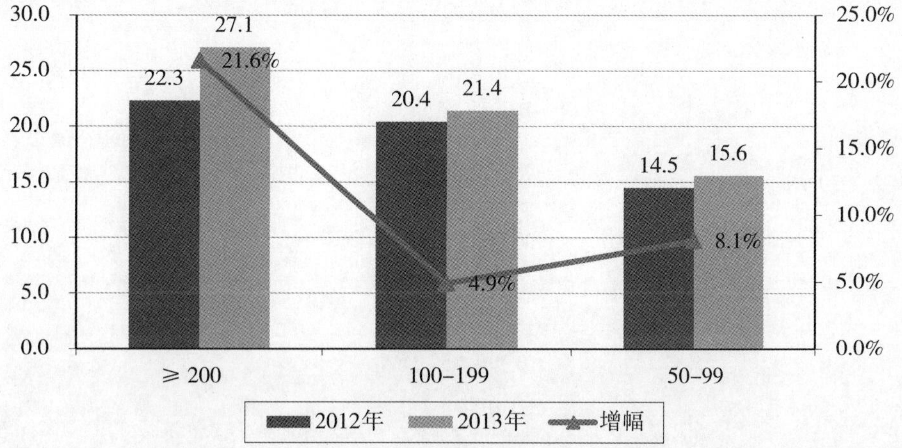

图 10　便利店三组样本门店的日均客单价（元/人·天）

（4）毛利率。便利店小面积店铺（50-99 平方米）的毛利率最高，为 20.7%，其次为中等面积店铺（100-199 平方米）和大面积店铺（≥200 平方米），分别为 20.0%和 19.1%。

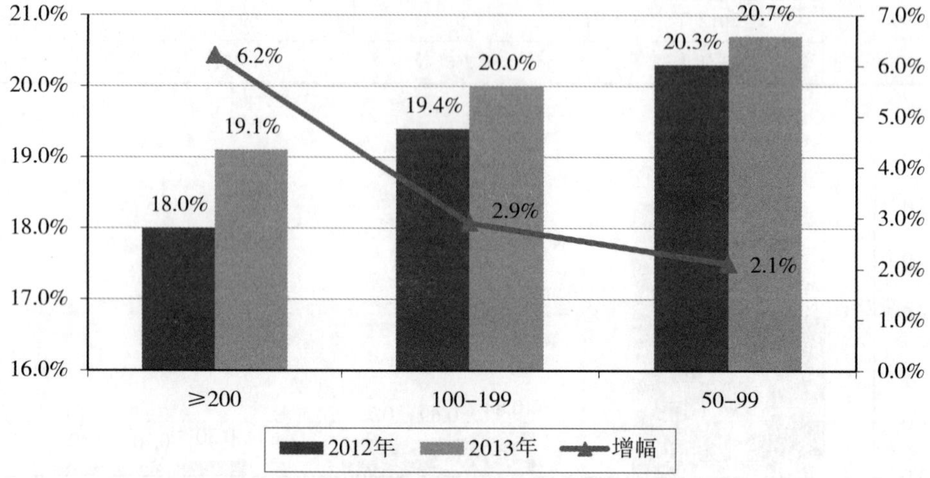

图 11　便利店三组样本门店的毛利率

2013-2014年度中国便利店发展报告

为全面反映中国便利店行业发展状况，满足广大便利店企业对行业发展相关数据、资讯的需求，同时也为向政府相关管理部门客观、翔实地反映行业状况、呼声，提出政策建议，中国连锁经营协会（简称协会）与野村综研（上海）咨询有限公司（简称野村综研）合作，自2013年起，针对本土具有代表性的便利店企业开展了行业发展状况调研，并通过企业高层访谈收集一手数据、资料。本报告是双方第二次合作开展的调研活动。

调查显示，2013年中国零售业继续遭受经济增速放缓影响，百货店整体增速为9.6%，大型综超和超市增速为7.8%，而便利店逆势增长，15家主要代表性企业2013年新增门店4484家，销售增速为18.2%，远高出其他业态。综合分析各项数据显示，中国便利店行业仍处于二次扩张时期。

一、2013年中国便利店企业的发展状况概述

（一）中国零售业整体发展情况综述

2013年中国零售业继续经受经济增速放缓和成本上涨的双重压力，社会消费品零售总额较2012年增长13.1%，扣除物价上涨因素，实际增长率为11.5%。零售百强企业中百货业态的销售额整体增长9.6%，大型综超和超市为8.7%。2013年百货业关店数达到23家，代表企业的毛利率水平下降0.08%，有83家大卖场、超市企业的毛利率呈现负增长的趋势。

而便利店逆势增长，主要代表企业的销售额增长比率为18.2%，其增幅在传统零售业中位居榜首。特别是以二、三线城市为中心的新进业者加速布局便利店的趋势非常明显。2013年中国连锁经营协会（CCFA，简称连锁协会）定点观测的15家代表性便利店企业新增门店总数达到4484家。主要便利店企业的门店数都有增长，增幅达到3.4%。

表 1　　2013-2014 年便利店企业店铺规模发展趋势

排名	企业名称	品牌	主要开店区域	2012 年门店数	2013 年门店数	新开门店
1	中国石化销售有限公司（易捷便利店）	易捷	全国	20891	23300	2409
2	中国石油销售公司（昆仑好客便利店）	昆仑好客	全国	13000	14000	1000
3	东莞市糖酒集团美宜佳便利店有限公司	美宜佳	广东省	4650	5580	930
4	广东天福连锁商业有限公司	天福	广东省	—	2300	—
5	浙江供销超市有限公司	供销便利、家连便利	浙江省	2115	2123	8
6	7-Eleven 便利店	7-Eleven	北京市、上海市、广州市、成都市、天津市、青岛市等	1732	1925	193
7	上海华联快客便利有限公司	快客	上海市、北京市、广州市、大连市、浙江省、江苏省	2031	1905	-126
8	广东上好便利店有限公司	上好	广东省	1559	1703	144
9	农工商超市（集团）有限公司	可的、好德	上海市、浙江省、江苏省	1780	1700	-80
10	浙江人本超市有限公司	十足、之上	浙江省	1208	1491	283
11	成都红旗连锁股份有限公司	红旗连锁	四川省	1336	1460	124
12	山西太原唐久超市有限公司	唐久便利	太原市、西安市	1156	1250	94
13	华润苏果超市有限公司	苏果、好的	南京市	1694	1191	-503
14	四川省互惠商业有限责任公司	互惠	四川省	1203	1155	-48
15	全家便利店	全家	上海市、广州市、苏州市、杭州市、成都市、深圳市	1008	1064	56
	合计			55363	62147	4484

数据来源：《2013 年中国百货店行业发展报告》、《2013 年中国零售业五大业态发展概况与趋势》、《中国连锁零售企业经营状况分析报告（2013-2014）》。

（二）中国便利店代表企业门店发展情况分析

拥有便利店的店铺数量也是衡量一个国家或地区城市化程度的重要指标之一。日本和台湾地区的便利店普及程度均已达到很高的水平。

以每百万人拥有便利店店铺数量统计，日本是388家，台湾地区是425家，中国城市平均为54家，而且中国城市便利店单店平均销售水平也远落后于日本和台湾地区。从这些数据不难看出，中国便利店的发展与先进国家和地区相比存在一定的差距，但其发展潜力也是巨大的。由此反映出，无论是门店数量的扩张还是行业整体的提升，仍处于二次扩张时期。

表2　2013年中国大陆、台湾地区、日本便利店业态的销售额、店铺数

	中国大陆	台湾地区	日本
店铺数（个）	73166	10146	49323
单店销售额（万元）	212	530（新台币2638）	1140（约1.9亿日元）
每百万人拥有店铺数（个）	54	425	388

数据来源：《中国统计年鉴》、《台湾地区连锁店铺总览》，日本加盟连锁协会。

同时，与其他零售业态一致，便利店行业也承受着房租、人工成本等成本费用上涨带来的压力。2014年，连锁协会针对21家以便利店为主营业态的企业门店经营状况进行的调查结果显示，相对上年，2013年各家企业的门店平均毛利率上升0.67%，平均单店销售额增加2.3%，而各项成本费用上升的比率为8.2%，成本的增长远高于销售额的增长。

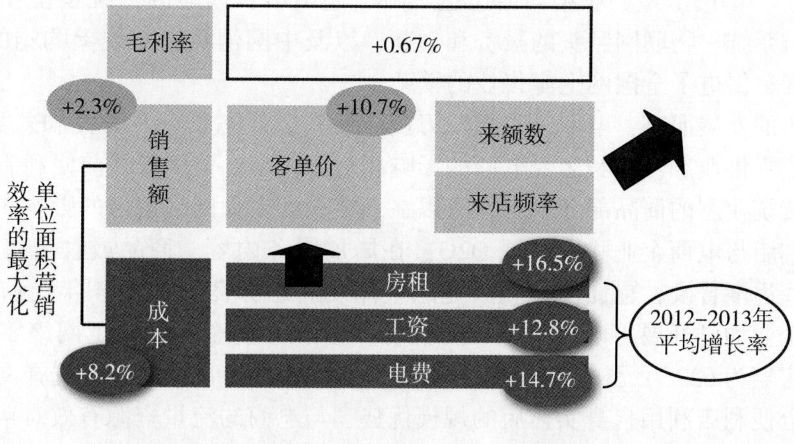

数据来源：《中国连锁零售企业经营状况分析报告（2013-2014）》，中国连锁经营协会

图1　中国24家便利店企业代表门店的经营情况

如若将样本门店按营业面积细分为50-99平方米、100-199平方米和200平方米及以上三组类别进行比较，则三类门店的经营指标会有如下发现：

50-99 平方米门店组，其毛利率、平效两个方面均处于优势，但人效和日均客单价的提升空间仍很大。目前，门店类型呈两极分化趋势：一些从超市业态转型而来的便利店普遍存在门店面积过大的趋势，这类店在平效和人效方面的提升空间很大；而一些以加盟方式发展的便利店，门店平均面积都比较小。小型门店在租金和人工成本上涨的压力下存在一定的优势，但是普遍存在商品种类单一，客单价低的现象。

表 3　　2013 年三组营业面积门店的毛利率、平效、人效及客单价比较

营业面积（平方米）	年度	毛利率（%）	平效（万元/平方米·年）	人效（万元/人·年）	日均客单价（元/日）
≥200	2013	19.1	3	83.9	27.2
	2012	18.0	2.8	81.4	22.3
	2013 年增幅	6.2	6.9%	3.1%	21.6%
100-199	2013	20.0	4	69.2	21.4
	2012	19.4	4	71.6	20.4
	2013 年增幅	2.9	-0.8%	-3.4%	4.9%
50-99	2013	20.7	5.1	72.2	15.6
	2012	20.3	4.9	69.1	14.5
	2013 年增幅	2.1	4.2%	4.4%	8.1%

数据来源：《中国连锁零售企业经营状况分析报告（2013-2014）》，中国连锁经营协会。

（三）网络零售对便利店行业的影响

2014 年，中国网上零售业年均增速达 25%，超出增长放缓的传统零售业 3 倍。高效的物流和支付系统、物联网巨头的投资和创新，以及中国消费者对线上购物的日益热衷，这些利好因素都促进了全国网上零售业的繁荣。

对便利店的发展而言，电商是一把双刃剑。便利店业态具有及时性和急需性的特点，较之其他传统零售业态，便利店受电商的影响相对比较小。但由于目前便利店企业所卖的商品和其他传统业态的商品部分重合，所以在一定程度上受网络销售的影响在所难免。与此同时，便利店与电商企业联手开展 O2O，在增加服务内容、商品或物流等各方面与电商开展合作并逐渐普及，也促使便利店业态整体发展态势良好。2014 年受访的十几家便利店代表性企业均已开展与电商的业务对接，其中 50%的企业开展了网络零售业务，年平均网络销售额为 622 万元，占总销售额的 0.14%；也另有部分便利店选择网站自营的形式，而大部分便利店利用自身实体店的规模优势，与电商的流量资源有效对接，选择携手平台电商进行 O2O 合作，实现互利共赢。

二、中国大陆、台湾地区、日本便利店门店主要经营指标对比及先进事例分析

（一）大陆、台湾地区、日本便利店业态发展历程比较

日本便利店业态起步于上世纪70年代，经过40余年的发展，成为受到全球零售行业瞩目的先进零售业态之一，特别是成为亚洲主要国家和地区的便利店企业所关注、学习的样板。

上世纪70年代的日本，以百货业为代表的大型零售业态占据主导地位，而以7-11为代表的便利店企业通过“特许加盟”的商业模式，迅速吸收零散的个人零售店并扩张，在短短十年间，跃身日本零售排行top10，便利店行业初具规模。80年代末至90年代初，受日本经济低迷的影响，便利店企业开始寻找新的发展机会。除丰富商品品类、强化物流体系、升级信息系统外，为最大程度地利用便利店的门店规模效应，各便利店企业均开始着重拓展服务种类，增强便利店的社会性。至90年代末，便利店的服务种类已从简单的公共费用代缴、照片冲洗等十余种服务扩展到ATM服务、游戏点券销售、代售门票等百余种服务，逐渐成为消费者日常生活不可或缺的组成部分。而随着日本社会老龄化问题的深化和互联网时代的到来，更多有针对性的服务正在不断地被开发出来，使消费者的生活处处充满便利。

台湾地区便利店同样备受大陆地区业者的关注。在台湾地区，便利店是仅次于百货业的第二大业态，门店数超过5000家，每百万人拥有的门店数超过400家，成为便利店分布最为密集的区域。台湾便利店的发展轨迹与日本类似，也起步于70年代末期，并经过80年代的门店快速扩展期，之后迎来竞争最为激励的90年代。为争抢忠实顾客，增强顾客黏度，扩展服务的种类同样也成为台湾便利店企业的选择。通过与当地消费者需求的结合，以及与政府的合作，台湾便利店在代缴税款、售卖保险、考试报名等多种服务项目方面逐步开发出来。进入2000年以后，同行业的竞争进入白热化，在规模继续扩大的同时，便利店行业也进入整合期。优胜劣汰，行业集中度不断提高，使台湾大中城市的便利店门店数接近饱和状态。

中国大陆零售业的现代化起始于上世纪80年代后期，便利店的发展也相对落后于日本和台湾地区。但随着日资、台资便利店企业不断进入内地市场，先进的经营理念与管理技术不断深入中国大陆各便利店企业。以上海为起点，中国内资便利店企业进入转型期，现代化的便利店正不断地改变和替换着中国大陆传统便利店。不仅在沿海及一线大城市，就是在二线城市，便利店的发展同样迅速，各地区的零售集团同样看好便利店业态的发展，正在积极扩张、升级本地区的便利店，整个便利店行业进入了二次发展期。

表 4　　中国大陆、台湾地区、日本便利店业态发展历程

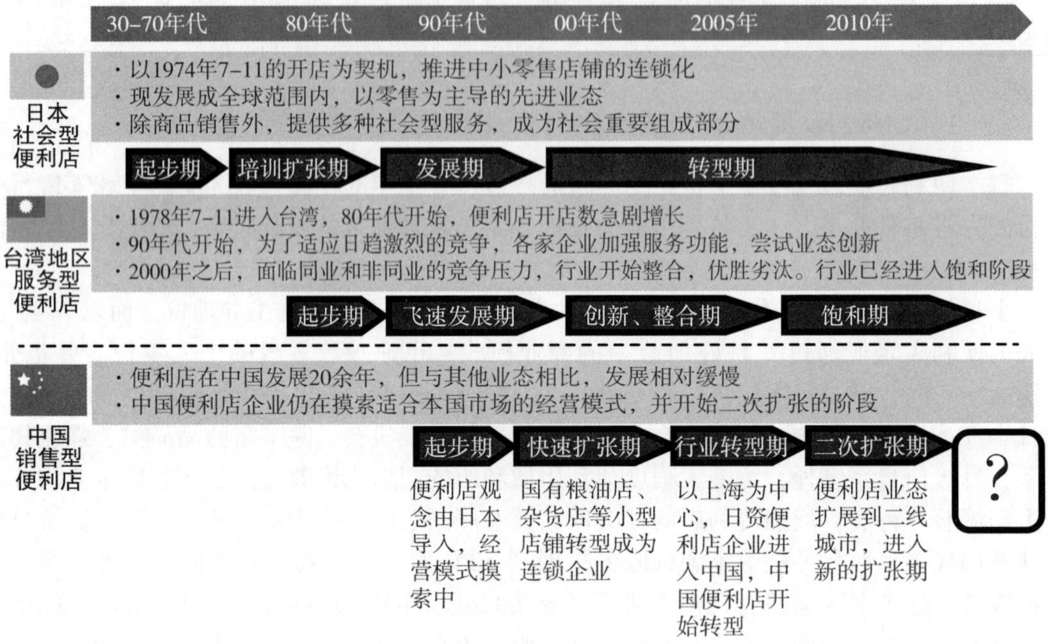

数据来源：NRI（野村综研咨询有限公司）根据公开信息整理。

近些年，中国零售行业在经历 2 位数的高速增长期后，正逐步进入中高增速的平稳发展期。特别是随着房租、人力等成本费用的快速攀升，加之电商的强力冲击，以百货业为代表的大型零售业态发展放缓，甚至出现负增长的现象。此时，便利店业态作为一种相对新兴的小型零售业态，也正面临着类似的压力和冲击。然而，新的挑战意味着新的机遇，在互联网时代，如何与电商更好地结合，如何为消费者提供更加便捷、贴心的服务，从而像日本、台湾便利店行业一样，使便利店成为社会中不可或缺的一部分。这些课题无不时时受到各便利店企业的关注。

（二）大陆、台湾地区、日本便利店具体经营指标比较

2013 年日本便利店的平均单店销售额为 42032 元，约是中国大陆便利店的 7.3 倍；平效为 14 万元/平方米·年，是大陆的 5.4 倍；日均来客数 919 人/日，是大陆的 2 倍。台湾地区便利店在门店面积、客单价方面与大陆地区差距不大，但其日均来客数接近大陆的 2 倍，故而单店销售额和卖场效率（平效）均大幅高于大陆地区。

表 5　　2013 年中国大陆、台湾地区、日本便利店业态主要经营指标比较

经营指标	日本	台湾地区	中国
单店销售额（元/日）	42032	14942	5785
平均卖场面积（m^2）	113	80	82
卖场效率（万元/m^2·年）	14.0	9.1	2.6
毛利（%）	30.0	31.0	26.2
日均来额数（人）	919	800	434
客单价（元）	46	18	15

在来客数和客单价数据方面，2013 年全日本便利店总店铺数达到 49323 家，来客数达到 155 亿人次，相比 2010 年的 139 亿人次，年均增长约 3.7%。粗略估算，全日本每天每 3 个人中便有 1 人光顾便利店，而每天每家便利店要接待 919 人次。平均单店客单价从 2010 年的 577 日元/天增加到 2013 年的 606 日元/天，年平均增长近 1.7%。

而在台湾，便利店店铺总数已超过 1 万家。由于竞争激烈，平均单店来客数有所下滑，但客单价基本能够保持每年 3.1%的增长率。

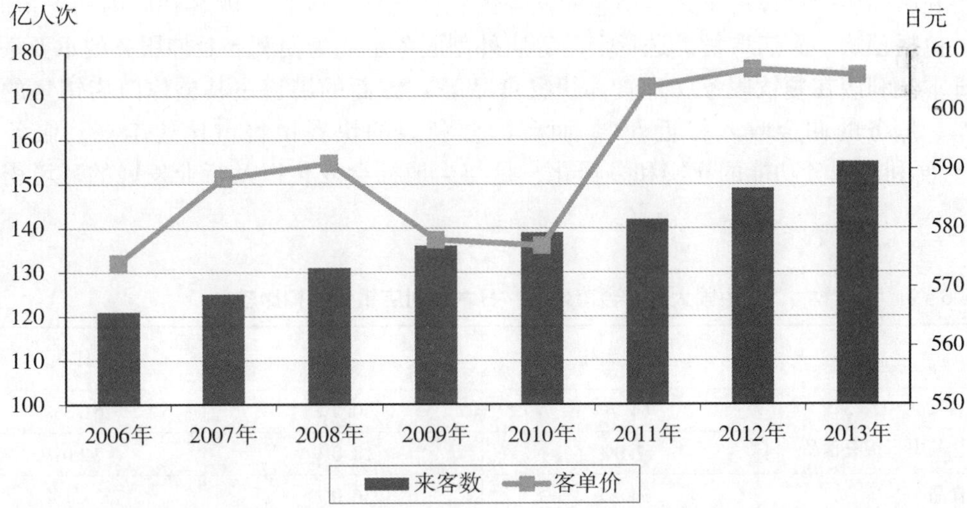

数据来源：日本加盟连锁协会

图 2　2006-2013 年日本便利店来客数和客单价变化情况

日本和台湾地区便利店业态在高速成长之后仍能保持一定的增速，其中店铺服务功能的拓展和强化，对于提升客单价、增加来客数和来店频率，起到了难以取代的作用。

广义而言，我们所指的服务包括既有物品销售之外的餐饮、即食、现场制作饮品等服务，以及公共事业费代缴、票务等跨行业的社会性服务，还包括近年快速增长的送货上门等店外服务。

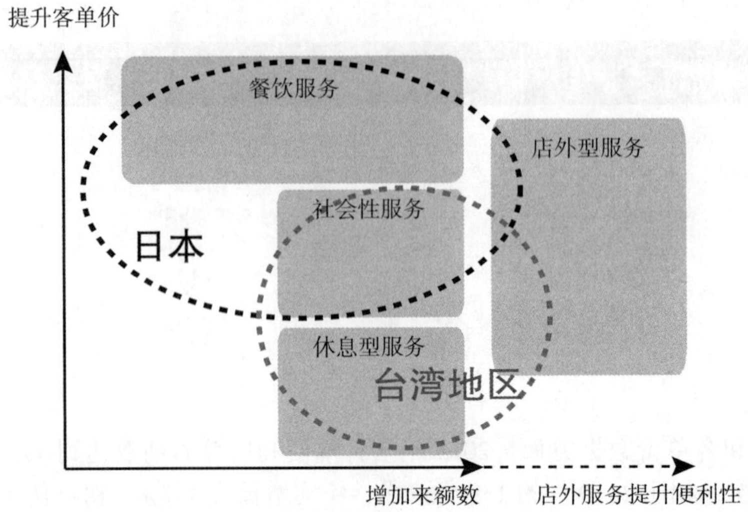

图 3　便利店服务的分类

各国或不同地区提升客单价和增加来客数的重点各有不同。日本便利店主要依靠的是餐饮服务和社会性服务，而台湾地区则是通过加强社会性服务和休息型服务来实现。近年来，便利店门店内增设可供顾客小憩的就餐区和休息区，延长了顾客在店内的停留时间。同时，包括预购、到店取货、送货上门等店外型服务也成为便利店延伸服务的重要举措。

日本便利店在餐饮服务（即食、快餐食品等）方面的销售占其整体门店销售的比例达 34%，服务的佣金收入将近 5%。而台湾便利店的快餐销售占比达 18%，服务占比 3.5%。便利店服务功能的充实和多样化，是与当地社会变化以及行业发展的环境密不可分的。

表 6　　中国大陆、台湾地区、日本便利店销售结构比较

	中国大陆	台湾地区	日本
食品	64.7%	60.5%	61.3%
其中：快餐食品	7.0%	18.0%	34.0%
非食品	34.5%	36.0%	34.1%
服务	0.8%	3.5%	4.6%

（三）台湾地区、日本便利店业态服务升级的社会背景

便利店行业的发展有赖于消费者便利生活需求的不断提升，同时得益于关联业态的功能替代。

上世纪 90 年代，日本社会进入经济高速增长期，更多的女性步入社会，国民的整体初婚年龄开始延后，单身人群的比例急速上升。据统计，90 年代中期，日本全国单身家

庭的比例为27%，而东京的比例高达40%，加之日本公司有夜晚加班的习惯，且在外就餐的情况逐步普及。此时，以7-11为主的便利店企业加快便当等快餐的开发速度，方便单身人群解决就餐问题，快餐食品的销售份额随之逐渐增加。

与此同时，银行等行政机构工作时间缩短，服务网点减少，便利店为更好地方便顾客，开设ATM，提供各项费用的代缴服务。还有，书店、快速打印店等业态的店铺保有量趋于减少，使便利店的跨业经营成为所需并利好。近些年，咖啡店、快餐店的营业销售增速放缓，也让便利店抓住了拓展服务的商机，出现了店内现磨咖啡、现烤面包等扩充服务项目，进一步提升了便利店业态销售业务的增长。

2008年，日本便利店的销售规模首度超过百货店，此后继续保持增长态势，仅低于超市业态。近年来，便利店餐饮业务的增长对于餐饮业和咖啡店业态也产生了一定的影响。

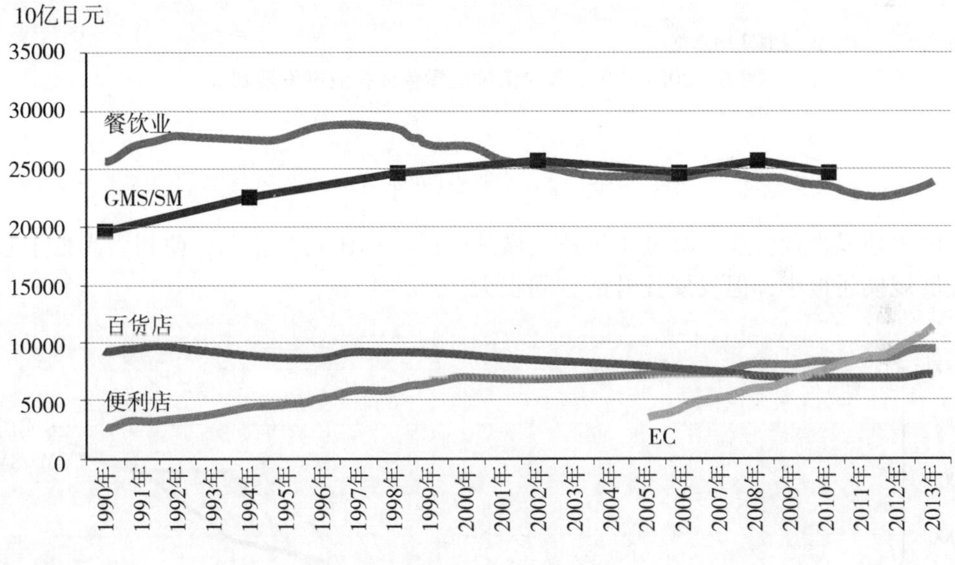

数据来源：百货店——日本百货店协会，GMS/SM（大型综合超市/超市）——日本商业统计，CVS——日本连锁加盟协会

图4　1990-2013年日本零售业各业态发展状况

台湾地区便利店整体规模仅低于百货业态，位居零售业第二，而年均增长率达到6.4%，位居零售行业第一。台湾便利店行业不断吸收日本同行的成功经验，并且在跨界发展等方面具有强烈的本土特色。政策环境方面，台湾对零售业发展的限制很少，因此店铺数量和门店面积飞速发展，便利店业态已渐趋饱和，企业间的竞争尤为激烈。台湾便利店企业把增加客流量作为提升营业绩效的关键，在店内设置充足的就餐、休息区域，提供现磨咖啡、现做冰淇淋、或是在店内开辟烘焙区销售现烤面包等。故而，台湾便利店行业在店铺规模难以实质扩大的前提下，通过吸引周边竞争行业，如餐饮、咖啡、烘焙等店铺的客户到便利店进行消费，从而提升便利店经营业绩。

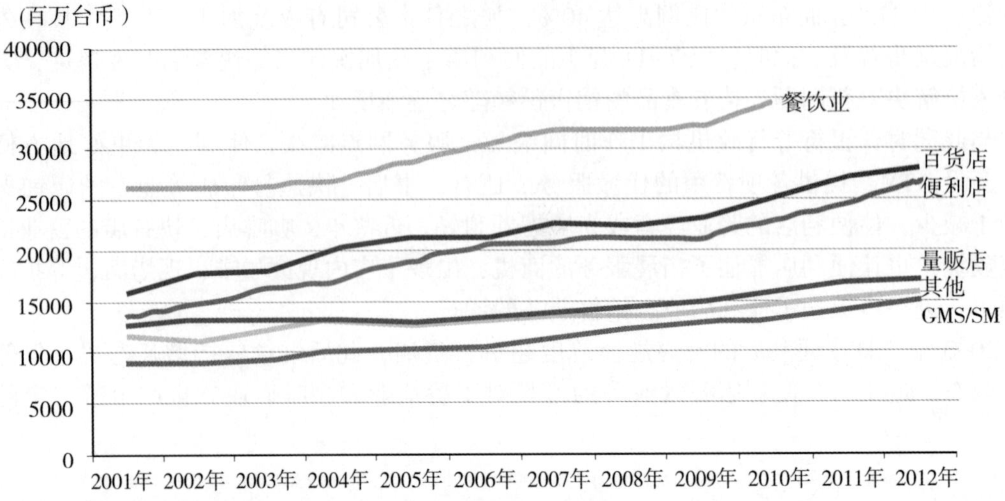

数据来源：台湾地区连锁店铺总览

图 5　2001-2012 年台湾地区零售业各业态发展状况

中国内地零售业各业态都处于飞速发展的阶段，相比其他业态，便利店尚处于起步阶段，发展规模还很小，但发展提升的空间很大。

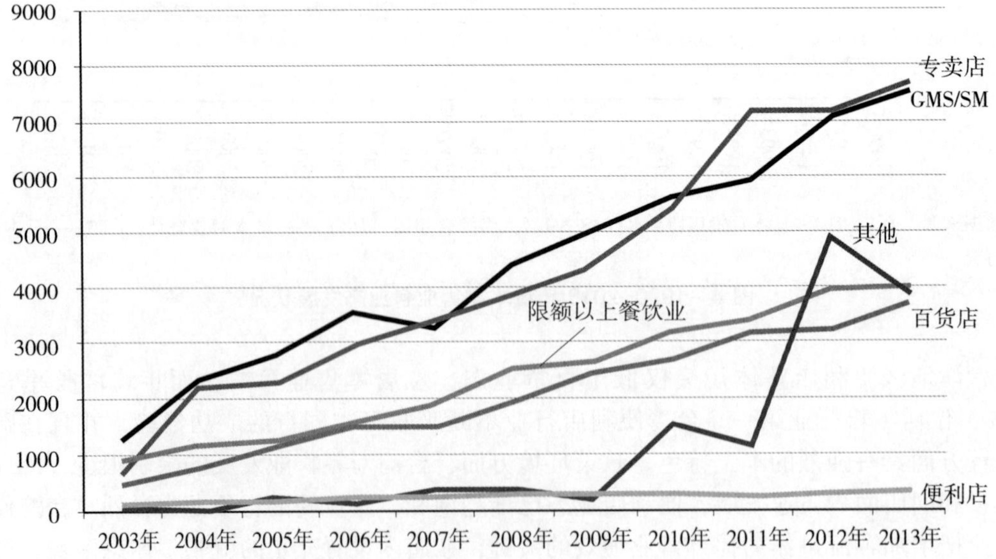

数据来源：《中国国家统计年鉴》

图 6　2003-2013 年中国大陆零售业各业态发展状况

（四）台湾地区、日本便利店开展服务之特色

伴随社会经济的发展与进步，消费者的消费需求也在不断变化、升级。要不断发现消费者这些新的需求变化，并不断跟踪、满足这些新的需求，不断提升消费者生活的便利性，这既是日本便利店对消费者的服务理念，也是其提供给顾客的“服务”。

上世纪 90 年代末期，日本便利店的服务种类已达百余种，除基本商品外，还覆盖了代收代缴、各类充值、ATM 服务、门票、机票、保险等代售服务，以及 CD、录影带等租赁服务，还有其他诸多服务项目。这在互联网尚未充分普及的时代，基本满足了人们日常生活各个方面的需求。21 世纪，随着互联网时代的到来，与网络相关的各类服务被不断开发、创新出来，如电商业务的开展、电子钱包及手机支付的推出、网络优惠券服务等。以外，因日本社会老龄化问题不断深化，便利店为解决老人行动不便、购物困难等困境而衍生出了购物车开入社区、配送便利店便当、定期配送日常生活用品等服务。而面对更多女性进入社会工作的现象，便利店为方便女性传统做饭繁琐耗时问题，专门针对女性白领开发了肉食、蔬菜等半成品的商品和服务。同时，为解决其家务劳动问题，还推出家政代理等服务业务。随着混合动力、纯电力汽车在日本的普及，汽车充电也成为一项新的服务。

由于便利店各项社会功能的充实和完善，其替代相邻业态经营模式不断出现，日本零售业态的结构也在发生很大的变化，如烟草专卖店、酒类专卖店、书店、快印店、银行、邮局等机构的网店数呈现不断减少的趋势。

另外，便利店的服务逐渐延伸至相邻业态。以餐饮服务跨业态发展为例，日本全家便利店针对肯德基的原味鸡块，自主开发了“全家炸鸡”；罗森推出的“自家 café”，以蛋糕房中畅销的甜点着力抓住顾客眼球，吸引顾客进店；7-11 在店内导入专业咖啡机，施行现磨咖啡销售，分割了星巴克、麦当劳这些餐饮连锁企业主打经营的部分业务，都取得很大的成功。

图 7　日本便利店近年开发的商品与背景

台湾便利店的发展特色是餐饮、服务、公益、购物，其中餐饮与服务是其发展的两大利器。在服务方面，台湾便利店又主要充当了台湾的物流中枢和金流中枢。

在物流发展方面，台湾已经形成以便利店为主的物流配送体系。由于地域狭小，台湾物流配送体系相比大陆更加清晰且精准，不需要建立各种分仓，全台湾范围内都可实现24 小时内送达。目前，台湾地区已经形成以便利店为主的“宅配”和“店配”两种配送模式，一般的网上购物也都能实现半日送达，而且能够配送生鲜、低温类产品。除了“宅配”模式以外，台湾物流业通过整合社会资源，充分发挥便利店信息平台、门店网络、物流配送的优势，建立了基于便利店社区网络化的物流配送体系，被称为“店配”，这也已成为台湾重要的物流配送方式之一。

在金流中枢方面，台湾便利店更是发挥了强大的门店网络优势，为消费者提供便利的服务。在台湾，政府出于对个人信息的保护以及防范金融诈骗风险，法律限定第三方支付属于金融项目，只能由银行运营。但是银行更愿意发展信用卡业务。在台湾，每人平均拥有 2 张信用卡，因而便形成了想做第三方支付的公司没资质、有资质的银行不想做的局面。在此背景下，便利店体系便承担了重要的支付功能——一般可通过 3 种方式完成网上订单的付款：一是取货付款。即买家在线下单，确定取货门店后，在取货时将钱交付；第二，便利店付款。利用每家便利店都有的门店终端设备（kiosk 机），主要针对购票、充值用户，在 kiosk 机上获取条形码，在柜台处付钱完成订单；第三，条码付款。买家在网上下单后，网页上会产生一组条码，通过条码打印机打印之后，买家就可以到便利店刷条码付钱，但由于需要条码打印机，这一方式已开始逐渐淡出支付市场。

台湾便利店的门店有近 800 项服务，而且大多数服务都能从门店的终端设备 kiosk 机上来实现，减轻了店员的负担。

台湾便利店除充当社会化的物流中枢和金流中枢角色，还在业态间合作上下足了功夫，最具有代表性的案例是红利兑换。消费者从不同业态中累计的积分都可在便利店兑换成购物券，购买自己所需的商品。红利兑换和游戏点卡的销售占据了台湾便利店服务销售的主要份额。

台湾便利店的服务也弥补了政府的公益职能。政府对于低保户以及需要救济的人发放便利店的购物券，接收救济的人可以拿购物券到就近的便利店购买商品。

三、中国便利店企业开展服务的社会背景及有益尝试

（一）便利店服务升级的社会背景

中国城市消费者追求高品质、便利性的消费趋势正不断增强。2014 年 7 月野村综研针对中、日、美三国的城市消费者进行的问卷调查显示，中国城市消费者在“总是购买价格便宜且经济实惠”的选项中占比最低，在“即使价格贵一点，也愿意选择方便性的商品或服务”的选项中占比略高于日本。随着居民收入的不断增长，消费者更倾向于将节省购物、外出就餐的时间用于休闲和娱乐上，而便利店的服务正契合了消费者这一需求的变化。

另外，电商的发展进一步推动了便利店的服务创新。近年来，中国电商的发展受到世

界的瞩目。在欧、美、日等发达国家，互联网时代是继零售业高度成熟之后才发展而来，虽然电商也呈现突飞猛进的发展态势，却无法像中国大陆那样呈现几何增长般的扩张，致使以百货和大卖场为代表的中国大陆传统大型零售业态受到电商的巨大冲击。为寻找新的出路，传统零售商或自己开设电商、或直接收购电商企业、又或是开发自有品牌，各家企业各显其能，抵御或弥补电商对实体零售的冲击。而对便利店企业而言，电商的发展并非冲击，而是促使便利店创设新服务、新业务的动力，也为便利店企业提供了更多黏合顾客的机会。

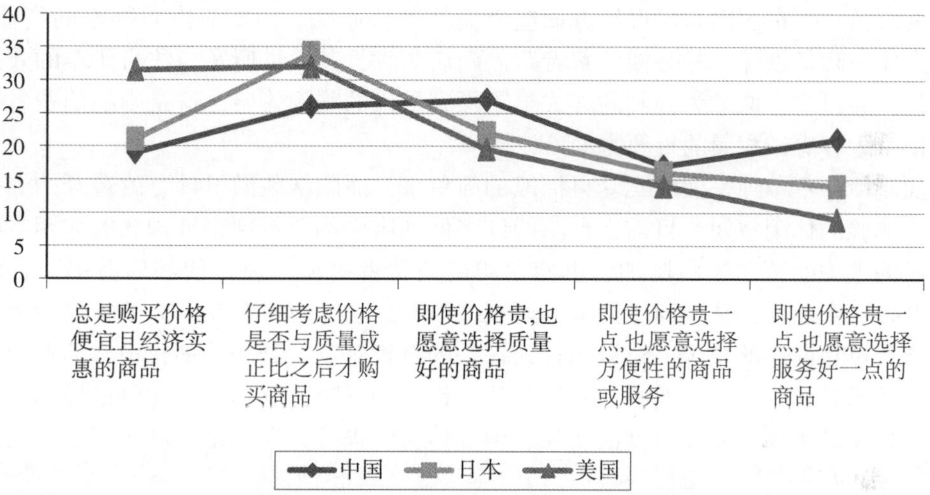

数据来源：NRI

图 8 中日美三国城市消费者消费价值观（价格敏感度）比较

自 2012 年，O2O 就成为零售行业的热词，拥有众多门店网络的便利店也成为实现 O2O 最具成功性的业态。近两年，中国大陆便利店企业也在不断紧追社会技术进步的步伐，探讨如何打通线上线下的销售渠道——从最初的网购、店取，到开拓线上销售、拓展产品线，再到充分利用移动互联带来的商机和微信营销。此外，由于移动互联应用的普及，曾经给便利店带来客流的手机费、水电费代缴，游戏点卡代售等服务正在不断被智能手机所替代。如何提高顾客体验、怎样开发新的服务成为便利店企业必须探索的新课题。在电商与移动互联技术应用的推动下，便利店的服务正在被不断优化，更多契合消费者的服务也在逐步开发、创新之中，便利店企业也正随着不断的探索与实践逐步成长、壮大。

（二）中国大陆便利店业态扩展服务新特征

国内便利店企业在结构调整和服务拓展等方面进行的尝试有如下新的特征。

1. 通过改造门店，强化顾客的购物体验

目前，本土便利店的店铺尚显陈旧，销售的商品和小型超市同质化现象比较严重。中国大陆的便利店在营业面积（排除社区超市）上要小丁台湾地区，更小丁日本（约 110 平方米），而其单位面积的 SKU 数却接近超市，店内呈现拥挤的状况比较普遍。

在日本，便利店门店之所以需要更大的营业面积，主要是为饭团、快餐、甜点等冷藏商品提供足够的货架空间。

而在台湾地区，由于“小吃摊”的盛行，相对于日本的便利店，快餐商品的丰富度略显不足。为弥补这些客观因素形成的缺憾，增强顾客对便利店的需求与依赖，台湾便利店尝试本土化的创新。即，减少货架组数，扩大店内空间，增加店内座椅，打造休闲空间。

概括而言，通过店铺的定位、重组，增加适合年轻客群的商品和服务。比如缩减货架、增加餐椅等休息区，让顾客在便利店停留的时间延长；针对年轻顾客增设强化鲜食，自行开发诸如稀饭、包子、盖浇饭之类的本土菜品，适当增加现磨咖啡饮料的占比等，使销售显著增长。而在店内布局设计方面应遵循便利性原则。比如店内置物柜的高低搭配，应依照人体工程学设计，务必使消费者跨入门店店堂，其视觉所及与注目所至的效果都应追求最佳，并以拿、取最为便利的方式给予顾客最优的购物体验。这是影响消费者购物决定乃至培育顾客忠诚积累的重要方面。

增加座椅绝不单纯是摆放几套桌椅般的简单事，而应从装潢设计、改造开始，打造一个独享、体验的休闲空间。目前，台湾的许多便利店中都会看到这种理念的休闲空间，台湾便利店的平均面积在逐年增加，也使台湾的消费者更加习惯在便利店看书、暂歇、餐食、品咖啡、会朋友，甚至商务洽谈。而这些改变之初，也曾存在巨大的争议。减少货架组数意味着可售商品的减少，对以销售为核心的零售企业，是触动销售根本的改变。但从实际营销效果看，货架组数的减少不但未造成销售的下降，反而通过休闲区域的增加，实现了来客数量的增加、顾客黏度的增强、消费体验的提升，在一定程度上促进了销售的增长。

2. 线上线下融合，延伸门店服务

通过与大型电商网站合作，便利店企业能更好地吸收线上客户，并能以地区销售代理的合作方式进行企业经营，这也比较符合中国特色。其实，便利店自建电商网站常苦于客户流量受限，而通过与大流量顾客的电商网站平台合作能获取这些新的客源。便利店企业专注于网上下单业务的线下采购、物流、配送，为企业带来相应的业务收入，也省去了电商企业在线下各地重建物流体系、配送货物的投入、建设与实施的苦衷，真正实现两者优势互补的双赢局面。

电商在便利店门店取货也将是一大趋势。亚马逊、1 号店已经在上海开展便利店门店收货自提和货到付款服务，这种模式比较适合便利店发展程度较高的大城市，其前提是门店数量有一定的区域覆盖，以及消费者对便利店有较高程度的依赖。

线上线下相结合的方式在欧美、日本等便利店企业中同样被高度重视。尽管目前尚没有完善的推广方案，但各便利店企业均在尝试，并探索 O2O 模式的最佳方案。在日本，零售/餐饮产业的规模已达 160 兆日元，而其便利店的市场份额仅占 5%左右。在巨大的市场规模诱惑下，各便利店企业纷纷探索全渠道销售，寻找新的销售增长点。例如，日本便利店巨头 7-11 为强化其网上购书而在门店取货的业务，推出了“取书送咖啡”活动。对于有阅读习惯的顾客来说，只要到门店取书就能获得免费咖啡，很好提振了顾客愉快的购物体验。对于便利店而言，也达到了诱导顾客到店的目的。

罗森日本的 Ponta 卡（会员卡）发行数量众多，如何把这些会员顾客进一步调动到线上，是企业的又一课题。在罗森推出 APP 后，为使 Ponta 卡会员能够积极响应这款 APP，罗森推出“玩 APP 游戏，即送 Ponta 卡积分”活动，而这些积分可在门店购物消费。罗森把线上与线下的顾客通过积分共享的方式联系到一起，强化了线上、线下的融合。

日本全家是便利店的另一巨头，2014 年推出了 O2O 新模式。即，全家与日本第一大检索引擎雅虎日本合作，只要顾客在雅虎搜索全家或其他全家相关的关键词，就会显示一张商品优惠券代码，将该代码输入任一家全家门店内的服务终端机，便可打印出一张商品优惠券。全家也在着力将线上的顾客通过打印优惠券的方式引流到门店，增加来店人数。

从聚客结果看，尽管还没有哪一项举措产生了绝对强势的导流效应，但各便利店企业均希望在互联网时代，给消费者打造一个更加便捷的购物渠道，给竞争激烈的线下销售更多的发展机会。

在中国大陆，开始尝试线上、线下融合的便利店企业也不在少数。特别在“微信营销”这一新兴方式出现后，更多的便利店企业纷纷开展了大规模的“吸粉”活动。然而，“吸粉”之后，应该如何激发“粉丝”的活性，如何将“粉丝”进一步转化为消费力，仍是各企业面临的重大课题。

3. 加强社区类服务项目，提升便利性

便利店是以满足顾客便利性需求为主要目的的零售业态，其及时性、方便性、应急性是明显区别于超市等其他业态的主要特征。纵观便利店在社会生活中所扮演的角色，除经营日常必需的商品外，还辅助邻近社区居民收取水电煤气费、有线电视收视费、保险费等，还代理快递或国际通讯业务费的收取，便利店已成为居民名副其实、难以弃舍的生活好帮手。随着商圈集约化趋势的发展，社区型便利店逐渐增加。除各项公用事业费的代缴之外，诸如洗衣、保姆中介、送货上门等便民服务也呼之欲出；针对社区中老年顾客开设的网购终端，方便顾客在门店终端直接实施的触屏购物，持终端机打印的购物凭证在收银台付款，第二天货品配送到门店，或者顾客上门自取等服务业务层出不穷。

日本便利店推出的特色服务也值得国内业者借鉴。例如：（1）移动销售车开入社区，更加方便顾客购买；（2）门店代收服务扩大范围；（3）开设电商，使盒饭便当等即食品也能通过网上预约之后到店取货；（4）针对高龄客户的配送服务；（5）餐饮服务方面的跨业态经营；（6）门店放置平板电脑，方便顾客当场上网订购；（7）定期配送服务等。

便利店的社区化服务项目应始终紧跟并时时满足社会的需求，在满足顾客便利性需求的同时，也提高了顾客的黏度与忠诚度，为全社会的发展提供贡献和价值。

四、中国便利店现阶段开展服务面临的课题

（一）产业链的成熟度

其一，快餐食品扩展方面，供应链匮乏的问题比较严重，特别是食品鲜度和食品安全的不稳定性降低了客户体验的满意度。对便利店企业而言，新产品的开发能力，对需求的预估能力，对物流配送等各方面的要求正在不断提高。

其二，搭建服务平台方面，便利店主要依靠第三方系统供应商，使系统中操作便利性需求的话语权不高且难以提升。而操作复杂的项目将影响客户体验度，自建系统又需要较大的前期投资，外部终端与本企业之间的系统对接等问题都有待解决。

（二）政府的支持力度

在国内，对于加强快餐食品的管理上，一方面政府对行业的界定还比较模糊，对于食品安全的政策规定有些不适合便利店的发展情况和现实状况；另一方面，在服务内容和项目增加方面，行业行政性壁垒和地区专属性壁垒还很多，跨行业增加服务项目时，涉及审批的部门多、手续繁，而且新项目上线后即使消费者反映可嘉，需要跨区域拓展时仍需重新申请和审批，甚至无法推广。

而在日本，2014 年 9 月经济产业省流通政策课为强化便利店的社会责任，召开了“关于便利店的经济、社会责任研讨会”。研讨会的主旨是研究如何通过强化日本发达的便利店体系解决目前存在的社会课题，例如高龄少子化和经济发展缓慢以及环境保护等社会课题。2014 年的研究课题主要集中在食品废弃、节能（太阳能发电、LED）、面向高龄人群的服务、地方经济振兴等方面。参加研讨会的有经产省流通政策课、经产省商务流通保安、厚生劳动省、农林水产省、内阁府政策统管（防灾等）、环境省环境经济课、观光厅、警察厅等政府机构，还有日本 5 大便利店的社长，主要的学、研机构（如野村综研）以及媒体等社会机构。通过各方共同探讨，确定便利店行业今后的发展方向，强化了便利店体系对解决社会课题的贡献，在为行业发展指明方向的同时也为解决社会课题提供了极大的帮助。

（三）企业自身管理能力的提升

关于加强餐饮服务及其管理方面的课题，主要是严格的鲜度管理和最大程度地降低损耗。社会性服务功能扩充方面，如何做到门店销售人员和管理人员的运营简单化和标准化是关键。在加强休息型服务的同时，随着卖场面积和休息区域的扩展，单位卖场面积的销售额也许会有相应的下降，但如何节省空间、提升卖场效率，这些都对门店销售和管理人员的综合应对能力提出了更高的要求。

五、对于中国便利店行业发展的几点启示

其一，服务创新。及时掌握顾客对便利生活的需求点，极力找出顾客的“不便之处”，积极尝试推出契合需求的商品和服务。另外，掌握其他相邻业态的发展趋势，寻找适合的商机。

其二，环境培育。消费者的购物习惯以及对渠道的黏度尚需培育，企业开展品牌宣传时应着重便利生活方式的提案，逐渐影响消费者对便利生活的向往。各级政府行政部门对行业的支持很重要，特别是在服务推进方面，应本着如何让执行者、落实者感觉便利为原则。

其三，差异服务。相对而言，硬件方面可以通过加大投资来实现，但在软件方面则需更长时期的培育，特别是在门店运营的标准化和人才培养方面，非一朝一夕就能落地实现。企业应本着不断追求标准化运营、差异化发展的原则，在人才培育等方面加大努力，实现真正意义的差异化服务。

便利店行业要实现服务升级，不仅需要企业自身经营模式、管理等方面的不断探索、创新，还需要政府部门对相关规定作出更明确的界定，使产业链各个环节相互配合，更好地满足、契合消费者对便利生活的需求与追求。

2013-2014 年度专业店经营状况分析报告

中国连锁经营协会于 2014 年年初开展了连锁零售企业年度行业调查，其中以专业店为主营业态的样本企业为 10 家。本报告结合协会与德勤的行业研究观点及其相关调研数据对专业店发展环境、主要态势等进行分析和总结。

一、专业店企业发展概况及趋势

1. 专业店增长显著放缓

专业店围绕某一品类的产品纵深化经营，在过去几年中，以其产品品类的齐全性，销售服务的专业化以及可靠的产品品质而深受消费者欢迎并取得飞速发展。2006 年到 2011 年间，销售额年复合增长率达到了 20.9%。然而从 2012 年开始，专业店增长显著放缓，据国家统计局数据，2012 年专业店销售额同比下降了 14%。2013 年，商务部和中国连锁经营协会联合发布的报告显示，专业店销售额在零售业销售总额中的比重下降了 0.6 个百分点，同时营业面积受关店影响而呈负增长。比如电器专业店巨头苏宁云商在 2013 年店面就净减少 79 家。专业店增长显著放缓，不仅是自身基数较大、宏观经济增速放缓以及成本高企的结果，也反映了在消费者消费模式和消费需求都发生转变的情况下，专业店企业已到了转型升级的关键时刻。专业店销售的产品大部分具有标准化特性，与网络零售产品高度重合，由于企业没有自身独具特色的产品和品牌，因而既无法满足消费者日益个性化的需求，在面对电商冲击时也不具备价格和购物便利的优势，替代效应明显。而且，企业在过去几年大部分采取外延式、粗放式扩张以抢夺市场，并且店面大部分聚集在一、二线城市，市场饱和度日益增高，也限制了销售的增长。在电商分流、成本快速攀升的情况下，专业店企业需要向精细化经营转变，调整店面布局和功能，加强平效、人效等指标的考核，拓展线上和三、四线城市的销售。

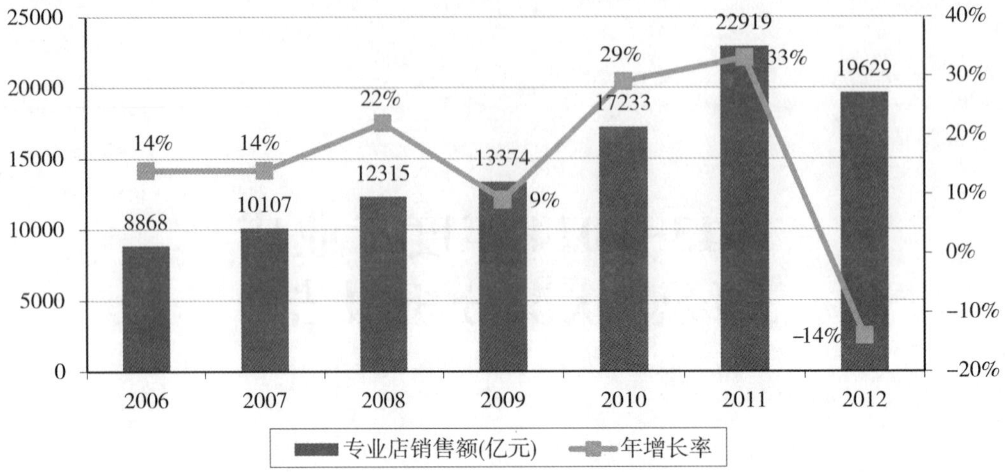

数据来源：国家统计局，德勤分析

图 1　专业店年销售额和增长率

2. 实体店与网络零售融合加快

专业店是受到电商冲击最大的零售业态，这也促使了企业加快转型，积极布局多渠道销售。相比纯电商，传统企业具有广泛的实体店面网点并拥有具备丰富专业知识的销售人员。但其劣势在于，在目前阶段，其线上经营和营销的经验有限，并且有时会陷入线上线下互搏的困境。因而可以看到专业店企业尤为注重线上线下的融合，试图充分利用自身多年经营实体店面的零售资源以抗衡电商。红星美凯龙重新上线旗下网店星易家，并多次开展营销活动，通过线上引流、线下体验、会员营销和数据分析分享来形成家居销售的闭环以求打通线上线下业务。苏宁云商再次调整组织构架，将原有连锁平台经营总部和电子商务经营总部进行整合，成立线上线下融合的“运营总部”。来伊份更是早在 2012 年就启动 O2O 项目，促使线上线下会员整合，实行线上购物线下提货和线下代购线上商品。

3. 深化供应链管理控制成本提升效率

在成本快速攀升、销售收入增长减慢而企业利润空间受到大幅挤压的情况下，专业店企业开始从粗放式的扩张经营向精细化管理转型，更加重视提高门店效率和对平效、人效等经营效率指标的监控，重视对供应链流程的优化。就此次中国经营连锁协会专业店门店数据可以看到，家电类专业店店铺的平效和人效都有较大的提高，特别是人效提升了 7.6%，是此次问卷调查各业态中提升幅度最大的一类。另外数据也显示，样本店铺平均库存周转期较上年减少了 7.5 天达到 38.5 天，可见企业更加注重供应链管理以降低成本。在这个微利时代，企业间的竞争已经不再是单个企业间的竞争，而是整个相互合作的企业链条间的竞争。企业只有快速地把产品从生产线转移到消费者手中并实现价值增值，才能获得竞争优势。因此在将来，专业店的供应链还将继续整合和压缩，通过信息和技术的分享、共同商讨产品研发、供货流程来提升各方效益。

二、专业店样本企业经营发展基本情况

本年度问卷调查的 10 家以专业店为主营业态的样本企业包括家用电器、3C 消费类电

子产品、家居产品和零食专业零售企业。从有效样本企业数据看，企业之间差别较大。销售额在100亿元以下的企业有4家，100亿~1000亿元的有4家，1000亿元及以上的有2家。所有样本企业均来自一、二线城市。

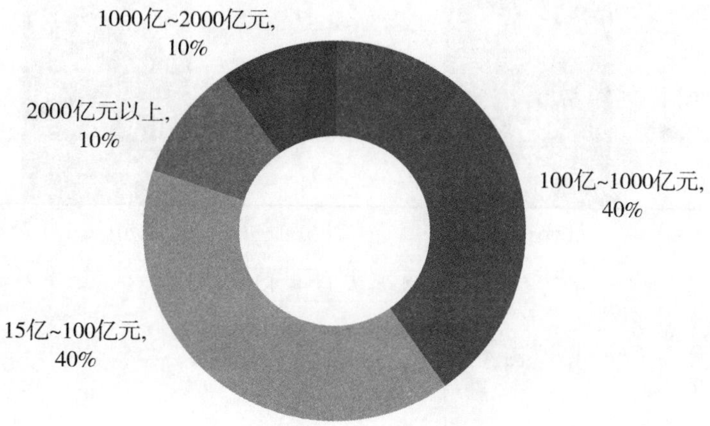

图2　专业店样本企业销售情况

1. 平均规模

从图3可以看到，本年度专业店样本企业虽然销售额有所上升，但是门店数量、营业面积和员工数量都较上年下降，分别为5.7%、6.3%和8.7%。

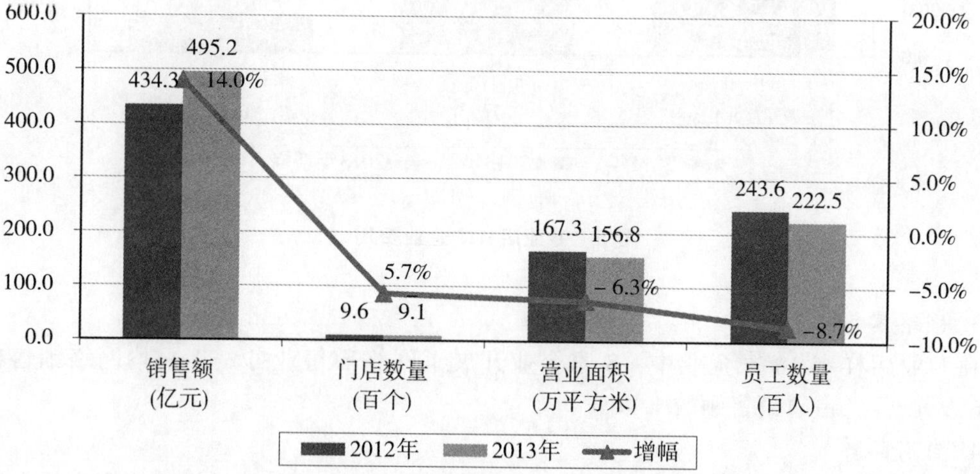

图3　专业店样本企业平均规模

2. 费用情况

与其他业态不同，房租是专业店企业的首要成本费用，占比52.7%；其次为人工费用和水电费用。在三项费用中，人工费用较上年有6.3%的增幅，房租和水电费用都有所下降。

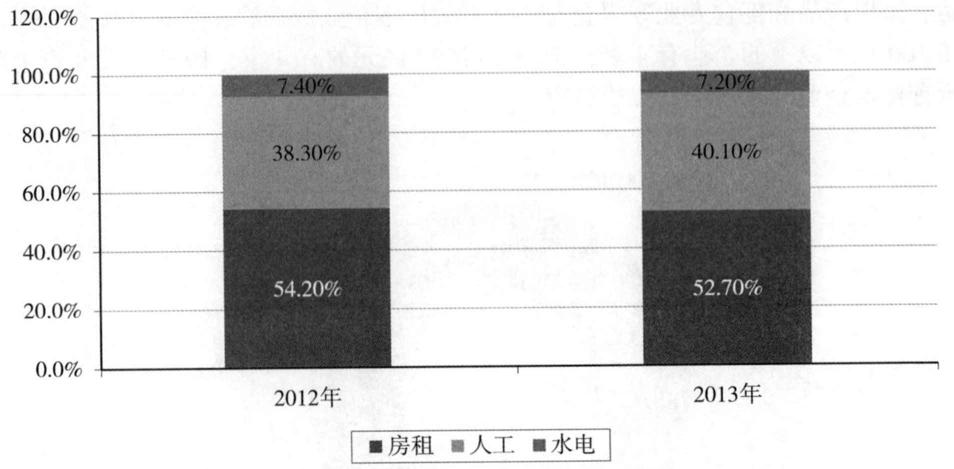

图 4 专业店样本企业费用结构

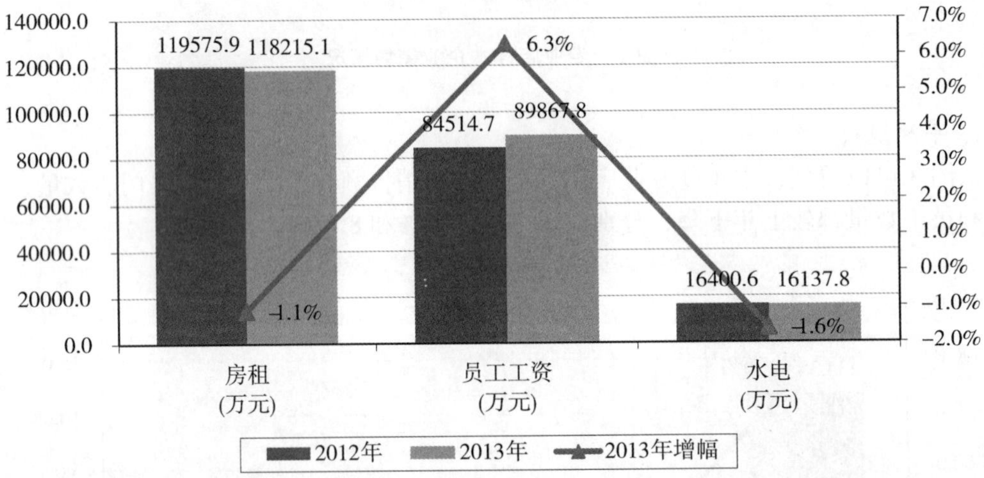

图 5 专业店样本企业费用

3. 网络零售业务

在专业店样本 10 家企业中，8 家企业开展了网络零售业务。年平均网络销售额为 72346 万元/年，占总销售额的 1.46%。

4. 自有品牌

在专业店样本企业中，5 家企业经营自有品牌，平均自有品牌销售额比率为 3.5%。

三、家电、3C 产品样本门店经营发展基本情况

本次企业问卷调查中专业店样本店铺有 7 家，均为家电、3C 产品零售门店。其中 4 家位于一、二线城市，3 家分布在三、四线城市。平均营业面积为 4400 平方米，最低为 2183 平方米，最高为 8915 平方米。平均销售额为 1.99 亿元，最低为 0.57 亿元，最高为

4.17亿元。店铺在主营业务和规模上差别不大。

1. 平均规模

本年度专业店样本店铺的平均销售额为2.0亿元，比上年下降7.7%，低于各业态的总体水平。营业面积和员工数量都有所下降，并且经营单品数量平均每店减少847种。

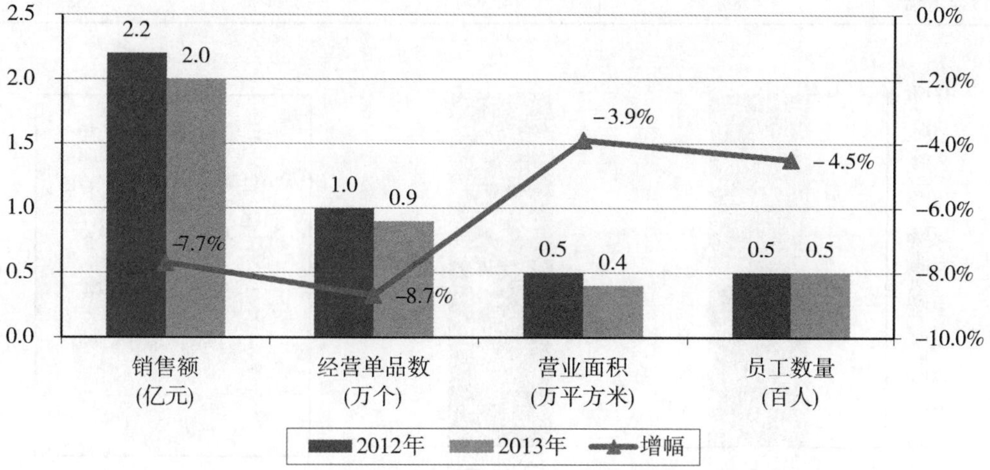

图6　专业店样本店铺的平均规模

2. 经营效率

专业店样本店铺中仅有两家平效和人效有所下降，总体（平均）平效、人效分别有3.3%和7.6%的提升。

表1　专业店样本店铺平效、人效和单品销售额

项目	平效（万元/平方米·年）	人效（万元/人·年）	单品销售额（万元）
2013年	5.2	486.6	10.5
2012年	5.0	452.3	11.5
2013年增幅	3.3%	7.6%	-9.2%

注：计算基于每个门店的平效、人效和单品销售额，而不是由平均销售额估算而来。

3. 日均客单价

本年度专业店样本门店日均客单价为人民币1801.4元，比上年增长3.3%。

4. 费用情况

样本店铺的房租较上年增长14.3%，而员工工资和水电费用均大幅下降，分别下降11.0%和38.4%。房租费用是专业店样本店铺的首要费用，占比45%。其次是人工工资，占比42%。

表 2　　专业店样本店铺的三项费用

项目	三项费用占销售收入比率	房租（万元）	员工工资（万元）	水电（万元）
2013 年	4.1%	435.9	319.4	70.4
2012 年	4.0%	381.3	358.7	114.3
2013 年增幅	4.8%	14.3%	-11.0%	-38.4%

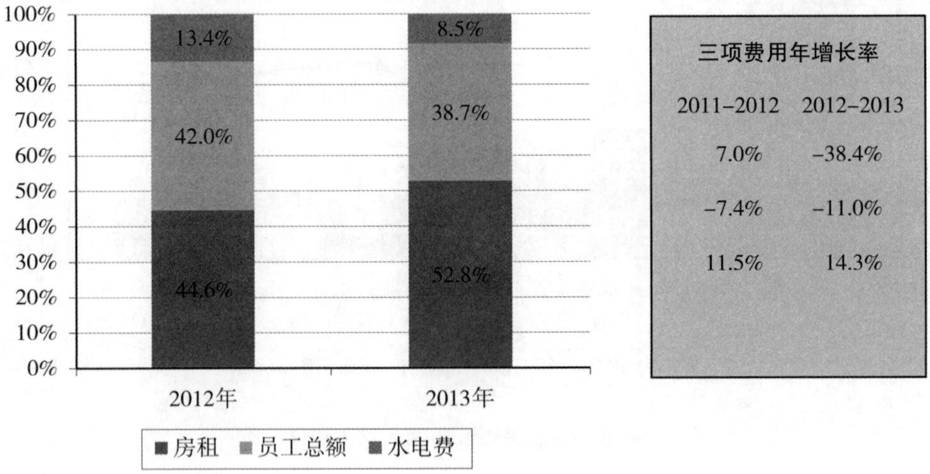

图 7　专业店样本店铺的三项费用结构

5. 毛利率

专业店样本店铺平均毛利率水平为 9.8%，略低于上年的 9.9%。店铺毛利率差别较大，最低为 4.6%，最高为 16.4%。如果以样本店铺平均销售额来计算，毛利率最高和最低的门店的毛利额相差 2381 万元。各业态样本店铺的平均毛利率为 16%，高于专业店的水平。

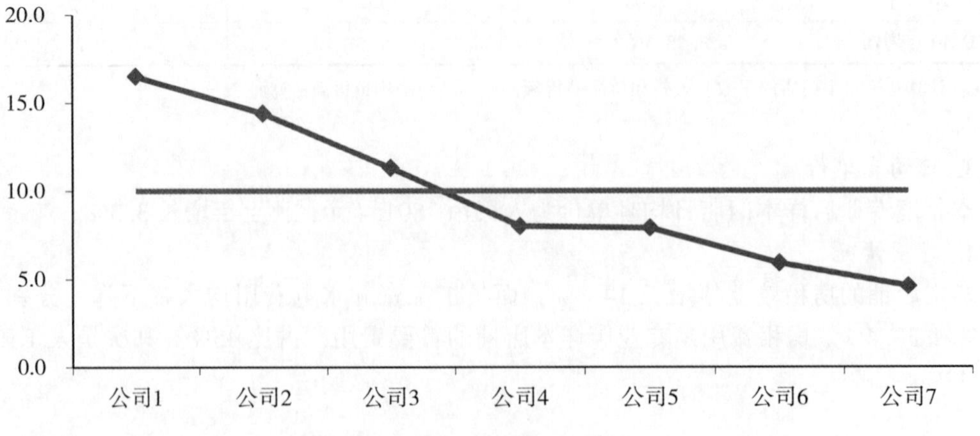

图 8　专业店样本店铺的毛利率分布

6. 物流配送与周转情况

本年度专业店样本店铺的统一配送率平均为56.7%，与上年基本持平。库存周转平均为38.5天，比上年平均缩短7.5天。

2013-2014 年度购物中心经营状况分析报告

中国连锁经营协会（简称协会）于 2014 年年初开展了连锁零售企业年度行业调查，其中购物中心业态的样本店铺为 14 家。此外，2013 年协会针对国内购物中心发展状况进行了专项调查。本报告结合协会与德勤的行业研究观点及其相关调研数据对购物中心发展环境、主要态势等进行分析和总结。

一、购物中心企业发展概况及趋势

1. 购物中心保持快速增长

过去的十年，我国购物中心保持了快速增长的走势，即使在金融危机之后仍然保持了 10%的增速。截至 2012 年年底，我国购物中心总量超过了 3000 家，建筑面积超过 2.12 亿平方米。根据中国房产信息集团对 18 个主要商业综合体的统计和预测，2011 年到 2015 年，商业综合体面积存量的复合增长率达到 32%左右。本年度协会对购物中心企业样本门店的问卷调查数据也显示，2013 年各业态中，购物中心的销售额保持了最高的增速，达到 11.4%。

购物中心仍将保持快速增长。零售业态的演进主要取决于客户群体特征的转变。我国人均收入已超过 6000 美元，收入的增长带来了消费的多元化，比如城镇居民外出就餐和娱乐消费在收入中的占比就分别从 1995 年的 2%和 4.5%上升到 2012 年的 4.6%和 7.9%。随着收入的进一步提高，特别是当城镇化进一步提升人均收入并推动居民生活方式改变的情况下，居民的消费需求还将继续升级。购物中心包容性强，可以涵盖大部分的室内娱乐休闲场所和餐饮设施，能够满足居民多元化的消费需求，其增长顺应了城镇居民消费需求的升级。另外购物中心对于电商的抗御力也强于其他业态。虽然电商以低廉的价格和便利的购物体验使很多零售实体店沦为展示台，但线下体验一直是其短板。比如说美食、KTV、电影等休闲娱乐服务是在网上无法消费的。因此购物中心可以通过强化线下体验有效地抵御电商竞争，并且可以提供如金融、医疗保健以及室内健身活动等，把购物中心做成休闲中心。

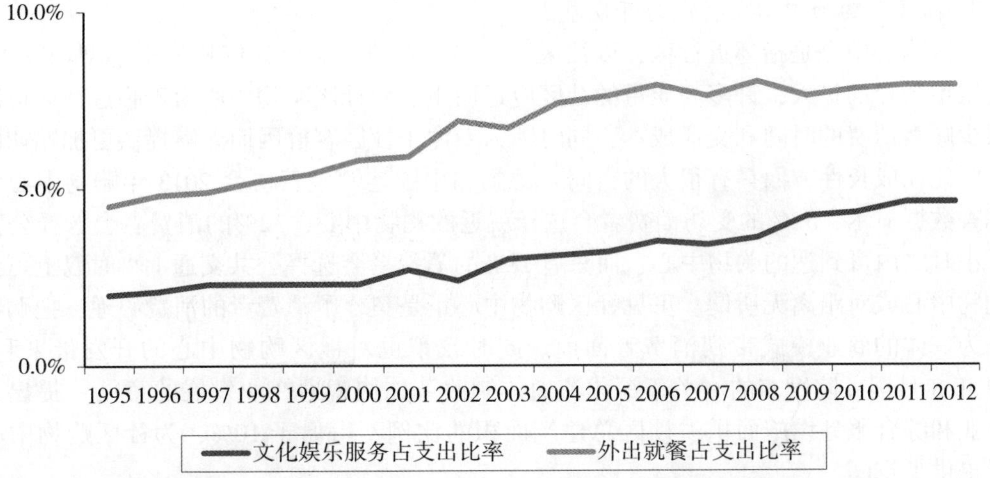

数据来源：国家统计局，德勤分析

图 1　城镇居民休闲消费占比（在外就餐、文化娱乐服务）

2. 供给过剩和有效供给不足共存

我国购物中心地产化倾向明显，很多购物中心的开发商是地产开发商，缺乏购物中心招商、运营和管理的经验，最终导致供给过剩、空置率增加等问题。同时在一些城市也出现居民消费水平和增速与购物中心供给不相匹配的情况。协会与德勤共同发布的《2012 中国购物中心与连锁品牌合作发展报告》指出，二线城市商业营业用房投资增速大于一线城市，购物中心开发商渠道下沉的倾向越来越明显。然而一些二、三线城市现有的经济体量和增速并不能有效消化购物中心的迅速增长，导致经营难度和风险加大。当然购物中心的供给并不等同于有效供给。正如中国购物中心产业咨询主任郭增利所谈到的，“我国购物中心依然面临着有效供给不足而无效供给过剩的问题”。一方是定位恰当运营有效的购物中心表现出很强的活力并具备极强的吸客能力，而另一方是布局不合理的购物中心提供的无效供给。

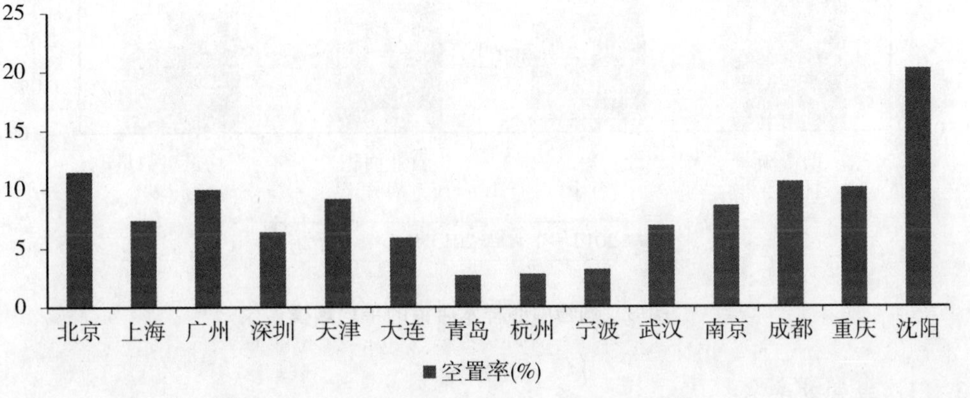

数据来源：世邦魏理仕《中国房地产报告》

图 2　各主要城市优质商圈空置率（%）

3. 社区型购物中心或将成为开发重点

社区购物中心是指邻近社区，以社区居民多方面消费需求为依托的中小型购物中心。随着城市半径的扩大，许多高质量的社区应运而生。而社区购物中心由于临近社区可以有效减少顾客消费的时间和交通成本，同时因为专注于社区客群因而能够提供更加贴切的服务，因此在成长性方面具有很大的空间。德勤和中国连锁经营协会 2013 年购物中心消费者调查数据显示，52%的受访消费者会选择就近的购物中心，32%的消费者会选择公共交通 1 小时之内可到达的购物中心，而只有 18%的消费者会选择公共交通 1 小时以上可到达的购物中心或对距离无所谓。可见社区购物中心正是契合了消费者的消费心理，把购物和服务为一体的商业模式带到消费者面前。同时政策也对社区购物中心的开发带来利好。2012 年 8 月国务院发布的《关于深化流通体制改革加快流通产业发展的意见》提出，新建商业和综合服务设施面积占社区总建筑面积的比例不得低于 10%，为社区购物中心的选址提供了空间。

二、购物中心样本门店经营发展基本情况

本年度问卷调查的 14 家购物中心样本店铺中，9 家位于一、二线城市，5 家分布在三、四线城市。平均营业面积为 10.5 万平方米，最低为 2.5 万平方米，最高为 60 万平方米。平均销售额为 20.9 亿元，最低为 2.1 亿元，最高为 95 亿元。

1. 门店平均规模

本年度购物中心样本店铺的销售额增长 11%，高于总体零售连锁样本店铺的水平。营业面积小幅上升，员工数量没有明显变化。

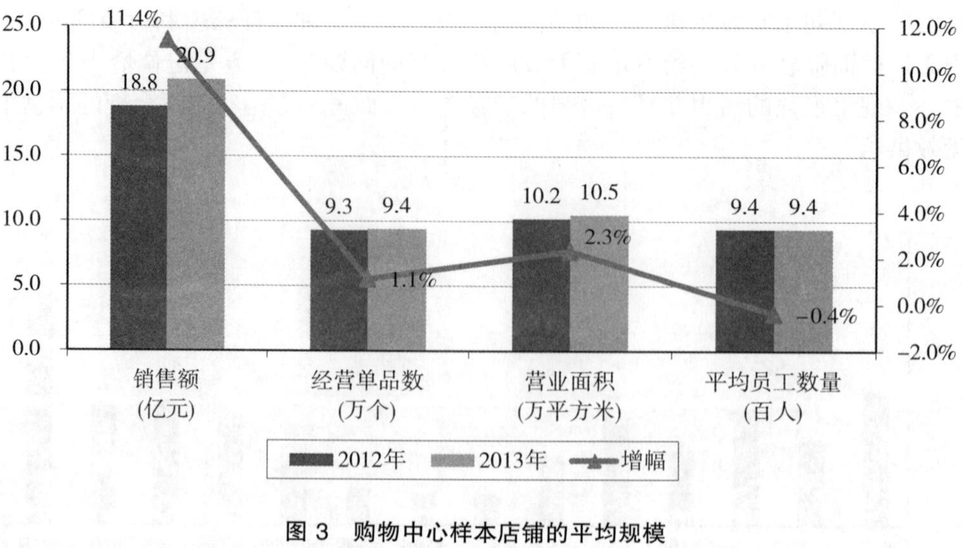

图 3　购物中心样本店铺的平均规模

2. 门店经营效率

从表 1 可以看到，本年度购物中心样本店铺的平效、人效和单品销售额都有较大幅度的上升。特别是单品销售额，从平均每种单品 3.7 万元上升到 4.4 万元，上升了 19.4%。

表 1　　购物中心样本店铺平效、人效和单品销售额

项目	平效（万元/平方米·年）	人效（万元/人·年）	单品销售额（万元）
2013 年	3.0	303.5	4.4
2012 年	2.8	285.4	3.7
2013 年增幅	4.6%	6.3%	19.4%

3. 门店日均客单价

样本店铺日均客单价为人民币 644.5 元，较上年（644.7 元）没有明显变化。

4. 门店费用情况

本年度样本店铺的房租、人工费用和水电费均有大幅上升，但由于销售额的增长，三项费用合计占销售收入的比率较上年下降 0.1 个百分点。员工工资是其首要支出，占比 58.2%，仅略低于百货业的工资占比（60%）；其次为房租和水电费用，占比分别为 19.9%和 21.9%。

表 2　　购物中心样本店铺的三项费用

项目	三项费用占销售收入比率	房租（万元）	员工工资（万元）	水电（万元）
2013 年	3.6%	996.2	2920.3	1098.0
2012 年	3.7%	875.9	2576.2	927.9
2013 年增幅	-3.2%	13.7%	13.4%	18.3%

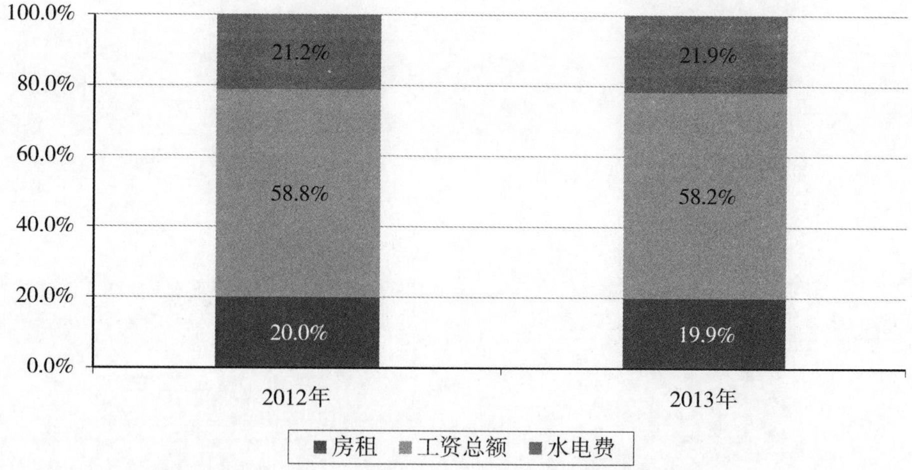

图 4　购物中心样本店铺的三项费用结构

5. 门店毛利率

购物中心样本店铺的平均毛利率水平为 13.8%，略低于上年的 14%。店铺毛利率差别较大，最低为 7%，最高为 21.8%。如果以样本店铺平均销售额来计算，毛利率最高和最低的门店的毛利额相差 3099 万元。各业态样本店铺的平均毛利率为 16%，高于购物中心毛利水平。

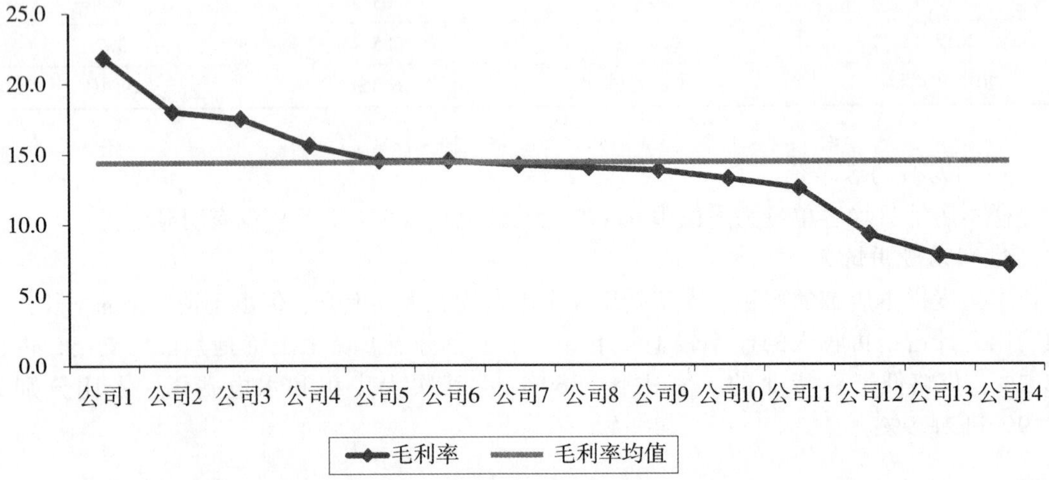

图 5 购物中心样本店铺的毛利率分布

6. 物流配送与周转情况

本年度购物中心样本店铺的统一配送率平均为 41%，与上年基本持平。库存周转平均为 38 天，比上年平均增加一天。

2014年中国购物中心与连锁品牌合作发展调研报告

一、概述

中国购物中心从20世纪80年代末期出现至今，经历了由早期百货升级带动到开发商主导的快速发展阶段。特别是近几年，购物中心作为宏观调控的“绿洲”迅速膨胀，目前，我国已有购物中心近3500家，而消费群体特征的演变和需求的提升也为此提供了一定空间。纵观全球，在建购物中心面积最高的20个城市中，中国占据13席。然而，随着购物中心数量的高速扩张，其长期积累的深层次矛盾，如同定位不清、同质化严重、效率不高等问题也开始显现，特别是在零售行业整体低迷，网络零售、移动商务分流销售侵蚀，以及消费者需求和消费方式快速转变或提升的情况下各种矛盾逐渐激化。购物中心正在主动或被动地寻求转型，并在转型中寻求生存，探寻成长。

本报告综合汇集行业宏观数据、业内人士访谈，以及330余份针对购物中心开发商、商户和消费者的问卷调查，对行业发展现状及趋势进行研究和分析，并以此为基础在如下三个主要方面探讨了购物中心的转型方向。

首先，网络和移动端销售已经重塑消费者的消费习惯，进而正在推动传统零售商业模式的改变。因此，抓住先机布局网络移动销售并最终实现线上线下的融合成为企业的转型方向。当然，线上拓展的最终目的是实现用户流量的积累并最终变现，因而做大流量，增加客户黏性尤为重要。而搭建线上线下相辅相成的开放性平台成为必然手段。另外，线上线下的融合也将带来大数据的沉淀，因此运用数据提升营销，以及提升品牌业态布局的精准性将受到重点关注。

其次，体验式、特色化已成为购物中心差异化经营的主要突破点。购物中心独有的特征就是其体量大，可以包容多种类型的休闲购物设施，能够提供网络销售所无法提供的体验，从而对电商有着较强的抵御能力。但应认识到，体验式购物中心并不是简单的加大餐饮和休闲娱乐比例，而应当是从消费群体特征出发，寻求自身功能与消费需求的契合，从而在整体建筑设计、内部硬件设施和购物环境规划、业态组合比例、配套特色服务、相应品牌引进等各方面打造独具特色的功能和休闲场所，赢取消费者的心理认同，从而激发其消费热情。

其三，市中心外围大规模新兴住宅的形成、生活节奏的加快以及中心商圈地段资源的稀缺推动了社区型购物中心的兴起。社区型购物中心的本质在于贴近消费者日常生活，因而更应强调亲民概念，根据不同服务社区的特点定位服务功能，与住宅区融为一体相互补充，从而提高整体的商业价值。

购物中心项目的成功不仅需要核心目标市场与功能定位的高度契合，而且要求在相应的规模、主题特色、业态组合以及品牌招商方面进行全方位的布局。因此，本报告还就购物中心的建筑设计以及目前购物中心品牌引入方面进行了分析，希望对行业参与者有所启发。

二、中国购物中心发展现状及趋势

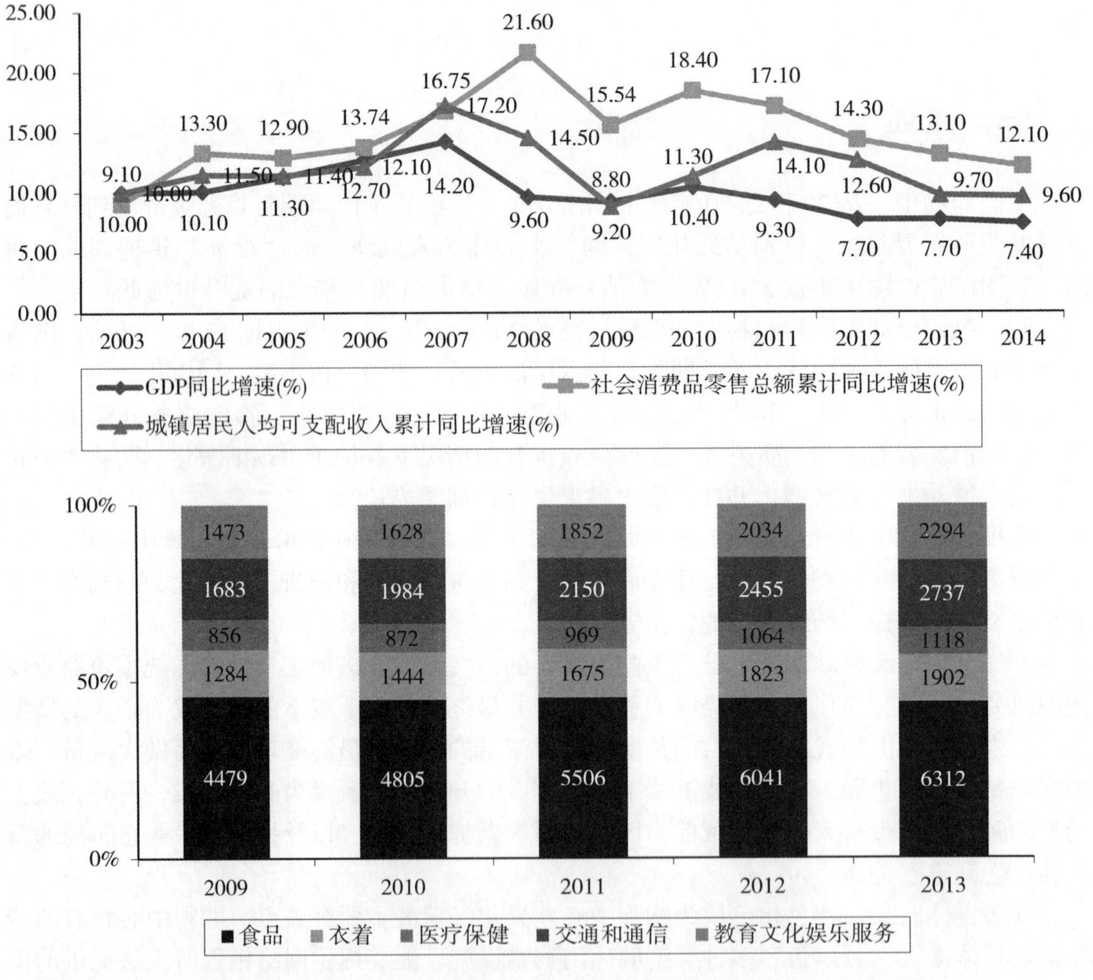

数据来源：中国国家统计局，Wind 资讯，德勤分析

图 1　消费总量增速下滑，结构逐步改变

伴随宏观经济和人均可支配收入的增长放缓，零售行业增速持续下滑。2013 年社会消费品零售总额为 23.78 万亿元，同比增长 13.1%，连续四年增幅下降，2014 年增幅持续走低至 12%。在整体宏观零售环境趋紧的情况下，传统零售企业经营更是面临多重压力。租金和人工成本的高企压缩了利润空间，消费升级以及对公务消费的遏制改变了整体

消费结构，新兴业态以及移动网络销售的兴起更是对零售企业造成了强烈的冲击。根据中国经营连锁协会行业调查统计，连锁百强销售规模在社会消费品零售总额占比从 2008 年的 10.5%下滑到 2013 年的 8.6%。

相对于其他传统零售渠道，购物中心依然保持了较快的发展态势。一方面住宅宏观调控的政策推动资金流向商业地产，增加购物中心供给；另一方面购物中心体量大、包容性强的特性使其可以涵盖购物、娱乐和餐饮等多种设施，顺应了消费结构多元化以及非购物类消费比重升高的趋势，为其成长提供了空间。当然购物中心的快速增长也带来日趋激烈的市场竞争，我国出现了供给过剩和有效供给不足并存的现状，运营商也开始从早期粗放式的扩张向精细化的布局和经营转型。我们观察到购物中心渠道下沉倾向明显，同时运营商也更加注重电商所无法提供的线下体验，极力实现购物中心从零售向娱乐休闲综合消费的转变，多方位地加强购物中心的功能和对电商的抵御能力。

1. 购物中心开发投资仍将保持快速增长

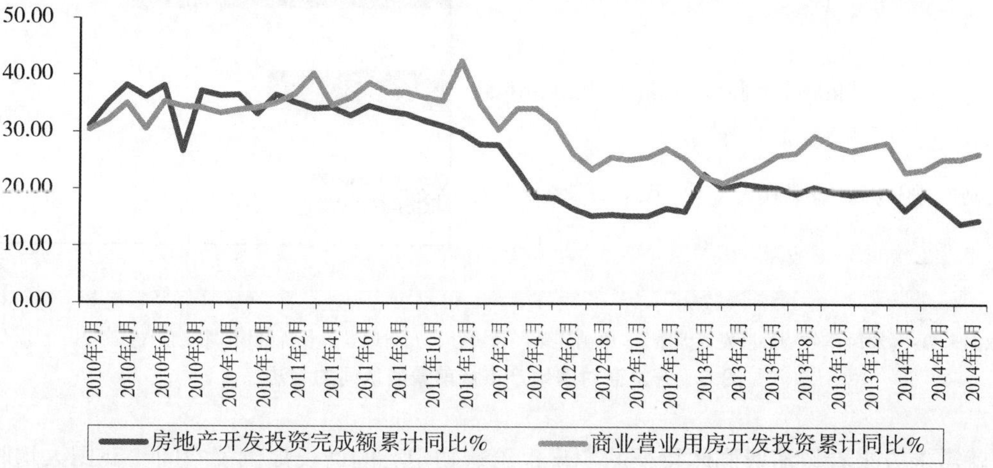

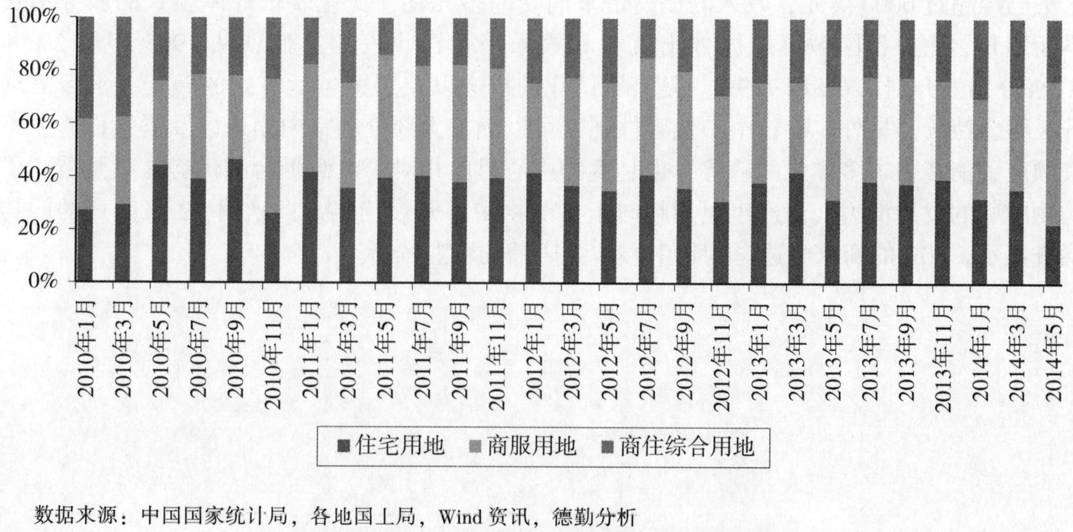

数据来源：中国国家统计局，各地国土局，Wind 资讯，德勤分析

图 2　中国商业地产投资增速明显高于整体市场

随着宏观经济温和回升，房地产市场开发投资开始回暖，2013 年投资额累计 8.6 万亿元，同比增长 19.8%。作为中央政府房地产政策调控的“绿洲”，商业营业用房开发和投资仍保持高企，2013 年年底和 2014 年上半年的开发投资增速分别高于整体市场 8.5 和 9.1 个百分点；同时，根据对 40 个大中城市月度土地成交量的统计，商业服务用地成交量也明显高于住宅用地。与宏观数据相符，我们对 15 位地产开发商的调查问卷显示，大部分开发商认为商业地产相对于住宅地产更具投资前景，可见从地产商意愿来看，商业地产的开发投资仍有望保持快速增长。然而近一半开发商认同商业地产面临结构饱和问题，投资风险有所显现，投资有待结构性调整。

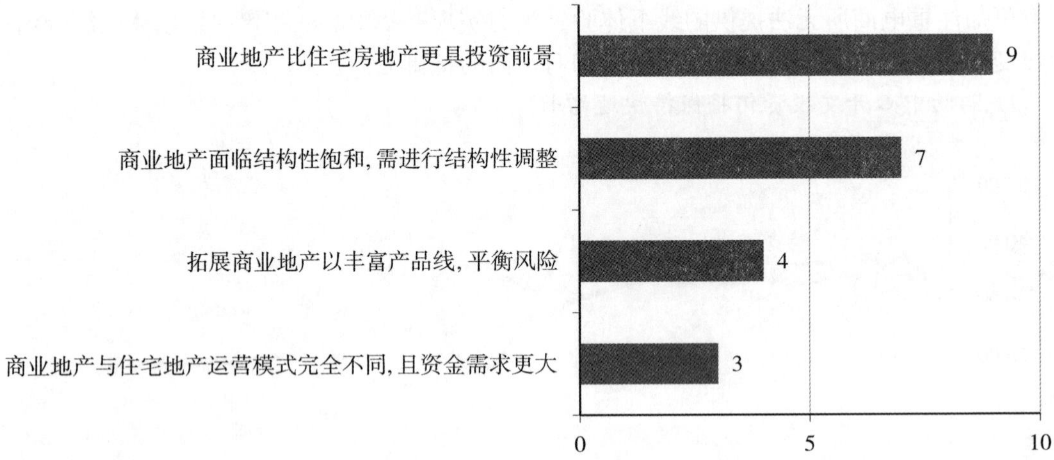

数据来源：《2014 购物中心开发商调查》，中国连锁经营协会，九洲远景，和桥机构，德勤分析

图 3　开发商对房地产市场前景最认同的看法

就需求方来看，消费群体特征的变化也给购物中心的增长提供了空间。我国人均收入水平已经超过 6000 美元，收入的提高带来消费的多元化，文化娱乐等体验式的服务消费不断攀升。比如我国城镇居民外出就餐和娱乐消费在收入的占比就从 1995 年的 2%和 4.5%分别上升到 4.6%和 7.9%。随着城镇化的推进以及居民生活方式的转变，消费需求升级将会持续。另外，购物中心包容性强，可以涵盖大部分的室内娱乐以及餐饮设施，不仅顺应了消费需求多样化的趋势，也是购物中心目前相对于电商平台的优势。正是看到了购物中心的发展潜力，商户也更加趋向于在购物中心开设门店。此次对 72 家商户的问卷调查显示，50%的商家会选择购物中心作为店铺的营业场所。

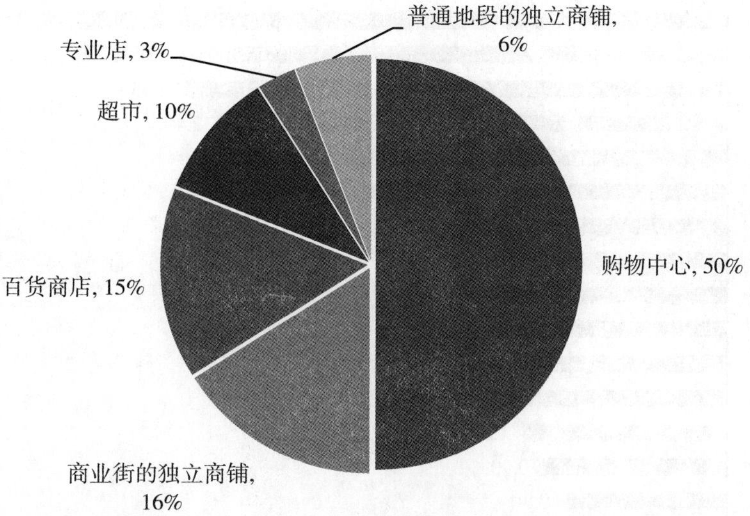

数据来源：《2014 购物中心商户调查》，中国连锁经营协会，九洲远景，和桥机构，德勤分析

图 4　品牌商户的店铺首选目标

商业地产的投资开发以及消费需求的演变拉动了购物中心的快速增长。自 2010 年住宅宏观调控政策以来，购物中心数量增速持续走高，在 2011 年和 2012 年保持了 15%的增幅。虽然 2013 年增幅稍有回调，但仍净增 350 家购物中心。纵观全球购物中心的建设情况，可在国际商业地产咨询公司世邦魏理仕发布的报告中看到，2014-2016 年间全球在建购物中心面积最高的 20 个城市中，中国城市占据 13 席，上海、成都在建面积分别高达 330 万平方米和 320 万平方米，是世界之最。而列居第三的深圳在建面积也为 260 万平方米。同时中国购物中心产业咨询中心也预测，从现在到 2025 年，还会有 7000 家购物中心建成开业，届时中国大陆的购物中心将超过 10000 家。

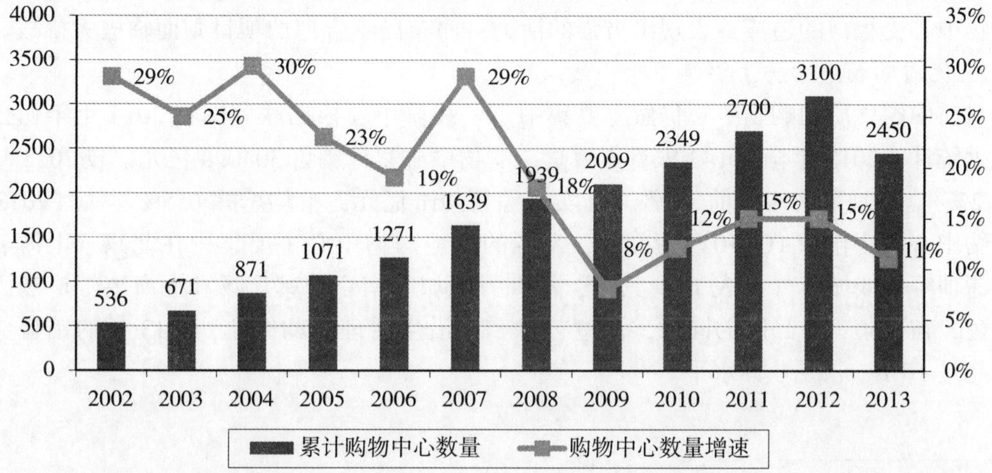

数据来源：中购联，德勤分析

图 5　购物中心数量变化及增速情况

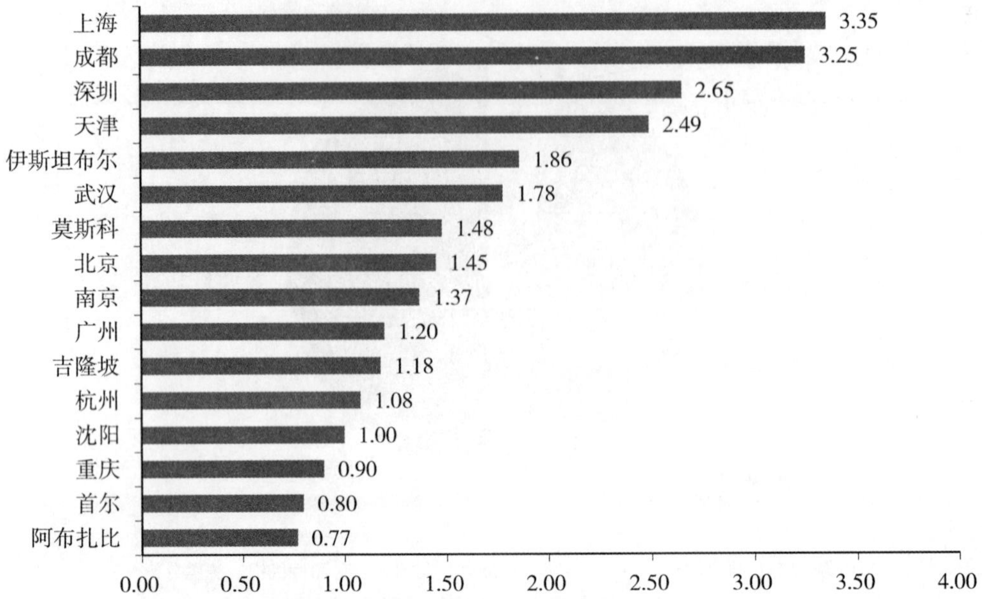

数据来源：《购物中心建设：全球最活跃城市》世邦魏理仕，德勤分析

图 6　全球在建购物中心面积前 20 位城市

应当注意的是，从人均收入和购物中心面积来考察，我国部分城市已开始呈现投资风险。在西方发达国家的核心城市，人均商业面积①一般在 1.2 平方米上下。而目前我国一批二线城市的人均商业面积已超过人均 1.2 平方米，部分城市甚至已达到 2-3 平方米。

中国一、二线城市购物中心平均体量从 2012 年的 7 万平方米增长至目前的 8 万多平方米。尽管巨型、超巨型购物中心可以为居民提供“一站式”消费体验，但随着同质化购物中心数量的增长，竞争也日趋激烈，地产商开始面临日益加剧的后续招商和运营的压力。与此同时，购物中心在每个城市的不同区域经营也表现出分化，定位恰当且运营有效的购物中心受租户的追捧，表现出极强的活力；而布局不合理的项目则面临极大挑战。

2. 优质购物中心仍主要集中于一线城市

目前中国优质的购物中心仍然主要集中于一线城市。根据联商网在 2014 年年初公布的数据统计，2013 年全国 143 家重点百货、购物中心累计销售 3040.8 亿元，较 2012 年提升 4.2%②。内地购物中心前 10 强共计实现销售 461 亿元，平均增幅 6.5%。从《2013 内地购物中心销售排行 TOP10》榜单看，入围的内地购物中心主要集中在北京、上海、广州、深圳等一线城市（见表 1）。其中，深圳万象城、南京德基广场和上海港汇广场因各具特色，在聚集一线品牌的同时，注意艺术和前沿生活理念的结合，2013 年的销售额增幅均超过 10%，领先业界水平。

① 人均商业面积是判断城市商业地产是否存在泡沫的一个重要指标。

② “2013 内地百货、购物中心单店销售排行榜”，联商网，2014 年 1 月 24 日，http：//www.linkshop.com.cn/web/archives/2014/278786.shtml。

表 1　　2013 年内地购物中心销售 TOP 10

排名	购物中心	2013 年销售额（亿元）	2012 年销售额（亿元）	同比增幅（%）
1	广州正佳广场	62	60	3.3
2	深圳万象城	61	59	10.9
3	南京德基广场	58.9	51.6	14.1
4	广州天河城	58	55	5.5
5	武汉国际广场	40	40	——
6	上海港汇广场	39	34	14.7
7	上海恒隆广场	38	36	5.6
8	北京燕莎奥特莱斯	37	34.77	6.4
9	北京西单大悦城	35.1	34.5	1.7
10	上海国际金融中心	32	31	3.2

数据来源：联商网，德勤分析。

零售物业首层租金的变动趋势也反映相同信息。一线城市北京、上海和深圳的物业首层租金自 2008 年以来平稳上升；广州虽然经济体量较大，但由于当地批发市场较为发达，零售物业租金自 2011 年开始出现下滑趋势；经济较为发达、居民消费水平相对较高的发达二线城市，如天津、南京、武汉的租金水平也相对平稳。相比之下，部分二线城市租金已呈现不同程度的下滑，如沈阳、大连、宁波、青岛、重庆和成都等，这些城市主要分布在东北及中西部，当地经济及消费的提升无法支撑同类型购物中心供给的增加，经营风险不断加大。就空置率来看，由于近两年进入商业地产较集中的开业期，供给加速使得部分城市在短期内无法消化，很多城市零售物业空置率已超过 6%①的警戒线。其中，沈阳在 2013 年的优质零售物业空置率高达 21.9%，为国内城市之最。随着零售品牌丰富度的提升以及市场的进一步细化，购物中心空置率有望下降。而一线发达城市的优质购物中心虽然同样面临整体压力增大的挑战，由于强大的城市经济实力和更广更深的消费群体市场，以及其较成熟的零售环境，空置率会趋向于保持稳定。

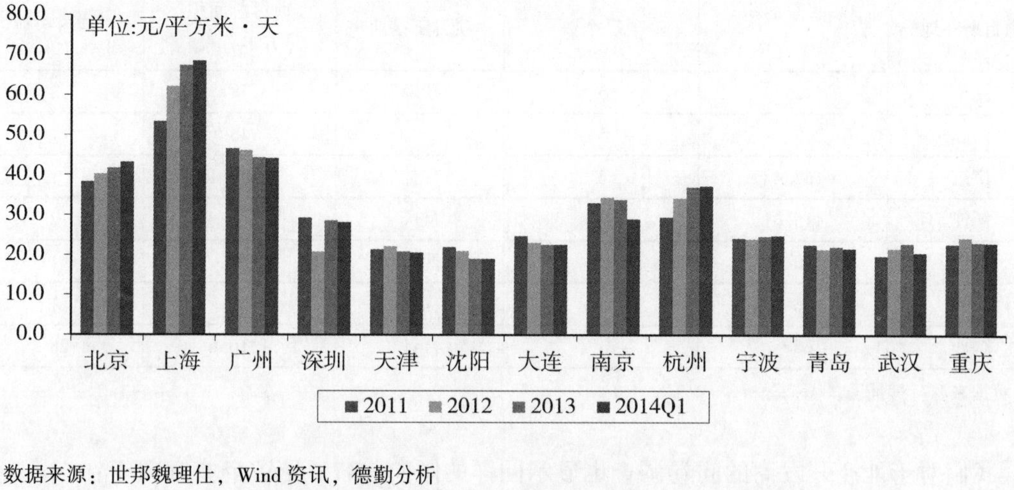

数据来源：世邦魏理仕，Wind 资讯，德勤分析

图 7　主要城市零售物业首层租金变化（2011-2014Q1）

① 新华网，http：//news.xinhuanet.com/house/bj/2014-09-16/c_1112498328.htm。

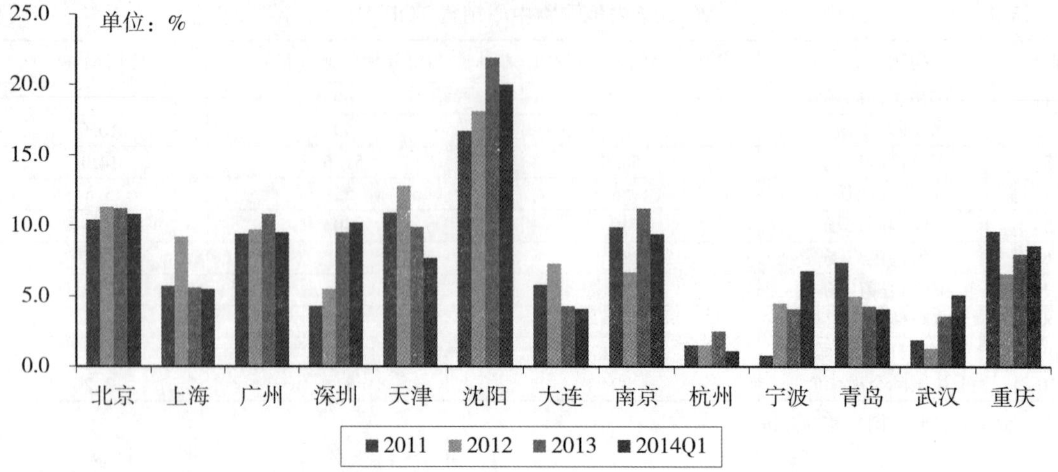

数据来源：世邦魏理仕，Wind 资讯，德勤分析

图 8　主要城市零售物业空置率变化（2011-2014Q1）

3. 购物中心“下沉”二、三线城市

虽然优质购物中心仍集中于一线城市，但成本高企、市场饱和、竞争激烈以及逐渐稀缺的零售资源开始迫使开发商转战二、三线城市。与此同时，虽然一线城市是大型零售品牌商的试水首选地，但随着城镇化的加速推进、城市居民支付能力的提高，零售商对于二、三线城市市场的热情也持续提升。据搜铺网统计盘点，2013 年全国营业面积超 20 万平方米的单体新开业连锁购物中心项目共 28 个，营业面积占整体新开业项目面积的 68%，这些项目大部分落户东北、中南以及西南地区的二、三线城市（见表 2）。

表 2　2013 年 20 万平方米以上大型新开业购物中心省市分布

项目所在地	项目总面积（万平方米）	项目个数	项目所在地	项目总面积（万平方米）	项目个数
辽宁	342.44	5	湖南	48	2
江苏	219	5	上海	48	1
广东	167.4	3	吉林	44.15	1
浙江	115.61	4	重庆	41	2
安徽	90	1	四川	30	1
黑龙江	86	1	福建	20	1
陕西	65	1	合计	1316.6	28

数据来源：搜铺网，德勤分析。

我们对于地产开发商的问卷调查也显示同样的倾向。47%受访企业倾向于在二、三线城市的顶级商圈兴建购物中心，20%会选择二、三线普通商圈，意味着 67%的受访开发商未来会把拓展重点放在二、三线城市。事实上，各“商业地产”巨头已在积极布局。2014 年，万达集团新开业 24 个万达广场，包括广州增城万达、潍坊万达、上海松江万达、满洲里万达、银川西夏万达、金华万达、常州武进万达等，基本都在一线城市的郊区和二、三线城市。除起源地浙江以外，目前银泰已进入北京、天津、成都、哈尔滨、武汉等中心城市，并布局唐山、攀枝花等区域二、三线城市。华润商业地产也在强化多品牌扩张计划，继在各地加速万象城开发后，华润置地旗下另一条产品线——华润五彩城的复制也正在提速，现已布局进入中国内地19个城市。

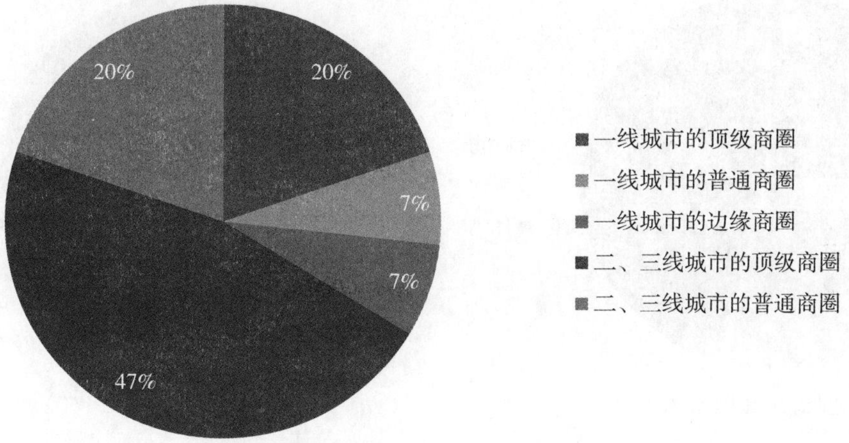

数据来源：《2014购物中心开发商调查》，中国连锁经营协会，九洲远景，和桥机构，德勤分析

图9　开发商未来兴建购物中心的主要目标地

4. 多业态组合，比例调整明显

随着消费者购买能力的提升和消费心态的日渐成熟，其消费模式也不断升级。一方面消费结构变得更加多样化，非购物类消费在总消费的比重逐步攀升；另一方面消费者在追求商品实际价值的同时更加注重体验并强调品质。根据德勤对近250名消费者所做的调查问卷显示，以家庭娱乐为定位的购物中心、设有特色餐饮服务以及有娱乐设施是吸引消费者光顾购物中心排名前三的因素。

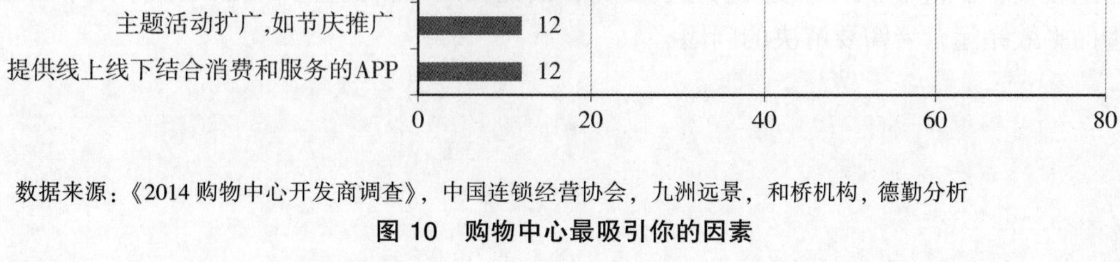

数据来源：《2014购物中心开发商调查》，中国连锁经营协会，九洲远景，和桥机构，德勤分析

图10　购物中心最吸引你的因素

消费群体特征的转变推动了购物中心的升级，其定位不再仅仅是购物场所，而是向功能合理搭配、空间舒适的综合性休闲娱乐场所转变。就开发商调查问卷数据来看，餐饮与娱乐休闲等服务类消费的设施占地面积总和已经超过了购物；当然就销售额而言，由于单笔购物销售额较高，购物销售总额仍略高于餐饮娱乐之和。

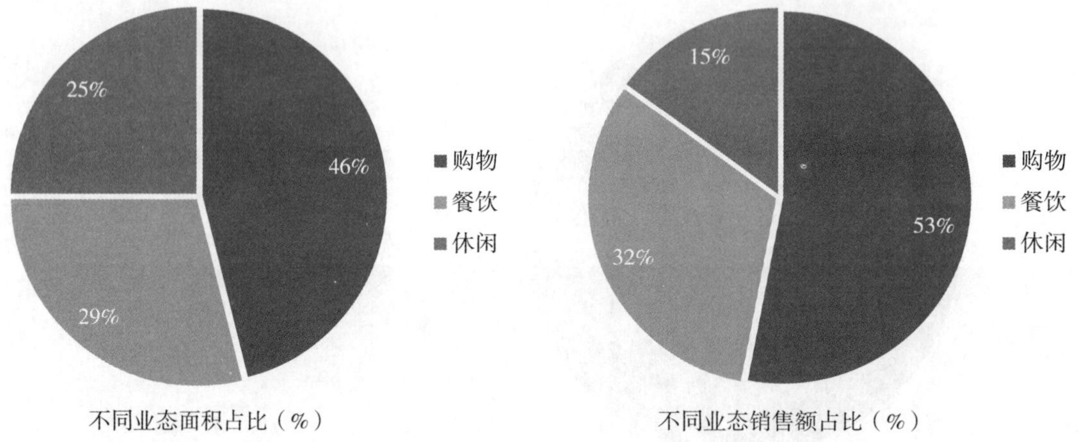

数据来源：《2014 购物中心开发商调查》，中国连锁经营协会，九洲远景，和桥机构，德勤分析

图 11　购物中心不同业态面积与销售额占比比较

从细分业态看，目前服装店铺仍是购物中心最主要的构成，但店铺数量占比呈下降趋势。作为购物中心租金主要来源的零售商户，快时尚品牌的作用日渐突出，成为零售市场上最活跃的力量。通过对 45 家国际品牌零售商的扩张计划进行详细分析，发现其中 60%以上的零售商未实现 2013 年的开店目标。未实现目标的原因来自多方面，包括优质的商业物业有限、因政府反腐政策放缓扩张步伐、因内部原因而改变市场策略。但是，快时尚品牌如 Zara、H&M 和 Gap 的开店数量均超过目标。快时尚零售商越来越多地成为购物中心的主力店，店铺宽敞，并占据购物中心黄金位置的多个楼层。

随着餐饮服务和质量的不断提高，餐饮占购物中心可出租面积的比例不断提升。同时，餐饮租户的位置从购物中心的较高楼层逐渐开设在较为显眼的位置，如入口、中庭和露台等主要区域，以吸引更多人气。与此同时，运营商也更加注重消费者的娱乐体验，纷纷增设娱乐功能，如电影院、溜冰场、保龄球馆、KTV、健身房、美容美发美体店等以提升人气和客流。值得注意的是，目前很多运营商在招商上仍然缺乏经验，餐饮娱乐服务业态组合同质化严重，缺乏特色，未能融入购物中心自身的品牌和特质。同时体验式设施通常占地较大，而租金收入却较购物类别更低，因此在人气和租金收入之间如何平衡以达到合理的平效是运营者需要解决的问题。

●典型案例

北京华润五彩城

北京华润五彩城的开发商是华润置地有限公司。华润置地是华润集团旗下地产业务旗舰，截至*2013*年，华润置地已进入内地*50*余个城市，正在发展项目超过*110*个。北京华润五彩城是华润置地在北京打造的第一个区域型购物中心，位于海淀区北五环外的清河，占地*20*万平方米。一期于*2011*年*6*月开业，二期于*2012*年底开业，主要客户群体为中关村的高知型消费人群，定位为时尚家庭消费和区域商务消费。开业一年客流量便达到*1100*万人次，迅速拉升了上地清河区域的商业氛围。该项目的成功得益于业态和品类上的细致规划以达到购物中心功能和消费需求的匹配，运用多元业态的有机组合来聚合客流，延长顾客停留时间并提升销售业绩。

多业态打造生活化、休闲化和娱乐化的购物中心

华润五彩城采取综合业态规划，以*1.3*万平方米的沃尔玛、北京市规格最高的自营冰场、韩国直营的*CGV*影院和华北地区唯一的*Snoopy*儿童乐园作为主力店，辅以精品购物、休闲运动、餐饮娱乐等丰富业态，汇集了近*300*家国际国内知名品牌商户以满足商圈内人群的多样化消费需求。其零售占比约*40%*，而餐饮和四大主力店约占*60%*。五彩城将*45%*的区域设为公共区域，契合其休闲娱乐中心的定位。五彩城通过多业态组合将以往单一的购物经历变成家庭的生活休闲体验。

建立儿童业体验城实现差异化经营

在打造全业态的同时，注重高知型消费人群注重儿童成长教育且支付能力强的特性，建成华北最大的儿童体验城，包括冰酷运动中心、*Snoopy*乐园。冰场除接待散客外，还提供花样滑冰和冰球的课程训练并承办全国性比赛；史努比乐园每月举办主题活动。引进英孚、柏斯琴行、阿迪达斯*kids*等品牌，涵盖各个儿童相关品类，作为区别于其他竞争产品的标志性业态。举办丰富的儿童相关的活动，如“五彩宝宝大赛”，“爱飞翔愿望认领”公益活动，圣诞节的“企鹅家族点亮五彩城”。

引入特定零售品类以减少电商冲击

华润五彩城在零售品类的选择上采取错位经营的方式，避免电商冲击大的品类，如家电和图书，布局上也多引进具有随机性购买性质或者价格相对较高的品类。同时运营人员也意识到消费人群对于网络销售依赖程度的演变，并会随着消费需求的改变适时进行业态和品类方面的调整。

运用移动网络开展营销和服务

五彩城开设微信公共号，运用移动技术提升消费和服务体验，实现线上线下相互导流。五彩城通过会员管理、商场优惠和活动宣传、便捷服务以及和粉丝互动等方式来展开全新营销，还创建了微门户，尝试送餐服务、线上导流到线下商家和线上商家的线下销售。另外，五彩城还利用互联网技术构建数据化的运营管理体系，运用大数据分析支持决策实现个性化精准营销。

三、购物中心转型探索

信息技术的发展正推动零售业发生变革。移动互联、大数据、智能货架、自动收银、自动打包和移动应用商店（APPs）等新技术的推广在不断提升消费者体验的同时，也在不断改变着消费模式和提升消费者对于零售服务的要求。

网络购物已成为零售消费的重要渠道。2013 年，中国网络零售额超过 1.85 万亿元人民币，同比增长 41.2%，相当于社会消费品零售总额的 7.9%。同时智能手机的迅速普及、基础环境和手机应用的完善也带来了移动消费的爆炸式增长。据中国电子商务研究中心的数据，2013 年我国移动电子商务用户为 3.8 亿人，市场规模达到了 2325 亿元，过去 5 年的复合增长率分别为 80%和 209%。2014 年，移动电子商务的用户将达到 5.3 亿人，市场规模达到 4124 亿元。网络和移动销售的崛起不断冲击传统零售，2013 年电商渠道约有 38%的销售额是从实体渠道转入的，这一比例在两年前只有约 18%。线下实体企业优势的削弱促使传统零售商探索网络和移动销售，通过线上线下结合的方式为消费者提供最优的购物体验。

冲击和转型的迫切性不仅来自于电商的冲击，在宏观经济增速放缓、租金和人工成本高企的大环境下，购物中心在过去高速增长时期被掩盖的缺陷也逐步显现。其中一个严峻挑战是购物中心同质化竞争严重，这是由于部分商业地产开发商在购物中心“井喷”时期扎堆开发，从而导致了目前购物中心结构性供应过剩的状况。

另外，消费者已经形成了通过多个渠道获取信息和进行购物的消费习惯，外出购物时从原先以购物为主要目的转而更加注重娱乐、社交和文化，并愿意为体验和精神层面的需求支付更多费用。这些新的消费习惯和偏好也对运营商提出了更高的要求。购物中心需要针对市场主动求变，在前期定位上有清晰的规划，在后期也需要伴随市场变化调整业态规划和组合，持续引入新的业态和品牌，实现自身的不断提升。

1. 抓住商机，布局移动销售

移动消费顺应了现代快节奏生活中消费者时间日益“碎片化”的趋势，使消费者可以随时随地获取产品信息、购买商品、进行支付并且分享购物经验。同时智能手机、平板电脑几乎成为日常用品，3G、4G、无线网络速度的加快以及支付宝、微信支付等线上支付便利性的提高也为移动消费的“爆炸式”增长奠定了硬件基础。布局移动销售已成为业界共识，此次我们对开发商的问卷调查也显示，80%的受访企业看好移动终端的发展趋势，其中一半计划自主开发，而另一半则计划与知名电商平台合作。

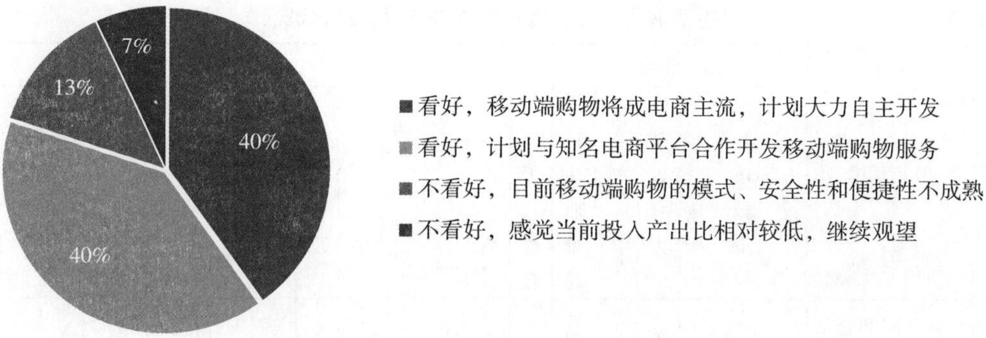

数据来源：《2014 购物中心开发商调查》，中国连锁经营协会，九洲远景，和桥机构，德勤分析

图 12 开发商对移动终端发展趋势的看法

尝试上线 APP 的购物中心正在逐渐增加，功能逐步丰富且日趋集成化。表 3 显示了大悦城、新世界百货、北京爱琴海等大型购物中心移动端的应用情况。可以看到，目前购物中心 APP 普遍列出了商场的品牌分布及最新促销活动，还有 VIP 尊享服务；购物中心大都采用了会员管理的模式，并可以在 APP 上查询消费记录、积分等；多数 APP 都会通过应用来发放优惠券，并有逐步取代卡片式会员卡的趋势；少部分 APP 提供了信息推送功能，可能主要是基于避免频繁打扰用户的考虑。APP 发展的基本趋势是功能逐步集成化，一些 APP 在最近的更新中不断整合电影、游戏、餐厅等服务，如王府井百货、北京爱琴海购物中心，明确将其 APP 定位为“提供全方位移动互联服务”。有的 APP 甚至还能在线等位、在线点单，从而有利于减轻用餐高峰期许多购物中心里餐厅排队过长的问题。

然而，调查也发现，目前购物中心 APP 的实施还有很多不尽如人意的地方：

* 连锁化发展的购物中心 APP 应用不连锁。一些连锁型购物中心 APP 的发展模式存在不同城市不同版本的问题。例如，某知名购物中心的 APP 是针对不同城市的项目研发的，在应用市场中搜索就会发现“杭州某某城”、“成都某某城”、“无锡某某城”等，这些应用的功能大同小异，完全可以采用一体化 APP 平台，从而有利于打通各城市的会员。

* 线上线下结合不足，在线交易性质不突出。许多 APP 往往更像是一个信息传送平台，发挥了过去“海报”的功能，主要还是定位在帮助用户逛商场，没有充分融合线上线下，提供在线交易功能的 APP 较少，没有充分发挥互联网作为购物中心服务前台的功能。

* 信息的更新和用户的参与度不够。一些 APP 里发布的最新促销活动已经过期，有的 APP 虽然提供了在线评分、点评功能，但是并没有许多用户参与和反馈，类似大众点评那样的良性互动平台还有待建立。目前 APP 提供的功能缺乏创新，未来应当在促进线上线下的融合方面做进一步挖掘，提供更为深度的服务。

* 系统易用性和稳定性亟待提高。同时，有的 APP 软件的易用性还存在不足，如 BUG 较多，系统稳定性、与其他店内系统的连接等不够完善，在应用市场的 APP 评价上有许多类似的批评，在测试中也发现有的软件始终无法联网。

表 3　　主要购物中心、百货店 APP 项目发展状况

购物中心APP	APP 定位	用户体验				APP 功能												
		开通城市	是否官方	是否城间一体化	用户注册难易	与线下Wifi整合	首页广告	电子券&优惠查询	店铺导航&楼层指引	会员功能	积分管理	信息推送	点评和信息分享	店铺收藏	购物停车	线上预订&支付功能	预订餐厅&手机排号	其他
大悦城	配合官网和会员中心丰富 CRM 服务管理体系	上海	是	否	易		√	√	√	√	√	√		√	√		√	
		北京	否		无			√	√									
万象城	第一时间以最便捷的方式了解万象城最新活动	杭州	是	否	易		√	√	√	√	√				√		√	
		成都	是	否	易		√	√	√	√	√		√		√		√	
万达	逛万达助手	郑州、大连、武汉、福州、郑州等	是	是	易	√	√	√	√	√	√				√	√	√	整合万达KTV 与电影服务
金源燕莎	吃喝玩乐购一站式的服务	北京	是	-	易	√	√	√	√	√	√		√	√	√	√	√	
太阳新天地		广州珠江	是	-	难	√	√	√	√						√			增加游戏休闲功能
北京爱琴海	为您提供未来广场全方位移动互联服务	北京	是	-	易		√	√	√	√	√			√	√		√	整合电影资讯

数据来源：公开信息，德勤分析。

2. 线上线下融合打造全新经营模式

我国电子商务发展迅速，网络零售在社会消费品零售总额中的占比不断攀升，从 2008 年的 1.2%上升到 2013 年的 7.9%。伴随着网络零售扩张的是传统零售市场份额的降低。据中国连锁经营协会调查数据显示，连锁零售百强占社会消费品零售总额的比率已从 2008 年的 11.1%下降到 8.9%。电子商务带来的冲击迫使传统零售商从线下往线上延伸拓展生存空间。

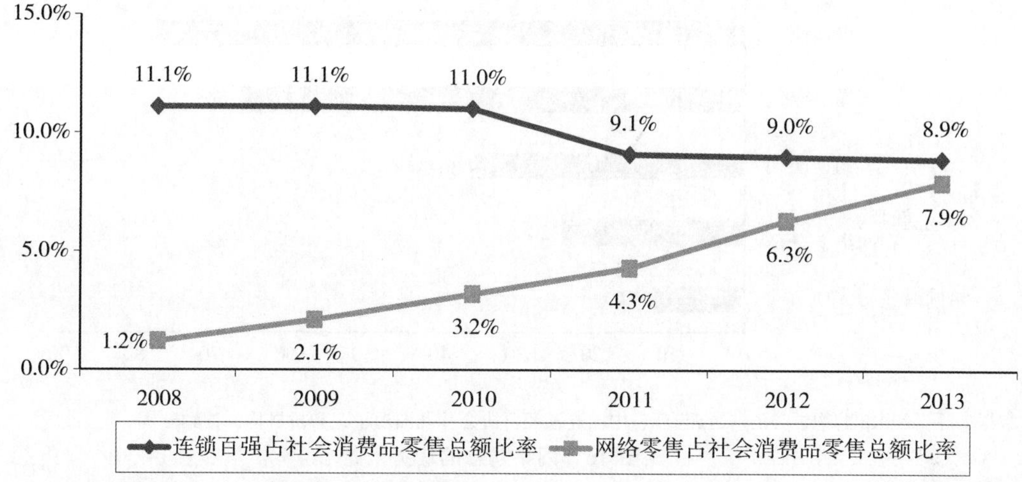

数据来源：国家统计局，中国连锁经营协会，WIND，德勤分析

图 13　连锁百强和网络零售占社会消费品零售总额比率

购物中心消费者调查问卷显示，虽然网络购物具有价格便宜、选择多样以及购物便利的优点，但却无法提供实体店所带来的质量保障及面对面交流的购物体验。线上和线下融合最终达到优势资源的整合并最大化地为消费者提供价值，这已被业界认为是将来零售业发展的趋势。

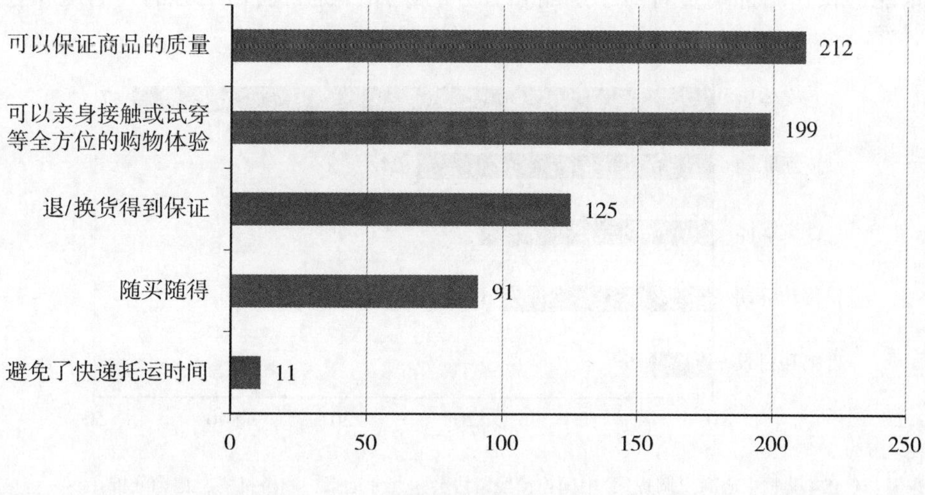

数据来源：《2013 购物中心消费者调查》，中国连锁经营协会，九洲远景，和桥机构，德勤分析

图 14　实体店购物的优势

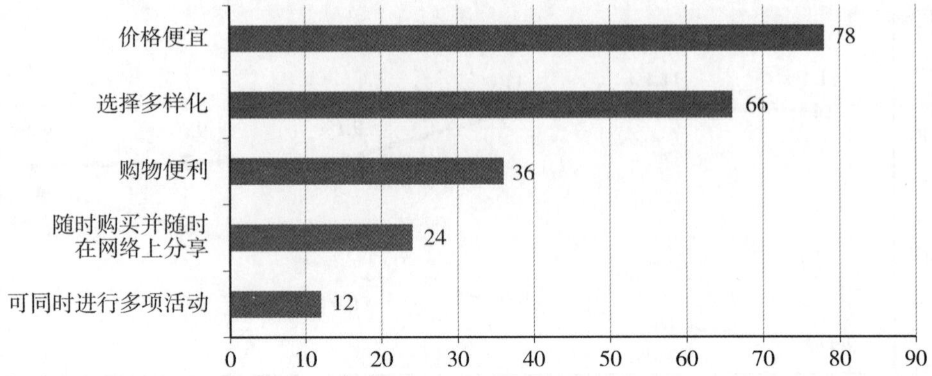

数据来源：《2013 购物中心消费者调查》，中国连锁经营协会，九洲远景，和桥机构，德勤分析

图 15　网络购物的优势

购物中心运营的成功取决于提升客流量并最终将客流量转化为销售业绩，与电商最大的区别在于前者做的是线下的流量，受到空间上的制约；而后者则有着广阔的线上虚拟空间，且可以最大限度地利用消费者的碎片时间。因此，购物中心 O2O 的第一步必然是运用互联网和移动科技进行营销，实现从线上往线下的导流。据我们的调查问卷显示，虽然受访的购物中心商户仍然把实体店作为与消费者互动的最重要的途径，但互联网、社交媒体和移动终端已经变得非常重要，占所选的互动途径中的 54%。当产品、服务和活动信息通过不同的渠道推送到消费者面前，特别是能够通过数据支持达到精准推广的时候，O2O 营销能够快速增加消费者对于产品和服务的认知，提高购物中心的知名度和客流量。

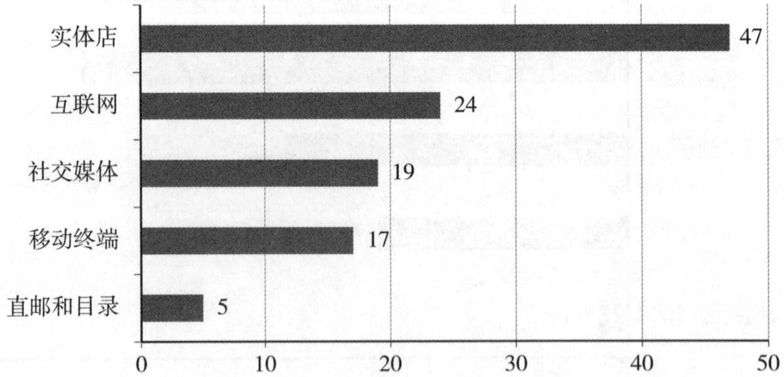

数据来源：《2014 购物中心商户调查》，中国连锁经营协会，九洲远景，和桥机构，德勤分析

图 16　商户与消费者互动的渠道

调查显示，线上营销有两方面难以避免的弱点。首先，其收益会随着开展线上营销的商家的增加而逐步递减。当很多商家都开设订阅号、微信号和网店时，要想抓住消费者的关注点就变得越发困难，成本攀升收益递减。其次，纯粹的线上营销长期黏性并不好。如果商家的线上仅仅开展信息推广，其吸引力会逐步减少。因此购物中心 O2O 转型还应当通过服务上线来提升增加线上部分的功能性，提升客户黏性。购物中心可以运用手机

APP 来增加供需的平衡，如提供手机餐饮排号和时间提醒来让顾客根据自身情况调整消费计划；可以提升体验的趣味化，如利用社交关系提醒客户的朋友也在附近；还可以帮助解决痛点，如运用移动端帮助消费者寻找停车位并帮助其导航等。

当然，线上拓展的最终目的是实现用户流量的积累并最终变现。一方面通过线上营销和线上增值服务提升线下客流；另一方面线下的正面体验也在线上传播，增加线上流量。最终可以转化为线下实体店的销售额。其关键在于做大流量、增加会员忠诚度，搭建一个线上线下相辅相成的开放性平台。

另外，线上线下消费的融合最终会带来大量数据的沉淀，如日订单量、消费转化率、品牌浏览率等，这些数据的整合和分析有助于运营商了解消费需求，做相应的预测、判断并做出理性的运营决策。比如企业可以通过追踪消费者的购买痕迹，和消费者作有针对性的互动；也可以根据消费者喜好并结合成本收益信息调整业态和品牌结构以及购物中心布局等。

目前，中国购物中心开发商运营管理者的背景越来越多元化，集中的供应量让中国的购物中心竞争日益激烈，购物中心已经从开发时代过渡到运营时代，如何提高运营能力最终实现收益增长和资产增值是购物中心面临的大课题。有效的数据是购物中心运营的核心竞争力，开发商及时迅速地掌握准确的运营数据是购物中心成熟的驱动力，因此如何获得及时有效的数据，是目前行业最为关注的问题。

3. 体验式、特色化成为购物中心进行差异化经营的主要突破点

体验式购物中心是从消费者的体验和感受出发，通过融合环境、文化、服务、多元化消费内容打造的综合性的休闲场所，区别于传统的以零售为主的商业模式。开发商调查显示，为消费者提供购物与休闲一体化体验以及项目定位与地段相匹配是受访企业认为购物中心运营成功最重要的因素；同时所有受访企业都认为，实体商务为消费者提供的购物体验是电子商务无法替代的，可见体验式的商业模式已经被开发商认为是购物中心的新增长点。

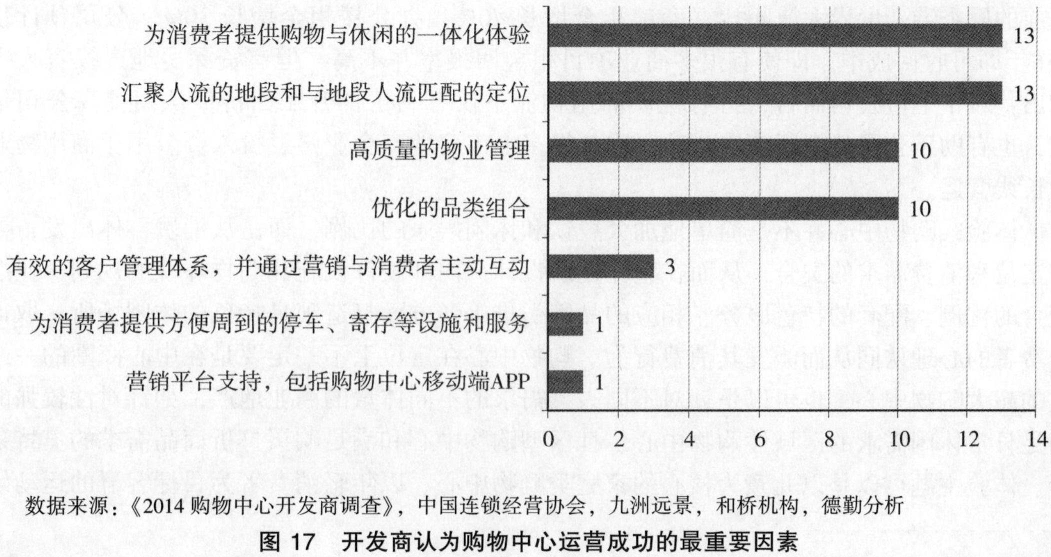

数据来源：《2014 购物中心开发商调查》，中国连锁经营协会，九洲远景，和桥机构，德勤分析

图 17　开发商认为购物中心运营成功的最重要因素

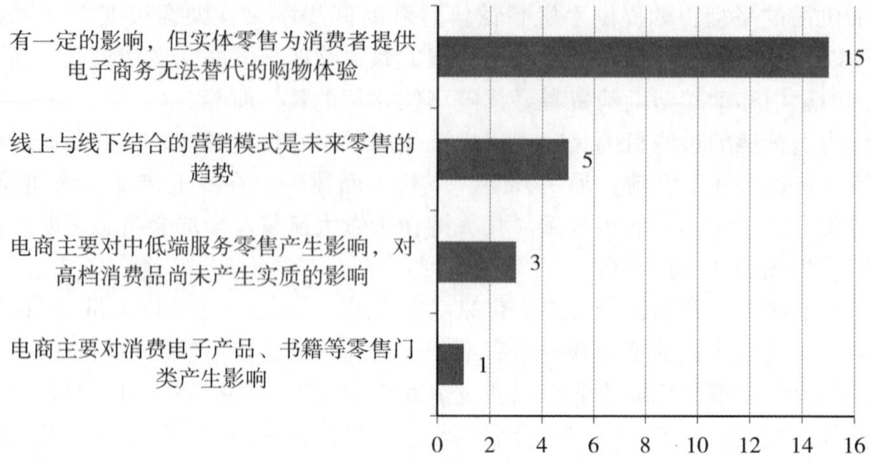

数据来源：《2014 购物中心开发商调查》，中国连锁经营协会，九洲远景，和桥机构，德勤分析

图 18 电子商务对实体商务的影响

尽管电商大幅改变了人们的消费习惯，但线下体验一直是其短板。购物中心包容性强，可涵盖饮食娱乐购物等多种消费内容，因此强化体验正是其发挥自身优势、反攻电商的有效方法。例如“社交”是每一个人都有的实质性需求，体验式购物中心通过个性化设计满足人们日常交际的情感需求，并强化“吃喝玩乐”的消费模式，能够很好地绕开电商的冲击。同时体验式购物中心能实现差异化经营，延长消费者停留时间，促进更多消费。例如，家庭式消费场所的人均停留时间都会比其他购物场所要长很多。普通的百货商场人均停留时间可能只有 1 小时，但在家庭式购物场所里，人均停留时间是 4.3 小时，更长的停留意味着更多的潜在消费①。再者，体验式购物中心具有更大的投资回报或投资价值。例如，由新世界集团开发的 K11 艺术购物中心开创了博物馆零售业，完美融合艺术与商业，极大提升了购物中心的增值效应，已经成为上海人新的生活娱乐中心。K11 与翻新前的原香港新世界大厦相比，商铺租金增长 70%，办公楼租金增长 30%，公司预计仅 5-6年即可收回成本。即使有很多商业项目租金回报率并不高，但有资深房地产投资人士指出：对于上市公司而言，持有优质商用物业不仅有利于提升账面价值从而提高公司估值，也有助于公司从银行获取贷款，因此很多上市房地产企业愿意投入资金用于商用物业的长线营运。

体验式购物中心并不是简单地加大餐饮和休闲娱乐的比例，而是从消费群体出发，寻求定位和消费需求的契合，从而在整体建筑设计、内部硬件设施和购物环境的规划、业态组合的比例、配套的特色服务、相应的品牌引进等各方面打造独具特色的休闲场所，取得消费者的心理认同从而激发其消费行为。购物中心在定位上不一定要是在中心商圈的一站式的超大购物中心，也可以是针对不同人群需求的不同体量的商业地产，如针对性较强的满足日常休闲需求的区域性购物中心、社区型购物中心和满足购买打折商品需求的奥特莱斯。体验主题可以是以儿童为核心的家庭类购物中心、以年轻消费者为目标客群的运动娱

① 中国经济网 http：//gz. house. 163. com/14/0909/15/A5N85T6800873C6D. html。

乐中心或者以餐饮咖啡为主的商务消费中心。同时建筑设计以及配套的硬件设施上应从定位出发，使购物环境和休闲购物活动浑然天成，让消费者的购物体验顺畅愉悦。

●典型案例

杭州西溪印象城

杭州西溪印象城由深国投商用置业（集团）有限公司投资运营。公司成立于2003年，迄今已开发的商业项目超过60个，总建筑面积近500万平方米。印象城是其旗下三大针对不同消费群体的商业产品之一，目前是深国投的主打产品。西溪印象城位于杭州城西，毗邻占地约11.5平方公里的西溪国家湿地公园，定位为休闲和时尚相结合的面向中高端家庭的区域型购物中心，主力商圈辐射整个杭州大城西区域。一期建筑面积17万平方米，二期约占地8万平方米。一期于2013年5月开业，历经一年半的时间已达到月平均客流量100多万人次。该项目能够迅速成功，与深国投商置从多个角度打造客户体验的运营模式密不可分。

湿地公园之畔，主打生态型购物中心的理念

西溪印象城是杭州唯一一家紧挨公园的购物中心，得天独厚。其建筑设计更是将时尚与自然融为一体，大量的露台、屋顶花园与湿地景观相呼应，配合全覆盖的绿化植被，西溪印象城的选址和设计很好地诠释了生态型购物中心远离城市喧嚣的理念，让忙碌了一周的消费者不仅可以享受现代购物中心所提供的娱乐和购物，同时也得以贴近大自然放松身心。

定位清晰并配备恰当的业态组合

西溪印象城以年轻时尚的有车家庭为主要目标客户。这部分消费人群支付能力强，注重社交和生活品质且大部分家庭活动安排以孩子为中心。其业态设计力求和目标客户需求匹配，拥有50%以上的娱乐和餐饮业态，普遍设有儿童玩乐的设施（如水族馆、儿童运动馆），为节假日的家庭欢聚和朋友社交同时提供了场所。SAM会员店的引入也契合了这些有车族日常生活节奏快因而周末希望能一站式完成日常生活用品采购的目的性消费需求。购物中心整体设计注重亲和力，引进的也多为针对家庭的中高端大众化品牌，如Tommy、CK、Zara等。

体验从体贴入微的服务做起

“体验式”购物中心不仅意味着业态布局要引人制胜，同时在服务上也需要作到细致贴心，潜移默化地推广品牌。比如西溪印象城拥有杭州第一个同层停车场；设有较多的休息区域；为了让消费者可以随时随地到湿地公园享受自然风光，购物中心开通了室内通道直达公园。

举办活动打响知名度，培养忠诚客户

开业以来，西溪印象城举办多元化艺术文化活动提升了购物中心的聚客能力和认知度。明星签售会、摄影展、跨年文艺表演、中国好声音选秀比赛，更有一天揽客8万的“蓝胖子展”，不断创新的活动设置带给消费者新鲜感和趣味性。活动不以盈利为目的，印象城秉承着“改变人们的生活方式，给人们制造快乐，让老百姓有尊严地活着”的理念，一切以消费者的体验感受为主。这些活动大大提高了印象城甚至整个杭州的知名度，也创造了高达97%的顾客回头率。

4. 社区型购物中心日益兴起

消费者生活习惯和方式的改变，城市化发展，为社区型购物中心的兴起提供了市场空间。城市化的推进以及市中心以外住宅带的开发带动了大片颇具规模的新兴住宅区的形成。这些住宅区家庭密集，但人们日常的生活、休闲、文化需求已越来越无法通过临街的商铺群所提供的“油盐酱醋”等基本生活用品和服务来得到满足。同时，生活节奏的加快以及对休闲娱乐需求的增加也促使社区住户更趋向于能够满足多维生活需求的就近的综合商业体。正如我们对消费者的调查结果显示，32%的受访者选择家或公司附近的购物中心，28%的受访者选择乘坐公交1小时以内能到达的购物中心（图22）。可见绝大多数消费者对购物中心的选择仍然以交通便捷性为主要考虑点，而贴近社区的购物中心正好符合其消费理念。

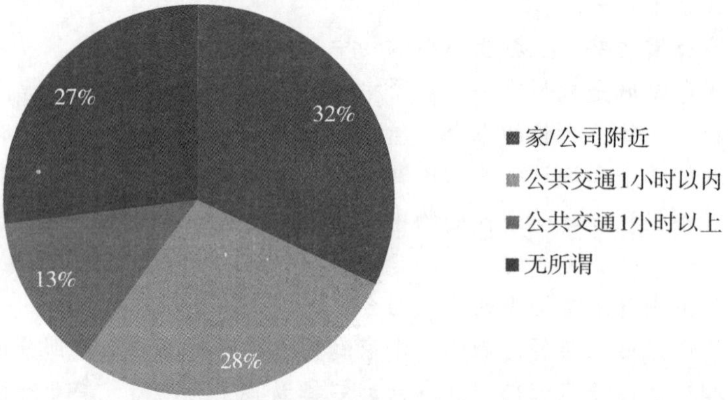

数据来源：《2014购物中心消费者调查》，中国连锁经营协会，九洲远景，和桥机构，德勤分析

图19　消费者对购物中心的位置选择

与此同时，城市中心地段资源的稀缺、地价的飚升，以及大型、巨型购物中心竞争的日趋白热化也推动开发商转向更加具有经济效益的商业项目。社区型购物中心经营风险更低，管理更可控，资本回报周期更短；同时它更加贴近消费者日常生活，能弥补电商收货延迟性以及消费体验缺失等缺点，还可以和开发商所开发的住宅区融为一体，提供连带的配套服务设施，相互补充，提高整体商业项目的价值，因而已越来越为地产商青睐。政策对于社区购物中心的开发也是利好。出于缓解交通压力和协调发展等考虑，国务院2012年8月印发的《关于深化流通体制改革加快流通产业发展的意见》明确提出，新建社区（含廉租房、公租房等保障性住房小区、棚户区改造和旧城改造安置住房小区）商业和综合服务设施面积占社区总建筑面积的比例不得低于10%。这为社区型购物中心在选址方面提供了较大实施空间。同时，开发商调研显示，2/3的开发商认为社区型购物中心具备极大的发展空间，并且在将来家庭式消费对购物中心的贡献率会进一步提高。

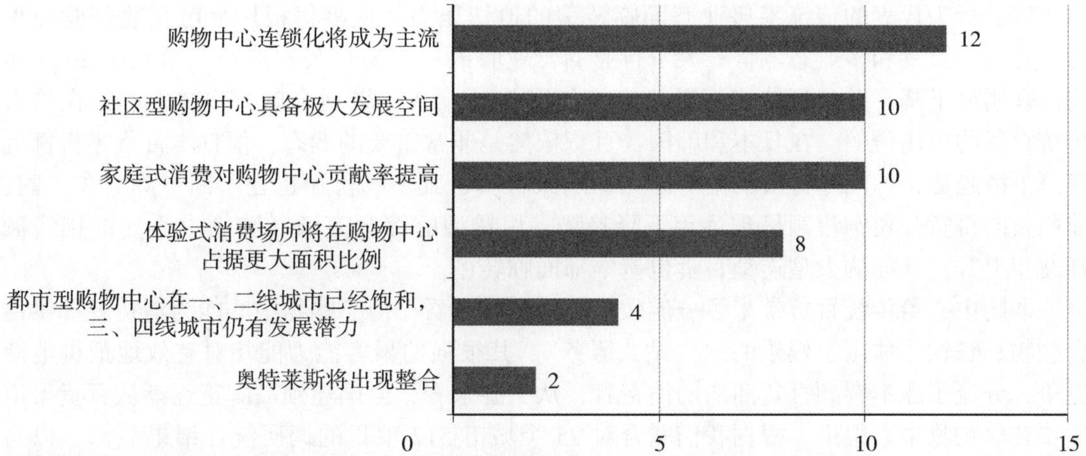

数据来源：《2014购物中心消费者调查》，中国连锁经营协会，九洲远景，和桥机构，德勤分析

图20　开发商对购物中心发展的看法

目前中国社区型购物中心，应当属于国外社区型购物中心和近郊型购物中心的混合体，多以封闭式多楼层建筑为主，营业面积多为3万-10万平方米，以满足周边或近郊大型楼盘的消费需求为主，设有超市、主力店、3C店、餐饮、亲子娱乐等业态。地产企业往往结合其所服务的社区，提供社区集成服务。相比于艺术气息浓厚、主打高品位文化牌的如北京侨福芳草地购物中心、合景泰富等相比，社区型购物中心往往更强调提供亲民化的服务，构建的体验模式也偏向"温馨、和谐、家庭化"，定位上一般根据所服务社区的特点强调不同的品位与特色。

5. 传统零售转型购物中心

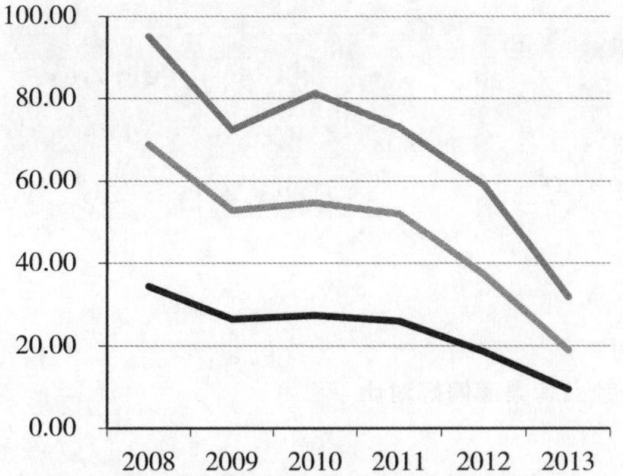

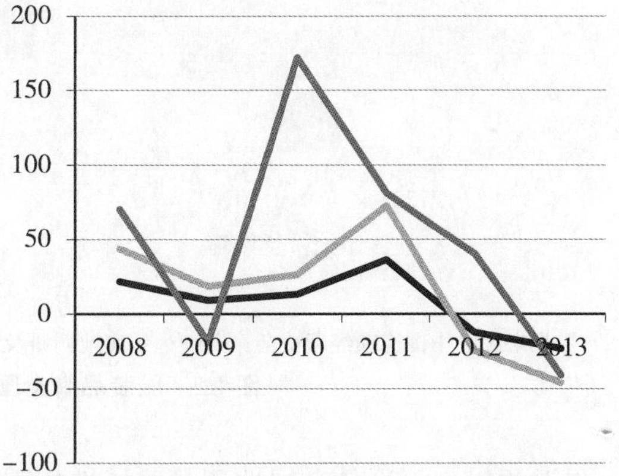

数据来源：Wind资讯，德勤分析

图21　实体零售上市企业营业收入和利润增长均进入下滑通道

以百货为代表的传统零售业态面临转型的迫切压力。从零售板块上市企业经营数据看，超市、百货和多业态零售三大子行业的营业收入和归属母公司净利润增长于2011年均出现明显下降，并呈现持续下滑趋势（如图21所示）。纵观全球，购物中心都在挤占传统百货的市场份额。在日本和韩国，百货依然是非常重要的业态，但日本百货零售额近年呈下滑趋势，韩国零售市场中的巨无霸乐天百货，其市场份额也在不断下降。在美国，非租赁的百货公司销售额呈现逐年下降趋势，租赁型的综合商场（购物中心）的销售额却逐年上升。欧洲的大型连锁百货也基本都面临转型。

购物中心给传统百货带来了分流效应。从下游来看，由于购物中心能为消费者提供集合购物、餐饮、休闲、娱乐的“一站式服务”，其很强的聚客能力能相对有效地抵御电商竞争，分流了原本眷顾百货商店的消费者；从上游来看，全国连锁品牌正逐渐从百货渠道逐步转向购物中心渠道。根据我们联合对25个城市517项目的调研统计结果显示，以与百货店一起成长的国内品牌服装品类为例，目前仍有50%的全国连锁品牌在百货渠道的渗透率高于购物中心；同时，已有23%的品牌在两个渠道的渗透率持平；而国际品牌、快时尚品牌、国内时尚品牌引领的近27%的连锁品牌开店首选的是购物中心渠道。传统零售企业也纷纷向购物中心转型。

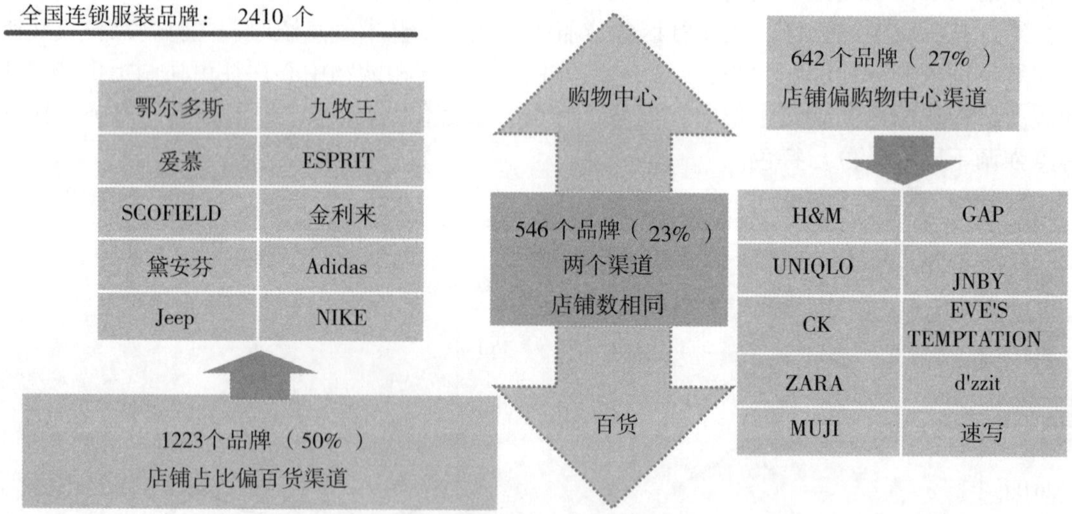

数据来源：中国连锁经营协会，九洲远景实地调研及统计

图22 服装品牌全国连锁品牌渠道偏好对比

近两年，不论是全国性还是区域性的零售企业大都加入到购物中心化转型的大潮中，如全国性百货商“王府井”，2011年底开出第一家购物中心门店，现储备门店中4个项目均定位为购物中心；区域性百货商欧亚集团、鄂武商、友阿股份、友好集团、南京中商等均在大力发展购物中心项目。同时，超市公司和家电连锁企业也开始开设购物中心项目，如步步高大力发展中小城市购物中心，苏宁云商发展苏宁广场等。

传统零售的转型方式主要有两种。一种是通过对现有门店业态调整、扩建等方式增加餐饮、休闲娱乐配套的占比，如王府井旗下的北京百货大楼、欧亚集团的欧亚商都、南京新百的新街口百货等；另一种则是投资新的购物中心进行外延扩张。在购物中心化转型的进程中，走在前列的上海友谊股份，早在 1999 年就开出第一家购物中心，现共有购物中心门店 13 家。此外，其 2006 年已开始尝试奥特莱斯业态，目前已开出 4 家，其中第一家上海青浦店已发展为国内奥特莱斯的标杆。

传统零售企业虽然在转型购物中心过程中面临极大挑战，但也有其自身独特的优势。传统零售公司作为线下零售渠道的主力，虽然在购物中心规模上落后于商业地产开发商，但大部分零售上市公司均为区域龙头，具有几十年运营经验，在品类组合、品牌资源积累等方面具有领先优势。同时，零售上市公司具有较好的融资渠道和资金来源；商贸龙头具有较高的信用评级，可以获得较低利率的银行贷款、短融和公司债等等。此外，由于传统零售公司的扩张多以租赁的轻资产模式为主，资本开支较低，因此大部分零售公司的资金账户上都沉淀了较多的货币资金；该部分资金为拓展购物中心项目提供了起始资金。部分零售公司还凭借大股东或集团资源在发展购物中心上获得更大的支持，如银泰、苏宁、步步高、南京中商等。

当然，购物中心对运营商的要求很高，包括前期建筑设计、业态规划、品牌组合以及“体验式”活动的营销等。因而，以商品销售为本的百货在转型之前，应充分考虑自身的运营能力，或可采取聘请专业运营商以降低经营风险的策略来降低不必要的风险。另外，购物中心培育期长，成本压力大，因而对开发商的资金筹措能力也提出了较高的要求。

四、购物中心设计和品牌规划

随着经济的发展，消费者变得更加成熟，在消费过程中也更加注重自身体验和综合感受。因此，成功的购物中心不仅需要明确自身的定位，寻求定位和商业功能最佳匹配以满足消费者切实的购物和服务需求，同时也应在规划和设计方面独具匠心，取得消费者在体验上的认同感，刺激其消费欲望。

1. 购物中心设计规划

我国早期成功的购物中心大部分都直接沿用了美国的购物中心模式（如图 23-之一所示）。它将两个主力店设置于购物中心的两端，并在中间以小型店铺形成的长廊将其连接，此类购物中心的做法通常是将很有集客力的品牌设置于长廊中，以这些品牌的魅力吸引顾客走完长廊。但随着时间的推移，这种形式将因不断引入新的品牌而造成主动线过于漫长。而众所周知的原因，超过 200 米甚至 300 米的动线会导致顾客的疲倦感，从而生成顾客的体验犹豫乃至放弃，这是美国模式购物中心的弊端。况且，以此形式建筑的购物中心一旦建成运营，后期若想改变其卖场环境将非常困难，唯一的做法只能是改变各大品牌内部的装修。实际上，优秀购物中心的环境表现形式是设置科学合理的中庭（位置与大小等），并在天花板处尽多采用自然光直接照进卖场，令顾客感受身临自然以及愉悦的购物体验，这也是美国模式相对缺乏的考虑。

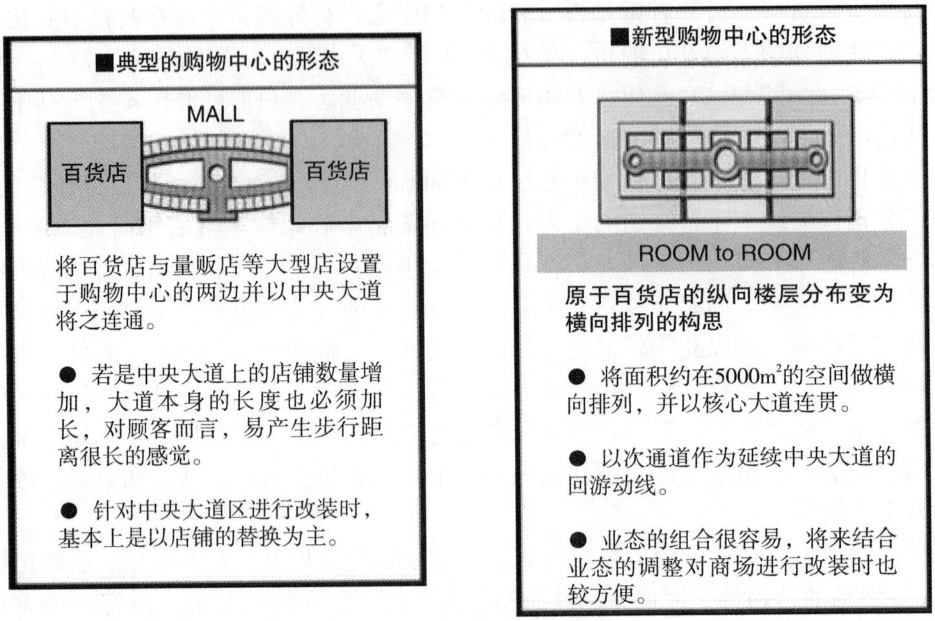

数据来源：中国连锁经营协会，和桥机构

图 23　购物中心的形态

我们认为，中国购物中心的设计应综合考虑城市街区的构架形式和百货店的设计统筹规划。城市街区多由“大街”、“路”和“胡同”构成。进入城市直面的是“大街”，走进大街是毗邻的“路”，由“路”进来是各色“胡同”，而步入胡同后又会发现更多的越来越细小的地方，并且因此而体会到与其他地方不同的乐趣。图 23-之二展示的是新型购物中心形态的原理。可将主动线看作“大街”，“大街”的分支是“路”，再细分则为“胡同”，如此，既针对了卖场区域规划，又很好地考虑了中庭及扶梯位置的设置。

图 24 所展示的是一个由三个楼层构成的新型购物中心形态实际运用的卖场平面图案例。其设计理念是努力为顾客营造舒适的街区氛围，并通过建筑外观的韵律感与周围层峦叠嶂的群山环境呼应主体设计，运行中结合高效的卖场运转、高人气品牌的品类规划汇集，达成吸引客流、实现差异化竞争、创造理想营业绩效的目的。整个卖场分为黄、蓝、粉三个区域，可以将每个区域看成是百货店的一层。

百货店最重要的魅力点之一是人气品牌的大量集中，比如化妆品和鞋类的数量会很多；而购物中心的魅力则是具备独立吸客能力的大型专业店和独立品牌的汇集。以该案例 1F 来看，设置百货店的品类，如化妆品和女鞋；设置大型专卖店；设置大型食品超市，且其下半部分还设置了百货店中常出现的食品专业店。此规划既能突出商品的数量与种类，发挥百货店对商品统领的优势，又能最大限度地凸显品牌店与专卖店的魅力，提高聚客力。而在 3F 中，以一条主动线贯通整个卖场，其中在环境设计上所设置的一些富有创意的中庭，用以吸引顾客。此种设计能将百货店的魅力与购物中心的魅力很好地结合并有机统一在一起。

业态综合型购物中心的打造1F

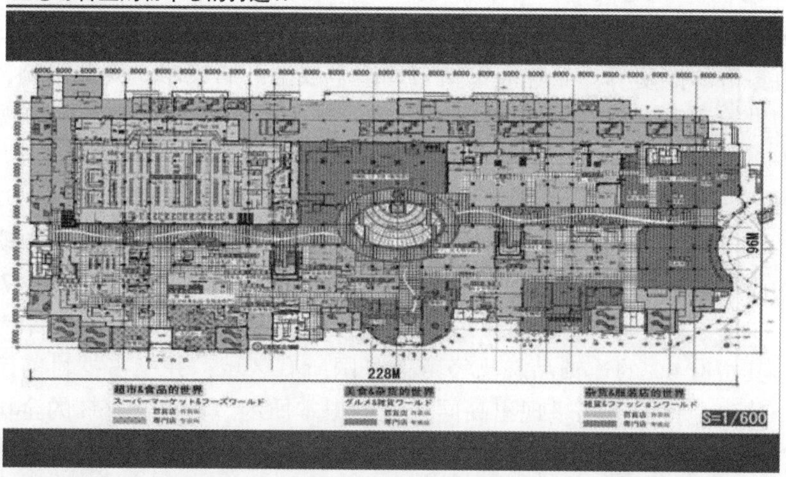

业态综合型购物中心的打造2F

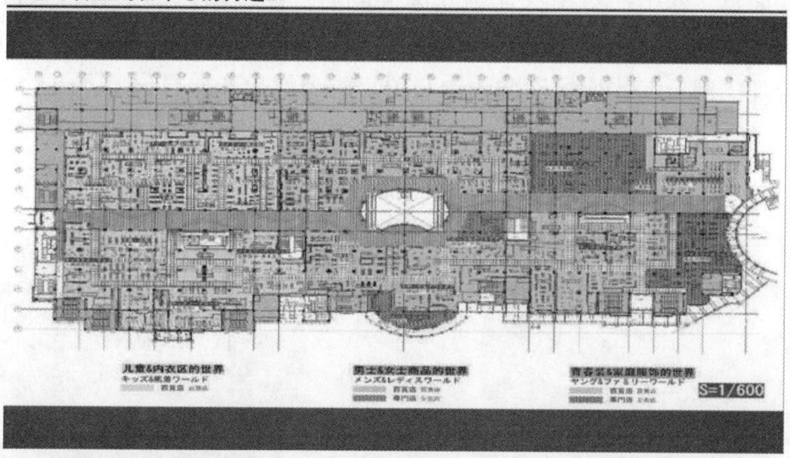

业态综合型购物中心的打造3F

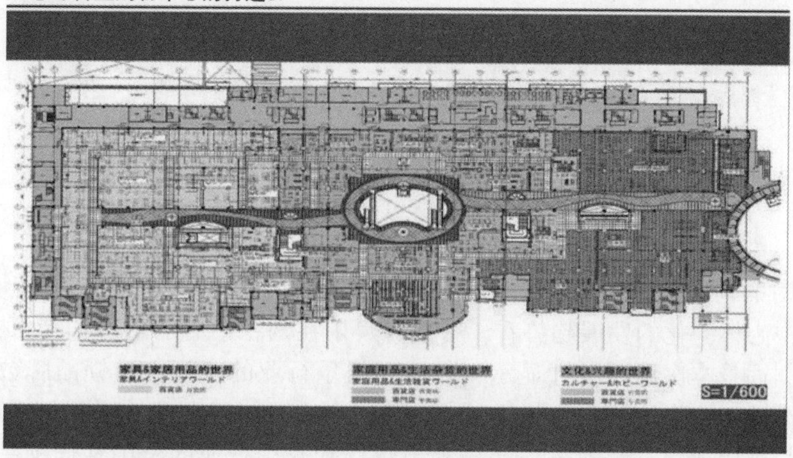

数据来源：中国连锁经营协会，和桥机构

图 24　三楼层新型购物中心实用卖场平面图案例

2. 购物中心品牌引入

我国购物中心在高速增长的同时，同质化竞争以及空置率上升等问题也日趋显现。此外，在全渠道零售的推动下，品牌商重新布局线下线上开店策略。受此影响，购物中心与品牌商之间的供给和需求也在发生变化。因此，充分了解零售品牌市场的现状与发展规律，对购物中心定位和运营优化具有很重要的现实意义。

（1）全国性连锁品牌“二八定律”发展趋向明显。据九洲远景 2013-2014 年对全国 25 个城市的 517 个购物中心项目开展的品牌调研统计结果显示，全国性连锁品牌数量仅占调研收录的品牌总数的 22%，但其所开设的店铺数量占调研店铺总量的 73%，呈现出“二八定律”的市场发展趋势。对此 22%的全国性连锁品牌从区域分布度来考察分析，得出的结论是，其中有 6%的连锁品牌已经覆盖全国所有区域，并已占据目前市场半壁江山的店铺规模，这也是目前市场呈现出高同质化的根本原因。此外，16%的全国性连锁品牌已开拓 2~3 个或更多的区域市场，虽然这些品牌目前的开店数量仅占总量的 22%，但对高增长需求的新市场而言，它们是首选的重要品牌。

需要注意的是，在关注全国性连锁品牌的同时，购物中心的运营也不可忽视近 80%的区域及地方性品牌；关注且有远见地选择适合特定区域或本地区的品牌，并与全国性连锁品牌进行合理的组合，才能呈现购物中心项目的个性化和差异化。

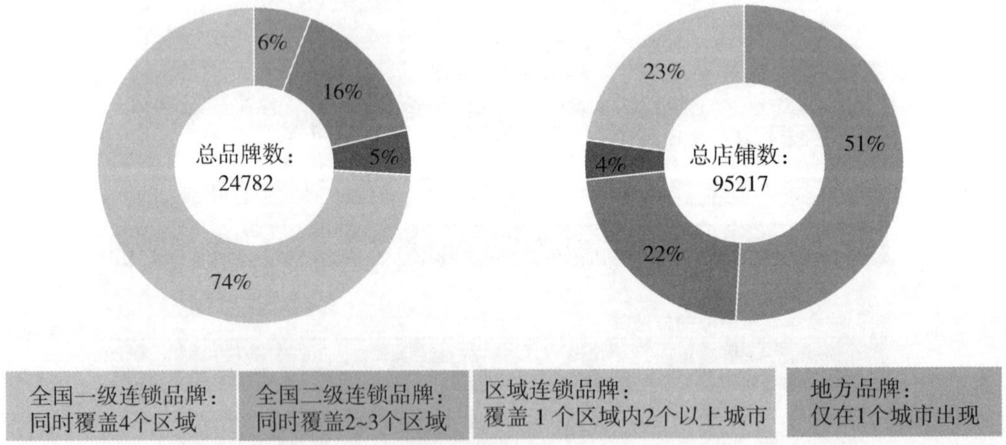

数据来源：中国连锁经营协会，九洲远景实地调研及统计分析

图 25　各类连锁品牌及其店铺数量市场占比情况

（2）相对购物，餐饮和娱乐的全国性连锁品牌集中度更高。无论是从消费支出占比还是从购物中心体验化的发展趋势看，餐饮和娱乐在购物中心的地位和需求都越来越高。然而，据九洲远景本次调研统计显示，餐饮和娱乐行业的全国性连锁品牌数量占比仅为 9%和 8%，远低于购物的 26%；相反，9%的餐饮连锁品牌店铺数占总店铺数的 44%，8%的娱乐连锁品牌店铺数占比为 32%，显示出餐饮和娱乐行业的全国性连锁品牌在购物中心的高集中度特征。因此，购物中心在扩大餐饮和娱乐占比的同时，品牌供给将面临巨大挑战。

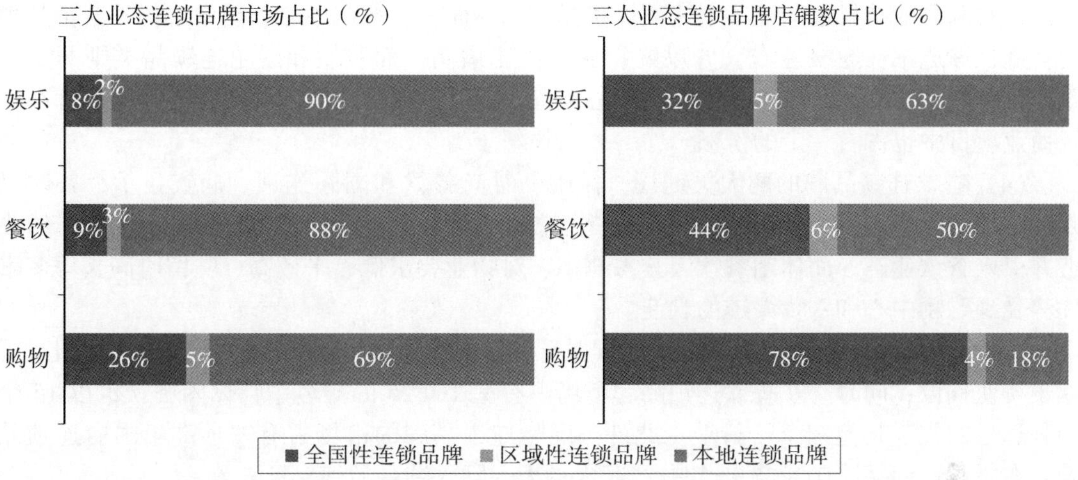

数据来源：中国连锁经营协会，九洲远景

图 26　购物、餐饮、娱乐三大业态各类连锁品牌及其店铺数量市场占比情况

（3）不同业态的全国连锁品牌在渠道选择上呈现差异化。调查显示，购物中心类型呈现细分化趋向。一方面，城市中心、副中心地块的购物中心基于客群的细分已经发展出以大悦城为代表的，针对年轻时尚客群的都市时尚购物中心；针对城市新富阶层的，以恒隆为代表的顶级时尚购物中心；也有以万象城为代表的，一站式家庭购物中心。另一方面，随着城市外扩、多商圈结构演化等因素，近年来区域和社区型购物中心的开发数量大幅上升。这些以局地家庭客群为核心的购物中心，在品类的规划和品牌组合方面也与城市中心地块的项目产品形成差异。

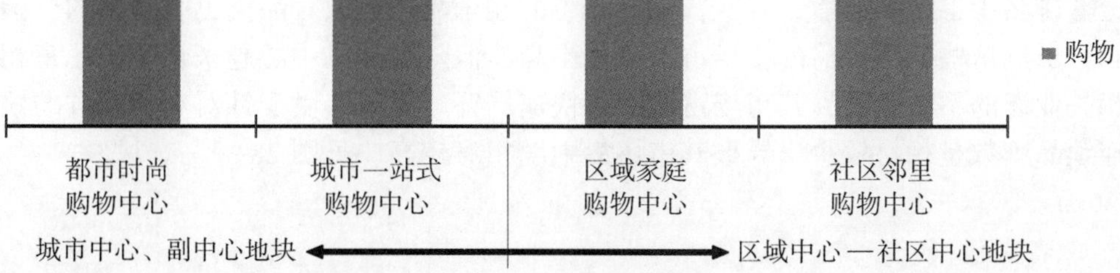

数据来源：中国连锁经营协会，九洲远景

图 27　四种典型购物中心渠道连锁品牌占有率对比

本次调研的结果也印证了上述发展状况。总体而言，城市中心、副中心仍是连锁品牌的首选，渗透率在50%左右，并以购物品牌占比最高；而餐饮和娱乐连锁品类则开始偏重于针对家庭客群的区域和社区购物中心渠道。此外，值得注意的是服务类连锁品牌在社区商业项目中也占有一定的份额。

（4）餐饮连锁品牌的两大关键词：休闲、时尚餐饮和国际连锁。调查显示，餐饮仍是购物中心渠道的典型业态，但随着百货业态购物中心化的趋势，部分百货商场也纷纷改造并引入餐饮业态。而休闲餐饮因其占地小、对物业要求低、平效高、驻留时间长等多重优势受到购物中心和百货渠道的欢迎。

从本次调研的四大餐饮类别①统计数据看，休闲餐饮以12%的连锁品牌占比列四大餐饮子行业首位；同时，在餐饮连锁品牌市场占有率TOP25的排名中，休闲餐饮也以15个品牌远远领先于其他三个子行业。此外，国际连锁品牌的市场占有率远高于国内连锁品牌。在餐饮连锁品牌TOP25排名中，近70%为国际、港台品牌。见表4。

表4　　全国连锁餐饮品牌市场占有率排名TOP25

1. 肯德基	6. 味千拉面	11. 赛百味	16. 黄记煌	21. 仙踪林
2. 星巴克	7. 满记甜品	12. 咖世家	17. 鲜芋仙	22. COCO茶饮
3. 麦当劳	8. 哈根达斯	13. 一茶一坐	18. 棒约翰	23. 汉堡王
4. 必胜客	9. 面包新语	14. 快乐柠檬	19. 汉拿山	24. 呷哺呷哺
5. DQ	10. 禾绿回转寿司	15. 太平洋咖啡	20. 许留山	25. 大渔铁板烧

数据来源：中国连锁经营协会，九洲远景。

（5）女性和儿童是娱乐型连锁品牌的两大核心客群。虽然娱乐业态伴随购物中心的发展而快速兴旺，但购物中心渠道的娱乐业不仅品牌丰富度远低于购物和餐饮，而且娱乐连锁品牌的数量也非常有限，本次调研仅搜集到153个娱乐连锁品牌。对该153个连锁品牌的品类构成细分发现，针对女性客群的美丽品类不仅拥有的连锁品牌最多，且在娱乐业的渗透率排名中也最为靠前；其次，针对儿童的娱乐品类和教育品类也有较多的全国性连锁品牌，虽然这些品牌目前的市场占有率还不高，但随着购物中心越来越重视儿童相关品类和相关业态的不断引入，其市场占有率将快速提升。另外，由于针对年轻客群的娱乐品类的连锁品牌数量相对较少，导致其市场集中度相对较高。见图28。

① 本次调查中，九洲远景将餐饮行业分为：正餐、小吃快餐、休闲餐饮、火锅/自助/美食广场等四大子行业。

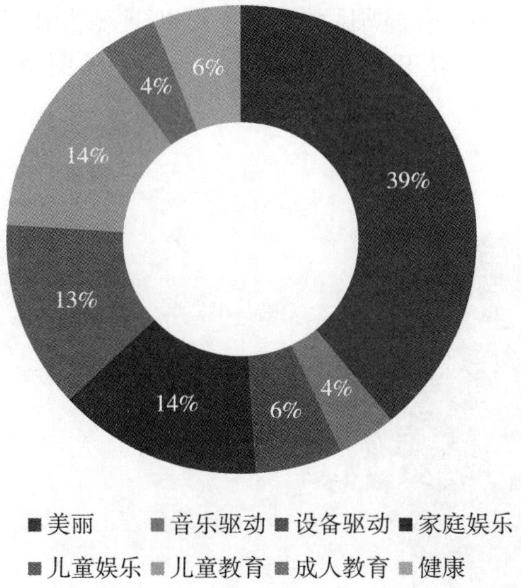

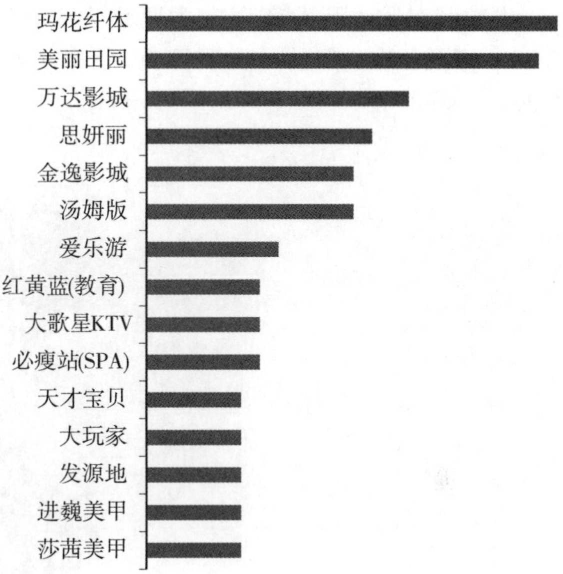

数据来源：中国连锁经营协会，九洲远景

图 28　娱乐行业全国性连锁品牌构成及市场占有率 TOP15 品类构成

五、调研样本基本情况

1. 研究方法与样本

本调研由中国连锁经营协会联合德勤华永会计师事务所、九洲远景、和桥机构共同开展。本报告的主要发现及结论主要是基于本次问卷调查和行业的深度访谈的一手数据所得出。本次调查对象（样本）包括知名商业地产开发商、商户及消费者，共收回有效调查问卷 331 份，其中包括购物中心开发商 15 份、商户 72 份、消费者 244 份。

2. 样本基本情况

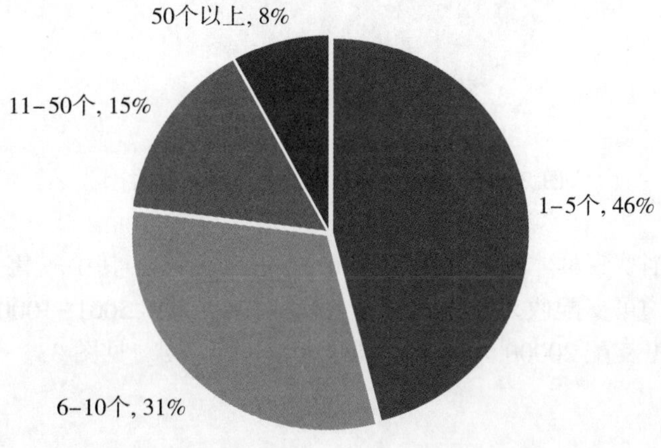

图 29　受访开发商已开发的项目个数及占比

本次调查受访开发商样本主要集中于已经完成开发项目数10个及以下（占比达77%），以及正在进行的开发项目10个及以下（占比达91%）的商业地产商。见图29、图30。

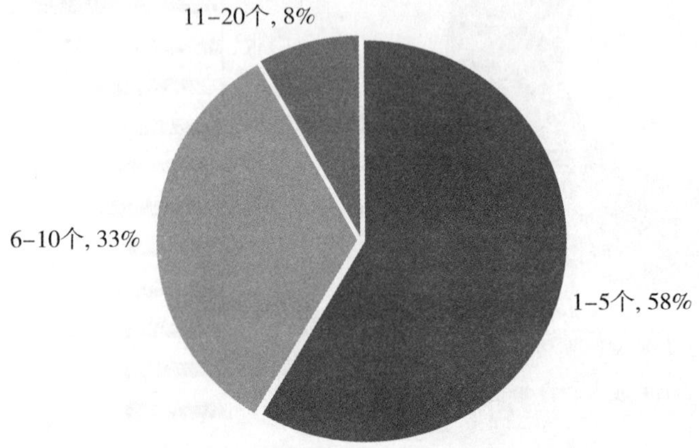

图30 受访开发商正在进行的项目个数及占比

本次调查受访商户样本拥有零售店铺数主要集中于千户以下（占比达91%），且较为均衡，但也有9%的商户拥有店铺千家以上。见图31。

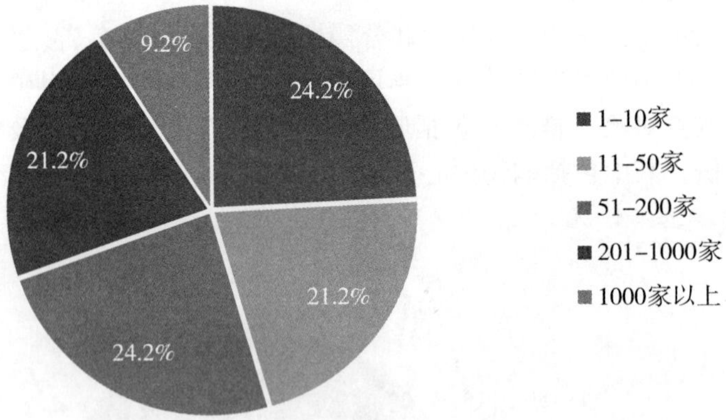

图31 受访商户拥有的零售店铺数及占比

本次调查受访消费者样本所从事职业分布如图32所示，其中零售业从业者居多。而受访消费者家庭月均可支配收入主要集中于2001-5000元和5001-10000元，占比分别为38%和46%；月均可支配20000元以上的高收入户不足3%。见图33。

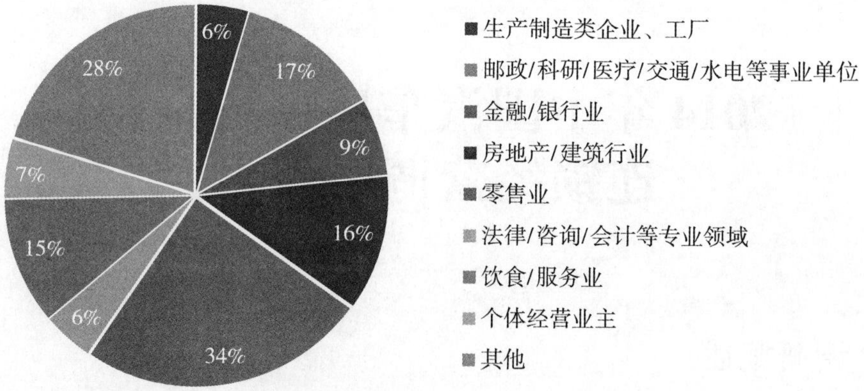

图 32 受访消费者职业分布及占比

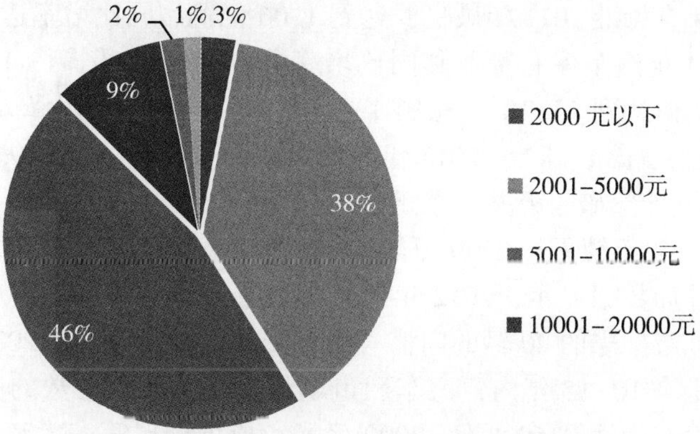

图 33 受访消费者家庭月均可支配收入及占比

2014 年中国汽车后市场企业连锁经营调研报告

一、调研概述

（一）起因

国内民用汽车保有量继 2011 年破亿，达到 1.06 亿辆，同比增率达到 16.4%后，持续快速稳定增长，2014 年汽车保有量及其同比增率分别为 1.54 亿辆、12.4%，2005-2014 年十年间同比增率均值达到 15.7%（见图 1）。其中，2013 年民用私人汽车保有量破亿，达到 1.05 亿辆、同比增长 12.8%，2014 年分别为 1.26 亿辆、同比 19.8%（见图 2）。而民用汽车销量自 2009 年突破千万并开始迅猛发展，2013 年销量破两千万，达 2198 万辆、同比增率 13.8%，2014 年销量达 2349 万辆、同比 6.9%，持续保持全球民用汽车销售第一大市场。国家统计局数据显示，2012 年年末城镇居民每百户家庭汽车拥有量 21.5 辆，已超过公认的汽车社会标志的 20 辆的门槛。而据交通运输部预测，2020 年我国汽车保有量将超过两亿辆，未来 10-15 年内，汽车后市场将保持每年两位数的高速增长，而 2015 年汽车售后市场产值有望达到 6000 亿-7000 亿元，成为全球第一大汽车后市场。随着全国范围大气防治污染治理战略规划的实施，以及正在发生的全国性且数量庞大的一般性公车进入二手车市场，我国汽车后市场将迎来历史性的快速、庞大且持续性扩张发展。

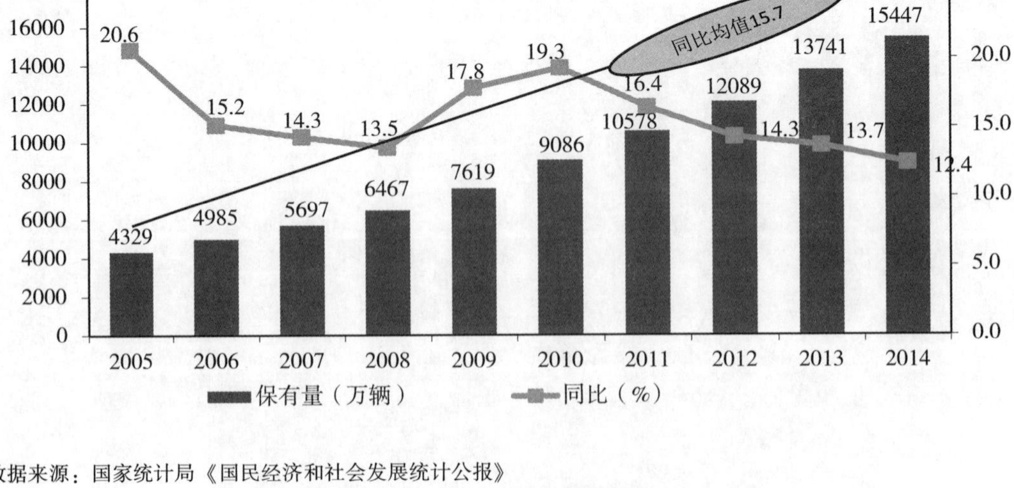

数据来源：国家统计局《国民经济和社会发展统计公报》

图 1　2005-2014 年中国民用汽车保有量及同比增量

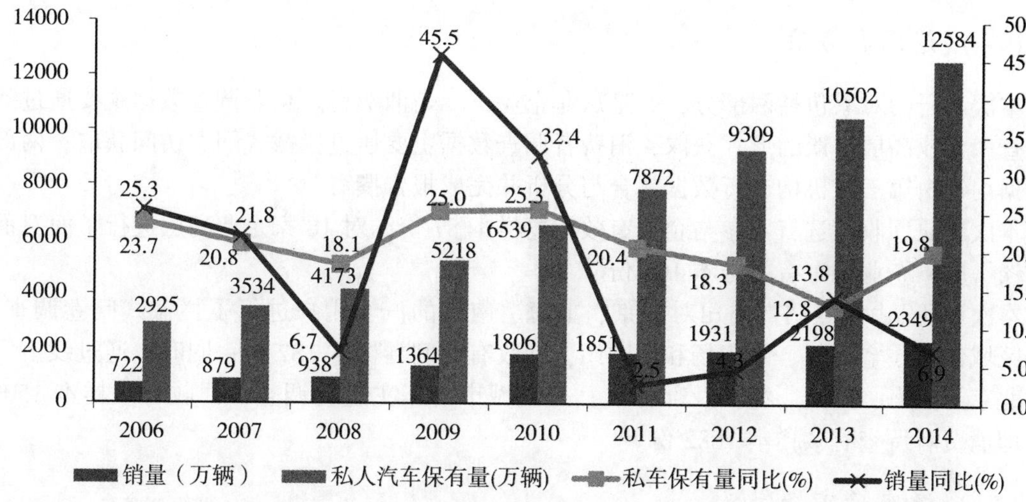

数据来源：国家统计局《国民经济和社会发展统计公报》

图 2　2006-2014 年中国民用汽车销量、私人汽车保有量及同比增量

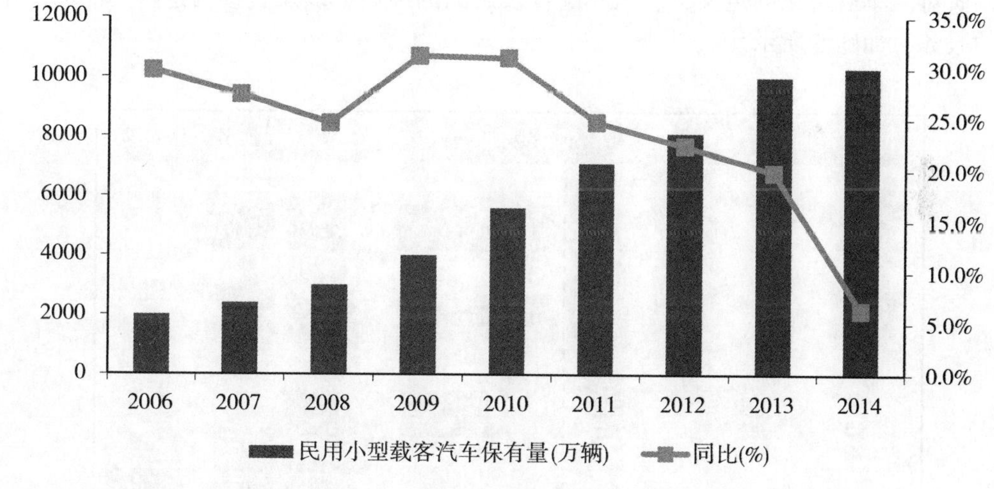

数据来源：国家统计局《国民经济和社会发展统计公报》

图 3　2006-2014 年中国民用小型载客汽车拥有量及同比增量

然而，汽车后市场主要包括哪些组成部分？有哪些力量在推波助澜？从业企业经营发展状况如何？消费者的特点是什么？这些都是业内人士关心的问题。

为了解汽车后市场具有一定规模的从业企业的现状、挑战与发展，同时也了解消费者对汽车后市场的需求和看法，为汽车后市场连锁企业的发展提供持续的经营参考和新的思路，中国连锁经营协会牵手上海菁葵投资有限公司自 2012 年联合开展了“中国汽车后市场企业连锁经营发展调研”，本年度为连续第三次开展此项调研。本年度汽车后市场调研还得到安永华明会计师事务所、零点调查公司和第一调查网的共同参与和支持。

（二）范围和方法

本次调研的对象包括两部分，一是从业企业，二是消费者。企业调查数据主要通过问卷调查和企业高层访谈的形式获取，消费者调查数据主要通过拦截式问卷访问获取；两部分数据均经由第三方机构进行数据整合与分析并完成报告撰写。

本次调研回收筛选自愿参与企业有效问卷样本 87 份，对 18 家企业高层进行了面对面的访谈。即，企业调查有效样本 105 份。

本次调研①由零点调查公司对北京、上海、南京的汽车用户进行了拦截式问卷调查，调查区域包括住宅小区、停车场和加油站，回收有效问卷样本 182 份；同时，通过线上问卷对北京、上海、广州、深圳及部分二、三线城市的车主进行调查，回收有效样本 1500 份。即消费者调查有效样本 1682 份。

（三）汽车后市场定义

广义上，汽车后市场包括整车销售后所有的需求，如图 4 所示。但基于我们自 2012 年起连续三年对从业公司的访谈，以及参考美国、欧洲等国家对汽车后市场范围的描述，本次调研对汽车后市场的定义为：汽车配件及用品的经销，以及直接为这些产品的使用所提供的服务，如图 5 所示。

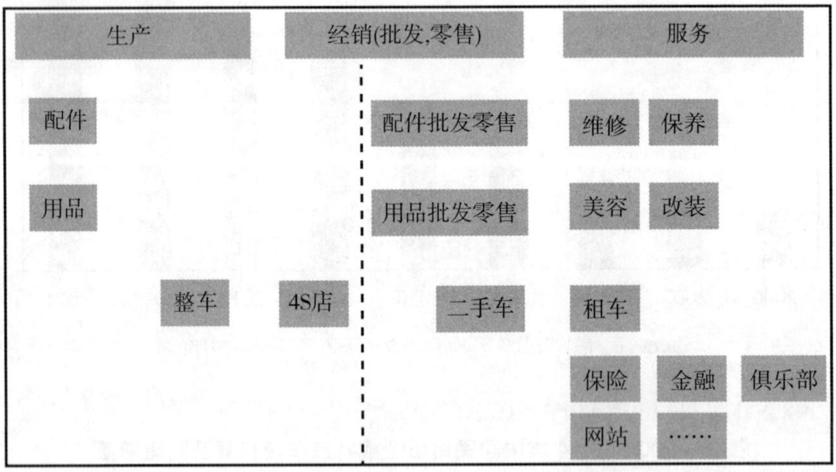

图 4　广义上的汽车后市场

① 本次调研数据主要来源：零点消费者调查、汽车后市场项目组，以及国家统计局数据。

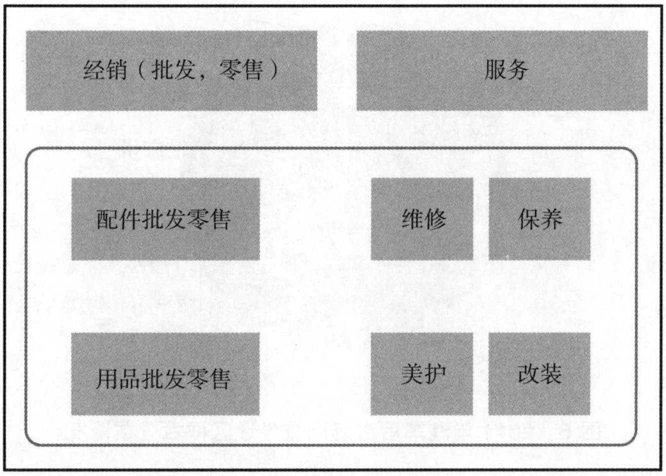

图 5 汽车后市场定义

二、车主及车企主要调研结果

（一）消费者（车主）基本状况

本次消费者（车主）状况调查采取线下问卷访谈（拦截式访问）与线上问卷调查相结合的方式。调查共回收消费者（车主）有效问卷 1682 份（见表 1），作为本次调研基础样本。

表 1 2014 年汽车后市场调查样本取样情况①

样本城市	北京	上海	广州	深圳	南京（归入二线）	二线	三线	小计
线下样本	66	67			49			182
线上样本	100	100	100	100		600	500	1500
有效样本合计	166	167	100	100	649	649	500	N = 1682

其中，线下问卷访谈主要针对北京市、上海市和南京市的汽车用户，并回收有效问卷 182 份；线上问卷调查主要针对北京市、上海市、广州市和部分二、三线城市的汽车用户，并回收有效问卷 1500 份。车主样本各地区分布情况见图 6。

① 本次调研将北京、上海、广州、深圳列为一线城市；而二线城市包括副省级城市、计划单列市、经济特区、省会城市和经济规模较大城市；三线城市是指经济比较发达的中小城市、有战略意义的大中城市和经济总量较大的小城市。

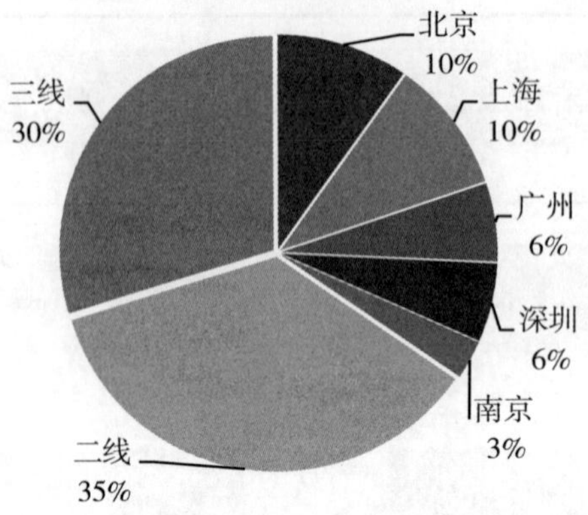

图 6　2014 年汽车后市场调查各地区样本分布情况

1. 车主基本特征

本次调查访谈，男性车主占 57.6%，女性车主占 42.4%，与 2013 年、2012 年的男性、女性占比（68.0%、32.0%，74.3%、25.7%）比较，女性占比连年分别上升 10.4%和 6.3%，显示出越来越多的女性车主成为本调研的访谈对象。

访谈车主的年龄状况见图 7。与上年主要集中在 26-35 岁（占比为 82.3%）不太一致的是，本次访谈中 36-45 岁的车主占比大幅提升至 24.7%，且 26-35 岁与 36-45 岁的车主占比之和为 82.6%。

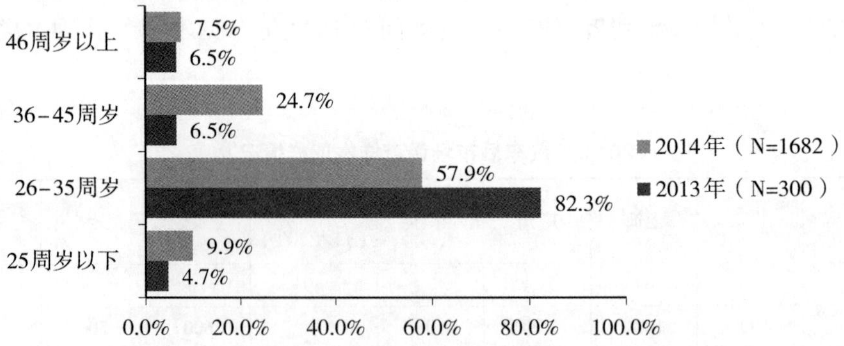

图 7　访谈车主年龄占比情况

访谈车主的月均收入状况见图 8。与上年不同的是，本次访谈车主月均收入占比排行前 3 位的是 5001-8000 元（占比 30.6%）、10000 元以上（占比 24.0%）和 8001-10000 元（占比 19.7%），三者占比之和为 74.3%；而上年排行前 3 位的则是 5001-8000 元、3001-5000 元和 8001-10000 元（占比分别为 38.3%、22.3%和 18.0%），三者占比之和为 78.6%。其中，万元以上收入者大幅提升，而 5000 元以下中底收入者占比变化不大。

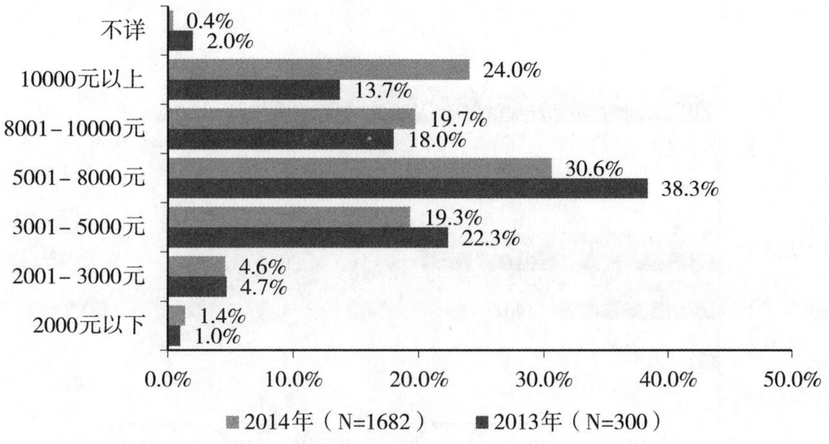

图8　访谈车主月收入占比情况

2. 车主分城市收入状况

如图9所示，一线城市被访车主月均收入主要是在8000元以上，占比超过五成，其中北京、上海的部分被访车主是豪车拥有者，两城市万元以上收入比例相对较高（占比在四成左右）。二、三线城市被访车主收入主要集中在5000-8000元，占比在三成以上。

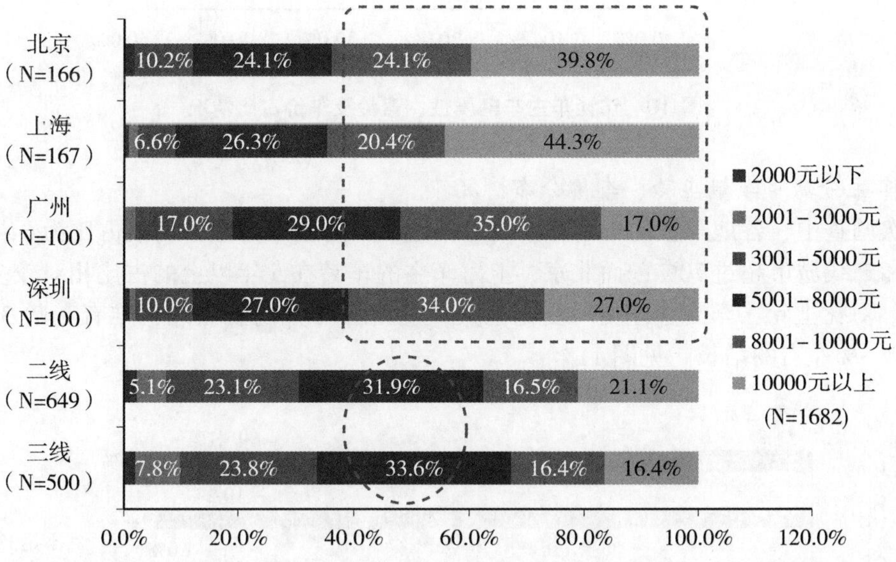

图9　访谈车主分城市不同月均收入段分布情况

3. 车辆、车价及车主驾龄特征

如图10所示，近两年绝大部分受访者的车辆均为私家车辆，且超过六成的访谈车主驾龄不足3年。

受访者的爱车售价主要集中在30万元以下，占比达82.8%，特别是15万元以下的车辆占比为43.3%，而50万元及以上的较高端车辆占比仅为5.4%。

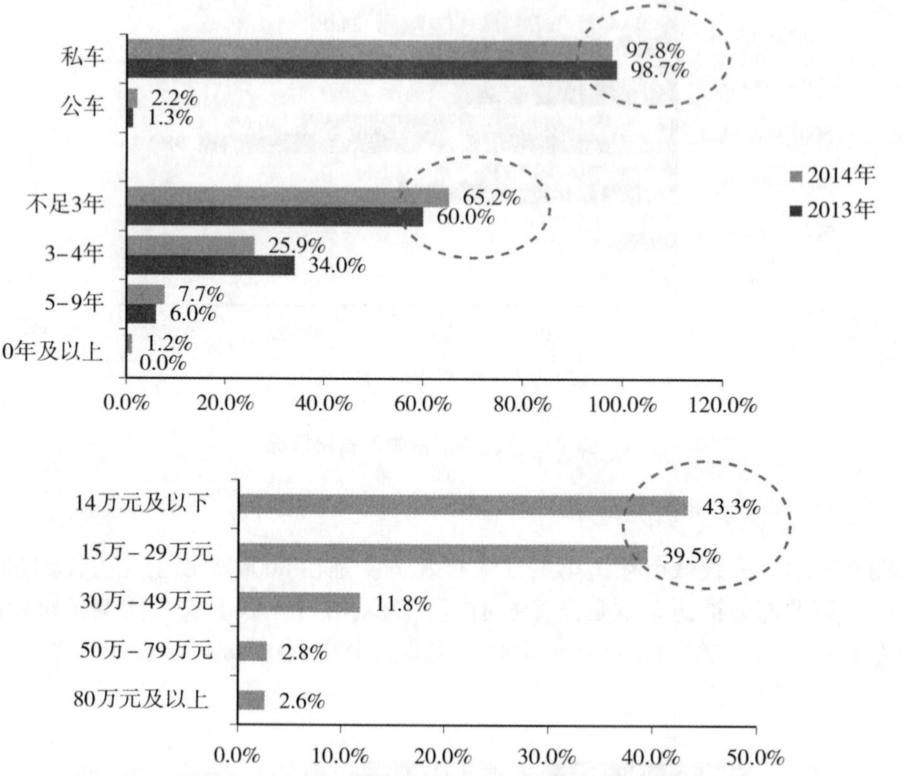

图 10　访谈车主车辆属性、驾龄及车价占比情况

4. 车主分城市车辆车龄、车价分布情况

本次调查中，各地车主的车辆车龄均以不足 3 年的新车为主，均值占比为 64.3%，其中广州和二线城市超过 70%；而北京、上海车主的车龄在 5 年以上的占比相对较多，均超过 10%。对比上年，车龄整体格局变化不大，但新旧两头均有收缩，唯有车龄 3-5 年的车辆出现 3%左右的增长。见图 11。

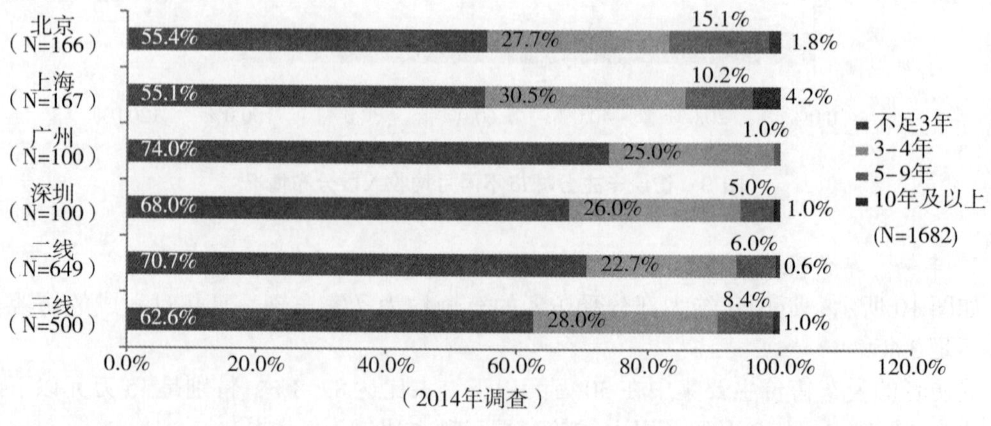

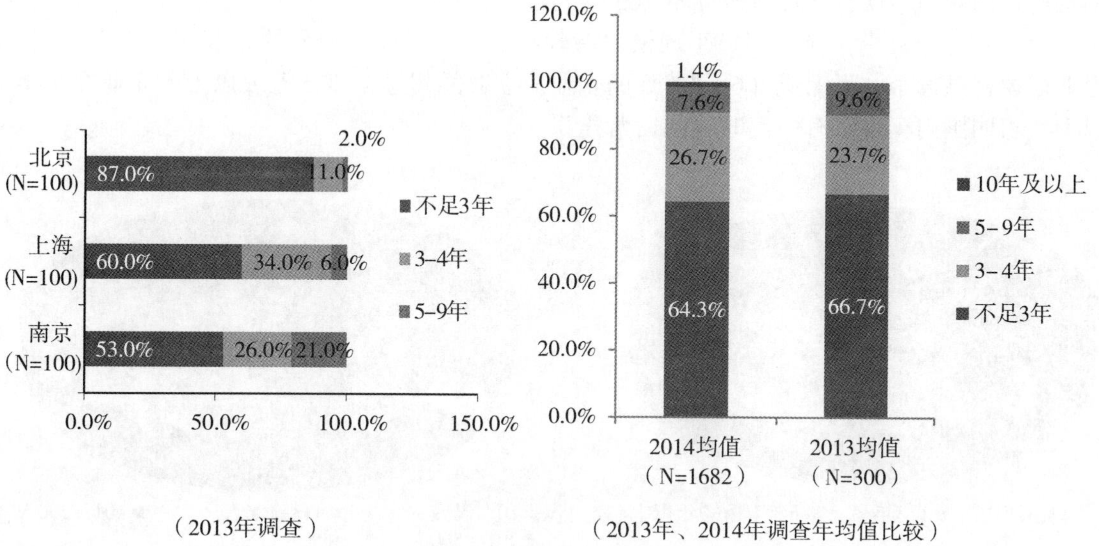

图 11　访谈车主车辆车龄分城市分布情况

本次调查中，二、三线城市受访者的车辆售价主要集中在 15 万元以下，占比均超过 50%；广州、深圳受访者的车辆售价主要集中在 15-29 万元，占比接近 55%；在北京、上海访问了部分豪车车主，两城市各段价位车辆分布相对均匀。另外，本次调查发现，受访者中 30 万元以下的大众车辆占到总样本的 82%。

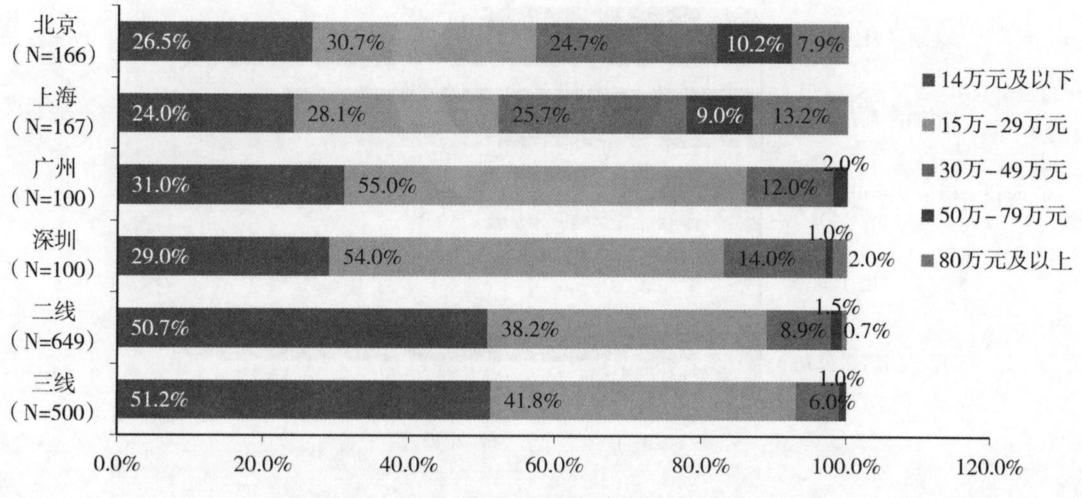

图 12　访谈对象车辆售价分城市分布情况

（二）服务商（车企）维保基本状况

1. 受访车企基本情况

本次调查汽车后市场企业（简称车企），回收有效问卷样本 87 家，同时对 18 家车企高层进行面对面访谈，共计有效样本 105 个。

（1）以连锁经营为主，但员工规模普遍较小。调查显示，75%的企业在 100 人以内，企业规模普遍偏小；近七成（66.7%）的企业成立时间超过 4 年，五成以上的企业在 7 年以上，表明国内车企已有一定时间的运营积累。

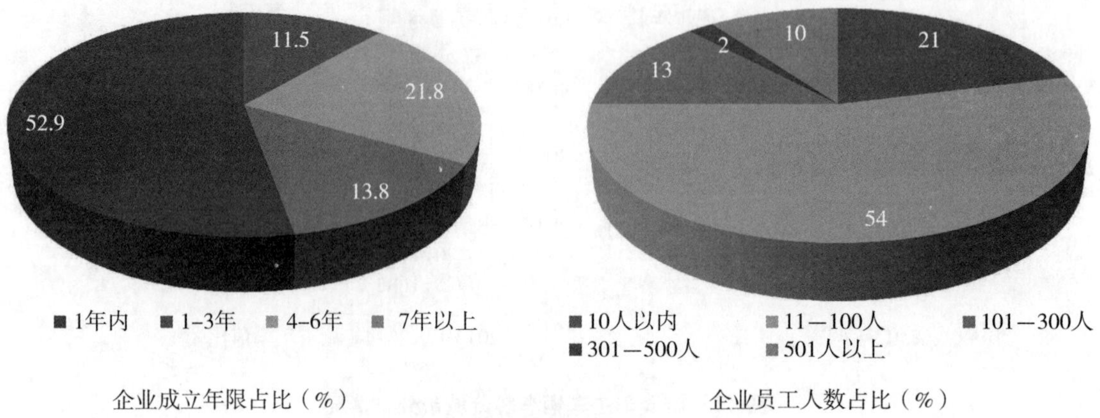

图 13　受访车企经营年限及员工规模情况

调查还显示，2014 年受访车企中有 58%的企业正在以不同连锁模式开展连锁经营（见图 14）。

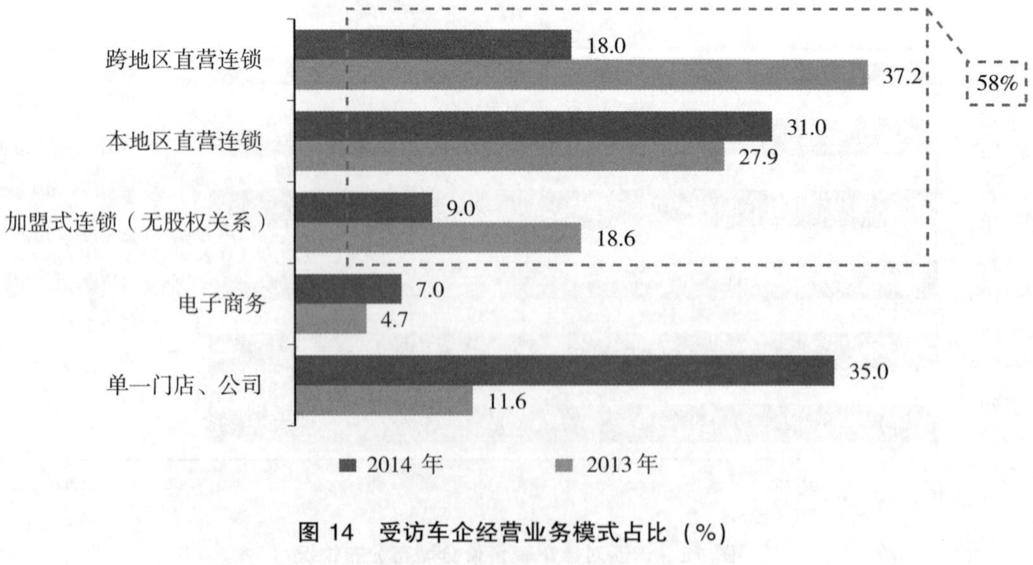

图 14　受访车企经营业务模式占比（%）

（2）主营业务清晰，以加盟为主要扩张方式，但连锁规模偏小，门店增长趋缓。如图 15 所示，汽车综合修理、配件经销和汽车美容改装服务是受访车企最主要的三大主营业务，而汽车其他用品零售也是车企很重要的业务。

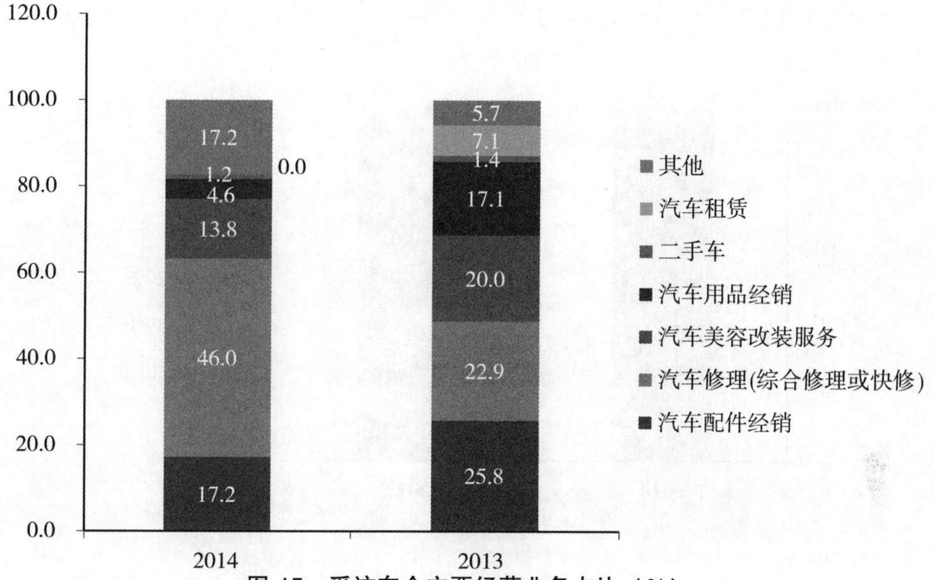

图 15 受访车企主要经营业务占比（%）

从图 16 数据可看出，六成以上的受访车企只拥有 5 家及以下的店铺，超过 100 家店铺的仅占 8%。数据还显示，大部分受访车企通过加盟模式实现网点扩张，但目前其加盟网点规模普遍偏小，高达 86%的车企加盟网点在 5 家及以下。而图 17 显示，2014 年受访车企门店扩张增速明显趋缓。

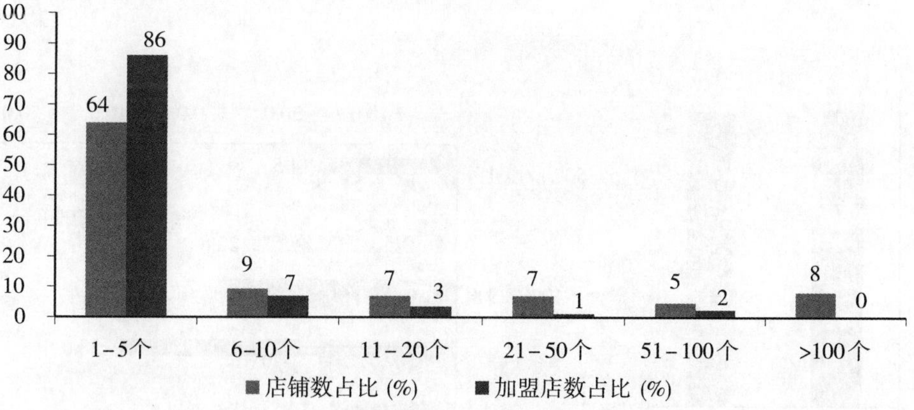

图 16 受访车企拥有店铺（包括加盟店铺）情况（%）

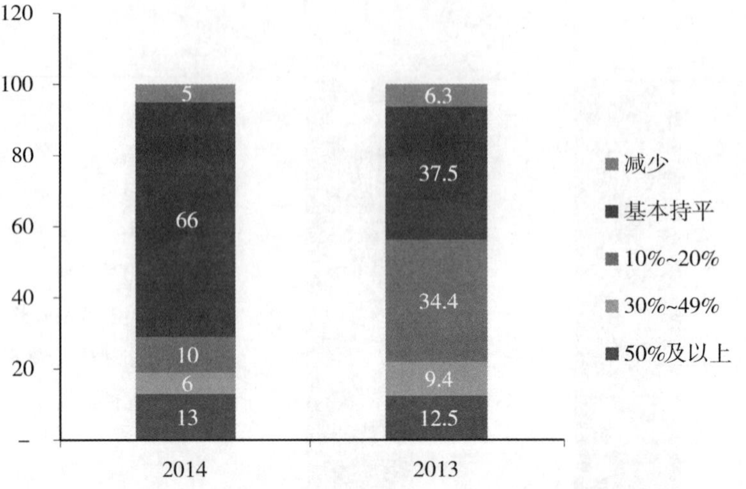

图 17 受访车企店铺数增速占比（%）

（3）六成企业销售收入在千万元以下，销售增长整体减缓，但年增率 50%的“领跑者”也在拓宽。如图 18 所示，2014 年受访车企销售收入同比上年整体减缓，特别是上年收入大户在本年度的收入明显收窄，以及超过五成占比的企业增率持平或负增长。但同时，销售收入同比增速 50%及以上的“领跑者”占比提升 8 个百分点。

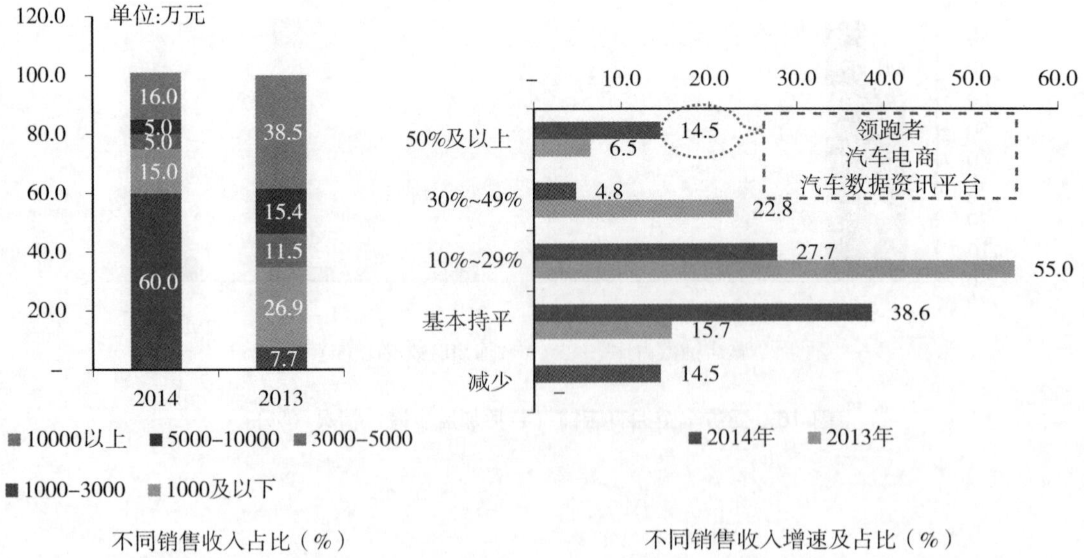

图 18 受访车企不同销售规模及其增速占比情况

2. 维保基本情况

（1）常规维保周期——85%至少6个月1次，但车龄越低、车价越高，维保越频繁。

调查显示，85%的车主至少6个月进行1次常规维保，而上年这一数据是90.7%，其主要原因是车龄上升，高车龄车主维保频次相对较低所致。见图19。

在不同车龄方面，3年以下车龄的车辆中占比32.3%为3个月1次，88.4%为半年1次，且随着车龄增长，常规维保频次有所下降。而在不同车价方面，80万元以上车价的车主会3个月维保1次。也即车龄越低，车价越高，常规维保频次越频繁。见图19。

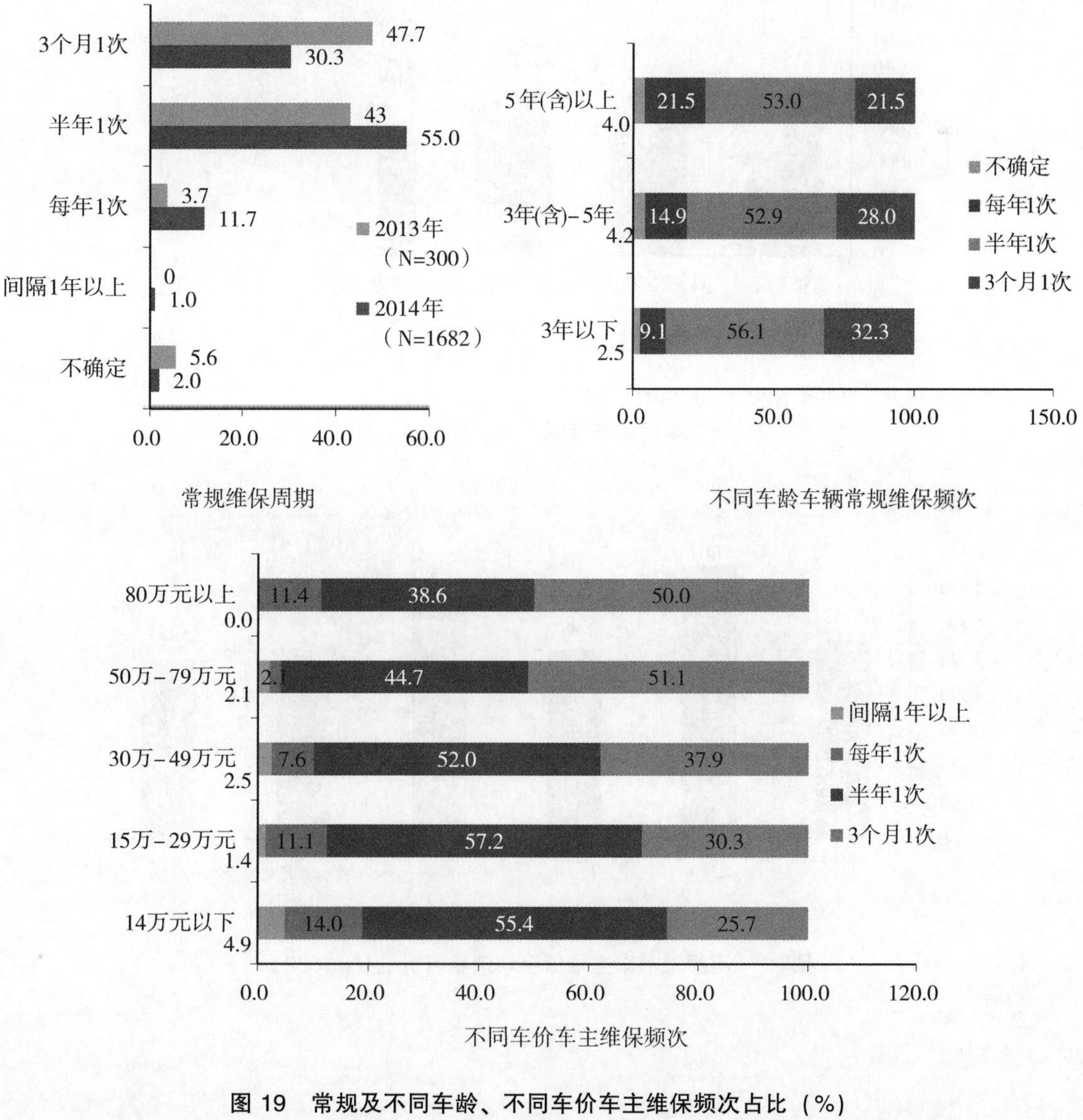

图19 常规及不同车龄、不同车价车主维保频次占比（%）

（2）维保费用——常规维保年均消费5279元，同比增率近五成，且车龄越长、车价越高，维保花费越高；上海、深圳维保花费较高，但二、三线与一线城市维保花费差距不大。

调查显示，2014 年受访车主维保平均消费 5279 元，比上年增加 1715 元，同比增长 48.6%（见图 20），其中上海①、深圳的车主维保消费较高，而整体来看，二、三线城市常规维保消费额与一线城市差距不是很大（见图 21）。调查还显示，维保年消费 2000-4000 元的车主占比最高，为 32.6%，且五成以上车主维保年消费在 4000 元以下，其中车主车龄越长、车价越高，其常规维保花费也越高（见图 22-24）。

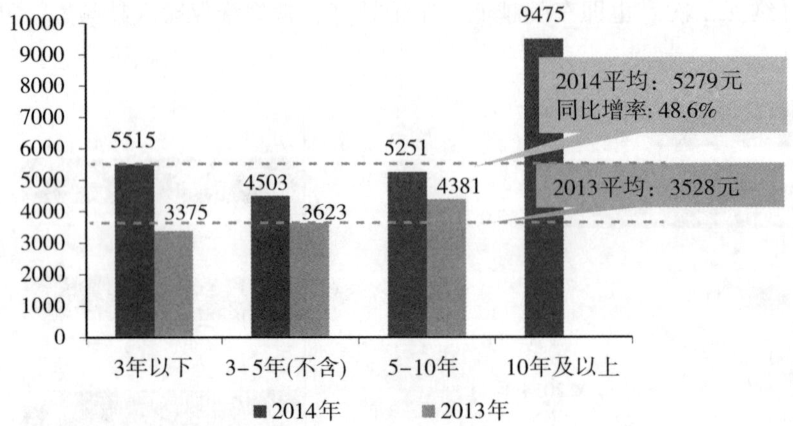

注：2013 年 10 年及以上样本 N=2，不具分析意义。

图 20　不同车龄车主维保平均消费（元，N=1682）

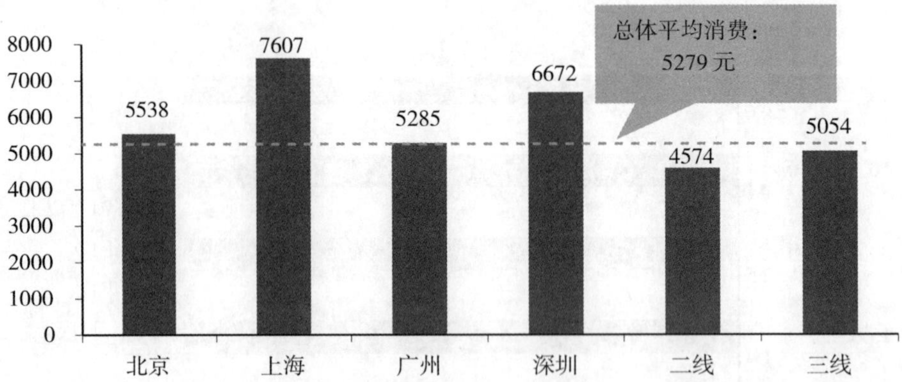

图 21　不同城市车主维保平均消费（元，N=1682）

① 本次调研样本中，上海车主拥有 80 万元及以上车辆占比较高，拉升了部分维保费用。

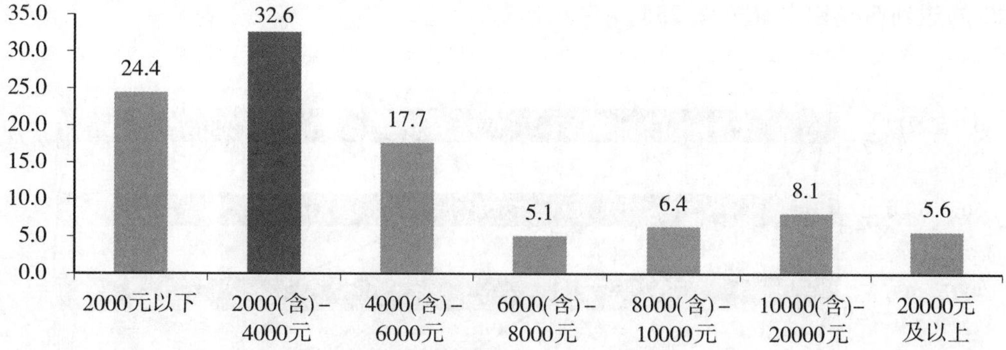

图 22　不同维保消费段车主占比（%，N=1682）

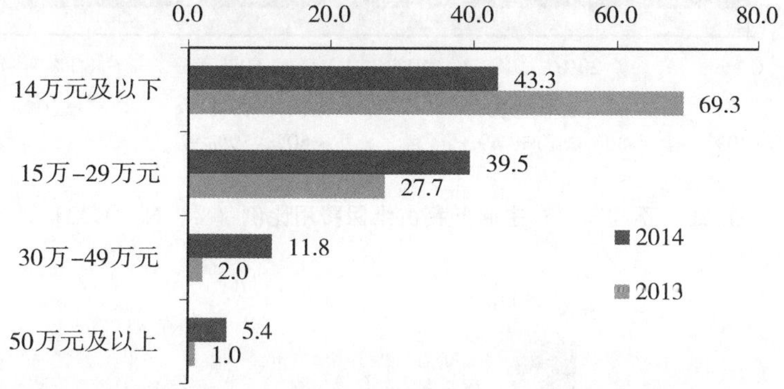

图 23　受访车主车价占比（%，N=1682）

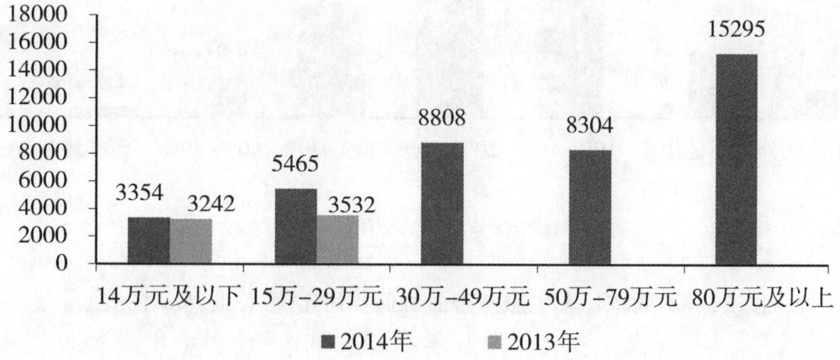

注：2013 年 30 万元及以上样本 N=8，不具分析意义

图 24　不同车价车主维保平均消费（元，N=1682）

——维保工时费占维保费用比例集中在 10%~30%，车价越高、工时费占比越高，但工时费收取无行业统一标准且差异大。

由图 26 数据发现，维保工时费（服务费）占维保费用的比例主要集中在 10%~30%之间，且车价越高，工时费占比越高，其中，车价 80 万元以上的车主认为工时费占比超过 30%的达到 50%以上（见图 25）。

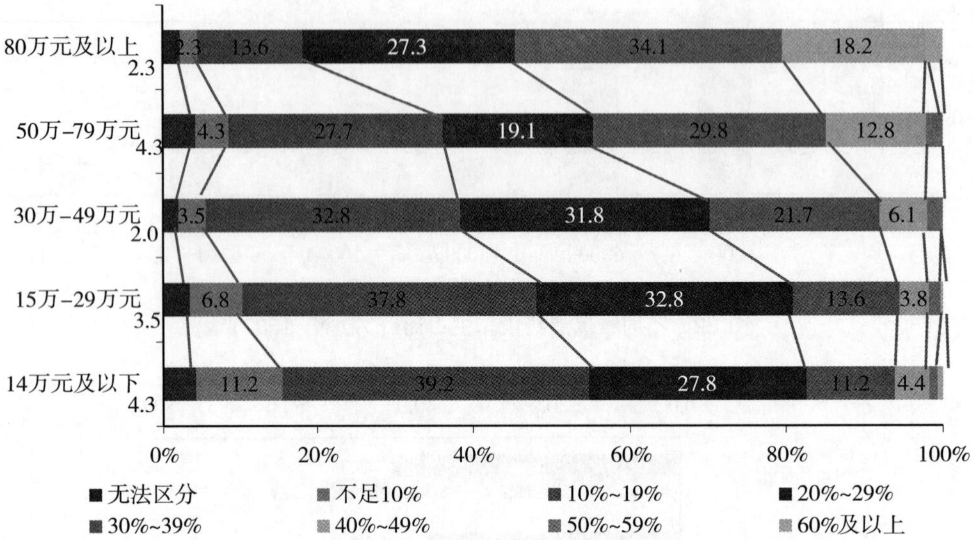

图 25　不同车价车主服务费占维保费用比例（%，N=1682）

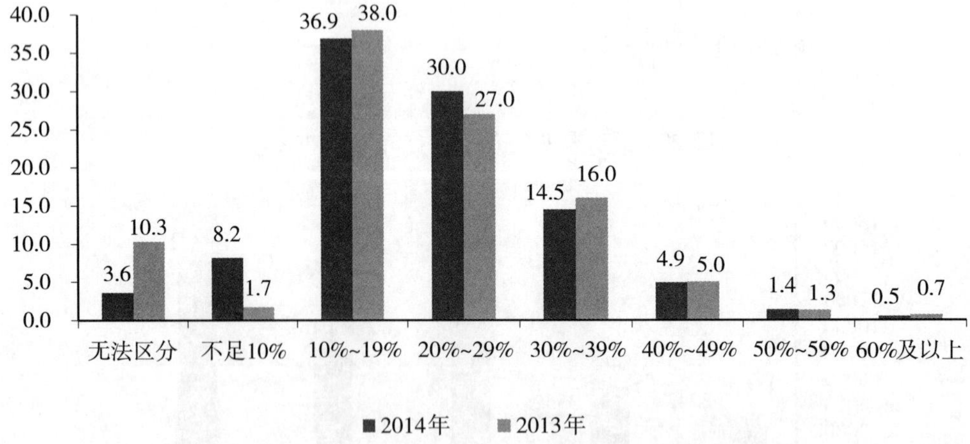

图 26　不同车价车主服务费占维保费用比例（%，N=1682）

从对受访车主访谈及行业分散了解服务费的认知情况看，行业服务费收取没有统一标准且差异较大。存在的普遍问题是：不同品牌车辆（同价位段）工时收费不同；同一品牌车辆在不同门店和地区工时收费不同。

如，一汽大众将全国分为 8 个区域，各区域的 4S 店经销商遵循不同的工时费指导价格。以四轮定位工时费为例，华北区的指导价是 900 元/次，上海（华东区）和广州（华南区）做四轮定位仅需 480 元/次和 400 元/次，而在西北区则只需 200 元/次，价格相差悬殊。再如表 1 所示的汉兰达与全新胜达（同价位段）车辆工时费的差异显而易见。

工时费在维保项目中占有较高的比重，有的甚至超过配件的价格，是所有车主维保时都会遇到的收费项目，但在大多数车主看来，“工时费”错综复杂，像是“雾里看花”，根本看不懂。实际上，“1 工时”被分解成若干个“工时”，车企对“工时”有不同的认识和收费认定，而行业对工时费缺乏统一标准，由此引发的车商与车主消费纠纷层出不穷。

表 1　　汉兰达/全新胜达 工时费价格对比

<table>
<tr><td>车型</td><td colspan="2">汉兰达</td><td>全新胜达</td></tr>
<tr><td>机油机滤</td><td colspan="2">200 元</td><td rowspan="2">200 元</td></tr>
<tr><td>空气滤芯</td><td colspan="2">30 元</td></tr>
<tr><td>燃油滤芯</td><td colspan="2">590 元</td><td>200 元</td></tr>
<tr><td>空调滤芯</td><td colspan="2">30 元</td><td>150 元</td></tr>
<tr><td rowspan="2">变速箱油</td><td>2. 7L</td><td>380 元</td><td rowspan="2">400 元</td></tr>
<tr><td>3. 5L</td><td>580 元</td></tr>
<tr><td rowspan="2">火花塞</td><td>2. 7L</td><td>240 元</td><td rowspan="2">80 元</td></tr>
<tr><td>3. 5L</td><td>360 元</td></tr>
<tr><td>制动液</td><td colspan="2">310 元</td><td>300 元</td></tr>
<tr><td>冷却液</td><td colspan="2">180 元</td><td>200 元</td></tr>
<tr><td>转向助力油</td><td colspan="2">/</td><td>100 元</td></tr>
<tr><td>差速器油</td><td>3. 5L</td><td>430 元</td><td>100 元</td></tr>
</table>

（3）维保渠道——4S 店和本地连锁店优势大，各线城市渠道差异不明显，50 万元以上高端车更钟情 4S 店和连锁店，北京、上海由 4S 店主导。但随着车龄增长，维保渠道越分散。

由图 27 可以看出，随着车龄增长，维保渠道更加分散，其中汽车 4S 店的占比随之下降，而本地连锁汽修店、路边店呈上升态势，但相比上年，2014 年的路边店占比下降迅速。而在 50 万元以上的高端车主维保渠道中，仅在 4S 店和连锁汽修店进行维保（见图 28）。在不同城市车主的维保渠道选择上，图 29 显示，二、三线城市发展与一线城市差距不很明显，4S 店和本地连锁均占据较大优势，其中北京、上海因高价车占比高而至 4S 店占比明显偏高。

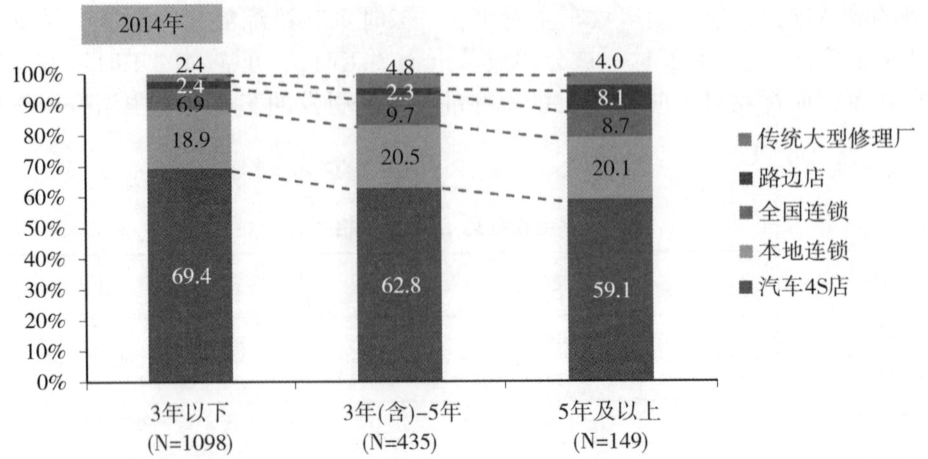

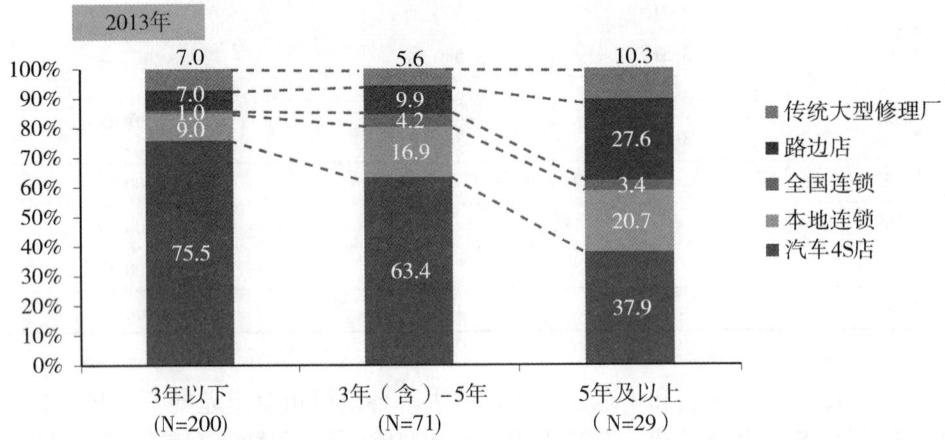

图 27　2013 年（N=300）、2014 年（N=1682）不同车龄车主维保常用渠道占比（%）

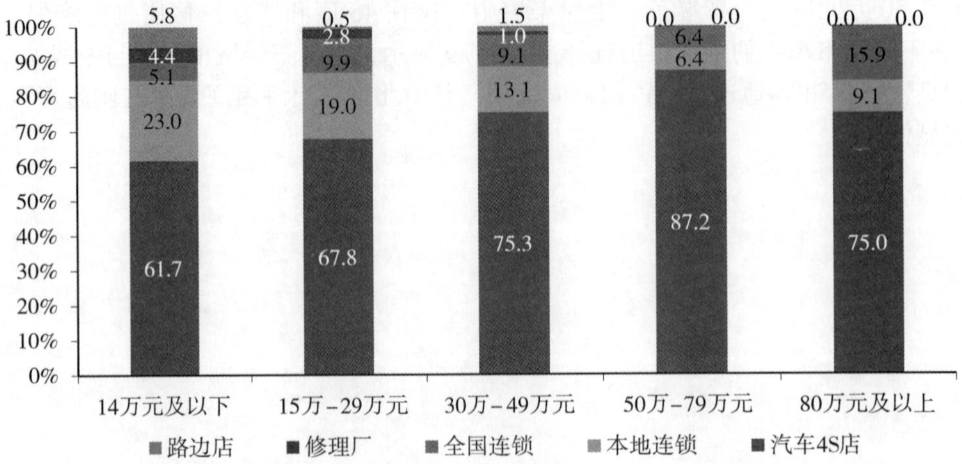

图 28　不同车价车主维保常用渠道占比（%，N=1682）

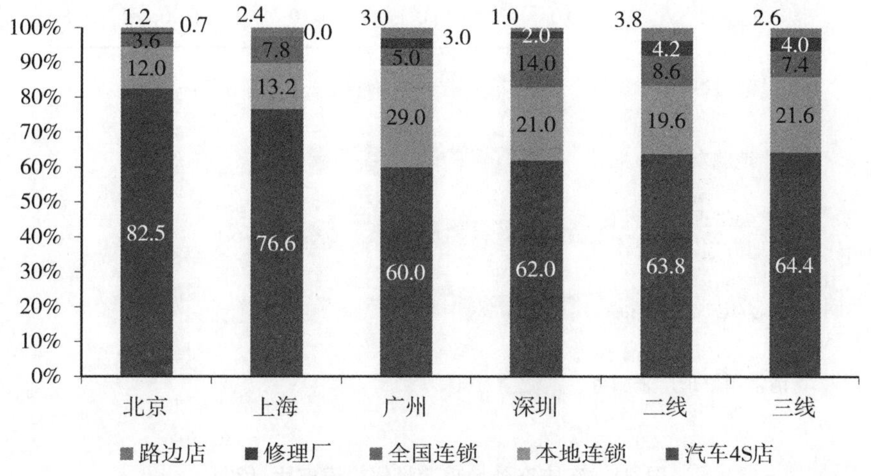

图 29　不同城市车主维保常用渠道占比（%，N=1682）

（4）维保满意度——4S 店和连锁汽修店满意程度高，路边店最低，而口碑推介是车主外地选择维保渠道的首要方式。

本次对维保渠道服务满意度的调查显示，一、二、三线城市车主对路边店的服务满意度都是最低；广州、深圳车主对本地连锁汽修店的满意度高于 4S 店，北京、上海则对 4S 店和全国连锁汽修店更为满意（见图 30）；而车主到外地选择维保渠道则以口碑推荐为首要方式，特别是会向朋友咨询，反之，媒介推荐的效果不佳（见图 31）。

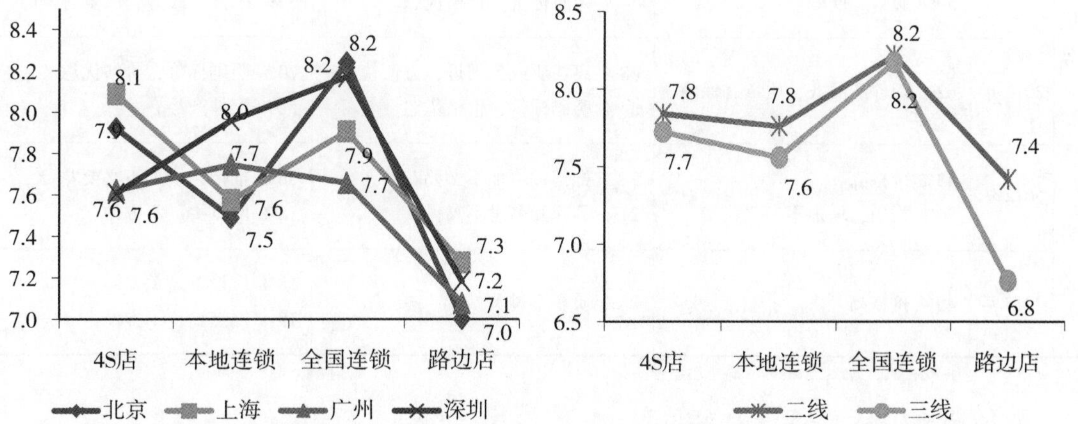

注：以分值 10-1 表示满意度由最高至最低递减，即 10 分表示非常满意，1 分表示非常不满意。

图 30　不同城市车主对维保常用渠道满意度评价情况（N=1682）

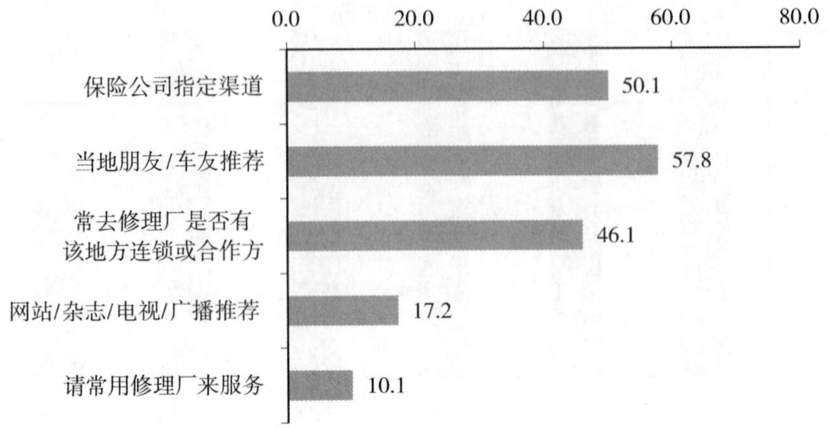

图 31　车主在外地首选维保渠道占比（%）

（5）选择维保渠道的影响因素——重视质量，关注价格，抵制推销。

表 2 显示，汽配质量、价格是车主选择维保渠道的最重要考量因素，而推销是普遍不被看好的行为。与上年对比看，4S 店价格高、连锁汽修店网点少继续为车主所诟病。

表 2　　车主对常用汽配维保渠道的选择原因及不满

		4S 店	本地连锁	全国连锁
优势	2014 年	55% 配件产品齐，质量有保障 50% 服务态度好	68% 离住所或公司近，方便快捷 54% 明码标价，价格优惠	57% 明码标价，价格优惠 55% 配件产品齐，质量有保障
	2013 年	62% 配件产品齐，质量有保障	68% 离住所或公司近，方便快捷 54% 明码标价，价格优惠	70% 明码标价，价格优惠 52% 配件产品齐
劣势	2014 年	43% 价格高 30% 推销，增加不必要花费	33% 推销，增加不必要花费 21% 品牌知名度不高	36% 推销，增加不必要花费 18% 网点少，不方便
	2013 年	49% 价格高	25% 质量不过关	18% 质量不过关 19% 网点少，不方便

3. 自购配件及用品基本情况

调查显示，车主自购汽车配件或用品的比例逐年上升，2014 年达到 94%（见图 32）。

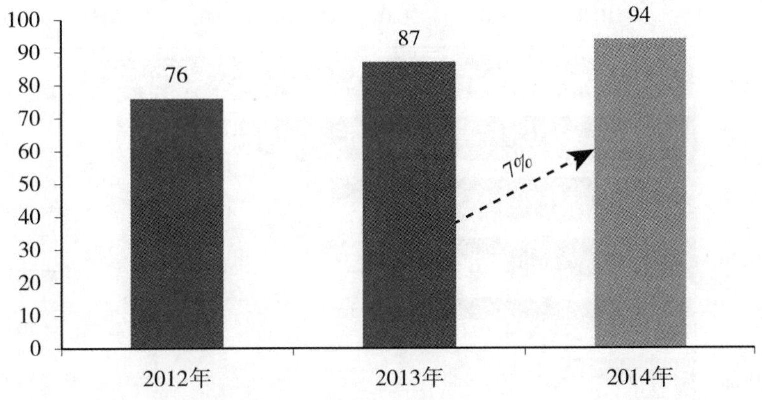

图 32　车主自购配件或用品的比例（%，N=1682）

（1）自购配件需求原因——秉持品牌自选，店家价格虚高是自购配件主因。

图 33 显示，车主因汽车配件质量和产品特殊性因素选择自购的比例大幅提升，其中自我掌控配件品牌和质量、维保店家报价虚高是车主选择自购配件和用品的主要原因，这与以往同类调查的结果基本一致。

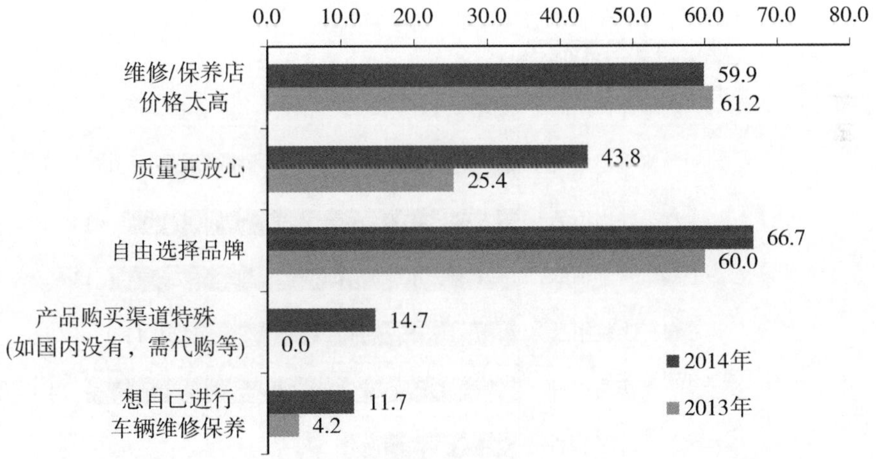

图 33　车主选择自购配件和用品主要原因及占比（%，N=1581）

（2）自购配件产品类别——内饰占比高达六成，车身附件、安全辅助和外饰用品自购升幅居前三；而 50 万元以上车辆内饰高自购率更明显，其配件自购率相对偏低。

车主自购汽车内饰用品的占比仍然最高，达 60. 8%。但是，本年度除自购内饰占比略有下降外，车主自购其他配件和用品的比例都有不同程度的提升，其中车身附件提升最大，达 14. 4%，其次是安全辅助和外饰用品，该数据与上年（内饰品最受欢迎，车身附件提升最多）趋于一致。见图 34。

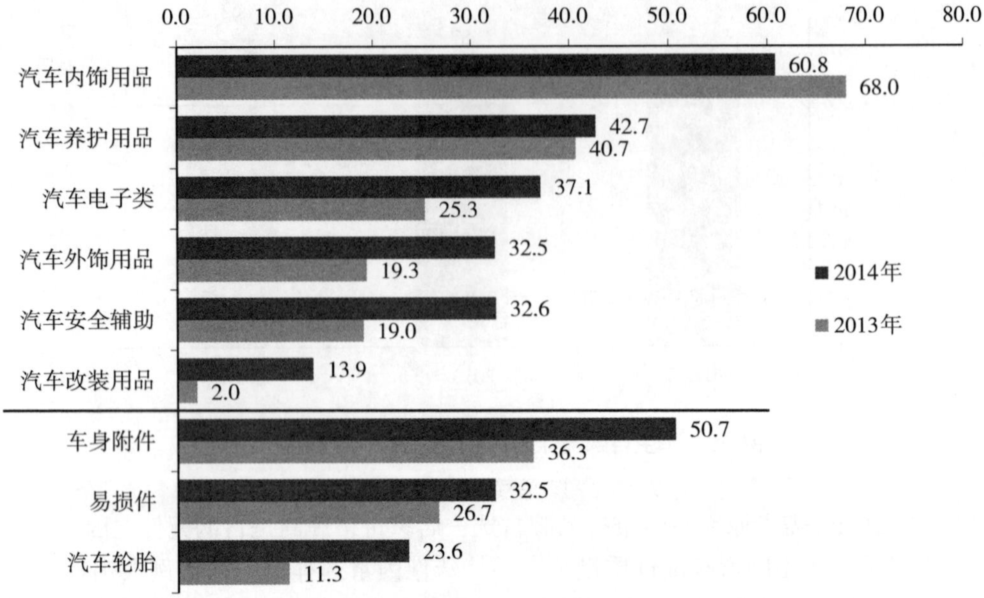

（配件产品类别及占比）

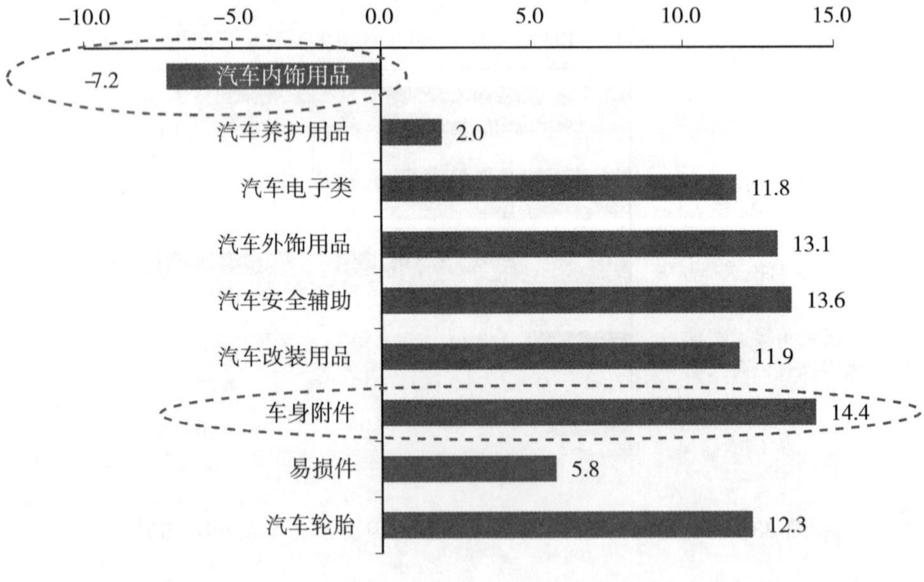

（2014年配件占比同比增幅%）

图 34　车主自购配件和用品的主要产品类别及占比（%，N=1682）

而从图 35 可以看出，50 万元以上车辆的内饰自购率明显高于 50 万元以下车辆，但其配件的自购率相对偏低，如车身附件等。

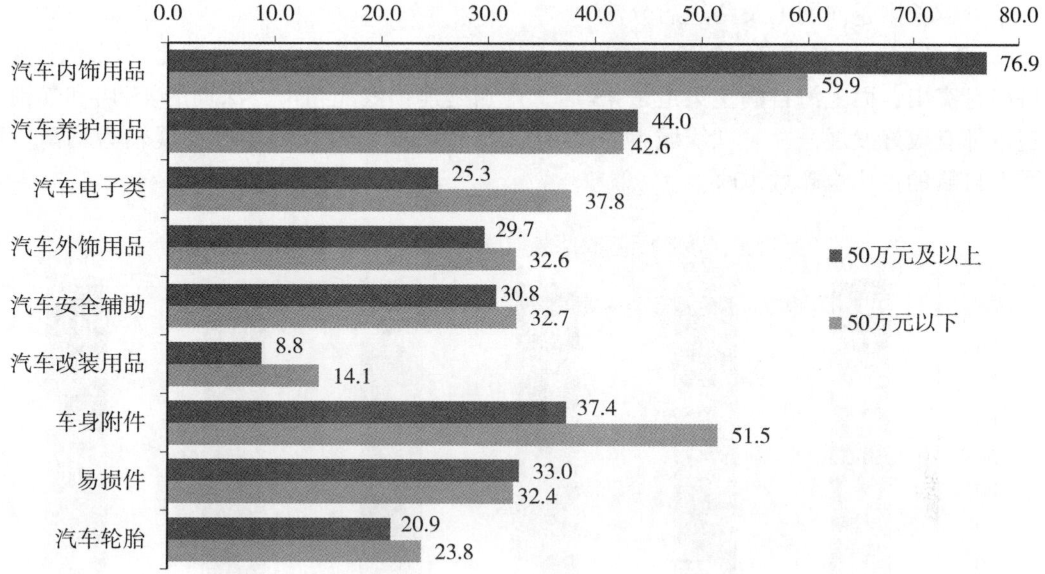

图 35　不同车价车主自购配件和用品的主要产品类别及占比（%）

（3）自购配件安装服务需求——配件销售与安装服务相结合的市场仍有较大需求。

图 36 显示，65.8%的自购车主购买汽车配件或用品后会选择在当地找汽修专业人员安装和更换，但也有半数的自购车主认为能自行完成安装或更换。相比上年，前者小幅下降，后者小幅提升。但总体上，由于汽车配件及用品的安装、更换具技术属性，致使大部分车主自购配件后仍需懂技术的专业人员提供技术支持。

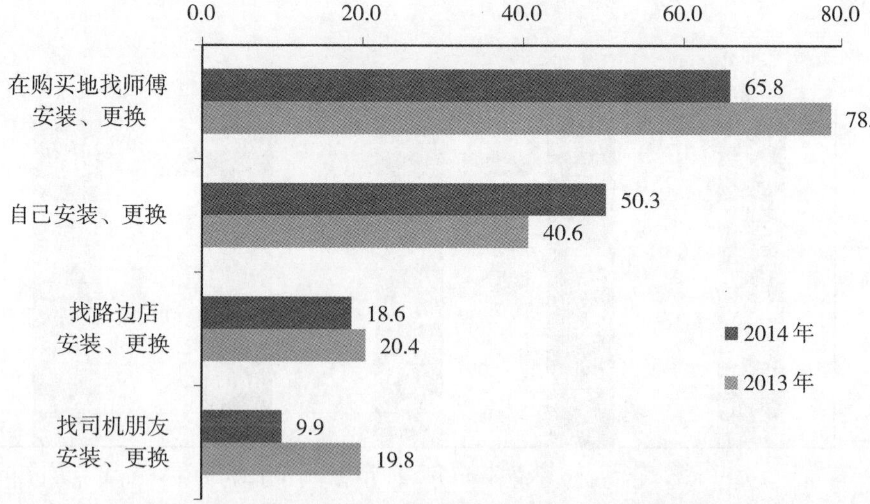

图 36　车主自购配件后选择安装的主要方式及占比（%）

（4）自购配件渠道——不同城市自购主渠道存差异，高端车更青睐 4S 店，而车价越低、车龄越长则越向网上及路边店分流。

图 37 显示，各城市自购配件的主渠道占比存在一定的差异。其中，北京以汽配城占比最高且突出，而上海自购主渠道是 4S 店，广州是连锁汽配超市，深圳的 4S 店和连锁汽配超市都有较好发展。二、三线城市的 4S 店、连锁汽配超市和汽配城发展较为均衡，即使网上自购的占比也超过 10%。

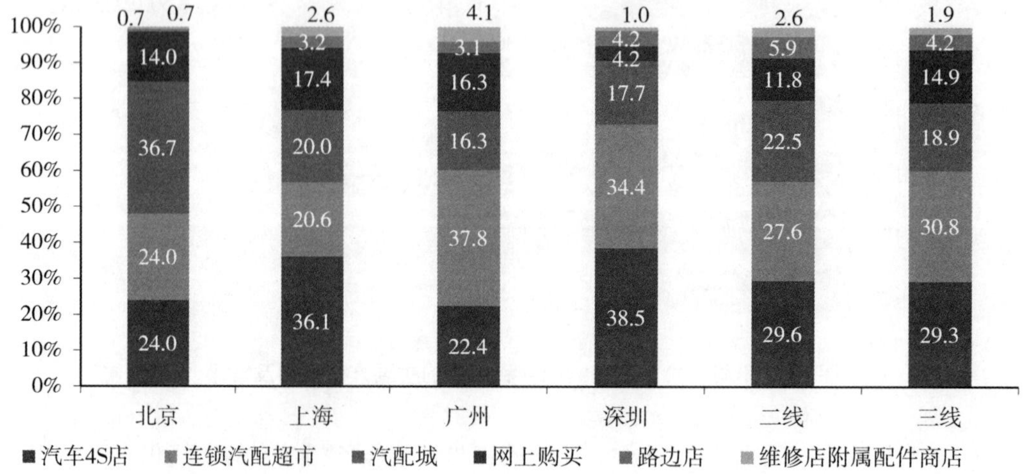

图 37　不同城市车主常去自购配件和用品的渠道及占比（%）

从不同车价车主自购配件看，车价越高，在 4S 店选购的占比越大，在网上及路边店的购买占比越低。反之，车价越低，在 4S 店自购占比越小，在网上及路边店自购占比越高（见图 38）。

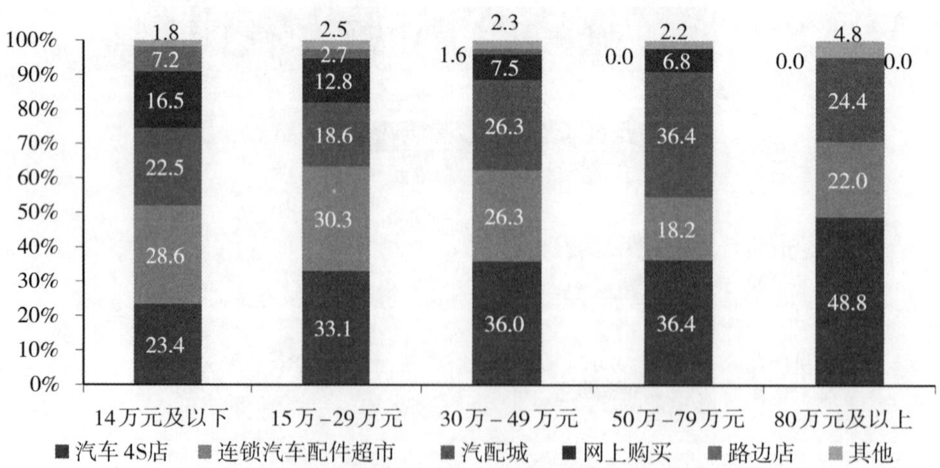

图 38　不同车价车主自购配件和用品的常用渠道及占比（%）

而从不同车龄车主自购配件看，随着车龄的增长，自购渠道更加分散，且 4S 店逐步被消费者放弃，相对便宜的专业连锁店和更便宜的路边店凭借价格优势，侵蚀更多的配件零售渠道占比。这其中也有汽车保修期一般为 3 年，过保后部分车主选择其他渠道，导致在 4S 店自购占比明显下降（见图 39）。

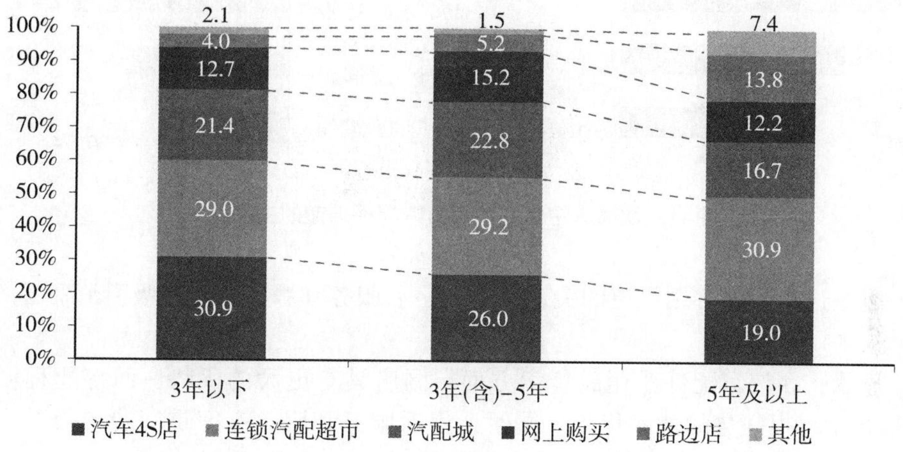

图 39　不同车龄车主自购配件和用品的常用渠道及占比（%）

——车主留在自购配件常用渠道的主要影响因素是：专业汽修店、保养店内的配件价格太高，与自购存在不少的差价空间；自购可自由选择品牌，择优挑选，质量更放心。调查显示，车主购买配件更加实际，但实际上车主自认为自购可以择优和质量更放心的意愿难以在专业程度较高的技术、知识环节得到支撑。

图 40 显示，车主对自购配件及用品留在常用渠道的关注度在几乎所有方面均有提升，而且对产品齐全、价格优惠和质量保障持续看重。

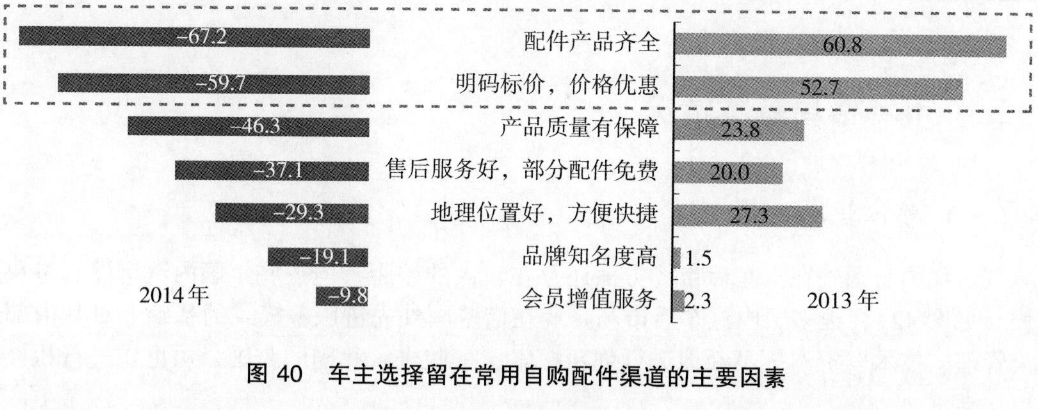

图 40　车主选择留在常用自购配件渠道的主要因素

而阻碍车主留在自购配件常用渠道的主要原因是对汽配及相关产品不了解，缺少相应专业知识（见图 41）。

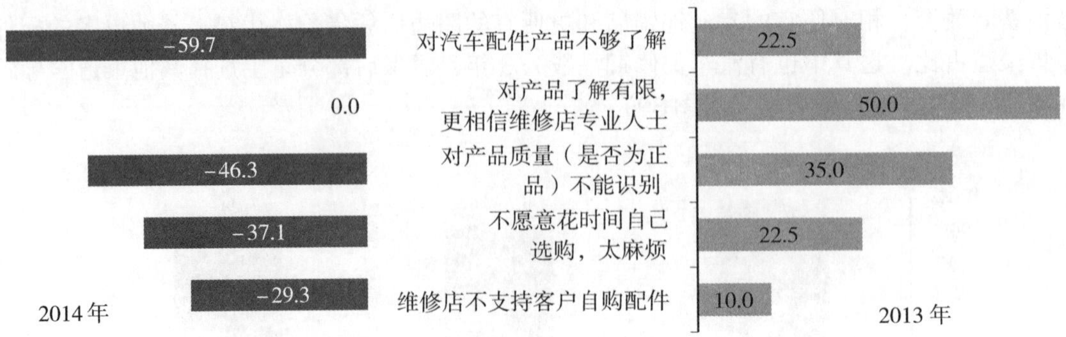

图 41　阻碍车主留在常用自购配件渠道的主要原因

——车主选择配件常用渠道的关键因素：售后服务和服务态度是吸引消费者的关键影响因素。

表 3 显示，在汽车配件及用品售卖方面，网店具有更大的优势，而专业程度更高的 4S 店并未显示出很强势的技术优势。同时，售后服务和服务态度是消费者很看中的关键影响因素。

表 3　　车主选择购买配件常用渠道的主要影响因素及不满

	4S 店	连锁汽配超市	汽配城	网店
选择原因	69% 产品质量有保障 68% 配件产品齐全	71% 明码标价，价格优惠 65% 配件产品齐全	77% 配件产品齐全 58% 明码标价，价格优惠	81% 明码标价，价格优惠 78% 配件产品齐全
不满	34% 价格太高 17% 服务不热情	24.4% 售后服务一般安装另收费 20% 服务不热情	26% 售后服务一般安装另收费 21% 服务不热情	32% 质量不过关 31% 售后服务一般安装另收费

三、市场格局基本情况

（一）整体状况及其规模

虽然我国与国外在汽车后市场方面还存在较大的差距，但近些年国内汽车保有量快速增长（见图 42），很多国内汽车后市场企业在借鉴国外先进服务模式的基础上对其内部运营、管理、技术、资本等不断地进行创新探索，一些进入我国的跨国公司也在进行积极的本土化尝试。

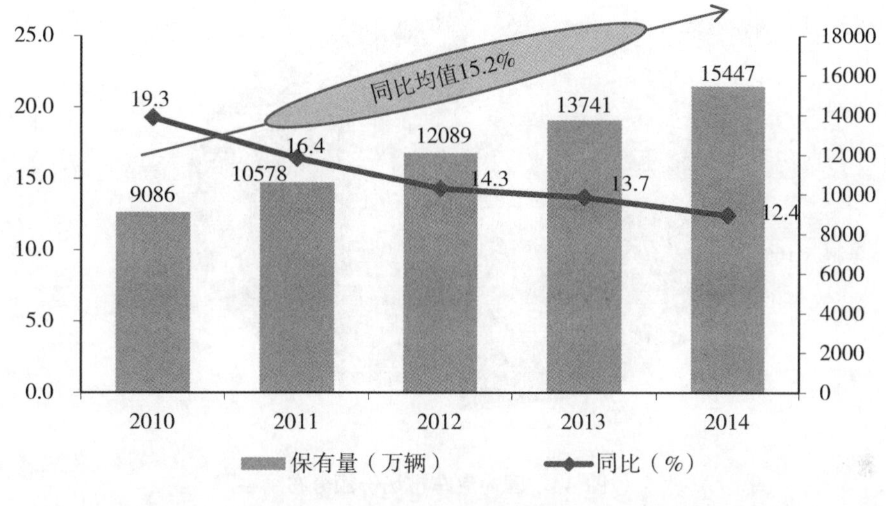

图 42　2010-2014 年国内民用汽车保有量、同比及平均增速

调查显示，中国汽车后市场年均复合增长率约为 19%，售后服务增长则有望达到 25%（见图 43）。而就汽车消费产业链整体利润分布看，其将向后市场整体转移，目前的后市场所占份额已达到约 50%，预计未来汽车后市场规模将超过 60%（见图 43、图 44）。与此同时，汽车后市场的规模也在不断扩张，从图 45（包括图 24）可以看到各个价位段的车辆维保消费都保持增长。

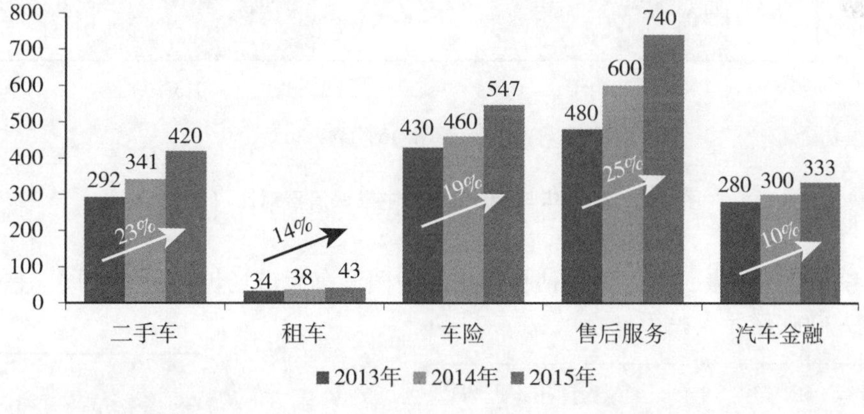

图 43　2013-2015 年国内二手车、租车、车险、售后服务①、汽车金融②市场消费规模（十亿元）

① 售后服务，包括汽车美容、快修保养、配件和大修等。

② 汽车金融，指汽车零售金融。

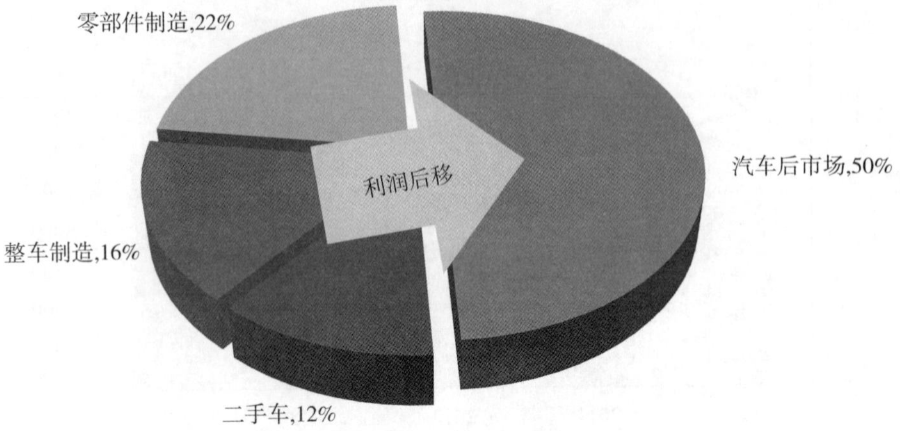

图 44　国内汽车市场份额分布

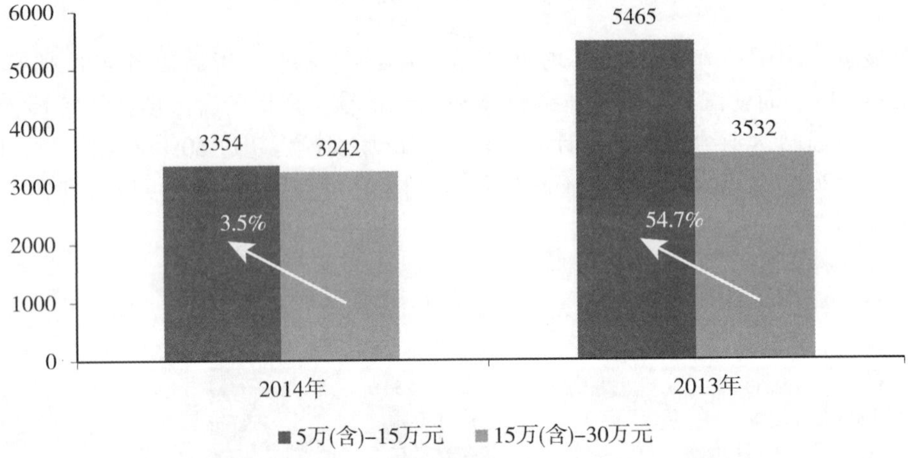

图 45　2014 年与 2013 年车主维保消费对比（元）

综合考虑上述因素，本次调研估算得出：中国汽车后市场仍在快速发展，整体规模约在 6000 亿-7000 亿元人民币。

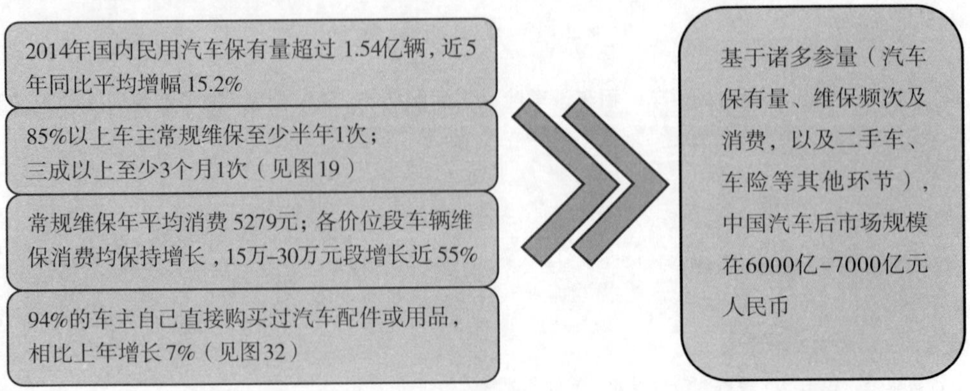

（二）汽车后市场竞争态势

1. 后市场生态圈竞争发展

图 46　汽车后市场生态圈

图 46 描述了我国汽车后市场企业目前生存及介入竞争等方面的参与者环境。其中，多重势力的介入加剧了原本是独立售后的“草根阶层”的生存环境和竞争压力。特别是 2014 年，国内汽车后市场热度空前，四股势力推动产业整合和模式创新层出不断，如图 47 所示。

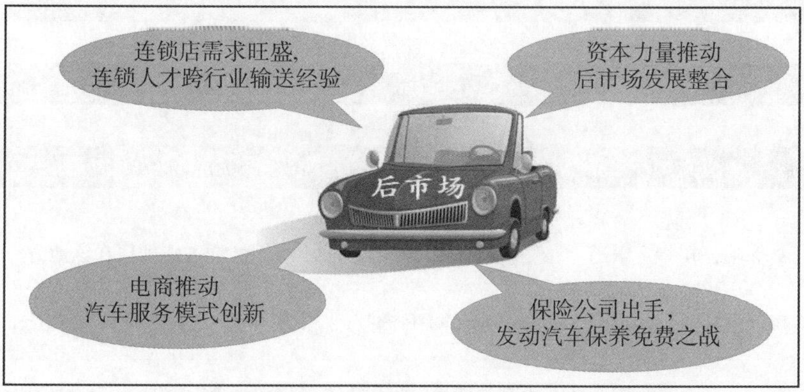

图 47　推动后市场产业整合和模式创新的四股势力

2. 连锁经营需求旺盛

（1）连锁渠道维保加速发展。调查显示，常规维保的主要渠道仍然是 4S 店，但相比上年，车主选择连锁汽修店的占比快速提升。其中，本地连锁提升了 7.4%，全国连锁提升了 5.8%，而路边店下降了 6.8%。车主在外地选择维保渠道时，显示出对连锁渠道需求的旺盛。见图 48、图 49。

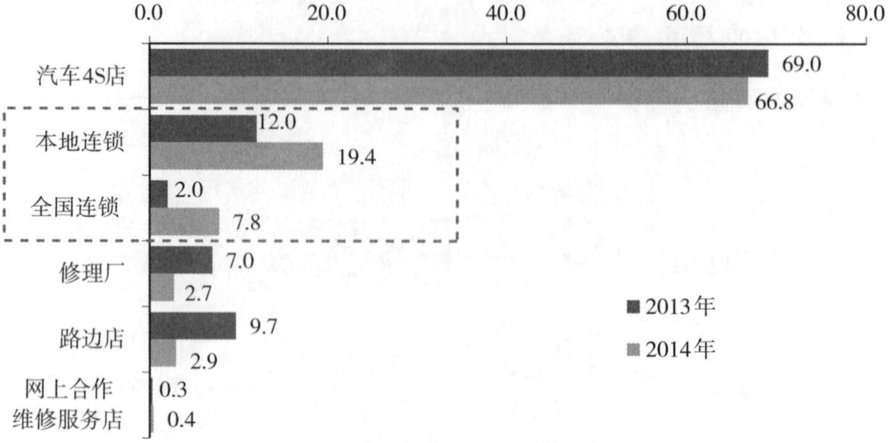

图 48　车主常去的常规汽修及保养渠道及占比（%）

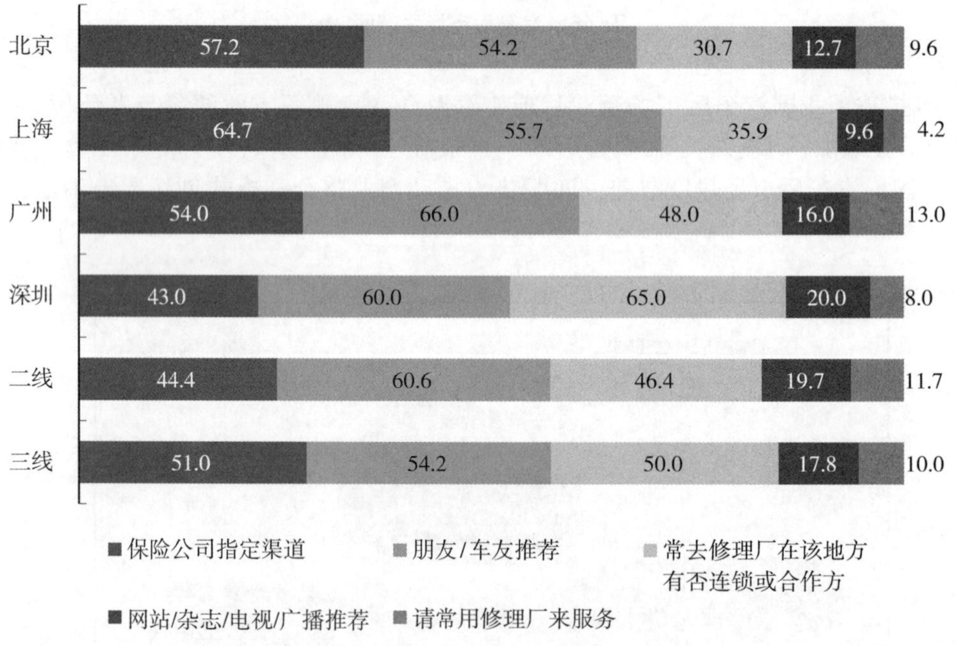

图 49　车主在外地如何选择维保渠道及占比（%）

（2）连锁渠道自购配件占比快速提高。如图 50 所示，2014 年车主在 4S 店和连锁汽配超市自购汽车用品和配件的占比提升，其中在连锁汽配超市自购配件的比例从 2012 年的 5.2%增长到 2014 年的 28.6%，增长迅速。而萎缩最为明显的是汽配城，从 2012 年 64.2%的占比锐减至 2014 年 21.8%的占比。

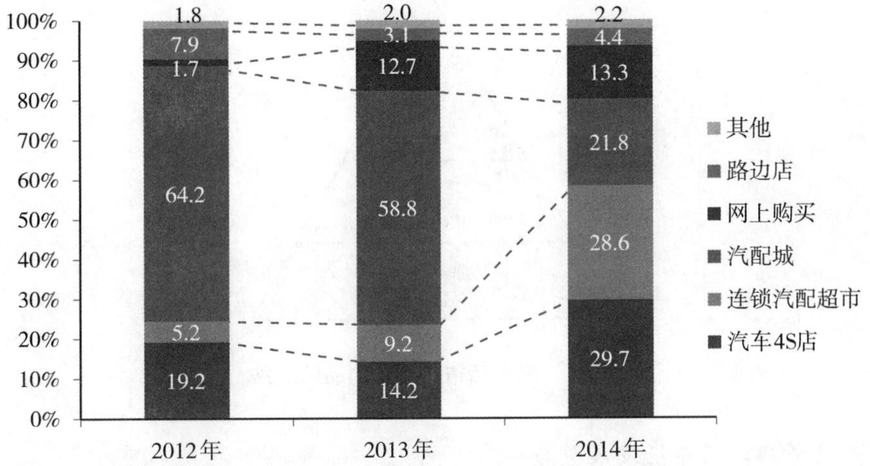

图 50　车主常用自购配件及用品的渠道及占比（%，N=1581）

（3）连锁渠道维保专业化程度稳步提升。调查发现，连锁企业人员凭借其先进经验跨行业抢占市场，推动汽车后市场连锁运营。正如下面两则消息反馈给我们这样的认知——汽车后市场必将连锁经营化，从国美、海底捞出来的专业人员可以凭借其在连锁企业的丰富经验，为汽车后市场提升服务质量、促进标准化运营做出贡献。

一则：国美电器高管入职盛大车险，车险超市学国美

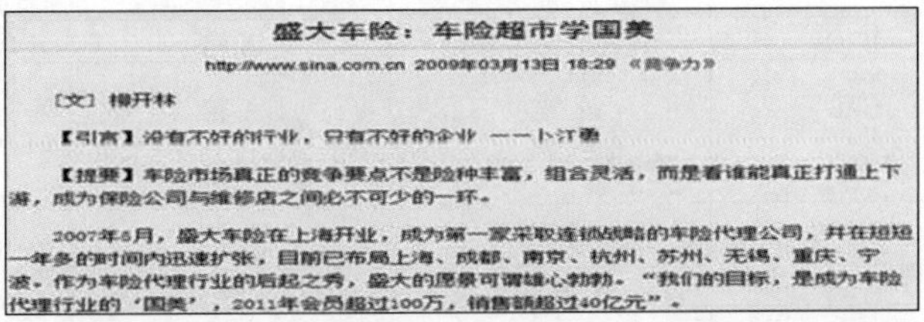

盛大车险：车险超市学国美

http://www.sina.com.cn 2009年03月13日 18:29 《竞争力》

[文] 柳开林

【引言】没有不好的行业，只有不好的企业 ——卜江勇

【提要】车险市场真正的竞争要点不是险种丰富，组合灵活，而是看谁能真正打通上下游，成为保险公司与维修店之间必不可少的一环。

2007年5月，盛大车险在上海开业，成为第一家采取连锁战略的车险代理公司，并在短短一年多的时间内迅速扩张，目前已布局上海、成都、南京、杭州、苏州、无锡、重庆、宁波。作为车险代理行业的后起之秀，盛大的愿景可谓雄心勃勃。“我们的目标，是成为车险代理行业的‘国美’，2011年会员超过100万，销售额超过40亿元”。

二则：小拇指汽修学海底捞：国内汽修后市场一定走连锁之路

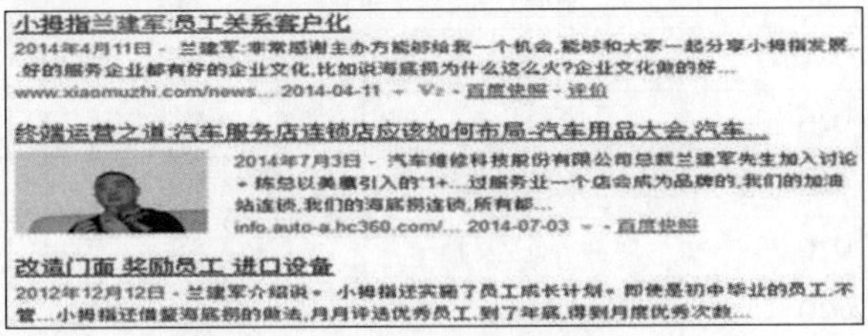

小拇指兰建军:员工关系客户化

2014年4月11日 - 兰建军:非常感谢主办方能够给我一个机会,能够和大家一起分享小拇指发展...好的服务企业都有好的企业文化,比如说海底捞为什么这么火?企业文化做的好...

www.xiaomuzhi.com/news... 2014-04-11 - V2 - 百度快照 - 评价

终端运营之道:汽车服务店连锁店应该如何布局-汽车用品大会,汽车...

2014年7月3日 - 汽车维修科技股份有限公司总裁兰建军先生加入讨论。陈总以美国引入的"1+...过服务业一个店会成为品牌的,我们的加油站连锁,我们的海底捞连锁,所有都...

info.auto-a.hc360.com/... 2014-07-03 - - 百度快照

改造门面 奖励员工 进口设备

2012年12月12日 - 兰建军介绍说。小拇指还实施了员工成长计划。即使是初中毕业的员工,不管...小拇指还借鉴海底捞的做法,月月评选优秀员工,到了年底,得到月度优秀次数...

（4）连锁渠道维保的品牌之路——借力产品品牌和渠道品牌，赢取消费者持续信任。对汽车后市场连锁企业，品牌的意义就在于不断打造属于自己的消费辨识度，培养车主持续的信任。目前，国内大多数汽车后市场企业仍处于品牌连锁化的第一阶段，需通过产品品牌和渠道品牌的共同经营来塑造自己的品牌之路。

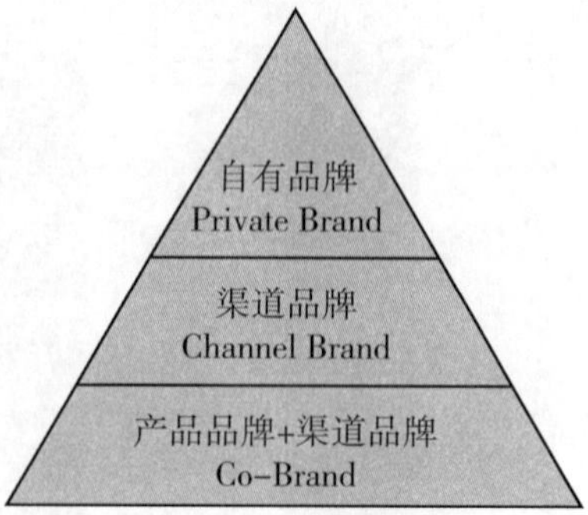

图 51 汽车后市场企业的品牌之路

3. 资本力量推动后市场发展整合

调查显示，汽车后市场发展潜力巨大，且资本的涌动量、流向与细分领域发展前景息息相关。见表 4、图 52、图 53。

表 4　　2014 年汽车后市场部分融资项目一览表

类型	模式	项目	轮次	金额
二手车	O2O	车易拍	C 轮	5000 万元人民币
	B2B	优信拍	B 轮	2.6 亿美元
	B2C	车立拍二手车网	A 轮	数千万元人民币
	C2B	车置宝	A 轮	1000 万美元
租车	P2P	PP 租车/爱车汇	B 轮	6000 万美元
	O2O&B2C	易到用车	D 轮	数亿元人民币
	O2O	神州租车	IPO 及上市	数亿元人民币
	C2C	凹凸租车	A 轮	1000 万美元
打车	O2O	快的打车	C 轮	数亿元人民币
	O2O	滴滴打车	C 轮	1 亿美元
代驾	O2O&C2C	E 代驾	C 轮	2500 万美元
拼车	O2O	哈哈拼车	B 轮	数千万美元
	C2C	嘀嗒拼车	A 轮	1000 万美元
后市场服务	O2O	博湃养车/易捷卡	A 轮	数千万元人民币
	O2O	卡拉丁	天使	数百万元人民币
	O2O	康众汽配	A 轮	数千万元人民币
	O2O	洗爱车/信言博智	种子天使	数百万人民币
	移动社区	易点时空	A 轮	数千万美元
	O2O	养车点点	A 轮	400 万美元
	O2O	车易安养车网	A 轮	2593 万元人民币
	C2B	御途网络	种子天使	数百万美元

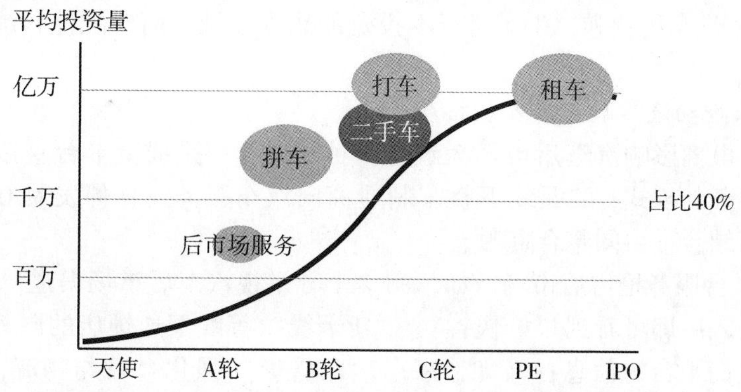

图 52　资本在汽车后市场细分领域的平均投资量级

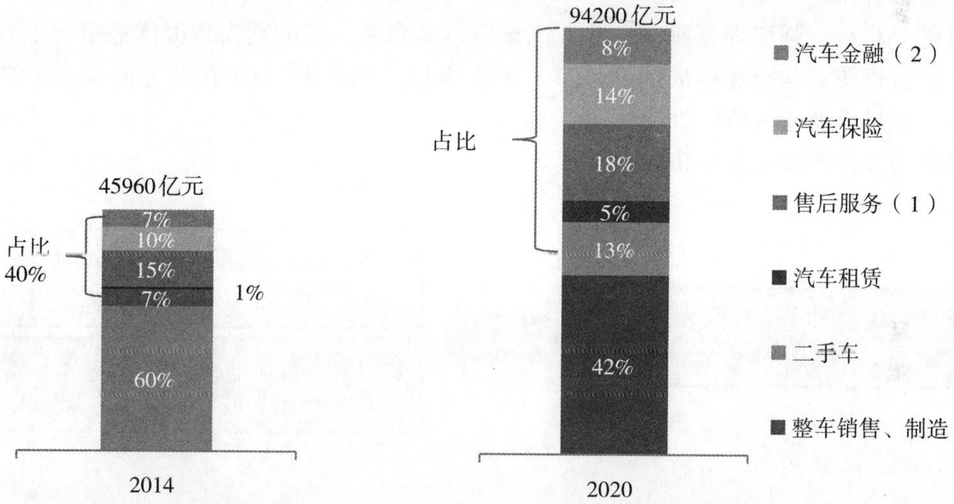

注：（1）售后服务，包括汽车美容、快修保养、配件和大修。（2）指汽车零售金融。

图 53　2014 年、2020 年汽车后市场细分领域平均投资占比

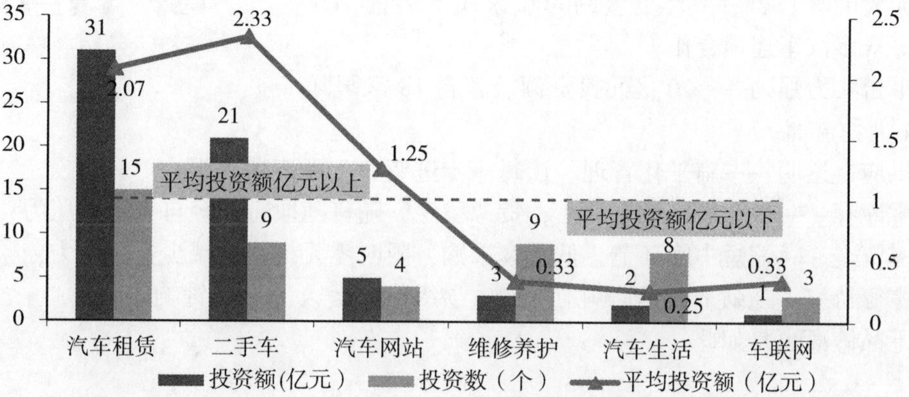

图 54　2014 年汽车后市场投资分布情况

图 54 显示，汽车租赁和二手车是资本投资的热点领域，而对配件和维修养护则保持出手谨慎。

4. 电商介入搅动汽车后市场发展格局

调查显示，电商影响汽车后市场大致有三种模式：一是线上平台直接进入汽车后市场，开创汽车服务新模式；二是线下整车制造商向汽车服务业延伸发展 O2O；三是线下连锁与线上电商结合，协同整合资源。

（1）线上平台服务抢占后市场。如，淘宝十分重视汽车后市场渠道，其打造 O2O 入口，在消费者进入后即可看到“好快省”、“新干线”等线下连锁店的服务信息，也有途虎、车蚂蚁等电商平台的信息；又如，京东“车管家”强化自营与物流，在“车管家”首页，车主可输入品牌、车系、车型和行驶里程，先将车辆信息从庞大的车型数据库中定位，而线上则导流自营配件产品，利用京东强大的物流体系提供配件并送货上门，同时线下和安装店合作完成服务环节。

目前，京东、阿里等企业都已涉入汽车后市场领域，借助其大数据优势搭建平台，让维修店整合资源，与企业达成利润共享。可以设想，如果 IT 企业在此方面整合成功，将对汽车后市场企业带来致命性的影响。

互联网如何改变汽车后市场思维模式？

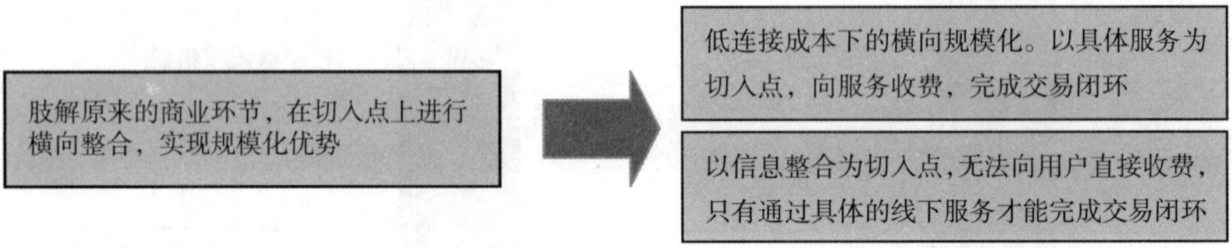

如“淘汽档口”创新服务模式建设的汽车后市场电商服务平台——汽车配件的 B2B 采购平台（汽修 O2O 新模式）具有的优势：

· 庞大的客户群——首批签约 400 家线下店铺，与小拇指等众多汽车连锁合作；

· 平台实力强劲——20 亿元投资额，整合 18 家国际品牌、4 大物流商；

· 供应链透明——扁平化管理，让每一步进销业务更清晰透明；

· 零库存——各大城市设立仓库，货源稳定，随订随取，减轻自身库存压力；

· 零资金——缩短中间环节，低成本采购，限时零元抢购，减少资金压力；

· 零等待——强劲平台迅速响应，四大顶级物流运送、60 分钟响应。

如下品牌商也是如此：

（2）线下制造商向汽车服务业延伸发展 O2O。如，隆基机械建设 O2O 平台“车易安”养车网，以透明、响应迅速、服务便捷、节省成本的新模式分享汽车后市场盛宴。

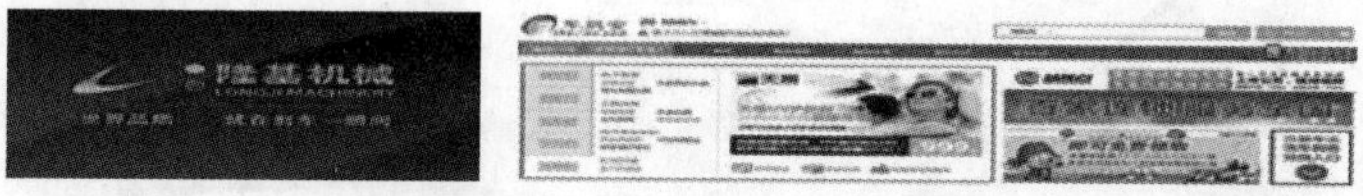

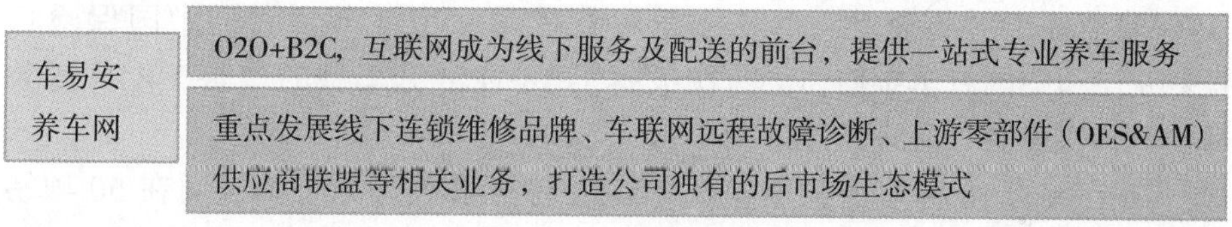

（3）线下连锁与线上电商结合，协同整合资源。如 2014 年 10 月，康众汽配连锁与民生电商签署电商战略用品合作协议，并在康众电商平台发布。康众作为汽车后市场的领先企业，借助连锁优势和资源优势，与民生电商跨界联姻，建设 O2O 服务电商平台，其规划将在全国开设 10000 家金融便民服务店。

5. 保险业车险销售规模大，却常年亏损，但前景趋好，需加力整合

2012 年我国车险业务保费收入为 4005.2 亿元，车险行业利润约为 87.5 亿元，平均利润率仅为 2.13%；2013 年、2014 年车险保费收入继续较快攀升，达到 4720.8 亿元和 5515.9 亿元，同比增幅分别为 17.9%和 16.8%。调查显示，在提供车险业务利润数据的 45 家保险公司中有 32 家公司的车险业务出现亏损，亏损面高达 71.1%。保险企业车险业务盈利能力差，全行业已接近盈亏平衡点。

2013 年，有近 60 家厂商对零配件价格进行了 170 余次调整，且主要集中在保险出险事故的相关部件，并引起维保市场价格连锁上涨，造成保险企业赔付成本上升。汽车维修工时费和零配件价格的持续提高，导致保险企业“压力山大”，而“零整比”过高是保险公司的一大痛点。

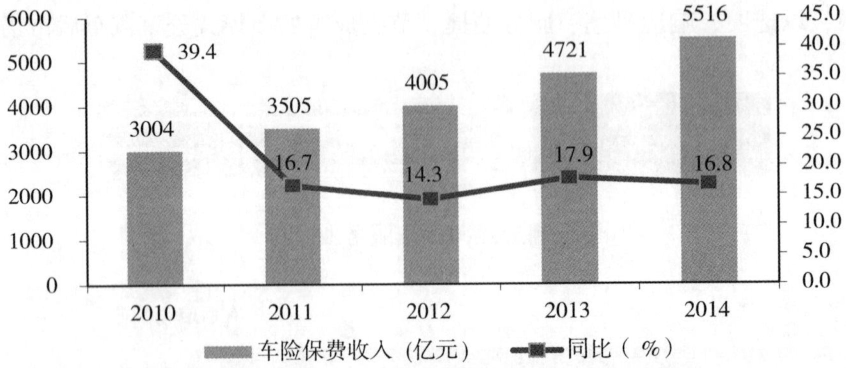

图 55 2010-2014 年车险保费规模及其同比

（1）保险业捅出“零整比”，4S 体系腹背受敌。2014 年 4 月，中国保险行业协会（简称中保协）和中国汽车维修协会首次披露了 18 种常见车型的“整车配件零整比”和“50 项易损配件零整比”两个系数：

· 中保协公布的 18 种车型的零整比中，最高的系数为 1273%；而在 50 项易损配件“零整比”系数中，18 种车型系数最高的是 223%，最低的是 77%。

· 以北京奔驰 C 级 W204 为例，其零整比系数为 1273%，也就是说，如果更换所有配件，所花的费用相当于购买了 12 辆同款新车。

· 目前的车险保费依据新车购置价而定，相同售价车辆的保费相同。由于不同汽车的零整比不同，这一定价方式对保险企业以及车主都有失公平。

（2）互联网车险发展空间巨大，B2B 保险平台建设前景广阔。据中保协调查显示，2013 年、2014 年保费电子商务收入分别为 291 亿元和 859 亿元，同比增幅分别达到 174% 和 195%，远高于同期保费总规模增幅。B2B 保险平台的建设极具发展前景，车险互联网化发展空间巨大。

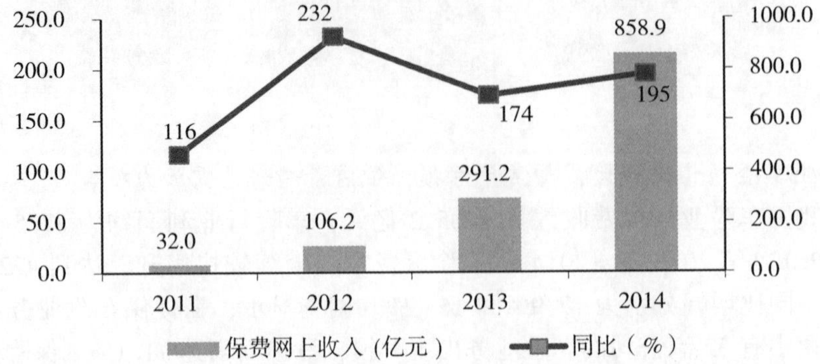

图 56 2011-2014 年互联网保费规模及其同比

——车险网上购买和支付方便、快捷，但需加大整合力度，提升服务。图 57 展示了互联网车险代理平台及其业务流程，车险互联网业务已经快速进入消费者的生活。

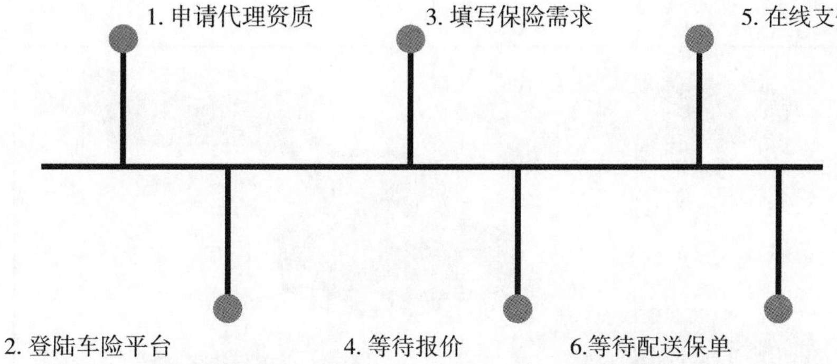

图 57　互联网车险代理平台业务流程

——APP① 为维保车主提供简明、快捷车险服务。目前，市场上常见的 APP 为维修企业提供的车险服务大多是针对两三家门店的中小后市场企业所开展的会员服务与促销业务。实际上，这类移动端的开发技术难度并不高，但"免费使用"是其优势所在。从长远发展看，资金和整合能力是其发展的关键制约要素，只有做好整合，才能深耕服务，站稳市场。

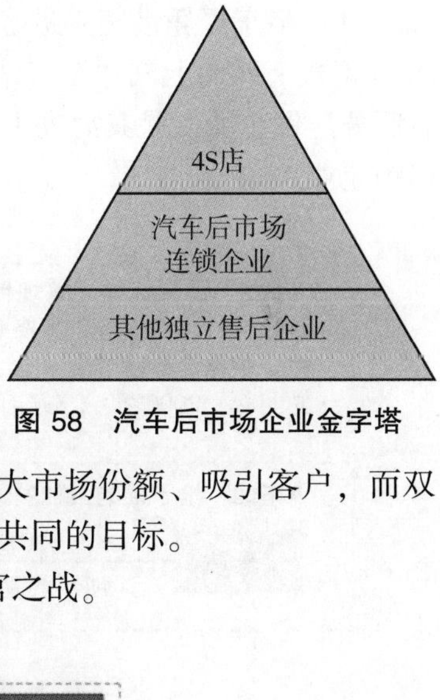

图 58　汽车后市场企业金字塔

（3）保险企业与汽车后市场连锁企业联手，意图改变后市场格局。保险公司想要扩大销售渠道，连锁企业想要扩大市场份额、吸引客户，而双方联手，利用和发挥各自的资源与优势是它们一致的诉求与共同的目标。

如，买车险送免费保养，人保领跑 2014 汽车后市场收官之战。

6. 行业内聚合效应持续发酵，多个势力抢夺市场

汽车后市场会否面临一次格局清洗？目前，汽车后市场竞争日益加剧。维修企业从免

① APP：是一种名为 Accelerated Parallel Processing 的 IT 技术。简单理解，就是移动端手机应用程序。

费洗车到免费保养，致使汽车后市场保养价格趋于进一步下降，不仅 4S 体系受到进一步的威胁，而且令小型独立售后企业不进则退，生存更加艰难。由此，汽车后市场连锁企业更需找准时机寻求合作，以谋求更多机会扩大市场份额。

（1）整车厂凭借其先进经验和资金优势，向下延伸做后市场服务。如，2014 年 10 月 18 日正式上线的上汽“A 车站”。“A 车站”是上汽集团专门针对售后服务市场推出的售后服务连锁企业，是其海外上市的首个试点项目，也是第一家由整车企业推出的售后服务连锁企业。

“A车站”的目标与战略规划

· 从单纯性生产企业向服务性企业转型，并通过海外市场运作，提升上汽市值

· 引进战略合作伙伴资金，帮助A车站提升采购、技术、管理等方面实力，助其实现海外上市

· 总目标：2000家店，锁定海外上市

“A车站”抢了谁的蛋糕？

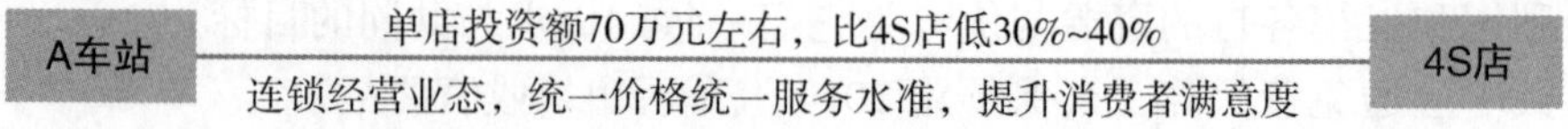

（2）主机厂应对汽车后市场变革的三种策略。

其一，自建独立的汽车连锁服务品牌。

· 注册独立的汽车连锁服务品牌，并通过代理、加盟等方式来发展网络；

· 将原厂配件放在这个独立的连锁服务体系内销售，实现对配件渠道的控制；

· 厂家与 4S 店共同投资，实现渠道下沉，避免利益冲突；

· 代表企业：丰田通商。

其二，自建本品牌汽车电商平台。

· 全链条服务，线上线下不易脱节；

· 迅速根据线上收集的订单调整生产、物流计划，避免盲目排产和压库；

· 根据市场反馈及时定制特殊配置车型，提高竞争力，避免与 4S 店内已有车型发生冲突。

其三，大数据运营。

· 厂家掌握有汽车的注册信息、维修履历等重要信息；

· 成立数据服务公司，调用自有资源对客户的消费行为进行分析；

· 通过网站、400 呼叫中心、微博、微信等整合数据资源，提高营销效率，降低营销成本；

· 代表企业：东风日产单独成立数据服务公司。

（3）4S 减负变 2S，若成功将有力推动售后模式创新。4S 店模式相对昂贵，对于豪华品牌、进口车目前单一的 4S 店模式尚且可以支撑，但维修店也同时建在豪华商业区则是一种资源浪费。

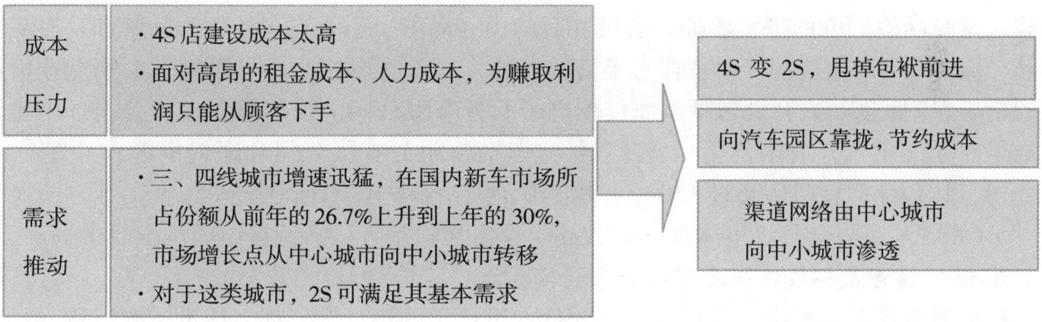

（4）多个地区形成了汽车配件或汽车服务的区域联盟。中国汽车后市场正处在深入整合时期，经销商之间类似美国 Alliance① 的联盟形式将是这一时期保障大家共同发展的理想整合模式。

调查发现，江浙沪、广东、贵州等地区都已形成了不同形式的汽车配件或汽车服务的区域联盟。

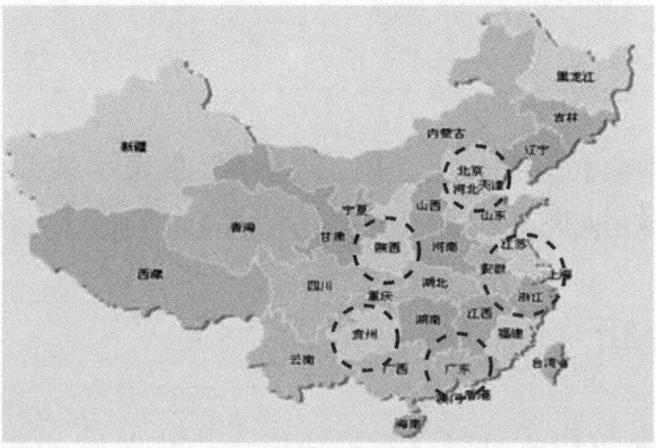

与此同时，Alliance（美国售后汽车零配件联合集团）登陆中国。Alliance 拥有 2200 家汽配店和超过 3000 家的认证服务中心，其所属门店遍及北美各地，其 2013 年总销售额

① Alliance：是北美市场最大的独立汽车零配件运销商项目集团，提供汽车零配件的全套服务，包括产品采购、销售并配送，以及市场营销、IT 支持等。

超过 88 亿美元。Alliance 旗下会员遍及 37 个国家和地区。

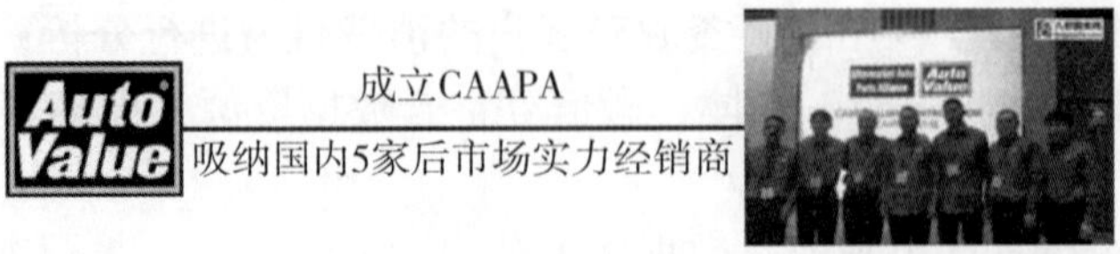

· 2014 年 12 月，Alliance 宣布成立中国汽车配件后市场联盟公司（CAAPA）。

· CAAPA 已经吸纳 5 家中国汽车后市场颇具实力、成功运营的经销商加入其中，这些经销商将共同成为 CAAPA 的发起人会员，负责指导整个联盟在中国市场上的运营和发展——要想在激烈竞争的汽车后市场站稳脚跟，我们就必须吸取别人面对类似竞争的成功经验，需要高效的电商平台、拥有会员共有的门店品牌、引入更多的优秀品牌和自有品牌产品，而 Alliance 在这些方面就拥有丰富的经验，通过联盟的运作可以给予大家专业而高效的指导。5 家创始人会员包括上海佳配电子商务有限公司、江苏康众投资公司、中驰汽配电子商务（山东）有限公司、上海双林汽车销售服务有限公司和绿铅电源（中国）有限公司，其合计拥有门店超过 150 家，覆盖国内 15 个省市自治区。

· CAAPA 联盟会员将集体以 Auto Value 作为共同品牌，活跃在中国汽配后市场。

7. 连锁经营是拓展汽车后市场的上佳模式

在拓展汽车后市场模式选择上外资配件商更注重连锁经营。如，博世车联以特许加盟方式为汽车用户提供统一的高标准服务。

博世车联的特许加盟服务

配件 + 诊断 + 服务	运营支持	专业咨询团队提供有关建店规划、设备管理、商业策划、维修站运营及客户关系的支持
	服务支持	提供检测诊断设备、便捷的零部件及设备采购解决方案、全面的培训项目及领先的IT系统，帮助特许加盟商提升服务水平与运营效率
	增值服务	市场宣传、技术热线、数据库

调查显示，对于国外同行进入中国，近七成的企业表示欢迎，认为对引进先进管理理念、技术和丰富经验，更好地规范市场，共同努力将市场做大做好有积极意义。

四、市场格局分析

中国汽车产销量连续数年快速发展，在形成巨大市场基数的同时，也为汽车后市场提供了强大的基础，并对汽车后市场形成巨大而广泛的压力，使得后者不适应的状态变得越加突出。况且，仍处于发展初级阶段的全国性汽车后市场，近数年来涌入越来越多的淘宝者，在引发日趋激烈的竞争氛围下，汽车售后服务却未有重大变化或创新。虽然广大经销商汽车销量上去了，但经济效益却大幅下滑，这一矛盾在 2014 年也变得更加严重。总体而言，影响汽车后市场格局变化的主要因素是消费者、行业从业者以及政策环境三大层面。

（一）消费者层面

1. 忠诚度低、品牌迁徙是国内汽车消费的一大特征

轻型客车总数 12300　万辆 = 国内自主品牌 5900 万辆 + 国外中档 品牌 5800 万辆 + 国外高档 品牌 600 万辆

调查显示，在各主要细分市场中，中国车主的忠诚度相对较低。

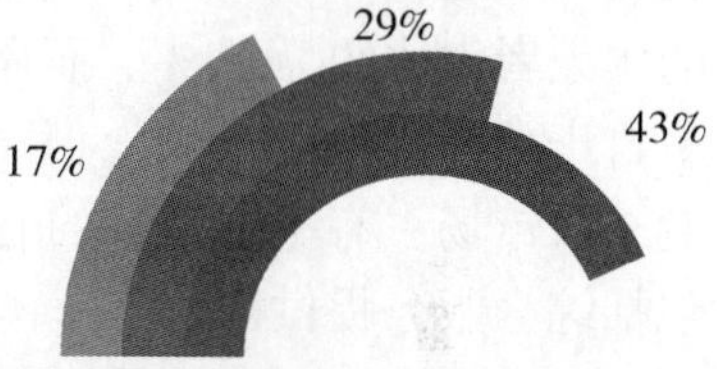

图 59　忠诚度占比（%）

· 国内自主品牌中，价位 8 万元以下的基本款、经济型占据主导，但消费者忠诚度占比仅为 17%；

· 国外中档品牌中，价位 8 万–25 万元的乘用车和轻型商务车为主导，消费者忠诚度占比提升至 29%；

· 国外高档品牌中，价位 25 万元以上，也是中国汽车市场的高端汽车，消费者忠诚度占比最高，为 43%。

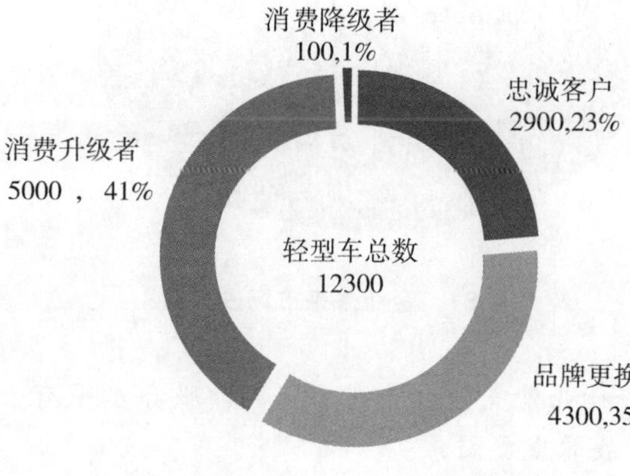

图 60　各主要细分市场国内车主购车变化情况（单位：万辆）

2. 产品品质、性能影响消费者初选，而服务、体验左右消费者再选

消费者心态：
- 配件产品的齐全和价格优惠成为车主留在常用渠道的主要原因
- 消费者对产品质量和品牌知名度要求有所提高

调查显示：

· 32%的消费者表示，在电商平台购买的产品质量不过关；

· 34%的消费者认为，4S 店产品价格太高；

· 推销，误导消费，增加不必要消费支出；

· 企业服务不热情，降低消费者服务体验；
· 售后服务水平很一般，阻碍消费者再次消费选择；
· 售后安装收费，影响消费心境。

（二）行业从业者层面

1. 近五成受访企业认为自身未来市场占有率会提升，且集中在维修等服务领域

从图 18（受访车企不同销售规模及其增速占比情况）得知，2014 年近 50%的企业销售收入增速在 10%以上，增速处于持平及增长状态的企业占比为 85. 6%，增速 30%以上的领先者占比约为 19%。而调查显示，销售增长最多的企业是汽车维修，且其增长主要来自于单店业务量增加，但产品及服务价格对其销售收入增加无明显影响。对比图 61，对未来市场占有率有相近的看法。其中，持“上升”的企业中约有 18%的领跑者，主要包括综合服务提供商、汽车电商及资讯数据平台企业，但也有 12%的企业对未来市场感到迷茫。

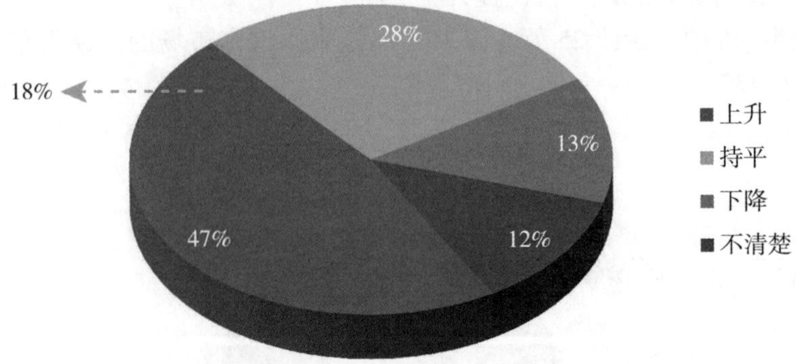

图 61　企业未来市场占有率

2. 受访企业普遍看好行业景气，主要在于产品、服务水平有上升空间，但产品质量和人工成本是制约行业发展的重要因素

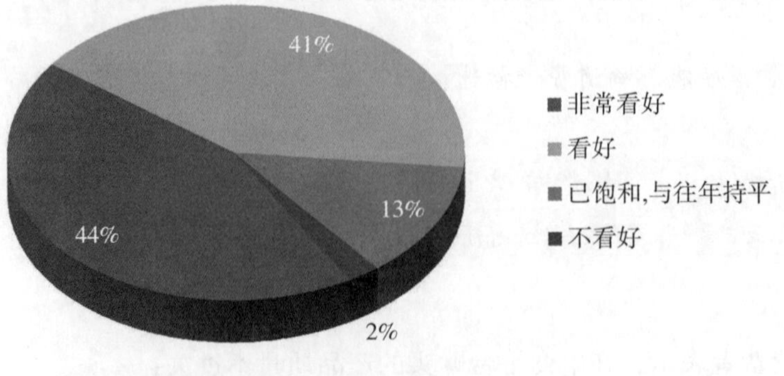

图 62　行业景气度预测

图 62 显示，85%的企业看好行业发展景气，仅有 2%的企业看衰行业景气。而看好未来后市场景气的原因主要源自于产品和服务水平尚有较大发展空间；反之，看衰者主要认为产品质量、人工成本及同业无序竞争制约了行业的健康发展。见图 63、图 64。

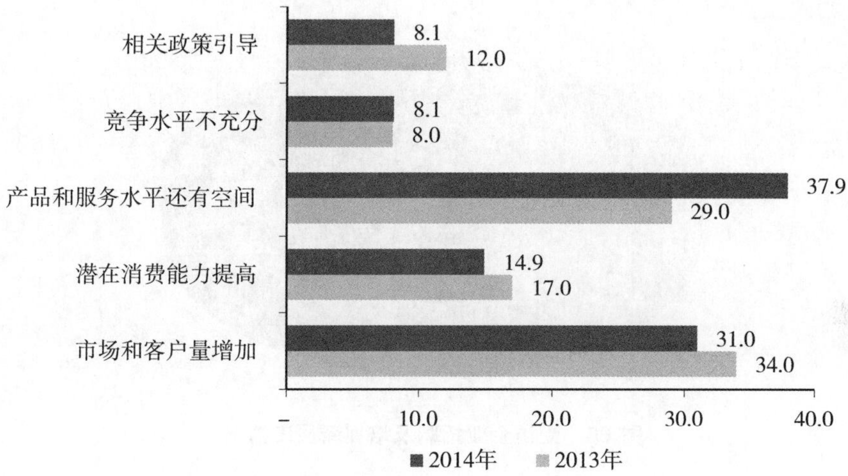

图 63　企业对未来市场看好原因及占比（%）

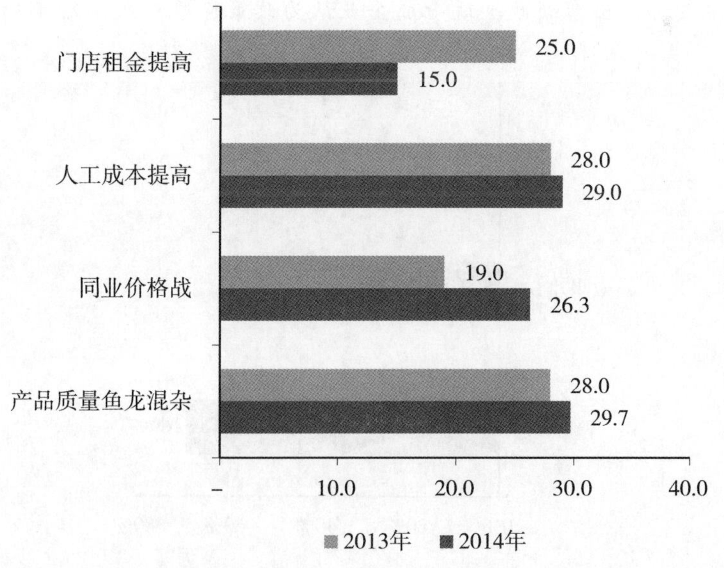

图 64　企业对未来市场不看好原因及占比（%）

3. 招聘随意，培训不足，高素质专业人员匮乏影响企业造血

调查显示，43%的受访企业招聘新员工是随需即招，而无专设的用人计划或既定的人才储备；34%的受访企业自身不具备专设的培训方案，招聘新员工依赖于即招即用，很难保障招聘质量；近八成的受访企业表示缺乏专业培训资源，现有人员无法满足业务发展需求。同时，企业对人才的长期培养重视度普遍不高，校企合作开展不足。

·企业缺乏成熟技术人员；
·培训投资大，门店盈利难以支撑；
·员工数量不足；
·市场上缺乏好的培训资源。

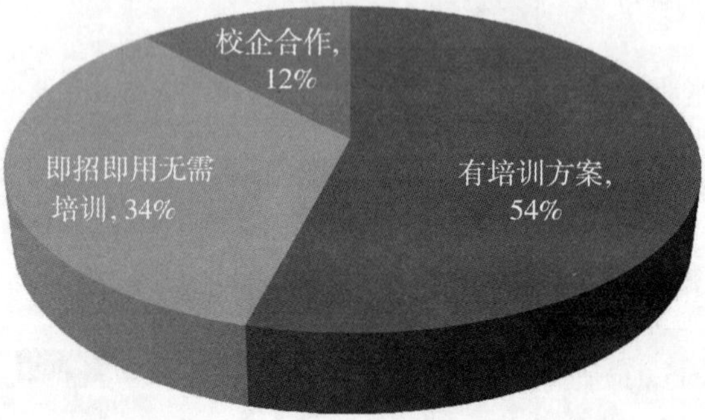

图 65　受访企业招聘及培训新员工情况

（三）政策环境层面

1. 2014 年主管部门出台新政，近七成企业认为政策环境对汽车后市场利好

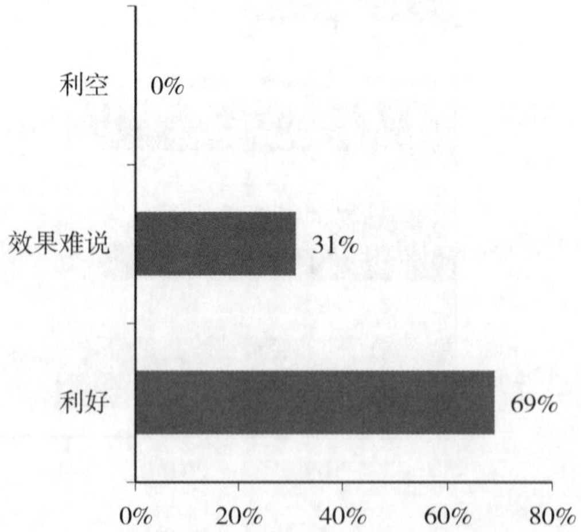

图 66　受访企业对后市场政策环境认可情况

新修订的汽车品牌销售管理办法，着力限制汽车厂家滥用权力，有效保护经销商权益，但授权制度不变。其修订内容主要包括：

·对汽车厂家涉嫌垄断或者对经销商不合理的滥用权力行为进行约束，如修订授权年限，设立品牌供应商和品牌经销商的合作规范、合同文本等；

·杜绝搭售、压库等霸王条款；

· 建立经销商退出机制、非品牌授权销售通道等；

· 完善品牌授权制；

· 4S 店品牌授权改为 5 年。

2. 反垄断调查彰显政府整肃后市场、保护合规经营决心

（1）国家发改委对部分整车及配件跨国企业开展反垄断调查。一汽大众销售公司及部分奥迪经销商在湖北省实施价格垄断行为被高额处罚——对一汽大众销售责任公司罚款 24858 万元，对湖北鼎杰等奥迪经销商罚款共计 2996 万元；对克莱斯勒及 3 家经销商价格垄断行为分别开出 3168. 2 万元和 214. 2 万元罚单。

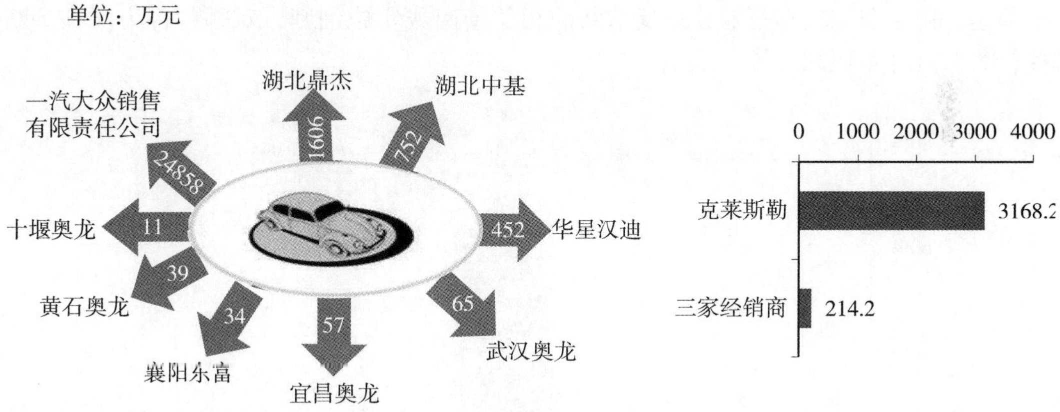

图 67　政府对部分整车及配件跨国企业反垄断调查及其处罚情况

（2）应对或规避政府反垄断调查，多个汽车厂商下调价格。

· 一汽大众奥迪宣布，从 2014 年 8 月 1 日起下调原装备件价格，涉及的备件有上万种，平均降幅达 20%；

· 捷豹路虎中国宣布，从 2014 年 8 月 1 日起下调部分车型的厂商指导价，最高降幅 30 万元；

· 在奥迪、捷豹路虎、克莱斯勒、奔驰等数家企业下调新车及零部件价格后，宝马中国、广汽丰田、广汽本田三家车企也分别发布公告，对部分零部件价格进行调整。三家车企均在公告中表示重视发改委的反垄断调查并积极回应。

（3）反垄断将成常态，对汽车厂商具深远影响，而后市场对反垄断措施的后续影响持观望态。调查显示，超过六成的企业认为，短期内反垄断调查对汽车企业后市场服务的价格影响甚微（见图 64）；而对未来的影响，大部分企业认为反垄断将是政府的常态化措施，但对后市场的影响程度，有待观察政府反垄断执法的决心、力度和持久性。

现今，客观存在的“零整比”越高，就意味着消费者在车辆后期使用方面的支出费用越大。部分知名车企的横向限制、纵向限制及滥用市场支配地位等涉嫌垄断行为，在反垄断高压下采取的主动降价或许是为了避免政府反垄断的执法处罚，也即以有限的小幅降价与垄断暴利相比，更像是缺乏诚意的试探性降价。

慑于政府反垄断的连连出手，从政策落实角度，定将对厂商和汽车企业后市场服务产

生深远影响。

· 通过查处一批汽车流通领域横向与纵向垄断行为，对维护汽车市场公平竞争环境，保障消费者合法权益发挥积极的促进作用；

· 对产销合作、合规经营产生深远影响——汽车厂商越来越重视合规经营，包括调整商务政策、规范经营行为等；汽车经销商的弱势地位得到一定的改善，使消费者权益得到更大程度的保障；配件和售后服务成为监管重点，这对提升维修服务质量和水平将发挥重要作用；

· 有利于大型零部件企业、经销企业和维修企业发展壮大，对汽车产业健康发展发挥积极作用。

但是，由于我国汽车行业缺乏反垄断的相关指南或实施细则，对哪些行为涉嫌垄断，哪些行为合规守章还缺乏统一认识。

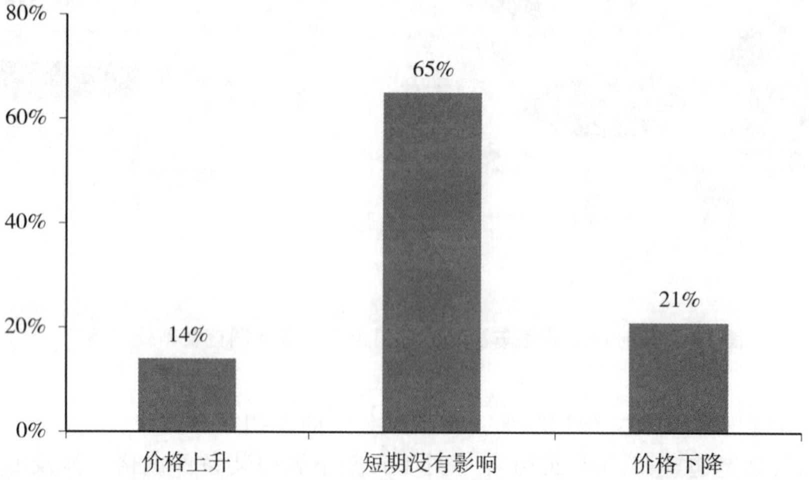

图 68　受访企业认为反垄断调查对后市场服务价格后续影响情况

3. 自贸区启动汽车平行进口，对进口汽车及其配件市场形成冲击

——对国内进口车市场乃至汽车经销体系形成冲击。以上海自贸区为例：

2014 年进口汽车市场供给增速再次反弹，前十个月累计进口达 117.2 万辆，同比增速 25%；三大港口占主体地位，且“三足鼎立”态势稳定。

自贸区平行进口汽车会带来什么影响？

· 自贸区平行进口的汽车价格预期比 4S 店售价降低 15%左右；

· 售后服务和牌照是平行进口汽车的核心问题，上海自贸区试点申请已就售后保障提出一系列解决方案；

· 平行进口是日本汽车行业用来反垄断的主要措施之一，借鉴日本经验，自贸区平行进口汽车有利于削弱 4S 店的稳固地位，并给予消费者公平选择的机会。

上海自贸区汽车平行进口的启动，将对国内进口车市场乃至汽车经销体系形成冲击。而这种冲击将远大于之前进口汽车反垄断带来的车价降幅，但从长远来看，这种冲击可能是有限的。

——对进口汽车配件市场的冲击可能远大于整车市场：

推动配件直销贸易平台建设，对行业是一大利好。配件直销，不仅可以打破原厂配件的垄断地位，而且对拓宽交易渠道，促进配件价格降低起着积极推动作用。长期来看，平行进口对于汽车市场的影响更为深远，特别是对整车进口市场的冲击更具意义。

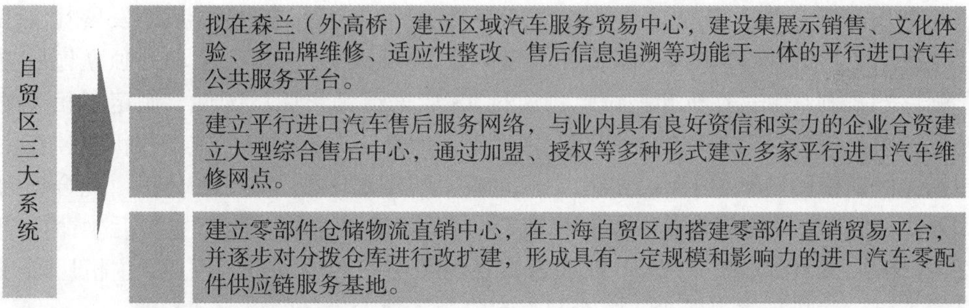

4. 十部委新政：打破渠道垄断，提升服务质量，为配件和后市场发展创造机遇

——《关于促进汽车维修企业转型升级，提升服务质量的指导意见》：

提出 16 项任务、9 项保证措施，其核心是：破除主机厂对汽车维修信息和配件供应渠道的垄断。

·建立实施汽车维修技术信息公开制度，汽车生产企业要向授权维修企业和独立经营者公开汽车维修技术资料；

·破除配件渠道垄断，鼓励主机厂供应配件企业向汽车售后市场提供原厂配件和具有自主商标的独立售后配件，允许转售原厂配件；

·不得干预消费者自主选择维修企业和维修服务，不得以汽车在“三包”期限内选择非授权维修服务为理由拒绝质保。

——“维修技术信息公开制度”：

·保护维修行业公平竞争，保护消费者自由选择维修保养服务权利；

·目前，欧盟、日本等发达国家都明确要求汽车生产企业（含进口商）公开相关信息。

——“破除维修配件渠道垄断”：

·参照欧盟汽车豁免法规，依据反垄断相关法律法规限制排他供应和渠道垄断，促进原厂配件多渠道流通，保障独立维修企业能够获得原厂或“同质配件”；

·利用物联网技术建立维修配件追溯体系，从而规范非原厂件，进行产品和质量追溯，便于监管；

·鼓励配件第三方认证，如美国的 CAPA 认证；

·有利于零部件供应商开拓汽车售后市场。

但是，国内汽车市场及其细分服务领域的政策环境掣肘还存在诸多问题：

·牵扯利益繁杂且众多，存在政策监管空白，而利益共享机制并未建立，欲捋顺市场机制，搭建合作平台，还需多方协调与妥协；

·主机厂车辆维修信息全部公开，知识产权时限需研究法规及政策保障机制；

·主机厂维修配件是否全部放开，安全考量是重中之重，相关质保及责任问题需政策完善。

（四）案例启示

1. 雷克萨斯免费保养维修方案试图将车主售后生命周期紧圈在 4S 店内——独立售后仍不具备与 4S 体系进行势均力敌的博弈

一系列反垄断行为、修改《办法》、《指导意见》出台后，独立售后的发展壮大已成为趋势，主机厂主导的 4S 体系再不能装聋作哑；后市场已出现主机厂主动向独立售后尝试开放原厂配件的案例；宝马在杭州做试点，通过 4S 店渠道销售原厂配件，制定了相关的对外销售指标，对从国外进口备件的经销商产生冲击。但是，原厂配件的主动权仍掌控在主机厂手中；雷克萨斯借助新车型上市，推出“汽油发动机车型享受 4 年/10 公里、混合动力发动机车型 6 年/15 万公里的免费保修保养政策”，这一策略使主机厂将车主售后生命周期几乎都圈在 4S 体系；而保险和二手车可以成为体系内经销商的盈利点。因此，主机厂商开放的配件品类不足，优势品类也较少，主客观上都限制了独立售后的生存和发展。

2. 20 余年的发展与完善，欧盟竞争委员会（EUCC）已形成较完善的汽车备件反垄断豁免法律体系（BER）

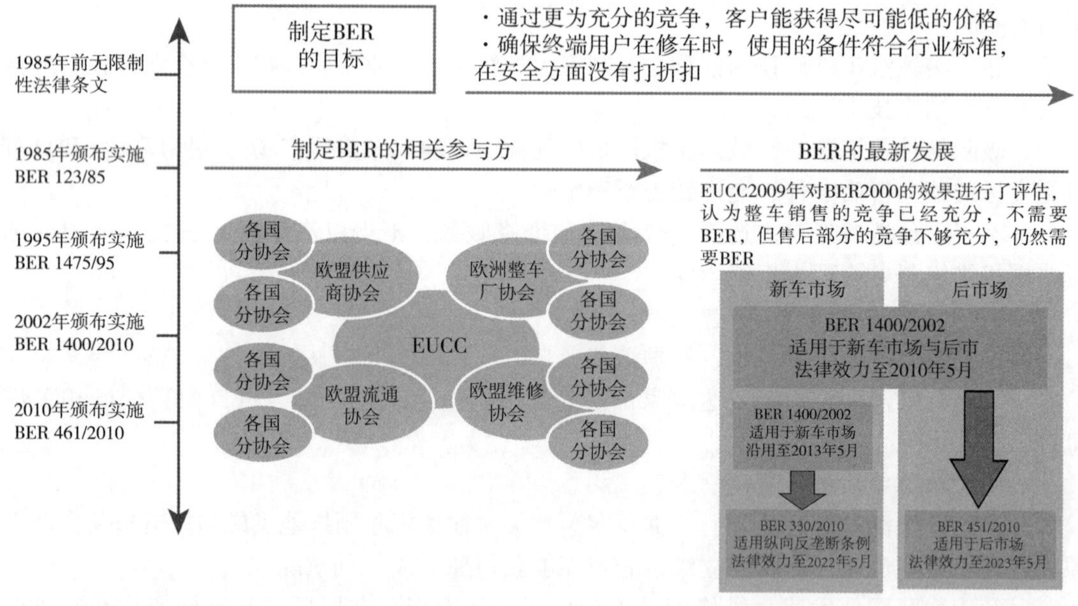

——欧盟 BER 的最新变化点：BER 461/2010 主要变化

·如若整车厂授权维修点所占市场份额超过 30%，将适用欧盟通用反垄断竞争法规（更加严格的反垄断条例）；

·整车厂不能通过任何方式禁止以下行为：

（1）配件（维修、诊断工具）供应商向其他授权/独立经销商、维修点或终端客户出售其产品及服务；

（2）授权经销网络向进行维修保养业务的独立后市场参与者出售其配件；

（3）原厂供应商在其供应的产品上表示供应商自身的商标；

（4）保障独立售后网点和授权售后网点对配件产品及技术信息由相同获取能力；

· 整车厂不能任意限制以下行为：

（5）消费者在整车厂授权网络之外进行选择维修保养服务；

（6）因为以上行为而导致车辆质保期失效；

（7）要求维修商同时进行汽车销售活动；

（8）在欧盟成员国内限制维修点数量上限。

——欧盟 BER 对备件供应体系的影响

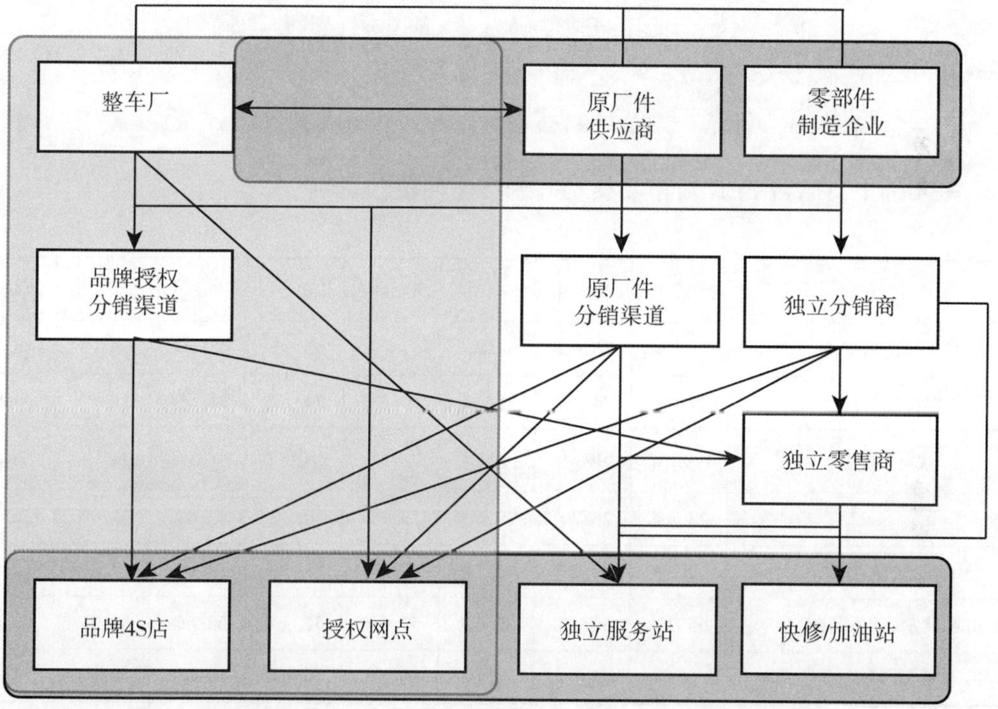

——欧盟 BER 对备件生态系统各环节的影响分析

	利好因素	潜在风险
供应商	· 提升供应商品牌形象 · 加强供应商在后市场的渗透	· 削弱与整车厂的合作，威胁到新车零部件业务 · 因质量退货及回收等导致的反向物流增加 · 售后维修点对产品技术信息的获取要求及执行方式尚不明确
整车厂	· 提供给车企在质保期外通过独立市场继续保持零部件业务的机会 · 接触潜在二手车用户 · 提供额外延长车辆质保期的服务	· 市场份额测算标准尚需明确 · 产品技术信息的提供方式与执行方法尚不明确

授　权 经销商	· 在整车厂经销体系外采购配件 · 准许使用副厂件 · 经销商不再被强制要求提供维修服务	· 后市场竞争加剧 · 车企通过对零部件质量要求的调整、控制从而达到变相减少竞争的目的 · 产品技术信息的提供方式与执行方法尚不明确
独　立 维修商	· 能够与授权网络维修点享有同等的配件及产品技术信息获取权力 · 扩大车辆维修保养业务范围	· 整体售后服务质量与授权维修点有差距 · 小型维修点因为前期资金、设备投入等要求高而不愿进入车辆保质期维护保养业务
消费者	· 车辆维修保养有更多的选择 · 在保证服务质量的前提下，服务/配件价格降低	· 缺乏对独立维修点的信任 · 缺乏对可供选择的服务提供者的了解

——实际上，欧盟 BER 对市场格局并未产生颠覆性影响

配件品牌	1997 年	1998 年	1999 年	2000 年	2001 年	2002 年	2003 年	2004 年
以供应商品牌售出配件	71.0%	76.0%	68.8%	69.7%	67.9%	68.2%	68.1%	66.1%
以整车品牌售出配件	29.0%	24.0%	31.2%	30.3%	32.1%	31.8%	31.9%	33.9%
销售渠道	1997 年	1998 年	1999 年	2000 年	2001 年	2002 年	2003 年	2004 年
车企	28.3%	26.7%	29.6%	29.7%	30.8%	33.8%	35.8%	35.9%
授权经销商/维修点	2.8%	3.2%	3.7%	3.0%	3.3%	3.0%	2.8%	2.9%
独立市场批发商/分销商	65.3%	66.3%	62.6%	57.5%	55.9%	52.4%	50.9%	49.8%
独立后市场参与者	3.6%	3.8%	4.1%	9.8%	10.0%	10.8%	10.5%	11.4%

五、未来展望与发展路径分析

（一）连锁经营是企业扩张的重要方式，资本投入将为企业扩张助力

1. 连锁加盟是企业扩张的主要方式，外部投资是企业扩张的主要资本来源

无论是更适合于汽车配件用品经销商的全国性连锁体系，还是更适合于汽车维修商的区域性连锁机构，亦或独立的汽修服务店商，超过九成的后市场企业都把连锁经营作为已经、正在或未来发展所必需采用的经营模式；同时近七成的企业将利用外部资本（吸引外部投资、金融机构筹措等）作为自身扩大发展的有效助力。

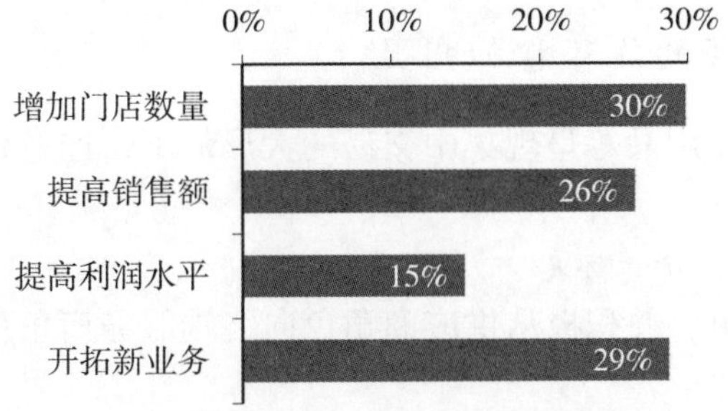

图 69　企业未来业务重点

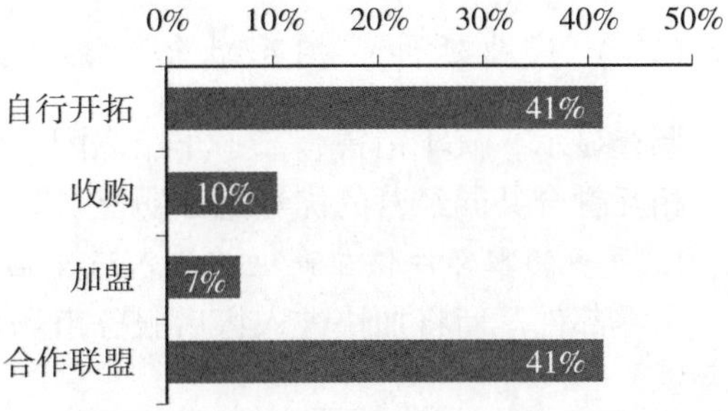

图 70　企业未来扩张方式

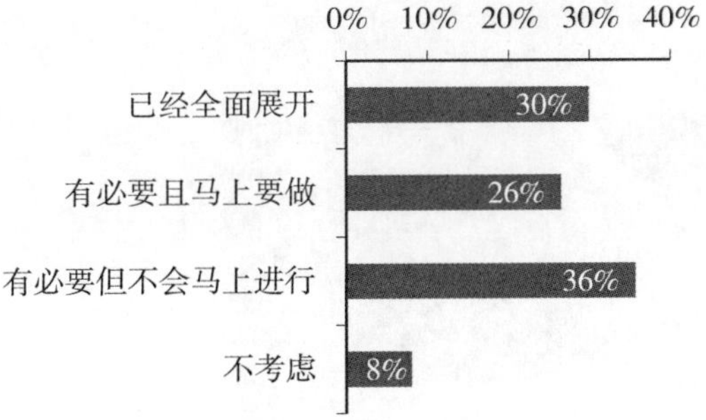

图 71　是否选择连锁经营发展模式

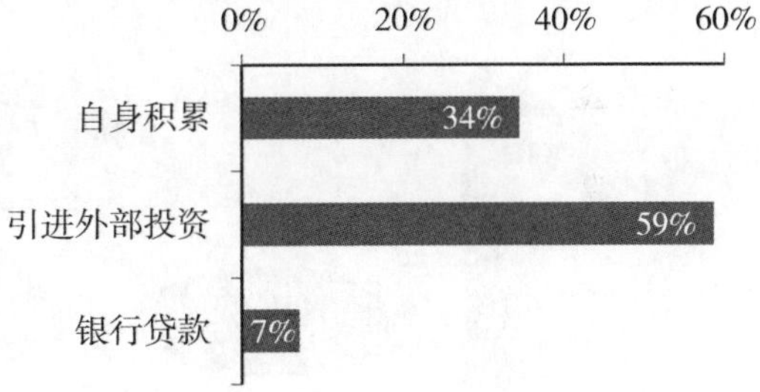

图 72　企业扩张资本来源

2. 标准化服务为连锁体系快速稳定发展奠定基础

如，驰加特许体系。2003 年，驰加首个汽车服务中心成立；2009 年，驰加引入特许经营并正式开启特许连锁；2010-2013 年，驰加保持以每年 100-200 家的增速快速发展。目前，驰加已遍布全国 31 个省份，230 多个城市。驰加每年的服务客户逾 500 万人次，客户满意度超 80%。优秀的合作团队、先进的经营模式以及科学的人才培养机制为驰加 SOP① 的构建提供了充分的知本和系列平台支持。

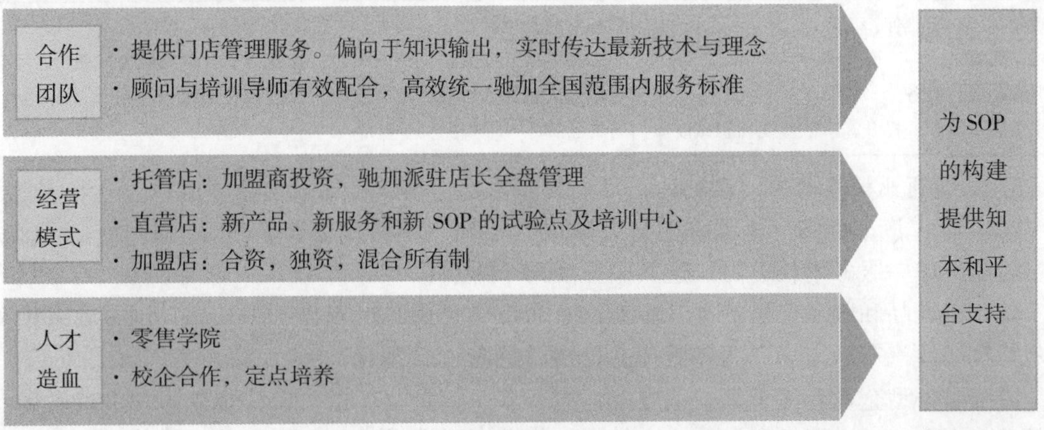

① SOP：即 Standard Operation Procedure，标准作业程序。简单理解，就是将某一事件进行细分量化，对操作步骤和要求进行标准化处理，并以统一格式描述出来，用以指导和规范日常工作。

（二）产业延伸、相互融合、共同经营的优势愈加明显

调查显示，汽车销售、二手车、汽配、汽车用品等呈现集中交易的大形势下，产业延伸、相互融合共同经营的优势愈加明显。

1. 更多的零部件供应商也将进入汽车后市场分一杯羹

·零部件厂商将加快进入售后服务市场竞争，并积极从供应商角色向终端服务商角色转变；

·目前，零部件供应商自有服务产品主要集中在轮胎、机油等领域，将来在各相关项目上都会陆续出现零部件商的身影。如图 73。

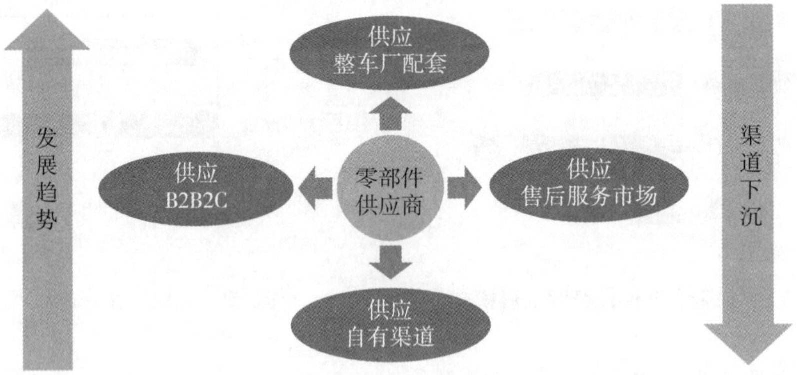

图 73　零部件供应企业未来发展趋势

2. 产业延伸带动商业模式变革

汽车后市场产业将依托资金、资源和经验的优势，通过广泛且多种连锁运营模式延伸产业发展，从而带动全行业的商业模式变革。

上游整车厂向下延伸：	服务商向上延伸：
·一站式服务 ·多元化综合服务 ·注重客户体验，提升客户依赖度和忠诚度	·多种方式开展连锁，特许加盟、托管店、直营店综合拓张 ·做好区域性连锁后再走向全国，以差异化战略及细分市场标明自己的品牌

3. 创新商业模式进行产业延伸，谁能整合资源，谁便可能成为赢家

2014 年，汽车维修行业销售增长近四成，增幅处于持平态势，其余传统服务产业疲软。因此，单一服务增长乏力。这其中显现两个矛盾：

其一，产品和服务价格的提升影响汽车后市场企业的销售收入；其二，国家政策推动反垄断执法，汽车后市场产品和服务的价格将趋向“合理化”。

传统服务型企业专注于某一项服务，服务单一，企业扩张缓慢，难以满足消费者多元化需求，在上下游掌握话语权的难度较大；消费者需求多元化，汽车美容改装等服务需求增长迅速，但无法在某一个服务门店得到需求满足，消费者也难有势力与企业抗衡。

同时，汽车电商在 2014 年迅猛发展，销售收入增长在 50%以上。如此成功的运营在于其商业模式的创新。再者，多元化业务运营有利于分散风险，线上线下结合对整合资

源，扩大市场带来新的气象，成为行业发展趋势。

（三）线上线下结合，O2O 引领后市场发展思路

1. 汽车后市场 O2O 服务，引领汽车后市场新思路

淘宝汽车后市场O2O模式

· 安装服务，选择带有黄色标识“支持安装”的商品，即可享受汽配产品包安装服务。
· 选择附近明码标价的线下安装服务商。
· 汽配产品到达后，去服务商处安装。

汽车养护成本有望降低30%

· 以雪铁龙为例，在4S店，置换一条轮胎的成本大约在1000元左右，其中包括轮胎价格550元，线下安装、动平衡、四轮定位等服务约450元。
· 通过淘宝汽车购买轮胎并选择其提供的线下安装服务，共花费520元。其中轮胎线上价格约为420元，线下预约安装、动平衡、四轮定位服务费用约为100元，且消费者可以选择自带线上购买的轮胎前往距离家最近的汽修店来完成这样的操作。

· 2014 年 8 月，京东与西国贸合作开启汽车后市场 O2O；
· 2014 年 11 月，淘宝联动 200 余城市近 3 万汽修服务点全面发力汽车后市场 O2O；
· 车蚂蚁以中国汽车后市场服务领跑者自居，于 2012 年 12 月致力于 O2O 模式新的“掘金”点。

2. 找准自身定位，打赢 O2O 大战

国内企业普遍倾向于建立电子商务网站，或依托其他电商平台拓展网络营销，而标准化产品更易于在网络平台上销售推广。因此，后市场企业不仅要重视发展模式，也应注意 O2O 全渠道发展模式，特别是运用电子商务所带来的新的机遇与营销点，以及新的挑战和冲击。

汽车后市场O2O模式分类

类型	模式	代表品牌	线上线下服务整合难度	市场占有率	品牌管理难度
加盟型	“网上商城+特约店服务”	养车无忧 yangche51.com	◕	◕	◕
自营型	“网上自营商城+自营店服务”	车[illegible]	○	○	○
平台型	“线上+线下资源整合平台”	百车宝 BaiCheBao.com	●	●	◕
虚拟型	“网上预约服务+上门服务”	卡拉丁 上门汽车保养	◑	◔	◑

3. 用移动互联网工具连接车主和服务

车主端　　　　　商户端
微信公众号　电脑端 + 手机APP

正确的时间给到车主有用的提醒；
车主需要的时候，总是第一个响应

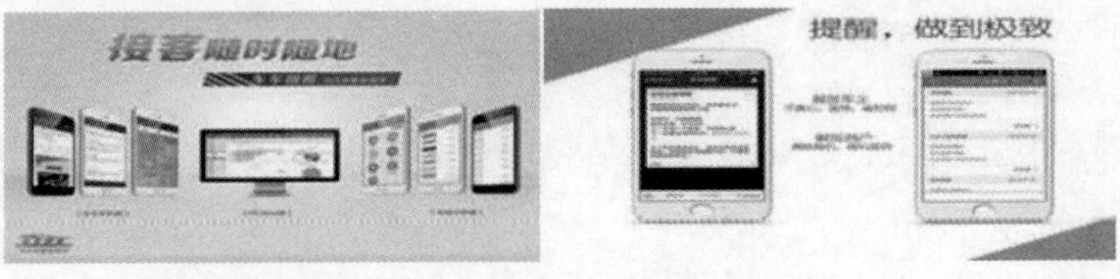

（四）汽车后市场的细分领域，开始出现品牌化、专业化的大公司

国内汽车后市场企业通过专业化、连锁化、品牌化的稳步发展，在各个细分领域已经涌现出不俗的领头羊。

（五）未来3-5年内，中国汽车后市场将出现“大玩家”

调查显示，人才管理、信息系统、行业成熟度及资金融通是大多数汽车后市场企业未来发展最为关注的焦点。企业应对不同类型的核心人才分别设计、重点培养并委以重任，才能真正支撑起企业连锁化经营和持续扩展的需求；而企业的健康发展需要更精细化的大数据支持，IT 系统正是后市场企业这一需求的基石；同时，随着各级各地政府职能的转变，支持大众创业、推动全民创新已经带来鼓励汽车租赁、扶植汽车城、汽车园区、大型汽配汽车用品市场等汽车后市场宽松发展新政的陆续落地，加之近七成的企业将利用外部资本（吸引外部投资、金融机构筹措等）作为扩大发展的有效助力，利用融资、依托政府支持将更快地实现后市场企业的做大做强。

美国用了近 20 年，才出现像 AUTOZONE 这样的后市场大玩家，而中美后市场的规模在不断被拉近。2014 年，中国汽车后市场各路英豪风起云涌，多股力量推动商业模式创新发展。可以预计，未来 3-5 年，国内的后市场企业也将培育出中国版的 AUTOZONE“大玩家”。

2014 年互联网思维推动中国餐饮业发展调研报告

基于互联网时代每个行业的企业都不可避免地受到影响，餐饮业也成为互联网思维推动的热点行业，在第 14 届中国餐饮业连锁发展战略研讨会上，由中国连锁经营协会与零点调查公司合作，通过引用互联网数据，以及餐饮连锁企业的实践案例，从新的视角对现阶段中国餐饮业的发展状况进行调查分析并共同发布调研报告。

本报告由五部分构成。其中，第一至第三部分主要阐述餐饮行业的发展现状，分析餐饮企业在互联网化的过程中所遇到的困惑与对策，介绍餐饮行业实现互联网化所带来的产业链上相关行业以及周边服务的巨大变化；第四部分主要围绕餐饮行业“新格局下的新趋势”进行调查研讨；而第五部分则从餐饮企业内部管理运营角度和外部协作机制等方面为企业实现互联网化提出建议。

一、大众餐饮已成为行业发展主流，消费回归理性，拉动行业稳步回升

1. 中央八项规定影响深远，引导大众餐饮成为发展主流，消费趋于理性

2012 年 12 月国家开始全面落实“八项规定”。国家统计局数据显示，2013 年 1-2 月份全国餐饮业收入 4030 亿元，首次出现低于 10%的同比增长，市场增速开始放缓。

高端餐饮持续下行。中国银联数据显示，2010 年年底至 2014 年年底，高端餐饮刷卡消费总体增速呈现下滑。2012 年 9 月，高端餐饮消费同比增速达到 21%，到 2013 年 2 月，高端餐饮消费一路下行至增速接近为零，仅为 0.7%。此后，高端餐饮消费一直是负增长，2014 年 2 月，增幅为-27%，达到最低点。

大众消费已经成为主流。与高端餐饮消费大幅下滑和波动不同，每笔平均刷卡在 1600 元以下的中低端餐饮消费发展平稳。2012 年 11 月至 2014 年 12 月，月均刷卡交易金额增幅保持在 10%左右，呈温和上升态势。在中低端餐饮消费增长中，不同消费档次的消费表现也不同。每笔平均刷卡 50 元档增幅最大，2013 年 10 月，增幅为 81.4%，2014 年 12 月增幅达到 444.2%，呈爆发性增长态势。增幅居次席的是 50 至 100 元档，2013 年 1 月增幅为 67.3%，而到了 2013 年 12 月，增幅达 115.9%。

支付宝数据显示，移动支付人群快速上升，追求品质化商品需求不断增大。

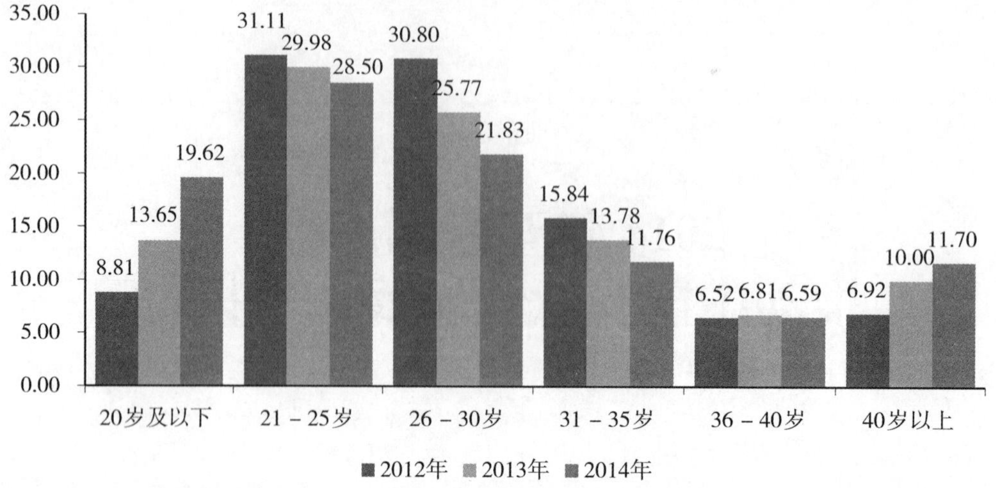

数据来源：支付宝

图 1　移动支付人群分布

图 1 显示，移动支付主力人群在 20 至 30 岁之间，但随着移动支付的推广及应用场景的延伸，20 岁以下及 40 岁以上的人群占比也逐年上升。

移动支付的人数在过去两年得到飞速增长，增幅近 1500%。

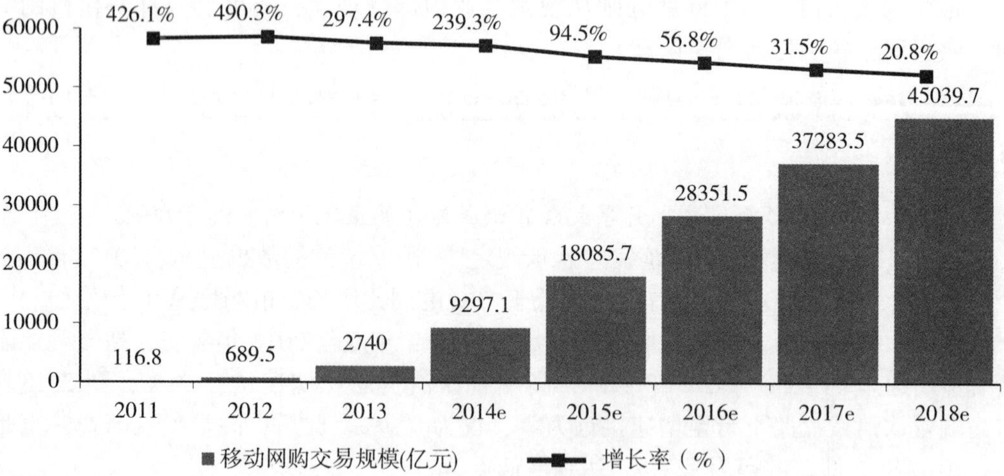

数据来源：根据企业公开财报，行业访谈及艾瑞统计预测模型估算

图 2　2011-2018 年中国移动购物市场交易规模

2014 年“双十二”期间，国内某知名中餐企业支付宝日支付笔数达到 23000 多笔，该知名企业当天的交易量为日常交易的 1.5 倍。“双十二”已成为消费者另一个线下的消费狂欢节。

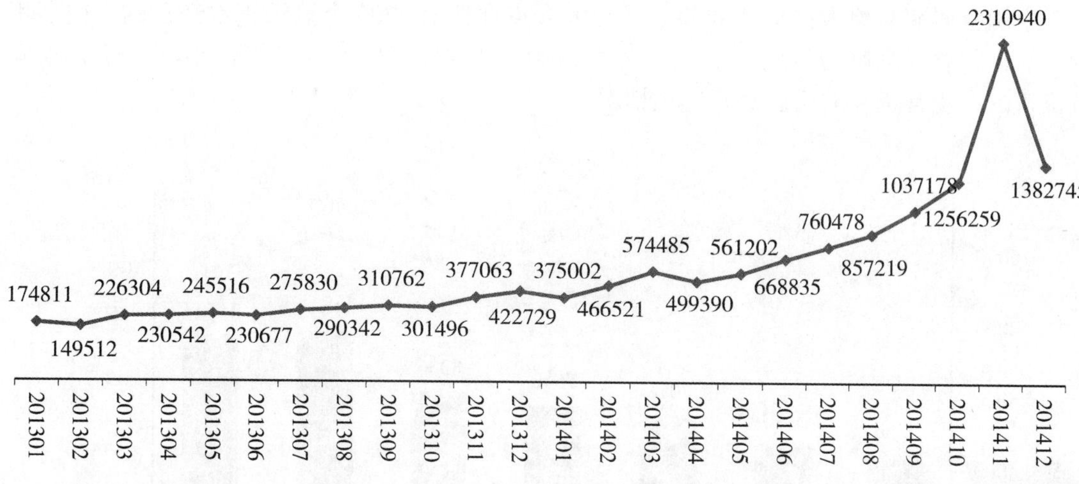

数据来源：支付宝

图 3　2013-2014 年海淘用户分析

图 3 显示，从 2013 年开始海淘逐渐受到大众的关注，至 2014 年年末交易人群和交易金额持续上涨，月均增长超过 28%，说明国人对高品质商品的需求在不断增加。

上述数据表明，餐饮业大众餐饮备受青睐，消费回归民本也趋于理性，促进了行业的健康发展。

2. 餐饮行业发展增速放缓，品牌和目标客群定位、产品升级、服务和营销模式改变成为企业转型的核心方向

大众点评以连锁餐饮品牌为研究对象，对其 2012-2015 年的经营变化进行了调研。调查数据显示，连锁餐饮市场，无论是从单品牌旗下门店的扩张，还是新的连锁餐饮品牌新进入餐饮市场的数据来看，2013 年均显示出明显的增速放缓。由于 2014 年下半年股市对增量资金的吸引力上升，本应在 2014 年逐渐平稳的餐饮市场，在 2015 年 1 月甚至出现小幅紧缩，其中单品牌旗下门店的扩张，以及新的连锁餐饮品牌进入餐饮市场的增速均呈现负增长。

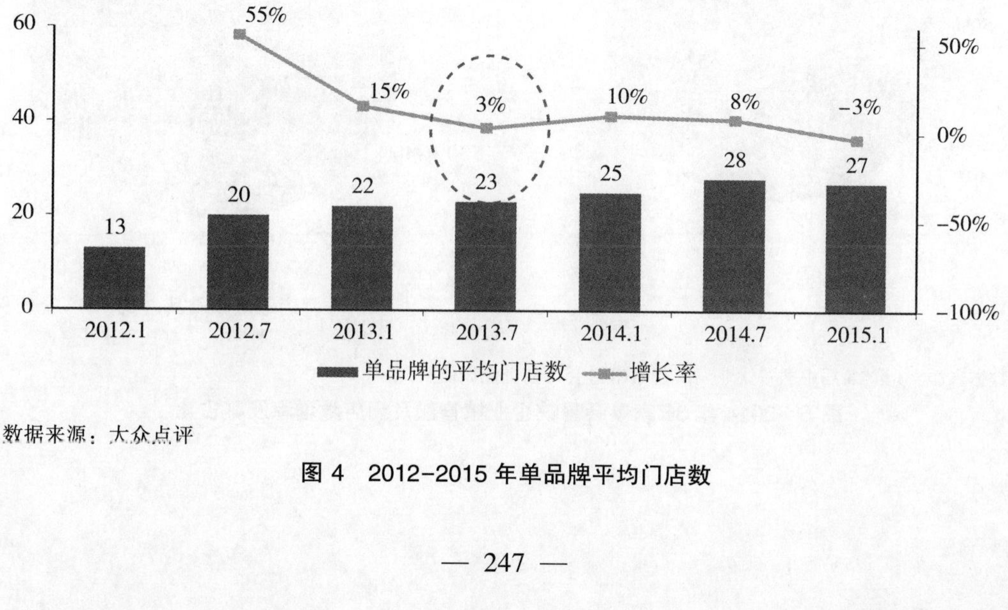

数据来源：大众点评

图 4　2012-2015 年单品牌平均门店数

本调查研究对象为：2011 年年底，在大众点评选取 2700 个显示正常经营的、门店不少于 5 家的餐饮品牌为研究样本，并观察 2700 个品牌自 2012 年 1 月至 2015 年 1 月期间所覆盖的、正常运营的门店经营变化情况。

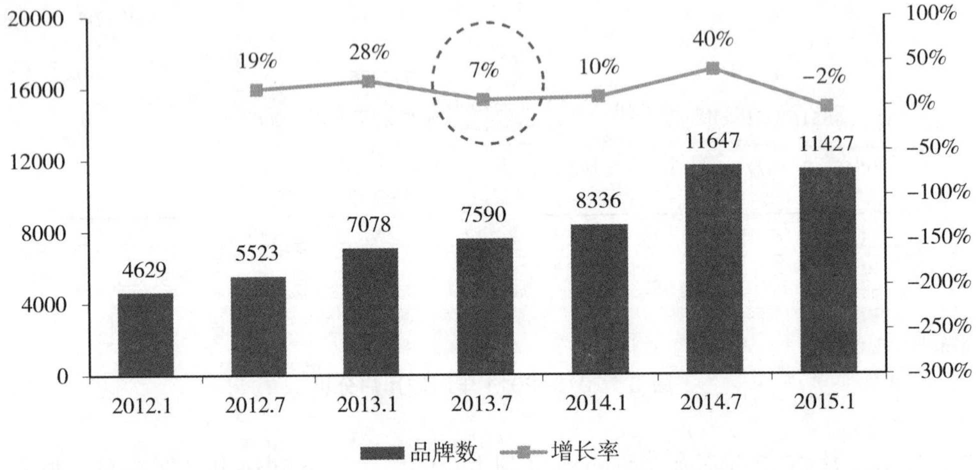

数据来源：大众点评

连锁餐饮品牌（样本）：统计时段，在大众点评显示正常运营的、门店不少于 5 家的餐饮品牌

图 5　2012–2015 年全国连锁餐饮品牌数

在本届参会企业中，相对整个行业的情况来说整体状况表现较好。会上，对参与调查的 36 家餐饮企业的调研结果显示，多数企业的销售额和门店扩张同比数据均有增长。

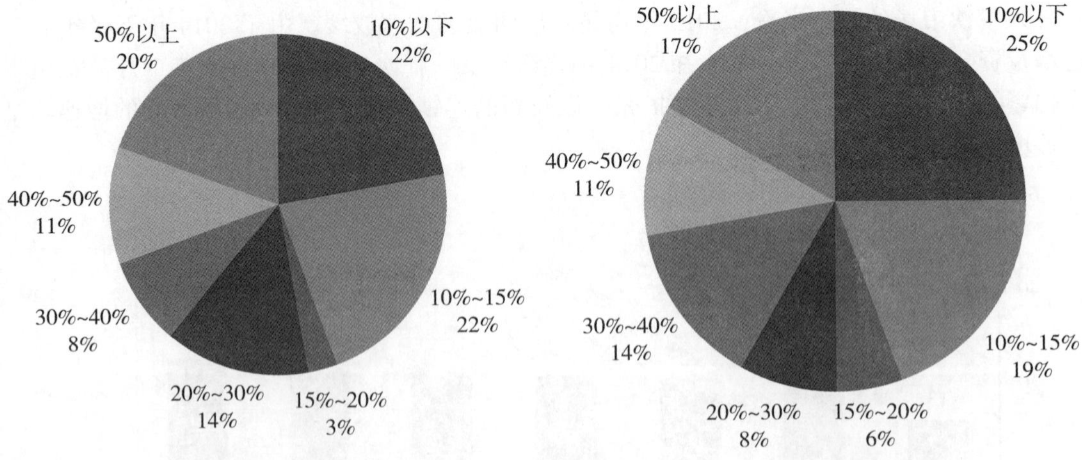

销售额增率及其占比（%）　　门店数增率及其占比（%）

数据来源：《第 14 届中国餐饮业发展战略研讨会与会企业调研》

图 6　2014 年 36 家参会餐饮企业销售额及门店数增率及其占比

就整个餐饮行业而言，2015 年餐饮市场将展开更严酷的竞争，短期内餐饮企业试图继续利用资本盲目扩张来占据市场的方式将很难成为主导，反而对自身目标客群的定位、产品的调整升级、服务与营销方式的改变将是餐饮企业增强生命力的核心方向。

3. 餐饮行业整体不景气的形势有望结束，有些品类“逆势而上”，消费升级满足不同人群需求

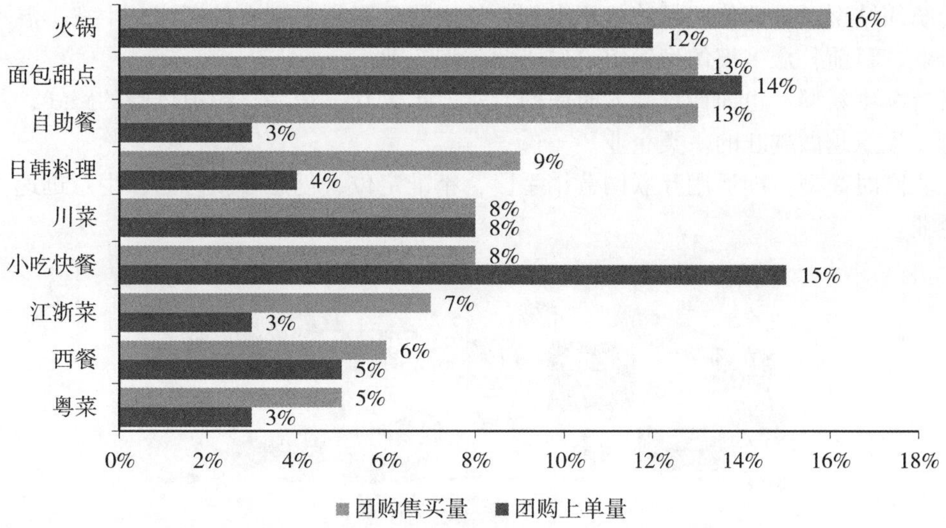

数据来源：大众点评，64 个城市团购售卖量

图 7 2014 年不同菜系团购占比情况

大众点评数据显示，市场中的中流砥柱也确实更多地开始偏向轻模式、小而美的高流转或高毛利的品类，如火锅、面包甜点、自助餐、快餐等。

此外，大众餐饮的人均消费也呈现上升势头。

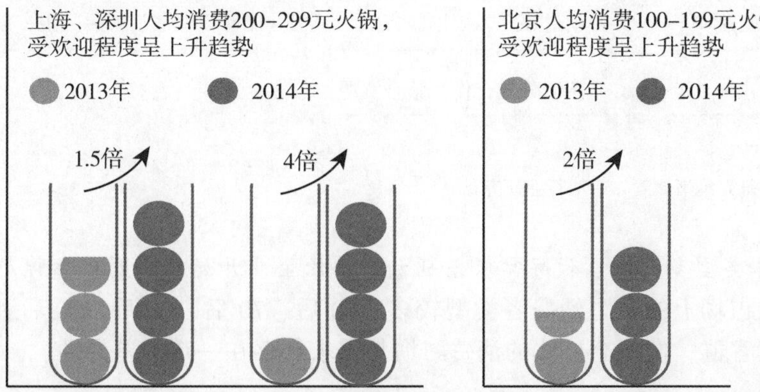

数据来源：大众点评

图 8 上海、深圳、北京三城市火锅店人均消费情况

以火锅店为例，2014 年开始不再依靠价格战，部分商户打起了服务牌、菜品经营牌，中高端火锅兴起。数据显示，2014 年上海、深圳中高端火锅（单次人均消费 200-299 元）受欢迎程度上涨最快，相比 2013 年，深圳受欢迎程度增长 4 倍、上海增长 1.5 倍。北京火锅档次略低，单次人均消费在 100-199 元的火锅门店受欢迎程度增长最快，较比 2013 年增长约 2 倍。

4. 餐饮企业呈现传统纠结型、可持续创新型、互联网时尚型三种新常态

传统纠结型：也即传统品牌找不准创新的出路又跟不上别人的潮流，生意不温不火的一类企业。目前，众多模仿型餐馆也属于此类型企业。

可持续创新型：也即传统融入时尚的元素，走大众、精品、超值体验的路线，及时成功转型，生意越做越旺的一类企业。

互联网时尚型：即运用互联网营销手段，精准定位、创意爆款产品，生意迅速火爆的一类企业。

图 9　传统纠结型 VS 可持续创新型 VS 互联网时尚型

衡量企业"互联网+"程度的 8 大指标

1 推出互联网营销方案

2 产品简单易复制

3 装修时尚化

4 产品特色鲜明

5 引进第三方数据服务

6 善于跨界合作，整合资源

7 品牌有创新，符合80后、90后消费特点

8 团队以80后、90后为主，创新能力强

数据来源：零点研究集团"餐 e 通"行业研究。

5. 消费群体类型多元化，代际需求差别大，餐饮企业开始重新明确品牌定位

目前，餐饮市场上的主力消费者类型较多，60 后、70 后、80 后、90 后和 00 后都是重要的目标消费客群，但每个群体的消费习惯与需求都存在一定的差异性。

——00 后特征：

- 成长环境

  * 出生在鼓励创新和自由的环境中

＊ 触网早，迎来互联网低龄化的时代
＊ 家庭物质条件优越，父母养育00后的金钱投入多
＊ 00后父母是70后，属社会中坚力量，注重亲子交流和开明鼓励的教养方式
＊ 从小被培养独立自理的能力

● 性格特征
＊ 个性鲜明，想象力创新力极强
＊ 希望张扬自我并获得同伴认可
＊ 生活压力小，无竞争意识
＊“不切实际”，但更加有趣，属于创意导向
＊ 初具自我意识，崇尚专属专享
＊ 人小鬼大，独立自主，有想法有行动
＊ 生活方式和喜好初现“拟成人化”
＊ 网络行为普遍，热爱娱乐休闲的领域

● 消费特征
＊ 掌控自我消费，逐步参与家庭消费
＊ 追求品牌
＊ 崇尚娱乐化消费
＊ 注重便利支付的时尚购物方式
＊ 重视外形设计和造型

——90后特征：

● 成长环境
＊ 生长在物质丰富社会繁荣时代，享受物质富裕的童年
＊ 没有经历过历史和政治上的动荡，也没有经历过大的经济波动
＊ 伴随着互联网长大，在成长过程中接收了大量新鲜信息
＊ 独生子女，除父母外，亲情观念相对淡薄但重视朋友

● 性格特征
＊ 思维开放，涉猎广泛
＊ 娱乐至死，喜欢尝试，追求刺激
＊ 视觉动物，追求冲击力的效果
＊ 更重视享受过程而不是结果
＊ 圈子依赖，群体融合性
＊ 主张解构权威

● 消费特征
＊ 对商品的情感性、夸耀性及符号性价值的要求，超过了商品或服务的物质性价值及使用价值
＊ 追求时尚与新鲜的事物
＊ 喜欢感官刺激，消费决策首先考虑产品的造型风格或款式
＊“买对不买贵”的理性消费观：消费价格与品质并重，以最便宜的价格买到自己实

际需求而且品质不差的商品
* 从众化和个性化消费并存
* 消费决策重在“眼见为实”

——80 后特征：
● 成长环境
* 小时候接受改革开放的教育，既有前辈的一些观念，也有开创精神
* 生活在充满竞争的年代，大学扩招、工作自找、高房价等带来“压力山大”
* 接受了许多西方文化和事物的影响
● 性格特征
* 渴望成功，把成功人士当作榜样，重视自我实现多于家庭价值
* 具有自我个体竞争性，对合作型、群体取向的价值观缺乏更多的认同
* 自信，有承担风险的勇气，懂得把握时机
* 懂得享受，注重生活品质
* 追求时髦，注重他人认同
● 消费特征
* 崇尚个性，不爱雷同
* 重品牌、重时尚，并愿意为此付费，对低价产品的解读不再是划算，而是不够档次
* 注重品牌消费，但对商品的忠诚度不高
* “大手大脚”，超前消费：有钱就花、没钱先贷，图的就是痛快
* 消费决策习惯听取虚拟口碑

——70 后特征：
● 成长环境
* 青年时期经历恢复高考、实现四个现代化、走进改革开放的新时代等
* 赶上改革开放，享受良好教育；赶上了分配工作、移民潮、第一波商品房，用相对较低的成本获取了家庭固定资产，而后开始享受资产升值带来的消费信心
* 目前迎来事业的收获期，有较好的经济基础
* 一家之主，上有老，下有小，负担比较重
● 性格特征
* 工作狂，责任心强
* 家庭观念比较强
* 追求更好的生活品质
* 有攒钱意识，愿多陪孩子
* 对健康关注
* 在日常生活中一边保持传统，一边又不甘于落后地追求时尚
* 喜欢怀旧
● 消费特征
* 中产一族，较为小资，追求内涵、品质和服务

* 内外并重：综合考虑实用性、产品的功能和外形设计
* 控制大手大脚花钱，也讲究“实惠”
* 不主张超前消费，不太接受按揭及信用卡分期等方式
* 愿意在健康方面花钱

——60 后特征：

● 成长环境
* 红色革命的接班人
* 成长在一个动荡、贫困的年代
* 现在赶上了好日子，对于生活的满足感高

● 性格特征
* 生活安逸，但对于未来没有太多的信心
* 强烈的爱国情结

● 消费特征
* 消费的计划性多于冲动盲目性
* 消费谨慎节约，价格敏感
* 对国产品牌认同高
* 对更高质量或更新的品牌常识性意识较差

6. 资本泡沫化呈现，扰乱行业健康发展

餐饮业资本泡沫化主要有两个方面：一是炒作互联网时尚型餐饮品牌，动辄几轮几亿元的“风投”进入，强调极致体验，靠“爆款”产品营销，忽略了餐饮好吃的本质和品牌口碑的积累。二是互联网营销工具以烧钱的方式助吹行业泡沫。团购、外卖已经呈现畸形成长和恶性竞争。

二、互联网时代餐饮企业面临的问题和实践方案

互联网思维倡导创新、整合、颠覆，把不可能变为现实，就像手机已经成为人体的“器官”一样，颠覆着许多传统观念。2015 年 3 月，李克强总理在政府工作报告中首次提出“互联网+”① 的概念，更是助推了互联网的应用和创业。餐饮业作为传统实体经济体，本质上还是要脚踏实地地解决实际问题。

相较于传统纠结型企业的按兵不动，可持续创新型和互联网时尚型的餐饮企业都在互联网大潮里积极探索。在探索过程中，两类企业也都遇到一些困惑。如：

● 共性的困惑

① 互联网+：在 2015 年 3 月 5 日第十二届全国人大三次会议上，李克强总理在政府工作报告中首次提出“互联网+”行动计划。“互联网+”实际上是创新 2.0 下的互联网发展新形态、新业态，是知识社会创新 2.0 推动下的互联网形态演进。新一代信息技术的发展催生了创新 2.0，而创新 2.0 又反过来作用于新一代信息技术形态的形成与发展，重塑了物联网、云计算、社会计算、大数据等新一代信息技术的新形态，并进一步推动知识社会以用户创新、开放创新、大众创新、协同创新为特点的创新 2.0，改变了人们的生产、工作、生活方式，也引领了创新驱动发展的“新常态”。

＊ 基层员工管理缺乏手段，合规成本高，难以应付；

＊ 人力成本高、门店租金高、水电费高、经营利润低，是整个行业都面临的问题；

＊ 进入全民监督的时代，互联网为品牌带来一夜成名机会的同时，对企业的潜在摧毁力也很强，能够在一夜之间摧毁品牌，从而为餐饮企业带来较大的压力。互联网环境下，好的产品、环境或特色服务，都可能快速形成口碑传播，但是随着社交网络和自媒体的快速发展，消费者间的口碑传播速度和广度在加大，也就会出现“马太效应”，每一个产品、环境、服务中的任何小问题，都有可能在移动互联网时代快速放大和传播。此外，互联网思维重在营销创新，而在营运方面经营缺失，忽略以全方位角度建设品牌内涵，让企业处于更加危险的境地；

＊ 互联网给餐饮行业带来了新的热点，为餐饮企业树立了新的风向标，但同时带来的问题是打乱了餐饮行业的秩序；

＊ 过多的喧哗和浮夸削弱了对餐饮本质（店面体验、价格、口味、食品安全、渠道）的关注，容易造成餐饮企业的泡沫经济；互联网体验属于浅度体验，而就餐注重的是深度体验，互联网提高了消费者对餐饮企业的关注度和期望值，但是如果整个就餐体验跟不上，容易造成消费者心理的巨大落差；

＊ 此外，由于大量资本的注入以及互联网的免费思维而吹起来的“团购风”、“打折风”，同样也扰乱了餐饮市场的秩序，引起了餐饮商家们的不良竞争。

● 对于可持续创新型企业，还面临着：

＊ 终端门店的规范性和时效性无法达到互联网要求。互联网对标准化的要求比较高，属于“0 和 1”的选择，但是餐饮行业属于服务性行业，需要通过“人的动作”完成，因此提供的商品在标准化上会有所欠缺。同时，传统餐饮企业终端门店的资源是按照原来的标准进行配置的，无法匹配互联网带来的爆炸式增量，因此，门店的时效性和互联网要求的即时性有一定出入；

＊ 消费者代际跨度大，不同群体需求差异大，如何找到自己的消费客群是生存关键，但目前许多传统餐饮企业的品牌定位不够清晰；

＊ 市场信息更新快，消费者的需求迭代迅速，企业跟进吃力；

＊ 餐饮从业人员素质普遍偏低，高级人才特别是互联网营销人才短缺，无法满足新时代的需求。互联网时代信息更迭快，从业人员对数据的理解、对互联网的反馈需要有非常快速的反应，这给从业人员带来新的挑战。此外，互联网带来了营销的改革，传统企业的品牌维护和建设能力无法适应新型营销方式，如何吸引年轻消费群的眼球、如何在信息爆炸时代把信息传达到用户是传统餐饮企业的营销工作所面临的困难。

● 对于互联网时尚型企业，还面临着：

＊ 缺乏连锁店的管理技术和能力；

＊ 产品稳定性不够，产品研发乏力；

＊ 消费者尝鲜后兴趣度下降，回头率低；

＊ 资金链不充裕，希望得到资本的资助。

面对困惑，可持续创新型企业和互联网时尚型企业是如何积极探索解决方案的呢？

问题 1：

可持续创新型企业 & 互联网时尚型企业：互联网时代进入了全民监督的时代，互联网在带来对品牌一夜成名机会的同时，对企业的损毁力也很强，也能够在一夜之间摧毁品牌，从而带来了较大的压力。

措施：坚持品牌建设，在“产品体验”的基础上，全面深化消费者“品牌体验”。

● 精细化“产品体验”，实现“小而美”的小众化、个性化体验

从大众点评年度实时的年味地图，我们可以看到“爆款”菜品正在成为城市餐饮消费人群关注的核心。2015 年春节期间，全国人气最高的菜品是“三杯鸡”，“年三十”当天有 34.82 万人点了这道菜。紧随其后，烤鸭、羊肉串、烤鱼和剁椒鱼头，是“年三十”当天最受全国人民喜爱的几大菜品。为了迎合小众化、个性化体验的趋势，餐饮企业开始缩减产品品种，增加菜品翻新频率，如“拾味馆”便由曾经的 100 多道菜品缩减为现在的几十道菜品，而“吉祥馄饨”也大幅减少了馄饨的种类。“雕爷牛腩”围绕着“不求多的 SKU，但求极致的用户体验”的产品精神，仅设置了 12 个 SKU 产品，但却保持更高的换菜单频率。

● 往轻餐饮方向发展，空间设计时尚化，成为休闲场所；休闲餐饮是餐饮行业未来的发展方向

零点调研发现，家人或者朋友休闲聚餐是消费者在外就餐的主要方式。此外，由于 Shopping Mall 是消费者在外就餐选择的主要地点，因此在空间设计方面也需要和 Shopping Mall 的定位一致。零点调研的《9 城市餐饮消费者调研》（2014 年）发现，北京和上海分别有超过 60%的消费者会将 Shopping Mall 作为餐饮消费场所；而在二线城市中，除了太原、郑州、沈阳等 Shopping Mall 业态尚未发展起来的城市外，哈尔滨、大连、济南和武汉等城市的消费者都会选择 Shopping Mall 作为自己最重要的用餐地点。

● 让顾客产生良好的品牌体验还在于与顾客建立更强关系的连接，这也是将顾客转化为粉丝的最重要一环

如何与顾客建立更强关系的连接？移动互联网的应用与快速发展为企业创造了极好的时机。

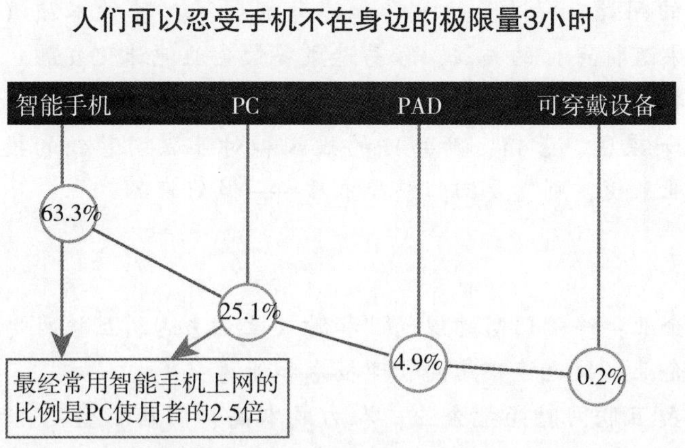

数据来源：零点研究集团，《2014 年移动互联网使用者调查》

图 10　消费者上网设备占比情况

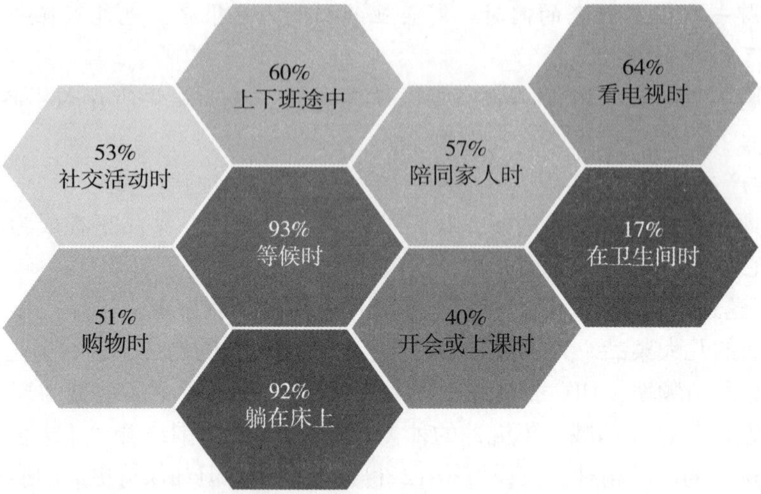

数据来源：INMOBI，《2014 中国移动互联网用户行为洞察报告》

图 11　移动互联设备与人们日常生活的紧密度情况

零点调查显示，超过63%的消费者最常用智能手机上网。而且，在 INMOBI 的报告中可以看到，消费者几乎无时无刻都拿着手机上网。因此，企业能够通过移动端的 APP 等软件增加和消费者的接触。企业可以创造机会让用户共同参与产品的研发、起名、所用器皿、出品……直至营销活动、工程设计等整个品牌体验的各个环节，从而让餐饮品牌在多个维度与用户建立紧密的连接，完成从产品体验到品牌体验的系统升级。

问题 2：

互联网在给餐饮行业带来新的热点，为餐饮企业树立新的风向标的同时，也带来打乱餐饮行业原有秩序的问题——过多的喧哗和浮夸削弱了对餐饮本质（店面体验、价格、口味、食品安全、渠道特点）的关注，容易造成餐饮企业泡沫化发展。

措施：对传统餐饮企业而言，企业管理层在进行资源配置时注重均衡性，对影响餐饮行业本质的要素（如渠道、营销、产品）的投入和对互联网营销的投入需要均衡发展；而对互联网餐饮企业来说，则需要回归餐饮本质——做好产品。

问题 3：

可持续创新型企业：终端门店的规范性和时效性无法达到互联网要求；

互联网时尚型企业：缺乏连锁店的管理技术和能力；

可持续创新型 & 互联网时尚型企业：人力成本高、门店租金高、水电费高、经营利润低。

措施 1：针对两类企业面临的问题，都要求餐饮企业实现“自助化”和“智能化”的变革，减少每个环节的不确定因素，提升终端流程的规范化和标准性。

- 传统餐饮企业实现原有门店的升级，完善自动化设备

＊ 终端门店的自助化服务

金百万全智能互联网自助体验式餐厅为传统餐饮行业实现门店自助化提供很好的示范。何为全智能互联网自助体验式餐厅呢？就是点菜、买单、服务全部由客户自主完成，更加创新的是菜都是客户自己做，增加了客户的体验感和参与度。顾客进门只需通过微信“扫一扫”下载一个客户端就可以轻松实现从点菜到结账的全过程。

同样，吉祥馄饨在江、浙、沪等地区半数以上的门店都实现了自助机器销售，同时在各个区域门店实行电子屏叫号。

金百万全智能互联网自助体验餐厅

＊ 利用智能机器来解决外卖业务的“最后一公里”问题，能够避开高峰，实现批量配送，减轻配送压力

外卖送餐逐渐成为城市顾客的刚性需求。自 O2O 概念在餐饮界热炒以来，无论是餐饮企业还是第三方订餐平台，都将目光聚焦于外卖业务上，但“最后一公里”的物流成本是制约外卖发展的最大问题。外卖订单的发生时间往往与堂食的忙碌时段重叠，一单单的送餐模式，不仅人工成本高，也很易导致有些订单无法在规定时间内送达，最终导致客户满意度下降而流失客户。

在解决餐饮“最后一公里”的问题上，嘉和一品的“智能配送柜”提供了较好的范例。嘉和一品在中关村、建外 SOHO 等多个地点建立起无人自主配送站，通过嘉和一品与他人合作建立的 ifood517 自助餐饮网站，上班族及周边市民可以通过电话、手机 APP、网上等多种预订方法订购菜品。并且，该配送站点的柜子还具有加热保温功能，可以保证用户随时取餐并吃到温热可口的饭菜。嘉和一品推出的智能 O2O 餐饮配送柜，比商场储物柜多了保温保鲜功能，消费者在网站或手机上订餐并选择取餐的柜站，完成线上支付后手机即收到一个二维码凭证，到柜台扫描二维码即可取餐。

● 互联网餐饮企业在开店初期便探索如何利用互联网技术优化工作流程，在设置终端门店初期便建立起与互联网匹配的硬件和软件，从而让终端服务实现符合互联网需求的规范性和标准化

北京的“人人湘”、“五味餐厅”和杭州的“那些年”都是典型案例。“人人湘”的特色是去服务员化的互联网概念餐厅。传统的就餐流程通常是：进店—等位（找位）—上菜单—点菜—下单—制作—上菜—支付—离店，而“人人湘”的就餐体验是：进入微信服务号—手机选座—在线下单—移动支付—到店叫号—自助取餐—放回餐具。杭州“那些年”则通过桌角上的二维码或其他方式引导用户下载 APP 并使用 APP 点餐，就餐期间也可以通过 APP 发送需要纸巾和加水的需求，服务员相对从前减少了三分之一。北

京“五味餐厅”也极具特色，其每天只供应八个菜品，每个菜品对应一位厨师，从顾客的下单、（微信）支付、评价，到餐厅的采购、现金流入和流出等所有经营活动均在系统上进行，数据都保持在云端。

措施 2：分包协作的思维能够帮助餐饮企业提高专业服务质量和效率，减少企业自身专业管理的难度和繁杂度，同时也能满足互联网化带来的高效率要求。

餐饮行业随着信息化应用程度的提升和加深，企业自身的角色更加集中和专注于寻找细分市场、给餐厅定位包装，以及核心环节的掌控等方面。这就意味着，企业需要更多的行业精细化公司在专属领域发挥更专业化的服务。只有将中间环节精细化，进而专业分包，才能让餐饮业从本质上提高效能。目前已经有诸多餐饮产业链整合平台，为企业提供涵盖供应链服务、人才培训与行业智库、金融资本运作、互联网电子商务、厨房、运营及营销、客户服务等多项服务。

问题 4：

可持续创新型企业：消费者代际跨度大，不同群体需求差异大，如何找到自己的消费客群是生存关键。

互联网时尚型企业：产品过于时尚，消费者尝鲜后兴趣度下降，回头率低。

措施 1：营销模式互联网化，注重营销“互动性”、“精准性”和“科学性”。

● 摒弃传统的广告植入营销方式，利用互联网形成“圈子互动”，从而达到消费者之间的口口相传

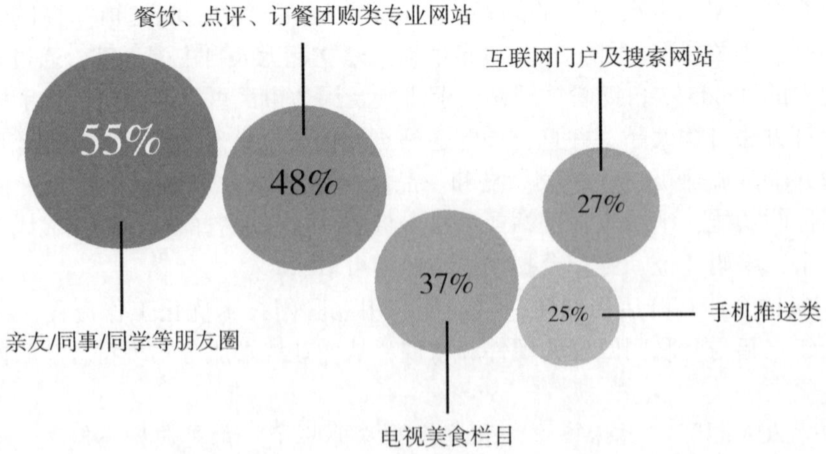

图 12 消费者获取餐饮资讯的渠道及占比

根据零点 2014 年在北京、上海、沈阳、济南、大连、哈尔滨、武汉、郑州和太原等 9 个城市的餐饮消费者调研显示，亲朋好友之间的口碑传播是消费者获得餐饮信息的最重

要渠道之一。编著《罗辑思维》的罗振宇发起的“霸王餐”是值得餐饮经营者借鉴的一种全新的“圈子互动”营销模式。罗振宇在全国各地有不同的粉丝群，不断地会有餐饮企业老板主动提供场所，邀请小伙伴来一顿霸王餐，他还发动所有“罗辑思维”社群成员为这顿具有互联网思维的霸王餐献计献策，并且鼓励大家把自己的霸王餐方案发布在社交媒体上，形成“用互联网思维吃霸王餐”话题的预热和群策群力。同时，还邀请到各行业公司，来为这顿“霸王餐”贡献力量，顺便让“罗辑思维”会员们体验他们的产品。比如，“微信”担任本次“霸王餐”的独家支付方案赞助商，给会员送个红包，“易到用车”愿意为会员提供接送服务，某些城市的票务公司愿赞助会员吃完饭去看场电影等。霸王餐从筹备到结束后回忆的整个过程，用户的参与感会形成一种更有力的传播。

“罗辑思维”霸王餐

- 利用互联网数据实现“会员精准营销”

通过建立会员系统，采集会员的消费频次、消费金额、消费需求等数据，形成会员数据库；通过对会员数据库的分析，有针对性地发起营销活动，并不断提升活动响应度。

- 互联网数据的可追踪性让营销效果变得“可以衡量”，而营销的可衡量性能帮助企业营销投入“科学化”

传统的媒体广告，无法明确知道阅读人数。但现今，通过微信微博进行推广，可以很清晰地知晓阅读量，从而使营销效果可以很容易衡量。知名自媒体人阮志勇还提出了一个量化营销效果的好方法：从美食大号 A 推送的内容里，加入单独为该渠道设计的电子优惠券，在餐厅收到该优惠券后录入单独的收银键，在活动结束后，很容易汇总并统计出这个渠道的投入产出比。从中可见，营销效果的可衡量性能够帮助企业把营销费用“用在刀刃上”。

措施 2：把餐饮门店打造成垂直类服务平台。

以 Helens 西餐吧为例，Helens 跨界整合了咖啡、西餐、酒吧等多行业，试图打造成一个年轻人休闲聚会的平台，让顾客整晚都能呆在门店享受吃喝玩乐一条龙服务。Helens 在跨行业经营的同时，同样也注重产品种类的控制。Helens 门店所有产品都设置有一个快速灰度测试数据，并根据数据结果不断简化产品，将特定几种产品做到极致。

措施 3：通过与拥有同类目标群体的同业/异业进行联盟，互享客户资源，实现对目标消费客群的服务最大化。

比如，迪欧和也买酒公司互助合作的范例。由于迪欧和也买酒的顾客群体都具有追求品质生活的相似特征，因此迪欧和也买酒达成合作协议——迪欧每新开一家门店，便在店内显赫位置设立一个红酒品鉴、展示、销售区，实现咖啡、红酒的同步体验。这样可以实现网上购物群体到迪欧实体店来体验，或者实体店的消费者到网上去购买红酒，实现客流的互动引流，达到互利双赢合作。

问题 5：

可持续创新型餐饮企业：信息更新快，消费者的需求迭代迅速，企业跟进吃力。

措施：餐饮企业内部管理趋于“扁平化”、“精细化”和“科学化”。

- 逐渐实现“扁平化”管理，达成快速高效的要求

“扁平化”主要指对于顾客的反映，不需要按照管理架构的设置一层层地逐级上报，而是通过网络使管理高层能迅速知晓消费者反馈，并及时作出调整。此外，管理权限下放，让直接面对消费者的终端门店店长具有更多的简单决策权。

- 管理层对企业问题的关注更加“精细化”，甚至具体到“某家店”的“某个问题”
- 用“数据导向决策”取代“直觉决策”，减少片面信息/感知形成的决策失误

目前许多餐饮企业内部都建立并逐渐提升了信息化系统建设，加强了数据支持决策。包括 ERP 系统、POS 平台管理系统、预付款会员管理系统、库房管理系统等各种信息化系统以收集数据，同时设置大数据部门进行数据分析（如营业额增长分析、增长趋势分析、销售结构分析、人均消费分析等），实施数据化管理，依据数据进行决策，如新市场选址、门店营销活动的开展、内部装修餐桌布局、产品更新时间和方向、内部衔接流程等。

- 对传统餐饮企业而言，在组织架构上增加了互联网性质的部门，且成为与采购、财务业务紧密关联的核心部门

问题 6：

互联网时尚型企业：连锁店开多了，担心产品稳定性，产品研发有些力不从心。

措施：互联网餐饮企业纷纷“回溯产品主义”，加强对产品的重视。

零点调查发现，消费者愿意成为回头客的最重要原因还是回归到“菜品口味”。48%的消费者表示“菜品口味好”是他们愿意再次光顾某家餐馆的因素，也远高于影响回头客的其他因素。对于善于造势，但在产品品质及其研发能力方面较为欠缺的互联网餐饮企业来说，症结在于给予顾客太高的体验预期，而且让顾客以高价买单，反之其产品却没能达到顾客心理预期，从而产生大量不满。现在的互联网餐饮企业已开始回归到对产品的探究上。以“人人湘”为例，其团队前后七进湖南，踏遍三湘四水，在长沙、衡阳、常德、郴州、永州等有代表性的地方，探寻最好吃的米粉。2014 年 2 月，“人人湘”在中关村“新浪”楼下一家不起眼、不挂名的测试店开业，经过 3 个月的测试更新，才基本确定“人人湘”体验店的首批产品目录。

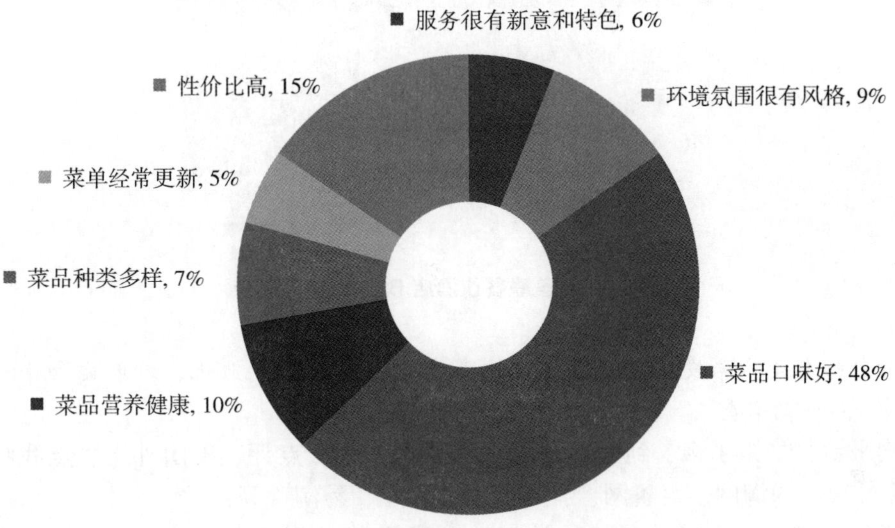

图 13　愿意成为回头客的原因

对于餐饮行业互联网化新产生的困惑，可持续创新型企业和时尚互联网企业都在积极探索并实践着解决方案，但对于“缺乏符合互联网素质的人才”、“成本高、利润低”等问题依旧存在，解决这些问题的路径任重而道远。

三、互联网化的“蝴蝶效应”：餐饮行业实现互联网化，撬动了产业链上相关行业以及周边服务的巨大变化

1. 有效改善餐饮企业与采购供应商合作现存的低效点，促进供应链模式重塑，出现供应链平台化趋势

目前，餐饮业大都采取传统的现货采购方式，在采购、运输、储存、计划、结算等相关环节普遍存在着交易方式落后，耗费人力、时间，产品信息传递不对称，交易环节多、不透明等问题，影响着企业的经营管理。供应链平台化将减少中间环节，让交易变得透明、高效、数据化。现今，餐饮市场已有一些上线交易的采购平台，如济南政府建立的餐饮企业集中采购平台，就是一个以产品采购为核心的电子商务系统。采购商户在该系统可直接下单或者发布采购询价单，由供货方进行订单处理或报价，双方确认后形成交易订单。再如，“小南国”联合多方建立的“众美联餐饮酒店 B2B 云采购平台”，涵盖了餐饮企业经营性采购所需要的绝大多数产品和服务，并提供一站式的解决方案。该平台还引入第三方机构甚至政府职能部门对食品安全进行监管。餐饮企业的总营业额中约有四成用于原材料、设备、用品等项目的采购，通过这样的平台可有效减少餐饮酒店企业与采购商之间的环节，解决产业上下游信息不对称的问题，也能比线下渠道节约成本至少 10%，企业利润率可提高约 5%。此外，由于采用的原料可以追溯源头，也有效保障了食品的安全性。

图 14　众美联餐饮酒店 B2B 云采购平台

2. 分包协作是未来发展大趋势，餐饮商户各项工作的专业化、外包化和平台化，撬动许多周边行业的兴起

● 外卖平台：如饿了么、到家美食会、淘点点、大众点评、美团外卖、点我吧、生活半径、零号线、绿淘网、美餐网、香哈网、外卖库、易淘食等；

● 外卖配送端：在不同的餐饮品类都已出现外卖配送商，比如专门送咖啡的“连咖啡”，配送糕点的“楼下 100”，配送火锅的“来一火”等；

● 客户服务：找餐馆、专门排队、预订菜品等每一个环节都将出现系统服务供应商，如排队网；

● 营销端：比如负责会员营销管理的雅座在线等；

● 软硬件系统管理：比如提供云 POS、云客服相关服务的企业等；

● 咨询服务：餐饮行业互联网化产生的大数据及金融服务等；

● 社交媒介美食平台/APP：如回家吃饭 APP、挑食、聪享、夜夜等。

数据来源：IT 橙子

图 15　提供餐饮周边服务的企业列举

3. F to C 模式出现

F to C，即从生产者直接到消费者，产品可以直接从生产线送到消费者手里。由于没有了中间渠道商，在质量保证的同时，价格比同类型产品更便宜。随着外卖 O2O 继续发展，一批只做外卖、不提供堂食的外卖品牌商家陆续出现，他们主打“厨房即店面”，把产品直接从厨房送到消费者手里，如女子营养私厨服务品牌 Yota 美食和露薇纤体美食。

此外，《京华时报》披露的外卖网站“零号线”也在推广“厨房店”的概念，目前该平台“厨房店”数量以7%的占比创造着约30%的销售额。

四、找准“风口的方向”：餐饮行业新格局刺激新一轮的行业趋势

1. 移动互联时代餐饮消费者出现族群分化，需求差异性增大

“大叔”、“御姐”、“小鲜肉”、“萝莉”、“屌丝”、“高富帅”、“白富美”、“二逼青年”、“文艺青年”、“逗比”是当下热门的个人标签网络词汇，人们热衷于根据自身境况给自己贴上标签，将自己归入某个特定的族群。不同的个人标签也寓意着这些消费者消费需求的差异。

数据来源：零点研究集团“餐e通”项目组，《8090后餐饮消费群体研究》

图16　消费需求差异化情况

2. 消费者情感卷入度上升

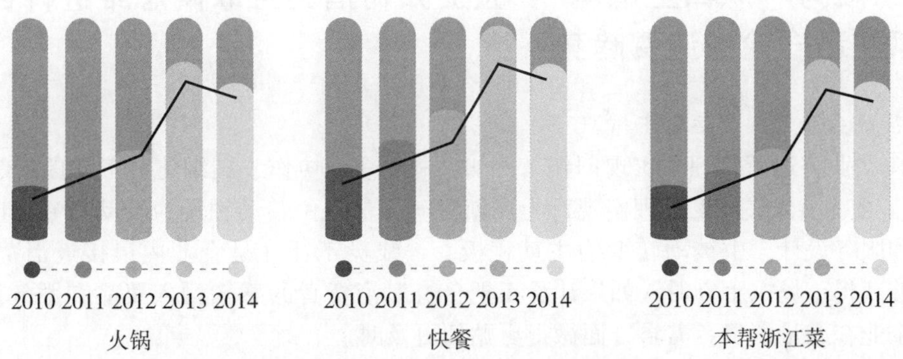

数据来源：零点研究集团“餐e通”项目组，《餐饮消费者网络行为调研》

图17　消费者网点点评数量情况

3. 餐饮规模连锁化发展是趋势，但存在一定的挑战

互联网环境下的餐饮行业发展更需讲究“势能”，而内部经营实力和品牌影响力是有效持久累积势能的重要因素，因此餐饮企业持续进步需要连锁化发展。但是，餐饮企业的规模化发展仍旧存在一定的挑战和困难，其中产业链的标准化是最亟须解决的问题。这里，除餐饮行业自身需达到标准化、规范化以外，整个产业链（包括供应链上下游）都

要达到标准化、规范化，如此才能形成不断的良性复制并最终达成规模效益。否则，餐饮企业扩张至一定规模后就会出现诸多问题。

4. 互联网时代，企业将以一种外部连接方式、一种社会资源高效重组再分配形式进行组织进化

企业中属于手工化操作、系统化集成的一部分工作内容，将随着人力成本的增加、机器人制造成本的大幅降低与人工智能的成熟，最终被机器所替代。而另一部分则属于难以（或不可）被替代、不易形成数据（或量化）指标度（即定性化）的经验与创新能力。对餐饮企业来说，现阶段需要建立内部的数据中心；以财务为导向，逐步将内部业务流程分阶段实现数据化和 IT 化。同时，打通 ERP 与 CRM，帮助企业内部更好地优化决策机制，推进内部组织优化。

5. 餐饮企业全系统大数据将全方位打通，实现精准营销

目前，企业不同系统内的数据多处于封闭状态，所谓的“会员精准营销”也仅是会员系统的基础数据，精准性不足，回报率不高。未来的精准营销将是基于企业全系统数据分析而实现的定向营销。全系统数据不仅来自于会员系统，还源于收银系统、菜品库、供应链、微信服务号、支付系统、企业 WiFi 等，它是一个集合顾客所有接触点的完整数据库分析。借助于此，企业能方便地知晓某个特定的消费者“来餐厅的消费频次、主要日期、重要时点（中午、晚上，还是……）、特定座位、常规人数、侧重菜系、偏好口味、佐食特色、消费能力、支付方式，以及看好或倾向餐饮店家的哪些服务，感兴趣于店家的哪些产品或优惠信息”等等。这样的精准营销针对性更强，响应率更高，顾客体验度也更好。

五、成为“风口上的鹰”：企业如何借力互联网思维进行自我调整，抓住新一轮的消费趋势

1. 餐饮企业的内部运营与管理

（1）在业务运营管理中实现创新。比如，利用众包协作、精细化分工，提高效率。

（2）通过参与式员工管理实现行为主创善动（员工由转动轴转为发动机）。让员工参与菜品和服务设计，由被动转变为主动积极。一线员工往往是企业内最接近消费者的群体，能够获得市场一手资料，如果让员工把自身对消费者的感知融入菜品和服务设计中，就能让企业在满足消费者需求方面做得更贴切更及时。

（3）产品要创新，且需要缩短周期，迭代开发。在互联网时代，消费者的口味喜好变化快，要在控制企业成本的情况下，实现产品的迭代开发，保持菜品的新鲜感，从而加强消费者的黏性。

（4）践行“极致产品”理念。倡导有资源基础的传统餐饮企业，可以抽出特定的产品（或品牌系列），用互联化标准打造极致产品。如此，可在不需对原有经营模式做颠覆性改变的基础上，用边缘渗透尝试的方式去影响行业的进化和变革。

（5）实现销售中量变到质变的流量管理。在流量管理中，餐饮企业需要思考两个问题：如何吸引顾客？集到客流后，如何把流量实现为销量？对“如何吸引顾客”的问题，可借用当下互联网的各种引流方式，如“免费思维”；而对“如何实现流量到销量转变”

的问题，考验的是企业的终端管理能力和开店策略。如果终端门店销售管理不良，过大的流量很容易导致不好的客户体验。同时，店与店之间客流侵蚀率的研究对于餐饮企业开新店将会变得越来越重要。

(6) 在餐饮服务中做到极致（超越顾客预期的）体验管理。打破一个餐饮消费即为一个单独营销环节的思路，要把每个餐饮消费都看成是全链条的客户体验，力求寻找消费者在每个体验节点上的深处需求，并结合自身商业盈利模式的设计，对不同体验环节做价值分析——明确哪些环节是产生当次消费的盈利点，哪些环节是用来刺激好感激发下次消费的意愿点，哪些环节是激发分享传播的推介点，努力做好价值再造的极致体验。

(7) 尝试引入"交互界面"概念，即把与顾客直接接触的餐饮服务的各个层面与节点看作是不同维度及各个交点的沟通界面，把整个沟通过程看作是一系列的交互行为，从中找到场景管理更有效的办法。在交互界面视角下，点菜和送菜变得不再像递菜单和送盘子那样简单，而是需要具有交互性和趣味性。如果把吃饭看作一个流程的话，那么进门落座点菜的环节应该是顾客情绪的最高点，因为充满了期待，本质上这是一次通过点菜动作来完成的一次创作性设计活动，需要综合多方面的考虑，诸如吃饭的目的和隐性意义、同伴的身份与口味满足度，达成与知心好友的放松聚餐，实现有求于人的商务宴请，暗合密恋对象增进情谊提升关系的餐叙，以及有否忌口忌讳、是否口味偏好、亦或思维倾向及宗教信仰等。站在这样的层面去理解，餐厅为了更好地配合顾客完成各具特色的创作活动，就应该更多地考虑菜品可视化、点菜过程的趣味化。其次，在交互界面视角下，排队等候时间会被充分重视起来，用可视化、可控化、高感化加以管理。比如，先预约，再排队取号，然后根据就餐人数的不同再行分小队递进，同时在显示屏滚动分队等号即时序列并播报提示，显示某号距离就餐的预计时间（应该是通过积累数据及其分析所得），这样候餐者就可灵活安排等候活动或另行其他安排了。

(8) 餐饮企业要有服务一体化的理念。过去的餐饮企业大多是专业设计，如厨师就是把产品做好，平面设计就是完成广告空间设计，帮助装修。而服务设计一体化则要求动态考虑消费者需求与设计灵感一体化，要把技术和工艺美学一体化，把店面设计与产品设计一体化，把服务行为设计和其他设计（如店面设计和产品设计）一体化。一体化是指要有整体思路，而不一定追求一致，也可以形成反差，比如在现代时尚的装修空间品尝或欣赏传统复古的东西。

(9) 在传播中挖掘餐饮与文化、社交、情感层面的衔接点，并显性化、高感化，把湿营销做到极致，把免费去廉价化。在产品设计、营销沟通的设计上，要有公益思维，结合文化、社交、情感等层面的内容去设计，拉近消费者距离。

2. 餐饮企业的外部协作及机制建设——与合作商广泛互联，协同共赢

(1) 与供应商构建多方共赢的平台生态圈。通过跨界合作，搭建平台让不同领域的企业参与进来。如，具有引流优势的微信，支付方便的支付宝，校园营销资源优势的黑苹果组织等，都能形成共赢互利的餐饮生态圈。

(2) 与供应商和数据第三方（如“餐 e 通”）建立数据共享模式，增加核心竞争力。打通企业内部各系统之间的数据壁垒，形成有机共享的数据网，帮助企业实现“数据驱动决策”。

(3) 正视竞争，找到同业之间彼此共同的利益点，形成深度合作。未来的合作机会点在于：

- 经营资源共享。比如，共同合作推动第三方供应；共享教育资源，推动餐饮行业组织与商学院合作研发课程、与商场谈判合作培训等。
- 联合促进并优化行业发展环境。向政府提出政策需求，让中国品牌更好地走出国门参与国际市场竞争。

(4) 餐饮行业自我颠覆，主动跨界。餐饮店堂不仅是吃饭的场所，而将成为“社群”的线下社交集合场所（如“罗辑思维”的春节霸王餐），也将成为风格突出的体验场所。在这个基础上，自然出现异业联盟的实践。如果未来要使得异业联盟的效率更高，还需要餐饮企业更好地提升品牌集成度，更清晰地做好餐饮品牌定位，才能聚焦到特征明显的垂直群体，也才能在此基础上实现更高效的异业联盟（即消费是一种生活方式的实践，不同圈子的人有不同的生活方式链条，针对一个明确的细分客群，就会有明确的生活方式链条，在这个生活方式链条上的诸多异业，皆可高效同盟）。

餐饮业的未来趋势是向个性化、特色化、细分化发展。无论是传统还是现代餐饮企业都必须创新，但要把握好度，坚持自己的“根”，利用先进的信息技术工具，让消费者体验感升级，让自身经营能力提高，让成本降低，效率提升。

中国零售企业 2008-2013 年财务状况研究报告

一、报告概述

（一）研究背景

往年，中国连锁经营协会（CCFA，简称协会）与普华永道中天会计师事务所（简称普华永道）合作，对上年度在 A 股、H 股及纽约交易所（纽交所）上市的中国主要连锁零售上市企业年报数据进行汇总统计，形成营业收入、毛利率、净利润、资产负债率等四个排名及相应分析报告。本年度我们借助于 2008-2013 年中国零售企业在收入、盈利及财务状况等方面的重要数据，并结合与香港上市和财富 500 强零售企业的比较，对中国零售企业在此六年的发展状况及面临的挑战和机遇进行系统性梳理，以期能为零售企业在未来发展中提供有益的借鉴。

（二）研究对象

本次研究对象为在中国运营的零售企业，特别是本土零售企业。本研究范围内的零售企业是指从生产商和中间商购买消费用的有形商品，不改变商品形式直接销售给最终消费者的企业，但不包含以批发和加工业务为主的企业。本研究主要关注有店铺的零售企业，不包括无店铺企业。

针对本年度研究，我们按零售企业的营运和资金链模式，将零售企业分为三大类型：百货商店和购物中心类（简称“百货店”）、食品日用品超市类（简称“超市”）、专业产品连锁店类（简称“专业店”）。

本研究的数据来源中，企业财务指标等定量分析主要以上市零售企业的公开数据为基础。其中：

国内上市公司——国内上市零售企业样本共 78 家。主要业态包括：百货店类、超市类、专业店类。其中专业店又以家电专业店为主。

香港上市公司——香港上市零售企业样本共 32 家。其中专业店以服装专卖店为主。

财富 500 强数据——列示于财富 500 强的国外零售企业样本共 29 家。

（三）研究结果概述

零售业受到金融危机、经济刺激政策以及整体宏观经济大环境的影响，2008-2013 年的零售企业收入同比增长呈现出明显的“W”型。

1. 2008 年至 2009 年上半年：受到国际金融危机的影响，零售行业的销售自 2008 年下半年开始出现下滑。该影响持续至 2009 年上半年，销售同比增长从 2008 年上半年的 23.9%一度跌至 3.7%。

2. 2009 年下半年和 2011 年上半年：在几大因素的影响下，零售业销售增长逐步恢复：

（1）国家 4 万亿元投资计划对疲软的整体经济的刺激明显；

（2）世博会、亚运会拉动了沿海地区零售业的销售增长；

（3）零售业在内陆地区以及二、三线城市的网络扩张对销售增长的影响逐渐显现。

3. 2011 年下半年至 2012 年：经济环境持续走低、CPI 居高不下，以及政府对“三公”消费的大力限制，导致零售业又进入了一个慢速发展的阶段。

4. 2013 年：零售行业虽然在全年仍保持了 6.8%的销售同比增长，与 2012 年基本持平，但是我国整体社消增长率仅为 11.5%，为六年来最低点。2013 年下半年由于缺乏消费动力、整体经济复苏放缓以及城镇化政策效果并不明显等因素的影响下，零售行业收入同比增长下落至 2.4%的水平，且环比出现负增长，零售业未来的发展和业务增长面临严峻的考验。

2008-2013 年间，在销售增长起伏和运营成本不断增加的双重影响下，加上网络零售对传统零售业冲击的逐渐显现，零售企业的盈利水平呈现出由升转降的波动趋势。

1. 总体上来看，销售增速、固定成本，以及其他零售业态特别是网络零售这三大因素决定了零售企业的经营利润水平在报告期间内的波动。整体趋势上显示，零售业的经营利润率从 2008 年的 5.3%下降至 2013 年的 3.9%。

2. 零售业的毛利率在受到销售增长和网络销售平台低价促销的综合影响下，在 2008 年至 2013 年呈现出不同的波动趋势。零售企业在 2008 年和 2009 年间通过调整业务结构，提升毛利率来应对其他业务利润率的下滑。2010 年和 2011 年在 20%的年销售增速的带动下，毛利率实现小幅上升。2012 年及 2013 年，随着家电“以旧换新”政策的终止以及网络零售的不断冲击下，毛利率出现下滑，其中电器专业店受到的影响最为明显，其毛利率在两年内下跌了近 2 个百分点。

3. 在盈利水平不断被压缩的同时，我们也看到传统零售业采取不同的措施进行积极应对。例如：（1）百货店通过加强预算控制，集约化管理等手段抑制费用的增长；（2）超市企业通过加强对供应商收费的管理，提高其他业务利润率，部分抵消毛利率的下滑；（3）各业态的零售企业纷纷采取关闭亏损门店，削减门店员工数量等手段来维持利润率；（4）传统零售业亦逐渐拓展网络零售渠道，来适应网购市场快速的发展趋势。

作为零售企业主要营运成本的租金、人力和水电费三大固定费用在近几年的持续上升成为零售企业改善盈利状况需要面对的最主要挑战之一。

零售企业的固定费用已占到总体费用的一半左右，其中超市和专业店更是达到了 70%的水平。尤其是在近几年，部分零售企业高速扩张、不断新增门店导致租金节节攀升；同时新网点的经营能力没有及时跟上，使得较高的固定费用无法通过销售的提升进行稀释，导致单店亏损和整体利润率的下滑。

面对上述固定成本问题，零售企业纷纷采取不同的手段来应对。其中主要包括，收购物业、签订长期租约，优化店面布局，提高转租收入，进行节能改造和开展网络营销。随着近年来电子商务的快速发展，传统零售企业亦纷纷“触网”。线上零售的发展有望降低传统零售企业在租金费用、人力成本及水电费等成本上的支出，提升经营利润率。

零售企业在资金结构上变化不大，短期营运负债仍旧是零售业的主要融资渠道，而金融机构融资则仍受到渠道单一、信贷政策趋紧的限制。

1. 中国零售企业的资金来源相当大的程度上依赖于短期负债，主要包括供应商账款、消费预付卡等运营负债。其中，供应商融资占零售企业总体资金来源的比例在 2008 年至 2013 年间始终保持在 25%左右的水平，为零售企业的单一最大资金来源。我们还发现，在 2011 年至 2013 年间，供应商融资的占比略有下降至 22%，虽然仍为零售企业获取资金支持的重要渠道，零售业对供应商账款的依赖呈逐步减少的趋势。此外，通过我们对应付账款周转天数的分析可以看到，各零售业态企业的应付账款周转天数呈总体下降趋势，显示出供应商账期已处于比较高的位置，零售企业进一步获取供应商融资的空间已较为有限。

2. 消费预付卡是百货店以及超市企业的另一重要短期融资来源。2008 至 2011 年，在消费预付卡的发行规模和使用范围不断增加的情况下，百货店和超市的预收款占流动负债的比例逐年递增。2010 年和 2011 年金融监管部门相继出台了若干政策对消费储值卡的发放和使用进行规范。相关政策的影响在 2011 年下半年及 2012 年开始逐渐显现，2011 年超市的预收款占比略有下降。2012 年下半年起国家限制“三公”消费的政策对百货业和超市在 2012 年和 2013 年预收款占比的下降也有一定的影响。

2008-2013 年间，零售企业的扩张态势明显，经营现金流大量地被用于新开门店、并购重组等一系列扩张活动上。从 2012 年起，受宏观经济疲软的影响，扩张活动有所放缓。持续的扩张给零售业带来了不小的资金压力，对经营现金流管理带来了更大的挑战。

1. 在报告年度，三大零售业态的扩张支出均保持在较高的水平上，部分年度扩张支出甚至超过了经营现金流，反映了外生性增长对零售业态的重要性。根据往年报告的分析，增开新店仍旧是零售业资金的首要用途，其他的主要资金用途包括：现有门店更新改造和改造物流、供应链和信息系统等基础设施。

2. 面对经营利润出现下滑以及居高不下的扩张支出之间的矛盾，零售企业对流动资本的管理显得愈发重要，特别是零售企业需要进一步改善存货对经营现金流的占用。我们从分析看到，在节假日等销售旺季，提前备货对经营现金流的占用十分明显，如何加强库存管理并提升运营效率是零售业的一大课题。

通过我们对中国零售业和香港及财富 500 强零售企业销售增长、经营利润以及资金组成等方面的比较，可以看到在产品结构、经营效率以及融资能力方面中国零售业均存在提升空间。

1. 中国大陆样本企业毛利率水平低于香港及世界 500 强样本公司。大陆零售业更多地通过低价促销、扩大销售来获取利润，而香港和财富 500 强零售企业更为注重拓展高毛利商品销售。此外，香港百货业通过更多的投资性物业的盈利推动其总体盈利能力逐年上升。

2. 香港地区样本公司负债率水平相对较低，大陆地区与世界 500 强样本公司的负债构成存在较明显的差异：大陆地区样本公司负债主要由营运负债构成，而世界 500 强样本公司负债主要由金融机构融资构成。香港及其他地区由于其较好的信贷环境和更为完善的信贷渠道，使得零售企业能够更容易获得资金支持。

二、零售企业财务状况

（一）零售企业收入趋势分析

由于零售行业受整体经济环境影响很大，2008-2013 年零售行业同比收入增长率变化呈现明显的“W”型。从 2008 年起，受到全球金融危机的影响，零售企业收入的同比增长率从 2008 年上半年的 23.9%不断下降，至 2009 年上半年一度降至 10%以下的水平，仅为 3.7%。自 2009 年下半年开始，受到政府宏观经济政策刺激的影响，伴随 CPI 和 消费信心的提升，2010 年及 2011 年同比增长率回升至 20%左右。2012 年由于整体宏观经济又逐步陷入低迷，全年同比增长率再次降至 10%以下，仅为 6.5%。2013 年上半年开始逐渐恢复，收入同比增长率回升至 12.3%，但是下半年在缺乏消费动力、整体经济复苏放缓以及城镇化政策效果并不明显等因素的影响下，收入同比增长回落至 2.4%的水平，且环比出现负增长。

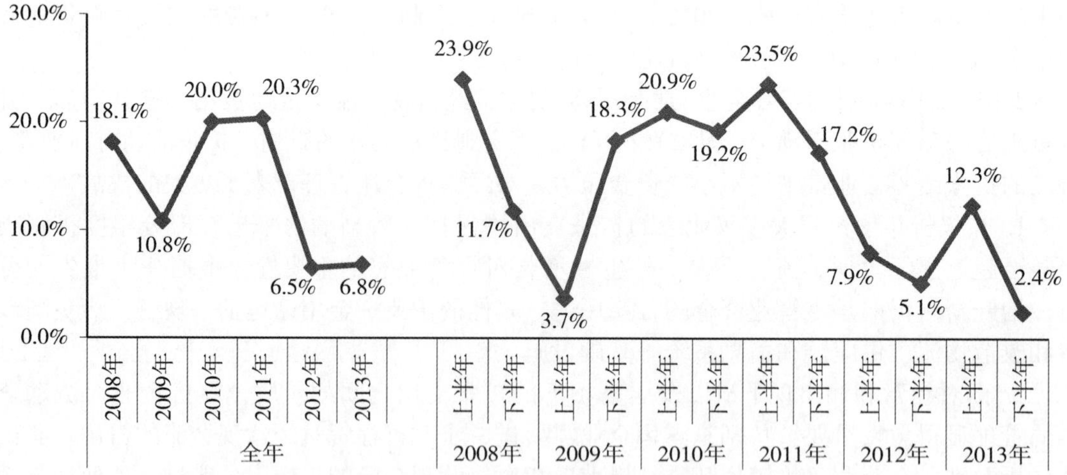

图 1　零售企业收入同比增长率分析

——从零售企业收入增长趋势来看，行业受宏观经济形势影响很大，市场整体呈现出受到“冲击”与“反弹”交替出现的局面。

——2008 年下半年开始：受到金融危机影响，在整体经济走势疲软的情况下，零售企业销售增长开始出现下滑。

——2010 年和 2011 年：销售增长逐步恢复，销售增速保持在同比 20%的水平，主要原因为宏观经济环境的好转及相关政策的刺激作用：

1. 国家4万亿元投资计划对经济的刺激效果开始显现，并进一步反映到零售消费领域，提升了人均可支配收入和消费信心；

2. 2010年上海世博会和广州亚运会对沿海区域经济的拉动作用，刺激了周边区域的消费增长，使沿海地区零售企业的销售收入实现了较高的增长；

3. 2008年发生的全球经济危机对国内经济的冲击集中于对外贸易较为发达的沿海地区，内陆地区受到的影响相对较小，销售增长率在危机过后可以实现较快的回升。

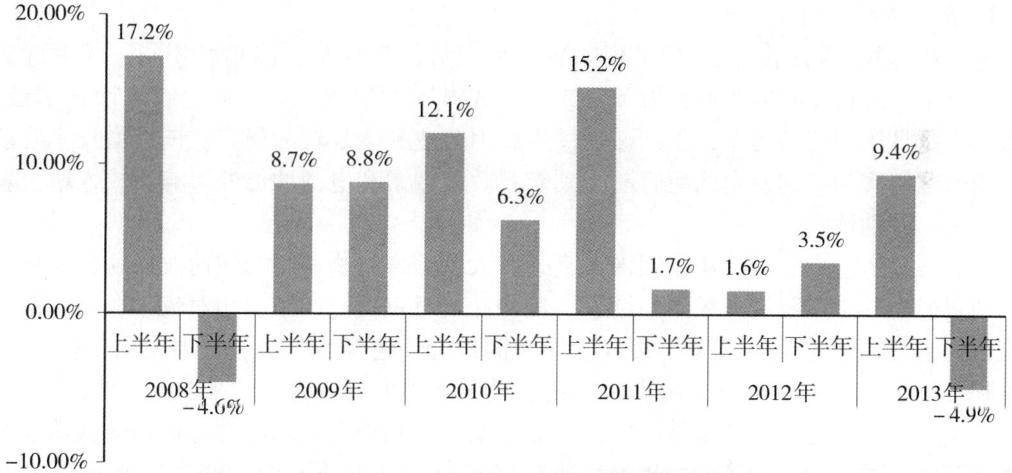

图2 零售企业收入环比增长率分析

——2011年下半年开始：在相对疲软的国内整体经济大环境的影响下，零售企业的销售增长又进入了一个慢速期，主要原因如下：

1. 政府经济刺激计划实施后，部分后遗症逐步显现，如CPI和房价高企的问题，一定程度上抑制了消费需求；

2. 受美国经济刺激政策减弱和欧债危机的影响，全球经济复苏势头放缓，间接影响到国内经济的恢复态势，进而抑制了消费增速；

3. 政府在2012年下半年发起的反腐败及限制“三公”消费所带来的消费结构变化（奢侈品和购物卡消费的大幅下降），对部分零售企业的经营造成了较大压力；

4. 伴随零售行业之前的连年增长，部分地区已逐渐步入成熟市场，消费需求开始趋于稳定，从而在整体上拉低了销售增速。

——2013年：整体来看，2013年我国社会消费品零售总额增长达23.4万亿元，但实际增长率仅为11.5%，为五年来零售总额增长率的最低点。从全年来看，样本企业的整体销售增长率与2012年基本持平，达到6.8%，但是先增后落的趋势说明零售业的经营情况依旧严峻。

——2013年上半年起：随着经济逐步回暖，销售增速略有好转。零售企业开展一系列措施，如电子商务、向二、三线城市扩张等来逐步进行业务转型，以寻求新的增长动力。

——2013 年下半年的销售增长回落：限制“三公”消费对零售业的影响持续显现，白酒、香烟等商品的放缓迹象明显；一线城市零售业态竞争愈发激烈，各主要上市零售企业在重要网点开始采取保利润缓增长的经营策略。同时由于缺乏进一步的资金支持，依靠对外扩张来提升收入的经营方式也受到了挑战。此外，网络零售对传统零售业的冲击也愈发明显，2013 年网络零售同比增长 42.8%，占社会消费品总额超过 8%。在我们抽取的上市零售企业样本中，2012 年以及 2013 年上半年近 40%的企业出现销售负增长，而 2013 年下半年这一比例达到 68%的高点（在 77 家有同比数据的样本公司中 52 家公司出现了不同幅度的销售负增长）。

1. 各业态收入同比分析

三大业态收入同比增长率均呈现“W”型走势，与行业整体趋势相同。其中百货业受益于近年来购物中心的快速发展和对二、三线城市的渗透布局，同比收入增长率最高；超市由于以日用消费品为主，更加贴近民生，因此业务增长较为稳定，销售增长率波动较低；以家电销售为主的专卖店更容易受到宏观政策因素和电商冲击的影响，收入增长表现出了更大的波动性。

——百货店：由于近十年来国内一直处于大型综合购物中心的快速发展期，而且具有一定消费能力的中产阶层人数不断增长，经济冲击对百货业的影响相对较小，整体销售增速表现优于超市和专业店。其中 2011 上半年同比增长达到 31.8%，主要是由于：（1）百货业积极围绕节日消费热点，精心组织购物节等各类促销活动；（2）在商品种类方面，黄金、铂金、钻石等金银珠宝等投资类产品旺销。受到消费者信心的走低和金银珠宝产品销售回落的双重影响，百货业的销售增速在 2012 年上半年下滑至 10%以下水平。2013 年上半年，受春节销售旺季推动，百货业销售增速又回升至 12.6%。2013 年下半年在整体零售行业销售放缓、店铺增长下降和部分房地产业务收入减少等因素的影响下，同比增长滑落至不到 2%的水平。

——超市：由于超市销售的商品以各类日用消费品为主，与百货及专业店相比，销售增长的波动幅度相对较低，整体增长平稳。2012 年上半年增长率达到 17.8%，主要是由于在 2011 年下半年某大型超市企业吸收合并另一家零售企业，通过合并收入增幅达到 50%。剔除该影响后，由于受到经济形势疲软和电商冲击的影响，超市在 2012 年上半年同比销售增幅实际仅为 8%。2012 年下半年，在限制“三公”消费的宏观政策环境下，同时由于电商的持续冲击，超市延续了上半年的低增长趋势，2012 年下半年销售同比负增长，2013 年上半年销售增长率回升至 8.5%。2013 年下半年销售同比增长率下滑至 4%左右，除去消费大环境的因素外，小型便利店的发展以及网络零售给传统超市企业带来不小的冲击。

——专业店：以苏宁和国美为代表的专业店主要销售以家电为代表的消费耐用品，其对经济冲击及宏观政策的影响更为敏感，因此收入增长表现出更为明显的波动性。受经济危机的影响，2009 年上半年同比销售一度出现了负增长（负 5.8%）。此后，受益于房地产增长对家电销售的拉动作用及“家电下乡”、“以旧换新”等刺激政策的推出，2009 年下半年及 2010 年销售增幅开始回升。由于房地产市场受到宏观调控和相关政策效果的减弱，2011 年专业店销售增速开始回落。2012 年由于受到经济不景气和电商竞争的双重冲击，专业店全年收入均陷入负增长。为了应对这一局面，以苏宁和国美为代表的专业店在业务模式上正积极向多渠道零售的模式转型，通过延缓新开门店和开展网上销售来应对销售下滑的影响。受益于中国经济的逐步回暖和2012年的低基数影响，2013年同比增长率回升至9%左右的水平。

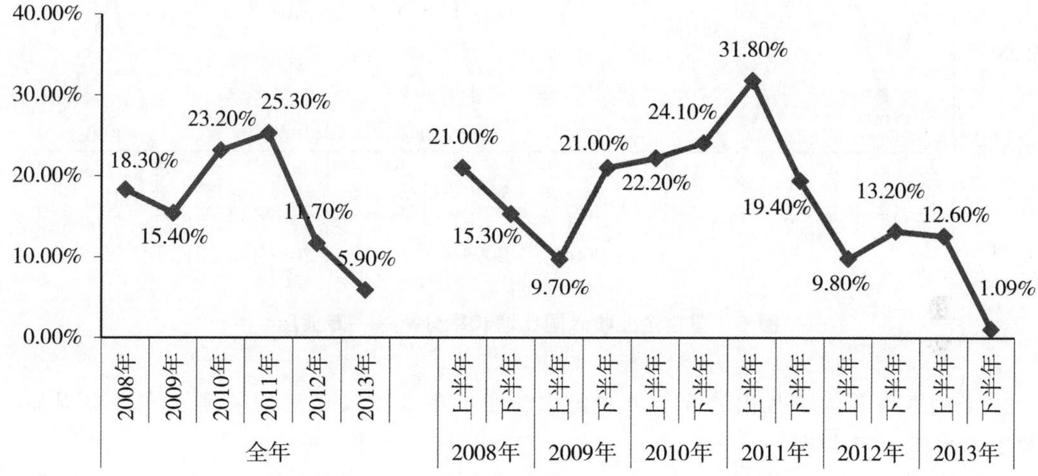

图3　零售企业收入同比增长率分析——百货

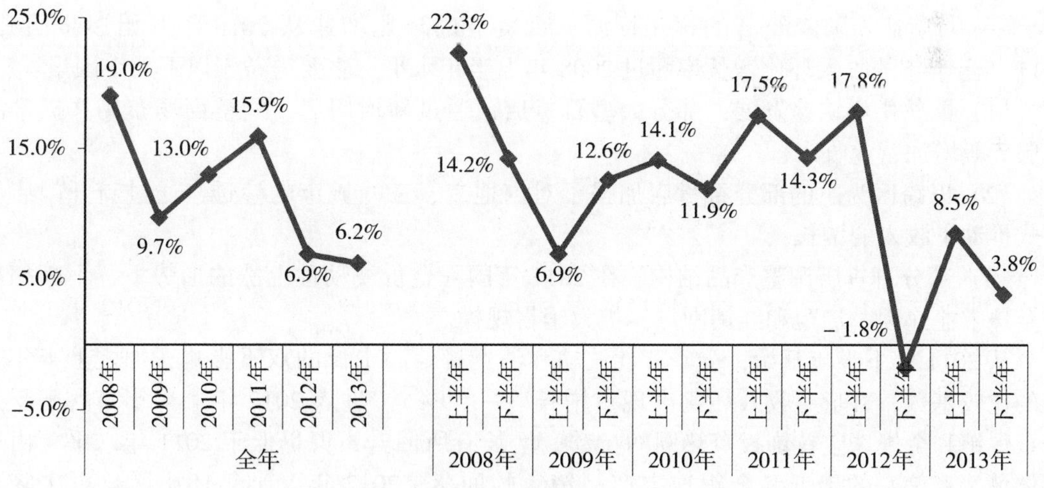

图4　零售企业收入同比增长率分析——超市

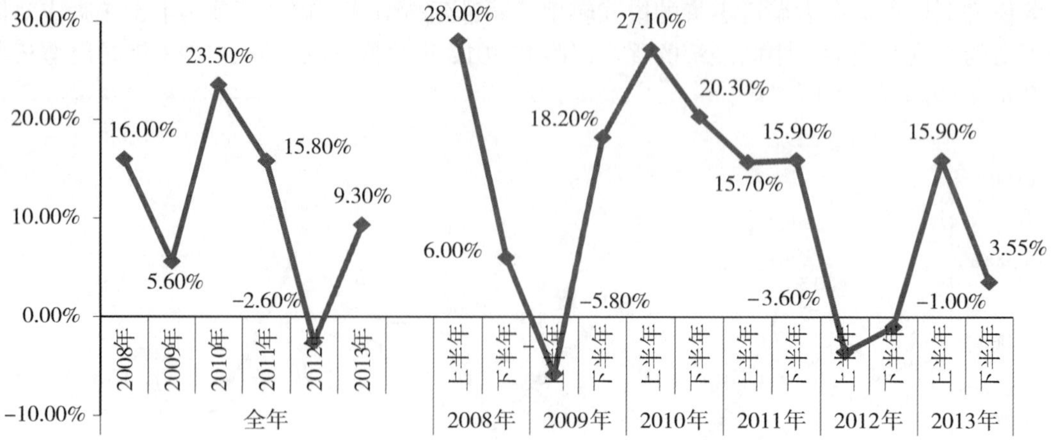

图 5　零售企业收入同比增长率分析——专业店

2. 受到春节等季节性因素影响，中国零售业半年度收入环比增长率具有一定周期性，通常上半年高于下半年

由于对外部环境及政策变化更具有敏感性，且家电销售的季节性较弱，专业店环比收入增长的周期性相对不明显。

受到全球性经济危机的影响，三大零售业态从 2008 年下半年起环比增长率均出现了较大程度的下降，这一趋势延续到了 2009 年。

——百货店：随着经济的逐步回暖，百货业的环比增速从 2010 年开始逐步回升，2011 年上半年的收入环比增长率超过 2008 年上半年水平。主要得益于以下几个因素：

（1）购物中心快速发展，部分大型百货店，通过新增门店、调整商场布局并提升品牌服务等增加营业收入；

（2）以跨区为主的部分百货店加强了对内地二、三线城市的渗透，通过新开门店等方式推动了收入的增长；

（3）部分百货店调整产品结构，在 2011 年国际金价波动性上涨的形势下，不断拓展黄金珠宝业连锁、加盟和经销网点，扩大销售规模。

从 2011 年下半年开始，受季节性波动和消费者信心走低的双重影响，加之上半年较高的比较基数，百货店收入环比出现负增长（-1.9%）。进入 2012 年上半年，由于受到节日促销和金银珠宝首饰投资热潮的拉动，增长有所回升，但仍低于 2011 年水平。由于整体消费者信心的走低和金银珠宝产品销售的回落，2012 年下半年环比增长再次降至 1.4%。2013 年上半年伴随春节销售旺季和整体经济的逐步回暖，百货业的销售环比增长率有所恢复，然而下半年则出现了销售负增长。通过环比分析，我们发现百货店在上半年销售增长势头要强于下半年。

——超市：超市商品以日用消费品为主，受节日促销影响很大，体现出更多的季节周期性变动，环比增长整体而言上半年远高于下半年。经过经济危机的冲击和 2010 年及 2011 年的调整恢复后，从 2011 年下半年开始，受到季节性波动和消费者信心走低的双重影响，加之上半年较高的比较基数，收入环比下降。2012 年上半年环比增长率仅为 1%，这是由于在 2011 年下半年某上市超市企业吸收合并另一零售企业，实现 50%的收入增幅。

剔除该影响，由于受到经济形势疲软和电商冲击的影响，其他超市在 2012 年上半年环比销售增幅为 8%。2012 年下半年，在限制“三公”消费的宏观政策环境下，超市企业延续了上半年的低增长态势，在剔除上述的吸收合并影响后，前后同比增长率为负增长（剔除前负 2.2%，剔除后负 0.6%）。2013 年上半年和百货业一样，超市收入迎来恢复性增长，但是在经历了一定的销售反弹后，2013 年下半年没有能够延续上半年趋势，反而在电商和便利店的进一步冲击下出现了销售负增长。

——专业店：以家电为主的专业店收入增长率从环比分析中看，从 2010 年下半年开始增速逐年放缓。主要是由于自 2009 年底起，国家为抑制房价的过快上涨，制订了一系列的措施，包括收紧房屋贷款银根、制定限制房产投资的政策以及加强税收控制等，在一定程度上打击了房地产市场的活跃程度。这对以家电为主的专业店的收入增长势必造成一定的影响。由于滞后效应，影响主要从 2010 年下半年开始显现。同时，随着“节能惠民工程”政策在 2011 年 5 月到期，“以旧换新”政策在 2011 年底到期和“家电下乡”政策于 2012 年底到期，以家电为主的专业店的收入增长受到一定的影响。

（1）专业店 2012 年上半年收入一度出现环比负增长，一方面由于国家一系列家电刺激政策的逐步退出，国家对宏观经济的持续调控，消费者信心严重不足，影响了整个家电行业的收入表现；另一方面尽管国美和苏宁为主的专业店逐步加大了对电子商务方面的各项投入，然而其电子商务销售目前仍处于市场培养期，其对收入增长的贡献尚不明显。此外，新兴电子商务平台（如京东和新蛋网等）对传统家电大卖场的冲击也在 2012 年明显加大。得益于 2012 年上半年的低增长基数和商家促销力度的加大，2012 年下半年起增长率有所回升。

（2）由于 2012 年上半年较低的比较基数，2013 年专业店整体的销售增速同比保持在 9%的水平。从环比来看，2013 年上下半年的环比增长均不到 2%，虽然尚未滑落至超市和百货业的负增长程度，但是从历史年度来看仍旧处于较低水平。此外，从具体的企业样本可以发现，专业店由于不同的经营类型和经营策略，其销售增长的情况不尽相同。占样本总体销售近 30%的某大型电器连锁店在 2013 年下半年销售环比出现 11%的负增长，而其他类型的专业店除去两家出现销售负增长，其余企业均实现较 2013 年上半年要高的环比增长率。在剔除该大型电器连锁企业后，2013 年下半年专业店的销售环比增长达到 11%。

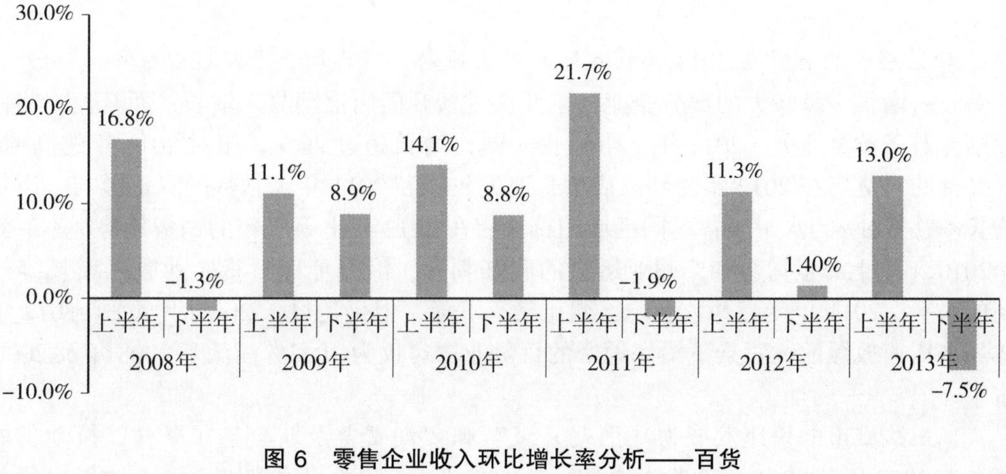

图 6　零售企业收入环比增长率分析——百货

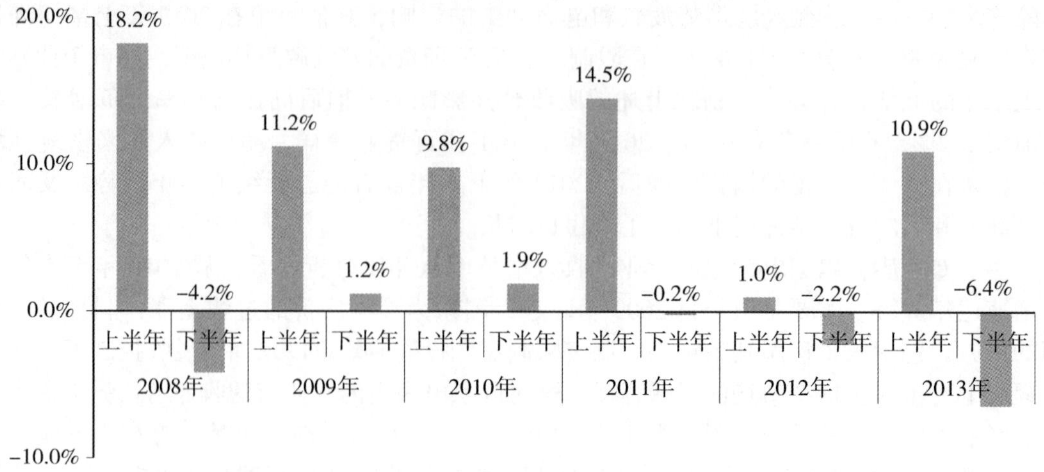

图 7　零售企业收入环比增长率分析——超市

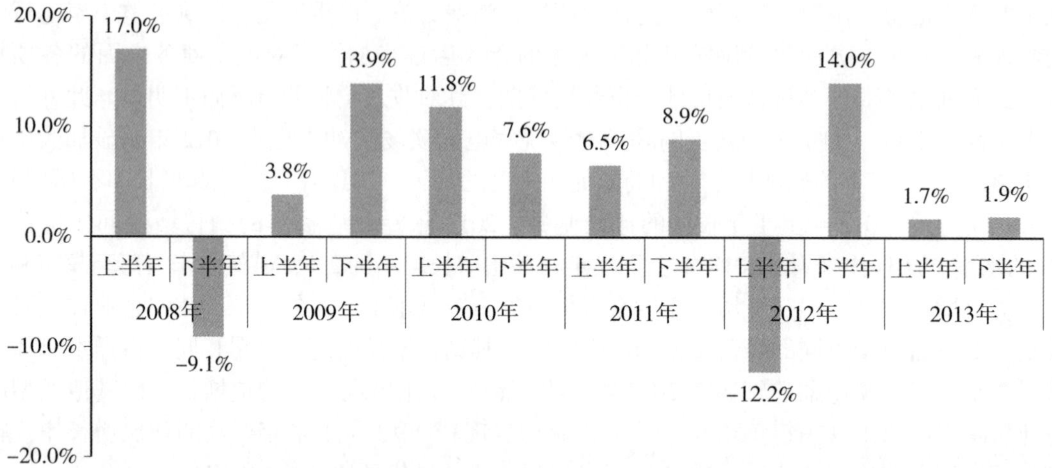

图 8　零售企业收入环比增长率分析——专业店

3. 跨区经营的百货店 2011 年收入增长势头强劲，同比增长率超过以往年度

对收入增长贡献较大的部分企业，主要通过新开门店推动收入增长；而其他一些百货企业则受益于黄金业务，2011 年上半年收入同比增长超过 40%。相对 2011 年的高增长，跨区经营的百货店在 2012 年受到门店增长速度放缓和 2011 年高基数的双重影响，当年同比增长率跌至 8%的水平。各不同区域的百货店在 2013 年上下半年的销售趋势基本一致。

2010 年受上海世博会和广州亚运会的利好刺激，沿海地区百货企业收入增长维持在较高的水平。2011 年受高基数影响，同比略有下降，但仍超过了 2009 年水平。2012 年在整体经济增速放缓的大背景下沿海地区的百货业增速仅为 10.5%，低于 2008 年及 2009 年的水平。

二、三线城市的快速发展为“消费升级”和“消费普及”创造了条件，拉动了内陆百货业在 2010 年和 2011 年的收入增长。未来在“十二五”规划的推动下，内陆百货业有望随着城乡居民人均收入的不断提高得到进一步发展。由于比较基数相对较低，同时尚处在上升通道中，内陆百货业的收入波动与其他区域百货店相比较为平稳。

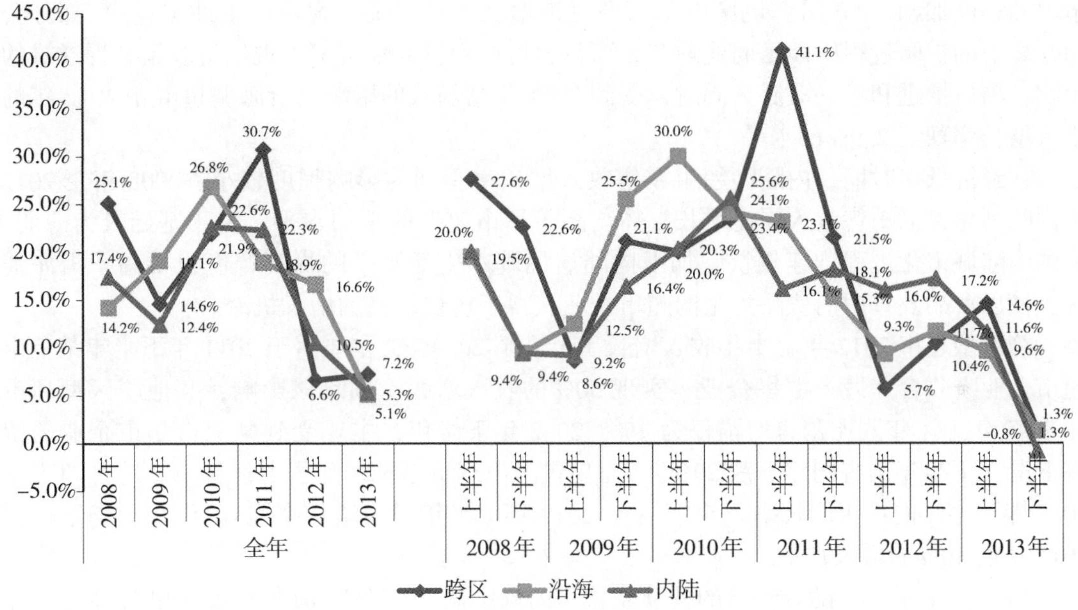

图 9　百货店零售业务收入同比增长率——分区域

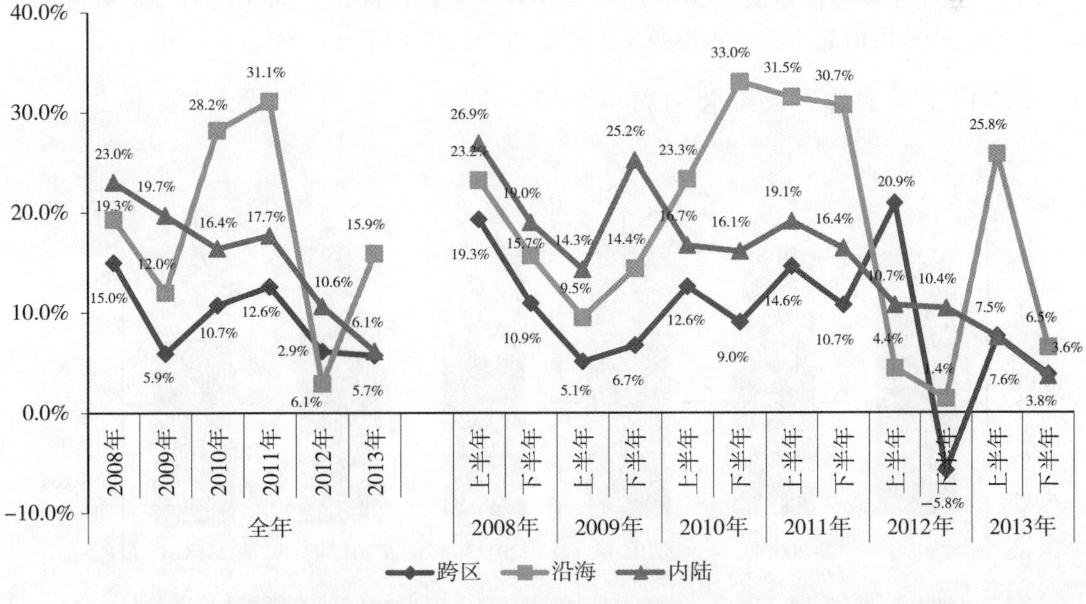

图 10　超市零售业务收入同比增长率——分区域

沿海型超市均为区域超市龙头，占据当地的主要商圈，为保持在该区域领先优势，其往往更加关注完善在该地区的商业布局，特别是以新建大型超市来调整商业模式和扩大市场份额。2012 年沿海型超市主要面临几大调整：1）在消费需求持续疲软情况下，区域竞争激烈程度加剧；2）沿海地区电子商务迅速增长，对传统零售业产生冲击；3）部分公司在之前的扩张过程中涉足商业地产，而目前地产项目面临国家宏观经济政策和拆迁难的影响，项目推进和发展滞后。同时，受到 2011 年高基数的影响，沿海型超市在 2012 年的收入增长率跌至 2. 9%的水平。

在经济低迷时期，内陆型超市零售收入增长率受到的影响程度较小。2008 年至 2012 年内陆型超市的销售收入同比增长整体均高于超市业态的平均水平。由于基础较为薄弱，中国内陆城市化进程增速较快，加上内陆居民基本生活水平的提高幅度也要高于沿海地区，使以食品及日用消费品为主的超市企业获得了较快较稳的增长机遇。

跨区型超市 2012 年上半年收入增长率上升至 20. 9%，主要由于 2011 年下半年某上市超市企业吸收合并另一零售企业，实现 50%的收入增幅。剔除该影响，其他跨区型超市在 2012 年上半年同比销售增幅仅为 7%。2012 年下半年，主要受到某上市超市企业的销售下滑（下半年销售同比下跌 20%），总体销售出现负增长。除去上述影响，跨区超市在 2012 年下半年的销售增长率为 5%左右，2013 年上半年销售增长率回升至 9%，仍未达到 2011 年度 10%的增长水平。

2012 年下半年，随着经济的持续疲软和国家限制“三公”消费政策的出台（主要体现在限制购物卡的发放），同时在电商的强烈冲击之下，沿海及跨区超市收入增长均出现了较大下滑。受益于经济形势的好转和超市加强促销活动力度等措施，各区域的超市收入在 2013 年上半年均逐步恢复。2013 年下半年各区域超市的销售同比均有不同幅度的下降，其中特别是沿海超市的销售增幅从上半年的 25. 8%下降至 6. 5%。

（二）上市零售企业经营利润率分析

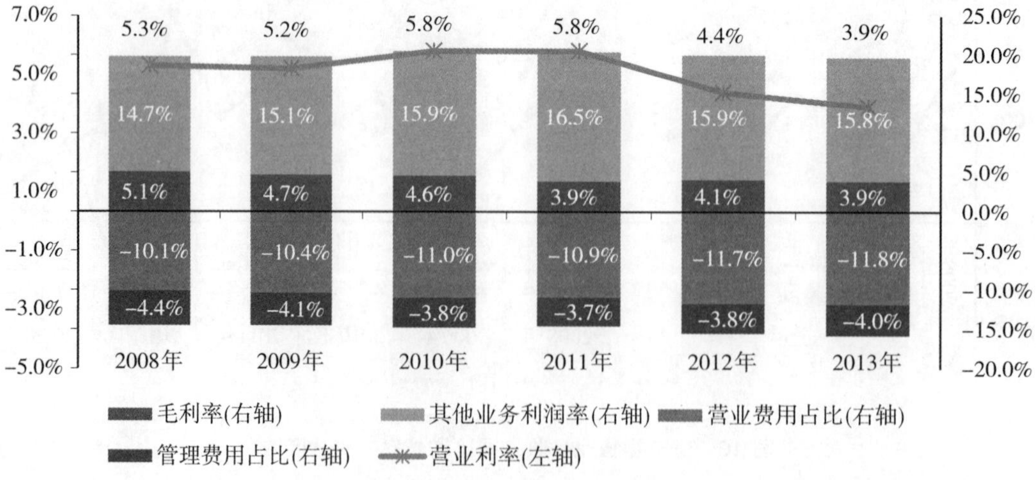

图 11 零售业经营利润率分析

零售企业整体经营利润率2008年和2009年间整体表现相对平稳，较低的毛利率和高企的固定费用率是拉低整体利润率的关键因素。零售企业在2008年和2009年间通过调整业务结构，提升毛利率来应对其他业务利润率的下滑。2010年和2011年在20%的年销售增速的带动下，利润率实现小幅上升。2012年受制于销售下滑、固定费用居高不下、网络零售等因素，整体利润率明显滑落，并且在2013年进一步下滑。

1. 百货店

百货店营业利润率整体上与销售增长变化趋势一致，在经营模式和产品结构上无较多调整的情况下，销售规模仍是衡量百货业业绩的主要指标。经济整体低迷的背景下，百货业受到的冲击相对较小，其在经营利润率方面的表现要优于超市和专业店。然而，由于整体商业环境日趋饱和，激烈的行业竞争加上区域过于集中，同时受到电子商务的冲击，造成了毛利率下降。虽然，百货店对费用的控制部分抵消了毛利率下降的影响，但整体毛利率及营业利润率仍呈现下滑态势。

从上下半年来看，由于中国百货店销售收入增长通常下半年低于上半年，且其他业务利润率及营业费用率亦具有一定季节性（通常下半年要高于上半年），导致营业利润率在同一年度内往往呈现先扬后抑的走势。

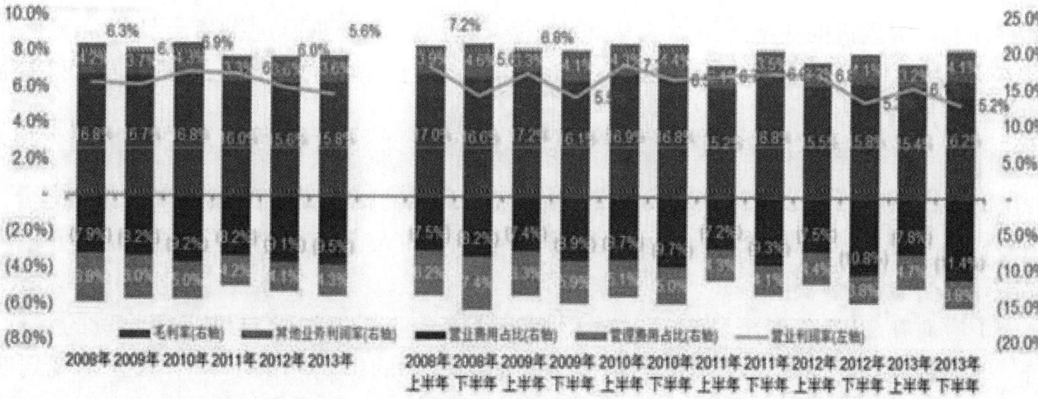

图12　百货经营利润率分析

百货店其他业务利润主要包括管理服务费、进场费和陈列费等。2010年上海世博会和广州亚运会刺激了厂商在购物中心进行更多的节日促销，相应地提升了百货店的其他业务利润率。2011年至2013年其他业务利润率基本和2009年的水平持平。

百货店自2011年开始，通过加强预算控制，集约化管理等手段抑制费用的增长。但是由于与其他两大零售业态的经营环境不同（综合营业布局、较大的单店规模、自有物业的管理等），使得百货店在三大业态中的管理费用占比仍旧最高。

2. 超市

与其他业态相比，由于日用消费品毛利率不高，门店人员等经营费用占比较大，超市的整体营业利润率较低。在经历2008年和2009年的整体经济下滑后，2010年和2011年超市在毛利率和其他业务收入（以供应商支持费用为主）上均略有提升，推动了整体营业利润率的改善。2012 年在整体经济大环境偏弱的影响下，超市出现毛利率下降，费用占比上升的情况，经营利润率小幅下跌。2013 年在毛利润基本保持不变的情况下，由于其他业务利润率的下降导致整体经营利润率较上一年的下跌后继续小幅下滑。

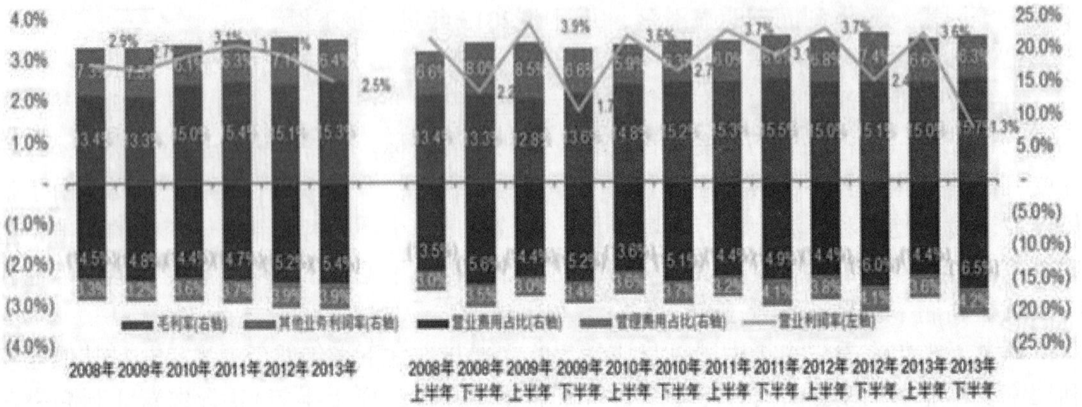

图 13　超市经营利润率分析

经历了经济危机的业绩下滑后，从 2010 年开始，超市企业通过提高产品售价和优化产品结构等方式提升了自身的毛利水平。与此同时，受到持续通货膨胀的影响，毛利率随着 CPI 上升而有所提升。

2012 年下半年超市企业在受到网络零售的冲击和反腐倡廉的宏观政策环境下，在单品销售价格、促销力度以及酒类、保健品等高毛利商品的销售上均受到不同程度的影响，整体毛利率略有下滑。此外，居高不下的固定费用（如人工和房租）进一步拉低了超市的整体利润率。

为了应对在 2012 年经济环境疲软的影响，超市企业通过加强对供应商收费的管理，提高其他业务利润率，在一定程度上抵消了利润率下降的影响。由于“十二五”规划明确提出清理和整顿零售业的不合理收费，政府层面明确要求降低后台通道费用，因此超市未来对供应商收费的依赖将十分有限。

2013 年上半年，超市企业通过进一步调整产品结构、提升用工效率和关闭部分亏损门店等措施来化解利润率的下降压力。样本超市企业的利润率保持在 3.6%水平，和上年同期基本持平。2013 年下半年，在持续高企的固定费用的影响下，以及部分超市企业由于关闭门店造成的一次性费用（如门店装修摊销、存货损失等），整体利润率下降到了不到 2%的水平，为近几年的最低点。

3. 专业店

以家电销售为主的专业店的毛利率自 2008 年起持续上升，2011 年达到 18.3%的高位，反映专业店在产品结构和供应链管理上的不断优化。同时，营业费用和管理费用占比亦不断上涨，一定程度上抵消了毛利优化对经营利润率的影响。进入 2012 年，在电商网上零售的冲击下，专业店的业绩下滑相当明显。商家纷纷加大了促销力度，由此带来的毛利率的下降和费用的上升使得经营利润率首度降至 3%以下水平，仅为 2.8%。2013 年专业店毛利率进一步下滑，导致整体经营利润率从上年度的 2.8%进一步下降至 2.2%的水平。

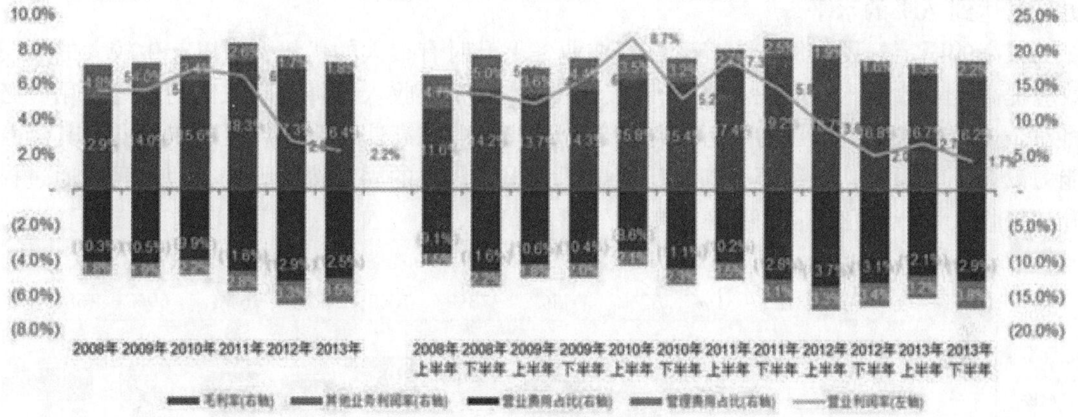

图 14　专业店经营利润率分析

专业店的毛利率自 2008 年起不断上升，我们从样本公司年报中了解到，家电企业正逐步改变购销模式并发展毛利率较高的增值服务来提升经营利润。另外，国内市场中新兴电子产品（智能手机、平板电脑和白色家电等）的需求正处于爆发期，此类商品毛利率相对较高，对整体毛利率有拉动作用。进入 2012 年，随着专业店电子商务平台之间竞争日趋激烈，竞争对手为了获得市场份额纷纷开展低价促销和进行大量的营销让利活动，导致了毛利率的下降。

为了应对网络销售带来的竞争，自 2011 年起专业店加大了品牌宣传投入和促销活动力度，使销售费用有所上升。同时，2012 上半年家电以旧换新政策终止，影响了销售的增长，进而放大了以家电大卖场为主的专业店的费用占收入比的水平。另外由于业务扩张速度的进一步提升，部分新开门店尚未达到盈亏平衡，较高的固定费用，特别是人工成本和租金费用无法在短时间内通过提升销售收入进行消化。这些因素造成了各项费用比率的不断提升，以及整体经营利润率的下滑。

2013 年上半年，随着专业店企业对各项费用支出控制的加强，经营利润率较 2012 年下半年有所回升，但仍维持在较低的水平。2013 年下半年，在受到电商低价促销的不断冲击下，专业店的毛利率进一步下滑，导致整体利润率下降。从部分公司年报披露中可以看到，专业店纷纷采取关闭亏损门店、调整人员结构等方法来应对利润下滑的影响。

（三）零售企业固定费用分析

面对高企的固定费用，各业态零售企业亦采取了一系列措施以降低经营费用率，如提高转租收入，环境改造节能减排和发展线上平台等。虽然在销售复苏的带动下，经营费用率在 2011 年上半年有所下降，但是下半年起受到销售环比增长放缓的影响，经营费用率上浮明显，带动零售企业整体经营利润率下降。（受资料收集限制，具体的数据仅涵盖 2008-2011 年期间）。

1. 零售企业固定费用比例较高，对零售企业改善盈利造成压力

零售企业固定费用主要包括租金及折旧、人力成本和水电费等。通过这几年对调查问卷的汇总分析，我们发现百货业的三大固定费用占到总费用的一半左右，而超市及专业店更是已达到70%的水平。

较高的固定费用比例作为经营杠杆在业务上升时有很大的优势，可以产生较大的规模效应提高企业效益。然而在经济下行期，如果零售企业收入下降，高占比的固定费用势必将对企业盈利状况造成压力。近几年，部分零售企业在高速扩张、广设网点的同时其经营能力没有及时跟上，导致部分新开门店出现亏损。较高的固定费用无法在短时间内通过提升销售收入进行消化，从而拖累了整体经营利润率。

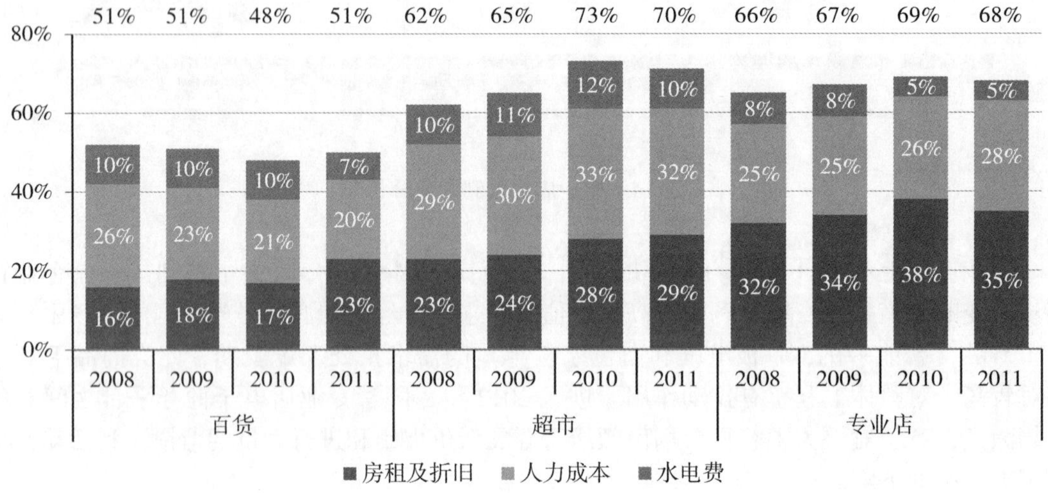

图 15　固定费用占比分析

2. 固定费用的影响对零售企业的影响随业态不尽相同

百货店整体固定费用占比较低，主要是因为其拥有更多自有物业，对高企的租金抵抗力较强。超市次之，受租金影响最大的是专业店（主要是家电专业连锁）。这主要是由于专业店近年来处于高速发展通道，规模扩张和网点下沉而带来了较高的租金支出和装修成本。

由于一线员工占比较高，超市在人力成本的支出上明显高出百货和专业店。同时由于超市一线简单工种人员占比较高，近几年的最低工资标准持续提升对其人力成本带来更为直接的影响。大陆百货业多数为租赁专柜的经营形式，自营人员较少，人力成本占比相对较小。

超市在水电费占比上也高出百货和专业店，主要是由于大型超市的中央仓库和网点生鲜冷库耗电较高。

三、电子商务迅猛发展

近年来电子商务的蓬勃发展使得传统零售商纷纷触网，作为对传统线下业务的补充和

降低渠道成本的辅助手段。

连锁百强企业中已有 59 家传统零售商家“触网”，经营超过 70 家网店，其中百货业态 26 家，超市业态 22 家，家电专业店 5 家，其他 6 家。线上零售的发展有望降低传统零售商在租金费用、人力成本以及水电费用等方面的支出。然而，传统零售商在点对点物流配送、网络营销、专业团队上的经验欠缺使其线上零售业务开展尚需更多时间打造。根据统计，传统零售企业网络零售额仅有 350 亿元，占网络零售整体规模的很小一部分。

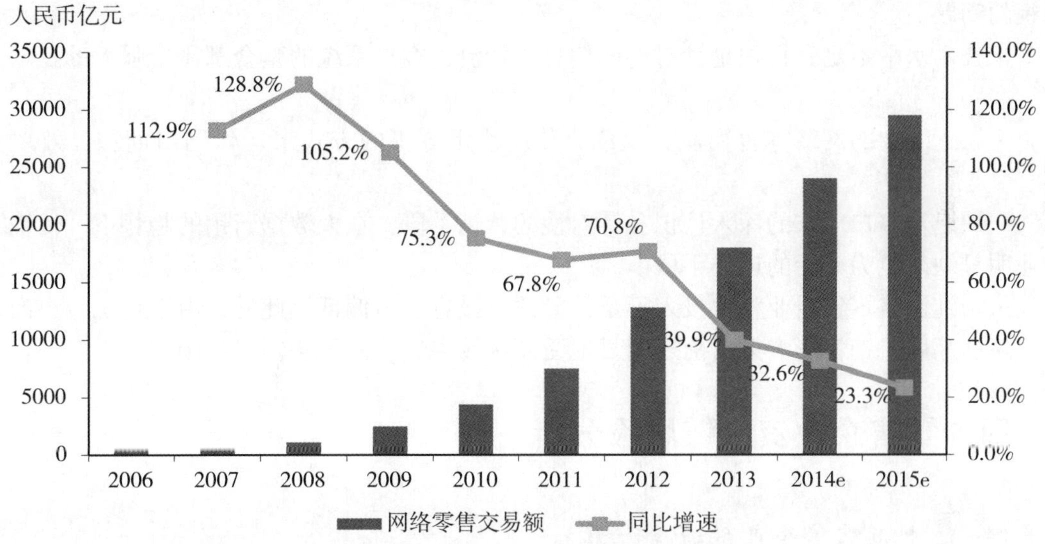

资料来源：艾瑞咨询，Wind，阿里巴巴研究中心

图 16　2006-2013 年网络零售交易额及年度增长率

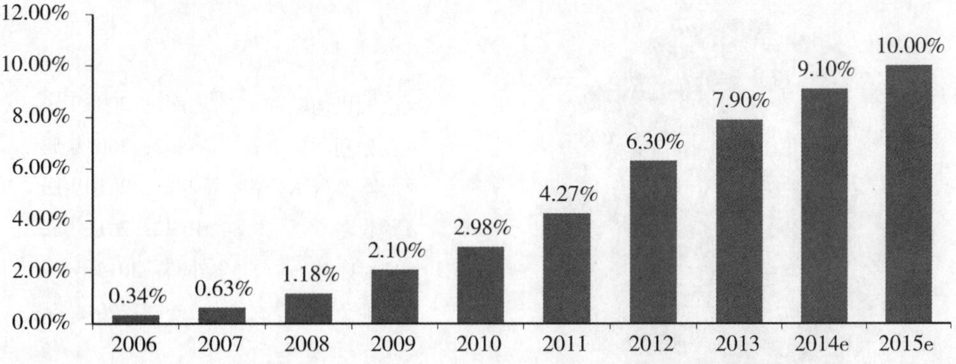

资料来源：艾瑞咨询，Wind，阿里巴巴研究中心

图 17　2006-2013 年网络零售占比社会消费品零售总额

从业态上来看，家电类专业店在向网络零售方向的拓展力度尤为明显。2010 年开始，传统家电销售巨头苏宁、国美先后从线下转战线上，进军网络零售市场，并于 2011 年双双进入 B2C 在线零售商 20 强。苏宁易购更是一跃成为中国 B2C 行业前 3 甲，线上交易额

总计人民币 59 亿元，年增长率达到 490%，上升势头位居电商首位。国美亦斥资数千万元直接收购了库巴购物网，以国美商城和库巴网双品牌进行战略布局。同时，主攻农村市场的汇银家电在通过淘宝商城开展“线上销售”的同时亦积极发展自身网络营销平台，2011 年 10 月推出网上销售平台“品易网”。此外，其他业态的零售企业也纷纷通过进驻网络商城（如天猫、1 号店等）或是设立自营网站来开展网络销售业务。

与传统零售方式相比，网络零售既有很多共性之处，但也存在不少业务特性。虽然传统零售业拥有商品品类、成本、供应链等优势，但在开展网络零售业务中，仍有一些不可忽视的问题：

· 技术水平不足，特别是针对整体信息、物流、客户系统的整合都需要强大的技术支持。

· 缺乏专业的网络零售团队，仅依靠传统线下零售的方式来运作网络商城，效率不高。

· 缺乏对客户需求的深入认识和针对性的营销手段，在大数据营销的趋势下，传统零售业明显缺乏更为灵活的运作手段。

· 与纯网络零售企业相比投入不足，导致直接竞争力偏低。此外，由于传统零售商多为区域性品牌，销售影响力目前还明显地受到区域限制，尚无法辐射全国。

四、零售企业资金链风险分析

（一）上市零售企业的资金结构

近几年，零售企业的资金结构变动不大。供应商账款占比虽然有所下降但仍是零售企业最重要的资金来源，截至 2013 年底占总资金来源约 22%。

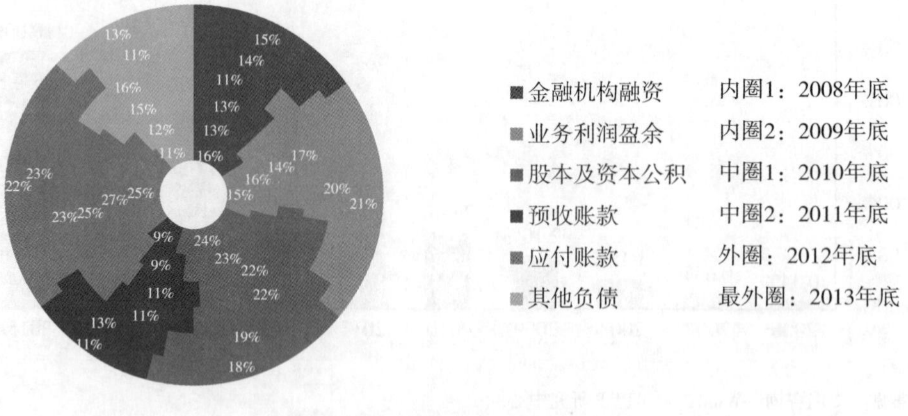

图 18　零售企业资金来源构成

总体上上市零售企业的资金构成近五年未发生重大变化。值得注意的是，作为最主要的资金来源，供应商账款所占比例在 2009 年至 2013 年间从 27%逐步下降至 22%，其接近四分之一的占比说明从供应商账款中所获得的资金仍旧是企业最重要的资金来源。我们在后面的分析中看到，除去专业店始终保持较高的应付账款周转天数，超市和百货业态的应付账款天数在近年来仍呈小幅下降趋势。由此可见，供应商账期已处于比较高的位置，零售企业进一步通过延迟供应商账款来缓解自身资金压力的空间有限。值得注意的是，储值卡发行量的不断提升，在一定程度上抵消了应付账款占比下降的影响。

业务利润盈余占比除 2010 年略有下降外，总体呈上升态势，这说明在总体信贷受限的大环境下，零售企业只能更多地依靠业务盈余的积累进行内生式的增长。

零售企业从金融机构融资的比例在 2008 年达到 16%，随后受制于经济危机和政府的宏观紧缩调控，包括提高存款准备金率和利率，逐步下降到 2011 年的 11%。进入 2012 年，随着信贷环境趋于缓和，且更多地通过企业债券等不同的方式进行融资，零售企业通过金融机构的融资比例回升至 14%，2013 年此比例进一步回升至 15%。

（二）上市零售企业的整体负债结构

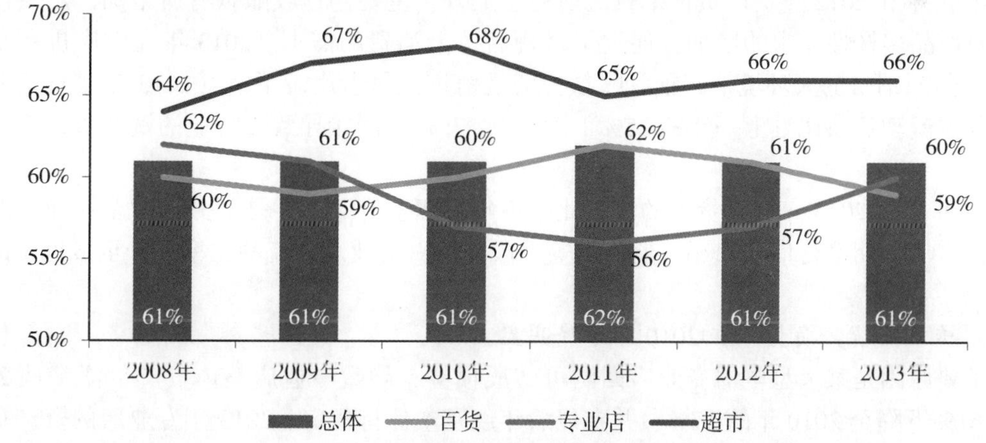

图 19 零售企业资产负债率分析

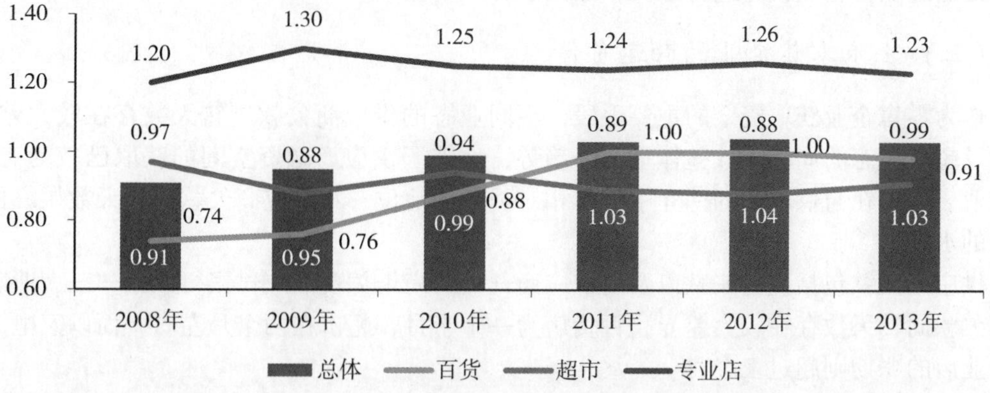

图 20 零售企业流动比率分析

股权融资成本较高，而内生性的业务利润盈余不足以满足企业的经营及扩张需求。总体来说，零售企业整体具有较高的负债率，近几年来均维持在61%左右。

1. 超市在三大业态中具有最高的资产负债率

自2008年的经济危机，在依靠业务盈余产生的资金无法满足资金需求的情况下，超市企业通过延长供应商账期等方式获取所需资金，从而导致资产负债率逐年提高。2011年资产负债率有所下降，主要原因为2011年某上市零售企业通过增发换股吸收合并另一零售企业。

2011年和2012年超市企业加快了对二、三线城市的扩张，由于融资环境仍然趋紧，超市企业不得不增加对流动负债的依赖以支持长期资产投资，从而导致流动比率有所下降，企业流动性风险在上升。2013年超市的扩张趋势有所减缓，相应地流动比率回升至接近2010年的水平。

2. 百货业的资产负债率表现较为平稳

2011年和2012年资产负债率较之前略有上升，主要是预收账款有所增加，反映出消费者对商品多样性需求的增加，促进了百货店持卡消费的需求。2013年在政府进一步规范“三公”消费的大环境下，预收账款特别是销售预付卡出现下滑（2013年底百货业预收账款占流动负债比继上一年的25%下滑至23.7%），间接导致百货业的资产负债率小幅下降。

2009年至2013年，百货业的流动比率逐年小幅上升。主要是部分百货企业通过股权融资，增加长期银行借款归还短期借款等手段使得百货业总体流动比率提升至接近1的水平。

3. 专业店资产负债率在2010年下降明显

主要原因是某大型电器专业店回购可转股债券，导致专业店整体资产负债率从2009年的61%下降至2010年的57%，并在以后年度基本保持稳定。2013年专业店的资产负债率重回60%的水平，其主要原因是：（1）大型电器专卖店规模扩张，存货上升同时带动了应付账款的增长，流动负债有所增加；（2）部分专卖店提高了金融机构借款的比例，特别是通过发行企业债券进行融资，加大了资产负债率。

（三）上市零售企业的营运负债

作为零售企业获取资金的主要手段，不同业态的供应商欠款周转天数存在较大差异，百货及超市业态的周转天数整体呈下降趋势，反映了供应商融资空间的获取已较为有限。而专业店由于在与供应商的博弈中处于相对强势的地位，其供应商欠款周转天数始终保持较高的水平。

供应商欠款包括应付账款以及向供应商开具的尚未兑现的应付银行票据。三大业态供应商欠款周转天数存在较大差异，百货店为一个半月，超市在两个月左右，而以家电为主的专业店的账期则超过三个月。

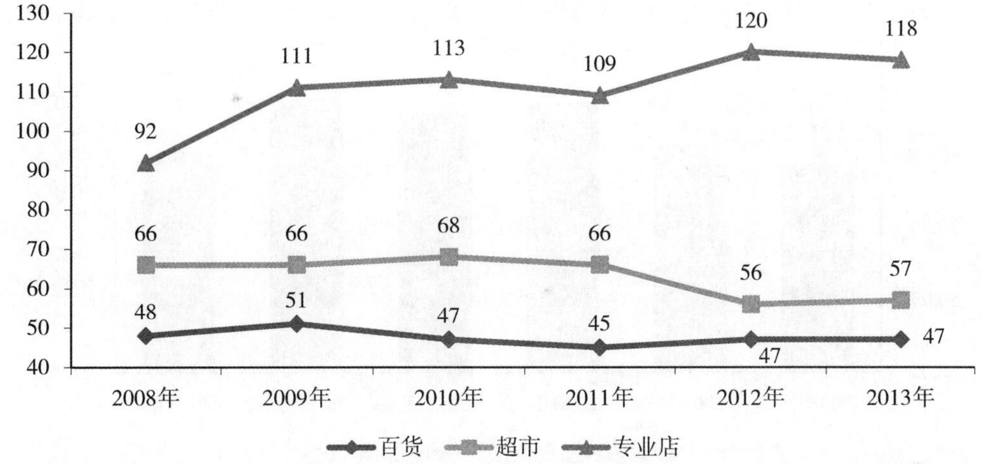

图 21　供应商欠款周转天数分析

从图 21 可以看到，百货及超市业态的供应商欠款周转天数自 2009 年开始呈下降趋势，虽然中间个别年度存在小幅回升，但整体依旧呈下降趋势。在之前的资金结构分析中也提到，零售企业的应付账款占总资金来源的比例从 2009 年开始逐步下降至 23%。这反映了在整体信贷紧缩的环境下，零售企业进一步获取供应商融资的空间已较为有限，这亦是零售企业和供应商长期博弈的结果。

而专业店由于在与供应商的博弈中处于相对强势的地位。通过加强与供应商的谈判及管理，在市场上行期间提高了从供应商处的融资效率。虽然在 2011 年小幅下降，但应付账款周转天数总体依旧保持在较高水平。

零售企业预收账款中主要为消费卡资金收入；发行消费储值卡仍然是百货店和超市重要的资金来源之一。

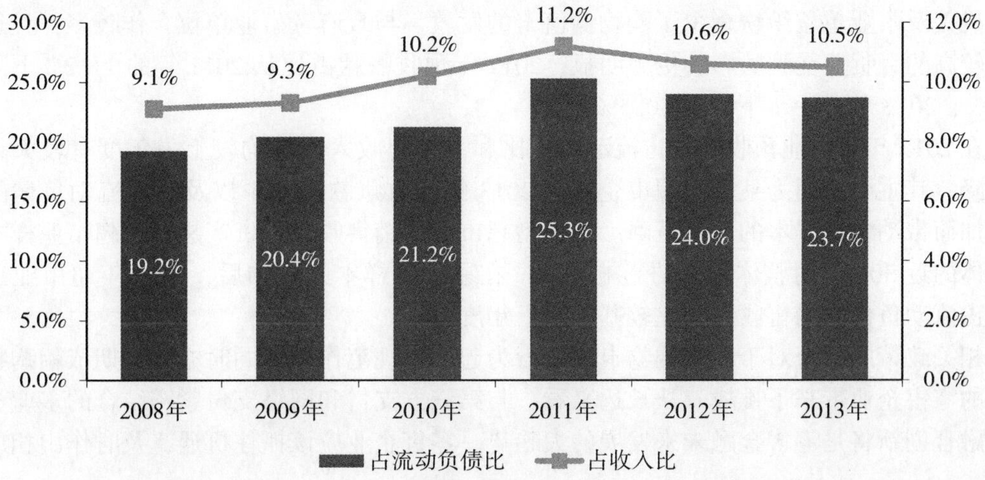

图 22　百货预收账款占比分析

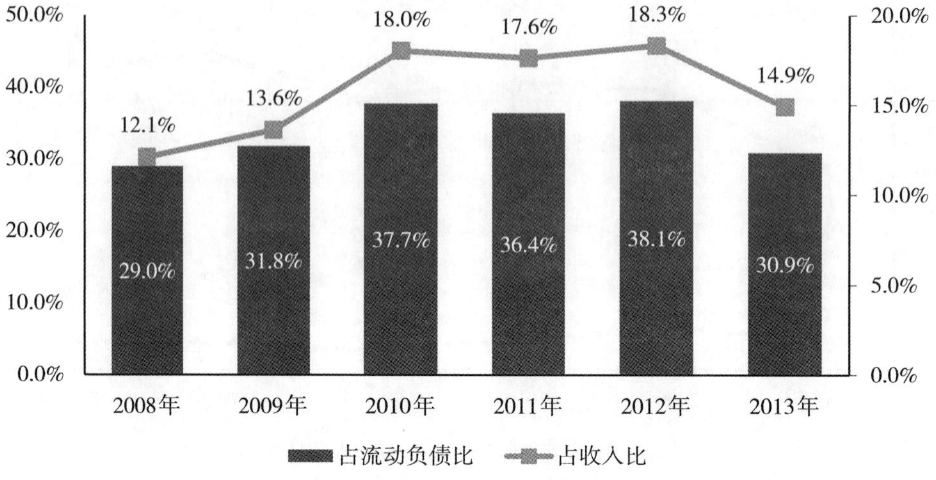

图 23 超市预收账款占比分析

发行消费储值卡不仅是零售企业的促销手段之一，更是一些大型百货店及超市的重要资金来源。专业店由于商品类别相对单一，消费卡使用受限，通过它融资一般较少。

2010 年及 2011 年度，政府及金融监管部门陆续出台了若干规范消费储值卡的政策，明确提出购买购物卡要执行实名制、非现金购卡和限额发卡等规定，并要求提供支付服务的非金融机构需取得《支付业务许可证》。

从政策执行对零售业的实际影响来看，在政策的初始颁布阶段，由于百货业发卡规模较小，相关政策的影响有限。发卡规模较大的超市企业明显受到较大影响，其 2011 年度的预收账款占比从 2010 年的 18%下降至 17.6%。但随着获得支付业务许可证的企业逐渐增多，在供应商融资受限的情况下，部分超市企业加强了购物卡的管理及发放，2012 年预收账款占比回升至 18.3%。

同时，由于 2012 年下半年起国家限制“三公”消费的政策和反腐倡廉的要求，各级政府机关及事业单位纷纷减少了购物储值卡的发放。与政府及事业单位合作较多，且货品价值较高的百货业受到的影响更为明显，2012 年预收账款占比从 2011 年的 11.2%下降至 10.6%，2013 年进一步下降至 10.5%。

在 2013 年超市业预收账款占流动负债比和占销售收入比较均较上一年度有较大幅度的下降，其主要原因为某大型超市企业在 2013 年预收账款的减少以及其他流动负债的相应增加而带动整体样本的比例下降。该大型超市业的销售收入及资产规模占超市业样本公司总体的近 30%，对整体分析的影响较大。在剔除该样本的影响后，2013 年超市业预收账款占流动负债和销售收入的比较基本和上年度持平。

相关政策的出台对于国内购物卡消费行为起到了规范作用，同时亦对长期依赖购物卡融资的零售企业带来了挑战。从长远来看，与第三方支付和网络支付紧密结合的多业务平台的融合创新将是零售金融未来发展的大趋势。零售企业应该抓住机遇，及时作出相应调整。

（四）零售企业带息负债分析

自2008年金融危机后，国内信贷管控逐步收紧，从2012年开始，在政府经济维稳的目标下市场流动性增长，信贷环境趋于缓和。数据分析显示，三大业态零售企业的金融机构借款占总负债的比例在2011年达到低点，之后开始回升，2008年至2013年期间总体呈“V”字型。

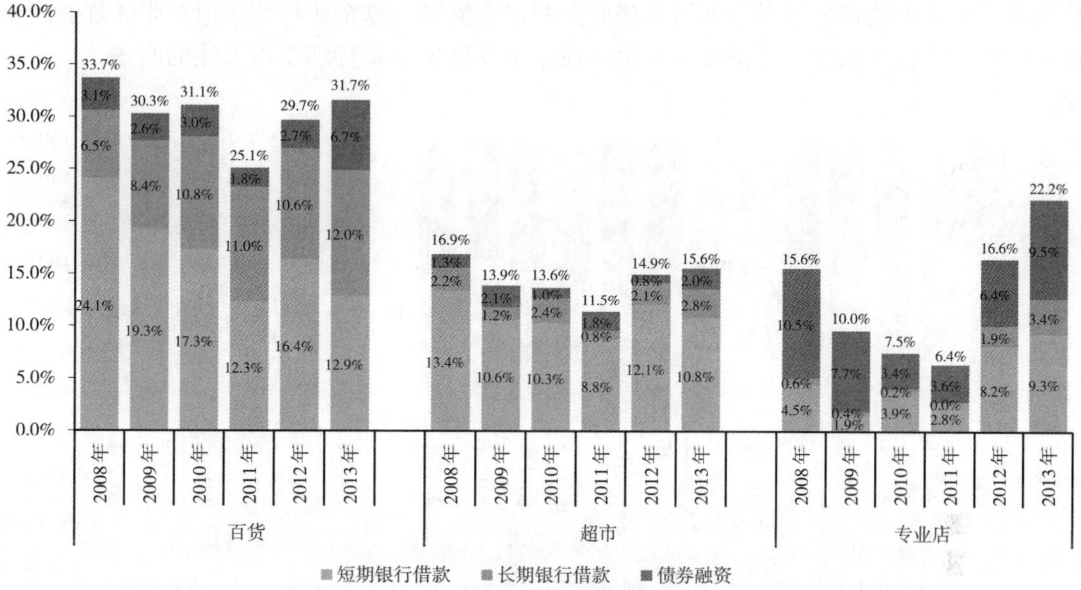

图24　金融机构融资占总负债比分析

自2008年开始，面对高企的CPI，为抑制过剩的流动性和防止通货膨胀加剧，中国人民银行不断上调金融机构人民币存款准备金率，从2008年初的14.5%提升至2011年6月的21%。同时除2008年出于稳定经济的目的，适当调低了人民币存贷款利率，自2010年至2011年，先后五次上调人民币存贷款利率，累计上调达到2.7个百分点。百货由于拥有自有物业和土地使用权，对金融机构融资的依赖在三大业态中最高。在信贷环境进一步趋紧的情况下，其受到的影响也最大，其金融机构融资占比从2008年的33.7%降至2011年的25.1%。而专业店由于在经济危机中受到的冲击较大，面临的信贷环境也日渐严峻，金融机构融资占比从2008年的15.6%下降至2011年的6.4%。

从2011年下半年开始，出于经济稳定和补充流动性的目的，国家先后三次下调金融机构人民币存款准备金率，两次下调人民币存贷款利率，总体融资环境有所缓和，减轻了企业的融资成本。零售企业的金融机构融资占比较2011年开始逐步回升，体现了金融机构对零售业支持的重要性。

此外可以看到，在银行信贷较为紧张的大环境下，零售企业更多地通过债券融资来支持业务扩张的资金需求。特别是在2013年，各业态的债券融资占比均有较人幅度的提升。

专业店在2013年的各项金融机构融资占比均较2012年有所上涨，有超过三分之二的样本公司在2013年提高了向金融机构融资的比重。其中，特别是一家大型家电连锁以及一家综合性商品专业店在2013年分别发行了人民币35亿元和人民币6亿元的企业债券及票据，将整体债券融资比例较上一年提升了3个百分点。

（五）零售企业资金用途分析

1. 2008–2013年间，零售企业的扩张态势明显，经营现金流大量地被用于新开门店、并购重组等一系列扩张活动上。在缺乏有效的长期外部融资机制的情况下，持续的扩张将给企业带来较大的资金压力。如何管理好企业现金流以支撑企业持续快速扩张并规避资金链不续的风险将是众多快速拓展零售企业在未来发展中需要特别予以关注的问题。

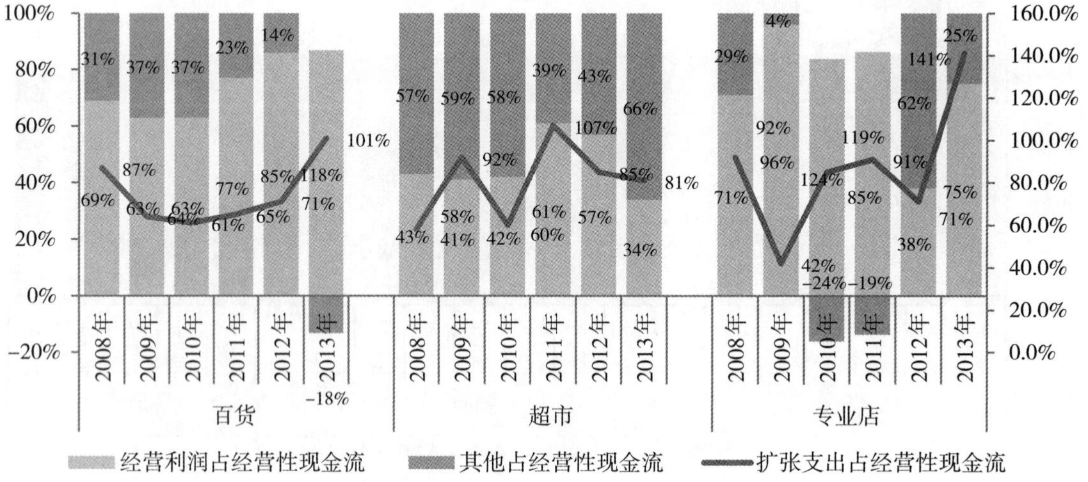

图 25　扩张支出占经营性现金流分析

（1）百货业。由于新店投资周期较长，其扩张支出占经营性现金流的比例在经历2008年87%的高点后趋稳，在2009年和2011年三年间均为60%多。2012年部分大型百货加大了购物中心的建设，该比例上升至71%，而在2013年更多的大型百货进驻二、三线城市，但同时经营利润率以及经营现金流占销售比均较上一年度有所下降，导致扩张支出占经营性现金流的比例达到100%的高值。

（2）超市。在近几年通过增加店铺数量以及多业态（大型超市、社区型超市和便利店等不同经营模式）的纵深发展来增强其市场份额。同时超市零售商也大力进军二、三线城市，不断铺设销售网点来增加未来竞争力。特别地，在2009年和2011年，超市企业的扩张支出占经营性现金流的比例分别达到92%和107%的高点，反映了外生性增长对超市业态的重要性。2010年和2012年在前一年度的高速增长后呈现一定幅度的回落，部分企业转而将注意力放在现有门店的资源整合、同店销售收入的提升和整体经营效率的改善上。2013年各大型超市进一步进行采取保利润缓增长的策略，相关指标较2012年的85%进一步回落至81%。

（3）专业店。在经历了关闭部分门店的2009年之后，在2010年和2011年进行了大规模扩张，经营现金流几乎完全被用于新建门店和横向并购。2012年起受制于收入增长的放缓，同时为了应对不同程度的个别门店亏损，专业店扩张速度明显减慢。关闭亏损门店成为企业应对收入增长放缓和利润下滑的主要措施之一。此外，在放缓新开门店的同时，专业店也纷纷开展网上零售业务。更多的资金被用于对网络销售渠道的开发和应用上，专业店已经开始向多渠道零售的模式转型。2013 年扩张支出占经营性现金流比例的上升主要是由于某大型电器专业店在新开门店的同时，大力开展网络零售业务，加快信息平台和物流体系的建设，在经营利润出现滑落的情况下，更多的资金被投入在网络渠道的扩张上。

根据往年报告的分析，增开新店仍旧是零售业资金的首要用途，另外的主要资金用途分别为：现有门店更新改造和改造物流、供应链和信息系统等基础设施。

2. 扩张带来的资金压力对零售企业的经营现金流管理带来了更大的挑战，特别是零售企业需要考虑如何进一步改善存货对经营现金流的占用。

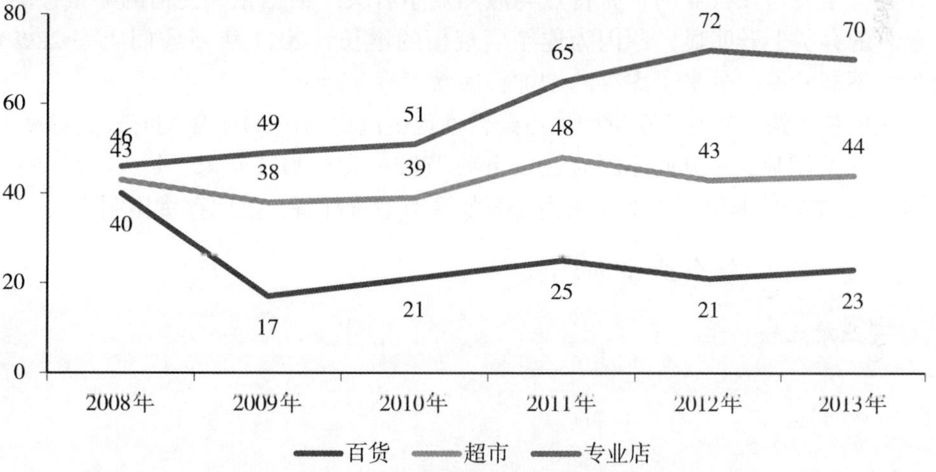

图 26 存货周转天数分析

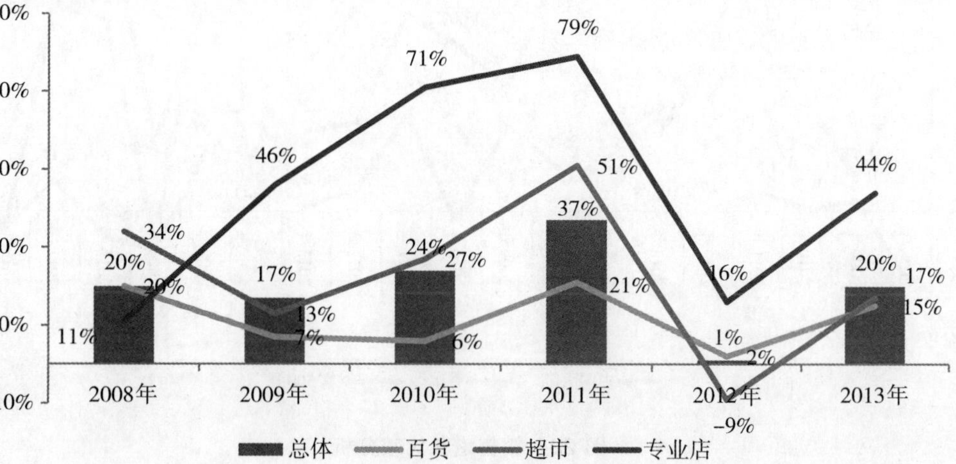

图 27 零售企业存货增加占经营性现金流比例分析

零售企业存货周转天数因其业态不同存在较大差异。2011 年数据显示百货店大约为 20 天，超市在 1 个半月，专业店则达到了 2 个月的水平。其中百货店存货周转天数与其经营模式密切相关，大陆百货店多数为租赁柜台给商户经营并收取一定比例的佣金，因而百货店自有库存相对较少，周转天数相对其他业态较短。

——百货及超市企业：在 2008 年的经济冲击后，纷纷加强了库存管理，提升运营效率，因此自 2009 年起，存货周转天数出现了较大的下降。2011 年存货上升原因为 2012 年中国的传统春节较早（1 月 23 日），与元旦非常接近，零售企业针对元旦和春节的传统销售旺季，积极开展备货工作，故年末存货大幅增加，存货周转均有所放缓。2013 年由于销售增速在下半年度明显放缓，导致百货及超市企业的存货周转变慢，特别是百货店由于较低的销售增长，存货周转较 2012 年底上升 7 天。

——专业店：我们注意到专业店存货周转速度一直在缓慢下降，并在 2011 年大幅放缓，这一趋势主要与该行业的扩张特点与激烈竞争有关。根据相关公司的年报披露，部分电器专业店的存货上升明显，原因为连锁店规模的增长（2011 年新增门店率 28%）以及电子商务的不断发展，带来了库存的增加，减缓了存货周转。

——我们观察到三大业态存货增加占经营性现金流比例在 2011 年均有较大幅度的提高，而在 2012 年下降明显，一方面原因为 2012 年春节较早造成 2011 年末存货大幅增加，另一方面 2013 年春节在 2 月中旬，2012 年末尚未开始春节备货准备，因此存货比例降低。

（六）国内外零售企业横向比较

1. 经营业绩比较

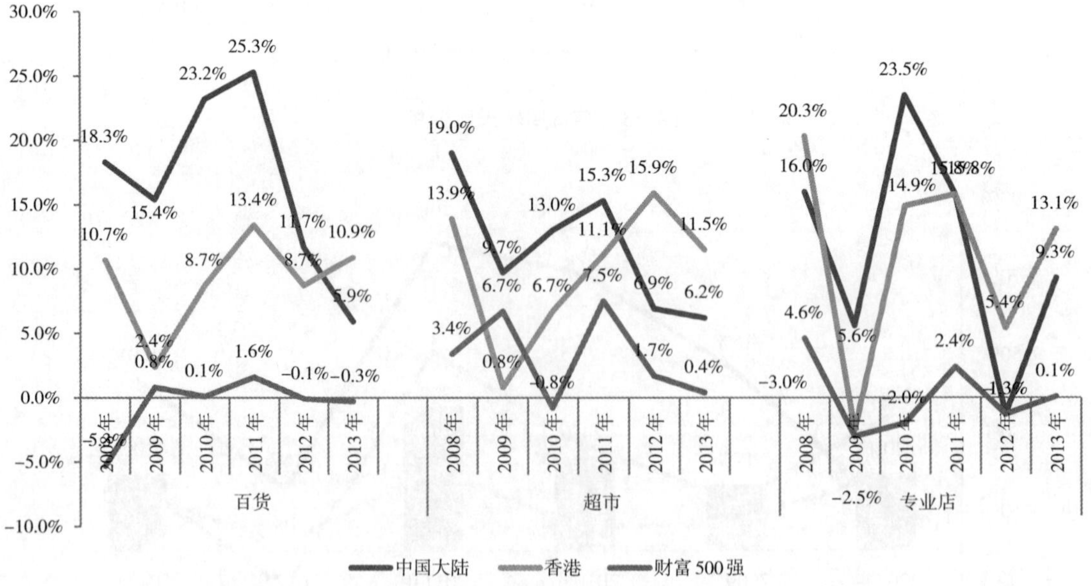

图 28　销售增长比较分析

就整体趋势来看，中国零售业和香港及财富500强零售企业在2008年至2013年这六年间的收入增长变动基本保持一致。具体来看，财富500强零售企业由于体量较大，销售增幅相对不明显。中国零售业则保持了较高的年度增长，侧面说明了中国的整体经济和零售行业仍处于成长上升期。香港零售业通过在大陆开设门店进入中国市场，同时中国游客在港消费的不断攀升，香港零售业销售增长亦较为明显。

在香港百货店的收入构成中，大陆地区收入占比持续增长。对于大陆地区收入占比较多的香港百货店企业，其收入增长率从2009年开始高于香港百货店平均收入增长率，并持续至今。

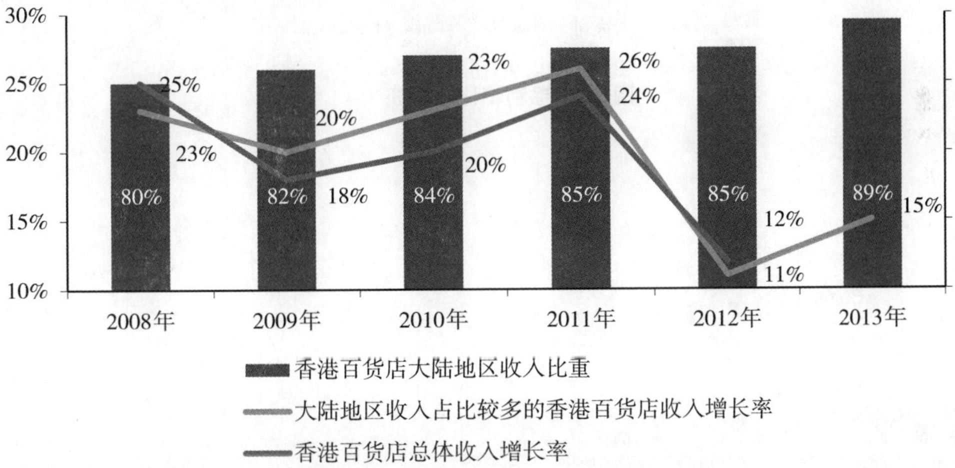

图29 香港百货收入占比及增长率分析

如上图所显示，在香港百货店的收入构成中，大陆地区收入占总收入的比例逐年上升，从2008年的80%上升至2013年的89%，说明大陆地区市场已成为香港百货店最大的区域市场，并且地位仍在不断上升。

三大业态的中国大陆样本企业毛利率水平明显低于香港及世界500强样本公司。通过之前的分析我们发现，由于大陆零售企业毛利率较低，主营业务贡献的利润基本被营运费用抵消，对总体经营利润率的贡献有限。然而，其他业务利润在净利润中占具相当大的比重，大陆零售企业利润并不主要依靠商品销售毛利。

香港零售业更为注重高毛利品类的销售，其中特别是钟表珠宝、化妆品和时尚奢侈品的销售占比要较大陆同行高出不少。大陆的零售业更为传统的销售模式是大型卖场结合低价促销，通过扩大销售来获取利润，毛利率水平一直不高。近几年，我们看到大陆零售商也在通过调整商品的品类，增加黄金珠宝、进口产品等的销售来提升毛利率。

图 30　毛利率比较分析

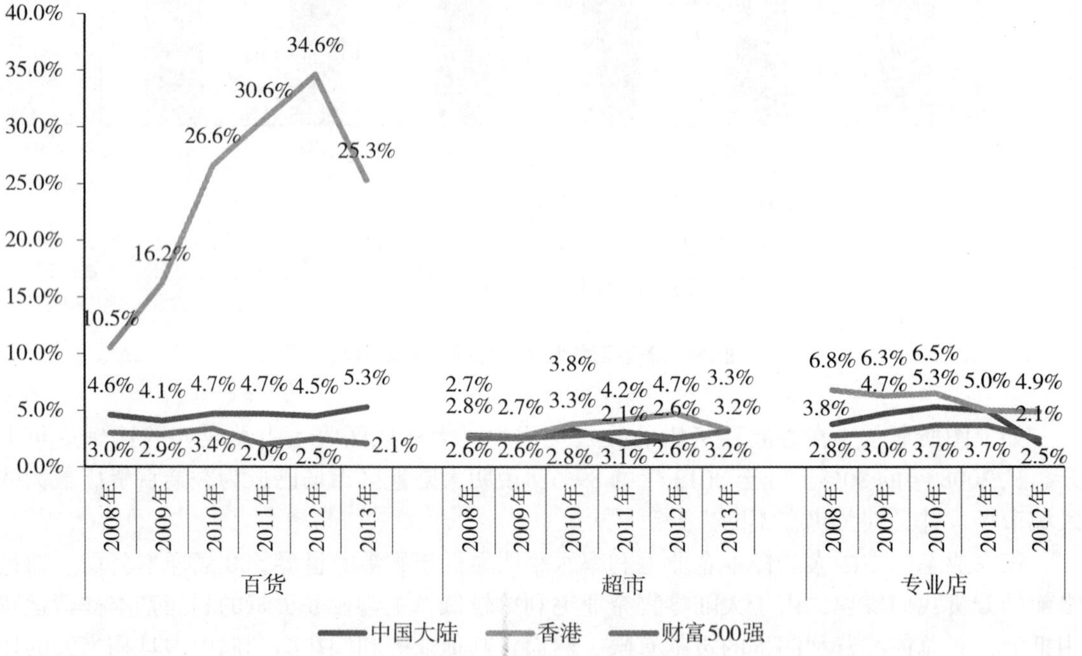

图 31　净利率比较分析

百货业态中，得益于投资物业的升值，香港地区样本公司总体的盈利能力逐年上升。剔除投资性物业公允价值的波动外，香港地区样本公司总体的盈利能力仍在 15%左右，依然明显高于中国大陆及财富 500 强；在超市和专业店业态中，2012 年各地区样本公司盈利能力比较接近。2013 年香港百货业净利润的下降主要是其中一家大型百货投资性物业估值收益的减少所致。

从业态上看，各地区的专业店样本亏损比例均最高，主要是由于专业店单店规模较大，固定成本居高不下，同时经营品类较为单一，在经济下滑期更易受到冲击。

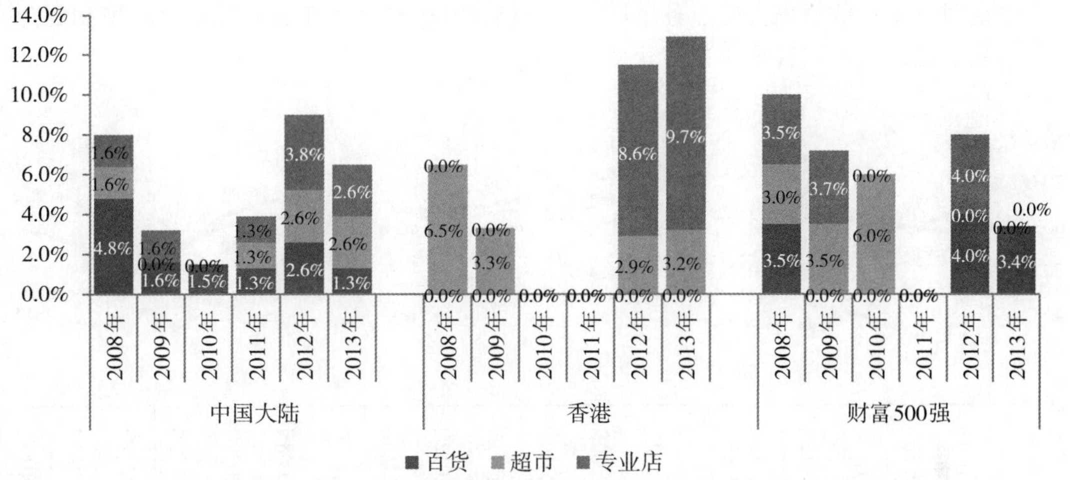

图 32　亏损比例

2. 资产负债状况比较

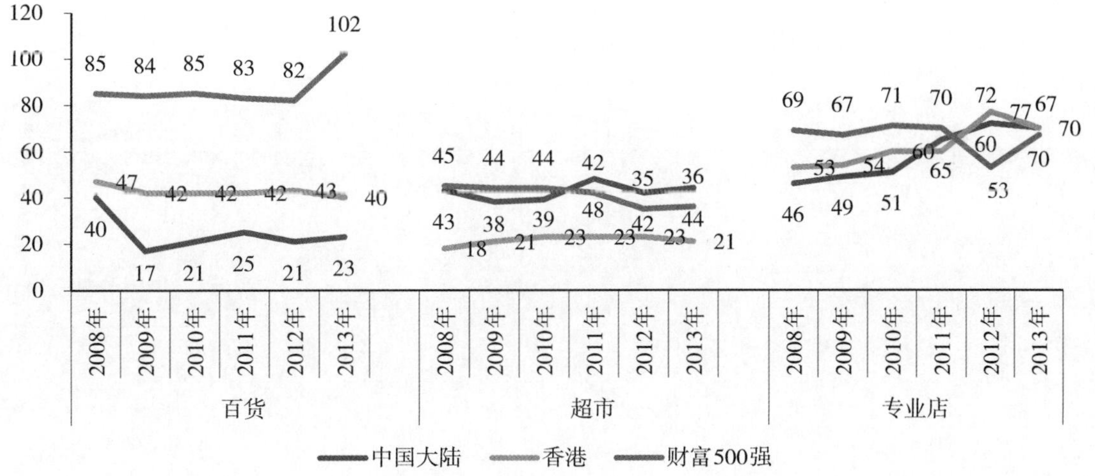

图 33　存货周转天数比较

世界 500 强样本公司中百货和专业店的存货周转天数均高于中国企业，更多的是由于不同的业态模式和商品结构所决定。中国大陆企业由于 2011 年传统销售旺季元旦和春节日期非常接近，零售商大量备货，存货周转放缓。2012 年底受到了专业店存货增长的影响，导致整体存货周转仍相对较慢。

香港地区样本公司负债率水平相对较低；大陆地区与世界 500 强样本公司的负债构成存在较明显的差异：大陆地区样本公司负债主要由营运负债构成，而世界 500 强样本公司负债主要由向金融机构融资形成。

结合前述大陆零售企业整体负债结构分析，大陆零售企业在外部融资受限的情况下只能更多地通过流动负债来支持业务拓展。而香港及其他地区由于较好的信贷环境和更为完善的信贷渠道，使得零售企业更易获得资金支持。

图 34　资产负债率比较分析

第三部分

管理与技术篇

2014年中国连锁行业基础岗位人才需求及中职毕业生就业状况调研报告

一、调研概述

（一）调研目的

通过连锁行业调研，了解连锁零售各行业、业态发展状况及人才需求特点、相关行业职业道德素养特征等。

通过连锁企业调研，了解企业运营方式变化、岗位设置及对人才结构类型基本要求、企业文化特征，以及对人才素质、知识、基本技能的要求和相应的职业资格的要求、校企合作的需求，提出连锁企业对中职连锁经营管理毕业生的看法与建议等。

通过毕业生就业追踪调研，了解本专业毕业生就业状况，包括就业去向、就业企业规模及需求、就职岗位需要的从业（或执业）学识、技术、能力与职业素养，以及毕业生所青睐企业的基本特征等。

同时，通过上述三方面调研，提出目前中职连锁经营与管理专业在专业定位、课堂教学、师资培养等方面的意见和建议，为制订中职连锁经营与管理专业教学标准提供比较全面、客观的依据，为标准制订工作奠定基础。

（二）调研背景

在中央政府和国家相关政策的指导、支持下，我国连锁经营经过20世纪末期至21世纪初期30年左右的快速发展，已经成为国民经济发展的先导性行业。连锁经营已经渗透到零售行业各个细分领域，包括超市、大型综合超市、便利店、折扣店、百货店、仓储会员店、专业店、专卖店、购物中心等。

在国务院办公厅发布的《国内贸易发展“十二五”规划》中明确提出：要实现流通现代化水平的显著提升，要求“限额以上连锁零售企业商品销售额占社会消费品零售总额的20%左右，统一配送率在70%左右；电子商务交易额年均增长30%以上，网络零售额快速增长；流通组织化程度明显提高，形成一批具有较强竞争力的流通企业。”规划还要求连锁经营要向多行业、多业态延伸，提高流通规模化、组织化程度。鼓励发展直营连锁，规范发展特许连锁，扶持发展自愿连锁；提升统一采购、统一管理、统一核算、统一配送水平；运用信息化手段，优化供应链，提高经营管理水平。

但是，2011 年下半年，特别是 2012 年以来，国内外经济环境复杂多变，连锁零售企业普遍出现经营压力持续增大、利润空间被不断压缩、销售增长连年乏力等状况。目前，是连锁行业较为困难的发展阶段，连锁企业正在经受多方面的冲击和挑战。连锁企业普遍认识到，必须以改善消费者体验为出发点，以商品管理、供应链管理及渠道无缝对接为重点，通过转型创新真正实现从规模向效益转变，从外延向内涵转变，而所有这一切都有赖于高素质的专业人才这一主体且决定性因素。

据国家信息统计中心（2011 年）有关调查数据显示，中国零售业在未来几年各类专业人才的需求量约为 1000 万人，而市场供应量仅有 400 万人左右，专业人才缺口很大。

通过本次调研访谈也印证了大部分连锁企业的基层一线实操型专业人才缺口较大，企业普遍愿意为中职连锁经营与管理专业毕业生提供基层实操性岗位，如收银、导购、理货、客服等。但也有部分企业表示，比起学历条件，企业更看重毕业生的实际工作能力，如果毕业生综合素质能力达到企业要求，可以直接上岗从事基层管理工作。

通过调查分析，不断了解企业需求，并将企业需求融入中等职业教育的教学，适时调整并培养符合企业需求的专业人才。同时，企业的需求会为中职连锁经营与管理专业教学标准的制定提供比较全面、客观的依据，避免人才培养的结构性失衡。因此，对于中职连锁经营与管理专业，本调研具有现实且深远的意义。

（三）调研组织与实施

组织过程。充分而有计划的调研准备，包括：目的、要求及范围，调研方案、调查问卷（企业类、毕业生类）；稳妥且深入的调研实施，包括：行业及企业、相关院校走访，毕业生问卷填制；科学、缜密的调研总结，包括：整理与分析一手数据，提出专业改革和建设思路，组织专业教师充分研讨等。最终，汇总调研数据、资料及结果并形成本调研报告，同时为下一步连锁经营与管理专业教学标准的制订奠定基础。

调研方法。主要采取文献及相关资料查阅、走访与问卷调查等形式展开调研。包括：搜集了解国务院关于现代职业教育的政策导向、连锁行业发展规划要求及发展现状、行业人才结构现状及人才需求、中高等职业教育供求状况及连锁行业职业道德素养状况；问卷、走访收集连锁企业、连锁经营与管理专业毕业生就业状况相关数据等。包括：分层抽样选取调查对象（连锁企业及毕业生就业行业）。

调研样本基本情况。本次调研的连锁企业覆盖全国各地区，并充分考虑了样本的地区代表性。在收回的有效样本总数 159 家企业中，华东、华北、华南、东北、华中、西南和西北地区分别占比为 36%、30%、14%、7%、7%、5%和 1%；样本企业驻地涵盖了北京、广东、上海、江苏、安徽、山东、河北、山西、四川、黑龙江、浙江、福建、湖北、湖南、辽宁、江西、河南、天津、重庆、甘肃、内蒙古、广西、贵州、海南等 24 个省、自治区、直辖市；企业员工规模涵盖大、中、小、微型企业。样本企业基本反映了我国连锁企业的行业及业态分布、地区分布、规模分布、经济类型分布的代表性特征。

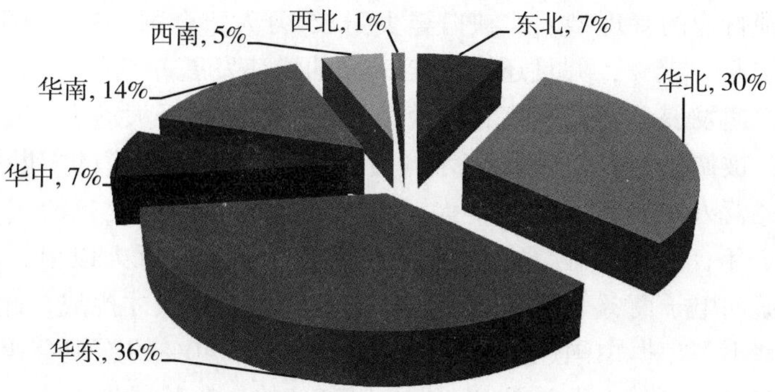

图 1　样本连锁企业的地区分布

本次调研的院校包括全国 54 所开设连锁经营与管理专业的中职学校，有效样本共计 151 份。其中，54 所中职样本学校为北京 26 所，上海 5 所，山东 6 所，湖北 5 所，江苏 5 所，天津及河北各 2 所，广东、安徽、浙江各 1 所。调查表明，北京、上海、山东、江苏、湖北等地开设连锁经营与管理专业的中职学校比较多，这与连锁经营企业在经济发展较发达、教育机构与居住人口较密集的综合型城市迅猛发展有一定的关系。

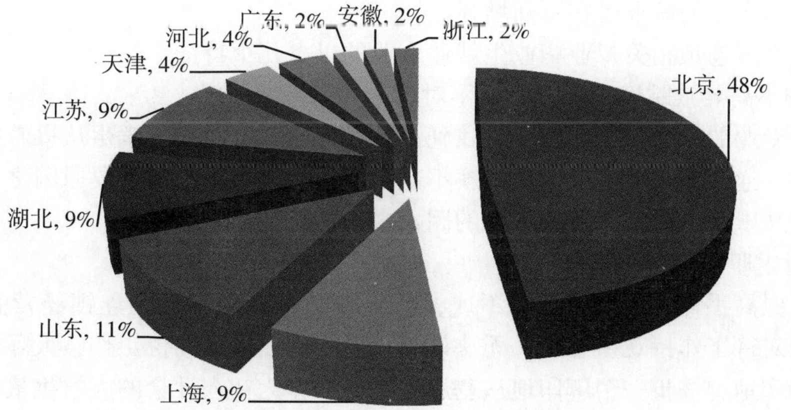

图 2　中职样本学校的地区分布

二、调研基本情况与分析

（一）连锁经营管理专业人才需求特征

1. 连锁经营管理人才培养在市场发展中的重要性

我国连锁经营行业的迅猛发展不仅给连锁业带来了翻天覆地的变化，同时也深刻影响了与此相关的其他产业，为中国社会创造了无数的就业机会，推动和加快了中国经济与世界接轨的步伐。2012 年，人力资源和社会保障部中国就业培训技术指导中心有关负责人介绍说，全国连锁行业的管理型人才缺口至少为65万人，全国共有各类连锁门店约13万家，占零售和餐饮业的25%，并且还在以年35%的增速发展。

连锁经营的快速发展必然会导致对连锁经营管理人才的巨大需求。在对全国159家连锁企业的调查中，被调查连锁企业均表示，近几年随着企业规模的不断扩张和竞争的加剧，对各类连锁经营人才的需求量非常大。中国连锁经营协会发布的《人力资源发展报告》显示，未来3年，百强企业新开店所需人员数量在100万人以上，基层员工供不应求，中高层员工流向电子商务等新兴业态，使连锁企业面临人才挑战。此外，连锁企业基层员工流失率居高不下。据中国连锁经营协会调查显示，40%的连锁企业员工流失率都超过30%，其中流失率最高的企业达到90%，仅有8%的企业基层员工流失率低于10%。连锁经营管理人才的短缺成为制约连锁企业乃至零售行业发展的重要瓶颈。所以培养优秀的连锁经营管理人才具有重要意义。

2. 连锁经营管理人才需求现状

通过对159家连锁企业未来三年需要的各类员工人数进行调查统计，研究生及以上学历208人、本科生1521人、大专生2688人、中职生14403人。其中中职生需求量最大，在总需求中占比77%，大专生需求为14%，本科生及研究生以上学历需求比重分别是8%和1%。近几年随着连锁零售企业规模的不断扩张和竞争的加剧，对各类连锁经营人才、尤其是中高技能人才的需求量非常大。此外，连锁餐饮和服务企业随着扩张速度的加快，对各类连锁经营人才的需求也在不断增强。

本调查还发现连锁相关专业毕业生就业企业的以下几个特征：

（1）薪酬不高导致跳槽，甚至专业不对口

多数连锁专业的学生在毕业后能够找到工作，但有超过一半的学生从事着与连锁专业不相关的工作。连锁专业学生毕业后月薪不高是导致毕业生跳槽的主要原因之一，也是导致连锁毕业生从事与本专业无关的工作的因素之一。

（2）毕业生职业素养有待提高

部分学生眼高手低，造成了“高不成，低不就”的境地，对到连锁经营企业就业心态比较浮躁，对待工作持观望态度，无法认真、投入地在基层岗位工作，人际沟通交往能力不足。脚踏实地，一步一个脚印地从基层做起，是作为初入社会的大学生最应该做的事情，也是学校进行职业教育引导的一部分。

（3）企业对中职学生需求量大

调查显示，连锁企业愿意提供的工作岗位更需要中职学生。在159家样本企业提供的岗位中，为中专提供的岗位是11909个，大专为2529个。

（4）企业更看重学生的实践能力

大部分连锁企业基层实操人员缺口较大，普遍愿意为中职连锁经营与管理专业毕业生提供基层操作性岗位，如收银员、导购员、理货员、客服专员等。但通过访谈了解到，也有部分企业表示，比起学历条件，企业更加看重毕业生的工作能力，如果毕业生综合素质能力达到企业要求，可以直接从事基层管理工作。

（5）校企合作发展前景广阔

调查结果发现，6%的企业愿意与中职学校合作共同培养企业所需人才，大部分企业与中职学校合作共同培养企业所需人才意愿比较强烈，学校可以主动与企业沟通交流，开设工学结合课程，开展多种形式校企合作，服务行业和区域经济社会发展。在合作方式上，96%的企业愿意接受中职学生顶岗实习，其中50%的企业希望学生顶岗实习时间为半年，29%的企业希望是3个月，少数企业希望是1-2个月，还有3%的企业希望学生顶岗实习时间为1年或者1年以上。95%的企业都表示愿意与中职学校开展订单培养，其中46%的企业表示非常愿意，13%的企业表示比较愿意，只有8家企业表示不愿意与中职学校开展订单培养。在企业访谈中，大多数企业表示，与学校开展订单培养能缓解企业技能操作人才招聘压力，而且订单班学生由于企业文化提前介入，可以提高毕业生的企业忠诚度。对于校企合作的方式，95家企业认为顶岗实习的合作方式比较好，另外选择建立实训基地的有64家，选择订单班、委托培训和组合联盟的企业分别有44、38和29家。

（二）企业调研基本情况与分析

本次调研发放企业调查问卷160份，收回有效问卷159份。企业调研的重点是，企业对中职连锁经营与管理专业人才需求状况、企业对校企合作的意愿及企业对中职学校人才培养提出的意见与建议。

1. 样本企业基本特征

本次调研对象限定为连锁企业，从被调查企业行业类型（图3）看，超市占41.5%，百货占23.3%，还涉及便利、家电及电子、美容及化妆品、服装、餐饮、医药以及其他零售业态等，基本涵盖了中职连锁经营与管理专业毕业生就业的主要行业类型。

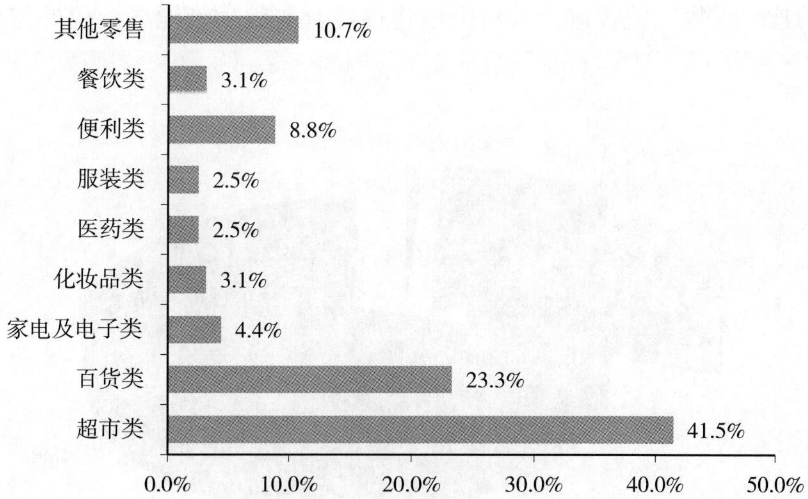

图3　样本连锁企业的行业分布

从样本企业的地区分布看，全国地区覆盖率100%（见图1），充分考虑了样本的地区代表性。其中，华东、华北、华南地区占比分别为36%、30%、14%，占比居于前三位，这也表明本调研报告中分析的企业人才需求和校企合作意愿状况比较接近华东、华北、华南地区。样本连锁企业省份分布（见图4），涵盖了北京、广东、上海、江苏、安徽、山东、河北、山西、四川、黑龙江、浙江、福建、湖北、湖南、辽宁、江西、河南、天津、重庆、甘肃、内蒙古、广西、贵州、海南等 24 个省、自治区、直辖市。

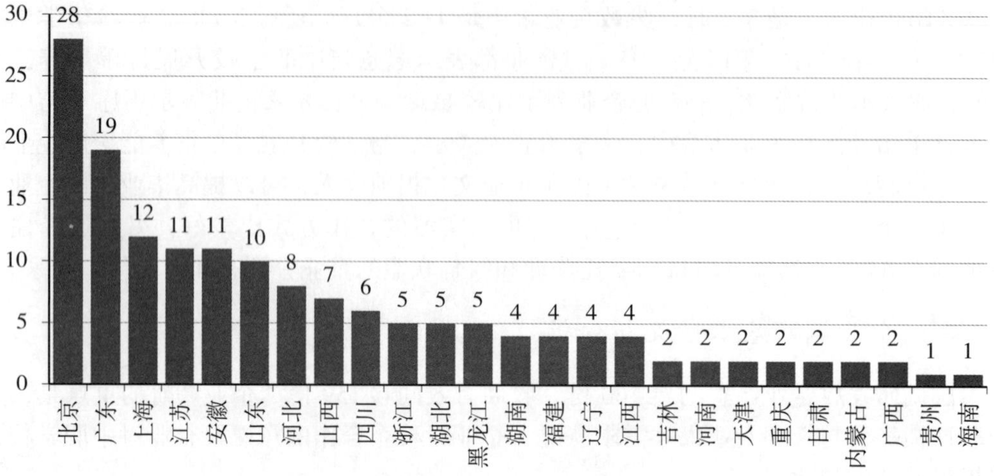

图 4　样本企业的省份分布

从样本企业员工规模（如图 5 所示）来看，涵盖了大、中、小、微型企业。其中（500 人以上的）大型企业占比为 70%，（301-500 人的）中型企业占比为 16%，（51-300 人的）小型企业占比为 13%，（50 人以下的）微型企业占比为 1%。调查结果表明，国内 500 人以上的连锁零售比较普遍，其对中职连锁经营与管理专业毕业生的需求量也将较大。

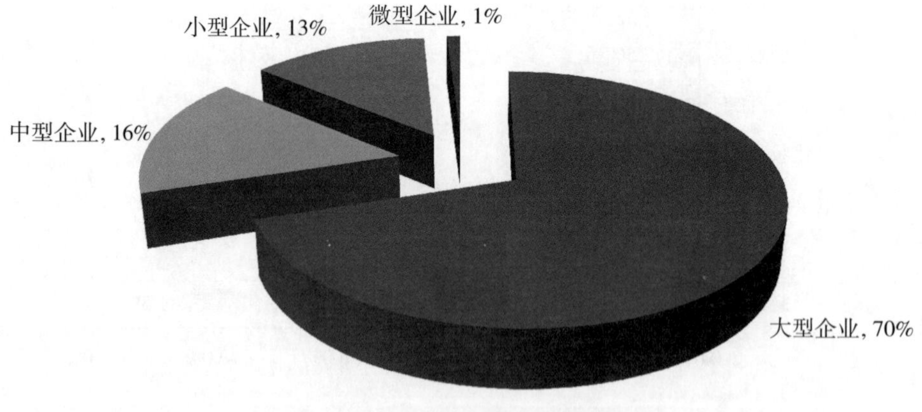

图 5　样本企业员工规模分布

从企业所有制性质（如图 6 所示）来看，私营企业占 63%，国有企业占 11%，三资企业占 12%，集体企业占 2%，其他（主要是股份制企业）占 12%，基本反映了中国连锁企业的所有制分布现状。

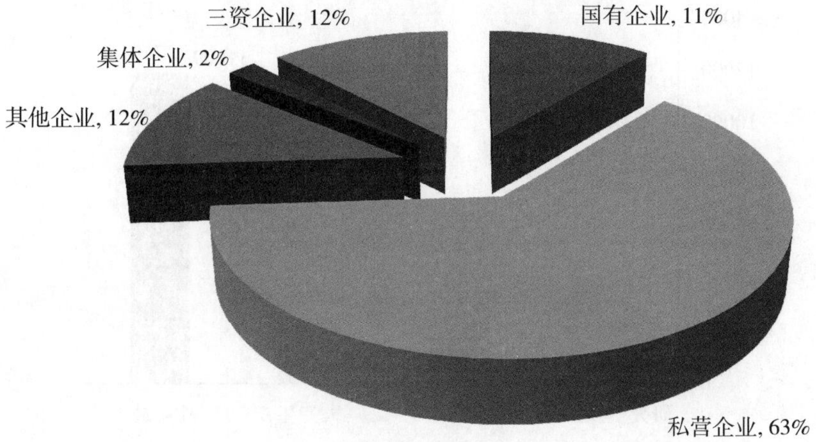

图 6　样本企业所有制性质分布

2. 样本企业对中高职连锁经营与管理专业人才需求状况分析

（1）企业各类人才需求情况

通过对 159 家连锁企业未来三年需要的各类员工人数进行调查统计，研究生及以上学历 208 人、本科生 1521 人、大专生 2688 人、中职生 14403 人（见图 7）。其中，中职毕业生需求量最大，在总需求中占比 77%，大专生需求为 14%，本科生及研究生以上学历需求比重分别是 8%和 1%。近几年随着连锁零售企业规模的不断扩张和竞争的加剧，对各类连锁经营人才、尤其是中高技能人才的需求量非常大。此外，连锁餐饮和服务企业随着扩张速度的加快，对各类连锁经营人才的需求也在不断增强。

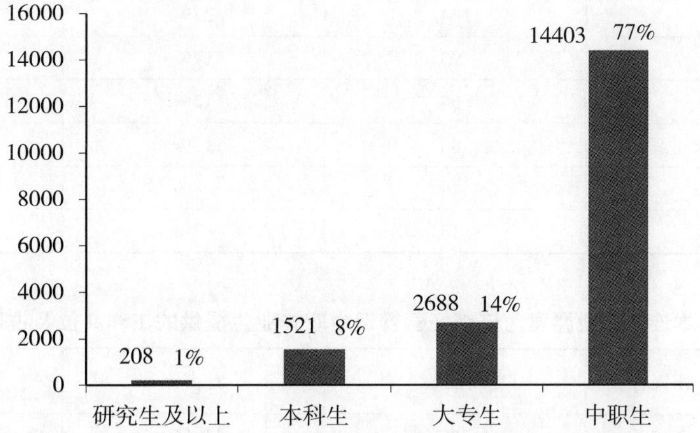

图 7　样本连锁企业未来三年各类人才需求情况（人数及占比）

（2）企业愿意为中高职连锁经营与管理专业毕业生提供的工作岗位

通过调查数据分析，159 家调查企业中，愿意为中专生提供的岗位是 11909 个，大专生岗位是 2529 个，分别占比 74%和 16%，本科生及以上岗位仅占 10%（见图 8）。

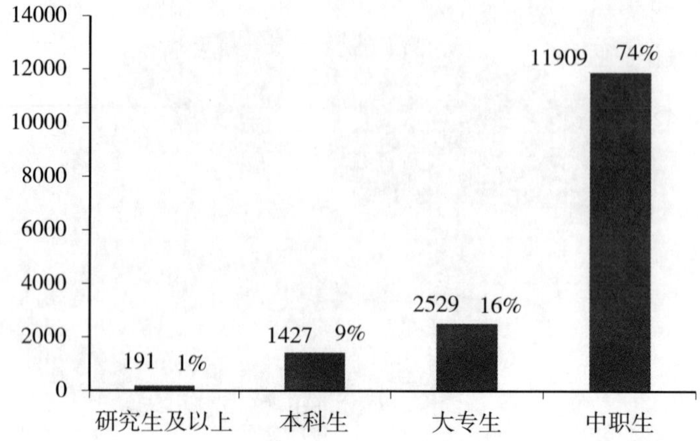

图 8　样本连锁企业未来三年为各类毕业生提供岗位情况（数量及占比）

同时，我们也对 159 家连锁企业愿意提供的不同类别的工作岗位进行了排序。其中，连锁企业为连锁经营管理等大专毕业的学生提供的需求岗位及其占比分别为：营业推广 19%、门店营运 27%、物流配送 17%、安全防损 12%、客户管理 15%、招聘培训 8%、其他 2%（见表 1）。连锁企业为连锁经营管理等中职毕业生提供的需求岗位及其占比见表 2，其中占比较高的是导购员/营业员、收银员和理货员，占比分别为 12%、11%和 11%。

表 1　样本连锁企业愿意为连锁经营管理大专毕业生提供的工作岗位及占比

企业愿意提供的工作岗位	岗位数	总占比	企业个案占比
营业推广	102	19%	64. 15%
门店营运	144	27%	90. 57%
物流配送	93	17%	58. 49%
安全防损	64	12%	40. 25%
客户管理	80	15%	50. 31%
招聘培训	44	8%	27. 67%
其他	13	2%	8. 18%

表 2　样本连锁企业愿意为连锁经营管理中职毕业生提供的工作岗位及占比

企业愿意提供的工作岗位	岗位数	总占比	企业个案占比
导购员/营业员	98	11. 5%	61. 64%
理货员	93	10. 9%	58. 49%
收银员	94	11. 0%	59. 12%
防损员	69	8. 1%	43. 40%
采购专员	81	9. 5%	50. 94%

续表

企业愿意提供的工作岗位	岗位数	总占比	企业个案占比
客服专员	66	7.8%	41.51%
单证员	24	2.8%	15.09%
企划专员	29	3.4%	18.24%
市场调查员	60	7.1%	37.74%
团购专员	30	3.5%	18.87%
仓储管理员	70	8.2%	44.03%
招商助理	27	3.2%	16.98%
前台	50	5.9%	31.45%
基层管理（课长助理、领班等）	56	6.6%	35.22%
其他	4	0.5%	2.52%

调查结果表明，大部分连锁企业基层实操型人才缺口较大，普遍愿意为中职连锁经营与管理专业毕业生提供基层操作性岗位，如导购员/营业员、收银员、理货员、采购专员、防损员、客服专员等（见图9）。但是，通过访谈，也有部分企业表示，比起学历条件，企业更加看重毕业生的工作能力，如果毕业生综合素质能力达到企业要求，可以直接从事基层管理工作。

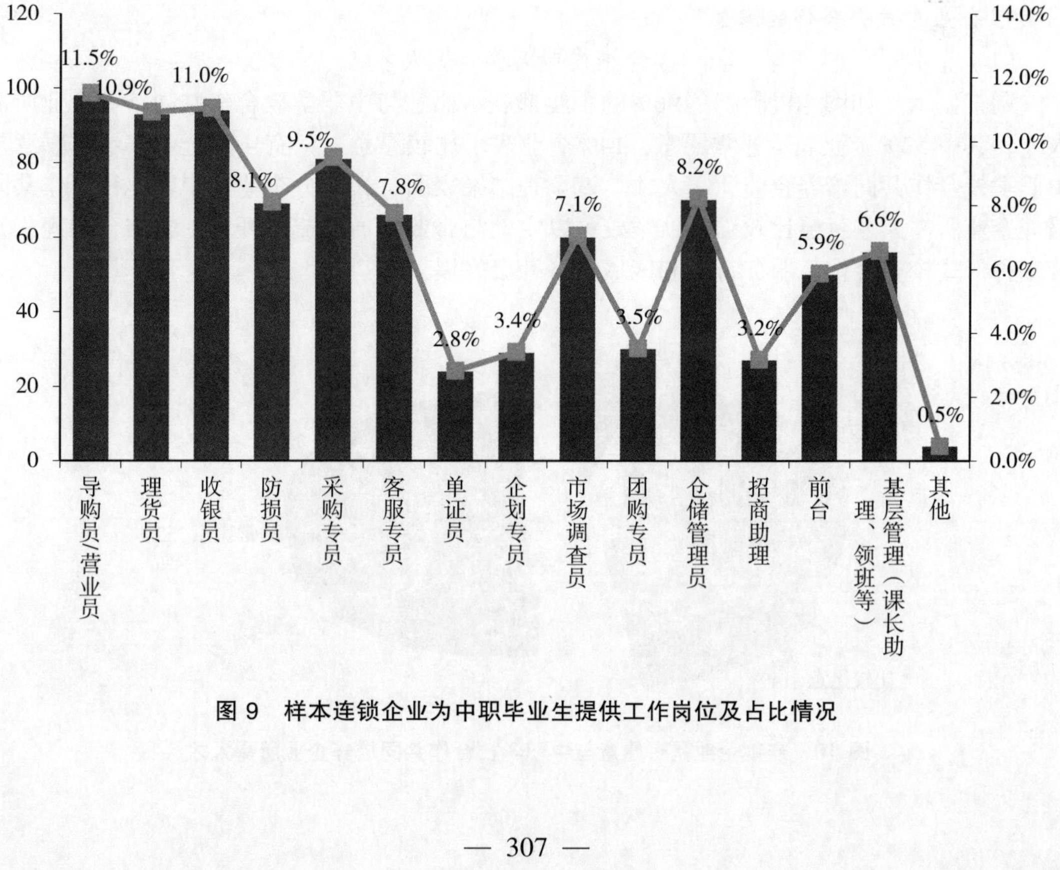

图9　样本连锁企业为中职毕业生提供工作岗位及占比情况

（3）企业希望中职连锁经营与管理专业毕业生取得的职业资格证书

调查显示（见表3），有98家连锁企业希望中职毕业生能取得收银员资格证书，占被调查企业的20.76%，有78家连锁企业希望中职毕业生能取得客户服务管理师资格证书，占被调查企业的16.53%。其次是营业员和营销师各占14.19%和13.35%。再者是理货员、推销员、采购员和推销员。还有部分企业希望学生能有会计证，个别企业表示暂时对职业资格证书没有要求。该调查结果表明，大部分企业招聘中职毕业生更加看重的是学生的实践能力，这也是企业访谈中，大多数企业人力资源部主管反复提到的一个问题。

表3　样本连锁企业希望连锁经营管理类中职毕业生取得的职业资格证书专业类别

职业资格证书	数量	总占比	企业个案占比
营业员	67	14.19%	42.14%
收银员	98	20.76%	61.64%
推销员	23	4.87%	14.47%
理货员	50	10.59%	31.45%
电子商务师	48	10.17%	30.19%
营销师	63	13.35%	39.62%
采购师	37	7.84%	23.27%
客户服务管理师	78	16.53%	49.06%
其他	8	1.69%	5.03%

3. 企业对校企合作的意愿

（1）企业是否愿意与中职学校合作共同培养所需人才

调查显示（如图10所示），96%的企业都表示愿意与中职学校合作共同培养企业所需人才，其中52%企业表示非常愿意，14%企业表示比较愿意，只有4家企业表示不愿意与中职学校合作共同培养企业所需人才。该调查结果表明，大部分企业与中职学校合作共同培养企业所需人才意愿比较强烈，学校可以主动与企业沟通交流，开设工学结合课程，开展多种形式校企合作，服务行业和区域经济社会发展。

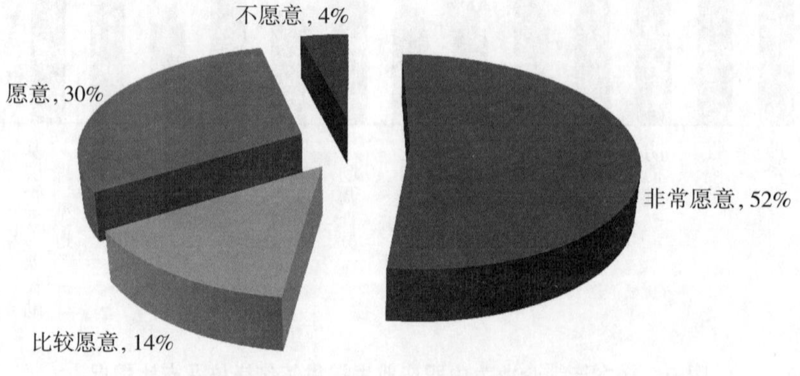

图10　连锁企业是否愿意与中职学校合作共同培养企业所需人才

（2）企业是否愿意与中职学校开展订单培养

调查显示（如图 11 所示），95%的企业都表示愿意与中职学校开展订单培养，其中 46%的企业表示非常愿意，13%的企业表示比较愿意，只有 5%的企业表示不愿意与中职学校开展订单培养。在企业访谈中，大多数企业表示，与学校开展订单培养能缓解企业技能操作人才招聘压力，而且订单班学生由于企业文化提前介入，可以提高毕业生的企业忠诚度。

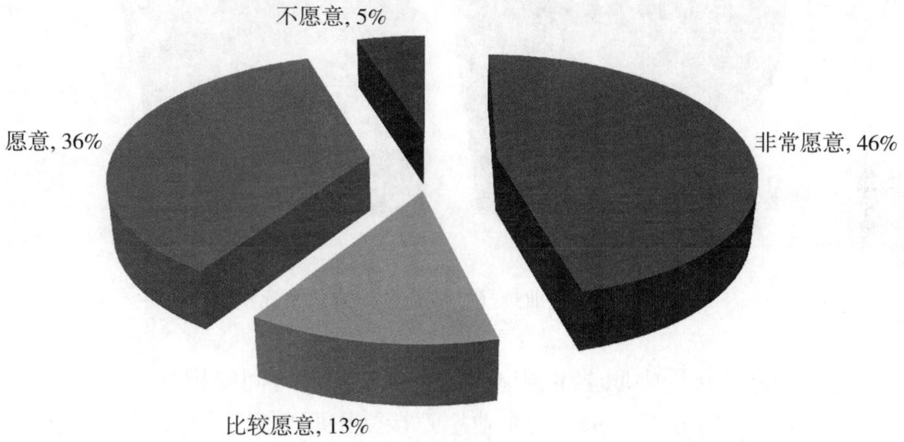

图 11　连锁企业是否愿意与中职学校开展订单培养

对于校企合作的方式，95 家企业认为顶岗实习的合作方式比较好，另外选择建立实训基地的有 64 家，选择订单班、委托培训和组合联盟的企业分别有 44、38 和 29 家（如图 12）。

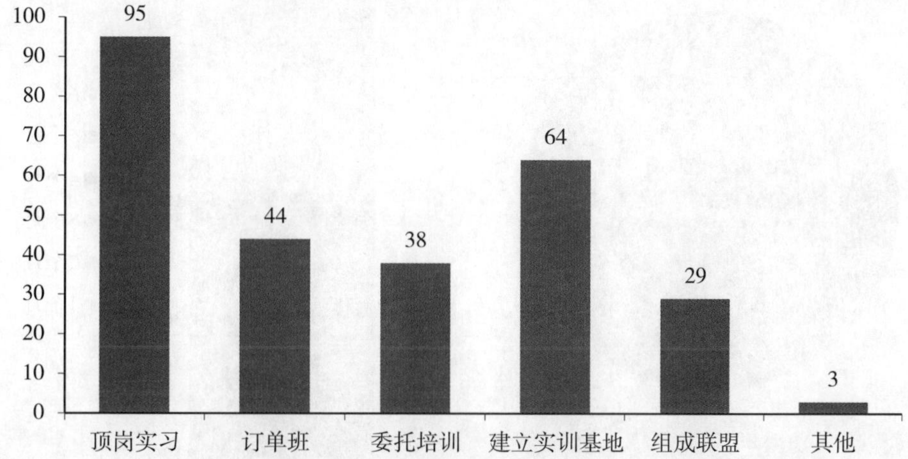

图 12　连锁企业选择的校企合作方式

比较而言，顶岗实习、建立实训基地和订单班是最受连锁企业欢迎的校企合作方式

（见图 13）。

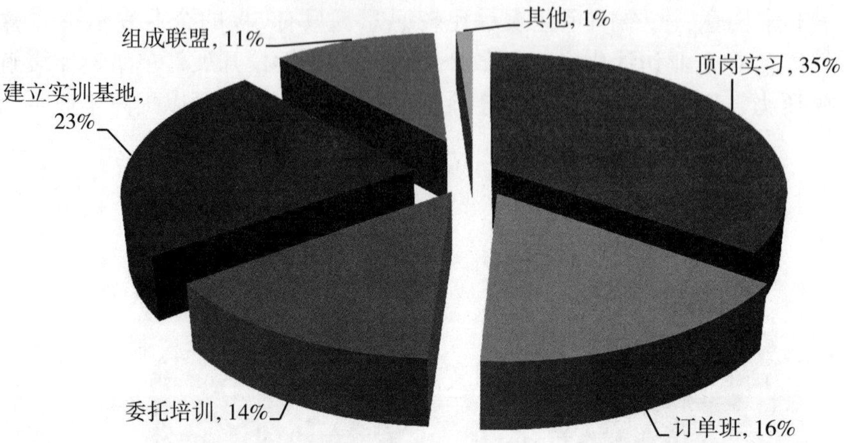

图 13　连锁企业选择的校企合作方式占比情况

（3）企业是否愿意接受中职学生顶岗实习及顶岗实习时间安排

调查显示（如图 14 所示），96%的企业愿意接受中职学生顶岗实习，其中，50%企业希望学生顶岗实习时间为半年，29%企业希望是 3 个月，少数企业希望是 1-2 个月。还有 3%企业希望学生顶岗实习时间为 1 年或者 1 年以上。

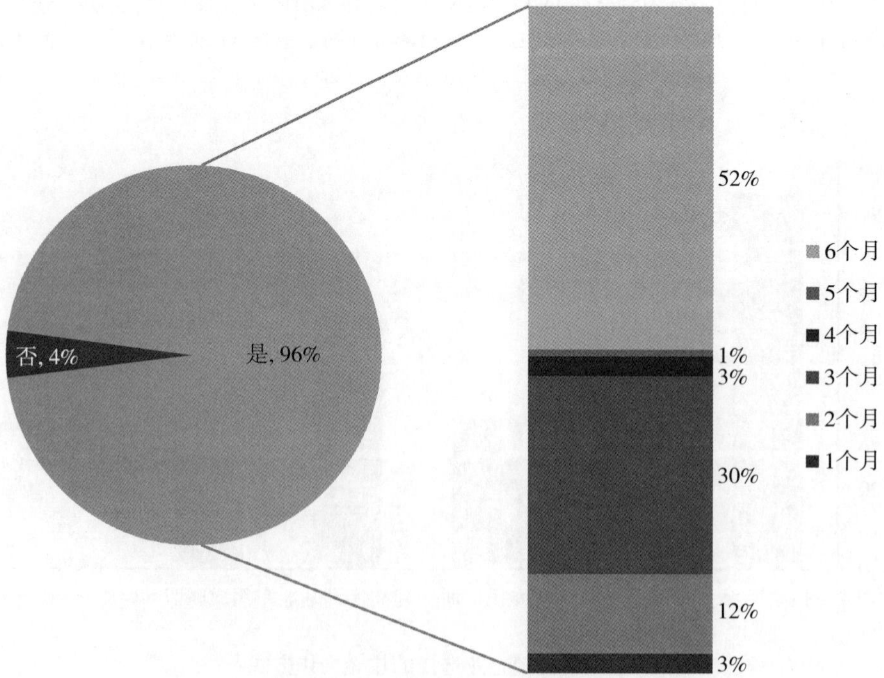

图 14　连锁企业认可的中职学生顶岗实习及顶岗实习时间占比情况

（4）企业认为学生在顶岗实习期间应着重加强哪方面的教育

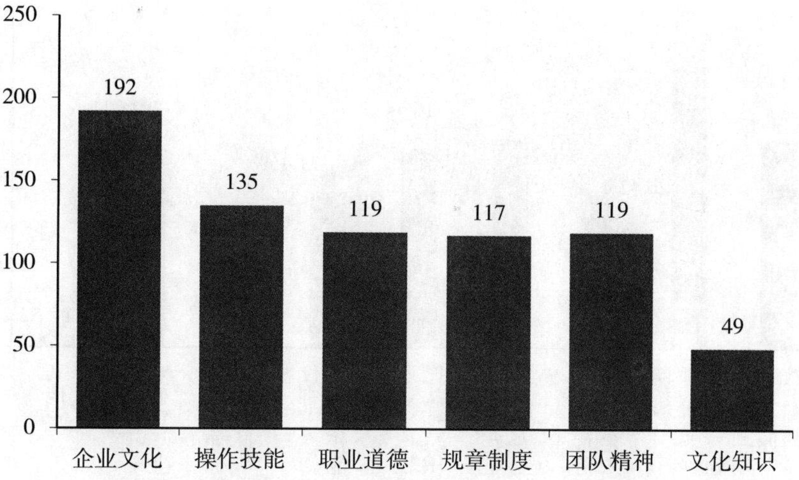

图 15　连锁企业认可的顶岗实习期间应着重加强教育内容

如图 15 所示，企业认为中职生顶岗实习期间应优先或着重开展的企业教育与培训是企业文化、操作技能、团队精神和职业道德。

（5）企业对中职连锁与经营专业毕业生的基本看法

调查显示（见表 4、图 16），大部分企业认为中职毕业生年纪轻，适应性强，可塑性较强，占比为 62%；42%的企业认为中职毕业生比较能吃苦，做事脚踏实地；42%的企业认为中职毕业生经过系统的专业学习，具备一定的专业技能；40%的企业认为其职业定位比较清晰，愿意从基层做起。同时，也有 31%企业认为中职毕业生仅有书本知识，实际操作能力不强；13%的企业认为其知识结构不合理，没有反映出业界的发展现实；还有部分企业表示中职毕业生职业规划不够清晰，受外界影响较大，不愿从基层做起，人员稳定性比较差。31. 45%的企业表示各学校连锁经营与管理专业差异太大，难以确定毕业生的能力特点。这也说明大部分企业对中职毕业生还是比较认可的。

表 4　　连锁企业对中职毕业生的基本看法

基本看法	计数	总占比	企业个案占比
比较能吃苦，做事脚踏实地	67	14. 47%	42. 14%
年纪轻，适应性强，可塑性较强	98	21. 17%	61. 64%
具本土优势，能更好融入工作环境	42	9. 07%	26. 42%
经系统专业学习，具一定专业技能	67	14. 47%	42. 14%
职业定位较清晰，愿从基层做起	64	13. 82%	40. 25%
仅有书本知识，实际操作能力不强	50	10. 80%	31. 45%
知识结构不合理，未反映业界发展现实	21	4. 54%	13. 21%
各校连锁管理专业差异大，难确定毕业生能力特点	50	10. 80%	31. 45%
其他	4	0. 86%	2. 52%

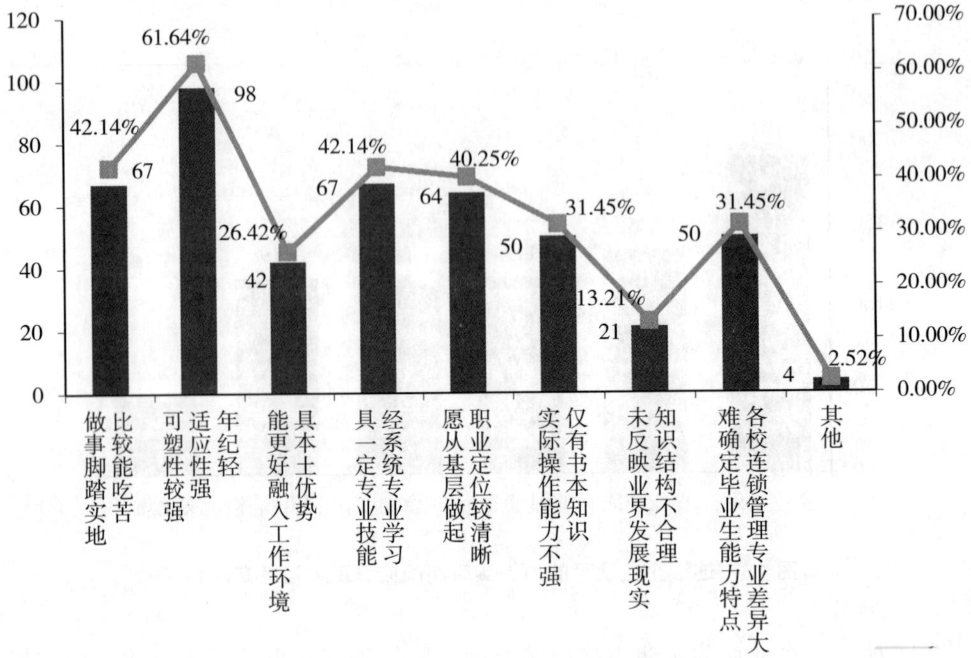

图 16　样本连锁企业对中职毕业生的基本看法

4. 企业对连锁经营等商科类中专毕业生素质、知识、技能等相关要求

（1）职业素质要求分析

调查显示（见表 5），连锁企业对中职连锁经营与管理专业毕业生的职业素质要求各因素中，诚实守信、敬业精神、责任心被认为是最重要的，平均分都在 4.8 分以上。其中，诚实守信平均分为 4.89 分，标准差为 0.37，这说明几乎所有企业都认为责任心是非常重要的。其次是服务意识、吃苦耐劳和团队协作，平均分在 4.5 分以上。第三为承受挫折能力和创新意识。通过对数据的深入分析，我们发现，团队协作和服务意识标准差较大，这说明这些职业素质对于不同行业企业来说，其重要性程度会有所不同。另外，所列的 8 项职业素质要求里，我们发现，均值最低分为 3.96 分（总分 5 分）。这也表明，企业比较注重人才的全面发展，企业认为任何一项职业素质都是比较重要的，毕业生都应该具备。

表 5　　　　调查企业对中职毕业生的职业素质要求（样本=159）

职业素质	极小值	极大值	均值	标准差
敬业精神	3	5	4.85	0.34
诚实守信	3	5	4.89	0.37
责任心	3	5	4.81	0.60
吃苦耐劳	3	5	4.57	0.58

续表

职业素质	极小值	极大值	均值	标准差
团队协作	2	5	4.57	0.70
承受挫折	3	5	4.30	0.48
服务意识	3	5	4.63	0.81
创新意识	2	5	3.96	0.34

注：5分表示非常重要，4分为比较重要，3分为一般，2分为不太重要，1分为根本不重要。

（2）知识结构要求分析

调查显示（见表6），连锁企业认为中职连锁经营与管理专业毕业生应具备的知识结构最重要的是市场营销，平均分为最高分4.27分，这表明几乎所有调查企业都认为对于中职连锁经营与管理毕业生来说，市场营销知识是非常重要的。除了市场营销外，商品学、商务礼仪和管理学，均值都在4分以上；再者是法律法规、财务会计和电子商务。另外，我们也应该注意，所有知识结构要求选项中，极小值较低，标准差较大，这也说明不同行业、地区、企业规模、所有制性质企业，对毕业生的知识结构要求会有侧重点。

表6　调查企业对中职毕业生的知识结构要求（样本=159）

知识结构	极小值	极大值	均值	标准差
商品学	2	5	4.08	0.70
管理学	1	5	4.03	0.72
市场营销	1	5	4.27	0.83
财务会计	2	5	3.63	0.86
法律法规	2	5	3.85	0.85
电子商务	1	5	3.55	0.95
商务礼仪	1	5	4.06	0.79

注：5分表示非常重要，4分为比较重要，3分为一般，2分为不太重要，1分为根本不重要。

（3）职业技能要求分析

调查显示（见表7），连锁企业认为中职连锁经营与管理专业毕业生应具备的职业技能最重要的是商品盘点技能，均值为4.50分，标准差相对较小，这也充分说明了商品盘点对于各个地区各个行业来说，都是非常重要的一项职业技能。职业技能要求其次是客户服务、商品陈列、商品促销、收银管理、库存管理、防损管理、信息系统操作、报表分析、进货管理和市场调研，平均分在4分以上，说明企业认为这些职业技能也是非常重要的。推销与谈判、商品配送和网络营销技能，企业也认为是比较重要的，最低分是网络营销，均值为3.71分。其中，客户服务、库存管理、收银管理和进货管理标准差较大，说明不同地区、不同行业对于这两项技能的需求会有所区别。

表 7　　调查企业对中职毕业生的职业技能要求（样本=159）

职业技能	极小值	极大值	均值	标准差
商品陈列	2	5	4.42	0.60
商品促销	2	5	4.40	0.62
商品盘点	2	5	4.50	0.65
库存管理	2	5	4.32	0.79
进货管理	2	5	4.05	0.70
防损管理	2	5	4.30	0.69
收银管理	2	5	4.34	0.73
客户服务	2	5	4.45	1.76
市场调研	2	5	4.05	0.84
商品配送	2	5	3.80	0.89
报表分析	1	5	4.07	0.97
网络营销	1	5	3.71	0.95
推销与谈判	2	5	3.93	0.85
信息系统操作	2	5	4.12	0.71

注：5 分表示非常重要，4 分为比较重要，3 分为一般，2 分为不太重要，1 分为根本不重要。

（三）毕业生就业调研基本情况与分析

本次调研面向全国商科中职学校毕业生发放调查问卷 160 份，收回有效问卷 151 份。学校调研的重点是，专业设置基本信息、人才培养职业范围、人才规格、课程设置、实验实训条件及内容、学校对连锁经营与管理人才培养提出的意见与建议。

1. 样本毕业生基本特征

（1）毕业生所属学校的地区分布特征

中职样本学校是覆盖全国的 54 所开设连锁经营与管理专业的学校，其中各省份地区中职学校占比情况（见图 2）为北京 48%、上海 9%、山东 11%、湖北 9%、江苏 9%、天津 4%、河北 4%、广东 2%、安徽 2%、浙江 2%，表明北京、上海、山东、江苏、湖北等地开设连锁经营与管理专业的中职学校比较多，这与连锁经营企业在经济较为发达、教育机构与居住人口较密集的综合型城市迅猛发展有关。图 17 显示，本调研中职毕业生样本主要是毕业 2 年以上的人员。

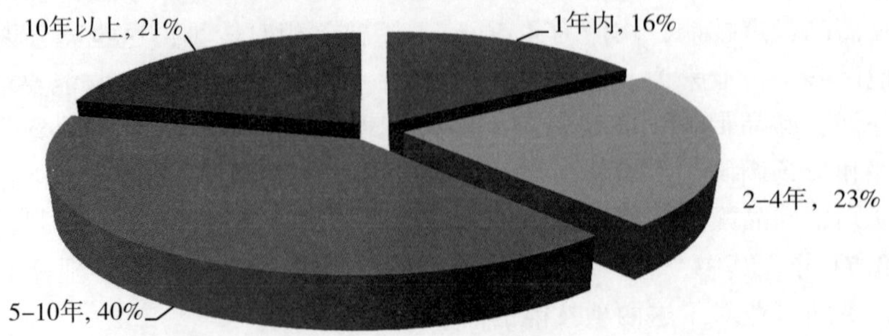

图 17　中职样本学校毕业生毕业年限分布情况

（2）毕业生就业岗位分布特征

根据对调查对象从事行业的统计显示，中职院校连锁经营等商科类专业毕业生从业的行业主要集中在零售行业，占总比 54.97%，另外从事制造业、综合类、食品、物流行业的分别占比 5.96%、3.31%、2.65%、2.65%（见图 18）。

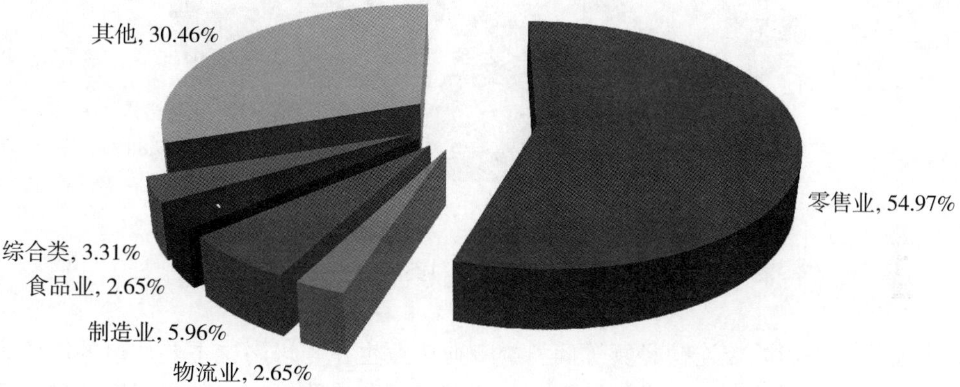

图 18　中职院校连锁经营等商科类专业毕业生就业行业情况

调查显示（如图 19），中职院校连锁经营等商科类专业毕业生所在企业所有制性质主要为民营企业，占比为 39.74%，其次是国有企业占 25.17%，另外合资企业、外商独资和港澳台独资企业占比分别是 12.58%、3.97%和 3.31%。

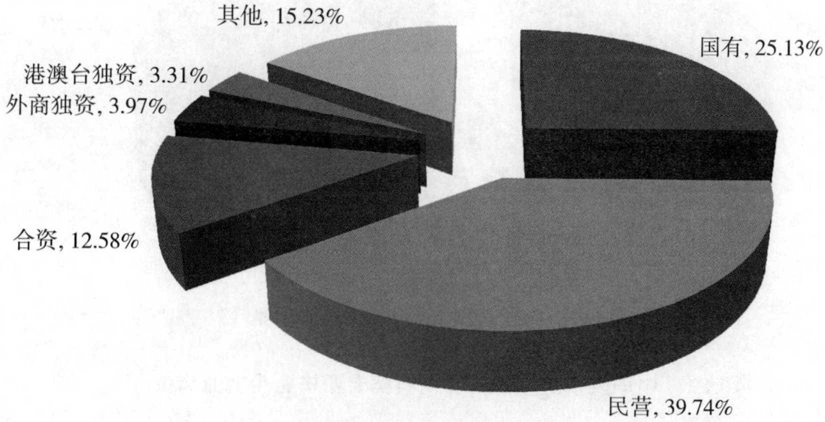

图 19　中职院校连锁经营等商科类专业毕业生就业企业性质

中职毕业生就业零售企业的主要经营业态为专卖、专业店，占比为 17.88%，其次为标超，占比为 15.23%，其他业态分别是大卖场 9.93%、百货店 7.28%、便利店 5.96%（如图 20）。

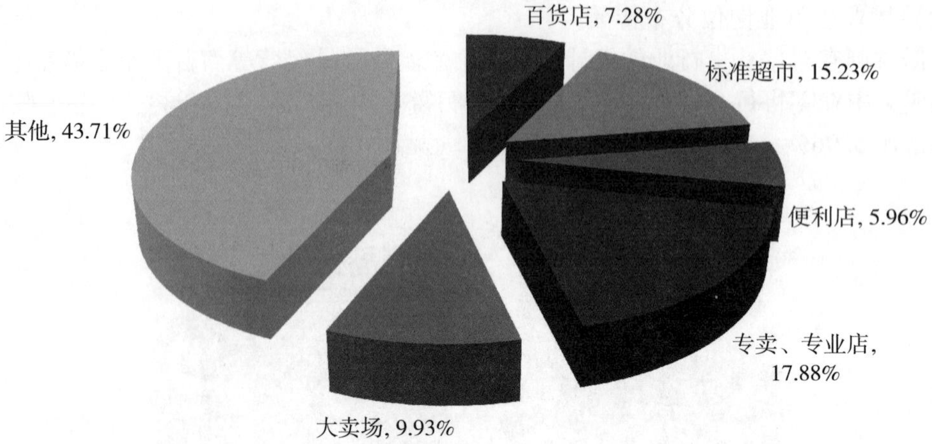

图 20　中职院校连锁经营等商科类专业毕业生从业业态

调查显示，中职院校连锁经营等商科类专业毕业生在零售岗位主要从事的岗位为门店基层营运、门店基层管理、人力资源管理、营销管理和采购管理。其中门店基层管理岗位从业比例最高，为 21.85%；营销管理岗其次，占 13.91%；另外门店基础营运和人力资源管理岗位也占有一定比重，分别为 9.27%和 7.95%（如图 21）。

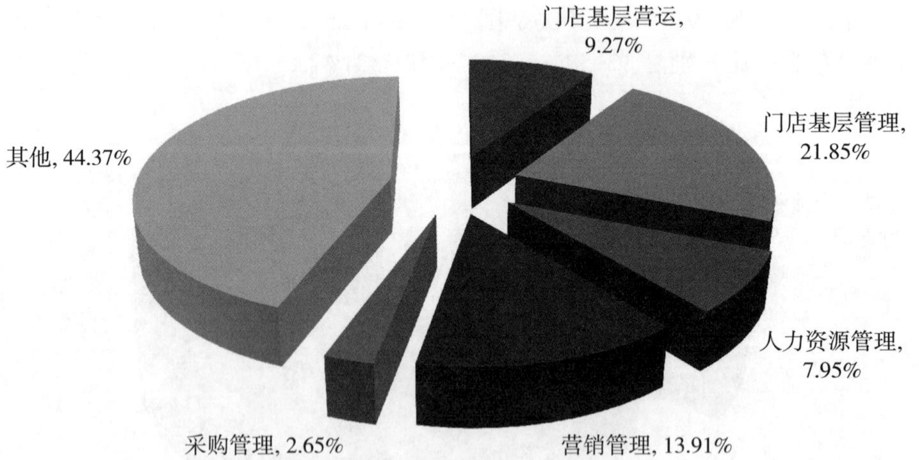

图 21　中职院校连锁经营等商科类专业毕业生就业岗位

（3）毕业生就业企业发展状况基本特征

调查显示，中职院校连锁经营等商科类专业毕业生就业企业的员工数量主要以 100-500 人规模的小型企业为主，占比为 31.79%；第二位是员工在 100 人以下的小微企业，占比 22.52%；5000 人以上的较大企业占比为 18.54%；1000-3000 人规模的大型企业的占比也比较高，为 13.91%；3000-5000 人规模和 500-1000 人规模的企业占比分别是 7.28%和 5.96%（如图 22）。

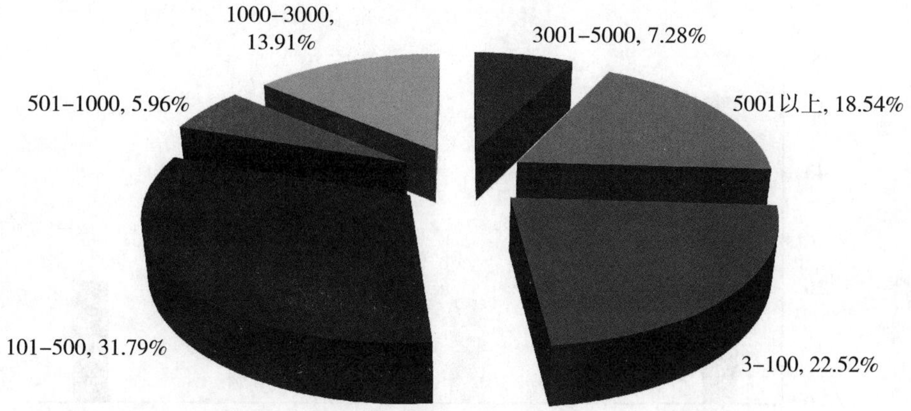

图 22 中职院校连锁经营等商科类专业毕业生就业企业规模

中职毕业生就职的零售企业经营规模及其在企业发展空间的调查，主要针对连锁企业拥有的门店数和未来 2–3 年企业将拓展的新开门店数量。调查显示，在 300 家以上门店的连锁企业从业的毕业生最多，占比为 30. 83%；其次是拥有 3–10 家门店的小型连锁企业，占比为 22. 50%；拥有 10–50 家门店和 51–100 家门店的连锁企业占比均为 19. 17%；拥有 201–300 家门店的企业占比相对较少，为 0. 83%。表明超大型连锁企业和处于起步阶段的小型连锁企业对中职人才需求量较大（如图 23）。

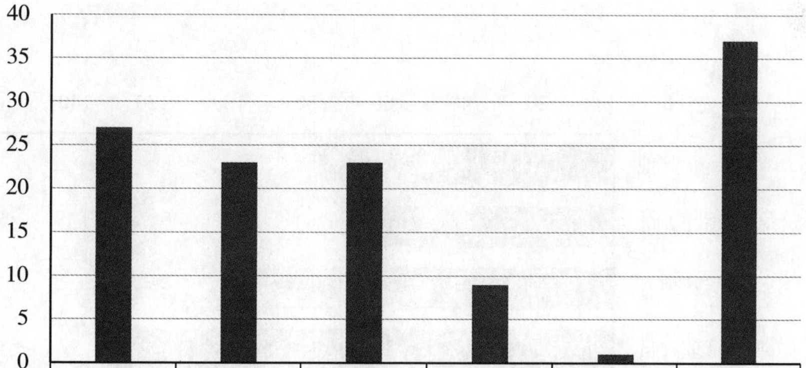

	3–10	10–50	51–100	101–200	201–300	300以上
■企业数	27	23	23	9	1	37
■百分比	22.50%	19.17%	19.17%	7.50%	0.83%	30.83%

图 23 毕业生就职连锁经营企业拥有的门店数对比

通过对毕业生就职连锁企业未来 2–3 年将拓展新门店数的对比显示，未来 2–3 年连锁企业总体新店拓展速度平稳，三年内新增门店在 3–10 家的比重较大，为 44. 17%；拓展 11–20 家新店的占比为 20%；拓展 50 家以上门店的占比为 17. 5%，拓展 21–30 家的占比为 15%；拓展 31–40 家及 41–50 家新店的比重较少，分别为 2. 5%和 0. 83%（如图 24）。

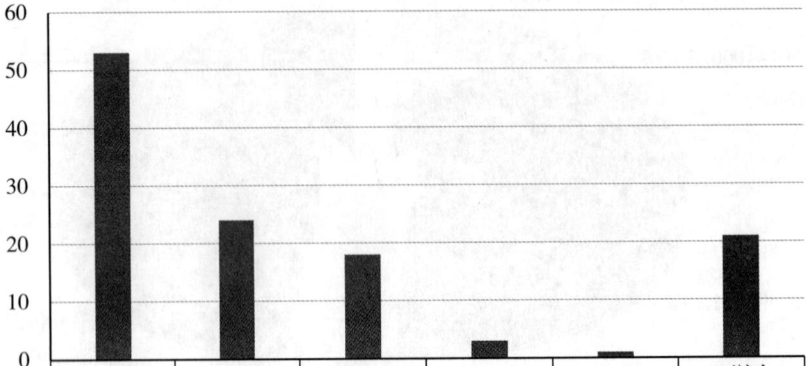

	3-10	11-20	21-30	31-40	41-50	50以上
■企业数	53	24	18	3	1	21
■百分比	44.17%	20.00%	15.00%	2.50%	0.83%	17.50%

图 24　毕业生就职连锁企业未来 2-3 年拓展门店情况

2. 样本毕业生所在企业人才需求基本情况

(1) 毕业生所在企业对不同层次人才需求情况

调查显示（如图 25 所示），所有学校连锁经营与管理专业毕业生所在企业最需要的人才为基层管理人员，占 49.67%，其次是职能管理人员和基层营业人员，企业对这两类人才需求比例都是 48.34%，另外对中层管理者和高层管理者的需求分别是 37.75% 和 23.84%。

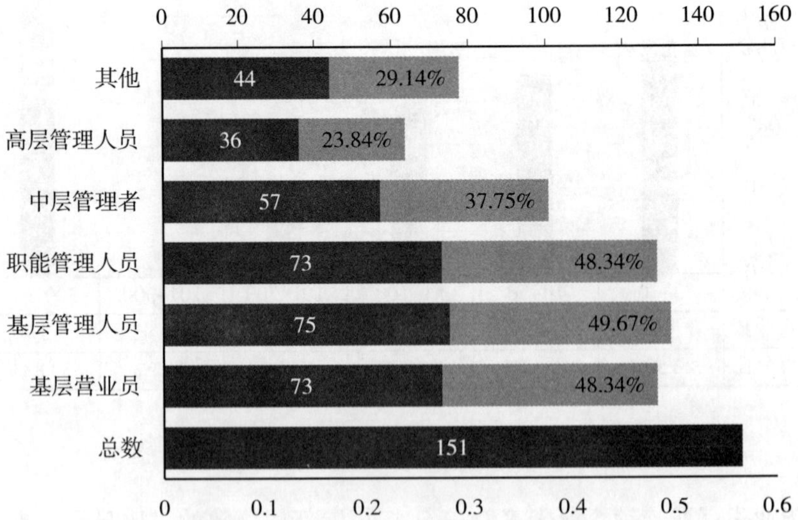

图 25　毕业生认为企业最需要的人才比重

（2）毕业生所在企业对人才能力需求情况

通过对毕业生的调查显示（如图 26），毕业生普遍认为拥有学习能力强、执行力强、勤奋踏实素质的员工在工作中容易被重视提拔，另外选择抗压能力强、工作富有激情及人际关系好的学生分别有 53. 64%、59. 6%和 62. 25%。

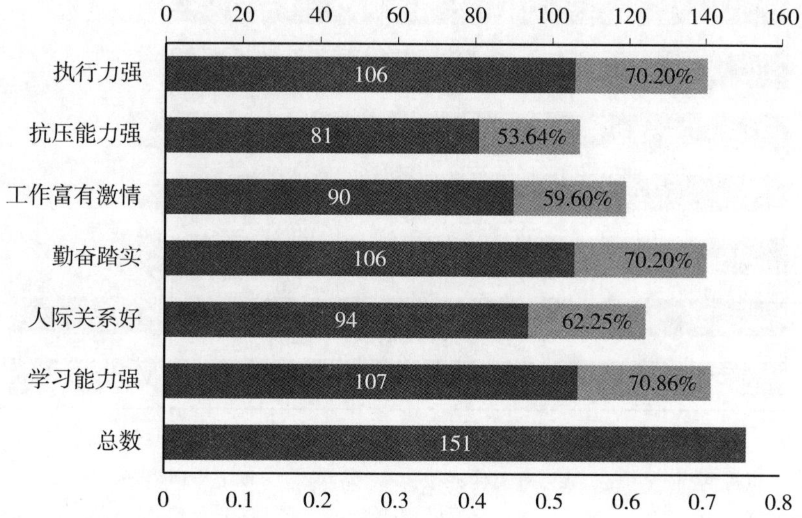

图 26　中职毕业生所在企业对人才能力需求

（3）毕业生就业工作期间遇到的主要问题

调查显示，中职毕业生就业后在企业遇到的主要问题及其占比情况是：人际关系难处理、工资薪酬太低、没有发展机会，占比分别是 37. 75%、36. 42%和 35. 10%。另外还有部分毕业生认为工作太辛苦，领导不够重视。毕业生对师徒融洽关系比较认可，有问题的占比仅为 6. 62%。

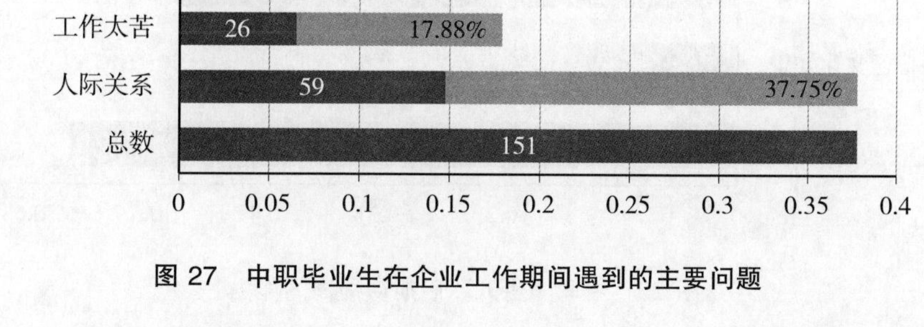

图 27　中职毕业生在企业工作期间遇到的主要问题

调查显示（如图 28），中职学生择业最主要考虑的因素为发展潜力和工资待遇，其中发展潜力居首位。对于工作轻松程度和工作环境最不重视。考虑因素主要排序为：第一位发展潜力大；第二位工资待遇高；第三位能学到知识（技术）多；第四位人际关系融洽；第五位上班时间规律；第六位工作环境好；第七位工作轻松。

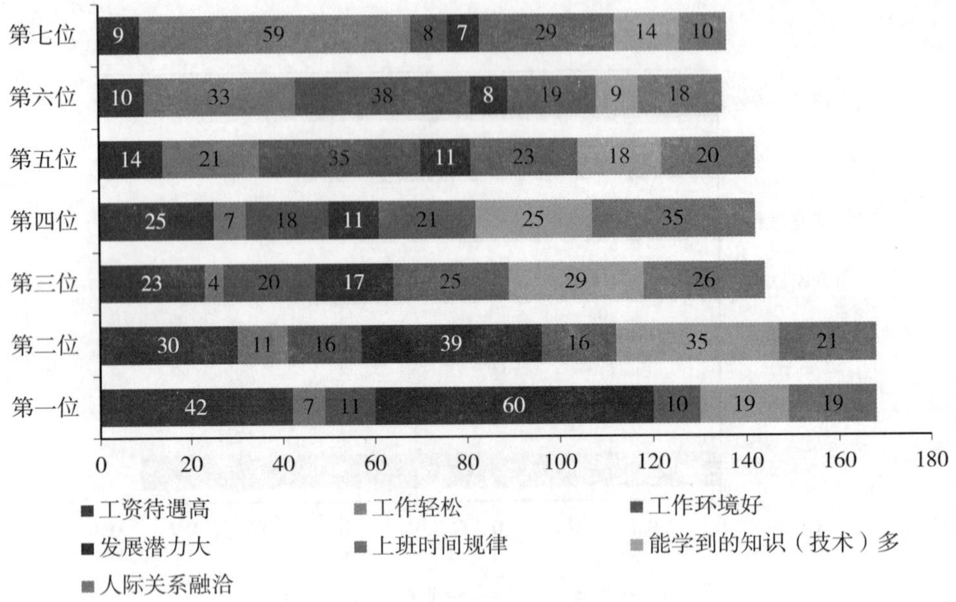

图 28　中职学生择业需求分析

3. 样本毕业生在职场中欠缺知识和能力情况

（1）毕业生上岗后有待提高的能力

针对中职学生就业知识和能力不足的具体问题进行调查，显示中职毕业生最期待提高的是专业知识，其次是各方面特长以及人际沟通的能力（如图 29）。

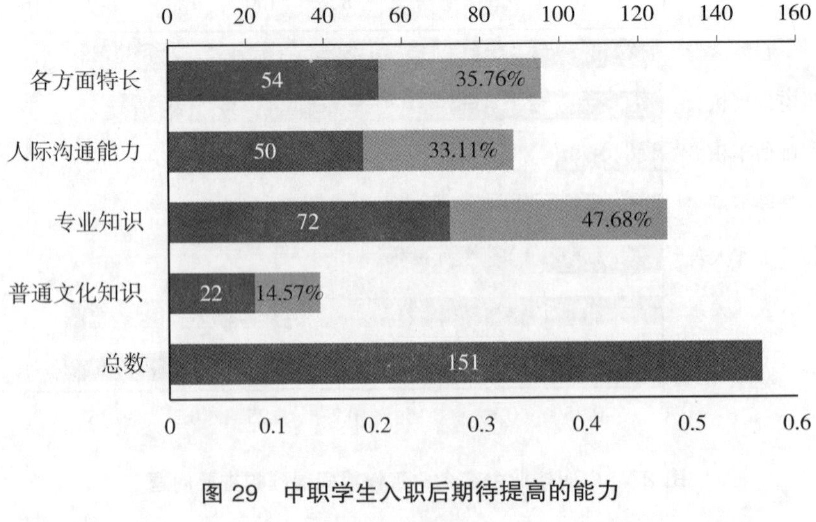

图 29　中职学生入职后期待提高的能力

（2）中职学生在校期间应重点加强的训练和学习

关于自身的不足，中职学生认为在校学习期间，学校应重点加强的训练及学习的知识和能力是职业素养、合作协作、专业课程、专业技能课程、办公技能和公关礼仪。其中超过50%的毕业生认为职业素养、合作协作、专业课程、专业技能课程非常重要，如图30。

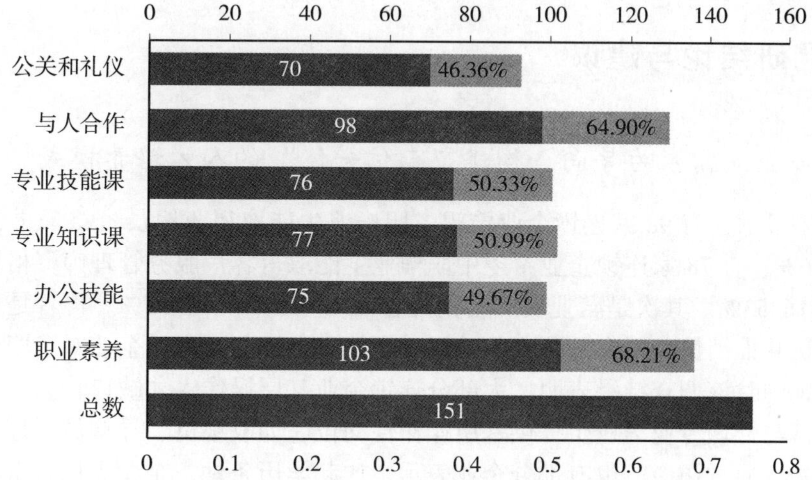

图30　中职学生认为学校应重点加强的训练及学习的知识和能力

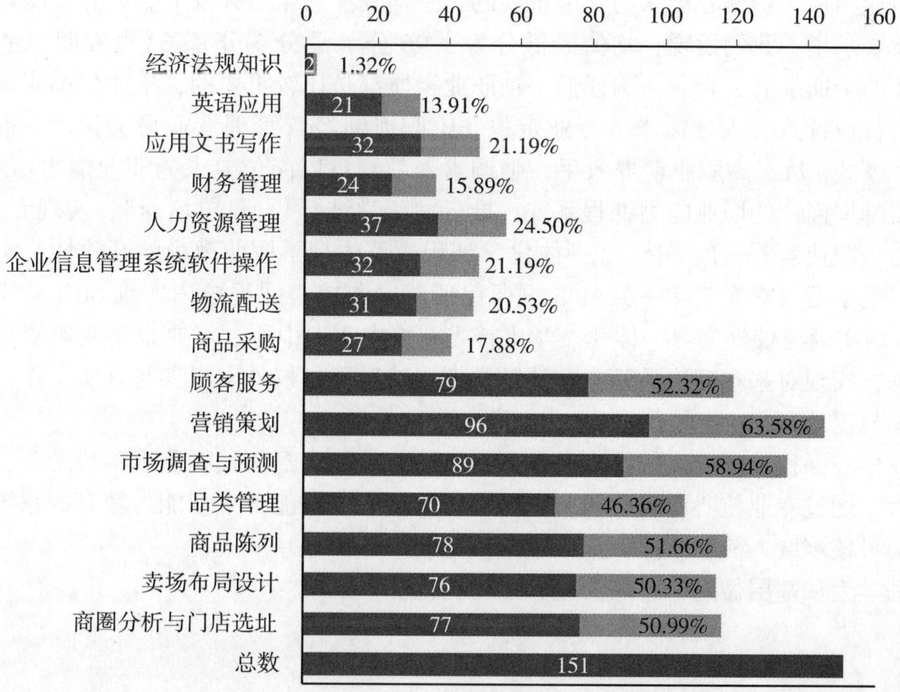

图31　中职毕业就职后应加强的职业知识和职业能力

(3) 中职毕业就职后应加强的职业知识和职业能力

结合自身的不足和入职工作后发现的问题，中职毕业生对就职后应加强的职业知识和职业能力需求各有不同，其中营销策划知识的补充是毕业生最急于提高的。另外超过50%的学生还选择了市场调查与预测、顾客服务、商品陈列、商圈分析与门店选址、卖场布局设计，品类管理也是毕业生较为关注和有待加强的专业知识，如图 31。

三、调研结论与建议

(一) 以企业需求为导向，构建“三位一体”的人才培养模式

调查结果显示，有 98 家连锁企业希望中职毕业生能取得收银员资格证书，占被调查企业的 20.76%，有 78 家连锁企业希望中职毕业生能取得客户服务管理师资格证书，占被调查企业的 16.53%。其次是营业员和营销师各占 14.19%和 13.35%。再者是理货员、推销员、采购员和推销员。还有部分企业希望学生能有会计证。可见企业对于职业资格证书是有要求的。同时该调查结果表明，大部分连锁企业基层操作人才缺口较大，普遍愿意为中职连锁经营与管理专业毕业生提供基层操作性岗位，如收银员、导购员、理货员、客服专员等。但是，通过访谈，也有部分企业表示，比起学历条件，企业更加看重毕业生的工作能力，如果毕业生综合素质能力达到企业要求，可以直接从事基层管理工作。在职业素质要求方面，连锁企业对中职连锁经营与管理专业毕业生的职业素质要求各因素中，诚实守信、敬业精神、责任心被认为是最重要的，平均分都在 4.8 分以上。另外，所列的 8 项职业素质要求里，我们发现，均值最低分为 3.96 分（总分 5 分）。这也表明，企业比较注重人才的全面发展，企业认为任何一项职业素质都是比较重要的，毕业生都应该具备。

结合行业特点、人才需求、专业定位，中职连锁经营管理专业可尝试“三位一体”人才培养模式。从提高职业素养入手，强调素养教育；以岗位要求为职业能力培养标准，构建连锁基层岗位的职业能力课程系统；推行“工学结合①、订单培养”；实现专业能力、职业能力、职业素养三位一体。“一体化”课程改革体现了职业教育的开放性、实践性和职业性，是学习与真实工作一致性的重要保证。专业核心课程校内实训 50%，校外实习 50%，校内实训与校外实习一体化。学生首先在校内实训中通过对典型企业典型个案的学习与训练，实现对基本理论、基本方法的掌握，然后通过校外实习参与真实工作，实现能力的巩固与提升。

专业核心课程的考核以技能大赛的形式进行，技能大赛与技能鉴定项目结合，技能大赛合格者，通过专业核心课程考核，同时获得单项职业技能证书。能力教育的系统化提升了课程的考核难度，从根本上保证了教学质量。

鼓励学生从基层做起，素质为先，能力为重。

---

① 教育部 2005 年提出工学结合的人才培养模式，教职成［2006］4 号文说：职业院校推行工学结合，“是遵循职业教育发展规律，全面贯彻党的教育方针的需要；是坚持以就业为导向，有效促进学生就业的需要；是帮助学生，特别是家庭经济困难学生完成学业的需要；是关系到建设中国特色职业教育的一个带有方向性的关键问题。”

（二）以突出实践能力培养为重点，设置实用的“实训课程”

调查显示，企业更看重学生的实践能力与动手能力，31%的企业认为中职毕业生仅有书本知识，实际操作能力不强。提高实践能力也是职业教育的特点所在。

从学校课程设置上，可设置实用的“实训课程”，不追求昂贵的软件，重视实效，实训课程以企业需求为导向，以锻炼学生能力为目的，从而培养学生的实践能力。“实训课程”可以“上班工作”为载体，在上班工作中实现学习任务，体验企业流程。“实训课程”的教学过程改变了传统教学中教师机械讲授、学生被动学习的模式。教师的角色不再是“教师”，而是学生的顾问与教练，学习的过程就是完成“真实上班工作任务”的过程。学生不再以“学生”的身份进入课堂，而是以“企业员工”的身份进入工作环境（校内实训室）。课程的内容不再按照传统教学模式安排，而是按照企业真实的“每日工作”进行，打破了学科与单项技能训练的瓶颈。

教师对教学过程进行组织和主持，对学生提出门店基层管理的工作任务，并引导学生自主完成工作任务，带领学生们学习与实际操作，陪伴他们学习，指导学生寻找必要的资料。整个学习过程，教师主要处于观察和引导地位，在必要时才进行干预，扮演回答学生提问的专家和上级业务指导的角色。

（三）以毕业生就业状况反馈为依据，设置核心专业课程

对中职毕业生就业状况跟踪调查发现：中职毕业生对就职后应加强的职业知识和职业能力需求各有不同。其中营销策划知识的补充是毕业生最亟须提高的，另外超过50%的学生还选择了市场调查与预测、顾客服务、商品陈列、商圈分析与门店选址、卖场布局设计。品类管理也是毕业生较为关注和有待加强的专业知识。根据企业需求与学生需求，建议核心课程罗列如下：

表8　　建议核心课程

建议核心课程列表	调查问卷中所占比例
营销策划	63.58%
市场调查与预测	58.94%
顾客服务	52.32%
商品陈列	51.66%
商圈分析与门店选址	50.99%
卖场布局设计	50.33%
品类管理	46.36%

此外，中职学生认为在校学习期间，学校应重点加强的训练和学习的知识和能力是职业素养、合作协作、专业课程、专业技能课程、办公技能和公关礼仪。其中超过50%的毕业生认为职业素养、合作协作、专业课程、专业技能课程非常重要。调查还显示：毕业生普遍认为拥有学习能力强、执行力强、勤奋踏实素质的员工在工作中容易被重视提拔，

另外选择抗压能力强、工作富有激情及人际关系好的学生分别有 53.64%、59.6% 和 62.25%（见图 28）。

（四）以统一规范为契机，建立相对统一的人才培养标准

调查显示，有 31.45%的企业表示各学校连锁经营与管理专业差异太大，难以确定毕业生的能力特点。13%企业认为其知识结构不合理，没有反映出业界的发展现实，还有部分企业表示中职毕业生职业规划不够清晰，受外界影响较大，不愿从基层做起，人员稳定性比较差。

所以应在各学校连锁经营管理专业间建设统一的课程标准，从课程性质、课程作用、课程的设计思路入手，统一专业培养目标，细化至技术目标、知识目标、素质目标等方面；使连锁经营管理专业教育凸显规模效应。

（五）以实现双赢为目标，推进校企合作深化发展

调查显示，96%的企业愿意与中职学校合作共同培养企业所需人才，大部分企业与中职学校合作共同培养企业所需人才意愿比较强烈。

学校可以主动与企业沟通交流，开设工学结合课程，开展多种形式校企合作，服务行业和区域经济社会发展。创建校企全程互动共建专业的运行机制特色的校企合作办学模式，对学生而言，可以深入社会、融入社会，增加社会经验，为今后步入社会打下了良好基础；对学校而言，有助于建立人才培养的品牌形象，提升毕业生的社会竞争力；对企业而言，有助于提升市场竞争力。因此，推进校企对接，进行校企深度融合，有助于学校、企业实现双赢。推进校企对接，实现校企双方共同设计人才培养方案、共同实施教学、共同建设与管理校内外实训基地、共同培养校企师资与企业员工、共享技术服务成果、共担订单培养等，形成合作办学、合作发展、校企共建专业的长效机制。

同时，调查显示，在合作方式上 95%的企业都表示愿意与中职学校开展订单培养，其中 46%的企业表示非常愿意，13%企业表示比较愿意，只有 8 家企业表示不愿意与中职学校开展订单培养。在企业访谈中，大多数企业表示，与学校开展订单培养能缓解企业技能操作人才招聘压力，而且订单班学生由于企业文化提前介入，可以提高毕业生的企业忠诚度。对于校企合作的方式，95 家企业认为顶岗实习的合作方式比较好，另外选择建立实训基地的有 64 家，选择订单班、委托培训和组合联盟的企业分别有 44、38 和 29 家。

在合作模式上，可推广订单培养，这是“服务区域经济和社会发展，以就业为导向”的具体体现，也是职业教育人才培养模式改革的重点。与连锁企业紧密合作，将专任教师下企业挂职形成固定机制。通过为企业提供全面咨询服务，深度参与企业经营管理全过程；通过将全球最新的连锁经营理念、经营技术引入企业，助推连锁企业的战略发展。订单班的组织有以下建议：

1. 公开择优选拔学生，实行淘汰制

在“订单式培养”实施过程中，在已有的学生中公开选拔进入“订单班”。学生与企业签订相应的协议，作为企业培养和发展的重点，校企双方分阶段对该班学生进行考核，实行“滚动淘汰制”。具体办法是：以每学期期末学生校内课程和企业所设课程的考试成绩为主要依据，结合在校期间的表现和在企业实训的表现进行综合测评，达不到校企双方

所规定标准的学生予以淘汰，非“预备班”的学生中品学兼优者，经过学校推荐、企业考核，经双方认可再补进来，原则上保持该班原有人数不变。

2. 校企协作共同组织教学

与企业人力资源管理部门共同修订教学大纲。课程分为：“应知”与“应会”两个部分课程，“应知”的课程包括基础课与专业基础课、“应会”的课程包括专业课和实训课。在各个不同的课程阶段，企业的介入力度是不同的，具体措施包括：文化基础课，在新生入学开设基础课程的时候，企业间接介入，企业员工所需要具备什么样的基础知识，由学校来提炼，进而在基础课程的教学中渗透进来，并把握学生基础能力的培养和基本素质的提高，不单纯地迎合企业需要，而忽略全面的素质教育；职业基础课，企业介入到课程授课中，使学生具备符合企业工作要求的基本素质；职业能力课，企业更加直接地介入在校学生的培养，与学生的实习紧密地联系在一起，安排学生进行实践；实训课，在学院与企业的实训基地进行，学校主要负责协调、监督和指导，而学生管理的重点是在企业，让学生切身地了解和体验企业文化，同时，学校组织指导老师进入企业，与企业的工作人员一起，共同负责学生的指导工作。

3. 校企合作完成学生管理

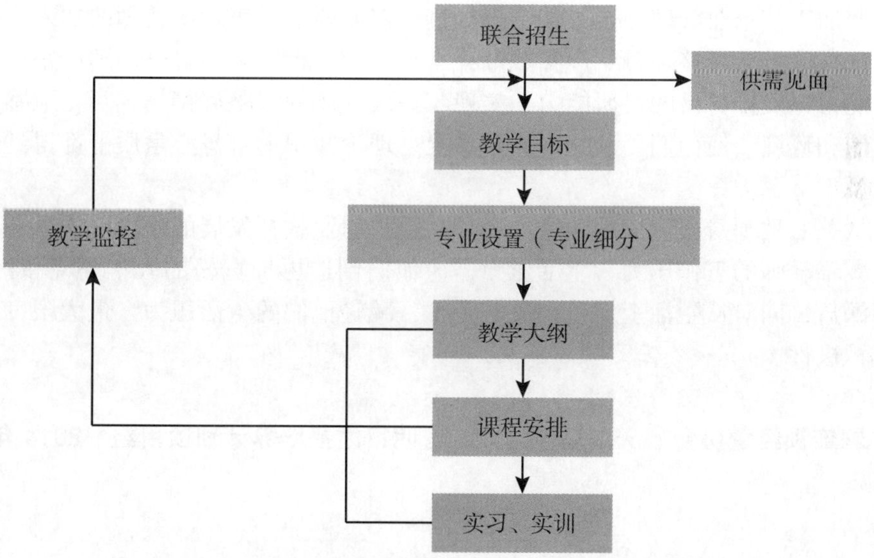

图 32　连锁经营管理专业订单培养模式示意图

学生在校期间建立模拟连锁总部，安排岗位角色模拟。委派一名指导教师出任总经理角色，总部各职能部门均由学生担当，其他相关教师全程指导。学生在企业期间，引入德国比较成功的“现代意义学徒制”，学生与企业签订一份学徒合同，企业指派一名师傅指导和监督学生在企业接受生产技能的培训。学生在学徒期间享受学徒工资，学员在校也必须遵守企业的规章制度。实现了学生与企业指导教师 1 对 1 的指导方式，大大提升学生的成长速度。

（六）以人为本，壮大师资队伍

高素质专业化师资队伍建设是加快发展现代职业教育的基础性工作。中职连锁经营与管理专业教师必须以企业实践为切入点，丰富实践经验，提高人才培养质量。让教师“走出去”，深入企业实践，提高实践技能，建设素质型“双师”队伍；同时，将企业专家、技能高手“请进来”，加强兼职教师队伍建设，建设结构型“双师”队伍，从而以高素质专业化师资队伍为保障，加快发展现代职业教育，努力办好企业欢迎、家长满意的职业教育。具体措施可以有：按专业学生规模配备教师，专业教师学历、职称结构应合理；培养专业带头人，专业教师中的“双师”型教师占专业教师的70%以上；引进具有行业、企业工作经历的教师；可根据专业课程开设的需求，聘请行业、企业的专家或技术人员作为外聘教师。

“双师”型教师对“订单培养”顺利实施尤为重要，在提高现有教师实践能力的基础上，引进拥有丰富企业经验的教师。在开展订单培养过程中，应用“引进来，走出去”的原则，提高现有教师的教学水平。充分利用自身的人力资源和场地资源优势与企业结合，开展适合于市场发展的项目合作，结合企业项目投资和管理的技术共同完成科研和创新项目的研发、生产，在合作过程中锻炼学校的中青年骨干教师，在校企合作中无论联合办学，生产加工、企业管理乃至市场销售等过程都需要中青年骨干教师的加入。骨干教师可以利用这样的机会直接接触生产实践过程，在生产过程中运用自己的理论知识，锻炼自己的技术能力，发挥自己的科研能力，实现与一线生产的零距离接触，真正地感受到企业生产的氛围和环境，使他们无论从专业技术上、理论知识上、身心素质上都得到充分的锻炼和考验。

无论从关心教师身心健康的角度，还是从重视职业教育发展的角度来说，还应积极采取措施去减轻教师的工作压力和生活压力，为他们创造更加宽松的教学环境和科研环境，鼓励教师深造，同时从生活上对他们关心爱护，减轻他们的生活压力，最大限度地提高教师的工作积极性。

（中国连锁经营协会　沃尔玛中国　零售明日之星培养计划项目组　2014 年 9 月）

2014年特许经营管理专业本科人才需求状况校企双向调查报告

特许经营是成熟企业，特别是优质企业以较低成本实现快速复制与扩张的重要商业模式，在零售、餐饮与服务行业等流通领域中发挥着越来越显著的作用。据中国连锁经营协会统计，截至2013年年末，中国特许连锁120强企业共拥有加盟店铺11.54万个，同比增长4.9%，占120强所有连锁店铺的82.6%；120强企业销售规模4367亿元，比上年增长7.2%。历年调查数据显示，特许经营的行业渗透率和经营绩效都在稳步提升，这表明在中国经济逐步向服务经济转型的大背景下，特许经营不但迸发出日益蓬勃的生命力，而且已成为支持企业创新和更广泛意义上社会资源优化配置的重要商业力量。

相对于快速发展的特许经营实践，特许经营本科层次的高等教育起步较晚。据北师大珠海分校特许经营学院调查，截至2014年9月，全国约有近290所高等院校开设了连锁经营管理本专科教育，其中仅有2所高校直接开设特许经营管理本科教育，其余高校仅在专业中开设了特许经营课程。特许经营高等教育的相对滞后，不利于普及和提高社会大众对特许经营的深刻认识，也制约我国特许经营实践中高端专业人才的培养与储备。

为了解连锁企业对特许经营本科人才的需求特点，进一步指导高校办好特许经营高等教育，中国连锁经营协会与北师大珠海分校特许经营学院合作，分别对全国范围的100家特许经营企业和北师大珠海分校特许经营学院特许经营管理专业的745名（有效样本）本科毕业生进行了调查分析。

一、企业调查部分

（一）样本企业基本情况

本次调查抽取样本企业共100家，其中民营企业84家，中外合资与外商独资企业分别为6家，没有各类型的国有企业（见图1）；样本企业涉及的主要行业包括零售、餐饮以及美容、教育培训和经济型酒店等服务业，其中零售和餐饮企业占比突出，分别达48%和20%，经济型酒店仅为2家（见图2）。

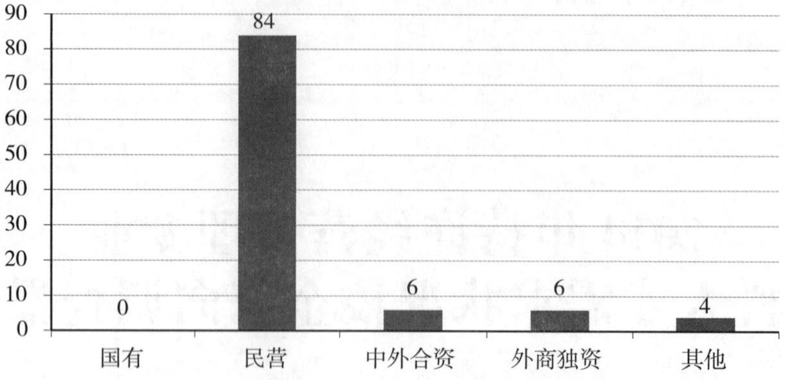

图 1 受访企业所有制性质分布情况

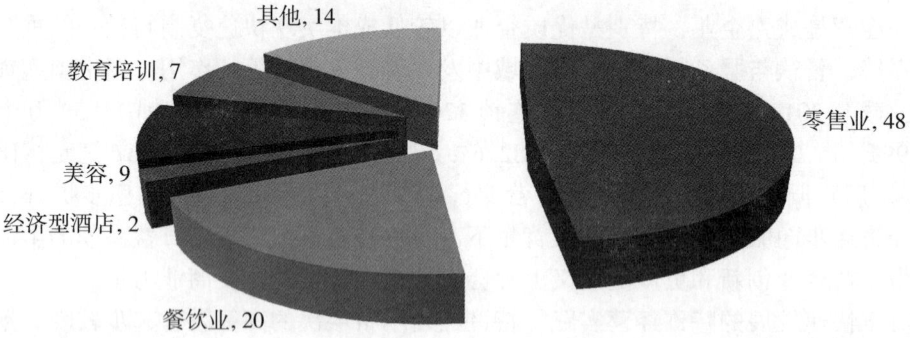

图 2 受访企业行业分布情况

而从特许体系拥有门店数量规模看，55%的企业拥有店铺数不超过 100 家，仅 13%的企业拥有门店规模超过 300 家，其中拥有店铺 11-50 家的企业最多，达 42%（见图 3）。

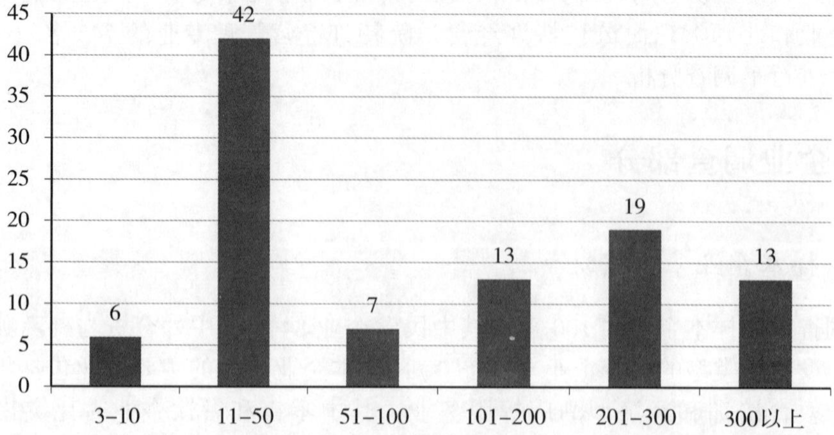

图 3 受访企业店铺规模分布情况

（二）企业对特许经营本科人才需求情况

1. 未来三年，企业对各层级员工的需求

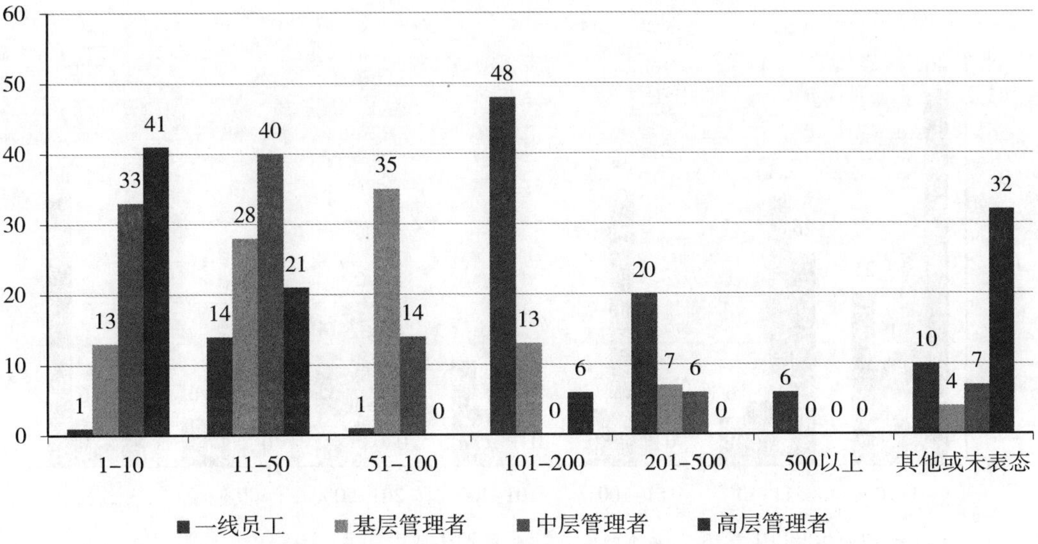

图 4　未来三年企业对各层级员工需求分布情况

图 4 调查数据显示，受访企业在未来三年对各层级岗位人才数量需求分布并不均衡，总体呈现向一线员工和基层、中层管理者倾斜的态势。这其中，对一线岗位员工的需求最为集中，接近七成，包括 48%的受访企业在未来三年需要 101-200 名一线员工，20%的企业需要 201-500 名一线员工。而对基层管理者和中层管理者的需求数量主要分布在 100 名以下，包括基层管理者需求量最为集中的“51-100 名”和“11-50 名”，分别占 35%和 28%；中层管理者需求量最为集中的“11-50 名”和“1-10 名”，分别占 40%和 33%。同时，近七成的受访企业对高层管理者也有需求，并主要集中在“1-10 名”，占 41%。预计这些数据分布特征在未来较长时间内还会继续存在。一方面是金字塔式的企业管理岗位层级导致对中基层管理人员的需求数量基数较大，另一方面也反映近 30 年来我国特许经营市场高速扩张，特许体系门店数量稳定增长，使得众多特许企业急需基层网点管理人员和一线员工。

2. 未来三年，企业对各学历层次专业人才的需求

图 5 数据显示，企业对本科生和研究生及以上学历的专业人才的需求主要集中于 50 名以下，分别占 72%和 60%。而从需求数量上看，对研究生及以上学历人才的需求为，46 家企业需要 1-10 人，26 家企业需要 11-50 人；但对本科生的需求为，27 家企业需要 1-10 人，33 家企业需要 11-50 人，13 家企业需要 51-100 人，7 家需要 101-200 人，还有 13 家企业需要 201-500 人，后者的需求量远远多于前者。对高职专科生的需求，从需求总量上看，也是远高于研究生及以上层次；但是，在“1-10 人”、“11-50 人”这两类需求上，企业对本科生的需求量要高于高职生；在“101-200 人”的需求上，企业对本科生

和高职专科生的需求量相当；而在“51-100 人”和“201-500 人”这两类需求上，高职专科生的需求量高于本科生。调查数据表明，未来三年企业主要需求的中基层员工主要通过本科和高职专科学历专业人才来补充，而需要人数较少的企业则更多需要本科生，这应与企业未来体系扩展战略有关，特别是新开门店的基层管理者更是企业所急需。

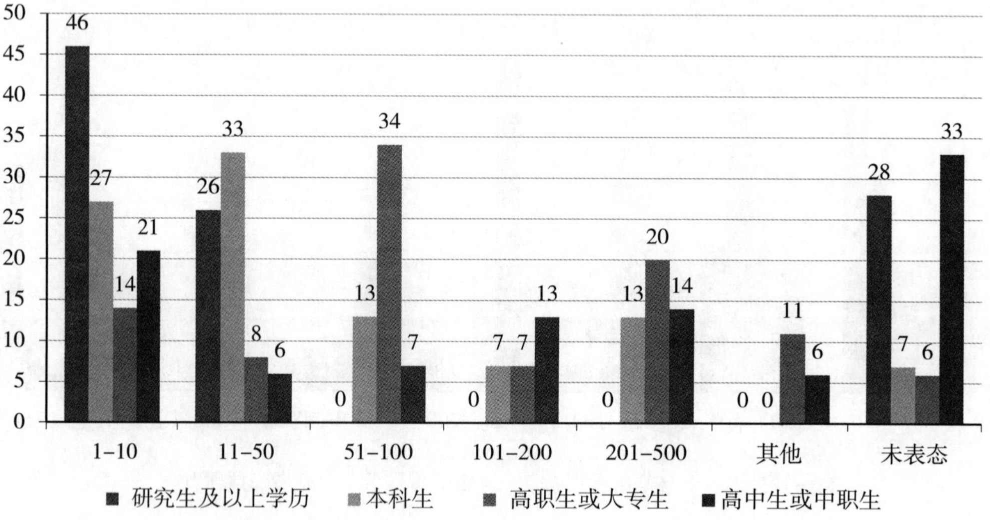

图 5　未来三年企业对各学历层次人才需求分布情况

3. 企业对特许经营管理专业本科毕业生工作领域和工作岗位的设定

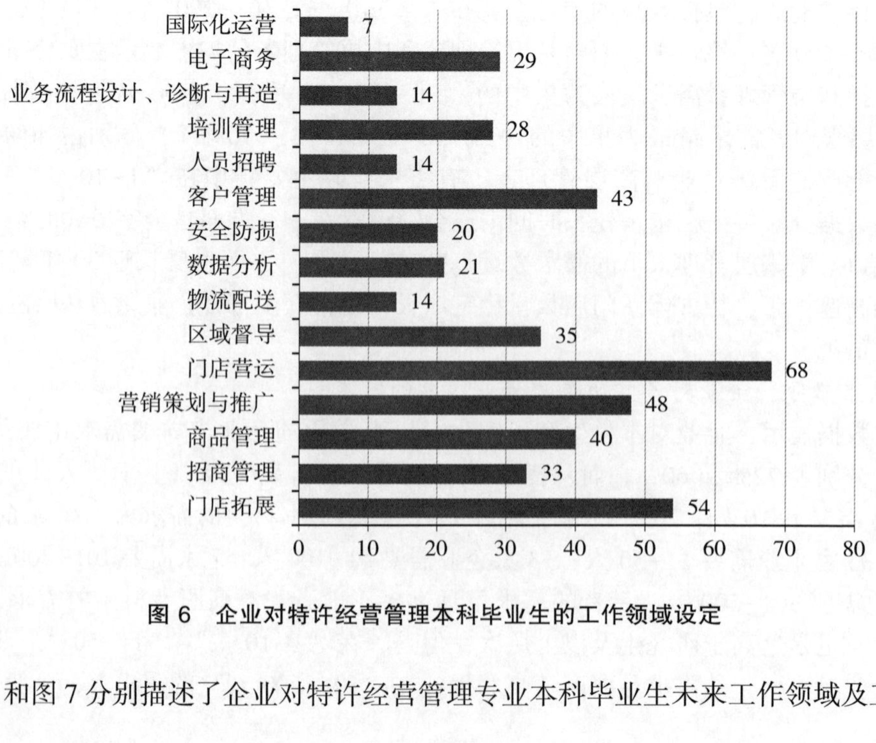

图 6　企业对特许经营管理本科毕业生的工作领域设定

图 6 和图 7 分别描述了企业对特许经营管理专业本科毕业生未来工作领域及工作岗位

的设定。调查数据显示，企业主要设定的工作领域位列前五者依次为："门店营运"、"门店拓展"、"营销策划与推广"、"客户管理"和"商品管理"，而"国际化运营"，"物流配送"、"人员招聘"、"流程设计诊断与再造"位列倒数第一和第二。而企业对本科毕业生的工作岗位设定则很明显地向营运领域倾斜，数据反映出位列前三者依次为："总部营运部"、"门店店长"和"店长助理"，而"总部物流配送中心"和"总部信息中心"位列最后两名。

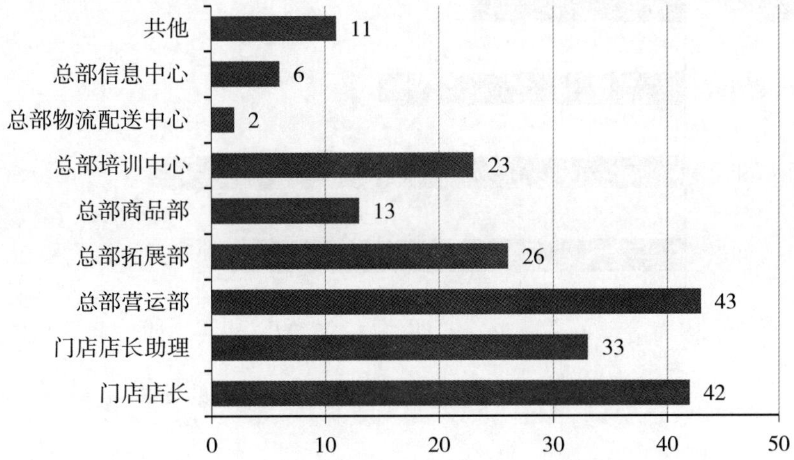

图 7　企业对特许经营管理本科毕业生的工作岗位设定

（三）企业对特许经营管理专业本科毕业生知识能力和素质的要求

1. 企业对本科生获取职业资格证书以及最应具备理论知识的看法

调查表明，79%的受访企业不很在意本科毕业生是否持有专业资格证书（见图 8），这与上年针对高职大专生的同样调查结果恰恰相反。

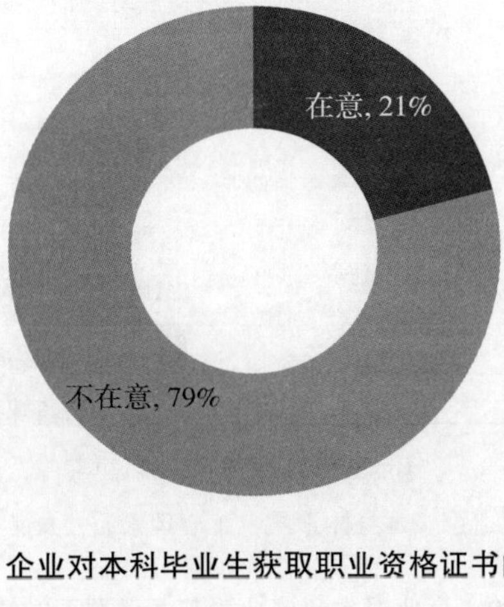

图 8　企业对本科毕业生获取职业资格证书的看法

调查还表明，企业认为本科生最应具备的理论知识依次为“管理知识”、“专业知识”和“法律知识”，而对“贸易知识”和“财务知识”要求则相对较弱（见图 9）。这或许与本次调查企业对本科专业人才需求更倾向于门店运营方向有关。

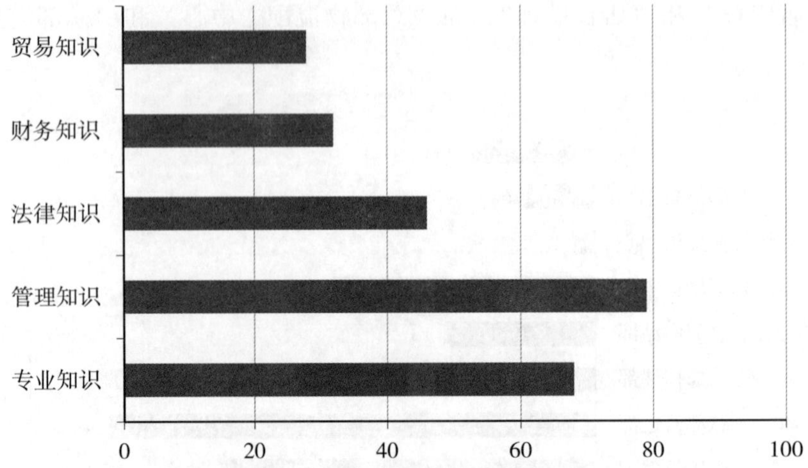

图 9　企业对本科毕业生最应具备理论知识的看法

2. 企业对本科生基本素质和通用能力的要求

在本科生基本素质调查中，企业普遍认为本科生的“职业道德”、“身体素质”、“心理素质”和“工作效率”都很重要，重要性差异不明显（见图 10）。对本科生通用能力的要求则相对分散，其中“学习能力”、“沟通和表达能力”受到企业的普遍重视，“创新能力”和“组织能力”也被企业重点考察，而对本科生“计算机能力”和“外语能力”的要求相对弱化（见图 11）。由此可见，与企业对高职大专生的要求不同，企业对本科生的要求更倾向于较高层次的专业实践能力，而非简单的专业操作技能。

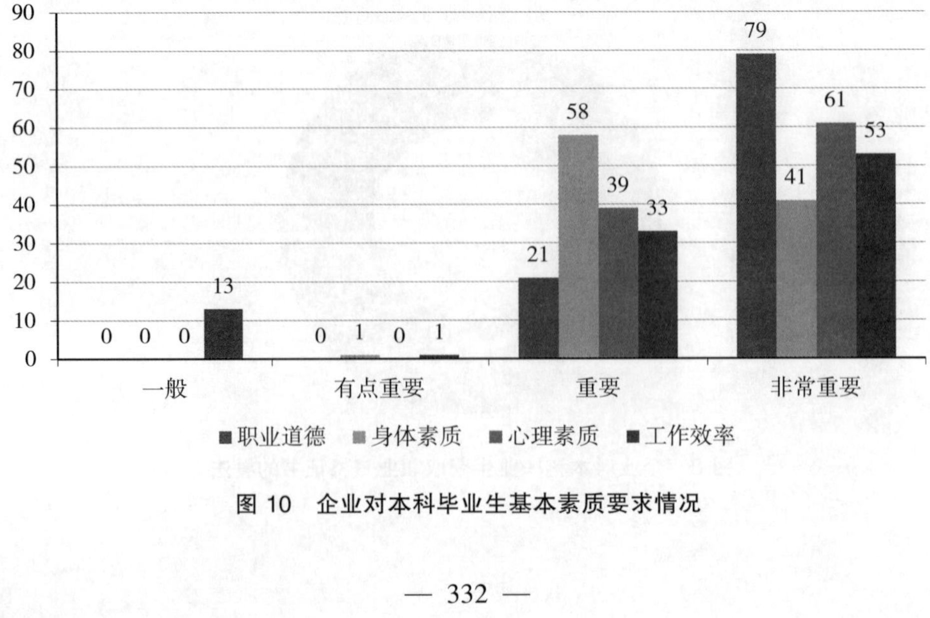

图 10　企业对本科毕业生基本素质要求情况

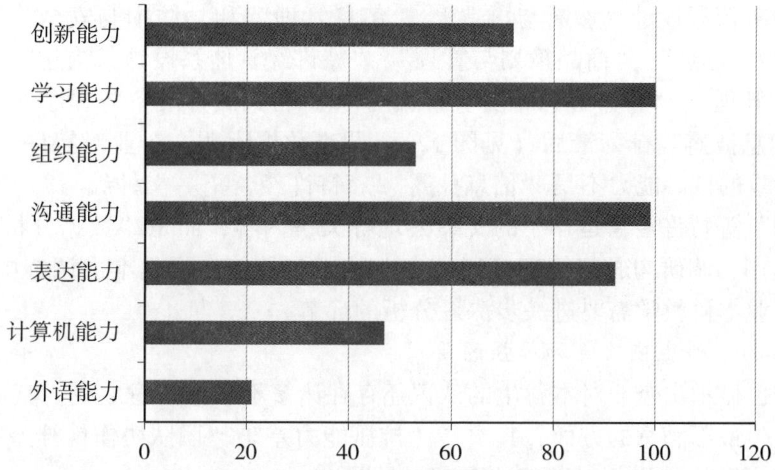

图 11 企业对本科毕业生通用能力要求情况

3. 企业对本科生核心能力的要求

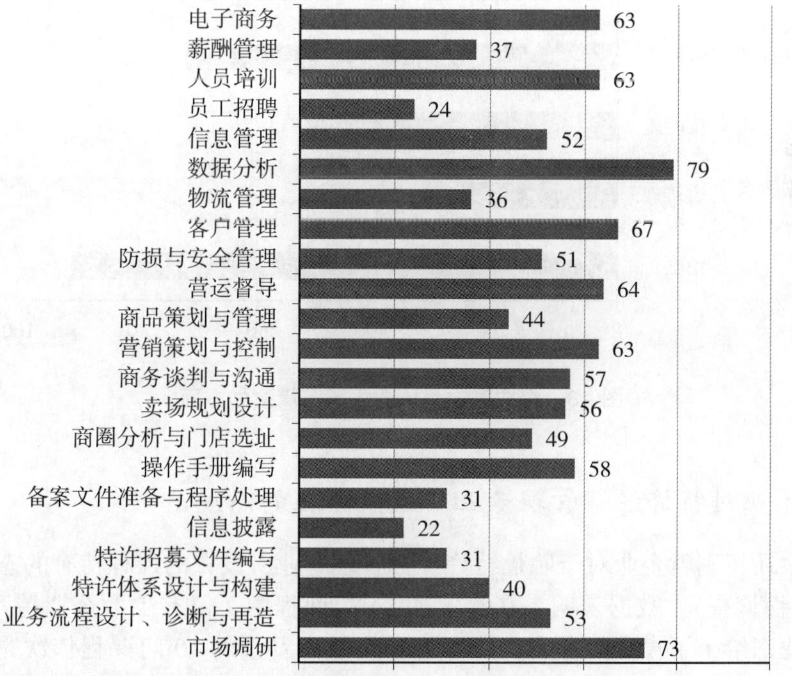

图 12 企业对本科毕业生核心能力要求情况

图 12 反映出企业对本科毕业生所应具备的核心专业能力的不同要求。其中，对“数据分析”、“市场调研”、“客户管理”、“营运督导”、“人员培训”和“营销策划与控制”的要求位列前五，其次是“操作手册编写”、“电子商务”、“商务谈判与沟通”、“卖场规

划设计”、“业务流程设计、诊断与再造”、“信息管理”和“防损与安全管理”，再次是“商圈分析与门店选址”、“商品策划与管理”、“特许经营体系设计与构建”，以及“薪酬管理”、“物流管理”、“特许经营招募文件编写”、“备案文件准备与程序处理”，而“员工招聘”、“信息披露”排列最后（见图 12）。调查数据表明，企业对特许经营管理专业本科生最为看重的核心能力不是“信息披露”、“特许经营招募文件编写”、“备案文件准备与程序处理”等特许经营运作中的文案处理等关键内容，而是“数据分析”、“市场调研”等数据运用、调研沟通与管理等通用专业技术与技能。这是本次调查中特别需要特许经营管理专业本科教学需要进一步深入分析的环节。

4. 企业认为本科生应改善和加强的要求

本次调查也显示出企业对本科生的认识还存在诸多不尽如人意之处。其中“怕吃苦”是企业对大学生最不满意的方面，其次是“抗压能力差”、“团队协作精神差”，而企业对缺乏“文化知识”则持以相对宽容的态度（见图 13）。

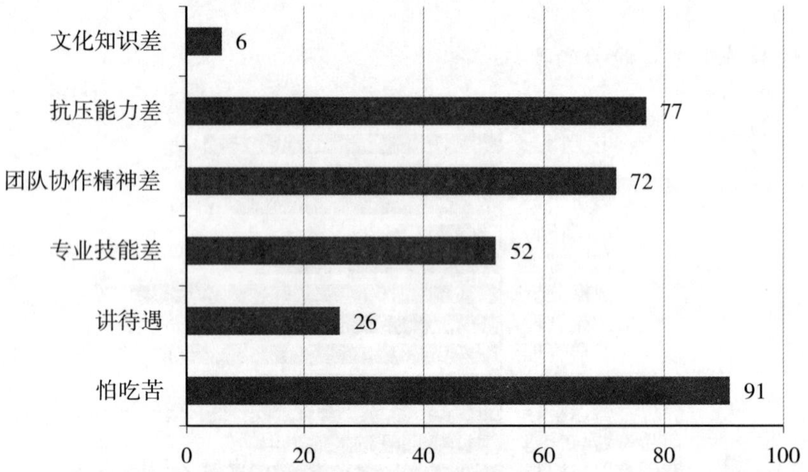

图 13　企业对本科毕业生不甚满意的方面

（四）企业对特许经营管理专业所设置课程的态度

本次考察还特别就企业对于院校特许经营管理专业所设置的课程持有的态度予以调查（即课程重要性调查）。数据表明，在给定的 24 门课程中，仅有少数企业持不重要态度，而大多数企业都给予了肯定的态度。其中，企业最为看重的 10 门课程依次是：“客户关系管理”、“业务流程设计与再造”、“单店运营管理”、“消费者行为学”、“特许经营培训与督导”（并列第五）、“品牌管理”（并列第五）、“商业管理信息系统”（并列第五）、“商务谈判与沟通”（并列第五）、“市场调查与预测”、“销售管理”和“商业布局与卖场规划”；“国际特许经营”和“特许经营原理（概论）”排列最后（见图 14）。

调查结果表明企业关注的大部分课程都与门店的整体运营有关，也反映特许经营模式运作的课程受关注度较低。另外，本项调查还出现与前述调查结果不甚一致的情况，例如企业就本科生工作领域设定中，选择“流程设计、诊断与再造”的企业相对较少（仅

14%，见图 6），但却有 76%的企业认为该门课程重要或非常重要。本调查分析认为，企业对流程管理在特许经营模式构建、复制和管控中的核心地位是认可和重视的，但在企业实践过程中，必需积累大量实战经验、深度了解企业发展背景和战略规划的中高层管理人员才可能担负起该项工作的实际把控，因此该项工作的岗位设计一般不会面向刚毕业的本科生。同时，本科生需要在校系统学习和积累这方面的理论知识，具备初步的实践技术，才能为后续职场的持续发展奠定坚实的基础。

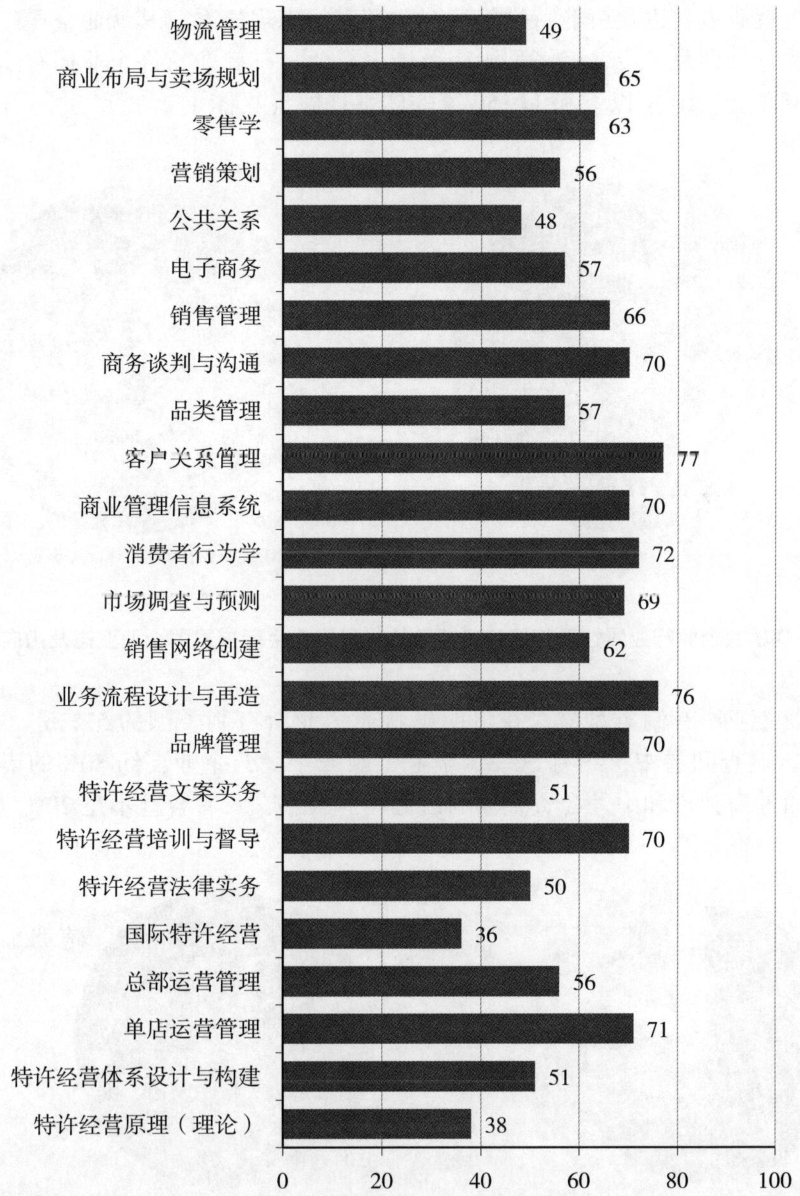

图 14　企业对特许经营管理专业所设置课程的认可度

二、本科毕业生调查部分

（一）样本毕业生基本情况

本次调查抽取了北师大珠海分校特许经营学院自 2007 年以来的历届本科毕业生，共回收调查问卷有效样本 745 份。

从毕业生就业去向以及就业特许经营企业拥有门店规模看，其就业企业广泛分布于零售、餐饮、教育培训及美容、经济型酒店等诸多行业；其就业特许企业拥有门店数量主要集中于 300 家以上、10 家以下和 11-50 家的体系规模（见图 15）。

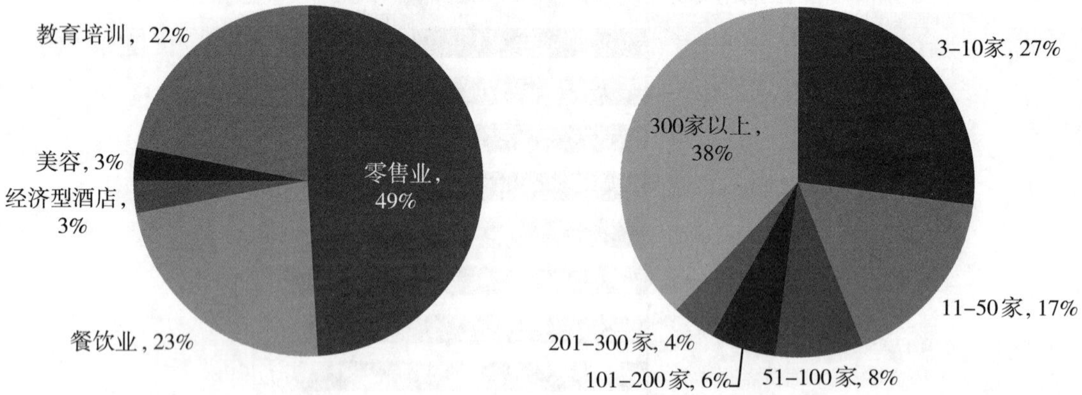

图 15 知晓就业企业行业属性及其拥有店铺数的本科毕业生所描述的企业业态及门店规模情况

而从就业企业所有制类型看，在可明确就业企业所有制类型的 571 份（占有效问卷总数的 80%）调查问卷中，约有 50%的毕业生服务于民营企业，约 30%的毕业生服务于国有企业，而外商独资和中外合资企业的占比相对较小，二者合计不足 20%（见图 16）。

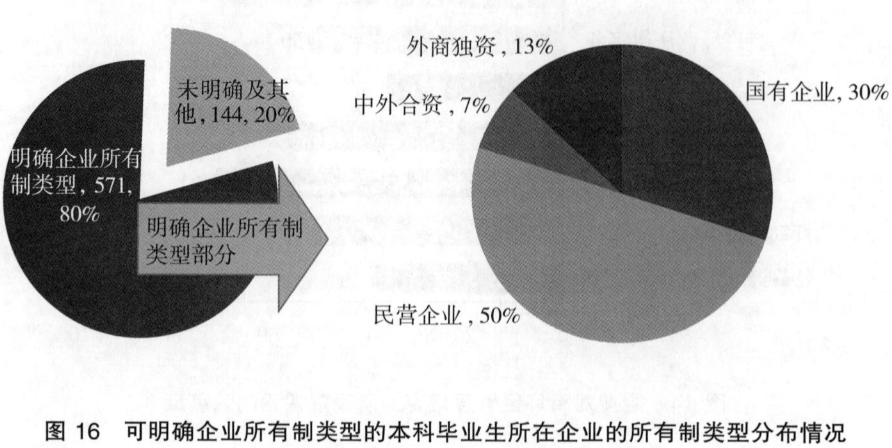

图 16 可明确企业所有制类型的本科毕业生所在企业的所有制类型分布情况

调查显示，样本毕业生中共有 178 人直接就业于特许经营企业。在这些特许体系就职的毕业生中，就职岗位占比位列前三者依次为：总部营运部、门店店长和店长助理，其次为总部商品部和总部培训中心，其余职能部门亦有少量分布。比较而言，本科生就业部门分布与企业对毕业生的工作岗位设定调查结果基本一致（见图 17、图 7）。

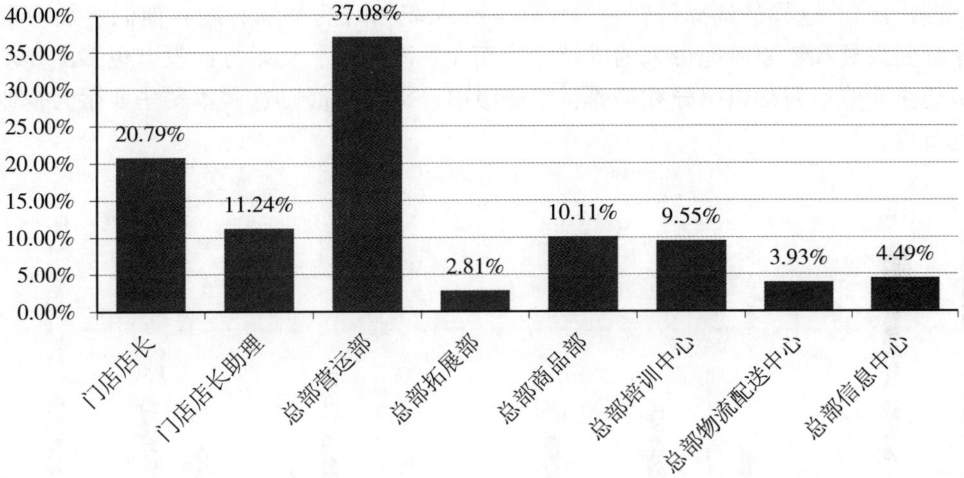

图 17　本科毕业生在特许体系不同就职岗位占比情况（%）

（二）本科毕业生对工作的认知

1. 对本科层次人才岗位定位认知

调查显示，毕业生对本科层次专业人才培养岗位定位的认知，自高至低排序依次为："职能管理人员"、"基层管理人员"、"中层管理者"和"门店店长"，"基层操作人员"则明显排序靠后，表明本科生职场定位认知为企业中基层管理人员（见图 18）。

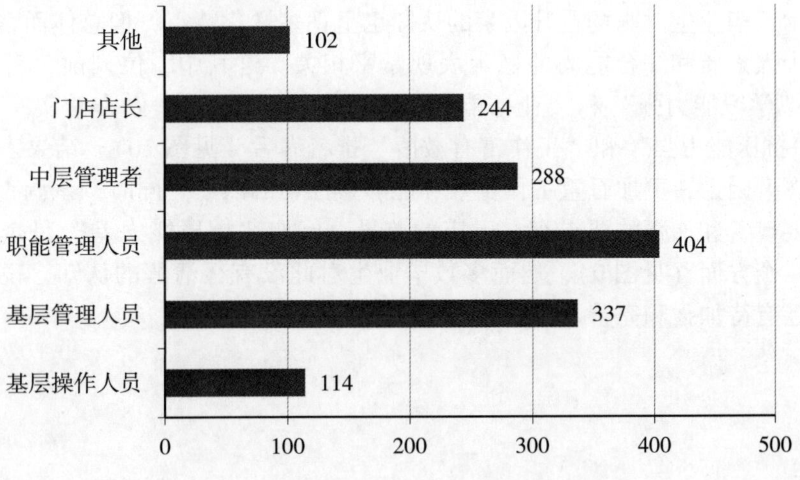

图 18　毕业生对本科层次人才岗位定位的认知

2. 影响本科毕业生岗位选择的因素

在毕业生选择就业岗位影响因素调查中，受访毕业生的选择呈现多样化特点。但从受访者自己排序的选项中分别选取最大频次的项目，可以得出毕业生普遍性的选择倾向。数据显示，本科毕业生就业岗位的选择倾向依次为："发展潜力大"、"工作轻松"、"能学到的知识（技术）多"、"工作环境好"、"上班时间规律"、"人际关系融洽" 和 "工资待遇高"（见图 19）。这样的选择符合一般年轻人初入职场时的基本态度，他们更加看重个人职业生涯的发展和积累所能带来的成就感，而在贪图待遇、享乐方面没有更多的要求。因此，只要企业能适时加以引导和培养，就能吸引、留住和激励这些本科毕业生为企业创造更大的价值。

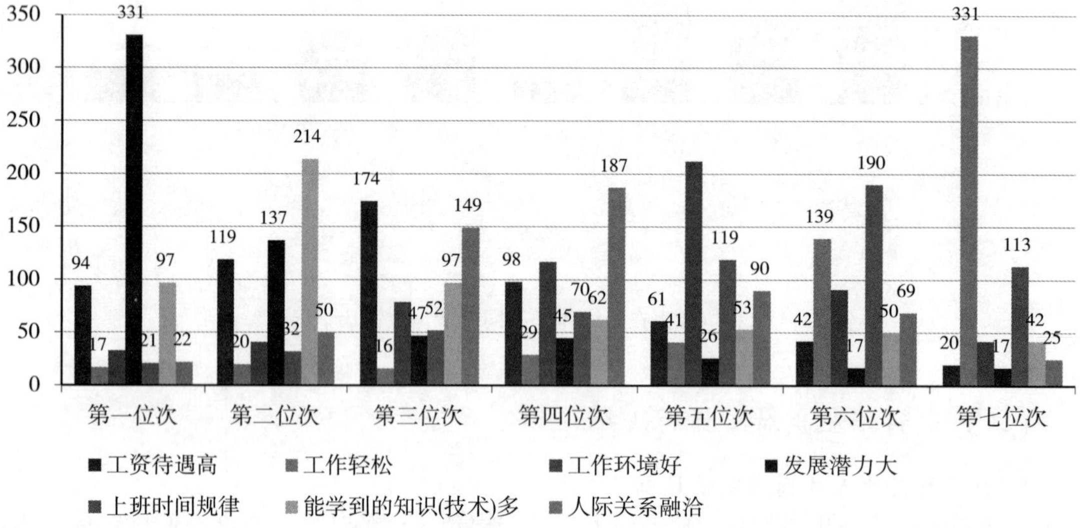

图 19　影响本科毕业生岗位选择的主要因素

3. 本科毕业生对职场晋升所需能力和素质的认知

调查显示，毕业生对职场晋升因素的认知也呈现多样化特点，但总体而言，其能够认知是与员工个人素质和综合能力的稳定表现紧密相关。这其中，位列前三者依次为 "执行能力强"、"学习能力强" 和 "业务能力强"，随后者依次为 "勤奋踏实" 和 "人际关系好"，而 "抗压能力强" 和 "工作富有激情" 排名靠后（见图 20）。结果表明，本科毕业生对职场晋升因素，更加看重工作实效和能够显性化的因素。同时，该调查结果与企业对本科生需要改善和加强的要求存在一定的差异，例如 "抗压能力差" 是企业对毕业生最不满意的一个方面（见图 9），然而多数毕业生对此没有很清醒的认知，说明对毕业生的职场教育还有待加强和完善。

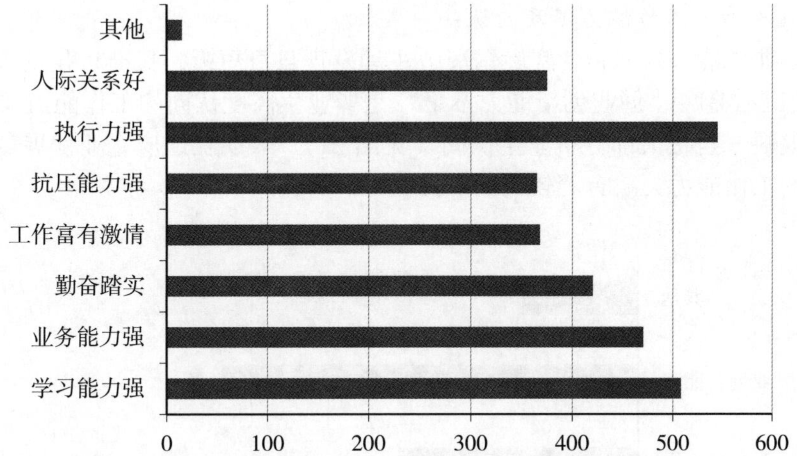

图 20 毕业生对职场晋升所需能力与素质的认知

4. 毕业生在工作中遇到的主要问题

调查还显示，本科毕业生对工作中遇到的主要问题认知与职场晋升因素认知密切相关。如图 21 所示，毕业生认为工作中的主要问题更多地凸显于与毕业生的个人工作绩效相互挂钩方面。例如“自身知识能力欠缺”被认为是阻碍毕业生取得更佳工作绩效的最大问题；“没有发展机会”、“人际关系欠佳”和“报酬太低”被认为是普遍存在的问题；而“领导不重视”、“工作太辛苦”排列最后。该调查结果说明，当下的本科毕业生已能对工作要求和自身能力的差距有较为清醒和客观的认识，但对“工作需要艰辛付出”、“工作需要抗压和协作”的认识程度距企业的预期尚有较大差距（见图 13），还需职场教育和实践磨练来提升。

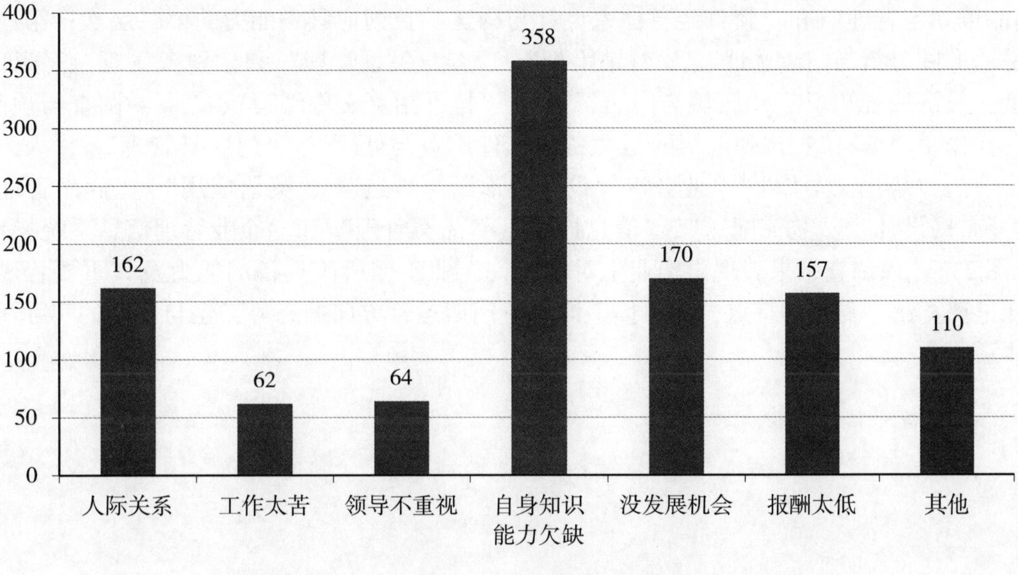

图 21 毕业生工作中遇到的主要问题

5. 毕业生对自身工作能力不足的认知

在本科毕业生能否根据企业实际情况，主动发现自身短板，找准自我发展定位的调查中，“业务知识不够”、“创业创新能力不足”是毕业生高度认同的工作能力缺陷，而“人际沟通能力欠缺”也被大部分毕业生认同（见图 22）。表明在适应企业发展需求方面，毕业生对自身的工作能力欠缺有着较高的认知。

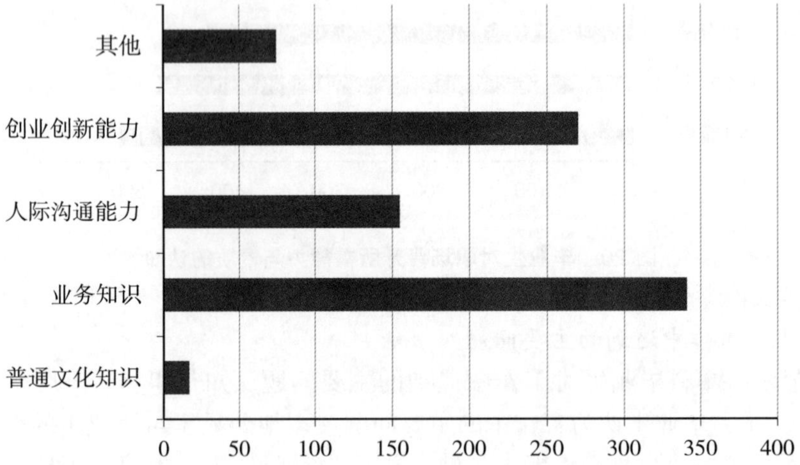

图 22　毕业生对自身工作能力短板的认知

（三）毕业生对特许经营专业人才应具备能力的认知

1. 对在特许企业应具备的专业知识和技能的认知

调查显示，毕业生普遍将“商务谈判与沟通”置于各项能力的首位；“招商管理”、“商品策划与管理”和“特许经营体系设计与构建”位列应具备能力的第二层次；第三层次是“商圈分析与门店选址”、“营销策划”、“客户关系管理”和“财务管理”；第四层次是“经济法规知识”、“区域与门店督导”、“特许招募文件编写”、“市场调查与预测”和“操作手册编写”；位列末层的是“备案文件准备与处理”、“门店日管理”、“人力资源管理”、“应用文写作”、“业务流程设计、诊断与再造”、“英语应用”、“商品管理”、“卖场布局设计”、“物流配送”、“信息披露”、“品类管理”和“企业管理信息系统操作”（见图 23）。该调查结果表现出毕业生对在特许企业工作所应具备的能力及其重要程度的认知呈现宽泛、复杂的特点，但总体上倾斜于门店运营方向的态势，这与企业的实际需求大体一致。

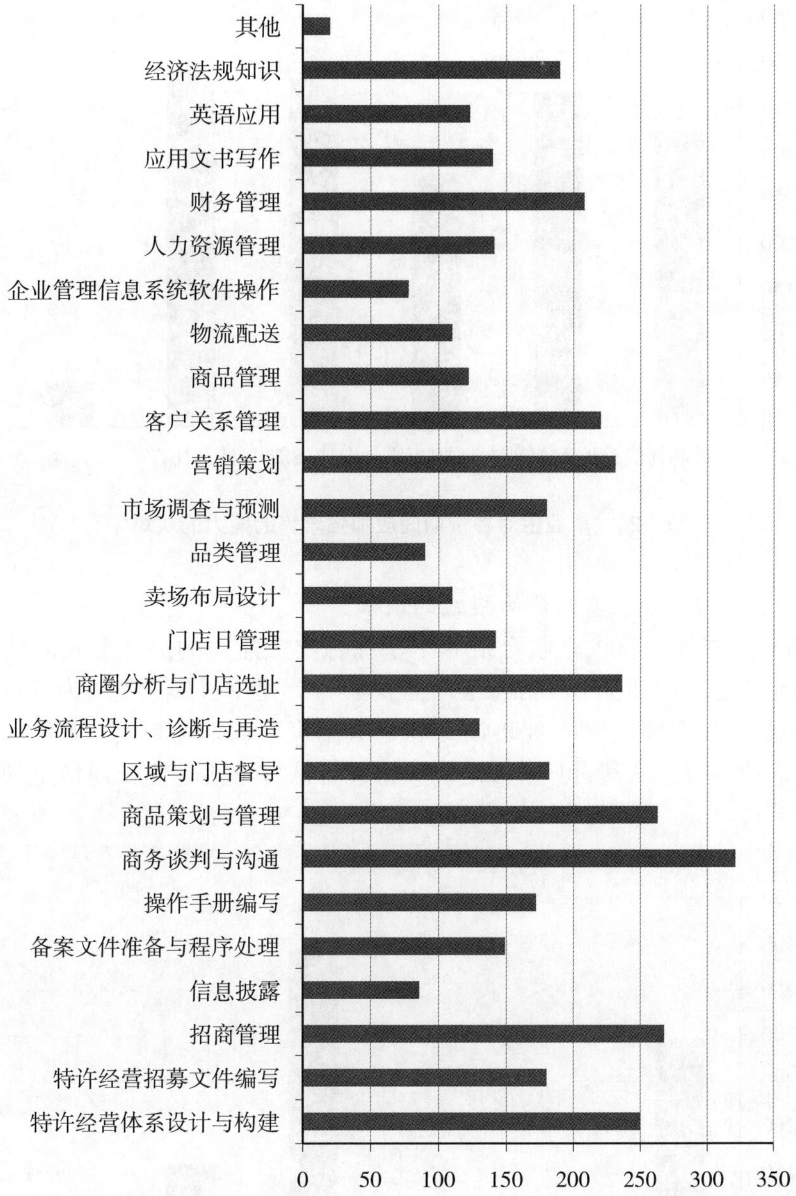

图 23 毕业生对在特许企业工作应具备的专业知识和技能的认知

2. 对在校期间应加强学习和培养相关能力方面的认知

如图 24 所示，本科毕业生经过一定时间的职场锻炼和检验，在回顾学校期间在各项能力的学习和培养中所缺失或薄弱环节的认知排序趋于一致。调查数据表明，除“专业知识”外，“团队协作”、“专业技能”、“办公技能”和“公关礼仪”均被高度认同应该纳入高校本科生综合能力培养的范畴。尤其是“团队协作”，在企业对本科生不满意的调查中位列第三，更需要强化改善与培养。

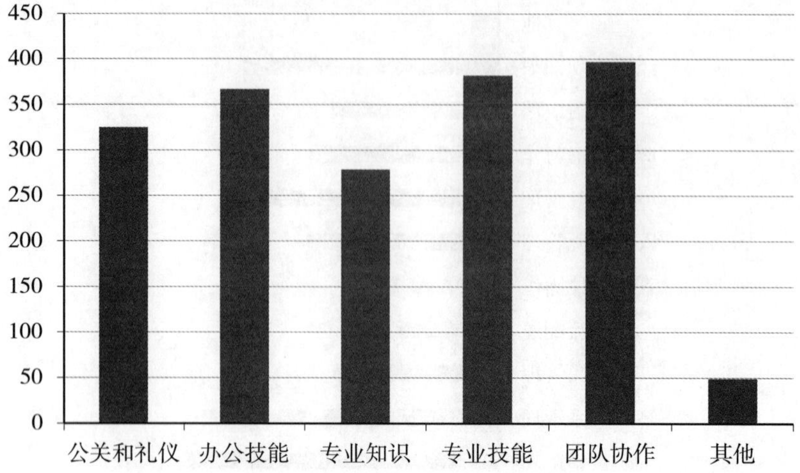

图 24　毕业生对在校期间应加强培养的能力的认知

3. 对校企合作培养学生实践能力模式的认知

本次调查还对毕业生就校企联合培养学生综合实践能力的最佳形式的认知进行了考察。调查显示，“建立实训基地”和“企业顶岗实习”是本科毕业生最为认可的校企合作模式；对“组建合作联盟”、“委托培训”和“订单班”的认可频次，则依次递减（见图25）。此结果表明本科生从其自身学习定位关系，更认可灵活且能长期稳定的校企合作形式。

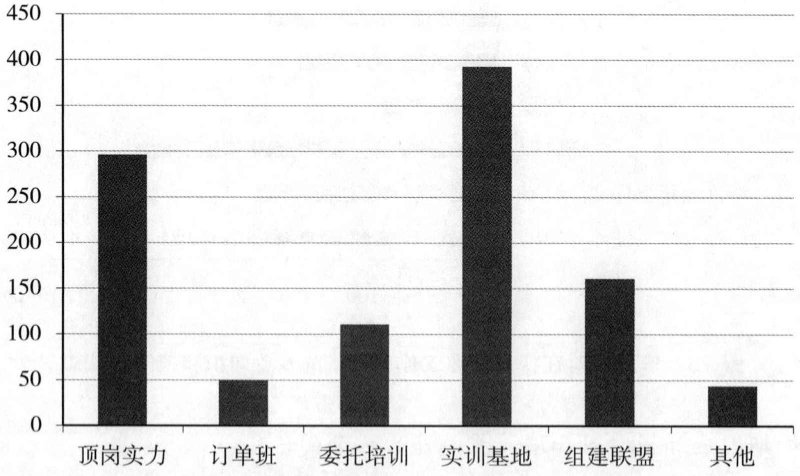

图 25　毕业生认为最适宜的实践能力校企联合培养形式

在最适宜的“企业顶岗实习周期”调查中，大部分毕业生更认可“三到六个月”的周期长度，而“六到九个月”，或更长或更短的周期，都因不能保证实习效果或实习效率不被毕业生看好（见图 26）。

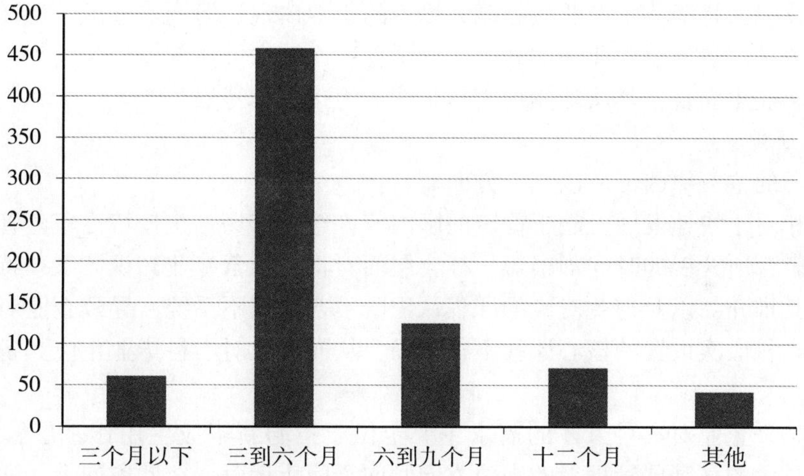

图 26　毕业生认为最适宜的企业顶岗实习周期

三、调研结论与建议

（一）院校、企业和毕业生三方对人才培养定位的认知基本一致

企业调查显示，未来三年的人才需求主要是一线员工和基层管理者，这符合特许经营体系门店数量扩张后的人才需求规律。调查数据分析表明，企业一线员工的供给者主要源自高职大专毕业生，基层管理者乃至中层管理者的供给主要来自本科毕业生。而对照企业为本科毕业生设计的工作领域和工作岗位，也都体现出企业对本科层次专业人才主要定位于基层管理者的认知。

院校特许经营管理专业本科层次人才培养定位，明确指明是为特许经营企业培养中高级管理人才。调查表明，毕业生对本科层次人才定位的自我认知主要也是“职能管理人员”、“基层管理人员”、“门店店长”和“中层管理者”。三方面调查结果说明，院校、企业和毕业生在人才培养定位上的认知虽有些许差异，但基本一致。

（二）院校、企业和毕业生三方在本科人才应具备专业知识与技能的认知上有差异

1. 差异表现

院校在明确人才培养定位后，即对本科人才应具备的专业知识与技能通过课程设置进行集中学习和培养。其中，特许经营管理专业的课程设置主要包括两部分，一是管理学学科的基础课程，如市场营销、消费者行为学、客户关系管理、零售学、物流学等，这些课程反映的是包括特许经营体系在内的商业运营领域所需的通用知识与技能；二是院校基于对商业特许经营概念和本质的认识，以及对特许经营模式本身的运作与发展规律的认识，独立开发的专业核心课程，如特许经营概论、特许经营体系设计与构建、特许经营法律实务、特许经营文案实务、特许经营培训与督导等，这些课程反映了特许经营模式运作中的

核心知识与技能，是毕业生专业核心能力培养的集中体现。但调查显示，特许经营企业实际最为看重的是反映通用商业知识和技能的课程，而较少关注院校认为较为重要的专业核心课程。就毕业生而言，其认知体现出与企业更为接近的特点。

2. 原因分析

上述差异的主要原因可从以下三方面概括：

其一，相对于快速发展且趋于稳定的国内特许经营市场，院校特许经营管理本科专业人才培养和教育所开展的时间却很短，社会层面对特许经营专业知识体系、特许企业运营发展实践及其推介，以及与此对应的课程认识既不普及也不系统，导致企业对院校特许经营管理专业本科层次设置的核心课程不很清晰，从而形成对本科毕业生应具备的专业能力的混淆。

其二，特许企业对本科人才的需求主要定位于招聘新毕业生用作基层管理者的目标上，但调查显示的该基层管理者的岗位方向倾向于门店运营。在此方向上，通用商业管理知识与技能基本可以支持或满足。而对中高层管理者，则需要对特许经营体系做更宏观和整体性的思考，也需要更专业的特许经营知识与更丰富的综合技能。在此出现的认知差异，也许有企业仅从本科毕业生应聘就职、初入职场锻炼的短期考量，而未过多考虑毕业生未来职业发展、岗位晋升所必需储备必要知识和能力问题的原因。

其三，本次样本毕业生工作年限最长不足 6 年，大多数毕业生入职时间较短，所在工作岗位层次并不高，导致毕业生自我认知的专业知识与技能更偏向于事务性的岗位操作。但随着工作年限的增长和工作能力的积累，在毕业生担当企业中高层管理职位，需要承担更多宏观筹划与管理工作，达成院校培养目标时，单纯的商业通用知识技术就难以支撑企业战略发展及特许体系精细化管理之所需，而针对特许经营体系整体运营和管理模式及其核心发展规律所设置的课程内容才能更好地体现其价值。目前情况下，本调查所涉及的样本毕业生尚不足以客观验证此推断。但从院校跟踪调查的其他几个典型专业毕业生的工作轨迹看，核心专业知识和技能对毕业生职场不断发展具有重要的促进作用，从而旁证以强调特许经营运营管理模式相关规律为中心的专业核心课程设置也是具有客观实践指导意义的。

3. 建议

应加强校企合作在特许经营管理专业本科生人才培养方面的力度。一方面，校企合作可以促进企业对校方探索设置的特许经营课程体系予以更多的关注、认知与需求导向，也能更全面地反馈工作在基层管理岗位上的本科生对院校教育所储备的知识与技能在企业实践中发挥功用的转化信息，进而合理拓展毕业生就业规划及其职业生涯晋升发展的良好空间，促使毕业生最大化地发挥专业才能，为企业创造更佳业绩；另一方面，院校也应加强特许经营专业知识社会化的普及工作，同时通过校企紧密合作，更好地调整课程及其内容设置，更好地符合企业用人需求，夯实毕业生担当基层管理工作的知识与能力，并为毕业生的长远发展打下坚实基础。

（三）企业和毕业生对本科层次人才应具备能力与素养的认知特点

1. 相同认知

调查显示，企业十分关注本科毕业生的“学习能力”、“沟通和表达能力”和“创新能力”，毕业生则认为“业务知识”、“创业创新能力”、“人际沟通能力”是其自身最为欠缺的能力。

2. 不同认知

调查显示，企业认为本科毕业生在“吃苦精神”、“抗压能力”、“团队协作意识”等方面存在明显不足，但大部分毕业生并未真正意识到“工作需要艰辛付出”、“工作需要抗压和协作”，而这些认知与企业的预期存在较大差距。

3. 建议

企业和毕业生共同认知为重要的能力，校方更应强化在校生相关方面的培养和锻炼。同时，可考虑通过校企合作的实践教学内容，更明确地设置和训练这些方面的能力。而针对“抗压能力不足”、“协作意识不强”和“吃苦精神不够”的时代病，校方和企业应共同加强对学生欠缺方面的职业教育与作风养成。同时，企业在使用90代专业人才时，也需充分考虑其时代特点和个性差异，在岗位设置及未来职业生涯发展规划中，给予其更多的包容和创新开拓的机会，更好地激发其工作激情与创新思维。

（四）深度开展实践教学基地和顶岗实习合作

实践教学基地和企业顶岗实习是本次调查中毕业生反映较为突出的问题之一，也是培养企业所需本科专业人才的重要途径。在此方面，中国连锁经营协会的校企工作小组进行了卓有成效的探索和尝试，得到企业和院校的充分肯定。由此建议，更好地借助协会校企合作平台，进一步促进校企双方的沟通与了解，并重点就本科课程的教学内容、教学方法、人才培养模式的制定与实施，以及企业对员工在职业生涯规划等诸多议题进行广泛探讨和资讯共享，进而推动校企合作走向深入、持久，共同推进国内特许经营管理本科教育与特许经营企业双向协同发展。

2014 年中国零售业节能环保发展状况调研报告

一、零售业节能环保的政策环境

（一）零售业节能环保的宏观环境明朗

2013 年中国宏观经济运行总体平稳，稳中有进，稳中向好。我国经济增长已经从 10%的高速增长阶段进入到 7%左右的中高速增长期，经济模式正在从粗放型发展向精细型发展转型。2013 年 8 月国务院发布《关于加快节能环保产业的意见》（国发［2013］30 号）中明确指出："解决节能环保问题，是扩内需、稳增长、调结构，打造中国经济升级版的一项重要而紧迫的任务。"同时还指出，"推广节能环保产品，扩大市场消费需求，拉动环保产品及再生产品消费"。

随着我国建设环境友好型、资源节约型社会步伐的逐渐加快，零售业的节能环保任务不断深化：不仅需要继续在自身运营过程中寻找新的环保节能点，而且更要打造绿色供应链，针对上游供应商实行绿色采购，面向下游消费者引导绿色消费。

（二）行业政策外部驱动逐渐加强

商务部在关于"十二五"期间促进零售业发展的指导意见中明确提出，"支持企业节能降耗。制订、推广零售业节能环保标准，支持零售企业开展节能环保技术改造，在全国零售业开展'节能示范商店活动'，重点支持企业实施照明、空调、电梯、冷藏及其他耗能设备的节能工作，严格控制商业建筑物装饰性景观照明能耗。"2013 年下发《商务部办公厅关于做好 2013 年度流通领域节能减排工作的通知》（商办流通函［2013］331 号）进一步明确零售企业节能减排的工作任务和下一步的目标。

2013 年商务部加快了相关标准的制定，先后制定出台了《零售业节能规范》、《绿色商场》以及《企业绿色采购指南》标准。各地方商业厅也根据地区发展的特点分别出台针对零售企业的节能指南或标准。如北京市商委编制了《北京市商场超市能源消耗限额》和《北京市商场超市合理用能指南》两项标准；编制了绿色低碳运营管理手册、绿色低碳采购制度、迎峰度夏（冬）企业运营应急预案、限制过度包装产品采购规定、商场用能日常管理制度等地方标准和规范性文件。

各地地方商委积极组织绿色低碳零售企业评审，树立零售企业的节能环保标杆企业。如上海市商委编制了《2013 年上海市绿色低碳商场评审工作方案》、制定了《上海市绿色低碳商场示范及推荐项目评审办法》、《上海市绿色低碳商场评价标准》和《上海市绿色低碳商场创建机制》等相关评定标准和创建机制。

各地商委加强了对于重点用能商业企业的能源审计、清洁生产审核、节能监测、节能诊断工作。对于节能和清洁生产效果好的企业予以一定的补贴和政策倾斜。以北京等为代表的十个城市还开展了碳交易试点，2013 年北京部分零售企业支付购买了碳排放权。

（三）零售业间的竞争促进环保节能的内部深化

伴随着中国宏观经济发展速度的放缓，2013 年零售业的扩张和发展也呈现明显的减速。从 2013 年延续至 2014 年上半年，众多零售企业的新开店数量远远少于前两年，企业的新开门店的重点也纷纷从一、二线城市转向更为偏远的三、四线城市；同时许多企业也将一些效益不好的门店关闭，2013 年关店的数量也明显超过前两年，零售企业之间的竞争日趋激烈。零售业的发展不能单纯依靠速度、数量和规模，更要研究自身的运行质量以及如何通过更好满足顾客的需求提升零售业的服务附加值。

此外，2013 年是电商迅猛发展的一年，以淘宝、京东为代表的一大批网上销售极大地冲击着传统的实体门店。尽管网店不能真正实现全部的实体门店功能，但由于其便捷性以及商品的性价比较高，网上购物吸引着越来越多的年轻消费者。越来越多的零售企业更加注重提升购物环境，更好满足顾客回归实体店所需要的体验感。协调购物环境的优化与有效控制运营成本二者关系需要通过技术手段的进步和强化管理得以实现。

2013 年零售业的发展趋势也有了进一步明显的变化，大型超市的布局趋于饱和以及效益的下降促使零售业态的发展更趋向规模较小的标准超市和便利店。不同于传统的便利店，现代的连锁便利店除注重效益外，也更加注重品牌和购物环境，连锁便利店的规模和布局的相似性促进了门店节能环保的技术和设备配置标准化。受冲击最大的百货行业转型也在不断加速，这进一步促进了节能环保新技术的应用。

零售业是一个微利的行业，尽管 2013 年零售业的总额增加但其利润却小幅下降，利润的空间进一步被压缩。水电等能源费用的支出是零售企业的三大主要成本支出之一，其中水电费用约占总零售额的 1%左右，大型超市和便利店两种业态的能源费用占比最高，专业店的能耗占比较低。根据企业自身的特点和运营模式深入挖掘节能环保的空间，不仅仅是为了更好的满足环境标准和法规的要求，也是重要的降低运营成本空间点。更多的企业更为重视环保节能，逐渐把环保节能作为企业长期战略的组成部分，将环保节能的绿色形象与企业的品牌密切关联。2014 年商务部在全国 36 个省及直辖市范围进行了大规模的调查，其中受调查的 199 个零售企业总部在 2013 年对既有门店的改造约占 44%，这一比例远高于 2012 年。调查结果还显示，零售门节能改造中，78%的门店对照明系统进行改造，24%的门店进行冷冻冷藏系统的改造，此外还有 15%的门店进行电梯系统的改造，以及 7%的门店对生鲜及主食加工区域实施节能改造。门店各区域及系统改造的比例均有较大提高，零售业的节能环保步伐也随着企业的发展在不断加快。

二、零售业节能环保的现状分析

（一）2013 年零售业的能耗绩效①分析

1. 各业态能耗绩效均有不同程度增涨

零售额的增长为企业带来经济效益，同时能源成本的控制是企业精细化运营的重要内容。反映单位能源消耗对应产生的营业额及能耗绩效是衡量零售企业运行良好的一个极其重要的指标。

2014 年 6-9 月间商务部面向全国零售企业进行了节能环保调查，共回收了 199 个零售企业总部的数据，以及 211 个零售企业典型门店的数据。

根据企业总部数据分析可知，2013 年各业态的水电能耗绩效（即营业额/水电费用）有明显的提升，2013 年单位水电的能耗费用所带来的营业额比 2012 年均有不同幅度的增长（见表 1），其中超市及大型超市和专业店两个业态的能源绩效增长幅度最大，表明零售业的节能效益在 2013 年明显提升。

表 1　　零售业能耗绩效的比较　　单位：万元营业额/万元水电费用

年份	百　货	超市及大型超市	购物中心	专业店
2012	66.76-95.82	57.73-80.13	52.98-94.05	54.47-224.35
2013	66.29-124.63	66.83-104.55	52.26-105.36	60.45-256.24

2. 连锁百强的百货业态增涨幅度最大

同时，各业态的不同企业间能源绩效的差异性较大，企业节能差异性较大。根据中国连锁经营协会 CCFA 连锁百强的数据分析可知，连锁百强各业态的能耗绩效均比 2012 年有显著的提升，见表 2。比较表 1 和表 2，明显显示：所涉及的所有业态，连锁百强的规模企业比零售业的平均能耗绩效水平均高，规模化经营更有利于环保节能效益的提升。

表 2　　零售业连锁百强平均能耗绩效　单位：万元营业额/万元水电费用

年份	超　市	百　货	便利店	专业店
2012	98.18	126.91	69.66	287.81
2013	98.61	149.17	70.48	332.46

（二）2013 年零售业各业态的能耗强度

1. 各业态单位面积的能耗强度略有下降

2013 年零售业各业态单位营业面积的能耗强度见表 3，与 2012 年相比百货业、超市

① 能耗绩效是零售业的零售额与其的消耗能源费用的比值，用于反映零售业单位能耗所产生的经济效益。

和专业店的单位能耗强度有所下降，而大型超市、购物中心的单位面积能耗强度基本与2012年持平。

表3　　零售业单位营业面积的能耗强度　　单位：Kwh/m^2

年份	百　货	超　市	大型超市	购物中心	专业店
2012	218.28-278.07	172.18-268.93	229.90-317.30	152.44-224.38	62.25-129.09
2013	209.16-262.23	160.87-251.25	235.22-315.98	163.12-228.49	56.24-124.61

2. 超市和专业店万元营业额的能耗强度略有下降

2013年零售业各业态万元营业额的能耗强度见表4，与2012年相比超市和专业店的能耗强度下降显著，百货略有下降，大型超市、购物中心的万元营业额能耗强度与2012年基本持平。

表4　　零售业万元营业额的能耗强度　　单位：Kwh/万元

年份	百　货	超　市	大型超市	购物中心	专业店
2012	126.15-183.04	128.57-215.05	143.01-193.37	117.97-218.26	56.15-112.01
2013	125.12 180.93	109.54 190.30	146.16-196.88	117.82-220.80	43.47-103.72

3. 大型超市和购物中心的单位面积耗水强度略有下降

2013年零售业各业态单位营业面积的耗水强度见表5，与2012年相比专业店的单位能耗水强度有所下降，大型超市、购物中心的耗水强度略有下降，百货、超市的单位面积耗水强度基本与2012年持平。

表5　　零售业单位营业面积的耗水强度　　单位：m^3/m^2

年份	百　货	超　市	大型超市	购物中心	专业店
2012	1.59-2.51	1.44-3.35	2.28-4.30	1.46-3.76	0.67-1.73
2013	1.46-3.41	1.52-3.70	2.13-3.99	1.41-3.54	0.45-1.40

4. 专业店的万元营业额耗水强度下降显著

2013年零售业各业态万元营业额的耗水强度见表6，与2012年相比专业店的耗水强度下降显著，百货略有下降，超市和大型超市业态生鲜及主食厨房用水消耗较大，购物中心的餐饮也直接影响耗水的强度。

表 6　　零售业万元营业额的耗水强度　　单位：m^3/万元

年份	百　货	超　市	大型超市	购物中心	专业店
2012	0. 76-3. 83	1. 27-6. 51	1. 88-7. 30	1. 94-5. 77	2. 57-5. 28
2013	0. 79-3. 51	1. 52-6. 06	1. 89-6. 27	1. 90-5. 75	1. 74-3. 63

（三）2013 年不同区域零售企业能耗强度

我国地域辽阔，地理条件差异性显著，零售业的能耗强度不仅与业态密切相关而且还与企业门店所在的区域密切相关。本部分从各业态营业面积和万元营业额的能耗强度两方面进行分析比较。

1. 各业态单位面积能耗南部高于北部和中部

2013 年商务部调查数据显示：各业态的能耗基本呈现南部高于北部和中部的态势，见表 7。相比于 2012 年，百货和购物中心的北部、中部和南部的整体能耗水平均有小幅度下降，南部地区的超市和大型超市的能耗水平也呈现一定的下降趋势。

表 7　　不同区域零售业各业态单位面积能耗强度　　单位：Kwh/m^2

地区	年份	百　货	超　市	大型超市	购物中心
北 部	2012	176. 40-268. 24	118. 06-285. 04	142. 74-324. 30	109. 48-197. 17
	2013	164. 87-246. 09	144. 41-318. 49	149. 63-332. 18	105. 13-194. 69
中 部	2012	199. 17-304. 45	69. 32-303. 56	199. 02-328. 95	132. 64-281. 60
	2013	204. 19-296. 48	59. 22-299. 84	220. 61-331. 10	136. 80-264. 98
南 部	2012	183. 65-392. 58	205. 70-368. 88	264. 65-421. 56	94. 80-349. 20
	2013	174. 89-349. 68	171. 53-357. 45	240. 47-406. 87	152. 62-347. 08

2. 各业态万元营业额能耗南北中部之间没有显著差异

按照万元营业额分析能耗强度的话，北部、中部和南部地区的能耗强度没有显著的差异性，见表 8。相比于 2012 年，2013 年的万元营业额能耗没有明显的变化。

表 8　　不同区域零售业各业态万元营业额能耗强度　　单位：Kwh/万元

地区	年份	百　货	超　市	大型超市	购物中心
北 部	2012	96. 53-272. 98	98. 14-302. 58	78. 58-194. 34	74. 84-228. 30
	2013	104. 90-241. 41	69. 52-276. 90	50. 74-365. 25	81. 10-236. 05
中 部	2012	109. 82-196. 39	55. 85-220. 28	131. 84-178. 88	98. 87-228. 72
	2013	103. 28-228. 22	60. 24-186. 60	143. 01-192. 00	83. 17-207. 58
南 部	2012	73. 25-264. 63	61. 71-286. 74	112. 15-307. 26	157. 55-432. 68
	2013	84. 09-241. 08	34. 81-372. 94	100. 61-312. 88	133. 99-429. 03

相同或不同地区的同一业态的能耗强度差距均有较大的差异性。影响零售业能耗强度的因素较多，除业态、区域的气候等外在客观差异外，还与零售业经营品种的差异性、企业的市场定位以及门店所在城市的消费水平等诸多因素均有关系。节能环保技术手段以及相应的管理措施的实施尽管不能明显降低能耗强度，但是会提高能源消耗的绩效。

（四）零售业技术节能措施及效果比较分析

1. 百货及购物中心的照明节能降耗幅度最大

零售业最主要的能源消耗是电力能源，不同业态主要能耗点的构成具有差异性，基于2013年商务部统计数据得到的百货和购物中心两种业态的主要能耗，照明、动力及空调三项用电占其总耗电量的80%；其中照明占总用电量的比例最大，约为47%~58%，空调约为总用电量的26%~34%。因此，百货和购物中心的节能改造主要集中于照明、动力和空调，见表9。其中下降幅度最大的是照明用电比例，分别下降20%和19%，主要由于LED技术成熟带来的照明革命。

表9 2013年百货及购物中心节能改造能耗下降比例

业态	百货			购物中心		
改造项目	照明	动力	空调	照明	动力	空调
改造能耗下降幅度	20%	12%	10%	19%	12%	12%

2. 超市和大超业态照明能耗下降近三成

超市和大型超市业态的主要能耗构成依次为照明、空调、冷冻冷藏、生鲜及主食加工以及动力用电，这些能耗占超市和大超总能耗的80%以上。2013年在上述五个主要能耗点节能改造能耗下降的幅度如表10所示，其中下降幅度最大的是照明用电的改造。

表10 2013年超市和大型超市节能改造的能耗下降比例

改造项目	照明	动力	空调	冷冻冷藏	生鲜加工
改造能耗下降幅度	27%	11%	12%	15%	14%

3. LED照明节能改造成为主流

2013年零售企业总部平均对其44%的下属既有门店实施了技术节能改造。在所有的改造门店中，其中78%门店进行了照明改造，24%门店进行了冷冻冷藏系统改造，26%门店进行了空调系统改造，15%门店进行了电梯系统改造，同时还有7%的门店进行了生鲜和主食加工区域的节能改造。

尽管LED改造已经成为主流，但是许多企业LED、T5、T8节能灯共同组成零售业的照明。照明系统主要的节能措施包括：采用LED灯和荧光节能灯，使用智能化的控制系统，见图1。其中有86.27%的门店在不同的区域（如营业区、生鲜区、办公区、车场、户外广告牌等）采用LED灯，49.51%的门店使用节能灯，还有26.47%的门店使用智能化的控制系统，实现照明的自动化控制，进一步节约照明能耗。

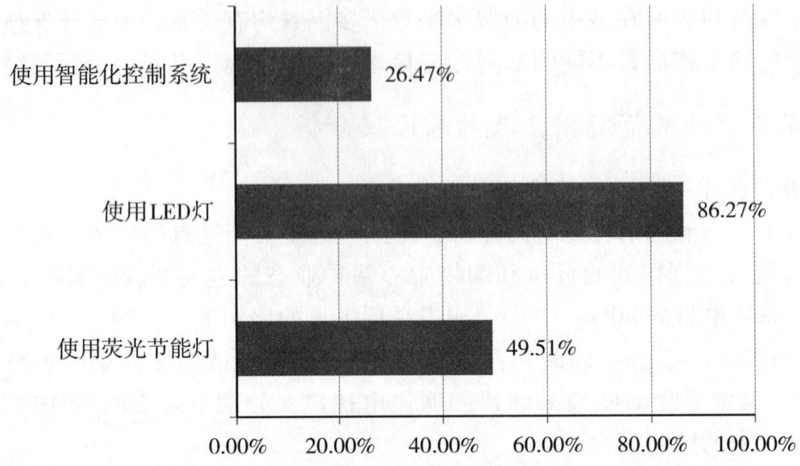

图 1　零售业照明系统主要节能措施

LED 及荧光节能灯应用最为广泛的是卖场区，目前已有超过 80%的门店卖场区使用 LED 和荧光节能灯，见图 2。其次在生鲜区及户外招牌采用的比例最高。

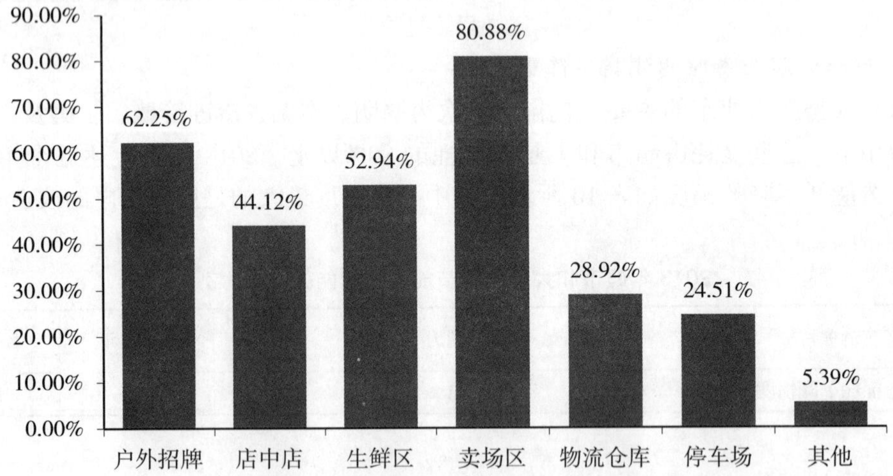

图 2　门店采用节能照明设备的比例图

4. 变频技术成为空调制冷的最主要手段

空调制冷系统主要采用智能化控制，调节加热、通风及空调，占比 39.06%；采用变频控制技术，占比 48.44%；以及通过合理控制室内温度参数实现空调系统的节能，占比 93.75%。见图 3。

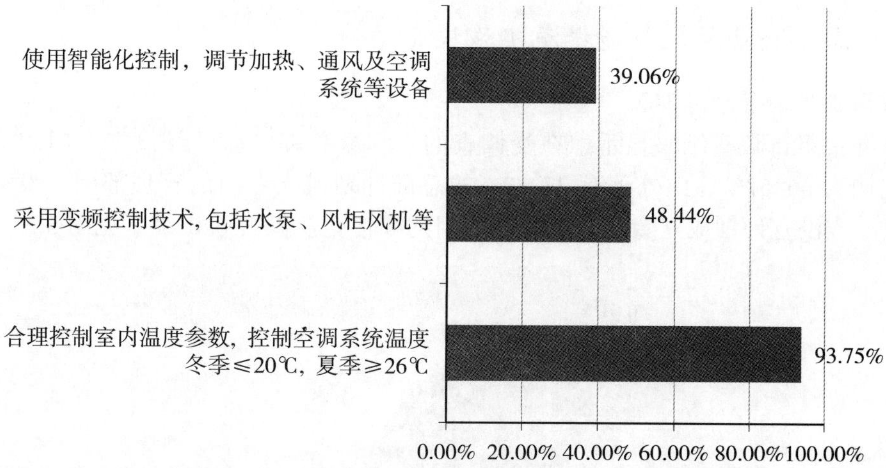

图 3　空调系统主要采用节能技术或措施

5. *采用高能效的冷柜是冷冻冷藏系统主要节能手段*

冷冻冷藏是超市、大型超市和便利店业态的主要能耗点之一，针对冷冻冷藏系统的主要措施包括：采购和使用一级或二级能效标识的陈列柜，占比为 58. 62%；采用能效更高的岛柜或立柜加盖、加门或加帘，占比为 90. 34%。此外，还有门店采用包括时间控制、智能控制、定时开关电源、电子膨胀阀、高效能并联机组、更换了原敞开陈列式旧设备等措施节能，占比为 6. 9%。见图 4。

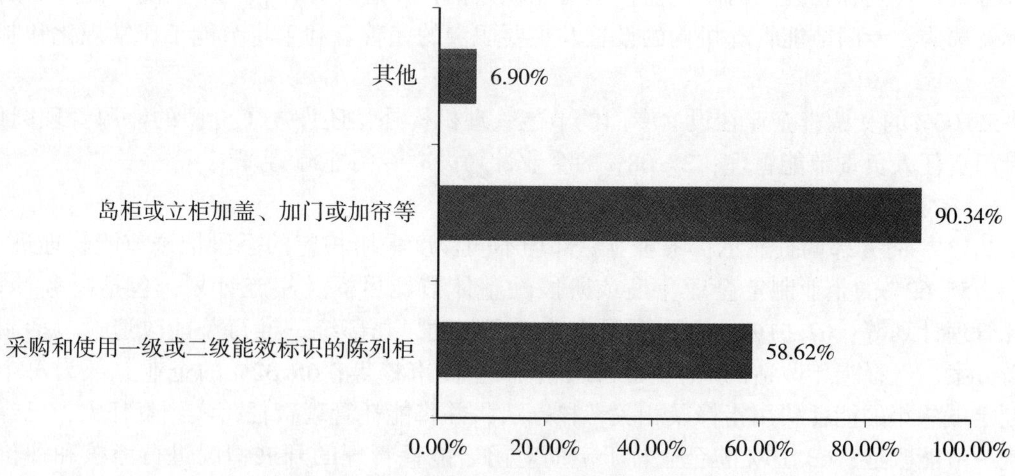

图 4　冷冻冷藏系统主要采用的节能措施

6. *增加变频是动力系统节能的主要方式*

针对动力系统的电梯改造主要采用安装变频节电器的方式。在 2013 年受调查的企业中，有 62. 09%的企业使用安装变频节电器的节能空调。此外，还有 80%的企业安装使用太阳能热水器节能。

（五）零售企业管理节能措施实施状况

1. 零售业节能管理专职化

2013 年商务部调查结果显示，在受调查的 199 家总部中，已经设立专门的节能管理机构的比例为 66.67%。此外还有 27.32%的总部计划成立专门的管理部门，没有专门节能管理部门或没有计划成立专门节能管理部门的零售企业仅占 6.01%。见图 5。

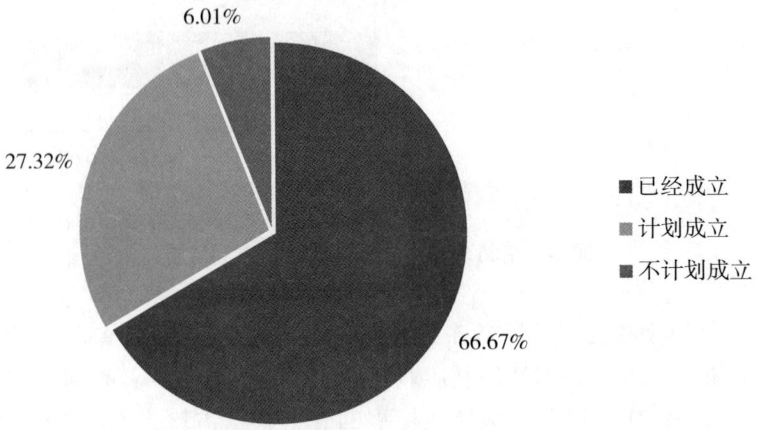

图 5　零售总部设立专门管理机构占比

专门节能管理机构的主要职责包括：节能项目的立项、论证及申报；确定节能项目的实施方案以及能源管理的措施；监控运营能耗数据，并巡查异常；同时负责节能产品的招投标及选购。专门节能管理机构的设置及主要职责的完善有利于将节能工作常规化和制度化。

55.06%的受调查企业在设立专门的节能管理机构外，还设立了专门的能源管理岗位，由专门责任人负责节能管理；37.08%的企业计划设立专门能源管理岗。

2. 各零售企业总部节能目标明确，指标详尽

2013 年商务部调查显示：零售业总部均不同程度采用相应的手段推进节能管理进程。其中，55.62%的企业制定企业年度或阶段性整体节能目标及实施计划，包括财务计划、能耗管理计划等；67.61%的企业根据相关管理制度，总部统一推行节能改造，包括制定改造方案、选择当年改造的门店以及设备、供应商审核等；65.32%的企业总部为每个门店制定下一年的能耗费用指标及相关考核办法，并将能耗管理责任落实到责任人，已经实施统一节能改造；63.16%的企业对于定期对门店能耗管理的开展情况进行考核和评价这一问题，已经实施考核和评价；54.17%的企业表示关注行业节能技术的发展，定期收集整理适用的节能技术目录，落实到门店新建项目和既有项目的节能改造过程中，并已经实施考核和评价；66.86%的企业每年定期对门店员工进行节能环保教育及岗位技能培训；49.69%的企业按照《用能单位能源计量器具配备和管理通则》（GB17167），协助门店配备合理的能源计量器具，建立健全能源消费原始记录和统计台账，定期开展能耗数据分析。此外，还有 37.04%的企业采用能源管理信息控制系统，总部可以即时对部分或全部

门店的照明、冷冻及空调等主要用电设备的运转情况进行监控，防范耗能异常。见图6。

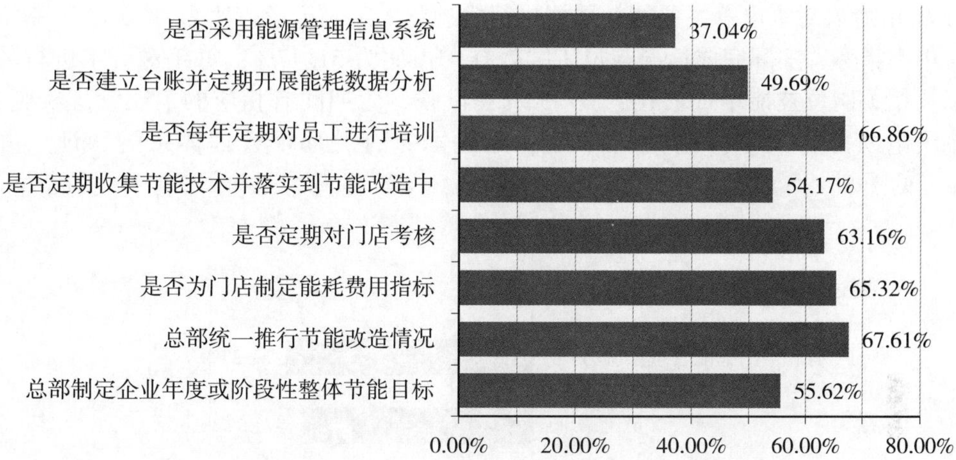

图6　零售企业总部采取的主要节能管理措施

3. 零售业门店的分项计量程度越来越高

2014年商务部调查的199个总部里共涉及15071个门店，其中共有4937个门店安装能耗分项计量电表，收集监控门店的主要耗电数据，占比为32.8%。尽管分项计量不能直接产生节能效益，但却是能源审计的基础和节能审核的有效工具。其中照明分项计量占比62.15%，暖通空调分项占比22.49%，动力系统分项占比17.16%，冷链系统分项占比14.20%，其他包括商户用电、生鲜及主食加工、用水用气、生鲜、动力电梯、显示屏、水表；燃气表；热力表、出租商铺等分项占比5.33%。见图7。

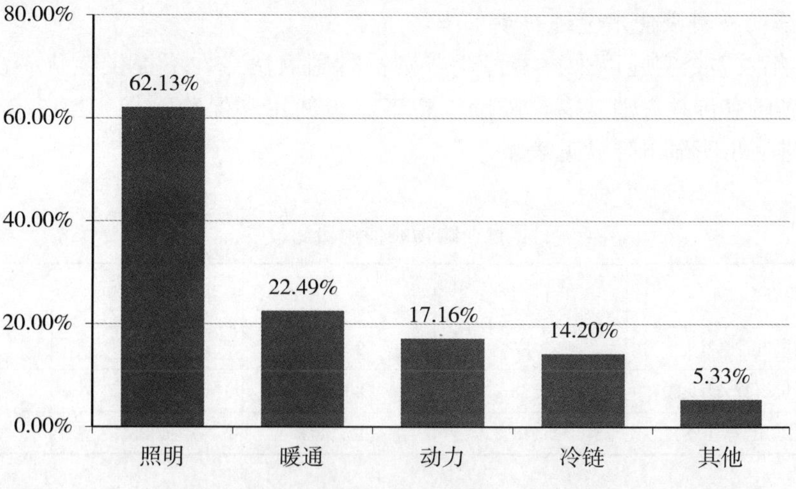

图7　门店的能耗计量分项的比例

4. 零售业门店节能管理措施齐全

门店的主要节能管理措施包括：由相应的部门或人员负责环保节能工作占比为 81.86%；由专人对水电等主要能耗数据进行常规化的定时记录占比为 84.80%；制定年度能耗费用率指标，实际完成情况与员工绩效挂钩占比为 51.47%；每年对员工进行环保节能知识及相关岗位技能培训占比为 57.35%；设备运营期间有相应的节能管理实施方案，如错峰用电实施方案等占比为 61.27%；通过国家有关环境管理体系的认证，占比为 5.39%。见图 8。

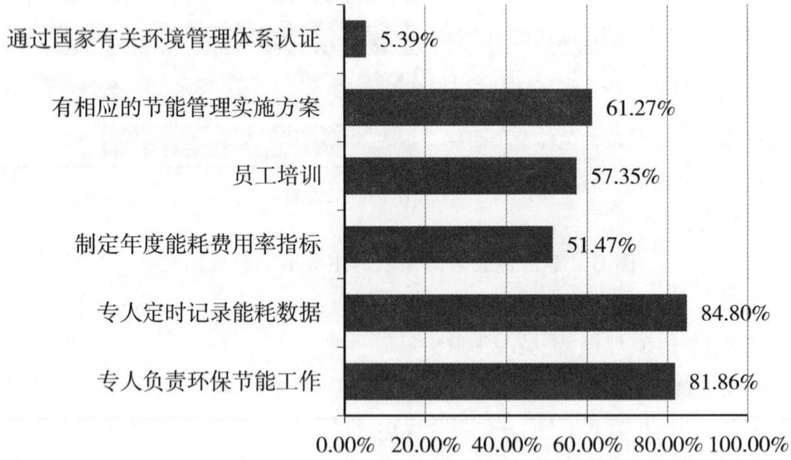

图 8　零售门店的主要节能管理措施实施情况

（六）零售业环保措施的实施情况

1. 各业态的塑料袋使用量进一步下降

自 2007 年限塑令实施以来，零售业严格执行国家法令，不提供免费一次性购物袋，同时在营业场所宣传教育消费者，鼓励消费者尽量使用环保购物袋。2013 年各业态的购物袋使用量进一步明显下降，见表 11。

表 11　　零售业购物袋使用量比较

业态	百　货	超　市	大型超市	购物中心
2012 年使用量（个/万元）	7.80	99.15	41.56	93.44
2013 年使用量（个/万元）	7.38	83.30	38.97	101.10
2013 年同比变化率（%）	-5.38%	-15.98%	-6.23%	+8.20%

其中，超市的购物袋下降幅度最大，2013 年比 2012 年下降 15.98%；大型超市和百货的下降幅度分别为 6.23%和 5.38%。但是购物中心万元营业额的一次性购物袋使用量同比增长了 8.20%。

2. 门店可回收循环的废品以出售为主

针对运营过程中产生的各类废弃物，在受调查的 199 家企业总部中，共有 79 家企业每年制定相应减少废弃物排放量目标，占比为 39. 69%。在这 79 家企业中，约有 67%的企业将纸箱、玻璃、金属等可回收循环使用的废弃物当作废品出售，2013 年共处理可回收废弃物约为 24943. 64 吨。此外，还有 21%的企业将废弃物返回配送中心再利用，12%的企业将这些废弃物返回给供应商再循环利用。见图 9。

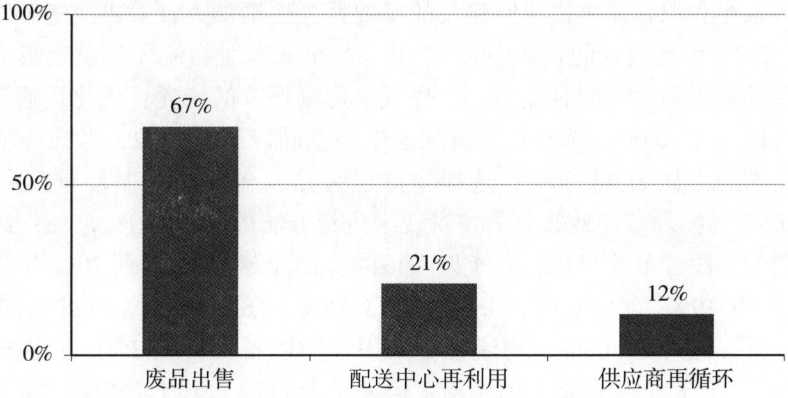

图 9　零售业可回收循环的废弃物的处理方式

3. 门店节水措施日趋完备

零售业节水是其重要的环保实施点之一，目前门店采取的主要节水措施包括：重点部门安装分表，占比为 65. 41%；安装节能阀，占比为 44. 86%；安装感应装置，占比为 32. 43%；安装中水回用装置，占比为 16. 76%。此外，还有部分企业安装无水小便斗、电磁阀控制、对员工进行节水教育等，占比为 2. 7%。见图 10。

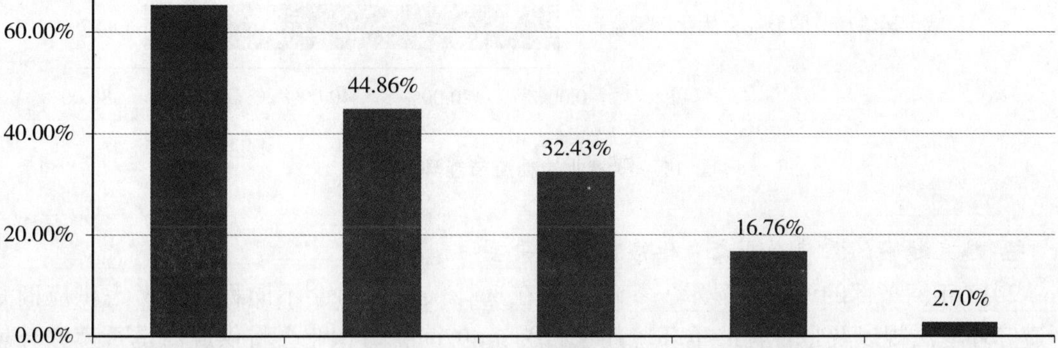

图 10　零售业门店的主要节水措施

4. 部分门店余热利用节能

冷冻冷藏和空调系统产生大量的余热，在受调查的典型门店中约有 12. 50%的企业回收废热，其余的 87. 50%的企业不回收利用余热。

(七) 绿色供应链的实施措施

1. 物流环节逐渐成为零售业节能环保又一重点

供应链的能耗约占零售业总能耗的 70%左右，一些生鲜食品的能耗占比就更高，越来越多的零售企业意识到绿色供应链建设的重要性，逐渐加大针对供应链和物流环节的节能环保措施。2014 年受调查的企业中有 79. 47%的企业针对物流环节设定明确的节能环保目标。在这些具有明确目标的企业中，选择减少运输环节的能耗，优化运输流程作为环保节能目标的占比为 68. 87%；选择在物流配送中心基础设施建设中，考虑环境影响，采用节能设备及技术的占比为 43. 36%；选择物流包装箱及包装材料循环重复利用的占比为 59. 60%；选择有物流环节能效核算的定量或半定量方法的占比为 19. 87%；选择企业明确近期和中远期的阶段性节能目标，并予以考核的占比为 34. 44%。而 2012 年调查的上述各项比例分别为 49. 19%、42. 16%、34. 59%、23. 78%、18. 92%，各项占比同比上升分别为：优化运输流程上升 19. 68%，物流中心采用节能设备上升 1. 2%，包装材料的循环使用上升 25. 01%，定量考核下降 3. 91%，中远期节能目标上升 15. 52%。各项指标具有大幅度的提升，表明零售业物流的环保节能已经有明显的推进。见图 11。

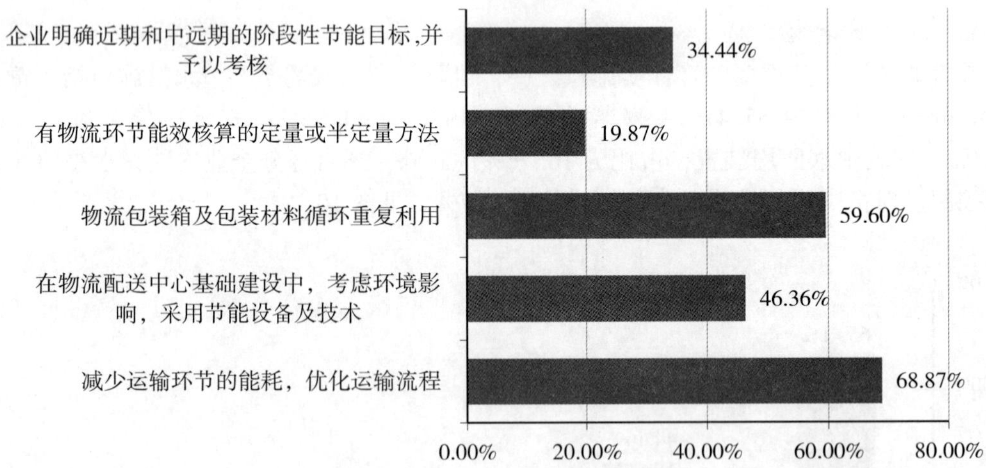

图 11　零售业的物流节能环保目标

2. 越来越多的零售企业考量供应商环境守法

2013 年商务部的调查还显示，零售企业在选择供应商时会不同程度地考虑供应商是否遵守环境法规以及是否有严重环境违法行为，49. 67%的企业会将供应商是否遵守环境法规作为选择合作的重要因素，如果供应商有严重环境违法行为，将中止与供应商的合作关系；25. 17%的企业将其作为会参考因素，并且培训供应商帮助供应商寻找提高其生产过程中能效的手段和方法；21. 19%的企业将其作为一般参考因素；还有 3. 97%的企业基本不会考虑供应商是否遵守环境法规的问题。供应商是否遵守环境法规已经越来越成为选择供应商的参考条件，将其作为重要参考因素的比例从2011年的44.2%上升至2013年的49.7%，但也应同时看到，还有相当多的企业没有足够重视供应商的环境行为。见图12。

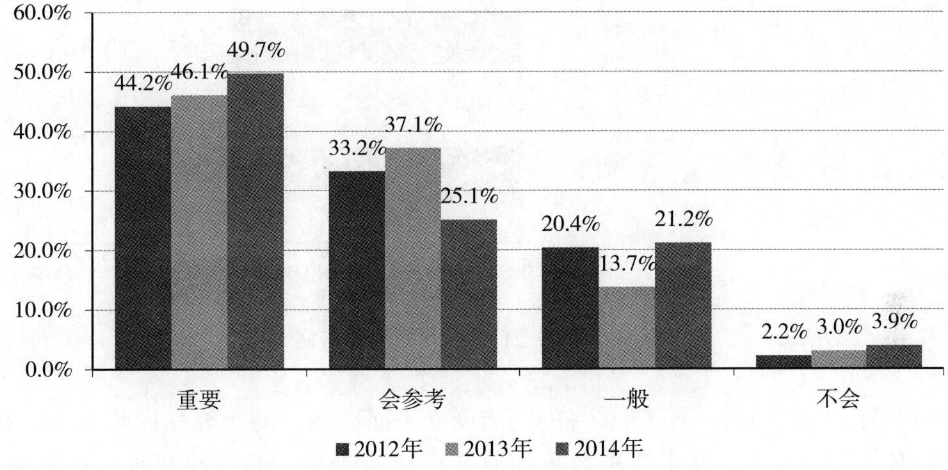

图12 2011-2013年供应商环境守法选择参考

3. 零售商与供应商合作减少包装

此外，54.27%的受调查企业会与供应商建立合作来共同推动商品包装减量；还有21.95%的及企业计划在未来的一两年实施减少包装的计划。

4. 零售商关注本地商品的采购

针对一些生鲜水果、蔬菜以及特产的商品，为减少商品运输过程中的碳排放，88.54%的受调查企业会关注提高这些商品的本地比例；而没有关注这一方面的企业仅占11.46%。

5. 零售门店采用多种环保宣传措施

门店是连接下游消费者的窗口，门店也加大了推进绿色消费的举措。227家受调查门店中，有50.57%门店内设立独立的绿色节能环保产品专区；50.57%门店设有固定的环保宣传栏；70.69%门店定期或不定期举办环保节能宣传活动。此外，企业还鼓励顾客使用环保购物袋，参加节水周宣传，打扫卫生，推动爱国卫生活。公司网站开辟专区常年宣传。回收月饼盒、矿泉水瓶，回收货品包装纸箱。开展节能环保公益活动，开展文明餐桌活动。每年评选各分店节约之星。收旧衣换新衣，旧衣捐赠贫困山区。通过LED广告屏宣传片宣传等。见图13。

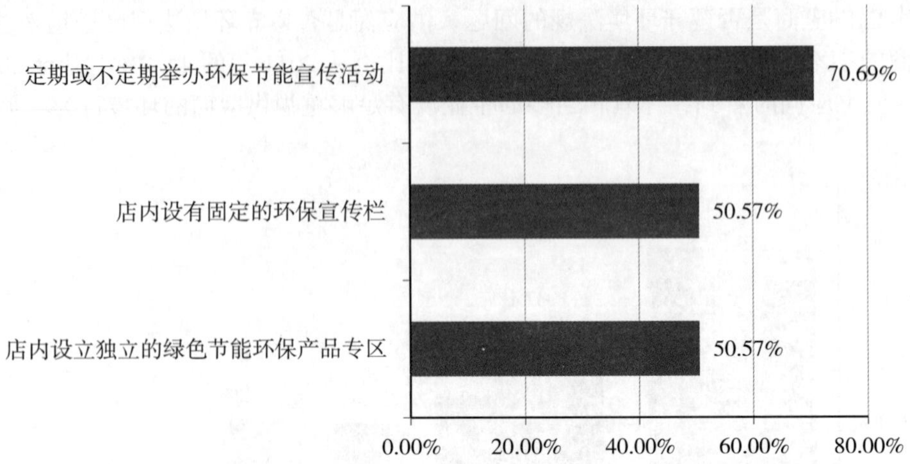

图 13　零售业门店的绿色消费措施

受调查的 227 家门店中有 55.07%的门店设立了面向顾客的废弃物回收服务。在这些设立回收服务的门店中，其中饮料瓶罐回收的占比 60.8%、旧电池回收的占比 40.8%、纸张的回收占比 48%；淘汰家电回收的占比 43.2%；还有其他如回收月饼盒、旧文具、书籍等占比 6.4%。

三、零售业环保节能的问题与障碍

伴随中国零售业的快速发展，零售业的环保节能从环保节能理念的形成逐渐深化到实际运营过程中的节能环保实践，节能环保成效渐显。但是随着市场环境的变化，零售业的节能环保无论是深度还是广度都有待进一步提升：节能效果的评价标准化，系统整体节能控制与管理，绿色供应链的延伸与深化等，零售业节能环保中的问题和障碍也制约着节能环保的进一步发展。

2014 年商务部调查显示，目前影响零售业节能实施的最大障碍包括：47.28%的企业认为政府对零售节能的支持力度不足；59.24%的企业无法及时了解新政策信息，特别是相关政府部门的鼓励政策或资金支持信息；10.33%的企业认为决策者重视度不够，相关管理制度和工作流程不完善；36.41%的企业认为相关标准及工具缺失，影响企业准确评价节能技术应用及节能效益；51.63%的企业认为用于整体节能系统的资金前期直接投入过大，影响企业实施系统改造；53.80%的企业认为缺乏相关专业人才，对节能设备技术的应用把握度不足；47.28%的企业认为节能一次性投入的资金占流动资金比例过大，影响企业正常运营。此外，企业还反映包括既有商业建筑体，经过多年节能技术改造后能源使用情况稳定，剩余节能空间有限的困难。见图 14。

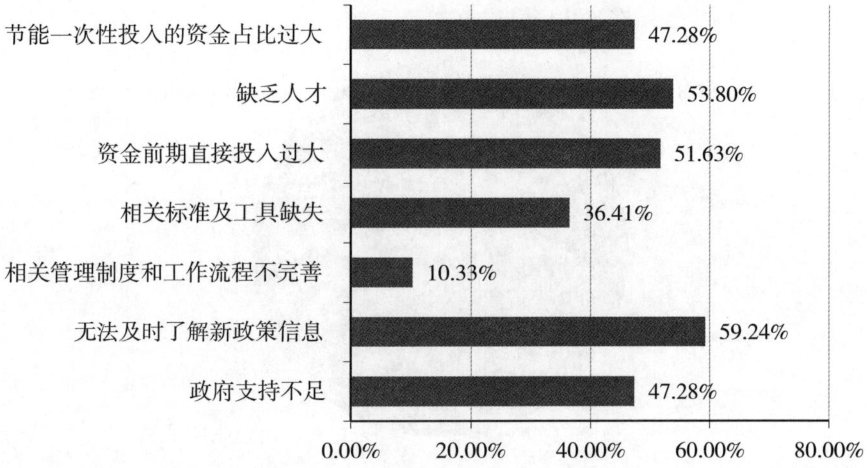

图 14　中国零售业节能障碍因素

（一）零售业节能环保获取政策信息的渠道不畅

“十二五”以来国家加大了节能减排的力度，陆续出台了多项相关的法律法规及标准政策，这些政策或多或少与零售业具有一定的相关性，既包括国家和地方的一些强制性制约政策与手段，也包括经济激励手段，如补贴等。政策有多个部门发布，各个地区也不尽相同。零售企业的门店分散在全国不同的地区，往往导致企业总部很难获知最新的政策动向，也无从适应国家的要求及时调整节能环保方向。如 2013 年北京市发改委针对重点用能单位发放碳排放指标，并鼓励企业进行碳交易，北京超市发集团直到临近截止日期才完成相应的必要环节，家乐福等企业 2013 年也由于碳排放超标受罚。许多鼓励性政策往往是阶段性或非常规的，一些企业由于无从获知相应的政策信息错失良机。沃尔玛的某门店曾获得国家的“金太阳工程”补贴，在申请补贴的过程中也存在诸多政策不熟悉的环节。

（二）零售业节能环保专业技术人才匮乏问题日益凸显

零售业的能耗点分散、众多，采用节能设备仅是零售业节能的必要物质前提保障，达到预期的节能效果需要定期对节能效益进行考评、日常的维护与管理，以及对能源异常的及时诊断与处理。

零售企业的节能效益主要指标有预期环境效益指标、节能率和节能量、节能效益、照度、色温、节能项目实际节能效果考核。2014 年商务部调查显示，10. 24%的企业对于节能设备投入使用后没有效益考评，82. 53%的企业采用企业自评考核，仅有 9. 04%的企业引入第三方考核，见图 15。许多企业有自己的一整套考核标准，但这些标准往往缺乏权威性和客观性，极大影响了节能量的核算以及节能潜力的挖掘。

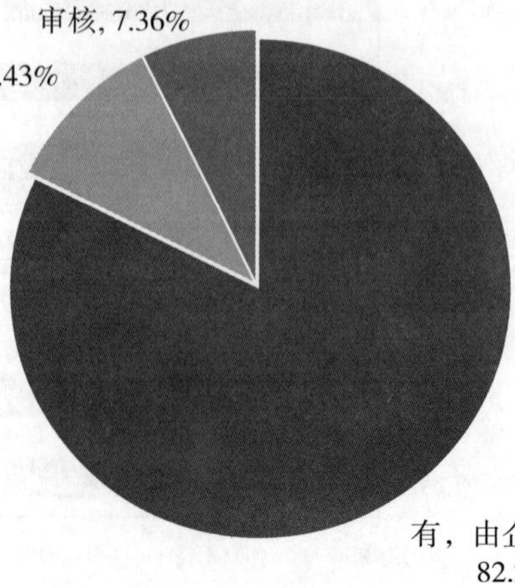

图 15　企业对设备节能效益的考评方式

零售业人员流动性较大，门店的人员流动更为明显，同时门店人员的学历和知识结构普遍偏低，导致对节能设备的日常维护流于形式和过程，对于用能异常不能及时发现和处理。零售业节能环保专业人才，尤其是能够深入门店第一线的人才缺乏问题愈发突出。本次调查中超过一半的企业反映这一问题制约企业节能，2013 年 53.80%的占比比 2011 年的 43.62%的占比高出十个百分点！随着节能设备的系统化和负责化程度提升，这一矛盾还将进一步突出。

（三）政府的支持政策尚显不足

我国经济结构决定工业的节能减排核心地位，因而国家出台的环保节能政策往往针对工业企业目标性更强。受制于零售企业的能耗和碳排放规模限制，零售企业节能减排获得补贴或其他国家奖励的难度就明显增加。

零售企业采用合同能源管理模式进行节能，国家对于这部分的节能补贴是直接补贴给节能服务公司 ESCO，零售企业认为节能服务公司既从自身的项目中获益又从国家获得好处，导致部分企业不愿意采用合同能源管理的方式实施节能改造。

近几年国家或地方的支持政策主要以补贴形式为主，也在一定程度上增加了企业的依赖度。参考其他国家尤其是发达国家的先进经验，补贴具有较强的时效性，政府提高服务意识，为企业在市场中创造公平开放的竞争环境会更加促进企业开展节能环保的积极性。

2013 年企业认为政府支持不足的占比为 47.28%，比 2011 年的同项比例 67.36%下降了 20%以上。这一比例的大幅下降也说明这几年国家支持力度的加大，效果逐渐显现。配套支持政策的多样化可以更好提升企业节能环保的积极性。

（四）节能一次性投入资金紧缺制约问题明显

经济发展速度放缓，企业的投资更为谨慎，2014 年的调查显示：51.63%的企业认为用于整体节能系统的资金前期直接投入过大，影响企业实施系统改造；47.28%的企业认为节能一次性投入的资金占流动资金比例过大，影响企业正常运营；这两项的比例均超过

2012 年的 51.01%和 32.89%的比例，尤其是认为流动资金过大影响企业正常运营方面的比例提高了近 15 个百分点。

此外，简单节能技术应用在实施节能环保初期会起到非常明显的效果，但节能环保的深化意味着更复杂的技术支持、更高的整体性要求、更大的投资介入方案，零售业节能环保的可持续发展有待技术、资金、政策等方面更雄厚、更稳定的支持和提高。

（五）标准与评价工具手段缺乏

节能设备的应用和节能管理手段的强化会提升能效，由于零售业用能的复杂性，单位面积的用能强度以及万元营业额的能耗强度不能全面、客观反映企业的能效。企业各个分项的用能量不仅与设备有关，还与企业的经营密切相关，因而如何客观将各个影响因素与企业用能联系需要一整套评价方法和工具。

近几年国家和地方政府均陆续出台了零售业节能环保相关标准，标准制定的步伐还在不断加快，2013 年的 36.41%占比相比 2011 年的 45.60%和 2012 年的 40.27%已经有一定幅度的下降，但是标准的缺乏始终制约着企业的发展。我国目前零售业节能环保的测量方法标准和管理标准严重缺乏，企业都是根据各自的特点自行执行一套规范。零售业的节能环保缺乏有效的法律和标准体系规范，这就无法约束企业达到最低的环保节能标准，对于我国零售业的节能环保可持续发展非常不利。

（六）企业能源审计制度亟待完善

零售业能耗点众多，能源使用状况差异巨大，提高能效就必须从每一个关键能耗点上挖掘潜力，所以节能必须用数据说话。尽管许多企业不同程度实施分项计量，但在实地调研中也发现企业的实际用能数据并没有真正盘活，也就是说企业的用能并没有精细化管理，日常的能耗数据不能实现有效的对比和分析。

能源审计包括第三方外审和包括企业日常的自身内审。通过能源审计，不但可以发现潜在的节能空间，还可以有效检验能源管理中的漏洞。因而能源审计是实现可持续节能的必要手段。目前，我国零售业既没有外审的制度也没有内审的习惯，因而能效的提升过度依赖于技术手段，即使采用了先进的技术和设备也不能达到预期的节能效果。

四、零售业节能环保新趋势

2014 年针对零售企业下一步节能工作重点的调查显示：32.60%的企业将结合自建物业比例加大，更加关注提高建筑的整体节能效率；84.53%的企业将继续完善管理节能手段，优化工作流程，注重提高整体节能效率；71.82%的企业将继续对既有门店进行节能改造并扩大节能技术改造应用范围；56.91%的企业在今后的新开门店将全方位采用节能技术设备，打造节能型门店；同时还有 35.36%的企业选择尝试采用合同能源管理模式，推动门店的节能项目实施进度。见图 16。

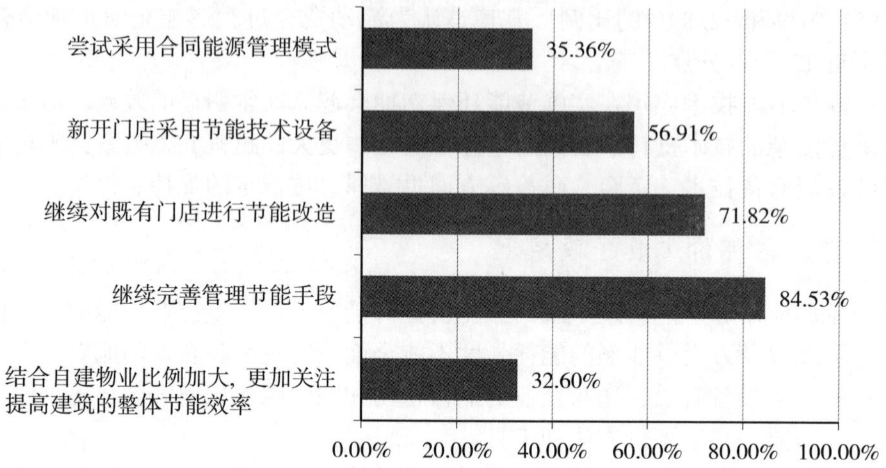

图 16　零售企业未来节能的工作重点

（一）进一步完善门店的节能管理手段

与节能设备和技术的投入相比较，完善管理手段的投入不多，但可以弥补无效能耗，提高能效。未来的五年是零售业大变革和重新洗牌的时期，在资金紧缩的情况下提升企业的竞争水平就必须走精细化管理的道路。

以苏宁为例，其店面净高在 4.0 米以上（含）采用整层石膏板吊顶，有效地增强空调及灯光照明的效能，节约能源减少碳排放；除福建、广东、广西、海南、贵阳、昆明等地区不安装门斗，其他地区全部安装门斗，有效地降低空调能效和供暖设施的能耗流失；同时除特殊功能需求的房间外，尽量采用通透空间设计，并尽量保留可开启窗户，适时开启窗户引入穿堂风，注重舒适通风和降温通风。同时建立费用发生管控 BW 系统，准确地对大区能源费用的发生情况进行监控，对主要能耗数据进行连续记录，通过监测分析数据对异常情形进行及时管控。物流配送，是苏宁内部能源消耗最大的环节之一，以自建为主的物流体系便于苏宁进行统一的能源管理。2013 年，苏宁将之前的基于 SAP 的企业物流管理系统全面升级为 LES 物流执行系统。新系统更加强调一体化的物流资源整合，强化对物流过程中的车辆管理、在途货物管理等运输环节的具体管理，设计和优化运输路线。公司制定了物流车百公里油耗使用标准，并严格按此标准执行。采取定人定车、安装 GPS 等现代化监控设备，规范优化运营流程，提升燃油利用率。

便利店以其空间、时间和服务的便利性以及贴近消费者的特点在 2013 年展现出非常好的发展态势，便利店开店速度大大高于其他业态。生鲜和速食在便利店销售中占有很大的比重，所以便利店也是能耗强度最高的业态，完善管理节能降耗的重要性凸显。以迪亚天天为例，通过完善日常的管理，如物品堆放规范性、制冷设备的定期日常保养、根据季节调节设备参数、根据每天的营业时间开关启动冷柜的照明，同时要求员工在拿放物品后尽快关闭柜门等等，一系列的管理带来能耗强度的显著下降。

（二）大力发展合同能源管理的商业化模式

节能带来的成本下降会给企业带来长期的收益，但一次性节能投资往往会影响企业的运营，这一矛盾一直困扰着零售企业的节能工作。受调查企业总部在2013年实施的节能改造资金来源主要依靠企业的自身，其中69.62%的企业资金主要依赖于企业自筹，11.39%依赖于政府机构的支持或奖励补贴超过总投入的40%，还有30.38%的企业项目中与节能服务公司合作和与设备提供商合作，完全或部分采用合同能源管理模式。与2011年和2012年企业节能资金来源的数据比较发现，合同能源管理模式的资金来源比例明显提升。企业节能项目全部自身投入的比例有所下降，政府补贴和合同能源管理的模式比例增长显著。在进一步节能推进中，35.36%的企业选择尝试采用合同能源管理模式，推动门店的节能项目实施进度。见图17。

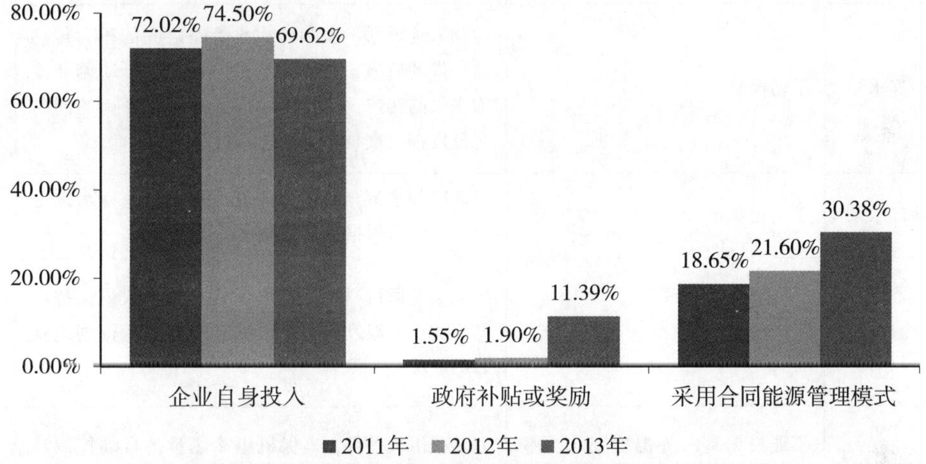

图17　2011-2013年零售节能资金来源

企业对合同能源管理模式的认同程度和实施进度都有了很大程度的提高。2013年百盛集团位于北京朝阳区的百盛太阳宫店是其市内最大的旗舰店，其总建筑面积7万平方米，是集顶级名牌与时尚潮流于一体的一站式购物中心。项目于2009年建设完成，2010年开始营业，建筑的整体能耗水平低于大型公建的平均水平，位于现场的大型机电设备（冷机、水泵、空调机组）均为高效节能新型设备，一般性的节能手段潜力不大。太阳宫店采用合同能源管理的模式对空调制冷与供暖深挖节能潜力，经过2个月的节能改造后，节能效果极为显著。见表12。

表 12　　百胜太阳宫店节能效果

序号	设备	现状	节能改造设计	节能率%
1	冷冻机	无逻辑启动，不能实现冷机、泵之间的联锁启停，不能根据负荷化自动控制机组设备开启数量	控制系统根据系统冷冻水供水/回水温度和制冷机组运行电流及冷媒压力/温度等数据，自动准确计算出大楼空调实际所需要的冷负荷，根据需求冷量调节冷机负荷，并控制冷机台数，自动调整冷水机组运行工况，从而达到最佳节能的目的，在满足系统负荷的前提下，最大程度地降低能源消耗。	30
2	冷冻水泵	手动控制	控制系统根据一次和二次水管路之间的压力传感器提供的信号，与设定值进行比较，自动调节冷冻水泵的转速，从而在保持系统压力平衡的同时充分发挥一次泵变流量的节能特性。	36
3	冷却水泵	手动控制	降低冷却水流量，增大冷却水温差，冷却水设定上限，然后根据流量最佳化调节。	35
4	冷却塔	手动控制	控制系统通过调节冷却塔风机的运行数量保持冷却水的出水温度，为冷水机组的高效运行创造良好的环境。	15
5	空调机组/新风机组	不能根据室内外温度变化、室内温度实际值，自动调节免费供冷	完善机组软硬件，确保机组冷热量的自动控制环节对送风温度的控制，根据室内环境质量需求自动调整空调机组负荷，实现风机耗电量的控制。	60
6	空调水系统	循环压差小，水路运行不畅	增加空调水系统放气装置，维修自动补水装置，对补水控制系统重新调整。	20
7	电量监测	没有对相关用电设备进行电量检测	对被控设备加装无线电量采集装置，监测用电量。	14

（三）建筑节能将成为零售业节能新亮点

我国的零售业目前以租赁物业为主，2013 年零售业租赁物业的占比约为 64.69%，自有物业的比例仅占 35.31%，见图 18。租赁物业的企业在建筑节能上受到很大的制约：一方面，受原有建筑结构的限制，很难对其进行大规模的节能改造；另一方面，这部分能耗有可能包含在租赁费用之内，导致针对建筑节能的改造空间有限。

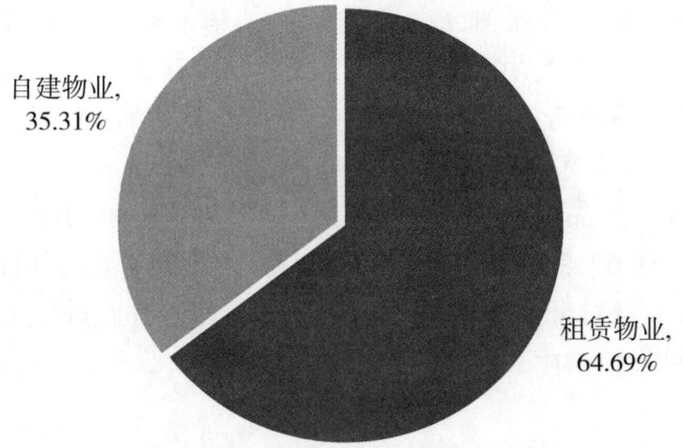

图 18　零售业的物业形态

在对未来的节能工作重点调查时，32.60%的企业将结合自建物业比例加大，更加关注提高建筑的整体节能效率。空调能耗是百货和购物中心的最大能耗构成，在一些高档的百货或购物中心，空调能耗约占总能耗的50%左右；超市和大型超市的空调能耗占比也低于总能耗的30%，所以建筑节能巨大。

近几年国家逐渐强化建筑节能。例如上海市商委依据《大型商业建筑合理用能指南》（DB31/T552-20.11），结合上海的气候情况，对上海的商业建筑合理用能设定标准。重庆市针对建筑节能改造的商建给予30元/平方米的补贴，提高商家对建筑节能的积极性。

（四）EMS能源管理系统成为节能新助力

零售门店的区域相对比较分散，加大了总部的监控难度，信息化的能源管理系统可以实现对不同辖区的门店的日常用能监控，异常用能的及时纠正以及通过用能数据实现区域间不同门店、同一门店的不同时间段的用能比较与审计。国内较早安装能源管理系统的企业主要是外资企业，如家乐福、沃尔玛等；近几年内资企业也逐渐加大对能源管理系统的投入和研发。如大润发凭借企业自身技术实力和管理优势自行研发并成功运行了EMS管理系统，已实现对其所有门店的实时监控。华润万家的能源管理体系经过几年的运行，不断地改进和完善，目前已实现对华南门店的能源实时监控。在实地调研过程中，众多的内资企业均表示已经有构建EMS能源管理系统的计划，并将在较短的未来付诸实施。

随着信息化的发展，无论是在门店还是能源管理平台的技术手段方面均不断提高，国际先进的大企业也瞄准了零售业。如飞利浦Teletrol系统极大简化了能源数据的收集程序，目前已在美国许多超市应用；丹佛斯的EMS集中控制的扩展技术可以减少泄露风险，降低统计系统的能耗，减少人工和降低管理难度；Honeywell的Niagara分布式、弹性架构的实时监控管理平台，可以通过横向扩展的方式，即通过增加分布式站点（JACE），接入海量的分布在不同物理位置的智能系统；这些站点都可以独立完整地工作，在本地完成实时数据采集、控制、报警、实时数据库存储等。新技术的不断研发为EMS能源管理系统的应用创建了更为广阔的平台。

（五）发挥零售窗口优势，引领绿色消费

零售业连接生产和消费两大领域，是面向消费者的窗口，引领绿色消费既是零售业应该

承担的社会责任，同时也是零售业树立企业的绿色品牌形象的最有效手段之一。2014 年 9 月，商务部、中国连锁经营协会及中国人民大学环境学院在北京、上海、武汉、深圳、重庆五个城市同时进行绿色消费调查，共回收问卷 4068 份，其中有效问卷为 3760 份。

1. 消费者对绿色产品具有一定认知

现阶段消费者对绿色产品已经有了一定的认识，见图 19。其中认为绿色产品有益于人身健康的占比最高，达 67.95%；认为产品在生产过程对环境造成的污染损耗较小的占比 56.65%；认为产品本身对环境影响较小的占比 57.13%；此外还有 43.86%的消费者认为绿色产品应该可以回收和再生。

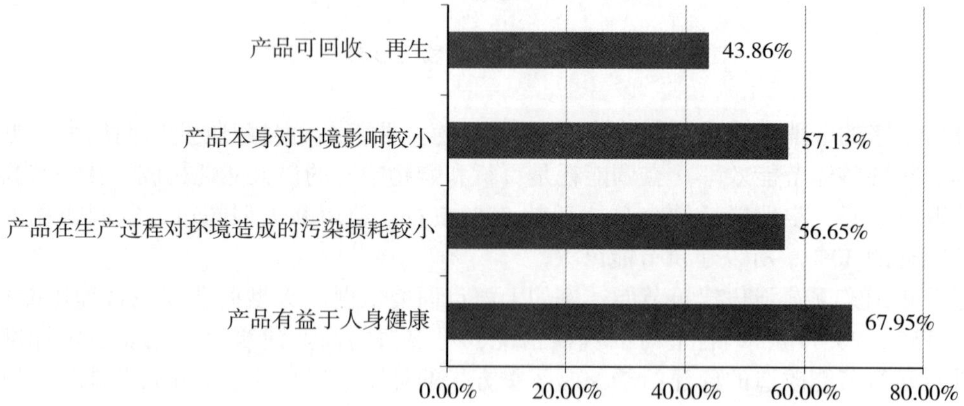

图 19 消费者对于绿色产品的认知

2. 零售业门店是最重要的绿色产品宣传渠道

获得绿色产品信息的渠道：消费者主要通过媒体、商场宣传和产品标签标识来获得绿色消费信息，分别占到 59. 81%、59. 20%和 42. 13%，见图 20。零售企业的门店是最为重要的绿色产品宣传的渠道，近六成的受调查消费者认为可以从实体门店中获得有益的绿色产品信息。

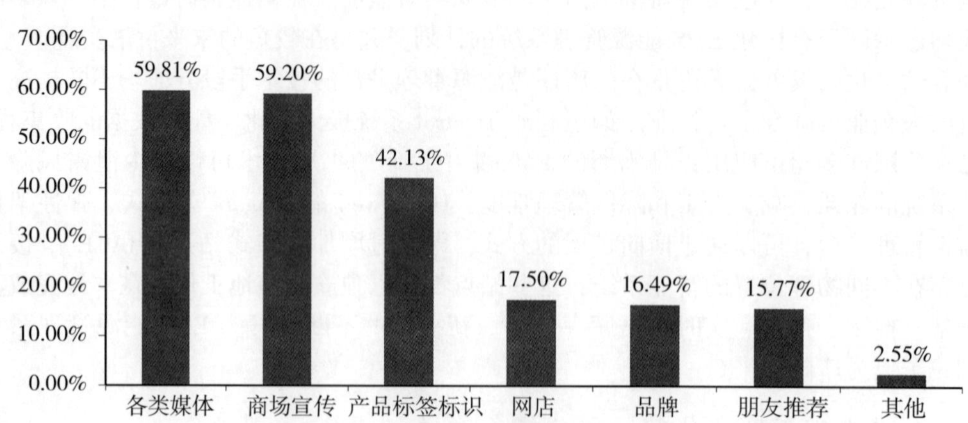

图 20 消费者获取绿色产品的信息渠道

在绿色产品选购的主要途径上，零售业实体门店是最重要的途径，72.15%的受访者在购买绿色产品时选择商场，这一比例远超其他的途径。见图 21。

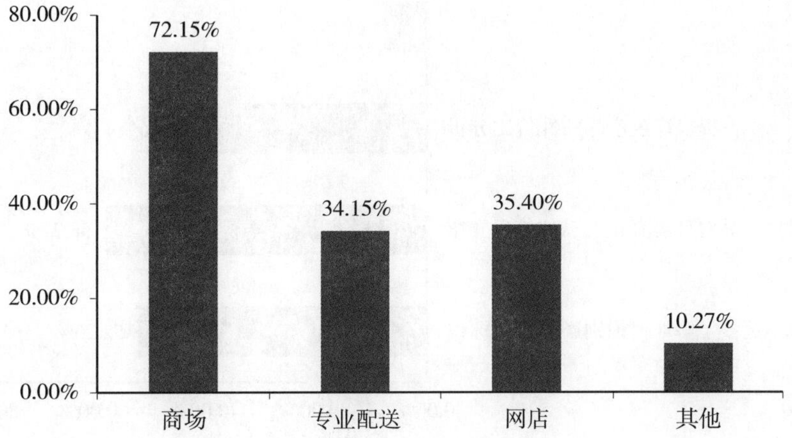

图 21　消费者选购绿色产品的途径

3. 零售企业的环保形象影响消费者采购决策

零售企业的绿色环保形象也会在一定程度上影响消费者的购买选择决策：48.64%的受访者表示尽可能优先去积极环保形象的商家，39.76%认为商家积极的环保形象会对本人的购买决策产生一定影响，10.59%表示没太关注商场的环保形象。消费者在选择商场时不仅考虑产品价格和产品种类多样性，同时产品是否有绿色产品可以选择成为一项极为重要的参考指数。见图 22。

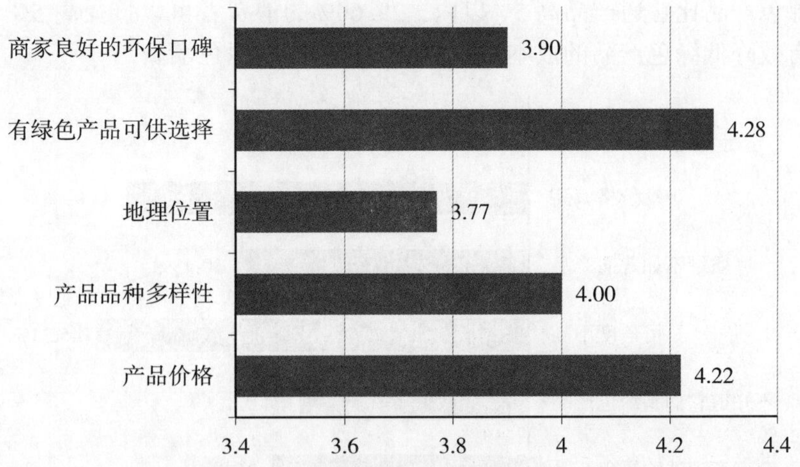

图 22　消费者购物选择的参考因素

4. 消费者希望获得商家的绿色消费指导

调查发现，绝大多数消费者希望在绿色消费过程中，商家能够给予各种形式的帮助：

58.22%的受访消费者希望商家能提供环保产品对环境真正贡献的信息介绍，52.23%希望更多了解如何识别产品的环保标识，40.56%希望商家能提供环保产品的性价比分析。见图 23。

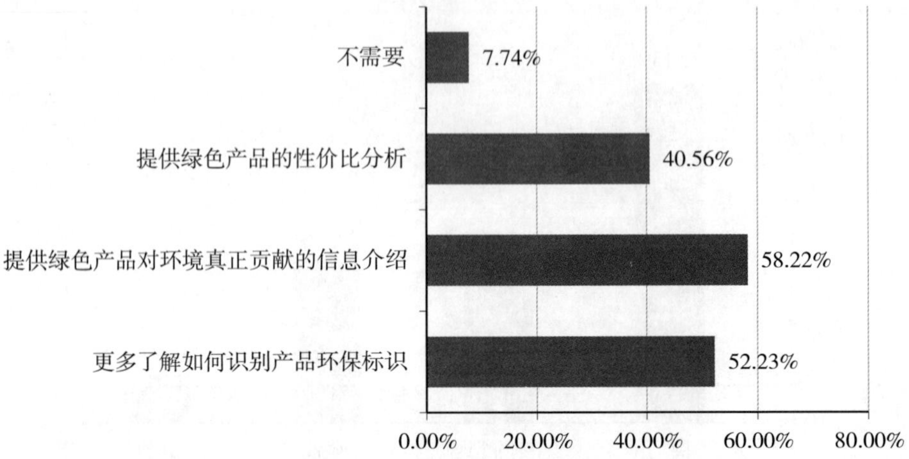

图 23　消费者希望商家帮助选购绿色产品方式

消费者在以往购买过或者未来可能购买的绿色产品时，67.31%的受访消费者更倾向于购买食品类的绿色产品，其次是家具、建材类的绿色产品，占到 46.78%，而电子电器类、服装、文具纸张和日用杂货分别占 35.82%、27.29%、26.41%和 27.34%。在调查消费者不选购绿色产品的原因时，45.24%的消费者认为绿色产品可信度不高，41.99%认为价格偏高，30.45%认为质量不如普通产品，26.86%不会有意识选购，24.02%不知道是绿色产品，3.11%因为其他原因没有选购绿色产品。见图 24。由调查结果可知，对绿色产品的信任度和绿色产品的价格是当前影响绿色消费的最重要原因。35.32%的受调查消费者可以接受绿色产品比普通产品高 5%以内，29.60%的消费者可以接受高 5%～10%范围。由此可见，有效降低绿色产品的成本和价格才能真正推动绿色消费。

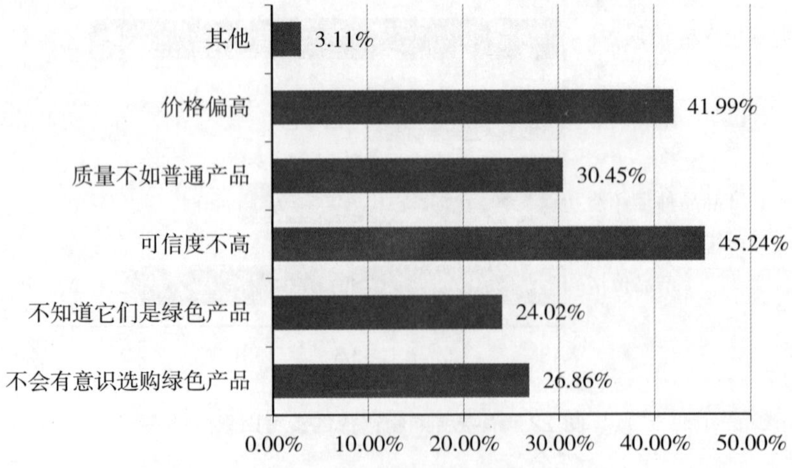

图 24　消费者不选购绿色产品的原因

五、零售业节能环保的对策建议

（一）企业层面需要持续关注或改进的方向

2014年商务部调查了零售企业在未来应持续关注或改进的方向，对未来的推进采取5分制，即非常重要为5分，重要为4分，一般为3分，不太重要为2分，不重要为1分。调查结果显示：将节能减排列入企业发展战略中，并以不同的形式体现在阶段发展中的得分为4.57分；强化管理节能手段及方法，优化管理流程和制度的得分为4.55分；了解技术节能新趋势，推动新技术及设备的应用的得分为4.42分；完善对门店能耗管理的监督、测量及审核机制，提高能效管理水平的得分为4.54分；加强对物流环节的能耗管理，以减少物流成本及对环境的影响的得分为4.37分；加强员工培训，提高员工参与度的得分为4.50分。见图25。

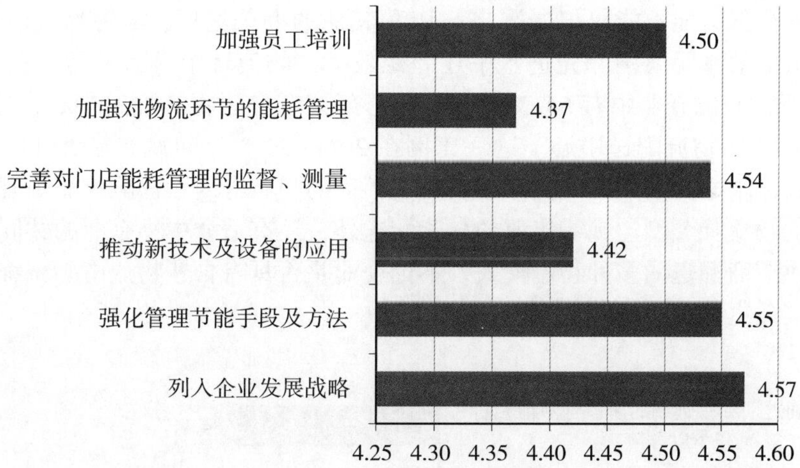

图25　企业未来关注及持续改进的方向

企业最关注的三项分别为：将节能减排列入企业发展战略中，并以不同的形式体现在阶段发展中；强化管理节能手段及方法，优化管理流程和制度；完善对门店能耗管理的监督、测量及审核机制。2013年企业调查最重要的三项分别为：强化企业自身挖潜；优化管理流程、强调员工培训和员工参与的重要性；引入门店的节能情况审核机制。

1. 节能减排作为长期发展战略助力提升企业竞争力

与上年的调查结果相比，最显著的差异就是企业将节能减排列入企业的长期发展战略，并将其列为当前最重要关注点。零售业竞争激烈程度加剧，不断促进企业通过节能减排实现成本的降低和品牌认同度的提升。尽管国际大企业均将环境战略作为企业最重要的发展战略之一，但国内的企业起步较晚。这一调查结果也表明企业阶段性发展进步。

2. 根据企业自身的特点强化管理手段与方法

管理手段与方法是多种多样的，企业的发展阶段和状况不尽相同，企业的市场定位千差万别，因而管理手段与方法也不能一概而论。在以往的节能实践中，有些企业安装分项计量，但对于数据缺乏后期的采集和统计，并没有发挥实现分项计量的作用，反倒增加了监控能耗。一些企业大量的资金投入到能源管理的信息化，但是信息数据的采集并不完全符合经营的实际需要，导致监控缺乏效用。

强化管理针对不同的企业有着不同的含义和实施方法，结合企业的实际情况，寻找现阶段最适合的管理手段和方法才是企业的核心节能关键点。如某企业在节能前期依靠手工抄表，监控能耗，效果显著；随着信息化的发展才逐渐实现自动化的监控与管理。

3. 注重员工培训提升第一线执行力

目前零售业的节能还主要集中于门店节能这一空间，节能技术与设备的应用是节能的起点和平台，而真正实现门店的节能还必须通过日常运营的维护和管理来进行，目前门店人员流动性和素质的普遍偏低往往导致节能的执行力不足。

员工培训一直是企业重要关注点之一，如何将员工培训与企业的执行力结合在一起才能提高培训的有效性。

4. 优化物流环节降低物流能耗

零售业的环保节能不能仅仅局限在门店和其他的办公场所，零售物流的能耗占比巨大，我国物流的效率距离国际先进水平还差距较大，物流环节具有非常大的节能环保空间。2014 年受调查的企业中有 54. 34%的企业总部拥有自建物流配送中心，还有 45. 66%的企业没有自建的物流配送中心。这一比例在 2011-2013 年间没有显著性的变化，主要是由于自建物流中心的前期巨大投入以及所能辐射的门店等因素影响物流中心的发展。

零售业的物流除大型连锁零售业的自营配送外，还有适合中小企业的共同配送、第三方配送以及供应商配送的多种物流模式。不论企业是否具有自建物流中心，统一配送的物流模式往往能效更高、成本降低。

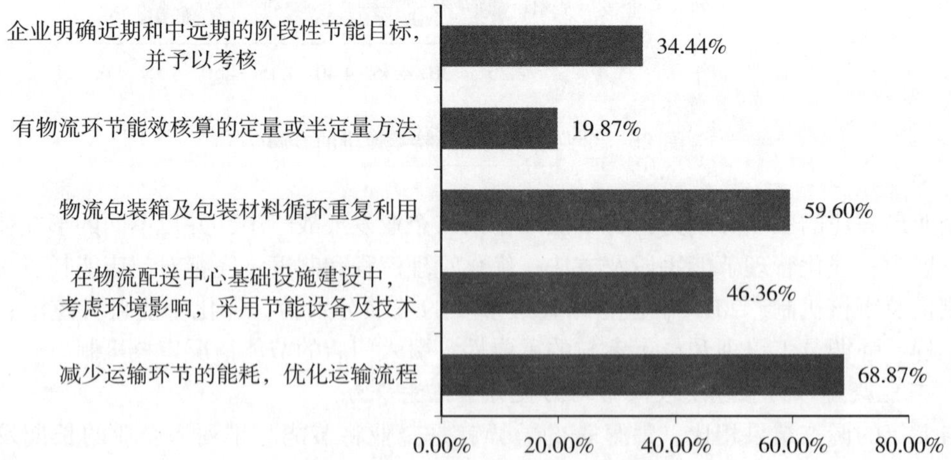

图 26　零售企业物流的节能环保目标

2014 年的调查中 79. 5%的企业在物流环节具有明确的节能环保目标。其中，选择减少运输环节的能耗，优化运输流程作为环保节能目标的企业占比 68. 87%；选择在物流配送中心基础设施建设中，考虑环境影响，采用节能设备及技术的企业占比 43.36%；选择物流包装箱及包装材料循环重复利用的企业占比 59.60%；选择有物流环节能效核算的定量或半定量方法的企业占比 19.87%；选择企业明确近期和中远期的阶段性节能目标，并予以考核的企业占比 34.44%；其他的环保节能目标有节能式燃气灶具，节能水龙头、感应水龙头，优化送货路线，送货、回收废旧家电双程运输，减少运输成本等。见图 26。

其中，企业最为关注的物流方向包括如何通过优化运输路径，缩短物流的距离，减少运输环节的能耗和碳排放；物流包装箱及包装材料的循环重复利用可以大大减少资源的浪费和包装材料生产和处理环节对环境的影响，又可以降低包装成本；伴随近几年物流中心的兴建，许多节能技术和设备得到广泛的应用，大大降低了物流中心自身的运营能耗。

5. 深化绿色供应链的建设

2014 年调查中有 54.27%的企业表示将与供应商共同合作推动商品包装减量，在没有与供应商建立合作的企业中有 48%的企业表示未来一两年实施减少包装的计划。

在 2014 年绿色消费的调查中，消费者也希望在绿色消费过程中零售业能够提供更为便利的途径，其中希望商店设立绿色产品专柜的消费者占比 61.41%，开设绿色产品专卖店的占比 55.32%，商店能够提前发放绿色产品宣传册占比 39.39%，在相关产品上附有明显的说明标签占比 43.72%。见图 27。

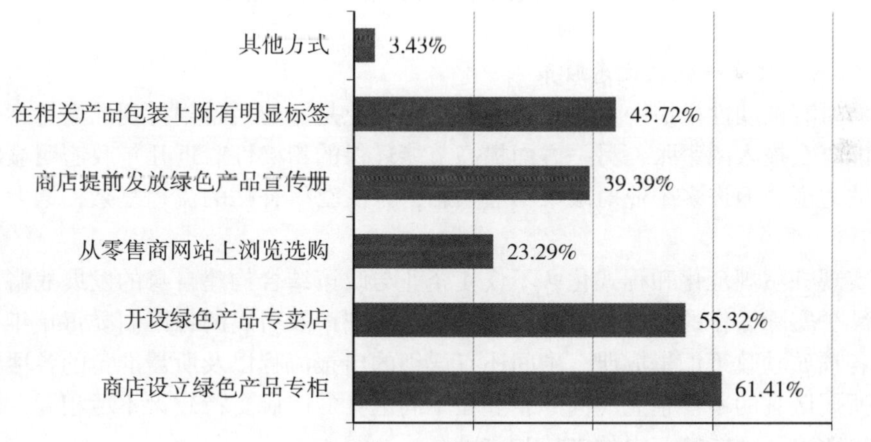

图 27　消费者选购绿色产品的便利方式

（二）政府层面在宏观管理上的改进方向与建议

2014 年商务部针对企业环保节能工作的持续开展最具推动力的政府举措进行调查，根据重要程度采用 5 分制，非常重要为 5 分，不重要为 1 分。结果显示：执行国家相关政府部门发布的最新强制性或指导性标准、文件及法规为 4.50 分，国家地方或行业主管部门及时发布更新技术标准，如 LED、制冷剂效用等为 4.34 分；能够定期或定向获得政府部门提供的节能改造专项财政补贴资金或基金支持为 4.66 分；企业统一采购并使用一定额度的节能设备投入，可享受政府税收减免或其他优惠政策为 4.64 分；更广泛地开展政府及行业协会主导的零售业环保节能标杆企业推选活动为 4. 12 分；政府或相关组织定期举办公益培训或专题研讨交流活动，推广节能新技术、新设备的应用案例为 4. 25 分。见图 28。

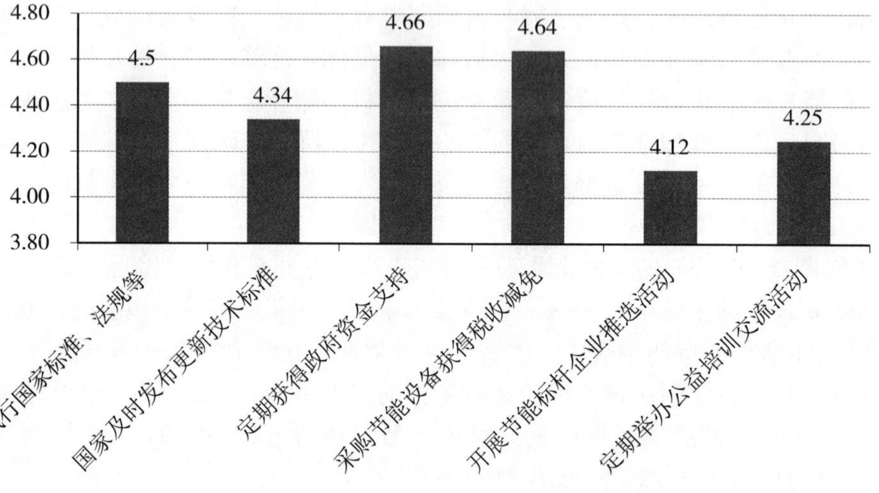

图 28　对零售企业节能环保最有推动力的举措

1. 持续推动财政或税收优惠政策

在政府所有推动性举措中，获得补贴和税收减免是企业最希望得到的支持，一方面可以缓解节能资金投入的紧张，另一方面提高节能环保的积极性。近几年政府明显加大了对节能补贴的力度，但许多企业对政策不够熟悉，以及获得补贴的流程复杂，增大了企业操作的难度。

政府实现补贴规范化和程式化，不仅使企业与政策结合构建自身的发展战略，而且也会让企业减少实际操作的难度。以深圳市为例，深圳市及所属的各区商委每年年初将本年度政府的各项鼓励政策汇集成册，中间还有详细的申报流程以及所需准备的各项资料，及时发放给所属区县的零售企业。同一企业在不同区县的门店支持政策不尽相同，但是通过手册就可以明确了解能够获得的支持和奖励。

2. 扩大节能减排考核的范围，让企业进一步明确节能环保方向

节能减排的考核重点主要集中于门店的能耗，门店用电量、用气量等。零售企业以运营为目标，为保证舒适的购物环境，门店的能耗节能空间有限。一味强调门店的能耗数据必定会增大企业节能的难度和边际成本。零售企业的冷冻冷藏和空调的能耗占比之和在总能耗的 50%~70%，这两项的设备均离不开制冷剂。2014 年商务部针对 227 家典型门店的调查显示，目前氟利昂 R22 用做制冷剂的门店占 47. 05%，氟利昂替代的 R134a 制冷剂比例 25. 00%，R404a 的比例 4. 14%。

氟利昂 R22 制冷剂的全球变暖系数 GWP 为 1500，臭氧层破坏系数 ODP 为 0. 055。国际公约要求未来的制冷剂 ODP 值为零，GWP 在 100 以下。即使是氟利昂替代的 R134a 和 R404a，其 ODP 值为零，GWP 值分别为 1300 和 3780，均不符合国际公约的要求。制冷剂的环境影响巨大，我国遵守蒙特利尔公约逐渐淘汰并替换环保型制冷剂的任务艰巨，零售

企业替换制冷剂的积极性不高。如果国家能够将制冷剂折算成碳排放量，作为减排的考核指标，必将极大促进零售业制冷剂替换工作的开展。

物流环节的能耗和碳排放占比巨大，目前对于物流中心和物流配送的能耗缺乏有效的KPI考核指数，更缺乏定量评价的体系。建议政府加大对于该环节的标准体系建设和研究，让更多的零售企业明确下一步节能减排的路径。

3. 构建合理的符合零售业特点的碳排放交易指标体系

随着国家“十二五”节能减排力度的不断加大，大型的零售企业作为用能重点单位被纳入强制性碳排放的企业名单，2013 年北京已经对所属的零售企业开始执行碳排放核算，超过总量的部分必须在碳交易所进行购买，否则将予以处罚。在其他的一些试点城市也将陆续开展碳排放交易，以后会在全国范围内逐渐推广。

实现碳排放交易符合国家的总体发展战略，但值得注意的是零售企业有自身的经营特点，与工业企业不尽相同，如果用工业企业的碳排放考核方法去考核零售企业并不适合。在 2014 年北京试点的众多零售企业均反映目前的考核体系不符合零售业的特点和发展要求，调整碳排放的考核指标，才能使更多的企业在节能减排中受益。

结合零售业的具体特点，零售业以租赁物业为主，房地产商投资建设商业综合体不涉及碳排放买卖，仅要求租赁部分区域的零售商购买碳排放指标，现今对碳排放的考核体系显然对零售业有失公平。

4. 构建透明公开化的节能减排平台

企业在节能环保中存在问题最大，反映最为强烈的就是“无法了解新的政策信息”，见图 14。目前多头管理现象普遍存在，部门之间缺乏协作，以及部分管理部门的人员业务不够熟悉，导致企业在获取信息和政策方面时间成本增大。应构建透明的信息化平台，让企业能够及时方便地了解最新的国家及地方政策。

通过公益培训提高企业的节能环保能力，通过树立标杆式企业让业内企业有明确的发展方向。

（商务部流通业发展司　中国连锁经营协会）

2014 年中国零售业
顾客忠诚度总体状况研究

一、调研概述

在当今市场激烈竞争环境下，忠诚顾客是企业增加利润的主要来源，建立和保持顾客对企业的忠诚成为众多企业的普遍共识，零售业更是如此。

一方面，传统零售企业面临增收缓慢、节支困难和利润空间严重压缩等多重压力。再加上以互联网为核心的相关技术及应用的快速发展，使得消费者向网络零售渠道分流，造成零售行业竞争更加激烈；另一方面，信息透明以及互联网和智能移动设备的普及使得消费者的消费需求、消费习惯以及消费行为等都产生了新的变化。因此，如何更加有效地建立顾客忠诚度，已成为实体零售商的主要挑战。

基于此，2014 年中国连锁经营协会与全球（食品）零售界领先的顾客忠诚度咨询公司 Brand Loyalty（品诚保莱）合作开展了“中国零售业顾客忠诚度研究”。本研究阐述了顾客忠诚度的内涵，明确了零售企业开展顾客忠诚度计划的现实意义，使零售商更加了解顾客忠诚度的重要性。此外，本研究分析了零售渠道以及消费者格局的变化，指明了中国零售行业顾客忠诚度管理存在的诸多问题及挑战，提出了提高顾客忠诚度的方法和建议，并分享了获得忠诚度大奖的活动案例。特别需要注意的是，在如今数字化全覆盖时代下，除采取常见的传统方式方法外，零售商也应积极利用新科技创新发展的最新成果，不断创新思维，更有效地吸引顾客，减少顾客流失，达到提高顾客忠诚度的目的。

二、顾客忠诚度相关理论概述

（一）顾客忠诚度主要内涵及分类

如今市场环境正向买方市场转变，企业之间的竞争开始集中于顾客争夺。顾客忠诚是企业利润增加的重要来源，对于零售业而言更是如此，建立和保持顾客对企业的忠诚成为了普遍共识。正确理解顾客忠诚，是企业实施顾客忠诚营销活动的第一步。

对顾客忠诚的研究，不同学者角度不同，主要可归类为三种观点。一是行为取向观点，将焦点放在顾客的实际购买行为和重复购买力上，通过顾客购买份额、顾客再购买率、购买频率等顾客行为方面的指标来衡量顾客忠诚度。二是态度取向观点，考虑了顾客忠诚形成的心理动机，认为顾客忠诚是情感（态度）的忠诚，把顾客忠诚度视为对产品和服务的一种偏好和依赖，测量指标有购买意愿、偏好程度等。三是态度和行为相结合的观点，认为应该结合态度和行为两个维度来综合评价顾客忠诚度，以便更好地理解基于顾客心理的真正的顾客忠诚。本研究认为，对顾客忠诚内涵的界定不仅要能描述顾客忠诚的行为特征（如重复购买行为），而且也要强调顾客忠诚的态度特征（如对产品或服务的偏爱及对企业的信赖），否则无法有效区分顾客的真实忠诚和虚假忠诚，因为高度重复的购买行为可能并非基于某种偏好意向，而是因为各种转换障碍的存在，低度重复购买的原因也可能是情景因素或随机因素的干扰作用。因此本研究主张美国学者奥立佛（Richard Oliver）的定义，顾客忠诚是高度承诺在未来一贯地重复购买偏好的产品或服务，并因此产生对同一品牌或同一品牌系列产品或服务的重复购买行为，而且不会因为市场态势的变化和竞争性产品营销努力的吸引而产生转移行为。

作为一个多维的概念，顾客忠诚可依据深浅度细分为行为忠诚、意向忠诚和情感忠诚。行为忠诚是顾客实际表现出来的重复购买行为；意向忠诚是顾客在未来可能的购买意向；情感忠诚则是顾客对企业及其产品或服务的态度，包括顾客积极向周围人士宣传企业的产品或服务。

（二）开展顾客忠诚度计划的意义

根据“2014 德勤中国消费者调查”的数据，超过 77%的人相信顾客忠诚度计划会鼓励他们增加消费。帕累托定律也表明，20%的忠诚顾客可以带给企业 80%的利润。可见，开展忠诚度计划对于零售企业来说具有非常重要的现实意义，主要体现在以下方面：

1. 盈利效应。根据美国经济学家萨塞和赖克尔德的研究，顾客忠诚度在决定企业利润方面比市场占有率更为重要，当忠诚度上升 5%时，利润就会上升 25%~50%。而且，忠诚的顾客愿意为其所接受的产品和服务支付较高的价格，并能向其他消费者推荐企业的产品和服务。所以提高顾客忠诚度有利于增加企业的销售收入和利润总额。

2. 降低成本效应。营销专家的研究结果已经表明，顾客忠诚度的提高可以节约企业运营成本。根据美国学者 Slater 和 Marver 的研究，吸引一个新顾客的成本是维持一位老顾客的 4 到 6 倍。目前市场竞争激烈，企业争取到新顾客的困难更大。

3. 口碑效应。忠诚顾客会积极向其周边群体推荐企业的产品或服务，为企业建立良好口碑并增加新顾客。有研究表明，一个满意的顾客会引发 8 笔潜在的生意；一个不满意的顾客会影响 25 个人的购买意愿。因此，维系老顾客并提高其忠诚度，是企业开拓新市场，赢得市场份额的重要途径。

4. 竞争优势效应。忠诚的顾客是企业竞争的核心优势，他们不易被竞争对手的降价促销等活动吸引，可以削弱对手价格战的威力。

三、零售业顾客忠诚度管理环境变化

（一）零售渠道多样化竞争加剧

1. 实体零售渠道充满挑战

伴随经济增长放缓、消费升级、三公消费下降和成本高企，传统零售企业面临增收缓慢、节支困难和利润空间严重压缩等多重压力。同时，以互联网为核心的相关技术及应用的快速发展，更使得消费者向网络零售渠道分流，对传统零售渠道造成了强烈冲击，发展速度连续下滑。根据中国连锁经营协会连锁百强调查统计，连锁百强企业销售增幅从2010 年的 21%下滑至 2013 年的 9.9%，增幅首次出现个位数，是百强统计以来销售增幅最低的一年。连锁百强销售规模占社会消费品零售总额的比重也从 2009 年的 10.8%下降到 2013 年的 8.6%。面对竞争，一些实体零售企业纷纷进行多渠道发展，试水网络零售业务，但总体上看，成效并不明显。

除受网络零售冲击等因素外，我国实体零售业业态差异化不明显，门店布局密集等因素也造成了顾客忠诚度不高。据 AC 尼尔森研究发现，从 2008 年到 2012 年的 5 年间，消费者光顾大卖场、超市购物的频率在下降，每一次购物的门店选择则在增多，因此竞争越加激烈。而越是竞争激烈的行业，客户忠诚度就显得越发重要。因此，如何更好地吸引并留住顾客，最终转化为更多的红利，已成为实体零售商的主要挑战。

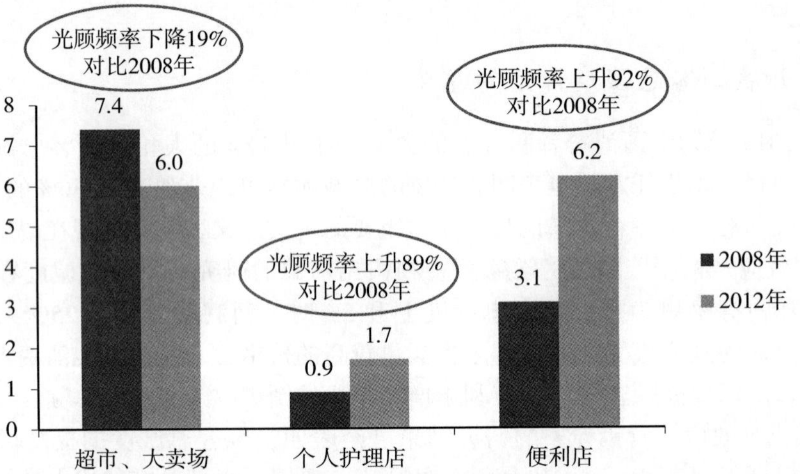

数据来源：AC 尼尔森《2013 年购物者趋势报告》

图 1　渠道多样化竞争

2. 网络零售渠道蓬勃发展

与实体零售渠道相比，网络零售已经成为被消费者广泛接受的零售渠道，近年来增长迅速。根据中国电子商务研究中心的数据，2013 年中国网络零售市场规模达到 18851 亿元，同比增长 42.8%，占社会消费品零售总额的比重已达 7.9%，比上年提高 1.6 个百分点。国家统计局公布的数据显示，2014 年上半年全国网络零售额 11375 亿元，同比增长 48.3%。

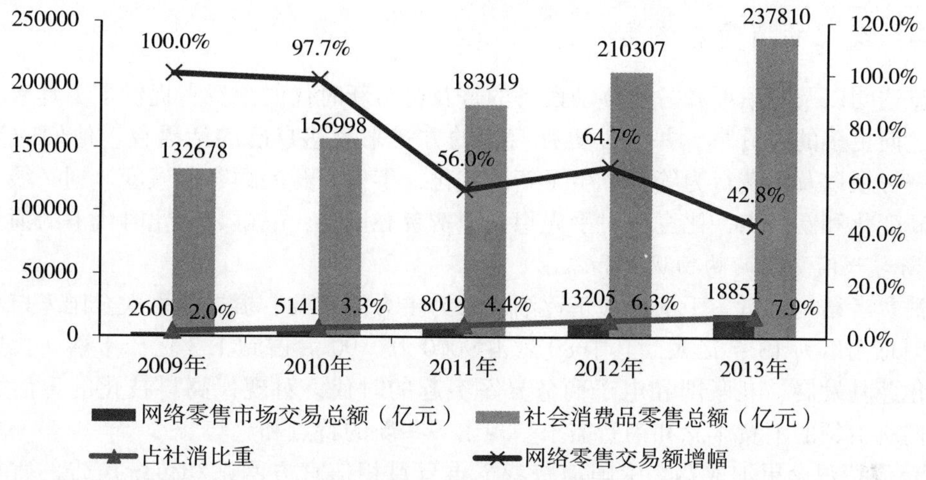

数据来源：国际统计局，中国电子商务研究中心，中国连锁经营协会

图 2　2009-2013 年网络零售规模及增幅、占社消比重情况

移动购物成为新的消费增长点，将持续推动网络零售市场增长。艾瑞咨询数据显示，2013 年中国移动网络购物市场规模达到 1696.3 亿元，同比增长 168.6%，远高于网络购物整体及 PC 端网络购物增长。2014 年一季度中国移动购物市场交易规模达到 641.9 亿元，同比增长 140.8%。

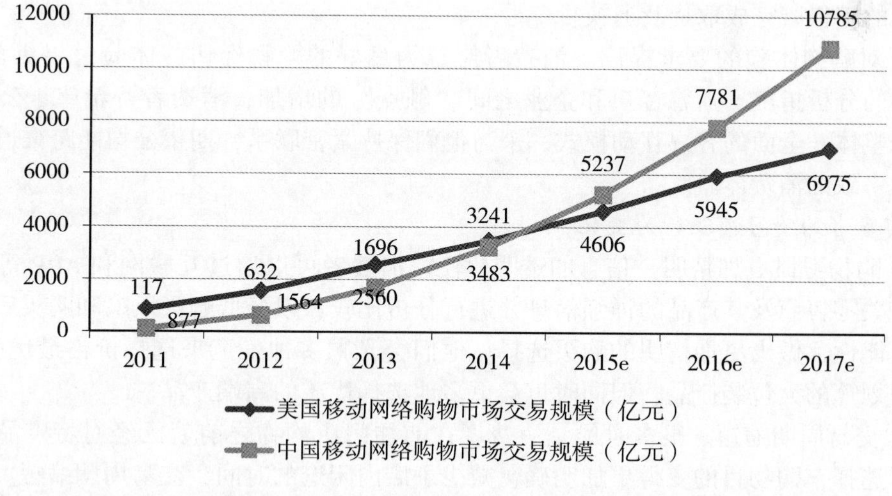

数据来源：艾瑞咨询，eMarketer

图 3　2011-2017 年中美移动网络购物交易规模对比

随着政府对网络零售渠道监管的日臻规范，网络购物用户规模及渗透率持续攀升，基础设施以及行业支撑产业的不断完善，三、四线城市及县域地区消费潜力的不断释放等，未来网络零售渠道仍将蓬勃发展并持续挑战实体渠道。

（二）变化的消费者格局

信息透明以及互联网和智能移动设备的普及，给新时代的消费者提供了工具来了解更多信息、向更多的人分享，并能以更强有力的方式来表达自己的话语权。他们的消费需求、消费习惯以及消费行为等都产生了新的变化，零售商开展顾客忠诚度计划必须了解消费者的新变化和新特点，比竞争对手先想到消费者心里去，赢得数字化时代下的消费者。

1. 新时代消费者的购物观念和需求

从消费者结构上看，千禧一代正逐渐成长为主力消费群。根据第六次全国人口普查显示，中国总人口为13.7亿人，其中80后占9000万，90后占到1.3亿。千禧一代成长于商品文化蓬勃发展、互联网和电子商务异军突起的时代，对现代高科技化的生活适应性强，他们所引领的消费观念和消费需求呈现出一些新的特点和趋势。

（1）消费观念更加成熟。中国消费者不再盲目相信官方网站和传统广告的宣传，而是更加相信其他消费者的评论，认为由用户生成的内容可信度更高。因此，他们更倾向于相信从博客、点评网站、社交网站上获得的产品推介。另外，对商品的质量要求更高。

（2）更加注重情感需求和个性化诉求。数字时代下的新消费者不仅注重消费的数量和质量，而且更加在乎购买的商品或受到的服务是否满足其对个性化的追求。他们在购物消费的同时也在追求较高层次的心理需求满足，更加重视商品的象征意义，更加注重通过消费来获取个性的和精神的愉悦以及优越感，希望体验到与众不同的感觉。

（3）对便捷消费的要求越来越高。由于网络购物渠道的兴起，消费者期待购物能更加灵活方便，希望零售商能以最便捷的方式满足他们的各种需求。例如，在线订购产品，而在附近的零售店完成取货及退换货。

（4）对购物体验的要求提高。消费者愿意为良好的购物经历、体验付出更多的钱。来自德勤的分析指出，随着客户和企业之间“触点”的增加，消费者寄希望于公司能够提供一个整体、全面的客户互动模式，来与他们保持紧密联系，期望公司能跨渠道提供个性化的、一致的消费体验。

2. 消费者购物习惯及行为变化

（1）购物习惯更加精明。信息的透明化使得消费者可以通过互联网和APP等途径轻易获取有关零售商及其产品的详细信息并进行分析比较，以降低购买风险和购买后产生后悔感的可能性，做出更加精明的购买选择。他们会光顾多种渠道来选择价格最优的商品，购买相对划算的大包装产品，但同时也会更多地选择优质的高端产品。

（2）交易周期缩短。很多时候，消费者在前往门店购物之前就已经对特定品牌或产品作出了选择，购物目的变得更加明确，减少了店内闲逛的时间，交易周期缩短。

（3）网络购物习惯加强。消费者光顾实体渠道的频率在减少，而网络购物频次在不断上升。相关统计显示，2013年网络零售交易次数增长了101.1%，达到175.16亿次；年人均网络购物58次，较2012年增长61.1%。另外根据CNNIC监测的数据，截止到2013年12月，中国网络购物用户规模已达到3.02亿人，较上年增长24.7%，网购用户在网民中的渗透率达到48.9%，较上年提升6%。

（4）移动购物模式兴起。移动购物可以突破传统模式的场景限制，使消费者能够利用碎片时间购物，越来越多的消费者正在形成在移动端购物习惯。相关数据显示，截至

2013 年年底，手机网络购物用户数已达 1.44 亿，增长了 160.2%。

（5）自我表达欲望更强，喜欢分享购物经验。越来越多的消费者会主动通过在线论坛、各类门户网站及社交媒体来分享自己的购物体验，交流消费心得，并且希望被倾听，受到他人认可。这意味着一次糟糕的顾客体验，就可能会被转发给数百万的社交媒体用户，严重影响顾客的购买意向。

四、顾客忠诚度管理的问题和挑战

（一）中国零售业顾客忠诚度偏低

中国连锁经营协会曾于 2003 年依托 14 家大型连锁企业，在全国 12 个大城市进行了“超市顾客趋势调查”。调查发现，全国范围普遍存在顾客忠诚度偏低的现象，固定在一家超市购物消费的顾客仅占 18%，固定在 2-3 家超市购物的顾客占到 44.4%。十年过去了，随着电子商务的发展，消费者的购物选择更多、消费习惯及行为变化更大，中国零售市场顾客忠诚度水平更低。现在，顾客可能会去折扣店购买基本用品，去超市购买促销商品和必备品牌，去便利店购买应急商品，网购非食物类商品、大宗商品或非常规商品，去专卖店购买专卖商品。以北京为例，根据 Kantar Worldpanel 的调查数据，顾客忠诚度对零售商份额起到了关键作用，但是主要现代渠道零售商的忠诚度均有所下降。北京家乐福的消费者在一年中还会光临其他 5 个零售商和 6 种其他通路购买快消品。如何提高消费者的忠诚度已成为零售商的主要挑战。

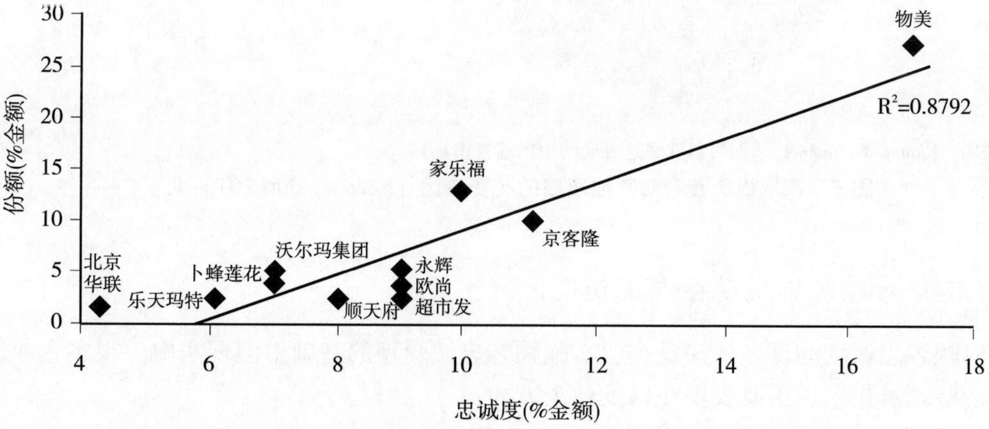

来源：Kantar Worldpanel，数据截至 2013 年 6 月 14 日

图 4　北京主要零售商销售份额（%）与忠诚度（%）对比

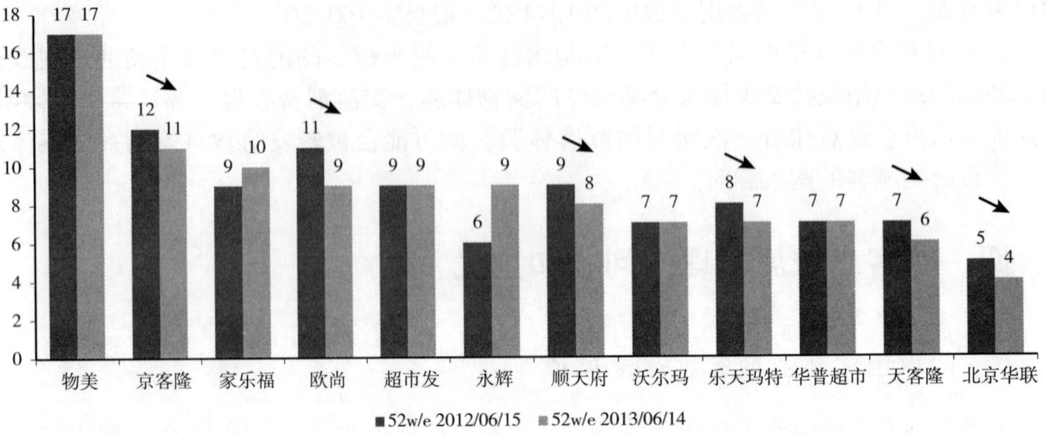

来源：Kantar Worldpanel，数据截至 2013 年 6 月 14 日

图 5　北京主要零售商两年忠诚度对比（%，基于全部通路）

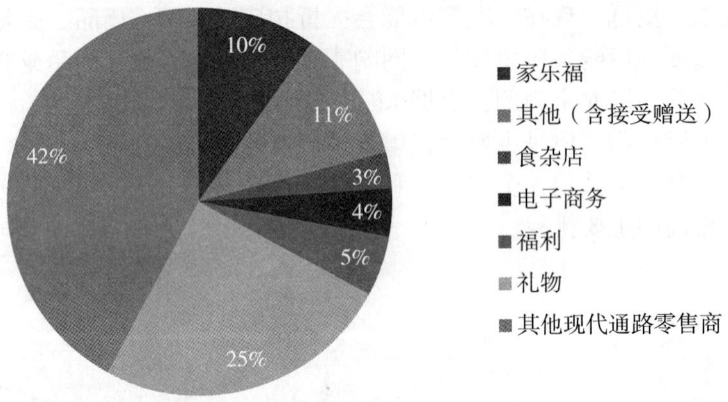

来源：Kantar Worldpanel，《如何驾驭瞬息万变的中国零售市场》

图 6　家乐福消费者对其他通路的花费占比（52w/e，Jun 2013-北京）

（二）对顾客忠诚度存在认知误区

对顾客忠诚度的良好认知是企业实施顾客忠诚管理的基础。但现实中，很多企业仍存在着一些理解误区，主要表现在以下几个方面：

1. 顾客满意等同于顾客忠诚

事实并非如此，根据贝恩公司的研究，40%对产品和服务完全满意的客户也会因种种原因转投竞争对手怀抱。满意度衡量的是客户的期望和感受，而忠诚度反映了客户未来的购买行动和购买承诺。但不可否认，顾客满意度是导致重复购买最重要的因素，当满意度达到某一高度，会引起忠诚度的大幅提高。

2. 提高市场占有率等同于提高顾客忠诚度

很多企业觉得市场占有率高就意味着顾客忠诚度高。这种认识是错误的。相同市场下，市场占有率是企业与其竞争对手比较的结果；而忠诚度是企业顾客占有率和顾客持续比率的反映。企业不能仅专注于开发新顾客以提高市场占有率，忽略对潜在忠诚顾客的开发，而是也应将资源投入到留住老顾客和减少顾客流失上，这样企业会获得更大收益。

3. 把降价促销看作提高顾客忠诚度的关键手段

不少管理者认为，要赢得顾客满意并建立顾客忠诚，价格优惠是关键。不可否认，促销会引起部分客户的关注，在短期内提高销售额，但是这种方法很少能使顾客成为本企业的持续购买者。实际上，降价促销反而会将原有的忠诚顾客变成价格敏感型顾客，无益于建立顾客忠诚，最终还会有损企业自身利益。

（三）缺乏顾客忠诚度管理相关能力

1. 缺乏对会员的把控力和洞察力

对于大部分中国传统零售商来说，他们缺乏对线下会员的直接把控能力以及洞察力，不掌握个体的购物痕迹，忠诚度管理能力欠缺。虽然大多数零售商能够通过“优惠卡”或“会员卡”等顾客忠诚度培养项目来收集消费者信息，但是却没有很好地利用这些信息，不同格式的数据散落在不同的数据库内，缺乏从中提取有价值内容的能力，无法对其顾客进行深入洞察和分析并提供个性化体验，从而没有获得竞争优势，使顾客忠诚度计划显得有名无实。

2. 缺乏对顾客忠诚度指标的跟踪调查

量化问题才是认识问题实质的最佳方法。事实上，很多零售企业的顾客忠诚度一直偏低，但因为企业没有定期对顾客的忠诚度进行跟踪调查，从而不会及时有效地认识到自身目前所处状况，无法清楚意识到问题的严重性，使得顾客忠诚度不能获得较大提升。

3. 客户关系管理（CRM）能力有待开发

很多企业都已经安装了 CRM 软件，但很少有企业能够认识到 CRM 投资的效益，即 CRM 通过相关软件，实现客户战略和流程的捆绑，达到提高客户忠诚度的目的，并最终提高公司的盈利能力。来自德勤的分析指出，许多国内企业缺乏适当的 CRM 系统架构和分析工具，在制定客户与企业互动的单一视图方面存在问题。单一视图是在个人（或家庭）层面的客户信息的整合，构成一个统一、整体的视图。如果没有这一视图，很少有企业能够进行精确的分析，并生成可用于区分服务和产品的有价值的客户洞察。

（四）顾客忠诚度计划缺乏清晰的战略

虽然很多企业推出了顾客忠诚度计划来稳固其主要客户群体，但是很少有企业能够真正实现优厚的投资回报率。问题的核心在于许多忠诚度计划缺乏明确的目标和清晰的战略。很多公司并不确切了解它们想要从中得到什么。一些公司甚至有三四种忠诚度计划。德勤分析指出，许多顾客忠诚度计划未能开发出适当的积分奖励和兑换功能，没有调配出足够的资源和能力来支持这些计划。另外，虽然客户参与了这类项目，但是企业却不能高效收集、跟踪和分析这些大量的客户信息。最终，企业不能充分利用这些信息来加强与客户的互动，而顾客则对此类泛泛的活动失去了兴趣。最终，企业无法有效提高顾客忠诚度。

（五）欠缺真正以顾客为中心的客户体验

卓越的客户体验能够促成消费者的忠诚度，但是很多零售商未能提供真正以顾客为中心的客户体验。例如，越来越多的顾客希望获得个人定制的资讯，但是很多企业没有相关的设置，它们所推送的信息常常是标准化的，没有区分顾客年龄、性别、收入水平或者其他因素，无法满足差异化的顾客需求。顾客在接收到这类标准化信息后常常会感到厌烦，对企业产生负面看法。另外，消费者期望能够实现线上和线下渠道的无缝体验，但很少有零售商能够满足这一需求。即使一些传统零售商开展了多渠道零售，但很多企业只是仅把网络、移动销售看作是新增的销售渠道，并不能提供一个整体、全面的客户互动模式来与顾客保持紧密联系，无法提供令顾客满意的客户体验。根据“2014 德勤中国消费者调查”显示，当与公司进行跨渠道互动时，有超过 75%的消费者对客户体验不满意，其中，缺乏跨渠道的一致性被认为是最主要的问题。

五、提高零售业顾客忠诚度的方法与建议

零售业正置身于变化的洪流中，建立顾客忠诚度是零售企业获得竞争优势的重要手段。消费者需求在不断改变，零售商也需要作出相应改变以赢得顾客的心。技术进步带来挑战的同时也创造了更多机会，零售企业除了采取常见的传统方法外，也应该积极利用科技发展的成果，拥有更强的灵活性和技能以满足消费者需求，通过创新的方式来吸引顾客，提高顾客忠诚度。

（一）提高顾客忠诚度的传统手段与建议

1. 注重基础能力建设

不管零售环境如何改变，零售业的基本规则始终如一。不管是在网店还是实体店，顾客总是希望能够在一个健康、便利、舒适的环境里买到安全、健康、可信赖、实惠的商品。因此，要想构建长期的顾客忠诚，零售商需要坚持行业规则，做好最基本的事情，注重自身的内在管理，持续塑造良好企业形象。

（1）保持门店干净、整洁，创造舒适的购物氛围。

（2）严格把控产品质量，保证食品安全。

（3）做好库存管理，保持存货充足。AC 尼尔森的数据显示，如果所购买的商品缺货，48%的消费者会购买同一品类的替代品，15%的消费者不再购买，37%的消费者会到另一家店购买。

（4）优化卖场布局及商品陈列。合理的卖场布局和商品陈列是顾客方便购物的重要保证，而购物的方便性是影响顾客忠诚的重要因素之一。

（5）提供优质的顾客服务，及时处理好顾客抱怨并积极进行服务补救，增强顾客满意度。

2. 增加顾客转换成本

转换成本（Switching Cost）指的是当消费者从一个产品或服务的提供者转向另一个提供者时所产生的一次性成本。这种成本不仅仅是经济上的，也是时间、精力和情感上的，它是构成企业竞争壁垒的重要因素。如果顾客感到转换成本很低，他们便会在任意零售商之间随意流动并不用担心有较大的损失，因此不利于保持较高的忠诚度。

企业应采取一系列的有效措施适当提高顾客转换成本，减少顾客退出。最常用的方法

是通过会员制、积分返还、奖励等多种形式来加大转换成本，尽可能长久地留住顾客。例如对重复购买的顾客根据购买数量的多少、购买频率的高低实行价格优惠、打折销售或者赠送礼品等。

另外，企业可以采取措施增加消费者的情感转换成本。情感转换成本相较于其他转换成本，更加难以被竞争对手模仿。例如，企业可以为消费者提供更加人性化、定制化的产品与服务，与顾客有效沟通，建立情感联系，增加顾客的依赖性等。

3. 实施有效的忠诚度营销方案

一个吸引人的客户忠诚度营销计划可以通过使消费者行为立即产生变化来提高顾客购买频率、提升客单价和对零售商品牌价值的认知，从而提高忠诚度。

印花换购是零售商常用的一种有效的忠诚营销手段。印花的数量分配取决于所消费的金额。顾客可以根据在特定期限内收集到的一定数量的印花来兑换奖励。通过收集印花不但激励了顾客购买欲，同时也为零售商提供了与消费者进行情感互动的良好机会，随着活动的升级，消费者与零售商间的互动也会变得更加频繁。

数码时代下，结合移动解决方案可以更好地加强印花换购活动的效果。品诚保莱（Brand Loyalty）帮助俄罗斯高端超市 AzbukaVkusa 实施的数码印花方案就受到了顾客的高度支持。根据统计，以数码印花形式参与活动的顾客人均消费增加了 25%，有换购商品的消费者平均客单价增长了 5%。通过品诚保莱公司设计的移动应用程序，顾客可查看所收集的印花数和奖励概览，接收个人消息，查看合作供应商促销信息。

简单并吸引人的会员制度也很关键。“2014 德勤中国消费者调查”显示，超过 70%的客户喜欢简单直接的加入方式。而简单的会员规则和积分奖励可以提高会员卡的利用率，刺激消费者提高消费的金额、频次和时间。重点是，通过让顾客乐于申请会员卡，鼓励他们在购物时使用会员卡，可以获取会员的个体信息与相关销售数据进而进行数据建模与分析，设计相应的忠诚度营销活动。

4. 建立顾客忠诚度测量指标

一个好的忠诚度计划可以改变顾客购物行为，最终导致销售额的增长。企业应该定期对忠诚计划的绩效进行衡量和评估，衡量指标应考虑到交易行为忠诚和情感忠诚两个方面。

通过定期开展顾客忠诚度调查及评估，企业可以及时进行调整，从而持续有效地管理和改进其顾客忠诚度计划，使消费者产生更强烈的情感忠诚。此外，零售企业应注重退出管理，分析顾客流失的原因，采取针对性措施减少营运失误，了解并满足顾客的需求，加强对顾客的吸引力，减少顾客流失。

顾客忠诚度衡量指标

顾客忠诚	测量指标	方　法
交易行为忠诚度	渗透率（Penetration）	基于客户交易数据的统计分析
	购买频率（Frequency）	
	客单价（Basket size）	
	钱包份额（Share of Wallet）	
	会员销售额占总销售额的比	
	会员客单数与非会员客单数之比	
情感忠诚度	信任（Trust）	根据消费者调查进行统计分析
	满意度（Satisfaction）	
	承诺（Commitment）	
	净推荐值（Net Promoter Score，NPS）	

5. 通过差异化战略打造顾客忠诚度

我国零售业同质化严重，通过产品与服务的差异化创造顾客忠诚度，对零售企业来说具有突出的价值，尤其在今天的这个时代，消费者购物自主权逐步提高，需求日益多样化，差异化战略比以往任何时候都更有价值。差异化战略的关键是：真正地了解顾客，挖掘他们的情感需求，为其制定更加契合个人的差异化营销策略，满足其不断变化的需求和情感。

另外，自有品牌也是效果直接的差异化工具。美国 Trader Joe's 超市 80%以上的商品都是自有品牌，并且质量优异，这使其形成了差异化优势并维持了大量忠诚顾客。

（二）数字时代下提升顾客忠诚度的方案和建议

在当今的数字时代下，科学技术取得巨大发展。消费者可以比以往任何时候都更轻易获得有关零售商及其产品的更详细信息。这使得消费者变得越来越精明、越来越多样化，要求越来越高。零售商应该利用最新的技术成果，配备创新思维。通过大数据分析和各种新技术，深刻洞察消费者，并在此基础上满足顾客个性化、定制化的需求；借助社会化平台与消费者建立“强关系”；利用智能技术提供卓越的顾客体验，以最大化减少顾客流失，达到提高顾客忠诚度的目的。

1. 分析数据，洞察消费者

新时代下，零售企业依赖大众营销、促销活动或大幅的折扣来捕获的只是变化无常的消费者的短暂注意，而成功企业的顾客忠诚度管理应该是基于对消费者有深刻理解。通过客户数据分析和挖掘，企业可以从大量数据中发现顾客偏好、分析顾客消费习惯和行为，细分顾客并针对不同类别顾客实施有针对性的客户忠诚计划，还可以实行个性化、定制化、精准化的忠诚度营销策略，与顾客建立长期关系，改善顾客服务从而提高顾客忠诚度。

通过数据分析获得的洞察力范围广泛。比如，顾客对哪些商品、品类、定价以及促销手段反映良好；分析促销活动的影响趋势并加以改善；顾客进店之后的行进路线是怎样的，他们如何穿过商店，他们看了什么、没看什么，他们购买的时间点是什么，在店里呆的时间、第几次进店等等，从而找出可以改变的地方以适合顾客的模式；另外还可以找出没能满足的消费需求并加以利用。

因此掌握大量的顾客数据非常重要。而技术的发展使零售商采集更多顾客数据成为可能。比如一些公司利用新技术提高对顾客的追踪，以便获得更多的数据。他们将高频技术（HF，UHF，MX）添加到他们的会员卡上，这样零售商可以在一个更大的距离识别顾客，当顾客进入商店或商店中的特定位置时就可以被识别出来。WiFi 和蓝牙传感技术也可以用于追踪顾客在店内的运行轨迹。另外，超声波技术可以通过一个移动应用程序来对用户进行更远距离的跟踪。还可以运用移动解决方案，比如收集智能手机上的数据点。通过这些新技术，各种各样的位置数据可以添加到客户的资料中，再加上人口统计和交易数据，企业就能更好地对这些数据进行整合分析，为消费者“画像”，了解和预测消费者行为，优化商品摆放，利用掌握的信息为顾客提供个性化的、量身定制的服务和优惠，促进消费者的忠诚度和重复购买。此外，品诚保莱（Brand Loyalty）还指出，通过消费者洞察进行精准定制的顾客忠诚度奖赏活动，不但可以满足消费者需求，还可以高度有效地帮助我们拉近与消费者的距离，建立情感上的联系；增强消费者积极参与，最终促进零售商业务良性发展。

2. 创造卓越的顾客体验

在多渠道无缝衔接的世界，传统零售商要想免于沦为展示厅的角色，可以通过创造出卓越的顾客体验来与线上零售抗衡，证明自己的存在，提高顾客忠诚度。根据 Gartner 公司、Harris Interactive 公司以及 Strativity 集团的研究，86%的消费者愿意为更好的客户体验支付更多，另外还有 73%的消费者表示会在能够提供卓越客户体验的商家处增加 10%或更多的消费量。因此，通过使用最有效的和最先进的客户体验及业务智能工具来赢得人心和钱包显得非常重要。国外一些零售商运用新技术提升顾客体验的方法可以为我们提供参考和借鉴。

（1）创造更加快捷有趣的购物过程。特易购通过投入隧道扫描方式的结账系统，可以在一分钟内扫描一位顾客所购买的所有商品，同时允许三位顾客同时打包和付款，这大大提高了结账环节效率，使消费者购物更加快捷；韦特罗斯商场划出一片“休闲区域”，在这一区域顾客可以休息、体验新产品以及品尝美酒。韩国易买得超市建了一些雕塑，它们的功能像是日晷，在中午和下午 1 点之间投下的影子会形成一个二维码，顾客可以扫描这个二维码获得折扣，这使得这段零售低峰时间段的销售额提升了 25%。品诚保莱（Brand Loyalty）公司帮助俄罗斯 Azbuka Vkusa 超市实施 Bright Stamps®聪明印花方案使顾客可以更便捷、更有趣味并且更个人化地参与顾客忠诚项目，从而带来更高的顾客购物频次、客单价以及更忠诚的品牌喜好，并做到了与顾客的互联互动，使顾客更加积极参与。

（2）为顾客提供个性化的购物体验。消费者需求日益个性化和多样化，通过提供个性化购物体验可以为购物者创造价值和惊喜。例如，德国 DM 药店有很多自有品牌的产品，顾客可以在这些产品上自己设计包装，包装上可以带有自己的照片。伦敦哈维·尼克斯商场还可以按照顾客自己的模样打印 3D 巧克力。星巴克公司通过远距离识别顾客，可以给进入商店的顾客以个人欢迎。零售商也可以通过“众包”模式从消费者那里得到新的想法，改进购物体验。

（3）为顾客创造无缝购物体验。如今，很多零售商都开展多渠道零售以应对网络零售的冲击，如果能够使多渠道尽可能无缝衔接，实现跨渠道的一致顾客体验，则会有非常大的机会获得顾客忠诚度。提供无缝购物体验，可以使得消费者随时随地通过最便捷的方式购买任何需要的物品。客户在一个渠道做出决定的同时，这一信息应该被同步共享到其他渠道，企业通过利用每个渠道之间的无缝合作，为顾客提供优质服务。例如，许多企业提供网上订货，实体店取货的服务。如果顾客想买的商品在一家门店内缺货，销售人员可以帮助顾客在公司的在线商店订货，并让顾客选择他喜欢的送货方式，去门店自提或者送货上门。

3. 重视口碑管理，善用社交媒体

除了洞察消费者，为顾客创造卓越的购物体验外，口碑传播在信息时代也对顾客忠诚度管理起着决定性作用，而社交媒体的发展壮大加速了口碑的传播，并且为零售商与顾客进行人性化互动、听取顾客声音、与顾客建立“强关系”提供了媒介。

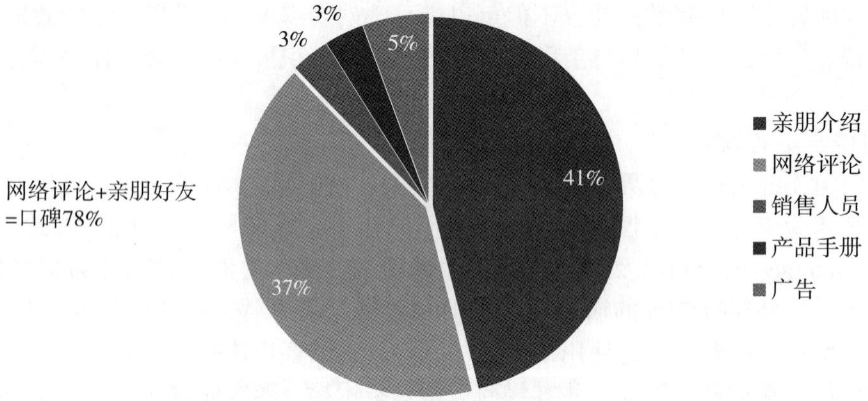

图 7　消费者最信任的信息来源（%）

微信、微博等新媒体正在逐步改变客户行为，会员忠诚度管理也进入了 Loyalty 3.0 时代。品诚保莱（Brand Loyalty）指出，互联互动既是 Marketing 3.0 的精要，也是 Loyalty 3.0 的重点。因此，社交媒体营销工具已经成为被领先企业采用最多的忠诚度营销技术要素，这些工具包括社交网络、博客、产品推荐、用户生成内容（UGC）、微博等。从忠诚度的角度来看，社交媒体非常重要，可以对顾客忠诚度产生持久的影响。顾客的声音比以往任何时候都要响亮。通过社交媒体，他们向同龄人、朋友和同事建议品牌、产品和服务，而这些交流互动在购买周期中发挥着重要作用。消费者更加倾向于依赖从博客、点评网站、社交网站上获得的口碑推荐，而非传统广告和由零售商主导的促销活动。

零售商通过对社交媒体加以善用可以获得较高的投资回报率。一方面，通过向一个社交圈发送会员优惠和促销活动，会员会与他们的朋友和同事进行分享，让顾客为自己代言；另一方面，随着会员不断分享优惠和奖励，零售商可以追踪到顾客的社会影响和行为模式，进而获取更多的顾客信息，更好地为下一次的客户交互活动准备策略和营销计划。

另外，通过创建开放式的社交平台，零售商可以增加接触点，与消费者建立实时的连接并进行人性化的互动和交流，进而可以监督客户体验和收集反馈意见，并且能够构建起强大的情感链接，建立起消费者的信任，这些都对提升顾客忠诚度起到促进作用。

六、案例分享

国际领先的零售界顾客忠诚度咨询公司品诚保莱（Brand Loyalty）利用移动应用程序 Bright Stamps®聪明印花，帮助俄罗斯 Azbuka Vkusa 超市成功实施了世界首例移动数码顾客忠诚度奖赏活动。

Azbuka Vkusa 是俄罗斯高端超市第一品牌，在莫斯科和圣彼得堡地区有 54 家门店。活动由品诚保莱开发和设计，并选择了“双立人”这一顶级品牌以配合 Azubka 的高端形象。顾客可以选择收集数码印花或传统纸质印花，集齐一定数量来换购双立人锅具。有赖于极具吸引力的移动应用程序（Bright Stamp®聪明印花），顾客可查看所收集的印花数和奖励概览，接收个人消息，查看合作供应商促销信息。这样，奖赏活动的参与变得更具吸引力、更加简单和更个人化。调查显示，此项创新举措受到顾客的高度支持。根据统计，以数码印花形式参与活动顾客人均消费增加了 25%。

Bright Stamps®聪明印花可为顾客提供以下功能：

顾客将该程序下载到 iOS 或 Android 智能设备，绑定会员卡后，即可开始收集数码印花。品诚保莱将聪明印花与收银系统无缝连接，顾客使用会员卡购物时，收银员无需进行任何额外操作。顾客的智能设备会立即收到一条“推送”消息，向其确认增加的印花数。

·这些“推送”消息让顾客更加积极地参与收集，从而提升了顾客忠诚度奖赏活动的绩效。

·顾客可以随时随地查看自己已经收集的印花数和可以兑换的奖励。

·聪明印花向顾客显示供应商的促销信息，便于顾客更快地收集更多印花。

·聪明印花可定制个人化、一对一的消息给消费者，提升促销效率。

Bright Stamps®聪明印花可为零售商提供以下主要功能：

Bright Stamps®的创新能力不仅体现在其可以提供更优质的用户体验和经数据证实的提升销售业绩的一对一沟通机制，还表现在其易于与零售商的后端系统相整合。

·程序前端完全可以定制，而一对一“推送”消息等促销机制则基于经数据证实的理念。

·该解决方案与零售商的后端系统无缝整合，缩短了计划的平均前置时间。

·面向零售商的管理界面，使零售商可以对移动应用程序的内容进行调整。

·通过实时控制面板和消费者研究，零售商可以持续评估各项执行的绩效。

·食谱、促销信息和数字购物清单等补充模块，让 Bright Stamps®成为触手可及的个人购物助手。

·可提供特殊工具，实时跟踪消费者的个人消费行为。可根据特定数据将消费者细分为不同的类型，并可让零售商针对不同的消费者一对一“推送”个人化消息。

活动成效。统计显示，整个活动和上年同期相比，扣除其他增长因素，诸如通货膨胀、新店开张等等，为 Azbuka 带来了 5.3% 的额外营业额增长，新客户的增长多了 13%。活动还拉回了相当数量的之前不活跃客户，从而带动营业额进一步提升。通过会员卡的信息，了解到有换购商品的消费者平均客单价有 5%的增长；并且他们购买了更多品类商品。使用数码印花参加活动的消费者，比较使用传统纸质印花的消费者，有多25%消费。更积极的是，一些本来并不会来店消费的、特别是高收入的年轻男性，因为数码印花这一模式而改变消费习惯，成为了新的消费者。市调显示，顾客对该活动、奖赏以及消费的要求均有正面的评价，并乐意再次参加同类活动。数码印花方案也帮助提升了 Azbuka 的创新、领先的形象。

俄罗斯高端零售商 Azbuka 的成功案例证明了移动数码技术可以加强忠诚度活动的绩效，建立更深入的客户积极参与，从而为零售商带来有效的业务成长。Azbuka 持续开展该类数码移动顾客忠诚度奖赏活动更是最佳佐证。

2014年中国零售业新营销发展状况调研报告

一、调研概述

在移动互联网、大数据、云计算等新技术飞速发展的时代，以其为技术支撑的诸多行业正在发生着巨大的变化，许多新的业态应运而生，并直接改变着传统的产业结构，零售行业就是如此。

随着信息技术在商业领域的不断应用及衍生，零售格局发生变化，出现了电商与传统零售商同台竞技的局面。互联网的高效信息交换，取代了传统销售渠道的层层经销代理环节，使得分销渠道的结构更为扁平化。线上线下相互融合的趋势，使得企业的经营思路和模式发生变化，更加注重消费者的体验。零售商间竞争的加剧，商品的同质化导致单纯的分销服务利润偏低，促使零售企业开发自有品牌商品，向产业链上游延伸。

技术的发展也带动了消费者消费行为的变化。消费者需求从产品自身的功能体验向购物体验及使用体验转换；消费者对于单一购物渠道的忠诚度不断下降；在购物过程中，消费者有了更多的主动性，比以往任何时候都更能影响企业决策。

经营模式和消费者的改变意味着营销逻辑的变化——从产品营销向客户营销转变，从大众化营销向精准化营销转变。

零售企业转变营销思路，从等客上门到主动出击。利用社交媒体，与粉丝进行互动，提高消费者转化率和购买率；采取购物全流程营销，提高消费者购买率和满意度；采取跨界营销，打造无缝营销环境，无限扩大消费者范围；基于云技术等大数据分析手段，精准营销，提升销售转化率。

为全面了解国内零售企业营销发展现状及存在问题，以便为全行业应对营销环境的变化提供有益参考和数据支持，2014年中国连锁经营协会（CCFA）与IBM中国合作开展了本次“中国零售新营销时代研究”，并对超市、大型超市、百货店、专业店、专卖店等业态的56家企业进行了调查和分析。调研得出，零售企业应加大营销新技术投入；广泛利用新媒体，增加其对营销的贡献度；增强跨界营销能力，打造无缝营销环境；利用大数据技术，提高营销精准度，提高客户满意度；从管理层面，改造管理架构及功能设置，树立人人营销观念；提升营销人员综合素质，既要拓宽观察的眼界，提升对数字的高度敏感、对新技术的快速认识与甄别，做科技营销的行家里手，又能与其他部门、机构合作，准确传达企业的品牌形象。

二、零售企业的营销现状及问题

（一）样本企业情况

为了解零售企业营销发展现况及问题，本次调查针对超市、大型超市、百货店、专业店、专卖店等业态的 56 家有效样本企业进行了调查。从业态分布看，超市业态占 46%，专卖店占 20%，百货店占 18%，便利店占 11%，专业店占 5%。从年销售规模分布看，10 亿元以内的企业占 25%，10 亿–50 亿元的企业占 45%，50 亿–100 亿元的占 3%，100 亿–300 亿元的占 16%，300 亿元以上的占 11%。

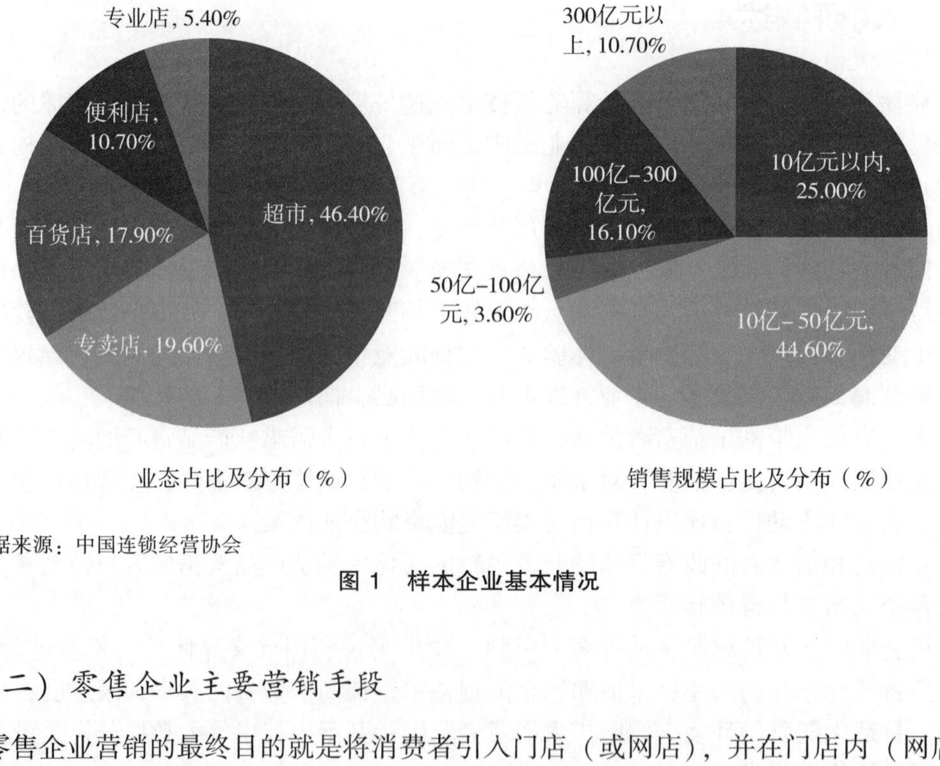

数据来源：中国连锁经营协会

图 1　样本企业基本情况

（二）零售企业主要营销手段

零售企业营销的最终目的就是将消费者引入门店（或网店），并在门店内（网店）尽可能多地购买商品。

最为消费者所熟悉的零售营销手段就是 DM 海报，通常每隔两个星期，连锁超市就会派发印制成册的海报，或者寄送给会员，或者在附近居民区派发，或者放在门店的入口处由顾客自取。

除了传统的海报，连锁零售超市还会采用传单广告、报纸广告、户外广告、广播、电视、公关软文、网络宣传等多种方式树立自身企业形象，吸引更多的顾客到店内购物。顾客一旦进入实体店内，也会在 POP、堆头陈列、店内广播、试吃试饮等促销氛围中完成整个购物过程。

（三）零售企业营销的特点

1. 线下营销是首选

零售企业的营销渠道主要还是以传统方式为主（见图 2）。73.2%的受访企业选择卖场 POP 宣传，71.4%的企业选择传单等各类印刷品，这两种方式是样本企业首选的营销手段。从中可以看出，零售企业依然以到店顾客为主要营销对象，其营销的范围受限于商圈的选择。新媒体广告（如微博、自媒体等）和会员促销短信也成为企业宣传的主要方式之一，分别有 62.5%和 58.9%的企业选择。

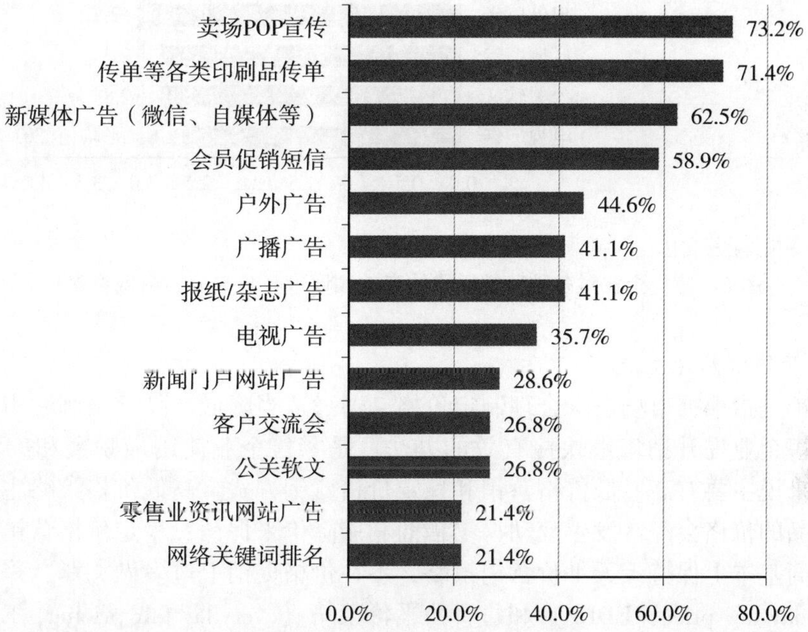

数据来源：中国连锁经营协会

图 2　零售企业主要营销渠道及占比（%）

为什么大部分零售企业依然将线下营销作为首选？也许从营销手段的有效性上可以找到答案。图 3 是样本零售企业对各个营销渠道有效性的评价，评分为 1–5 分，分数越高代表企业认为营销效果越好。

从营销渠道的效果评价来看，排名前三位的分别是传统营销方式中的卖场 POP 宣传、会员促销短信和传单等各类印刷品，得分分别为 3.5、3.3 和 3.2 分。排名最靠后的是电视广告，得分为 2.6 分，公关软文和广播广告分别排在倒数第二和第三位。

从营销手段有效性的评分来看，有效性平均值为 3 分，大于等于平均值的营销手段共有 8 种，其中有 5 种是传统营销手段，而且得分大都比较靠前。说明目前传统营销手段相对现代营销手段，效果较好；但是即使是效果最好的卖场 POP 宣传，也仅达到 70 分的水平，所以营销手段及其效果还有待进一步提升。

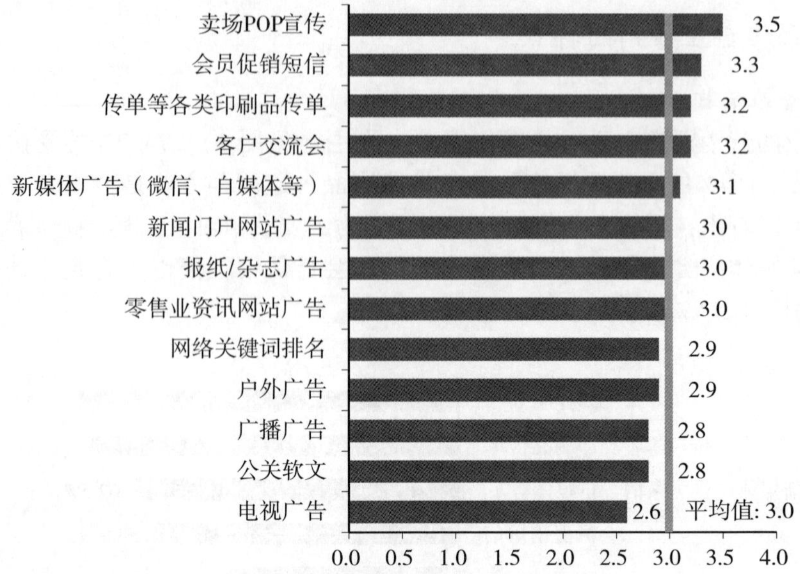

数据来源：中国连锁经营协会

图 3　零售企业对各种营销手段的有效性评价（1–5 分，由低至高）

2. 价格营销依然是主流

价格营销是指根据市场需求合理制定价格，通过适当降低产品价格刺激市场销售。价格营销是零售企业提升销售最快捷有效的办法，是零售企业使用最频繁和广泛的营销手段。总体上来说主要有高—低价格营销和稳定价格营销方式。高低价格策略主要以家乐福为代表，商品的价格会经常发生变动，零售商利用降价来促销；稳定价格营销以沃尔玛为代表，零售商基本上保持天天平价营销策略，不在价格促销上过多做文章，采用每日低价策略（everyday low price，EDLP）和每日公平价策略（everyday fair pricing，EDFP）。

价格营销的实质是对购物者购买力的透支，通常是赚了销售不赚利润，博得人气而已。但是如果不进行类似的价格促销，消费者的购买力就可能流失到竞争对手处。在产品、服务趋同的情况下，唯一能令消费者心动的价格被商家们反复利用。

为了克服频繁价格促销对价格敏感度的破坏，零售企业在确定目标市场的基础上，通过对不同品类商品的组合、品牌组合、价格带组合等，对商品进行属性划分，建立具有自身特性的商品结构，同时树立自身的品牌形象。在这一方面，各零售企业其实已经投入了相当大的精力。为了加大差异化，提升毛利水平，零售企业对自有品牌商品的生产也投入了一定的精力。

3. 新营销媒介渐成新宠

随着网络移动技术被广泛应用于商业领域，加之消费者消费习惯的改变，越来越多零售商开始采取新的营销媒介及策略以应对这种变化。从图 2 可以看到，62. 5%的受访零售企业已经应用新媒体广告（微博、自媒体等），虽然其宣传的有效性评分为 3. 1 分（见图 3），仅位列有效性排名的第五位，但是由于新营销方式的低成本、快捷性、投放精准等优点，还是被越来越多的零售商所采用。

新营销媒介克服了传统营销媒介单向传递、信息滞后的缺点，在互动性、实时性和内容表达上都得到了极大的提升。根据艾瑞咨询发布的 2013 年度中国网络广告核心数据，2013 年国内网络广告市场规模达到 1100 亿元，同比增长 46.1%，整体保持平稳增长。其中，垂直搜索与视频成为最大增长亮点。垂直搜索广告占比达 28.9%，超越搜索关键字广告，成为占比最大的网络广告形式；视频贴片广告占比进一步上升，占比达 7.1%。

从国外的数据来看，根据 IBA/Pwc 的数据，2013 年美国互联网广告收入为 428 亿美元，比上年上涨 17%，首度超越广播电视广告收入。搜索广告收入仍是互联网广告的主要收入来源，占了将近一半的市场份额。移动广告收入 2013 年达到了 71 亿美元，比上年增长了 1 倍多，在互联网广告中的份额已达 17%。2014 年第一季度，网络广告收入达到 116 亿美元，同比增长 19%。①

（四）零售企业营销管理中存在的问题

1. 近半企业缺乏明确营销预算

表 1　　不同业态的企业营销预算情况

业态	200 万元以内	200 万-500 万元	500 万-1000 万元	1000 万元以上
百货店		3%	6%	13%
便利店	3%	3%	3%	
超　市	9%	13%	6%	16%
专卖店	16%			3%
专业店		3%		3%

数据来源：中国连锁经营协会。

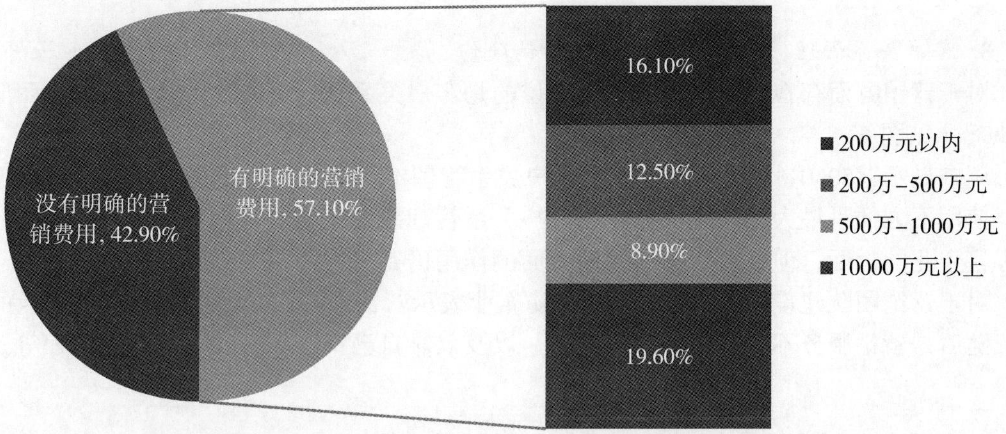

图 4　企业是否有明确的营销费用及各个企业的费用规模占比

① PricewaterhouseCoopers 的数据（由 Interactive Advertising Bureau 发布），数据来源于 internetAD revenuereportQ1 2014。

调查显示，有 57.1%的受访零售企业有明确的营销预算，不到六成。这些企业中，预算金额分布呈哑铃型结构（见图 4），营销预算在 200 万元以内以及大于 1000 万元的企业分别占 16.1%和 19.6%，营销预算在 200 万-500 万元和 500 万-1000 万元的企业占比分别为 12.5%和 8.9%。从业态来看，百货店和超市主要集中在 1000 万元以上规模的预算，专卖店预算偏少，主要集中在 200 万元以内。

2. 企业缺乏营销详细流程及结果评估

调查显示，超过七成的零售企业对营销的流程及结果仅有简单评估或没有评估，只有 27%的企业对营销有详细的评估体系及评估流程，对营销效果做详细评估。

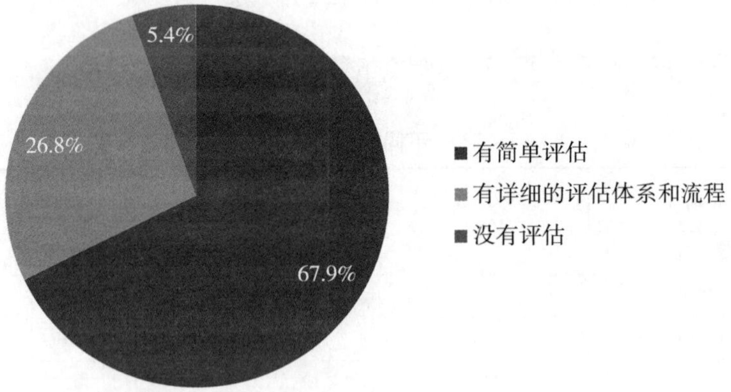

数据来源：中国连锁经营协会

图 5　企业是否有营销效果评估

3. 客户关系管理、人才缺乏是企业营销硬伤

对于营销方面存在的问题，排在第一位的是客户关系管理不科学，其次是营销团队人才缺乏（见图 6）。

调查显示，50.0%的受访企业表示客户关系管理不科学、客户维护不及时、信息不准确、使用不方便是最大的问题。如今，客户关系管理系统、会员管理系统等软件配备已成为零售企业的标配，但其在服务于营销方面的作用仍有较大的提升空间。

对于营销团队建设问题，48.2%的受访企业表示营销团队人才的缺乏影响了企业的营销，随后是营销服务不专业、推广渠道单一以及仅靠自己销售队伍和无标准化流程等。

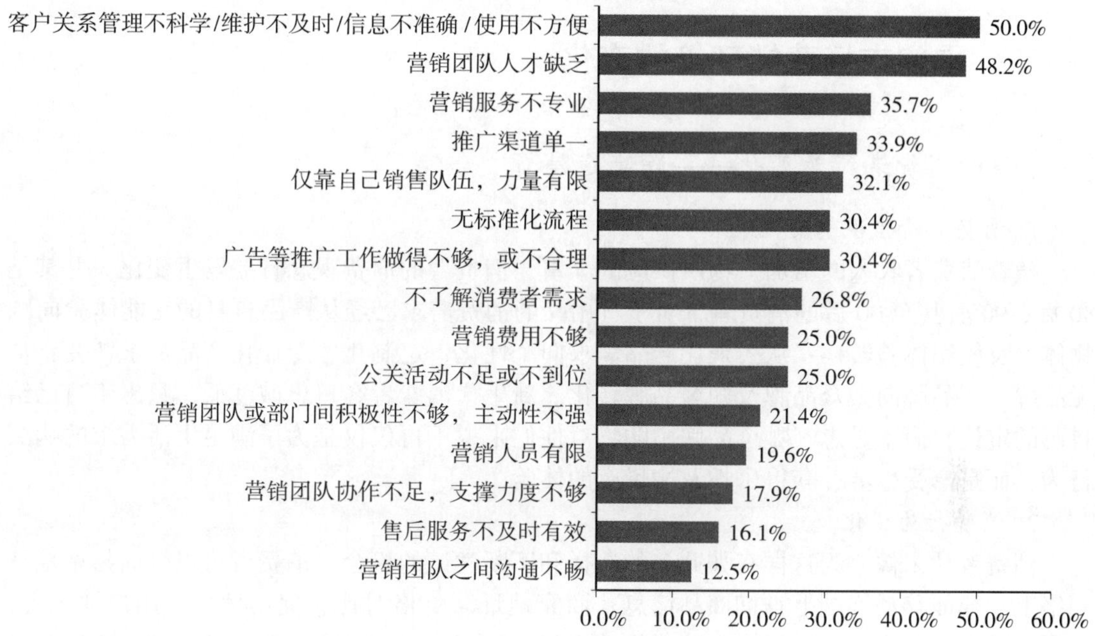

数据来源：中国连锁经营协会

图 6　企业营销面临的问题

4. IT 技术投入不足

对营销活动中 IT 信息化所起的作用，有 28. 6%的企业认为作用很大，超过一半（51. 8%）的企业认为作用一般，有 19. 6%的企业认为作用很小。虽然有大半企业认为 IT 信息化作用一般或很小，依然有 85. 7%的企业愿意加大 IT 及信息化方面的投入以改善营销，仅有 14. 3%的企业不会加大投入改善营销。

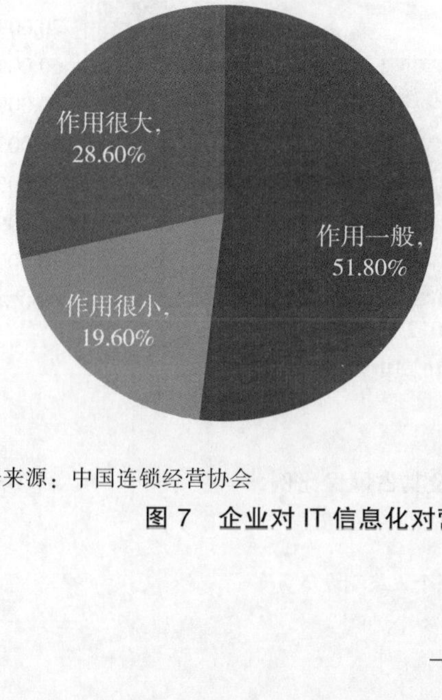

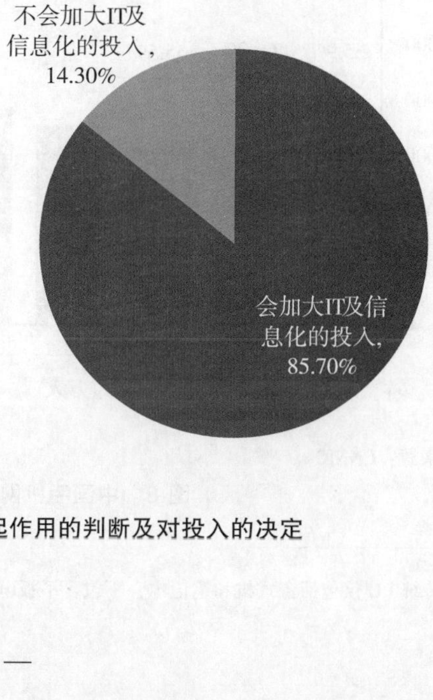

数据来源：中国连锁经营协会

图 7　企业对 IT 信息化对营销所起作用的判断及对投入的决定

三、零售市场营销环境的变化

（一）消费者行为变化——跨渠道消费

1. 消费者价值观念变化

随着消费者收入的增加，物质供应的丰富，消费者的消费观念日益发生变化。尤其是80后、90后甚至00后的消费者，对于日用品的消费需求已经从产品自身的功能体验向购物体验及使用体验转换；从大众化产品需求向个性化、定制化、专业化产品需求转变；从无品牌、非品牌向大众品牌及知名品牌转化。新生代消费者客户忠诚度低，只忠于自己给自己的定位，而不是忠于哪个品牌。购物对他们来说不再仅仅是为了满足生活需求的购买行为，而是享受生活、获得乐趣及愉悦感的体验。

2. 消费行为变化

消费者从未像今天这样有如此多的选择和不断尝试的机会。消费者可以轻而易举地从网络上、智能移动终端上查询商品信息、商家地址、价格对比、促销信息、用户评论等，并最终做出购买决定。时间和空间对于消费行为的束缚在信息化时代已经被技术应用轻而易举地解决，越来越多的消费者选择线上和移动终端等新的购物方式，体验多渠道购物的便捷。

据中国互联网络信息中心发布的《中国互联网络发展状况统计报告（2014 年 7 月）》数据显示，截至 2014 年 6 月，我国网民规模达到 6.32 亿，其中手机网民规模达 5.27 亿。网民中使用手机上网的人群占比进一步提升，由 2013 年的 81.0% 提升至 83.4%，手机网民规模首次超越传统 PC 网民规模，手机上网比例首次超过传统 PC[①] 上网比例（80.9%），手机成为第一大上网终端设备。

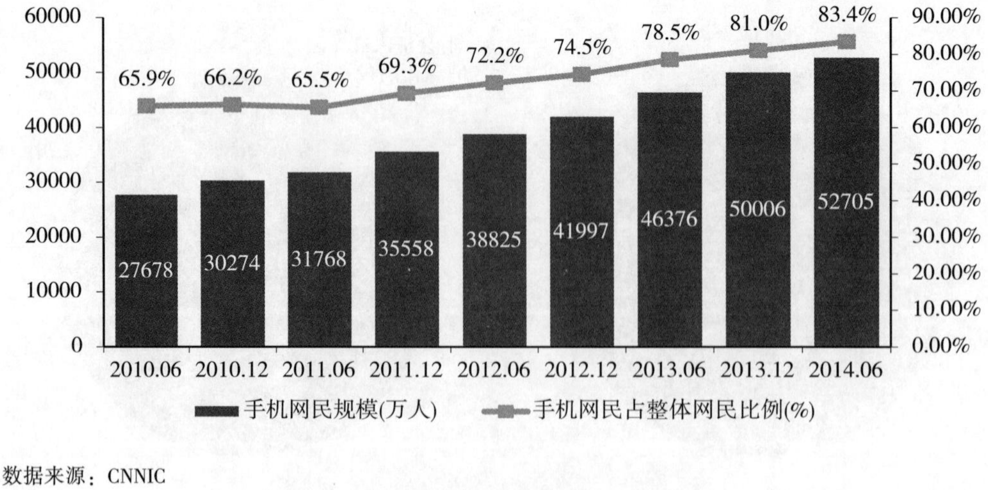

数据来源：CNNIC

图 8　中国手机网民规模及其占网民比例

① 传统 PC 仅包括台式机和笔记本，不包含平板电脑等新兴个人终端设备。

网民规模的快速增长也带动了网络购物用户的增长。截至 2014 年 6 月，我国网络购物用户规模达到 3.32 亿。与 2013 年 12 月相比，我国网民使用网络购物的比例从 48.9%提升至 52.5%。与此同时，手机购物用户规模达到 2.05 亿，手机购物的使用比例由 28.9%提升至 38.9%。

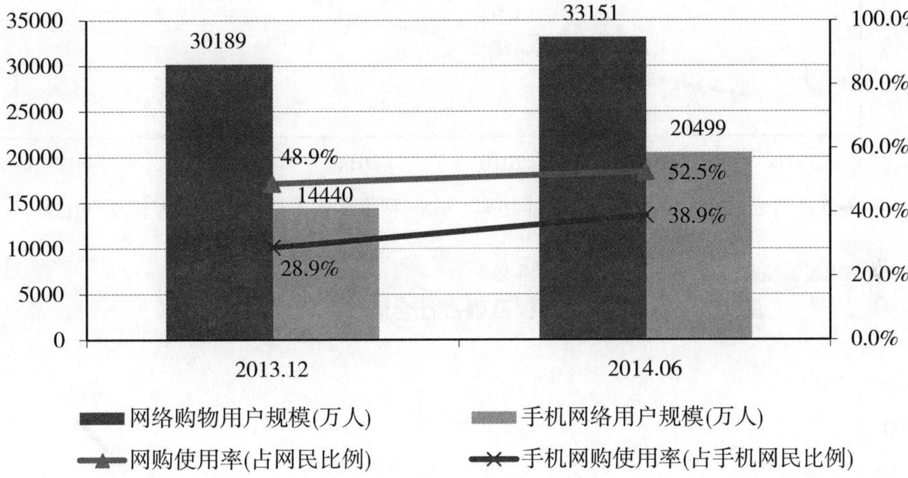

数据来源：CNNIC

图 9 2013.12–2014.6 网络购物/手机网络购物用户规模及使用率

(二) 零售市场格局变化——线上线下同台竞技

随着信息技术在商业领域的不断应用及衍生，出现了诸如阿里、京东、1 号店、当当、支付宝等一批知名网络零售商及零售服务企业，从购物场景、支付手段、仓储物流、运营及管理思路，都对传统零售产生了革命性的冲击和影响，并逐渐形成新的零售格局。

由中国连锁经营协会统计的 2013 年中国连锁百强数据显示，百强销售额占社会消费品零售总额比重下降至 8.6%，连续三年下滑，前两年分别为 9.1%和 9.0%，而 2006–2010 年，这一比重一直保持在 11%上下。与之相对的是，2013 年网络零售销售额总额达 1.85 万亿元，增幅超过 40%，网络零售销售额占社会消费品零售总额的比重逐年递增，2013 年比重达 7.9%，预计 2014 年这一数字将接近或超过连锁百强。

网络零售在过去几年取得了飞速发展，市场份额一路攀升，2008 年网络零售占社会消费品零售总额的 1.2%，上升到 2013 年的 7.9%（见图 10）。据中国电子商务研究中心监测数据显示，截止到 2014 年 6 月底，中国移动电子商务市场交易规模达到 2542 亿元，同比增长 378%，依然保持快速增长的趋势（见图 11）。

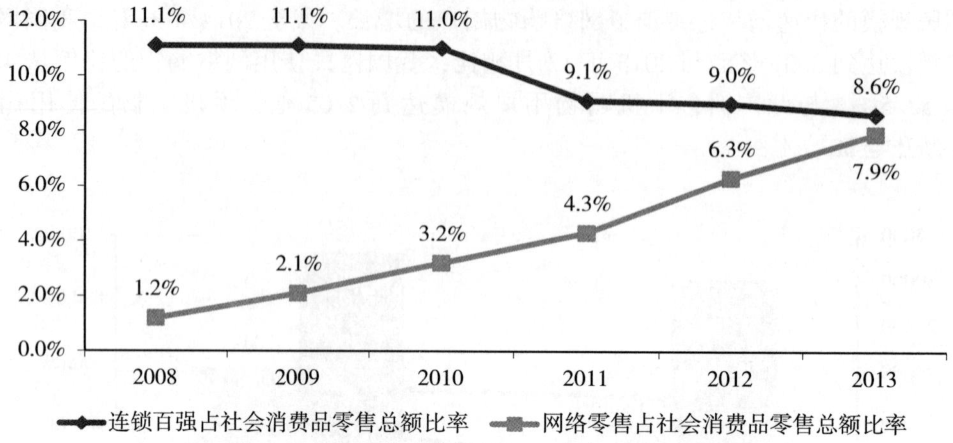

数据来源：中国连锁经营协会，《2013 中国统计年鉴》

图 10　网络零售及连锁百强占社会消费品零售总额比率

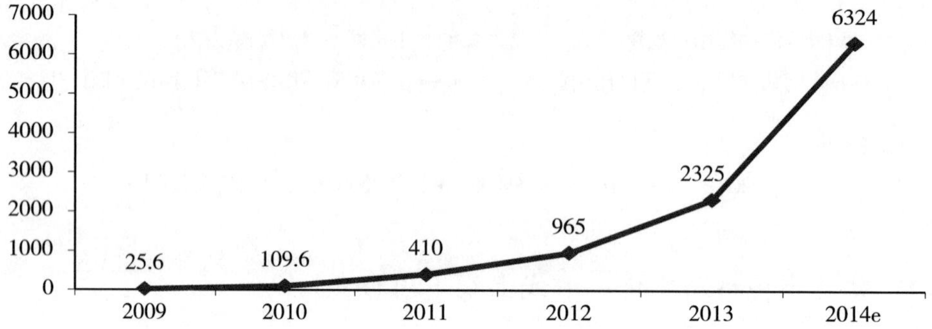

数据来源：中国电子商务研究中心

图 11　2009-2014 中国移动电子商务市场规模（亿元）增长图

网络零售的兴起打破了原有市场格局。天猫平台的年销售额早在 2012 年就已经超过连锁百强排名第一的企业。如果认为天猫是因为众多商家的贡献而确立这一地位，再来看以自营为主的京东，2013 年销售额突破 1100 亿元，相当于 2013 年连锁百强企业第三名的销售额。零售行业由于网络零售新贵的出现，市场格局已经发生了变化，纯电商的移动端布局和传统零售企业的试水“移动”，主要玩家已经从五年前的传统企业独霸天下变为今天传统与电商共舞的局面。

（三）分销渠道变化——更加扁平化

在传统营销渠道中，零售商是重要的组成部分。由于零售商的存在，使得生产厂家能够以更低的营销成本、更高的效率完成商品到货币的转换，零售商凭借其规模经营、建立广泛的销售渠道来获取利益，生产商和供应商也通过零售商获取了比自建渠道更为丰厚的利润。如果没有互联移动技术的商业化应用，一切都将继续。

但是技术革命的浪潮不是个人或一个行业所能阻止的，原有实体渠道的分销作用被虚拟的互联网部分或全部取代。互联网的高效信息交换，取代了传统销售渠道的层层经销代理环节，将错综复杂的关系简化为单一关系，使得分销渠道的结构更为扁平化。

分销渠道扁平化最好的例证就是平台型电商网站中，品牌生产商与零售商的同时入驻。原来零售商作为供应链中与消费者衔接的最后一个环节，牢牢地把控着分销渠道，现在由于技术的应用，使得供应商、生产商将商品直接销售给终端顾客成为可能。生产商可以跳过传统的分销渠道，在网络平台上建立虚拟门店，直接向消费者展示商品，发布促销信息、新品信息，并进行交易。

虽然目前生产商还主要依赖传统的分销渠道销售商品，并维护着现有的全国分销系统，但随着互联网和移动销售份额的增长，生产商必然会加快调整资源配置，将有限资源分配给最有效率的渠道。

（四）经营模式变化——探索O2O和全渠道

O2O即Online To Offline（在线离线/线上到线下），是指将线下的商务机会与互联网结合，让互联网成为线下交易的前台。O2O既包含实体店向网络零售的延伸，也包含网络零售向线下实体门店的扩展。其核心就是把线上的消费者带到现实的消费场景中去——在线上支付，再到线下去享受商品或服务；或者把线下商店、服务的消息推送给互联网用户，从而将他们转换为自己的线下客户。O2O会无限放大客户的范围，转变企业的经营思路和模式，其本质依然是回归商业价值。

经营模式的改变意味着营销逻辑的变化。一些已有的营销方式也正在因其变革，改变了旧式的“等客上门”。

根据易观智库监测数据显示，2013年，中国O2O市场整体规模（以线上线下品类重合以及支付、仓储、物流等后台打通部分的销售额为统计目标）达4623亿元，与2012年相比增长69%，行业发展方兴未艾。据中国连锁经营协会统计，2013年百强企业中有67家开展了网络零售业务，并以自建方式为主。开展网络零售的百强企业线上销售额占企业总销售额的比例从2012年的2.9%上升到3.7%。以深圳某综合性商业零售企业为例，其率先在探索O2O与全渠道发展之路上做出了尝试并取得了很好的效果。在项目初始阶段，这家零售企业缺乏落实全渠道转型的具体业务策略及流程，无法有效处理线上/线下差异化经营，缺乏和品牌商全渠道协同作业的能力，网上业务经营能力较差，发展缓慢，无法对公司整体业务形成良性互补。通过IBM全球企业咨询服务部支持，为这家零售企业提供了电子商务战略规划咨询服务，从全渠道战略目标设定、市场营销策略、区域发展策略、客户策略、仓储物流策略、品类及商品策略、IT策略等方面，为其制定了可以落地的全渠道转型思路，并取得了以下收益：

客户消费体验提升：新的全渠道业务模式，结合了移动社交、客服整合、新模式的市场营销、线上/线下无缝的购物流程等诸多方面，全面提升智慧的消费者体验。

竞争能力及销售业绩的提升：线上/线下定位的明确及各项可行策略的制定，为该企业未来的发展提供了清晰的路径，在2018年，线上的业绩有望达到其整体业绩的10%，极大提升了整体竞争能力。

后端运营效率的提高：整合后的360度客户视图的建立，有助于企业通过结构化（如客户基本资料）及非结构化（如客户网上行为、评价）的数据深入了解客户需求，并且用之改善营销管理、品类管理、供应链管理等方面，提高整体运营效率。

（五）产业链条位置变化——零售商向上游延伸

零售商因分销价值而存在。但是随着零售商间竞争的加剧，商品的同质化导致单纯的分销服务利润偏低，不能满足逐利的要求，这便催生了零售商自有品牌商品的发展。

近年来在宏观经济增长放缓、成本高企等压力下，越来越多的零售业态扩大自有品牌的开发力度，从便利店的便餐到专业店的自有品牌，从大卖场尤其是外资知名连锁超市业态的多种自有品牌商品到百货业态对自有品牌的艰难探索，零售商通过不断尝试向产业链的上游延伸，尽可能多地利用渠道优势获得供应链上更多的利润。

在国外，尤其是欧洲，零售商的自有品牌商品占销售额的比例较高，平均可以达到30%~50%。虽然目前国内的比例较低，但是在同样的市场发展趋势下，必然会走国外同行的进化之路。

（六）技术进步带来的变化

通信技术和网络技术的迅速发展，零售业的“未来时代”已经到来，而且这个时代充满了剧烈的变革信号。最新的 IBM 全球消费者调研指出，历史性的技术融合正在改变零售业务的开展方式。要想繁荣发展，零售商必须快速、大幅地实施变革。从移动技术的爆炸性发展到社交网络的普及，零售商需要适应快速、无止境且不断变化的沟通方式。由于云技术和新一代高级分析技术的颠覆性特点，零售商不仅能够在一定程度上提升效率，还能通过向客户提供更多新的预期收益而超越竞争对手。

1. 移动互联技术驱动行业变革

得益于我国智能手机的普及，手机网民数量大规模增长，各种购物 APP 也已经成为手机系统装机必备，移动购物高速发展。在传统零售薄弱地区及广大农村地区，移动技术带来的零售增长，使这些地区走出了跨越式的发展路径。

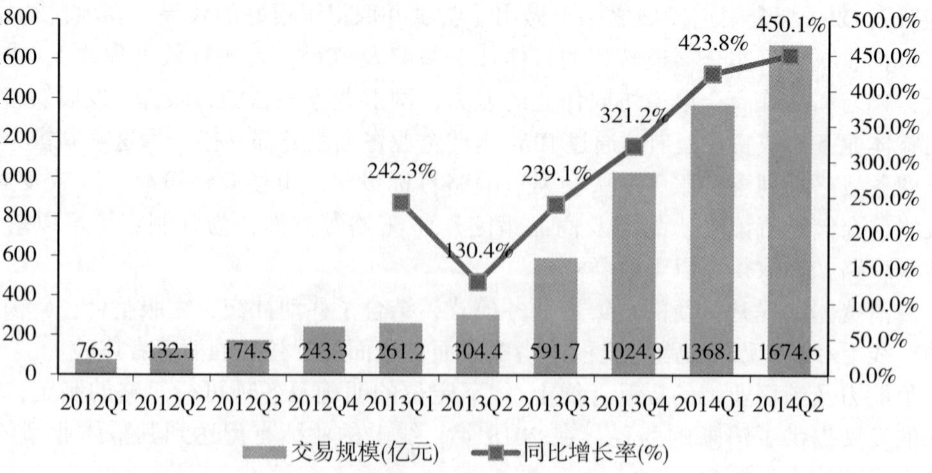

数据来源：比达咨询数据中心

图 12　中国移动网络购物交易额（亿元）及同比增长率（%）

相比于实体销售和互联网销售，移动购物的便利性、随时性都有着无可比拟的优点。也正因为此，截止到2014年6月，手机上网比例首次超过传统PC[①]上网比例（80.9%），手机成为第一大上网终端设备。[②]

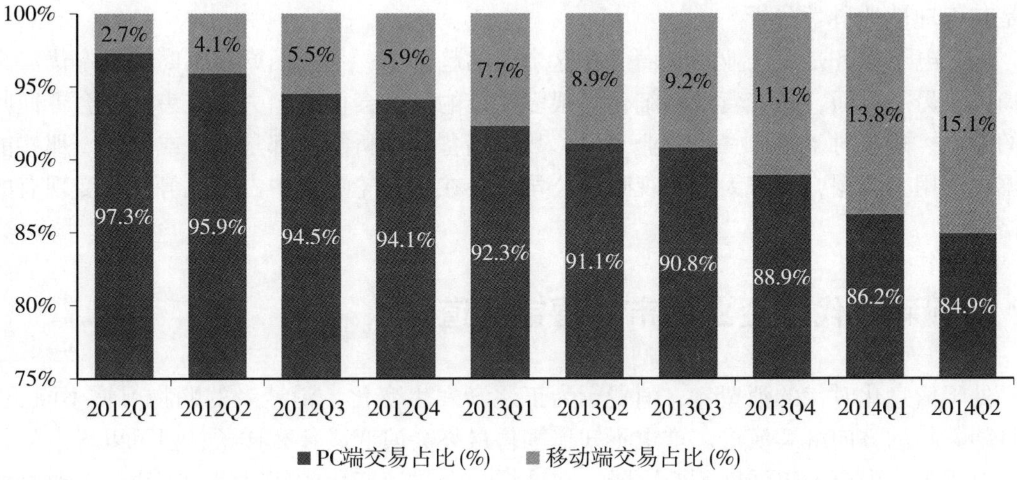

数据来源：比达咨询数据中心

图13　2012Q1-2014Q2中国网络交易额PC端和移动端占比

2. 云计算丰富营销手段

云平台的开放，可以使原来企业投入到硬件上的成本都转而投入到应用和服务的研发上面去，一方面节省单个企业的硬件投入，一方面可以引导产业革命和升级。

云计算和新型的基于网络平台的云端软件，将数据和实体销售环节结合起来，可以提供企业实时数据，在企业内部整合数据和流程，消除现有的业务壁垒，打破渠道分割，允许企业研究顾客线上和线下的购买行为，并提供价格、促销和其他营销分析，以此帮助零售商发现趋势以及顾客购买意向，从而实现从传统销售模式转向信息分析销售的转变，帮助零售企业实现持续关注顾客，提升服务价值。

云计算让IT简单化、降低运营维护难度，但是由于目前云技术与业务和应用还有一定距离，所以目前很难帮企业赚到钱。

市场研究机构Gartner预测，2015年全球零售企业将超过30%采用云POS，而且新型的云POS不同于传统的POS机，因为通过互联网连接后台云平台，云POS系统可实时提供基于大数据分析的各种自动化营销服务[③]。

3. 大数据分析开启精准营销

大数据的业务已经从索引和搜索发展到了分析阶段，通过Apache（世界最流行的Web服务器端软件）来运行，大数据已经从需要专业人员操作的特殊工作转换成一般性

① 传统PC仅包括台式机和笔记本，不包含平板电脑等新兴个人终端设备。

② 中国互联网络信息中心（CNNIC）发布的《第34次中国互联网络发展状况统计报告》。

③ http：//www.in40.cn/idcnews/Article/20130803/1351。

的操作，并可以用于商业目的。大数据分析即通过海量的数据，基于现有的商业智能系统（BI）、策略分析及管理控制，对用户行为与特征进行分析，并据此对用户进行分类组合，引导产品及营销活动投用户所好，改善用户体验。当然，大数据分析还可以做到发现新市场与新趋势、市场预测与决策分析、重点客户筛选等，使企业的决策不再基于感性认识，而是基于理性的科学分析。

未来电子商务是无企业不电商。在这个大的趋势下，一方面原有电商的成本优势会逐步消失；另一方面，随着营销精细化，很多传统的渠道会彻底消失，零售业也会更回归商业的本质。未来对于任何一个企业来说，数据储备和分析能力都是不可或缺的。那些能够挖掘、利用大数据，拥有大数据视野的公司将会在下一轮竞争中占据优势，改变现有的竞争格局。

四、新时代下企业的市场营销之道

处于信息化时代的消费者，消费行为正逐渐发生变化，消费者的购物习惯不断更新，并且朝着新的方向继续演进。谁也不知道零售最终会演变成什么样子，但可以肯定的是消费者对于单一渠道的忠诚度不断下降。在这样一个快速变化的新时代，零售商需要直面并不断适应新的变化，了解消费者，把握消费者，引导消费者，基于对消费者深刻的理解，在新时代建立系统的营销工程。

（一）营销的诉求发生变化

IBM 发布的《2011 年全球首席营销官调研之中国洞察》报告显示，中国的企业营销负责人已经认识到，他们与客户的互动方式发生了重大的转变。原来由企业营销部门主导的话语权已经被消费者的产品体验所取代，消费者不再是沉默的群体，他们可以在各种社交网络上表达对于产品和品牌的意见，并通过社交圈影响着身边的人。

技术的发展赋予了消费者如此广泛的影响力，使消费者与企业之间的地位发生了逆转。在这样一个消费者深度参与的时代，决定企业未来发展的将不仅仅是企业的 CEO，还有这个时代强大的消费者们，IBM 称之为首席执行客户①（CEC，Chief Executive Customer）。

1. 产品营销向客户营销转变

从公司角度而言，市场营销的切入点和重点经历三个阶段的变化。这其中最为著名的三个观点是罗瑟·里夫斯（Rosser Reeves）提出的 USP 理论，要求向消费者表达一个“独特的销售主张”；杰罗姆·麦卡锡（Jerome McCarthy）的“4P 组合”以及上世纪 80 年代品牌专家大卫·艾克（David A. Aaker）的“整合营销”理念②。借着信息技术的飞速发展，市场营销必然将以全新的方式上升到更加注重客户需求的阶段。

社会化媒体盛行的今天，新技术赋予消费者以前所未有的主导商业的力量。消费者会主动搜索产品信息、拣选信息、比价、发表评论。原来由企业营销部门主导的话语权已经

---

① http：//www. fortunechina. com/management/c/2013-01/27/content_ 141175. htm。

② 周忆：《大数据颠覆市场营销》，哈佛商业评论增刊：大数据时代的营销变革。

被消费者的产品体验所取代，品牌塑造也不再是“单一出口、统一口径”的公司公关部门，而是拥有自媒体平台的每一个人——员工、合作伙伴以及消费者①。

2. 大众化营销向精准营销转变

精准营销（Precision marketing）是在充分了解顾客信息的基础上，针对顾客偏好，有针对性地进行一对一的营销，就是在合适的时间向合适的人提供合适的产品。消费者沟通的三种主要方式对零售商非常重要，即 SoLoMo。它代表消费者三项信息的缩略语：社交、当前 GPS 位置和发送文本消息的手机号码。与消费者通过 SoLoMo 进行互动，这有赖于他们分享这些信息的意愿。在 2013 年 IBM 全球消费者调研中，IBM 商业价值研究院调查了 16 个国家的 30554 名消费者。在被问及他们是否愿意通过 GPS 分享当前位置信息时，调研受访者的意愿从 2011 年的 19%提高到 2013 年的 36%，提高了近一倍。近三分之一的受访者表示，他们愿意分享社交消息，而 38%的受访者愿意分享手机号码。可喜的是，绝大多数顾客对于和零售商分享这些信息保持中立或积极的态度。这似乎表明，零售商需要明确地向顾客传达分享这些 SoLoMo 联系信息的好处。然而，17%~28%的受访者对于分享这些信息持消极态度，因此零售商在传达这些活动时需要非常有针对性。

通过精准营销，将受众转化为消费者。精准营销不是立足于媒体广告发力，而是立足于客户服务发力，根据典型客户、潜在客户意见，更好地完成产品乃至品牌布局，提升服务的品质和价值。

由于信息技术的发展，使得收集海量客户的各类信息并分析的成本大大降低，这就在客观上使得精准营销成为可能，加之精准营销的转化率远高于大众营销转化率，使得精准营销成为营销的发展趋势。

精准营销的基础是细分客户，为客户“画像”。通过对顾客基本信息、活动信息、消费信息、行为信息、喜好信息及动态属性等几十甚至上百个要素属性的分类整理，将消费者分割成具有不同属性及可以任意组合的群体。通过一系列有针对性的、可自由设定的智能触发条件，筛检满足属性要求的客户，系统会根据事先设定的条件将营销内容推送给目标客户，尽量做到将合适的内容、在合适的时间和地点传送给适合的客户。

（二）营销技术和手段发生变化

最为消费者熟知的传统零售营销方式是按一定周期发送的 DM 海报。这种海报或者邮寄给会员，或者在商圈内派发，或者在门店入口处自取。由于成本可控，便于翻阅，往往为各种零售商所普遍使用。但是随着人们对于陌生人员的防范，DM 海报的派发很难进入到商圈覆盖的社区内。而据有关统计，信箱的开箱率低于 10%，使得 DM 海报的送达率和影响力受到影响。加之现代通信、互联网技术的发展，低成本、实时高效的新营销手段大有超越传统营销方式的趋势。

与传统媒体相比，微信、微博、主题网站等新媒体具有即时性、多元性、交互性等优点，打破了国界、产业及社群的边界，各种消息瞬间可以传播到世界上任何角落。任何主体都可能成为信息内容的发布者，信息接受者与信息发布者可以在同一时空就有关信息进行交流，甚至交流本身也成为新媒体信息的一部分。在这种浪潮下，传统零售商也积极采

① 周忆：《大数据颠覆市场营销》，哈佛商业评论增刊：大数据时代的营销变革。

用新的营销手段，从本次调查来看，有 62.5%的企业选择新媒体广告（如微博、自媒体等）作为企业宣传的主要方式之一。

1. 社交媒体营销——提高消费者参与度

社交媒体（social media）也称为社会化媒体、社会性媒体，指允许人们撰写、分享、评价、相互沟通的网站。社交媒体主要包括微博、论坛、微信、博客、SNS 社区、播客等等。

社交媒体因为其以信任为基础的传播机制以及用户的主动参与，不仅具有传统网络媒体营销的大部分优势，还具有对网民消费决策影响更大、对品牌传播与放大作用更强等优势。当越来越多的消费者开始在做出购买决策前参考他人的意见，社会媒体渠道就会在产品的成功当中扮演更重要的角色。

调研机构 Netpop 最近的一份研究表明，社交媒体网站正在中国蓬勃发展。92%（接近 2.24 亿）的中国大陆网民使用某种形式的社交媒体，在美国只用 72%（约 1.05 亿）。研究发现，用户生成的内容，包括消费者点评、论坛讨论和博客内容，对受访者 58%的购买决策有影响，而在美国，这个数字只有 19%。

咨询公司麦肯锡针对 5700 名中国互联网用户进行的一项调研发现，一、二、三线城市居民的社交媒体注册率高达 95%。调研报告《2011 年中国数字消费者报告》指出，中国存在一个突出特征，即社交媒体对中国消费者购买决定的影响比其他国家和地区更大。

根据 IBM《2011 年全球首席营销官调研之中国洞察》报告显示，有 82%的 CMO 计划在未来的 3-5 年内增加社交媒体的使用。

2. 全程营销——提高消费者满意度

消费者的消费决策通常可以由以下的过程来描述（见图 3-1）。在传统的零售模式下，消费者决策主要在购买环节完成，除非是价值较高的大件商品在货比三家的过程中，比价环节会对购物决策产生一定的影响，对于一般的日用商品，其他各环节对于消费者决策的影响甚小。消费者的满意度也主要是由产品的功能决定。消费者被模糊为以产品功能性为分类基础的泛群体。消费者与企业之间缺乏合适的沟通方式，消费者一般只能针对现有产品提出建议或批评，对于商品体验的反馈也无法有效地传达给企业。

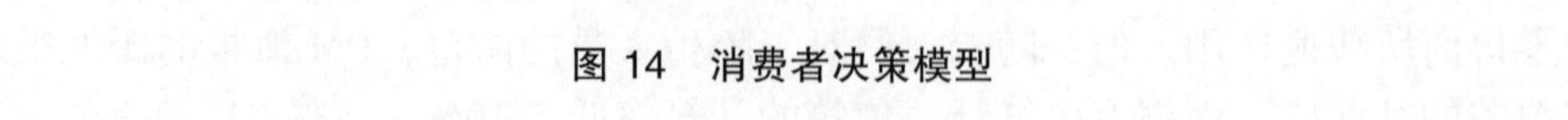

图 14　消费者决策模型

在网络技术广泛应用于零售领域的今天，消费者成为零售商业的主宰者。在商品信息收集、比价、查看评论到下单购买、签收的过程中，每个环节的体验都会对消费者决策产生影响。如果公司的品牌和产品不能最大化地实现消费者价值，最大化地满足个性需求，消费者就会从销售的任何一个环节跳脱。在移动互联时代，企业通过各种营销新媒介开展全程、双向互动营销成为可能。即使是小型企业也可以通过电子布告栏、专业论坛和电子邮件等方式，以极低的成本在营销的全过程对消费者进行即时营销。消费者则有机会对产品从设计到定价以及服务等一系列问题发表意见。双向交互式沟通方式提高了消费者的参与性和积极性。更重要的是它能使企业的决策有的放矢，从根本上提高消费者的满意度。

3. 跨界营销——打造无缝营销环境

随着移动互联技术的兴起，零售商也在从单一的实体门店零售向多渠道和全渠道模式转换。移动互联网营销的即时性、精准性、时空无限扩展性及内容传递的多元性，极大地弥补了传统营销的不足。技术发展使得消费者在不同购物渠道间的切换成为现实，降低了顾客对单一渠道的依赖性及忠诚度。为了适应消费者购物行为的变化，零售企业建立多种零售业态及探索在线销售模式，尽量覆盖消费者可能光顾的渠道，增加信息曝光频率，全方位向消费者传达营销诉求。

从调查问卷的数据来看，采用一种营销手段的企业仅占样本企业的 7.1%，采用 2-3 种营销手段的企业占 25%，采用 3 种以上营销手段的企业占样本总数的 67.9%，其中采用营销手段 10 种及以上的企业占到样本总数的 14.3%。由此可以看出，零售企业已经进入多种营销手段并用、打造无缝营销环境的时代。

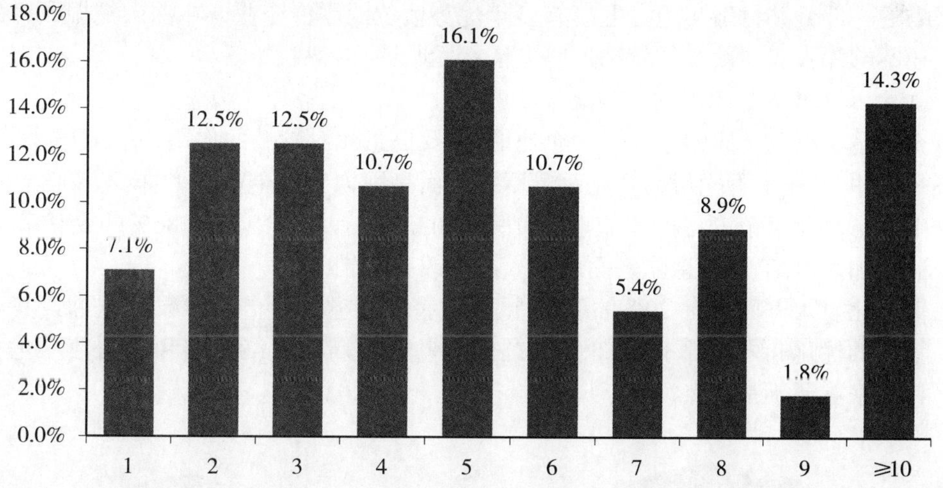

数据来源：中国连锁经营协会

图 15　采用不同营销数量的企业占样本比例（%）

4. 大数据营销——提升转化率

大数据营销是指企业或第三方服务机构，通过云计算等手段，对可收集到的消费者消费、社交、搜索、浏览等种种行为产生的海量数据进行追踪、分析等，借助这些数据为企业的营销提供咨询、策略、投放等营销服务的行为。

大数据营销是基于消费者细分基础上的营销。随着实名制社区和电子商务的普及，用户所产生的网络痕迹逐步反映出其线上行为特性，在融入线下的行为、销售数据后，可以完成对消费者线上线下的立体画像，并最终提供个性化的跨平台营销解决方案。

以零售为例，实体零售商也能跟踪商品的进销存，如果有会员系统，还能将销售的具体单品与会员个人联系起来，但仅是结果分析而已，消费者的购物过程依然处于黑箱中。而一旦购物行为移至线上，商家会了解消费者买了什么，查看了哪些其他商品，如何浏览网站，在多大程度上被促销活动、其他买家对产品的评论与页面布局所影响，对于购物者的整个购物过程和交易一清二楚。为了提高算法的准确性，更精确地预测、刻画消费者行为，将事先开发的算法与消费者行为进一步检验，不断优化算法。相比之下，实体零售商则显得盲目与无奈。

未来，企业市场营销必然基于大数据分析基础上。针对特定的消费群、潜在的客户，通过有创意的营销形式，将其转化为企业的粉丝并进而形成销售。

五、传统零售企业应对营销变革的挑战

（一）营销层面

新媒体营销并不是单纯在新的媒介上花钱去投广告，而是以消费者为核心。具体来说，零售企业必须在做好主业的基础上，吸引消费者眼球，为消费者提供具有吸引力的购物计划。实际上，国内百货企业如银泰、天虹商场、王府井等已经把新媒体营销视作未来发展战略的一部分并付诸实施。但享有多年优势地位的零售企业，在深入挖掘顾客的消费行为上还不够深入，在新媒体营销道路上依然面临诸多挑战。

1. 加大技术投入，紧跟时代节奏

调查显示，超过 7 成的企业认为企业的 IT 及信息化对营销的作用一般或很小。然而，这并不是说明 IT 技术不能帮助企业改善营销，而是因为当前企业的 IT 技术及信息化水平不够，限制了企业营销策略的实施和营销手段的应用。调查中，有 86%的受访者表示其所在企业会加大对 IT 及信息化方面的投入用于改善营销。

在信息化投入方面，有 29%的受访企业表示最希望改善企业的数据挖掘，其次是客户关系管理的优化和内外部不同 IT 系统之间的整合。店面网络设施和店面数字化方面的投入，目前来看还不是重点。

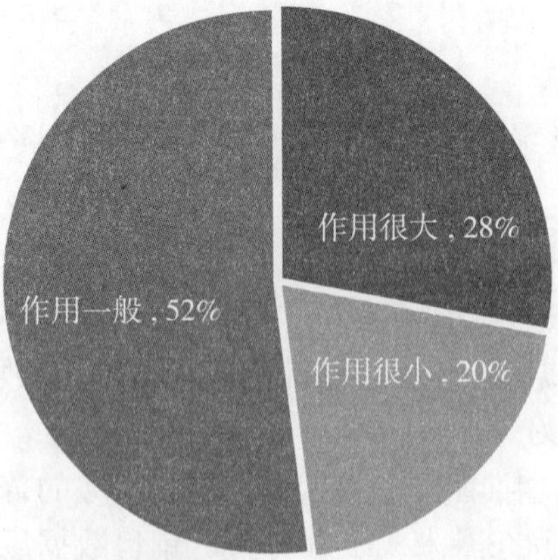

数据来源：中国连锁经营协会

图 16　当前企业 IT 技术对营销的作用

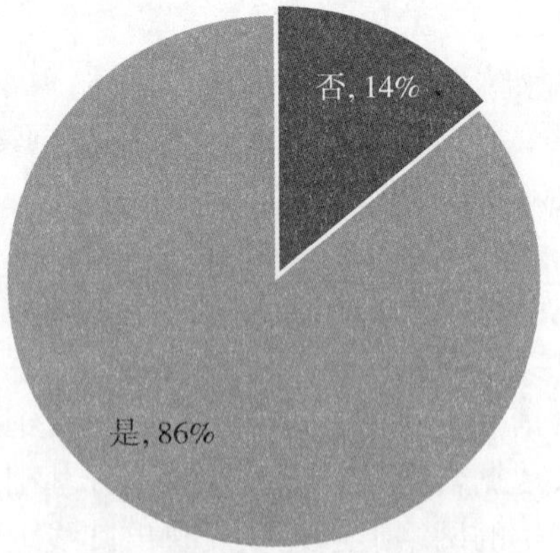

图 17　企业是否会加大 IT 及信息化投入改进营销

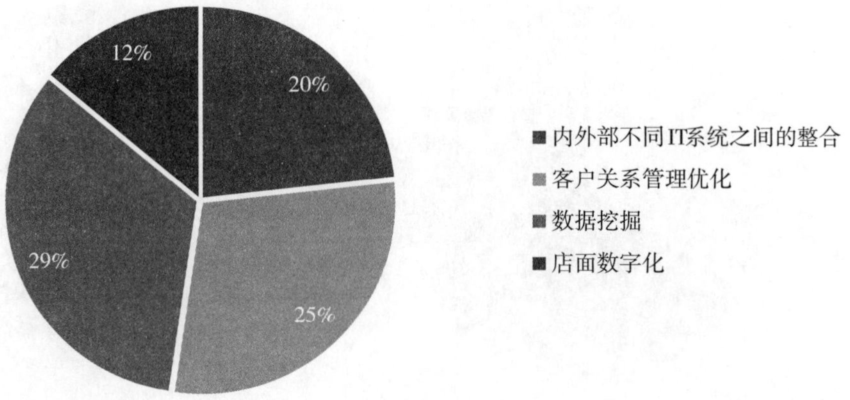

数据来源：中国连锁经营协会

图 18　信息化投入方向

在中国零售业整体还处于粗放式发展的背景下，在电商与实体零售的交叉路口，也有企业勇于尝试，甘冒风险而不固守原路，紧跟时代。

为了完成互联网化转型，支撑电子商务发展，实施线上线下融合以及企业管理优化等对信息管理的全面需求，苏宁研发支出大幅增加。2013 年上半年年报报告期内，苏宁公司研发支出 3898. 4 万元，同比增长 65%，公司信息体系研发人员数量达到 3000 人。截至 2014 年上半年，信息系统平台建设项目已累计投资 12911. 68 万元，完成项目投资进度的 58%。虽然目前苏宁云商仍处于亏损状态，但其门店销售同比下降的幅度已有所收窄，苏宁的转型战略效果让人翘首以待。

很明显，随着技术创新增强了双向可见性，并促成新的互动形式，互连的顾客对零售商的期望将持续快速增多。知道如何发挥技术优势的零售商将有能力提供当前大量顾客寻求的购物体验。为了满足顾客当前和未来的更高期望，零售商需要利用 SoLoMo 能力增强门店的吸引力，满足顾客的自助购物需求，并且根据开拓者的技术需求以及其他行业中正在进行的创新而对自身进行审查。

2. 增加新媒体对销售的影响力

企业在新媒体应用方面，判断标准较多，此处以具有代表性的微博及微信使用情况判断企业新媒体应用现状。调查数据显示，有 66%的受访企业开通了官方微博，73%的企业开通了微信。但从粉丝数量上看，微博粉丝数不足 5 万的企业占比达 70%，粉丝 10 万以上的企业仅占 14%。八成企业的微信订阅数少于 5 万，与诸多网络零售企业动辄上百万的微博粉丝数和微信订阅数相比，传统零售企业的微博粉丝数仍处于较低水平，受关注度并不高，影响力有限。

在微博的更新频率上，38%的企业保持每天更新，27%的企业保持每周 5 次左右，24%的企业每周少于 5 次，还有 11%的企业基本不更新。从微博及微信营销的人员投入来看，有近六成的企业都设置了专门的微博和微信营销团队。从人员数量上看，62%的企业不到 5 人，10 人以下的占 84%。

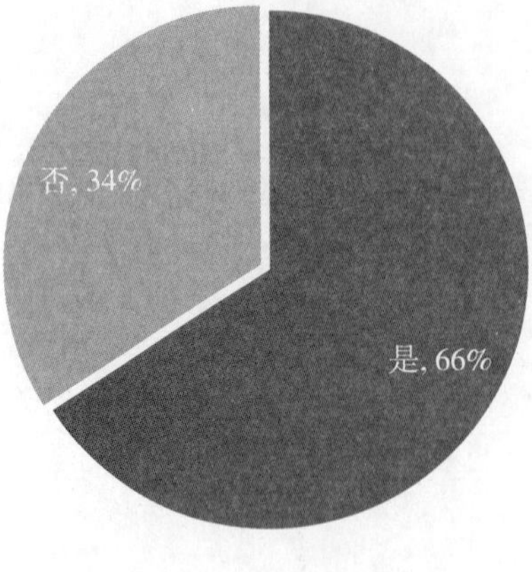

图 19　是否开通官方微博

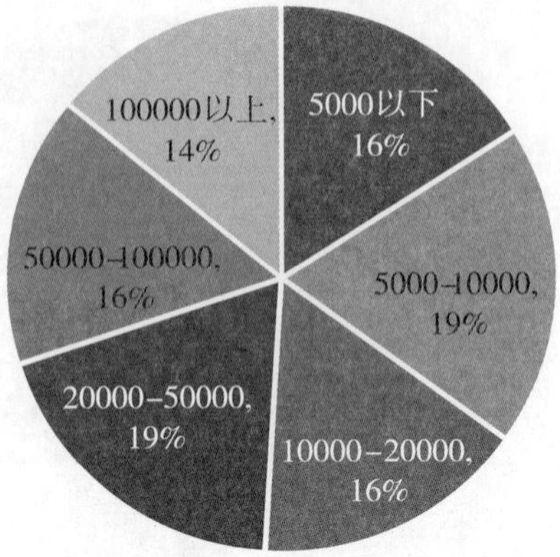

图 20　开通微博企业的微博粉丝数分布情况

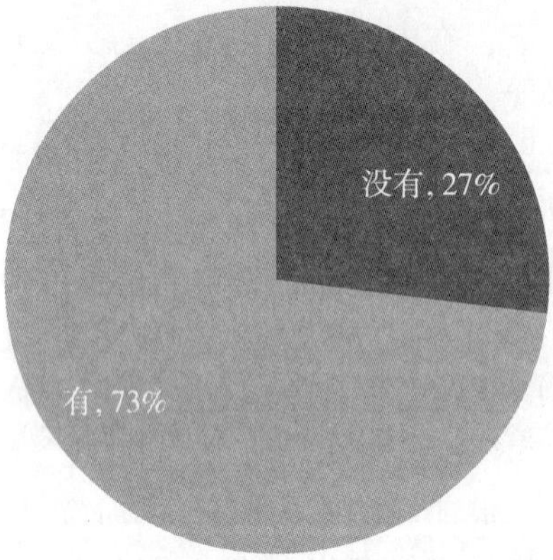

图 21　是否开通官方微信订阅号

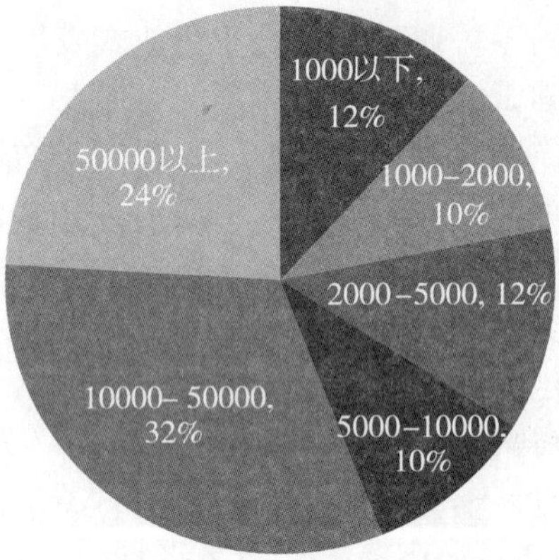

图 22　官方微信订阅号粉丝数

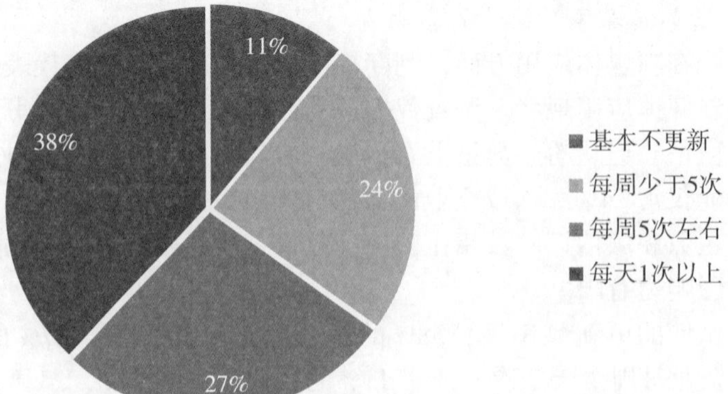

图 23　微博、微信更新频次

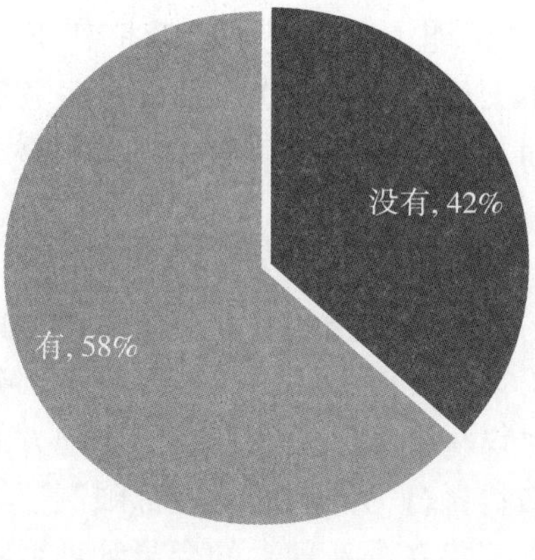

图 24 是否配备专门的微博、微信营销团队

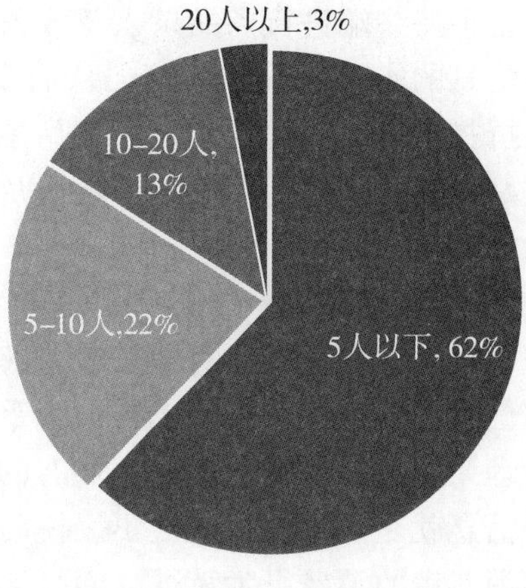

图 25 微博、微信营销团队的人数

2013 年，王府井、银泰、天虹等国内大型连锁百货企业纷纷铺设 WIFI，为消费者提供免费服务。消费者链接 WIFI 后，其联系方式、行动路线等数据会同步传输至后台，后台根据此用户的网购数据反馈其属性，触发系统自动推送相关活动信息或优惠券。通过对消费者店内移动路线数据的收集，可以优化商场动线设计，优化柜台位置。

以银泰为例，手机银泰在上线初期，主要针对年轻用户设置了秒杀折扣、限时尊抢等频道，以满足移动端年轻用户对价格较为敏感的特性。从艾瑞咨询监测的数据来看，2013 年 2-5 月、7-8 月和 12 月手机银泰的日均覆盖人数均超过 PC 端。而且在多数月份中，手机银泰的日均覆盖人数均在 20 万以上。银泰网 CEO 曾通过公开渠道表示，2013 年手机银泰的销售额占银泰网整体的 22%。

3. 增强跨渠道（界）营销能力

新时代下需要企业增强跨渠道营销能力。传统零售企业面临网络零售冲击，造成顾客分流，而传统的营销方式，以周边及到店的顾客为目标人群，通过卖场 POP、印刷传单的方式传递营销信息，其影响力也仅限于商圈内顾客。随着顾客消费渠道的转移，一部分消费者已降低进店频率，传统营销方式已经无法触及这部分原本属于自己的消费者，将足以吸引顾客到店的促销信息有效传达给他们也面临着挑战，双方渐行渐远。如何将游离于实体门店的消费者纳入到自己的零售版图，王府井、天虹、上品折扣等众多零售企业做出了自己的尝试。

王府井在确定全渠道战略转型中，定位于应用新技术、商业全面实行电子化。实体门店内，王府井实现在现有联营模式下的单品管理，百货企业和品牌商同步共享交易数据；王府井网上官方商城，采用多种运营模式下的单品管理，截至 2013 年年底，SKU 达 4 万以上，会员数已达 40-50 万人，日均 UV 在 5-6 万人。官方用微信服务号、APP 等新媒体和新技术提供会员服务，商场导购、餐厅导航等功能，针对不同顾客群的特点，通过文化推送、互动活动、商品抢购等多种功能打造圈群概念，实现全渠道下的精准营销。店内的 WIFI 使得基于 LBS 的精准营销成为可能。

上品折扣依托网上平台和移动端，与线下实体门店联动进行多渠道营销。虽然上品折扣的线下店数量并不多，但这也为其全渠道建设和优化顾客体验带来了极大便捷。通过为导购员配备手持终端进行商品录入及收银，构建商品信息数据库，实现线上线下商品、库存及物流信息的实时传输和共享，从而掌握商品经营能力，实现了联营框架下的单品管理。上品折扣不仅在如购物入口、商品挑选、下单支付、物流配送以及售后服务等各个触点提供良好体验，还在运营后台的建设及优化方面下功夫，也使其业务流程能够承受多渠道购物的压力。

4. 利用大数据捕捉消费者特征

传统零售企业普遍存在对消费者了解不深的情况。虽然企业的会员体系也搜集了消费者的个人信息，但这些信息并未与最为重要的购买行为实时关联，会员系统大部分被用作为积分管理系统使用。有多种零售业态的企业，仅仅整合和汇集储存在不同地方的会员信息、消费信息就是一大挑战，更不用说跨业态的消费者行为分析。这些都限制了零售企业准确捕捉消费者的消费行为特征，而打通这些系统，建立全新理念的会员管理系统成为零售企业实施大数据战略、进行精准营销的必经之路。

一直为零售标杆的银泰集团，近年一直在低调测试线下会员信息采集与个性化推荐，从而打通双线数据，实现精准营销。银泰集团的目标是成为以大数据驱动的消费解决方案提供商，以使购物者可花更多时间在银泰全新设计的任何一个百货店、购物中心及网店中满足其需求。透过分析数据及客户消费行为背后的逻辑，将客户的需求放在首位，并为客户提供一对一的个性化服务。银泰于 2014 年 3 月推出“银泰宝”会员服务，打造中国零售业首张彻底打通办卡、储值、支付全链路的虚拟会员卡。截至 2014 年 6 月 30 日，吸纳用户逾 540 万名。此举为银泰集团奠定了坚实基础，以进一步探索线上线下业务，将泛渠道建设与改善客户体验紧密联系。

不过，银泰并非个案，整个零售业都是个性化精准营销潜在需求者，依靠大数据驱动的线上线下体系的贯通，将是传统零售业的大势所趋。新兴电商领域的零售商有着先天的技术优势，利用大数据为精准营销提供基础。以京东为例，京东的大数据分析可以从客户、工具/产品、模型和技术四个层次实施大数据战略。针对不同的客户，京东采用不同的技术、模型和工具/产品，对客户进行大数据分析。

基于大数据挖掘出用户基本属性、兴趣爱好、行为特征、购买能力、心理特征等用户信息，应用于京东精准营销平台之中，为 EDM、短信和移动端营销提供精准的用户筛选。比如消费者画像在 EDM 应用中，开信率提升了 49%，15 天销售额转化率（元/封）提升 40%。

京东数据罗盘融合了京东云计算技术，跨越了业界大数据、高并发、实时展示的三大门槛，为京东开放平台的商家提供全方位的数据服务。包含店铺分析、行业数据和京东实验室 3 大板块，涵盖了 20 余项主题分析。维度包含了流量分析、销售分析、广告分析、仓储分析、配送分析、售后分析、行业分析等，时间跨度从分钟、小时、天、周到月，全面覆盖。

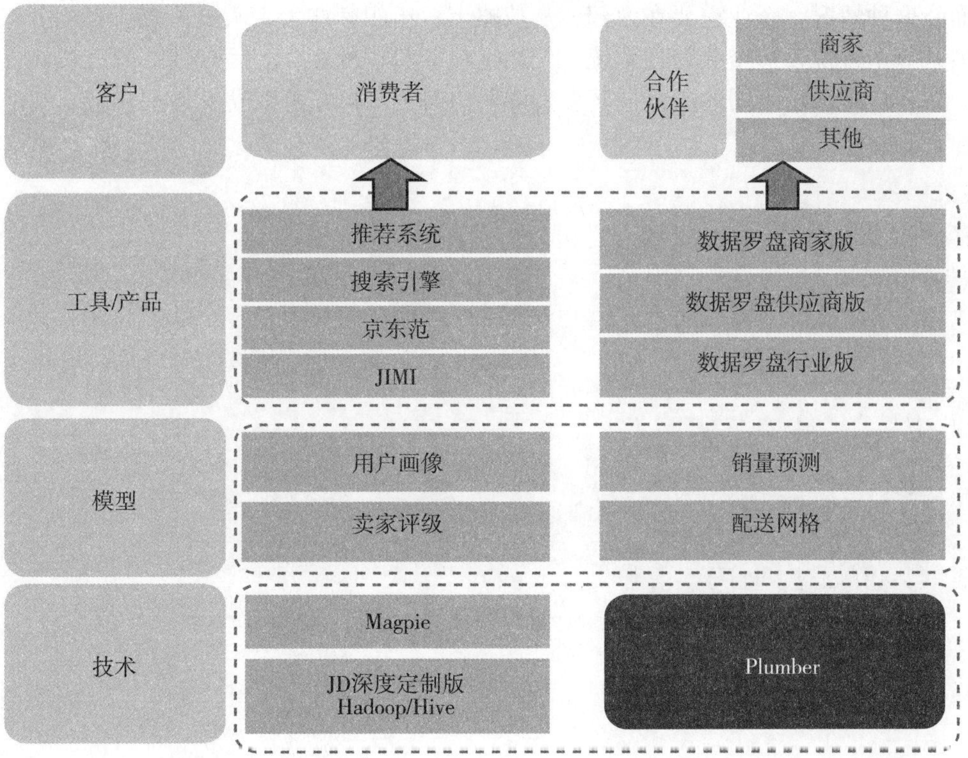

数据来源：中国连锁经营协会京东企业走访收集数据整理

图 26　京东大数据平台及服务

（二）管理层面

1. 营销管理人员的挑战

面临消费者和信息技术的变化，营销管理者面临着前所未有的挑战——海量数据、社会化媒体、可选渠道的增加和不断变化的消费者及其品牌忠诚度的下降。

事实上，绝大多数公司在细化的数据收集方面已经非常完善，但是如何利用诸如广告投放量、用户注册率、关键词的搜索率、社交媒体上品牌被提及的次数等分类信息来整体把握市场，将是营销管理者需要面临的主要挑战。

营销管理者需要有广阔的视野、对数字的高度敏感、对技术的相当认识，懂得科技营销，同时他能够和人力部门通力合作，使员工共同拥有公司的核心价值观，在自媒体盛行的新营销时代，准确传达出企业的品牌形象。

2. 组织内部的挑战

大数据时代，是消费者深入参与的时代，决定企业未来方向的人不仅仅是 CEO（首席执行官），还有消费者，IBM 称他们为 CEC（首席执行客户）。消费者的意见和建议，影响到企业采购、营销、销售和售后服务等各个环节，只有满足了客户需求，才能实现企业自身效率的最大化。一旦消费者在消费过程中不能获得价值最大化的体验和服务，消费者就会跳到竞争对手的怀抱。

面临这种情况，企业需要在内部，从战略上、组织架构上、人员配备、部门分工、供应链体系等全方位改造企业管理系统，使之适应新时代的变化。要使每个部门都树立营销概念，有客户观，从不同的层面向消费者展示自身的品牌形象，优化客户体验，提升服务价值。

2014年中国零售业全渠道模式对分销渠道影响研究报告

当前，我国零售企业的营销渠道主要是以传统方式为主，但可喜的是，全渠道零售理念及其强势渗透与影响的冲击，已使新媒介、新技术、新平台的应用，成为各类企业营销宣传的主要方式之一。依托大数据挖掘、消费者深度研究等未来全渠道零售发展的技术型武器，传统零售企业将更娴熟运用现代营销平台和更强大的资源整合专业营销团队，以适应新的市场竞争形势下的营销需求。为更好地掌握零售行业全渠道零售模式发展状况及其对分销渠道的作用和影响，以期为零售企业战略发展提供可资借鉴的思路和数据参考，2014年中国连锁经营协会与利丰研究中心合作开展了本次“中国零售业全渠道对分销渠道影响研究”。

一、我国分销渠道的现状

（一）分销渠道定义

消费品由生产商转移至消费者所经过的路径通常被称为分销渠道。按照生产商和消费者之间是否存在中间商，可以简单地将其分为直接分销渠道和间接分销渠道。直接分销渠道的主要特点是商品交易不借助任何中间商而直接在生产商和消费者之间完成；间接分销渠道的主要特点是生产商先与中间商进行交易，然后由中间商再转卖给消费者，或者由中间商帮助生产商与消费者完成交易。在间接分销渠道中，按照销售对象不同，可以把中间商划分为批发商和零售商两种类型，前者以零售商或其他类型的转售商为销售对象，后者以消费者为销售对象，在商品流通路径上，批发商位于零售商的上游（见图1）。

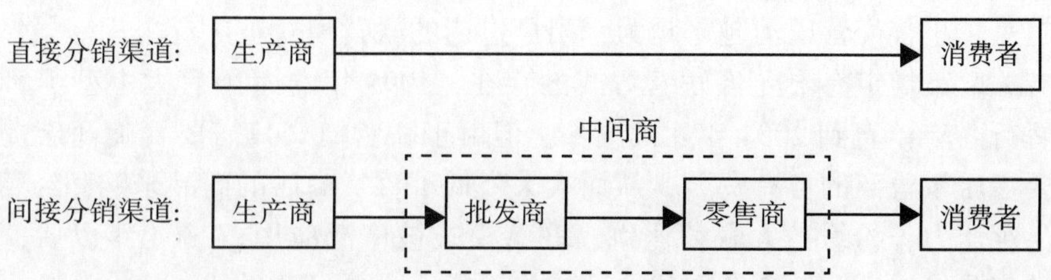

图1　分销渠道的两种基本类型

（二）我国主要分销渠道发展现状

1. 传统松散分销渠道仍然存在

所谓传统分销渠道，是指现代零售模式出现以前，从生产商到各级批发商再到各级零售商最后再到消费者手里的过程，整个过程成金字塔结构。生产者生产商品，批发商通过经销与代理制度向下级批发商和零售商进行商品分销，最后到达消费者手里，整个过程是一个单向传递，适用于早期消费品严重匮乏，消费者选择余地有限的情况。由于我国零售集中度较低，这种分销模式至今仍然存在，主要分布于三、四线及以下城镇和农村市场。

2. 零售业进入微利时代，传统分销渠道效率下降

随着宏观经济下行，靠粗放型扩大规模的方式实现销售额的高速增长时代已经不再，零售业进入微利时代，而传统的分销成本高企，销售和管理费用不断攀升，获取客户的成本也在不断加大，行业的低利润率很难再支撑高额的分销成本，渠道效率也在不断下降。

3. 百货联营模式备受挑战，亟待转型

1981 年我国开始实行统购统销、计划收购、订购、选购形式，工业部门可以实行产品自销，商业部门可以实行商品选购。在我国短缺经济的背景下，自营方式使我国百货业步入了黄金时期，百货店盈利丰厚。在百货店与消费者的关系中，一方面，我国零售业态单一，百货店数量少，占据强势地位，消费者可以选择的消费场所主要为百货店；另一方面，由于我国当时处于短缺经济下，商品匮乏、供不应求，形成了完全的卖方市场。消费者凭票购买生活必需品，百货店商品一上柜台就能立刻销售一空。此时的百货商店主要作为流通职能的重要承担者，担负起保障市场供应的功能，并不需要研究消费心理，根本不用担心货品卖不出去的情况。由于商品的供不应求，在零供关系中，供应商地位很高。作为零售商的百货店派出采购人员到全国各地进行货品采购，买断商品，百货店将精力放在了如何拿到货源上，百货店采购员的任务就是到全国各地寻找货源，采购商品。到 1990 年百货商店商品的自营比例曾经达到 90% 以上。

从 1990 年起，部分百货商店开始向一些工厂、个体户出租柜台，用于新商品的推销、展示，使新产品、新款式能很快进入市场，与消费者见面。1995 年前后出租柜台之风愈演愈烈，造成了市场秩序混乱，假冒伪劣商品涌入市场，百货商店的服务质量下降、声誉受损，社会反映强烈。1995 年底商业部对市场进行规范管理，一些大型知名百货商店对出租柜台进行清理整顿，停止出租柜台业务，开始了“引厂进店”，并逐渐兴起。1995 年上海的部分大型百货商店“引厂进店”商品约占商品销售总额的 50%。

1996 年以后，随着零售市场竞争越来越激烈，传统百货商店在新型业态的挤压下，利润空间越来越小，经营压力越来越大，引厂进店的联营模式被广泛采用。虽然在这一时期，我国有关政策规定有限允许联营方式的存在，1995 年的《国有大中型零售商店引厂进店管理暂行办法》直到 2004 年才被废除，但由于联营模式只需要百货商店提供经营场地，不需要占压零售商的自有资金，从而大大降低了百货商店的商品采购和经营风险，百货店迫于生存压力，纷纷扩大联营比例，联营模式被广泛应用。2004 年以后，随着社会经济环境的变化发展，联营逐渐取代自营成为百货业主要经营模式。

随着网络零售的发展，百货联营模式正受到前所未有的压力，长期的联营模式使百货店不了解消费者，不懂得经营产品和不掌握供应链，逐渐远离零售的本质。在宏观经济下

行的大环境下，百货店的生存越发困难，正逐步探索回归自营和发展自有品牌及网络零售的转型，原有联营模式的分销体系正面临变革。

4. 连锁经营霸主地位受到挑战

在20世纪末期，经销商是整个分销渠道的核心，对上下游企业具有较大的话语权和控制力。进入21世纪，随着零售商规模的扩大、连锁经营模式的兴起，分销渠道的历史性变革与连锁经营在国内零售领域的蓬勃发展紧密相关。在短短的十几年间，连锁经营，包括直营连锁、特许加盟及自由连锁联盟，凭借其独特的竞争优势，迅速在我国推广，并取得了较好的经济实效。连锁经营特有的运作方式对分销渠道转型具有积极的拉动作用，且仍具有极大的发展空间，必将成为我国零售业经营模式的主流，也将进一步促进分销渠道不断向高级化、现代化转变。

渠道主角发生了转换，渠道重心由经销商下移至零售终端，得终端者得天下，这一时期，涌现出包括超市、家电专业店、专业专卖店、百货店、便利店等多种业态的连锁经营企业，伴随我国经济的高速发展，各大连锁企业开疆拓土，疯狂开店、兼并收购圈地抢占市场，网点迅速扩张。根据中国连锁百强数据，1997-2013年，零售业连锁化快速提升，15年间，连锁零售百强企业销售额年均增幅规模扩大了101倍，门店数增长了30倍。销售额年均增幅36%，远快于社会消费品零售总额年均15%的增幅，占社会消费品零售总额的比例从0.6%到近年的11%左右。

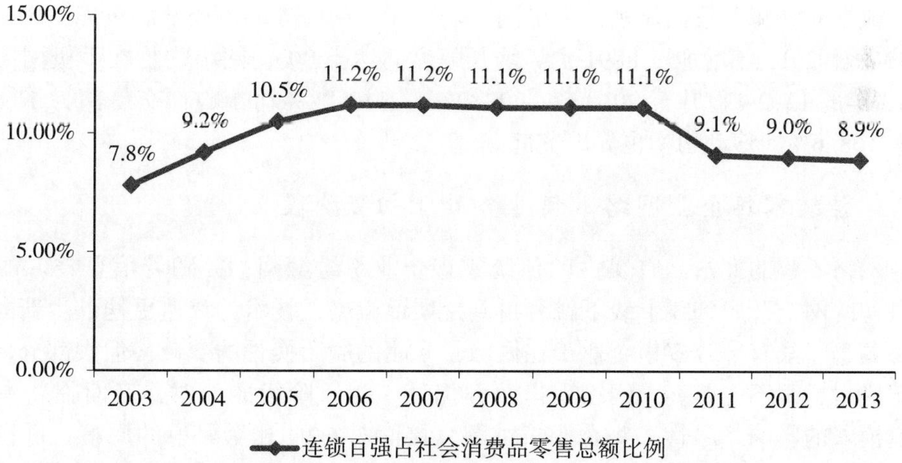

数据来源：中国连百强调查，国家统计局

图2　中国连锁百强占社会消费品零售总额比例

2005年以后，网络零售从起步到高速发展，冲击了当前以连锁发展为主的分销模式。从百强数据看，拐点出现在2011年，传统连锁零售百强的销售额占社会消费品零售总额的比重下降至10%以下，并呈逐步下滑趋势，2013年降到8.9%。连锁零售发展的模式正受到网络零售的不断冲击。

5. 网络零售促使分销模式重构

随着信息互联网技术的发展，网络零售逐渐兴起并在近年高速发展，正逐渐发展为我国分销渠道的一个重要力量，严重冲击现有以连锁经营为主的零售业态，百货、超市、家电专业店等各个业态均受不同程度的冲击，网络零售及全渠道零售是未来分销模式发展的趋势。

二、网络零售发展与全渠道零售现状

（一）网络零售高速发展

2013 年，我国网络零售市场发展态势良好。数据显示，2013 年中国网络零售市场规模达到 18851 亿元，相较上年增长了 42.8%，市场进入相对稳定的增长期。网络零售交易额占社会消费品零售总额的比重达到 7.9%，比上年提高 1.6 个百分点。

2013 年，美国网购市场交易规模约合人民币 15997.9 亿元，中国首次超越美国成为全球第一大网络零售市场。未来几年，随着消费者网购意愿的不断增强、网络购物应用环境的不断优化以及网络零售市场法律法规的逐步完善，中国网络零售市场将逐渐走向成熟，网络零售市场规模增速将趋缓。据国家统计局公布的最新数据显示，2014 年上半年全国网上零售额 11375 亿元，同比增长 48.3%。到 2014 年年底，中国网络零售市场规模超过 25000 亿元。

技术进步促进网络零售的发展，反过来又促进零售创新。2013 年，移动商务市场潜力爆发，根据 CNNIC① 数据显示，手机网络购物在移动商务端市场发展迅速，用户规模达 1.44 亿户，比 2012 年增加了 8891 户，增长幅度高达 160%，网络购物在手机网民中使用率由 2012 年的 13.2%提升至 2013 年的 28.9%。2013 年移动端购物交易额为 1696 亿元，增速高达 168.6%，移动购物也异军突起。

（二）传统零售企业网络零售业务处于初级阶段

面对网络零售的冲击，有实力的传统零售企业纷纷触网，并随着信息技术的快速发展，从最初的网上开店到线上线下融合再到全渠道策略，技术的快速更迭催生新的零售概念和策略调整，虽有部分零售企业正在做前景未明的脱胎换骨的变革，但大部分传统零售企业疲于应付，跟不上节奏，网络零售业务仍处于初级阶段的同时，又面临新一轮 O2O 和全渠道模式的影响。尽管一些企业正试图直接面对 O2O 和全渠道的调整，进行外部合作和内部变革，但真正意义上的推动，还是靠纯电商企业业务拓展需要推动，面临巨大阻力。

全渠道是未来方向，但传统企业开展网络零售或与电商企业 O2O 融合是切入点，据中国连锁经营协会的调查显示，我国全渠道零售业务，无论是处于前沿的电商企业，还是传统零售的网络零售抑或是二者的 O2O 融合，都处于发展的初级阶段，还有很长的路要走。

2014 年中国连锁经营协对传统零售企业的网络零售状况继续组织开展年度调查。从参与调查的 56 份有效样本企业总体零售业务规模分布看，2013 年销售额 10 亿元以内的

① CNNIC：中国互联网络信息中心（China Internet Network Information Center）。

企业占25%，10亿-50亿元的占45%，50亿-100亿元的占3%；100亿-300亿元的占16%，300亿元以上的占11%。其中，61%的企业已经开展了网络零售业务。调查显示，我国传统零售企业的全渠道方向第一阶段的尝试，存在以下特点：

1. 销售规模尚小，处于起步阶段

调查显示，40%的企业2013年网络零售销售规模小于500万元，16%的企业在500万-1000万元，销售额过亿元的企业仅占12%。近九成的企业2013年网络零售销售额占公司整体销售额的比例不足5%。从中国连锁百强统计来看，开展网络零售的百强企业线上销售额占企业总销售的比例仅为3.7%，数字表明，我国传统零售企业的网络零售业务规模尚小。

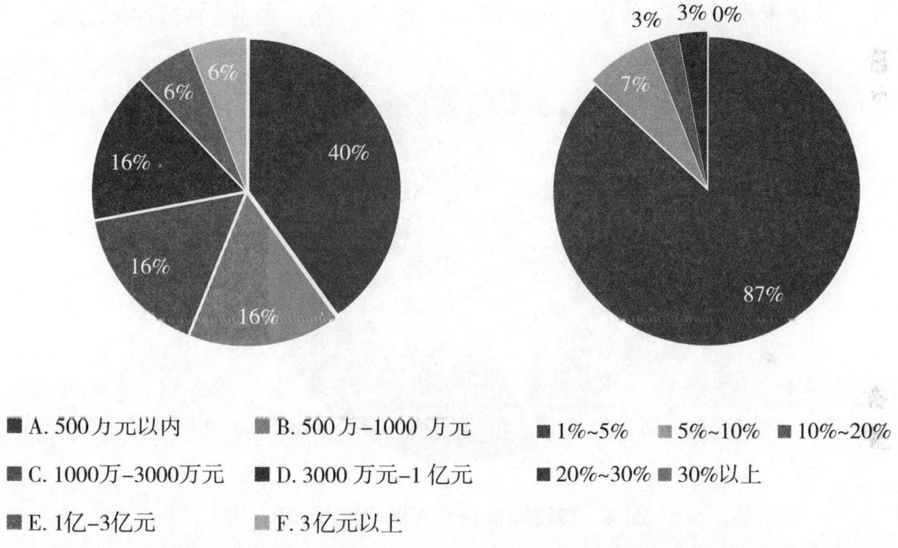

（网络零售销售额占比及分布）　（网络零售销售额与公司总销售额占比）

数据来源：中国连锁经营协会网络零售调查

图3　2013年传统零售企业网络销售情况

从企业投入上看，大部分开展网络零售业务的传统零售企业投入均显不足。调查显示，近五成的企业从开展网络零售业务伊始到目前的投入总额在500万元以内，投入小于2000万元的企业占比达到79%，仅有6%的企业投入过亿元，这样的投入对网络零售而言无异于杯水车薪。人员投入上，大部分企业也投入较少，36%的企业在10人以内，26%的企业在10-30人之间。实际上，电子商务是集资本和人力于一体的行业，建立购物网站之后的后续投入非常重要，专业运营、营销推广等都需要大量的资金及人员投入。如果后续投入不足，营销推广乏力，将导致网站没有吸引力，点击率下降，就像实体门店吸引顾客能力不足一样。

企业资金和人力投入都明显不足的情况下，日均订单数较少也在情理之中。42%的企业日均订单在100单以内，26%的企业日均在100-500单。从商品经营范围上看，已开展网络零售的传统企业经营单品数相对较少，53%的企业经营单品数在3000个以内，其中

22%的企业经营单品数少于 1000 个，19%的企业经营单品数在 3000-5000 个。

传统零售企业的网络零售业务普遍交易规模较小，很难支撑正常的运营管理。在网络零售对于企业的重要程度上，六成企业认为网络零售对公司的影响一般，重要程度不够。传统零售企业网络零售运营任重道远。

2. 布局 O2O 模式，成效尚不显著

传统零售企业在经历第一轮网上开店的失败后，开始积极探索新的线上业务模式。2013 年，O2O 模式是企业普遍认可的发展趋势，并开始在企业内部或企业之间相互合作和尝试，以期寻求突破口。本次调查中，43%的企业已经开展了 O2O 业务，57%的企业虽然尚未开展，但表示出尝试意愿。已经开展 O2O 业务的企业，大部分是企业内部的 O2O 线上线下销售，65%的企业没有与第三方网站开展 O2O 合作。O2O 是当前零售企业发展的趋势，但尚未形成行动共识，成效尚不显著，大部分企业仍处观望状态。

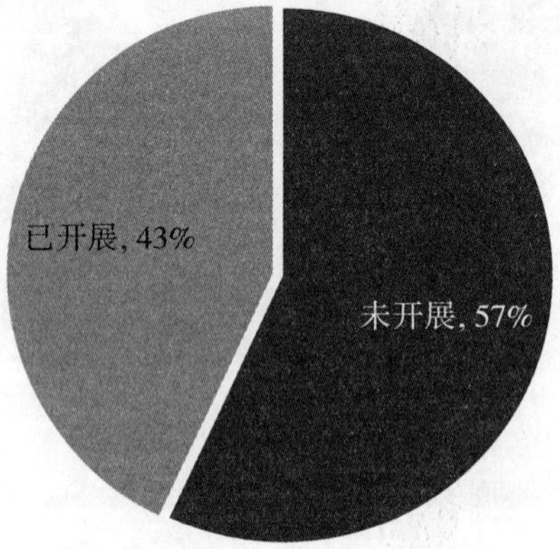

图 4　传统零售企业开展 O2O 情况

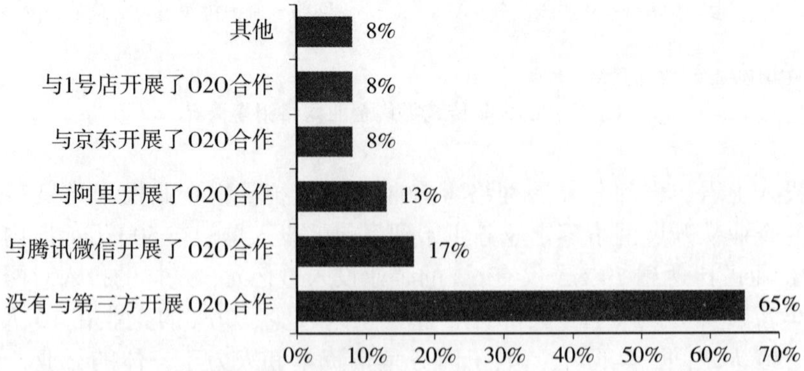

数据来源：中国连锁经营协会网络零售调查

图 5　传统零售企业与第三方电商网站 O2O 合作情况

3. 缺乏专业人才，制约企业发展

当前，传统零售企业开展网络零售面临的最主要挑战是缺乏大量专业人才。一方面，好的专业人才不一定会选择传统零售企业，因为企业的基础、工作的氛围及企业领导人的互联网思维等各种因素都可能影响人才发挥的空间；另一方面，传统企业对招募来的人才往往以很高的期许，但各方面基础条件又很难配套，导致目标和结果之间有巨大落差。调查表明，78%的企业都认为缺乏相应的技术和管理人才是限制其发展网络零售的主要因素。

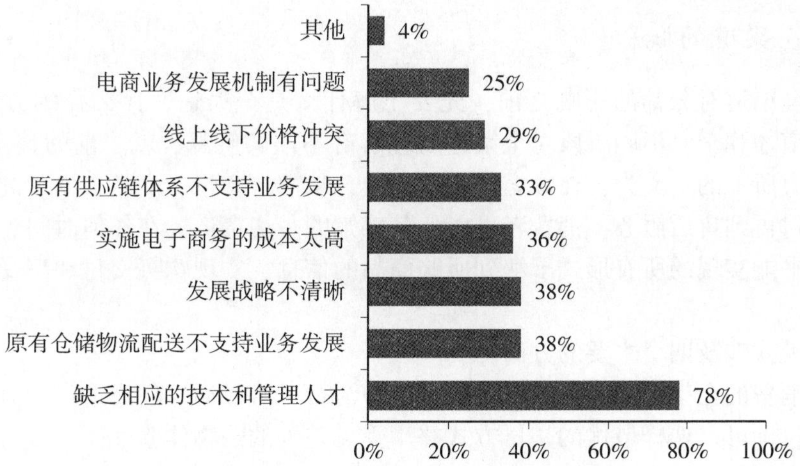

数据来源：中国连锁经营协会网络零售调查

图 6　目前限制实体零售商发展网络零售的主要因素

传统零售商开展网络零售业务在战略层面、经营层面、技术层面都缺乏大量高端专业人才。虽然高校相关专业毕业生源源不断，但却难以和当前市场需求相匹配。传统企业开展网络零售所需要的是既懂得电子商务，又懂得传统企业经营，还能把两者有机结合起来的高端复合型、思维型人才。另外，企业之间挖角严重，导致人才流动性大。传统零售商进军网络零售，需要在引进人才、人才待遇、留住人才等方面进行系统的制度设计。

（三）O2O 是迈向全渠道的重要一步

部分传统零售企业尽管投入巨大资源进行网络零售改造和全渠道升级，但由于自身原因，如上述的资金、技术、人才、自身内部基因的限制，很难跳出其固有思维去看待一个全新的模式。但有一点是肯定的，尽管困难重重，全渠道仍是行业的共识，只是存在实现的途径和方式的差异，以及推动者主要是谁的问题。

网络零售保持多年高速增长，得益于我国传统零售业集中度低、网点设施不足等因素。随着市场红利逐步减弱，增速逐渐趋于稳定，纯电商企业想要拓展市场及渠道下沉，避免不了与传统零售企业短兵相接，而电商在实体门店的覆盖上是短板，短时间内也很难在相对稳定的市场中靠自身力量重新布局，唯一的选择就是与实体企业进行合作。同时，受网络零售冲击严重，压力倒逼传统零售企业转型升级，加速“触网”，开展多渠道营销。2013 年传统零售企业网络零售增速达 38. 6%，从事网络零售的企业中，网络零售销售额占整体销售额的比重从 1. 7%提升至 2. 3%。尽管有明显变化，但整体来看，传统零售在网络零售、信息化建设方面仍处于较低水平，其自身缺乏技术、缺乏人才、缺乏解决方案的现实困难长期存在，客观条件促成竞争的双方走向合作，以 O2O 为切入点，进行同企业及跨企业的线上线下融合，迈出全渠道零售的重要一步。

三、全渠道模式对分销的影响

（一）全渠道的概念

在讨论全渠道对分销的影响之前，先要了解什么是全渠道，什么样的方式才叫全渠道，多少渠道才算全？不同阶段对全渠道的理解有不同的解释，就当前的技术发展阶段，我们给全渠道所下的定义为：在顾客购买行为中，从需求产生、商品查询、商品评价、购买决定、交付再到售后服务，消费者可以从其感知的一切渠道，在任何时间、任何空间和现有技术水平能实现的所有形式了解到所购商品的信息、实现购买交付和享受无差别的服务体验。

全渠道模式涉及四个主要的方面：

第一，消费的全渠道。所谓消费全渠道，即消费者可以通过任意途径随时随地进行商品选购和支付，可以选择最优的交付方式并享受无差别的购物体验。

第二，支付便利。支付手段的便利是全渠道模式的关键环节之一，无论通过何种渠道，便利的支付手段是达成交易的核心。

第三，商品流通的高度信息化。消费者能否享受到全渠道的购物体验，光有全渠道的入口和便利的支付手段还远远不够，商品流通的高度信息化，最优的商品流通路径是企业能否盈利，能否打造全渠道购物体验的关键，需要强大的系统和大数据支撑。

第四，全渠道营销。信息技术的进步，使消费者变得越来越挑剔，各种社交平台的出现和更新迭代也从根本上改变了人们的社交渠道和社交方式。消费者在改变，营销的渠道和方式也需要随之变化，以适应消费者全渠道的信息获取需求。

（二）全渠道模式对传统分销的影响

1. 全渠道生产厂商的影响

第一，增加新渠道，提升议价能力。传统分销模式下，由于生产物理条件所致，生产环节与销售环节交由不同的主体完成，信息单向传递，分工明确，产品的分销交由专业的批发商或代理商完成，除个别厂商自建专卖店外，大部分生产厂商很少涉及产品分销环节。而全渠道模式下，除了传统分销渠道，网络平台也逐渐成长为主要的销售渠道，包括 B2B 带有批发性质的平台和 B2C 直接针对消费者的平台，如图 7 所示，生产厂商的渠道多了三个选择，即 B2B 网站、B2C 平台和自建网络平台。随着网络零售不断发展成为重要渠道，传统分销渠道受到严重挑战，渠道优势逐渐弱化，议价能力天平逐渐偏向厂商和新的分销渠道。

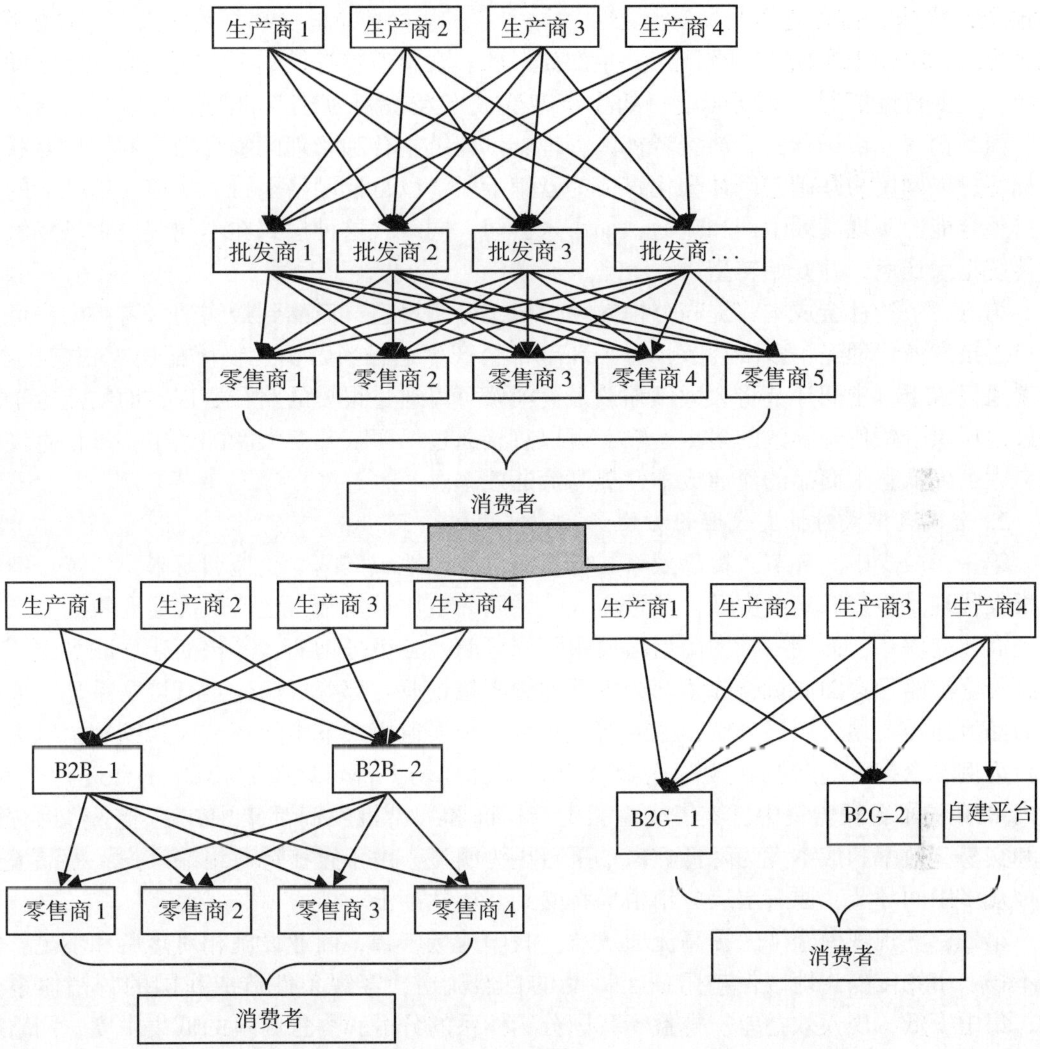

图 7 生产商分销模式的变化

第二，打破原有价格体系。B2B、B2C 等网络分销平台，得益于先天的无地域无边界无时间限制的优势，可以随时随地进行信息沟通，同时信息更对称，价格透明可比。同时中间环节明显减少，费用也降低，终端销售价格下降。而传统分销模式层层分销，特别是三、四线及以下城市，经过层层分销和加价，最终售价相对较高，传统分销渠道在客户流失和渠道分流的情况下，要维持利润，唯有压低价格，原有价格体系被打乱，因而出现厂商针对同一产品进行线上线下型号区分的现象。

第三，拉近与消费者距离，需求直接引导生产。网络零售兴起后，生产厂商可以通过第三方 B2C 平台进行开店或自建网络零售平台，直接参与销售环节，并可以直接接触消费者，使生产商了解消费者、把握消费趋势成为可能，并且这种需求可以迅速传达并指导生产调整，大大提高厂商的生产效率。随着厂商与消费者的互动深入和消费者个性消费成为主导，以需求引导生产的定制模式也逐渐兴起，而这种模式正在改变原有的生产和消费模式。

第四，重构生产模式，重新定义生产商概念。全渠道零售模式下，生产商的定义发生变化，业务范围拓展，从以前单一的生产型变成以互联网为标签的集商品生产、软件开发、商品销售、市场营销、消费者社区管理、供应链整合和管理的复合型公司，以互联网为标签，以网民为基础，以社会化媒体为营销手段，以自建网络平台为渠道，以强大的供应链整合能力实现高效生产和流通，如小米公司。同时，这种模式在不同程度上已经触动到传统型生产商，并开始转型。

第五，节约社会成本，提高分销效率。传统分销渠道，商品到最终消费者手中，可能经过了批发商代理经销多个环节，每个环节都会产生运输、营销、物流配送等相应成本。全渠道模式下，中间环节将大大压缩，最终消费可以通过很短的路径实现，而物流也不需要经过层层分销代理导致的多重运输，可以直接通过厂商或几个大型配送中心进行直接配送，大大降低整个商品的流通成本，提高流通效率。

2. 全渠道模式对批发代理的影响

第一，减少中间环节，提高效率减低费用。我国地域广阔，受地域所限，传统分销渠道批发代理及零售商集中度低，数量庞大，中间环节比较复杂，生产厂商需要跟诸多批发代理商建立联系，而同一批发商也需要跟不同厂商及各级分销商、零售商建立联系，商品流、资金流路径弯曲曲折，除了部分大型连锁零售企业与部分厂商建立直接联系外，大部分商品流通需要通过层层分销，流通费用较大。全渠道模式下中间环节大为缩短，以 B2B 平台为例，众多厂商包括小规模企业甚至是家庭作坊，都可以通过 B2B 平台进行交易。国内 B2B 的平台较为集中，零售终端、生产厂商和大型批发商都集中在一个平台进行沟通和交易，效率和成本大为降低。B2C 平台更为明显，由于直接针对终端客户，商品流通省掉众多中间环节，原有层层分销格局将受到实质性冲击。

第二，实现规模经济，提高流通效益。我国地域广阔，商业设施相对落后和不足，信息不畅、市场区隔、地区保护阻碍了商品的自然流通，客观条件造成我国的分销体系分散，集中度低，规模效益差。得益于我国分销体系的分散和零售终端的低集中度，网络零售才得以高速发展。一方面，信息畅通促进了商品在更广的范围传播，大大增加了潜在消费者的数量；另一方面，处于商品流末端，特别是我国三、四线城市的消费者，有更多的机会接触到更为物美价廉的商品。二者相互促进，共同推动商品在相对集中的平台上的高效流通，规模效益显现，成本降低，效益提高。这也是当前传统零售企业，如百货店、专业店、专卖店受到严重冲击的原因。

第三，库存管理优化，提高流通效率。全渠道模式对仓储物流带来革命性变化，传统分销模式下，分销渠道众多，仓储库存也较为分散，管理混乱。全渠道模式下，仓储物流从分散逐渐趋于集中，全国可以通过多个重点大型的仓储物流基地，建立统一共享的信息平台，实现库存的科学管理和商品的高效流通。

3. 全渠道模式对零售终端的影响

全渠道尚未全面到来，但作为全渠道的初期，网络零售严重冲击了传统零售企业，全渠道模式将重塑零售的商业模式，传统零售企业以公里计算商圈并核定经营核心的概念将发生巨大变化。

中国连锁百强调查统计显示，2010 年以来，连锁百强的销售增幅持续回落，从 2010

年的21%下滑至2013年的9.9%，回落了11.1个百分点。2013年，销售增幅首次出现个位数，是百强统计以来销售增幅最低的一年，行业进入整体放缓的发展阶段。主要业态中，百货发展最不乐观，2013年，50家以百货业务为主的百强企业销售增长9.6%，店铺数量增长0.4%，均低于百强平均水平，分别比上年下降0.7和8个百分点。专业店特别是家电专业店的表现也差强人意，这两个业态都是受网络零售冲击比较严重的业态。

传统零售企业销售额增速的持续下滑，以及盈利能力的减弱，一方面是受整体经济下行、房租及人工成本持续上涨的影响，而更重要的是，网络零售的飞速发展打破了零售业固有的市场格局，加之价格体系和零供关系原有平衡被打破，使得商业模式也发生了巨大变化。因而，在全渠道零售成为零售业发展趋势的情形下，传统零售企业发生巨大变化也成为必然。

第一，渠道多元化。零售渠道从单一的线下渠道向网络零售、线下实体、移动终端拓展，消费渠道多元化发展，支付渠道的便利性，使得消费者可以通过网络平台、线下实体、移动终端等多个渠道进行选购、支付和消费。这一变化打破了传统零售终端的话语权，从渠道竞争力、品牌吸引力、议价能力及消费者的忠诚度方面都受到严重挑战。

第二，重塑零售格局。2014年4月，中国连锁经营协会统计的2013年中国连锁百强数据显示，连锁百强销售额再创新高，达2.04万亿元，但百强同比增幅9.9%，创近年新低；销售额占社会消费品零售总额比重下降至8.9%，连续三年下滑（前两年分别为9.1%和9.0%），而2006-2010年，这一占比一直保持在11%上下。与之相对的是，2013年网络零售销售额总额达1.85万亿元，增幅超过40%，网络零售销售额占社会消费品零售总额的比重逐年递增，2013年占比达7.9%，2014年这一数字将接近或超过连锁百强。

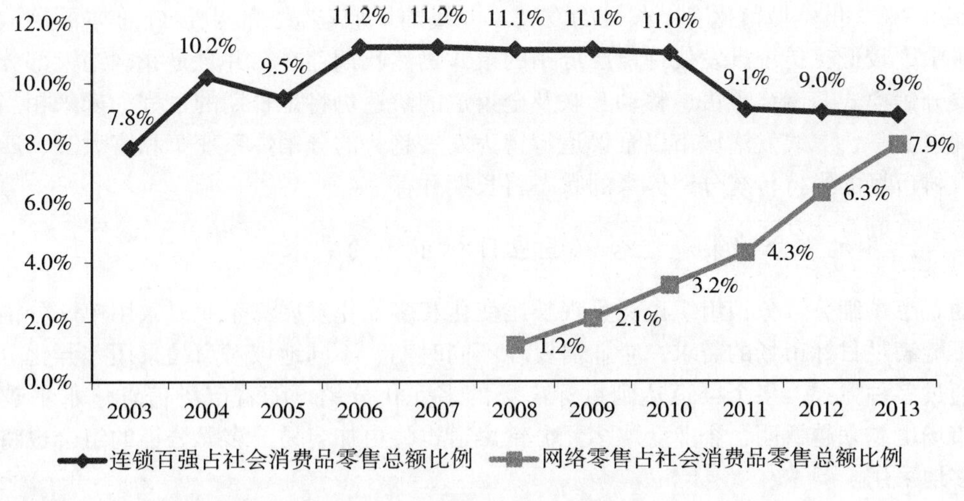

数据来源：中国连锁百强调查，国家统计局，CNNIC

图8　2013年中国连锁百强企业及网络零售占社零比重

网络零售的兴起打破了原有市场格局。天猫平台的年销售额早在2012年就已经超过连锁百强排名第一的企业。如果认为天猫是众多商家的贡献确立的这一地位来看，以自营为主的京东，2013年销售额突破1100亿元，相当于2013年连锁百强企业第三名的销售额。零售行业由于网络零售新贵的出现，市场格局已经发生了质的变化，主要玩家已经从五年前的传统企业独霸天下变为今天传统与电商共舞的格局。

随着 O2O 的继续深入和电商及传统零售企业的全渠道探索，当前的零售业格局仍将发生深刻的变化。

第三，盈利模式受到冲击。网络零售的发展及线上线下的深入融合，使传统零售企业的盈利模式受到严重挑战，如百货的联营模式，传统企业以卖场为中心的商圈经营模式，传统的营销手段等都受到不同程度的影响和冲击。

第四，传统零售企业全渠道变革。2013 年，百强企业中共有 67 家开展了网络零售业务（2011 年和 2012 年分别为 41 家和 62 家）。2013 年开始网络零售的企业有 9 家，另有 4 家暂停网络销售，净增 5 家。在网络零售冲击及全渠道趋势下，传统零售企业受形势逼迫，也在积极寻求转型升级，从前期的自建网站或收购电商企业与电商的直面竞争，到线下实体企业自身和与电商企业的线上线下融合，再到部分有实力的企业的全渠道探索，从未停歇探索的脚步。

四、全渠道模式下我国分销体系的发展趋势

（一）传统零售分销体系的变化将是长期过程

近年，我国网络零售取得巨大的发展，全渠道零售也在积极探索。总体来看，网络零售的发展均集中在商业较为发达的一、二线城市，也是传统分销模式受到严重冲击的区域。我国改革开放 35 年来，城市化进程很快，城市化率由 1978 年的 17.92%提高到 2012 年的 52.57%。虽然城市化有了长足的发展，但我国地域辽阔，商业设施总体不足，零售市场集中度较低，传统批发代理层层分销的模式仍然长期存在，并且是我国绝大部分地区的主要分销模式。网络零售、移动互联及全渠道的渗透仍将是长期的过程，未来相当长一段时间内，一、二线发达城市以全渠道零售为发展趋势的分销体系变革和广大三、四线城市及农村市场的维持传统分销体系的状态将长期并存。

（二）多元化分销渠道组合以适应目标市场的需求

随着市场细分，分销组织也将呈现长尾变化和多元化发展，企业只采用单一分销渠道已经不能满足目标市场的需求，企业需要在不同时期、不同地域对商品采用差异化分销渠道，通过多种方式、多个渠道达到目标市场的多元化分销。随着市场信息化水平越来越高，市场也越来越透明，企业获取多元分销渠道也将更加容易，多元分销的组合也将被企业更多地采用。

（三）互联网及移动互联网促分销体系扁平化和一体化

互联网的高速发展冲击了原有的分销体系，而移动互联网时代，这种冲击将更为强烈。根据中国互联网信息中心调查数据，截至 2014 年 6 月末，我国手机网民规模达 5.27 亿，较 2013 年年底增加 2699 万人，网民中使用手机上网的人群占比进一步提升，由 2013 年的 81.0%提升至 83.4%。随着移动网络速度的加快，手机上网成为主流的生活方式。同时，我

国广大的农村市场，由于人员结构、成本等多方面的原因，移动网络的普及速度将快于电脑和有线宽带。数据显示，2014 年上半年，我国网民中使用手机上网比例继续保持增长，从 81.0%上升至 83.4%，增长 2.4 个百分点，通过台式电脑和笔记本电脑上网的网民比例略有下降。2014 年我国网民使用手机上网比例首次超过传统 PC 上网比例，手机作为第一大上网终端设备的地位更加巩固，手机网民规模首次超越传统 PC 网民规模。

移动互联网将引导未来的消费，也将改变我国零售业的发展模式，而背后是分销体系的高度信息化，分销模式也将发生质的变化，渠道扁平趋势将越发明显，且速度明显加快，分销路径将明显缩短，信息更透明，各个主体之间的信息平台也将更多地相互对接，趋于融合，形成一体化产销战略联盟。

分销渠道扁平化和一体化，使处于终端的零售企业有机会与厂商和消费者建立最直接、最密切的关系，成为供应链上下游的整合者。

（四）零售集中度将快于连锁化时代，分销结构也趋于集中化

零售集中度的使命将落到网络零售企业。从中国第一家连锁企业“美佳超市”在市场上出现至今，连锁经营已经走过二十多个年头。多年的发展，涌现出苏宁、国美等网点遍布全国的大型连锁企业，其集中度在连锁化发展下，从无到有，从低到高，但较发达国家相比，仍处较低水平。发达国家前十名的零售商，市场份额能超过 60%，而中国连锁百强企业的销售额，占社会销售额的比重从未突破 12%，且近年还有持续下滑的趋势，现今的占比已跌入个位数。如果以此作为集中度的判断，至少传统零售企业的集中度在进一步降低。相反，网络零售则在短短几年内突飞猛进发展，销售额正逐渐接近连锁百强 100 家企业的销售额，占社会消费品零售总额的比重已达 7.9%。尤其是，市场中主要的十几个电商“玩家”占其贡献的 90%以上，集中度远高于连锁百强。在可预见的未来，网络零售仍将持续快速发展，市场集中度的天平也将继续偏向电商。随着传统零售企业的介入以及全渠道模式的实践探索，零售企业的集中度将因此进一步提升，速度将远快于连锁化时代，分销链条上的渠道整合也将进一步深化和集中，整合并购将进一步加剧。同时，企业间的合作也将进一步深化，如线上线下的融合将加快，百货企业与品牌商的深度联营将逐渐深入。

（五）掌握供应链核心的物流快递企业成为分销一份子

网络零售的高速发展，使物流快递业务发展突飞猛进，特别是民营快递企业发展迅速，并涌现出数家优秀的物流快递企业。数据显示，2013 年全年国有快递企业业务量完成 18.2 亿件，实现业务收入 291.5 亿元；民营快递企业业务量完成 72.5 亿件，实现业务收入 973.8 亿元；外资快递企业业务量完成 1.1 亿件，实现业务收入 176.4 亿元。国有、民营、外资快递企业业务量市场份额分别为 19.9%、78.9%和 1.2%，业务收入市场份额分别为 20.2%、67.5%和 12.3%。与上年末相比，民营快递企业市场份额占到八成，显著提升。

流通效率很大程度取决于物流快递业务的效率。民营物流快递企业经过多年大力发展，已经逐渐掌控了供应链的核心环节，具备核心优势。从某种意义来说，物流快递企业更具有整合供应链资源的优势和能力。因此，一些有实力的物流快递企业开始走到前台，向供应链末端延伸，逐渐发展成为分销体系的一支重要力量。

五、苦练内功迎接全渠道零售，把握分销主动权

全渠道零售环境下，需要企业有更强整合资源的能力，无论是横向的线上线下业务整合，还是纵向的供应链上下游的整合，以及消费者的把控，都对企业提出了全新而富于挑战的要求。面对即将来临的全渠道零售，要在新的分销体系下掌握更大的话语权，需要提前修炼内功，打好基础，迎接挑战。

（一）加大基础能力建设，变革模式

传统零售商首先需要加强自身商品管理、库存管理等基础能力的建设，以便更好地支持网络零售业务、O2O 及未来全渠道零售业务的发展以及对应的分销体系的变化。以百货业为例，传统百货多以联营模式为主，不经营商品、不掌握供应链，对消费者的需求的把握也不充分，仅仅管理卖场和经营品牌。在网络零售的冲击和全渠道零售趋势下，联营模式已不适应百货全渠道零售的发展，自采自用、深度联营、供应链联合管理将是转型方向，与之相应的分销体系、零供关系也都会发生较大变化。零售企业应积极强化商品经营和服务客户等基础能力的建设，为全渠道零售打下坚实基础。

（二）加强信息化建设，夯实基础

我国主流传统零售企业虽然都配置了 CRM、ERP 等内部信息管理系统，但就当前来看，其相互之间独立运行，零售企业的 IT 技术对企业管理的作用也很有限。以信息化对企业的营销为例，中国连锁经营协会组织的传统零售企业开展网络零售状况专项调查显示，超过七成的企业认为企业的 IT 及信息化对营销的作用一般或很小。然而，这并不能说明 IT 技术不能很好帮助到企业营销，而是当前企业的 IT 技术及信息化水平不够，限制了企业营销的发挥。调查显示，有 86%的受访者表示其所在企业会加大对 IT 及信息化方面的投入，以期用于改善营销。

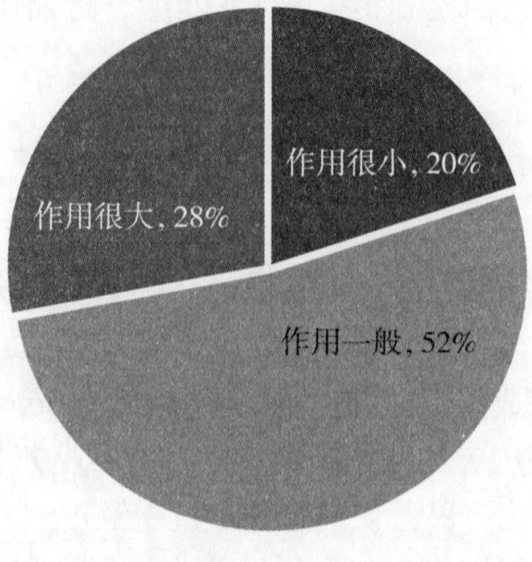

数据来源：中国连锁经营协会《新营销调查》

图 9　2014 年零售企业 IT 技术对营销的作用

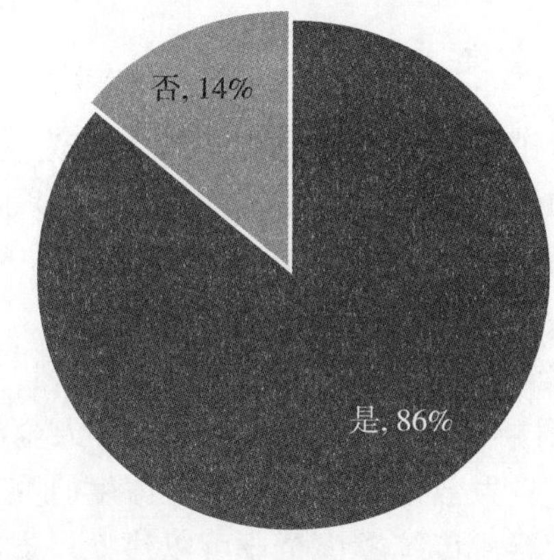

数据来源：中国连锁经营协会《新营销调查》

图 10　零售企业会否加大 IT 及信息化方面投入以改进营销

在信息化投入方面，有 29%的受访企业表示，最希望改善企业的数据挖掘；其次是优化客户关系管理，占 25%；整合内外部不同的 IT 系统方面的投入也是一个重要部分，但基于店面网络设施和店面数字化方面的投入，目前来看还不是重点。

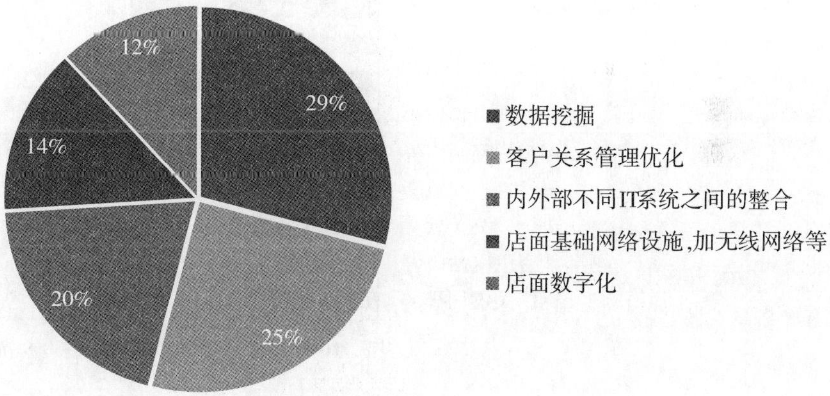

数据来源：中国连锁经营协会《新营销调查》

图 11　零售企业信息化投入方向

目前，移动互联网、云计算、大数据、智能搜索、物联网等新技术层出不穷，传统零售企业进行信息化建设可以获得更大的成长空间，将实体零售的产品数据与网络零售上的进行同步管理，提高运营效率。比如打通 IT 平台和 CRM 平台，结合自己的后台数据，对线上会员做优化管理，实现消费者细分和精准营销。全渠道模式下的分销体系，需要打通分销环节各个信息系统平台，建立统一的信息化管理平台、数据化决策，为全渠道零售建立信息一体化基础。

（三）用全渠道思维，全渠道营销

当前，我国零售企业的营销渠道主要还是以传统方式为主，如卖场 POP 宣传、传单及各类印刷品传单及会员促销短信仍是企业的首选。调查显示，有 73%和 71%的受访企业选择了卖场 POP 宣传和印刷品传单的方式进行企业营销，59%的受访者选择了会员促销信息。

可喜的现象是，新媒体广告，如微博、微信、自媒体等也成为企业宣传的主要方式之一，有 63%的企业表示其使用新媒体进行营销宣传。作为全渠道零售的重要组成部分，依托新技术、新平台、新媒介、大数据挖掘、消费者深度研究等领域的全渠道营销，将是未来全渠道零售发展的必备武器，传统零售企业可以建立一支能运用大数据挖掘，更娴熟运用现有营销平台和具备强大资源整合能力的专业化的营销团队，适应新形势下的营销需求。

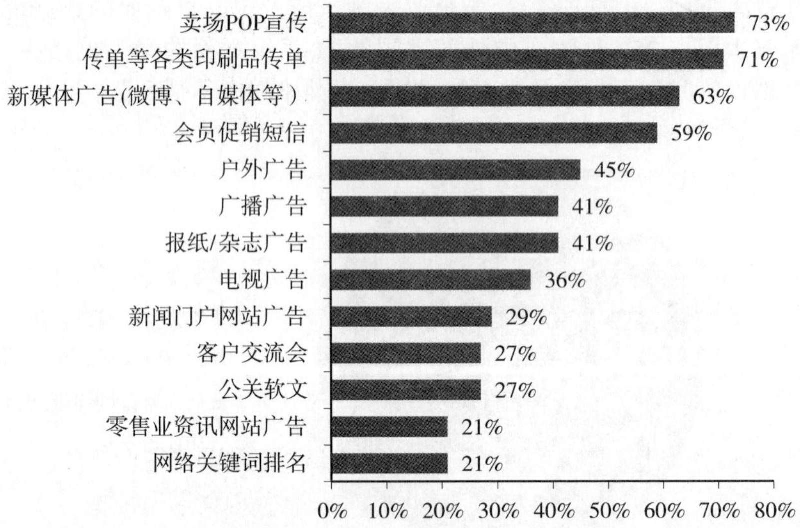

数据来源：中国连锁经营协会《新营销调查》

图 12　零售企业主要营销渠道

（四）线上线下整合，小步快跑

传统零售企业开展网络零售业务在线上线下的商品分配、流量分配方面容易产生冲突，需要对线上线下进行有机整合，将线上和线下看成一个整体，协同发展。美国传统零售企业的一些做法值得借鉴。如，沃尔玛、梅西百货、百思买和希尔斯百货等企业在实体店中增加了网购设施，包括退货中心、提货点、支付柜台，甚至是汽车穿梭客服中心。希望快速取货验货的消费者可以在上班时间下订单，下班后去商场取货，如果不满意，现场即可退换货。在希尔斯百货和 Container Store 开通了可供汽车穿梭的中心商场，消费者甚至无需下车就可享受退换货服务。还有的零售商则开始通过整合线上线下的商品和库存，为消费者提供更便利的购物体验。如 Nordstrom 允许消费者查询各家门店的库存，如果网上某款产品缺货，消费者可以选择附近有库存的实体店进行配送。

（五）布局移动网络平台，抢占先机

移动购物市场增速迅猛，发展潜力巨大。传统电商企业纷纷强化移动战略，积极培养用户移动端使用习惯，加大移动端促销力度，寻找更多渠道为移动端引流。传统零售商也应顺应潮流，加强在移动端的布局与推广。调查显示，虽然九成以上的企业都看好移动电子商务的发展，但是真正已开展移动电商业务的仅占35%，只有37%的企业建立了手机端移动APP。不过，85%的企业表示有计划加大移动端技术投入。未来，移动端将是一个新的增长点，也是全渠道零售的重要主战场，需要提前做好战略布局。

（六）积极探索全渠道模式，合作共赢

当今的零售市场，已然发生了翻天覆地的变化。零售企业的信息流、商品流和现金流，已经被强行纳入到整个互联网的竞争环境。腾讯联手京东、阿里入股银泰、百度收购糯米，均是抢夺前端入口、布局O2O、把控前端信息流。同时，后端支付的现金流环节，也被主要电商牢牢掌控。在新的竞争环境下，传统零售企业在信息流和现金流上已不掌握主动，而在商品流上，传统零售企业有众多的门店覆盖。如今，想单纯依靠自身力量完成信息流、商品流和现金流的全新布局和掌控，可能性已经微乎其微，传统零售企业可借助他山之石，与技术公司加强合作，充分发挥自身在商品流上的优势和把控能力，积极寻找符合自身全渠道零售发展的突破口。

参考文献

1. 《分销通路设计——商品分销体系建立与创新》，李飞，中国时代经济出版社，2002。
2. 《中国连锁零售企业经营状况分析报告2013-2014》，中国连锁经营协会，2014。
3. 《中国零售业发展报告2013》，商务部，2013。
4. 《百货店自采自营模式研究》，中国连锁经营协会、利丰研究中心，2012。
5. 《2013-2014年中国移动互联网调查研究报告》，CNNIC，2014。
6. 《中国互联网络发展状况统计报告》，CNNIC，2014。

2014 年中国传统零售企业开展网络零售业务研究报告

2014 年中国网络零售市场继续快速稳步发展，全年实现 28211 亿元的网络零售交易额，同比增长 49.7%，继上年首次超越美国成为全球第一大网络零售市场后，本年度网络零售交易额占社会消费品零售总额的比重首次达到两位数，为 10.4%，比上年提高 2.6 个百分点。网络零售作为一种先进的商业模式，已经成为中国拉动内需、扩大消费、增进就业的主要途径之一。

随着网络购物用户渗透率的持续攀升，基础设施及行业支撑产业的不断完善，三、四线城市及县域地区消费潜力的不断释放，移动购物的迅猛发展，未来几年网络零售市场的发展空间依然巨大。

由于网络购物对实体购物具有较强的替代作用，传统零售企业电商转型步伐明显加快。为跟踪了解传统零售企业开展网络零售业务发展变化情况及存在问题，本年度中国连锁经营协会（简称协会）继续组织开展“传统零售企业开展网络零售业务专项调研”。本研究由协会与甲骨文公司合作完成，主要内容包括中国网络零售市场发展现状及前景、传统零售企业电商转型现状及问题、各业态传统零售企业开展网络零售概况等。

调研发现：传统零售企业网络零售业务的规模和投入相对较小，仍处于起步阶段，无法对纯电商企业形成太大威胁；O2O 模式得到传统零售企业的普遍认可并不断尝试；高端技术型人才的匮乏仍是阻碍传统零售企业发展的最大障碍。由此，本研究给出了传统零售商开展网络零售业务的对策和建议。

一、中国网络零售市场发展现状

（一）交易规模增速小幅攀升

本年度中国网络零售市场发展态势依然良好。根据中国电子商务研究中心调研数据显示，2014 年中国网络零售市场规模达到 28211 亿元，同比增速达到 49.7%，相较上年有所回落的 42.8%的同比增速，本年出现小幅攀升，表明网络零售市场仍处于相对稳定的增长期。网络零售交易额占社会消费品零售总额的比重达到 10.4%，首次实现两位数的占比。

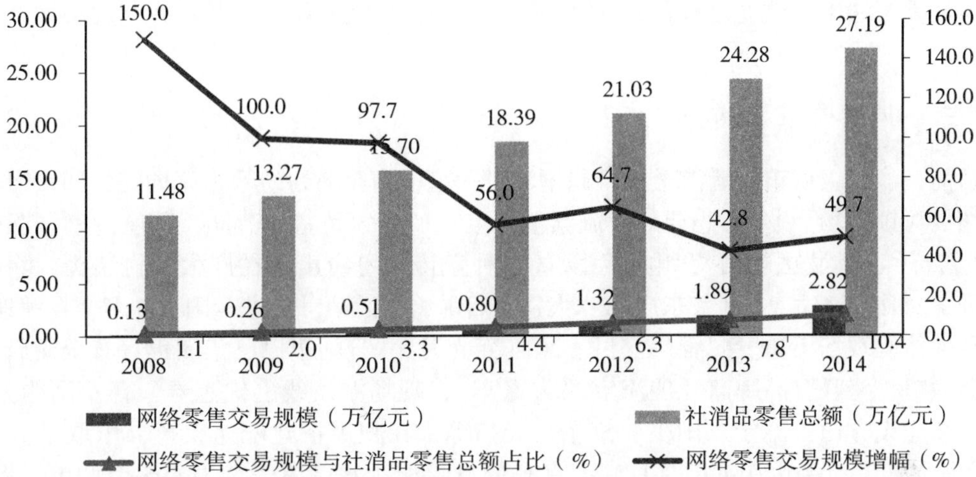

数据来源：国家统计局，中国电子商务研究中心

图 1　社消品零售总额、网络零售规模及其同比增幅、网络零售占社消品零售比例情况

2013 年美国网购市场交易规模约合人民币 15997.9 亿元，中国首次超越美国成为全球第一大网络零售市场。未来几年，随着消费者网购意识的不断增强、网络购物应用环境的不断优化、网络零售市场法律法规的逐步完善，中国网络零售市场将逐渐走向成熟，网络零售市场规模增速将趋缓。来自国家统计局的数据显示，2014 年上半年全国网络零售额 11375 亿元，同比增长 48.3%。保守估计，2014 年年底，中国网络零售市场规模将超过 25000 亿元。

（二）政府监管日臻规范

近年来，我国网络零售市场蓬勃发展的同时也存在一些问题。企业不正当竞争、信用体系缺失、服务质量差、逾期发货、假货泛滥等问题屡见不鲜。2013 年政府对网络零售行业的监管及消费者保护力度逐渐加大，对行业规范力度不断加强，对网络零售市场的政策环境不断进行完善，从而推动行业健康发展。

2013 年 3 月国家税务总局发布《网络发票管理办法》，并在当年 11 月正式实施。同年 3 月正式实施的新《快递市场管理办法》，加强了快递安全管理及用户信息保护，规范了快递市场。2013 年国务院出台《关于促进信息消费扩大内需的若干意见》，明确指出要拓宽电子商务发展空间。2013 年 8 月国务院办公厅转发商务部等部门《关于实施支持跨境电子商务零售出口有关政策的意见》，针对外贸电子商务在通关、支付、结汇、税务等方面存在的难题给出指导意见。2013 年 10 月，新《消费者权益保护法》出台，纳入了网络购物相关的个人信息保护、责任追溯等内容，加大了消费者网络购物基本权益的保障力度，对电子商务企业行为起到明显的规范和约束作用。2013 年 11 月商务部发布《促进电子商务应用的实施意见》，推出十项措施促进电商发展。2014 年 2 月国家工商行政管理总局公布《网络交易管理办法》，对网络购物七天无理由退货、利用技术手段不正当竞争、经营网店需要实名认证、消费者维权细化措施等方面进行了规定。但是，我国尚没有一部针对电子商务的专门法律，在政府多个部门的支持和努力下，《电子商务法》已列入全国人大财经委、法工委的立法日程，计划 2015 年 1 月至 2016 年 6 月开展并完成法律草案起草工作。

（三）网络零售渠道下沉

目前一、二级城市网购渗透率日趋饱和，大型电商企业纷纷致力于向三、四级市场渗透，拓展村镇市场。“生活想要好，赶紧上淘宝”、“发家致富靠劳动，勤俭持家靠京东”、“老乡见老乡，购物去当当”，电商巨头的各种宣传语纷纷出现在广大农村墙头。除刷墙广告外，2014 年 6 月 27 日京东启动“大篷车百城行”活动，走进全国 100 多个乡镇地区，让老百姓体验现场下单、二维码支付。2014 年 7 月 10 日阿里巴巴集团也宣布全面启动渠道下沉战略，将联合品牌商开展淘宝“大篷车”，现场派发线上优惠券，普及网购方法。物流网络建设方面，苏宁、国美，京东、天猫等都在积极搭建配送渠道，争取早日打通“最后一公里”。截至 2014 年 3 月底，京东的自营配送站已覆盖全国 495 个城市，将一、二线城市享有的当日达、次日达配送服务，向三到六线城市“复制”，大幅提速配送。天猫继联合顺丰、申通、圆通等 9 家快递企业后，与中国邮政合作，启动了覆盖全国 31 个省、市、自治区的货到付款服务，可覆盖全国 2000 个县市。可以预见，随着电商企业渠道下沉策略的不断推进，将会对中小城市及农村的互联网普及以及网购习惯的培养带来巨大利好。

（四）行业格局稳中有变

2013 年中国网络零售市场集中度不断提高。据艾瑞咨询统计，整个 B2C 市场中，天猫以过半的市场份额继续领跑，和京东共占据约 70%的市场份额，在市场中占有绝对优势。而在以自主销售为主的 B2C 市场中，京东以 46.5%的份额位居第一，优势明显；苏宁易购市场份额达到 10.8%，位居自主销售为主 B2C 市场的第二。此外，易迅网、亚马逊中国、唯品会、1 号店、当当网等企业的市场份额增速也较为明显。整体上看，市场集中度出现进一步提升，呈现“两超多强”局面，短期内天猫和京东的领先地位很难被撼动，第二集团 B2C 竞争激烈，行业市场格局相对稳定。

但是，随着苏宁收购满座网、唯品会入股乐蜂网，腾讯入股京东、商圈网入股麦考林等事件的不断上演，行业整合并购将会加剧，市场竞争会更加激烈。各大平台将继续通过开放、收购、投资、合作等方式加快整体能力建设，市场将会进一步集中，格局将稳中有变。此外，移动网络的普及和发展也或将进一步推动中国网络零售行业格局的转变。

二、中国网络零售市场发展前景及热点

（一）O2O 发展迅速，线上线下融合加速

O2O 模式是将线下商店与网店融合起来的营销渠道组合，是互联网渗透实体经济的一个重点。2013 年，中国零售业线上线下整合加速。一方面，传统零售企业积极尝试整合线上线下资源，进行 O2O 的转型；另一方面，电商企业也开始注重线下，寻求落地。苏宁云商推出“店商+电商+零售服务商”的全新定位，实行线上线下同价销售。银泰百

货与天猫合作，“双十一”期间消费者可以进行线下体验、线上购物的O2O式消费。红星美凯龙、居然之家等线下家居建材卖场的O2O布局也在加速推进。亚马逊、天猫商城、京东商城、当当网等纯电商企业也以不同形式积极开展线上线下合作，推行自提业务。顺风速运更是开设“嘿客”便利店，意图通过客户体验把客流从线下引到线上。此外，腾讯利用微信平台探索O2O，支付宝通过移动支付的渠道去试水O2O。

从传统企业走向线上到纯电商企业重视线下寻求落地可以看出，线上和线下加速融合，最终形成全渠道的购物途径将是零售业未来发展的重要方向。如果企业不能与时俱进，很可能在未来的市场竞争中落后。对于传统零售商而言，如何发挥线下渠道资源优势，抓住互联网机遇成功转型成为重点；对于阿里、腾讯等互联网企业以及纯电商企业来说，如何与线下传统零售商合作建立共赢的利益分享机制是运营关键。

（二）发力平台B2C，对外开放步伐加快

根据艾瑞咨询统计，2013年中国网络购物市场中B2C交易规模所占比重达到36.2%，同比上年增长5.7%，B2C将成为推动中国网络购物市场发展的主要力量。另外，各大电商纷纷加大开放平台的发展力度。平台B2C将成未来市场主流。利用平台开放策略，电商企业可以更大限度利用和挖掘用户及闲置物流、仓储等资源价值，提高毛利率，实现整体销量的快速增长。

作为最早构建平台整体能力的电商企业，2013年阿里系通过投资新浪微博、高德地图等措施，为平台导入更多流量。京东在壮大之后也着手走平台型路线，不断招商扩充品类。2013年，京东第三方商家数量达到2.35万，商品品类突破千万，交易总额318亿元。京东预计其2016年开放平台的交易额将达到总交易额的50%。刘强东表示，未来京东将陆续开放Web、物流、信息系统，同时布局金融平台业务，所有业务都要平台化，面向社会开放，最终形成一个庞大的平台网络。作为传统零售企业开展电子商务的典型，开放平台战略也是苏宁易购发展的重点。2013年9月，苏宁易购开放平台“苏宁云台”正式上线，积极招募第三方商家。至此，苏宁“店商+电商+零售服务商”定位中“零售服务商”一项得到落实。此外，其他网络零售商也在加快对外开放步伐。如当当网宣布推出服务商开放平台体系，易迅自建物流对外开放平台等。

（三）生鲜电商兴起，市场争夺日渐激烈

生鲜属于生活必需品，重复购买率高、购买周期短。做好生鲜可以使零售商增加其客户的忠诚度，为卖场带来客流。中国实体零售商在生鲜经营上大多有较为丰富的经验，生鲜领域也一度被认为是电商难以触碰的领域。然而近几年，生鲜食品网络零售步伐在加快。天猫上线“喵生鲜”，推出海外生鲜预售；京东商城、苏宁易购、亚马逊中国、1号店等平台也纷纷进军生鲜领域，推出蔬菜、水果、海鲜等商品；此外，沱沱工社、顺丰优选、本来生活、我买网等生鲜食品类电商也在强势出击。2013年6月，各大网站竞相推出荔枝单品，部分企业已经实现了原产地直采；9-10月，大闸蟹又引爆了第二轮生鲜食品的网上竞争。生鲜开始成为电商争夺的热点。线下大型超市也纷纷加入生鲜电商行列。沃尔玛先后在深圳、广州旗下的山姆会员网上商店推出生鲜冷冻冷藏配送；永辉超市也顺应潮流，试水生鲜电商，但其电商网站“半边天”上线两个月便夭折。

生鲜领域存在庞大的市场，在没有实体店和各类成本后，电商平台可以拥有相对较高的利润率。据业内人士透露，生鲜电商平均毛利在 40%左右，其中海鲜毛利 50%以上，普通水果约 20%，冻肉 20%~30%。做好生鲜，能给电商带来持续的消费、关注和稳定的人气，谁能抢先一步便将具有领先的行业地位，但目前鲜有成功案例。

（四）跨境电商获扶持，将迎来高速发展

全球跨境电子商务市场发展迅速，中国、巴西等新兴国家发展速度最快。PayPal 研究数据显示，2013 年全球跨境网络零售交易额为 1050 亿美元。而根据中国国际电子商务中心研究院测算，2013 年中国跨境网络零售交易额为 214 亿美元。中国商品在全球跨境电商市场中需求潜力巨大，跨境电商成为拉动中国外贸的新动力，政府出台了一系列利好政策来扶持跨境电商发展。例如，在十二届全国人大二次会议开幕会上将跨境电商单独强调，表示要“鼓励进口政策，增加国内短缺产品进口，扩大跨境电子商务试点”。截至 2013 年 9 月底，全国共有 17 家第三方支付机构获得首批开展跨境电商外汇兑换业务的牌照。同年 4 月，《关于进一步促进电子商务健康快速发展有关工作的通知》中明确要求完善跨境电商通关服务；同年 8 月，国务院办公厅转发商务部等部门《关于实施支持跨境电子商务零售出口有关政策的意见》，针对外贸电子商务在通关、支付、结汇、税务等方面存在的难题给出指导意见；同年 11 月，我国首个跨境贸易试点电商平台“跨境通”在上海自贸区正式上线；12 月，财政部和国家税务总局联合下发《关于跨境电子商务零售出口税收政策的通知》，就电子商务出口企业适用增值税、消费税退（免）税政策进行了规范。

中国跨境电商产业链日益完善，行业格局日渐稳固。在政府政策的大力支持以及中国电商全球化的大趋势下，中国跨境电商将迎来高速发展。

（五）发展潜力依然巨大

2013 年中国实现 18851 亿元的网络零售市场规模，同期美国网购市场交易规模约合人民币 15997.9 亿元。中国首次超越美国成为全球第一大网络零售市场。网络零售作为一种先进的商业模式，已经成为中国拉动内需、扩大消费、增进就业的主要途径之一。网络零售交易额占社会消费品零售总额比重的持续提升，网络购物用户在网民中渗透率的持续攀升，基础设施以及行业支撑产业的不断完善，三、四线城市及县域地区消费潜力的不断释放，移动电子商务带来的巨大市场空间等，都为我国网络零售展示了良好的发展前景。

1. 网络购物用户规模及渗透率持续攀升

随着网络零售市场整体应用环境的不断优化，行业整体规范度的不断提升，我国网络购物用户规模持续增长。CNNIC 监测数据显示，截止到 2013 年 12 月，中国网络购物用户规模达到 3.02 亿人，较上年增长 24.7%，网购用户在网民中的渗透率达到 48.9%，较上年提升 6%。另外，消费者网络购物意识增强，网络消费习惯不断加强。相关统计显示，2013 年网络零售交易次数增长了 101.1%，达到 175.16 亿次；年人均网络购物 58 次，较 2012 年增长 61.1%。

网络购物用户规模的快速扩张以及消费者网购意识的不断增强都彰显出网络零售市场的巨大发展潜力。

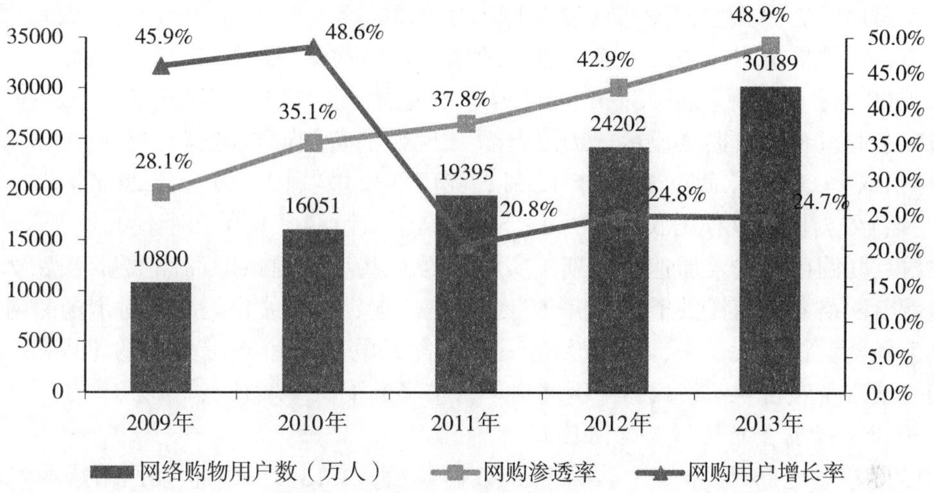

数据来源：CNNIC ①

图 2　历年中国网络购物用户数量、增长率及渗透率

2. 基础设施及行业支撑产业愈加完善

2013 年，我国加快推进国民经济和社会信息化建设，网络基础应用条件不断完善。工业和信息化部公布数据显示，“2013 年，我国 2M 以上、4M 以上、8M 以上宽带接入用户占比分别为 96. 2%、78. 8%、22. 6%”。中国联通和中国电信也先后下调了宽带接入服务费水平，联通部分宽带接入服务费用降幅超过 30%。另外，2013 年中国 3G 用户突破 4 亿，4G 应用的开启更加速了移动互联网的变革和创新。固定宽带和无线网络基础建设的加快以及电信资费的大幅下调，都极大地支撑了电子商务的应用。

我国网络零售行业的支撑体系得到进一步完善，主要体现在以下几方面：一是物流服务能力大幅提升。根据国家邮政局统计数据显示，“2013 年全国规模以上快递服务企业业务量累计完成 91. 9 亿件，同比增长 61. 6%；业务收入累计完成 1441. 7 亿元，同比增长 36. 6%”。二是网络支付产业迅速发展，互联网金融创新加速。相关数据显示，2013 年我国第三方电子支付交易额达 5. 37 万亿元，同比增长 46. 8%。越来越多的企业申请支付业务，中国人民银行 2013 年向 55 家企业发放了第三方支付牌照。“余额宝”的出现更是引发了互联网金融热潮。三是电子发票的应用范围进一步扩大。2013 年电子发票应用的试点由深圳、南京、重庆、青岛、杭州 5 个城市扩展到增加了北京、上海、成都的 8 个城市。

此外，网络安全环境的改善，移动支付、比价搜索等应用的发展都使得网络零售市场的整体应用环境不断优化，为网络购物创造了更加便利的条件，网络零售市场未来几年的发展空间依然巨大。

3. 三、四线城市及农村网购市场不断壮大

近几年，三、四线城市以及县域和农村的网购人数稳步上升，购买力正在赶超一、二

① CNNIC：中国互联网络信息中心（China Internet Network Information Center）。

线城市。2013 年 7 月淘宝网发布《县域网购发展报告》，对全国 2006 个县域地区网购数据进行统计，结果表明：2012 年全国县域地区人均网购花费已达 5628 元，而一、二线城市仅为 4700 元；前者平均每人一年网购 54 次，远超一、二线城市的 39 次。2014 年 1 月阿里研究中心发布的数据也显示，2013 年县域网购消费额同比增速比城市快 13.6%。此外，根据 CNNIC 数据，截至 2013 年 12 月，我国网民中农村人口占比 28.6%，规模达到 1.77 亿人；农村网民规模增长速度为 13.5%，高于城镇网民 8.0%的增速。

农村互联网已经进入加速发展期，实体店在这些地区提供的商品数量和品牌不够丰富，这就给网络零售商提供了巨大机会。一旦培养起三、四线市场和农村市场的网络购物需求，市场增量将远大于一、二级市场。随着各大电商渠道下沉战略的不断深入开展，三、四线城市及农村乡镇将成为中国网络零售市场的下一个增长点。

4. *移动电子商务市场增长空间巨大*

2013 年移动电商迅速崛起。艾瑞咨询数据显示，2013 年中国移动网络购物市场规模达到 1696.3 亿元，同比增长 168.6%，远高于网络购物整体及 PC 端网络购物增长。同期美国移动网购交易规模为 2559.7 亿元，预计 2015 年中国将超越美国。仅在 2013 年“双十一”当天，手机淘宝支付宝成交额升至上年的 5.6 倍，达到 53.5 亿元，手机淘宝单日成交 3590 万笔，占整体成交笔数的 21%，而上年这个数字仅为 5%。

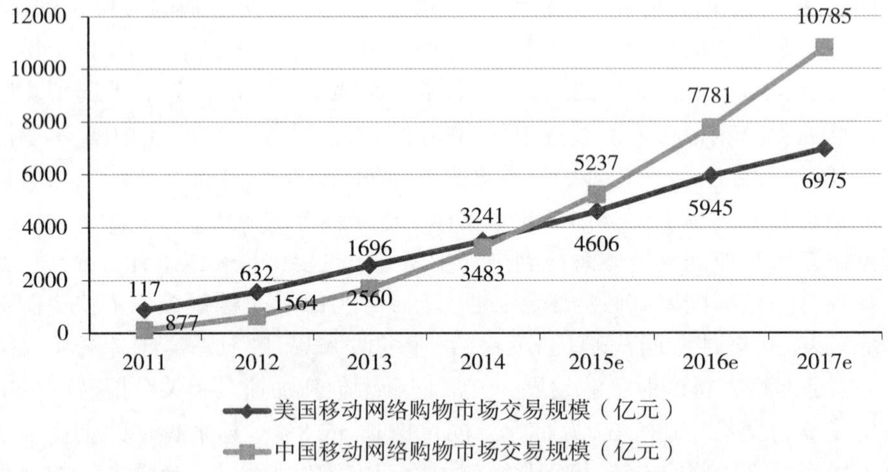

数据来源：艾瑞咨询、eMarketer

图 3　2011-2017 年中美移动网络购物交易规模对比

2014 年一季度中国移动购物市场交易规模达到 641.9 亿元，同比增长 140.8%，未来几年移动购物市场仍将高速发展，市场增长潜力巨大。主要原因如下：①随着 3G 资费的逐渐调低和 4G 网络的进一步开放，无线网络环境不断改善，手机上网体验更加优化；②移动购物可以突破传统模式的场景限制，消费者能够利用碎片时间上网，形成移动端购物习惯；③移动端电子商务应用的迅速发展、扫码扫图片等功能的便捷性以及手机支付技术的逐渐成熟，使得手机网购操作体验逐步提升，将吸引更多用户使用移动网络购物；④移动网民的迅速飙升促使各大电商企业纷纷加强移动战略，积极推进网购用户向移动端分流。相关数据显示，截至2013年年底，中国移动网民规模已达到5亿，年增长率19.1%；手机网络购物用户数1.44亿，增长160.2%，使用率达到28.9%。

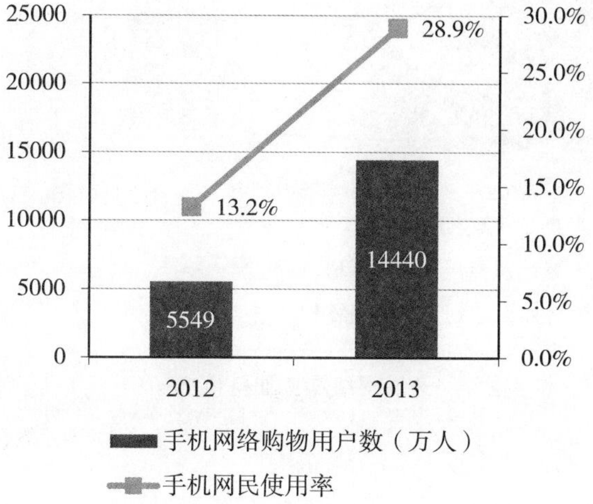

数据来源：CNNIC，《中国互联网络发展状况统计调查》（2013）

图4　手机网购用户数及使用率

图5　手机支付用户数及使用率

可以预见，随着消费者对手机网络购物的不断认可，未来手机网购用户数及使用率仍将保持较快增长，移动购物成为新的消费增长点，将持续推动网络零售市场增长。

三、传统零售企业开展网络零售的现状及问题

中国连锁经营协会百强调查数据显示，2013年连锁百强的销售增幅下滑至9.9%，增幅首次出现个位数，是自2000年开展百强统计以来销售增幅最低的一年。同时，有21家企业的店铺总数出现负增长，负增长企业数比上年多了一倍。与此形成鲜明对比的则是电商企业发展的蓬勃生机。2013年中国网络零售交易额达到18851亿元，相较上年增长了42.8%。以互联网为核心的相关技术的发展，改变了消费者的消费习惯，给传统的零售业、零售模式带来了巨大挑战，一些有实力的传统零售商纷纷试水网络零售以应对市场变化。

为了解传统零售企业网络零售业务开展现状，中国连锁经营协会在2014年上半年展开调查，共收回有效问卷56份，参与调查的企业总体零售业务规模分布为：2013年销售额10亿元以内的企业占25%，10亿-50亿元占45%，50亿-100亿元占3%；100亿-300亿元占16%，300亿元以上占11%。调查样本中，61%的企业已经开展了网络零售业务，但整体而言，企业网络零售业务的规模和投入较小，仍处于起步阶段，无法对纯网络零售企业造成太大威胁。

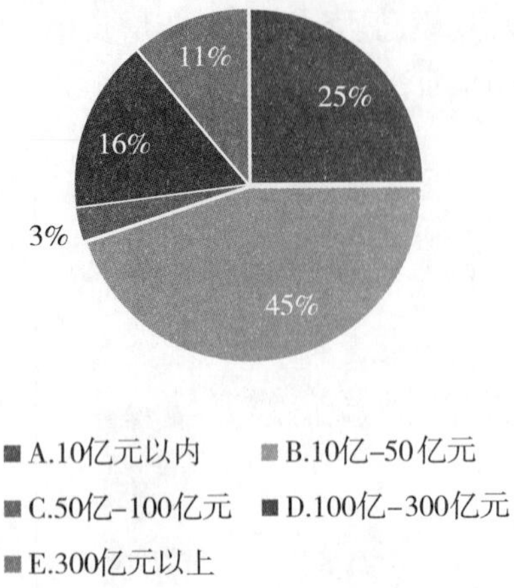

图 6　2013 年总体零售业务规模

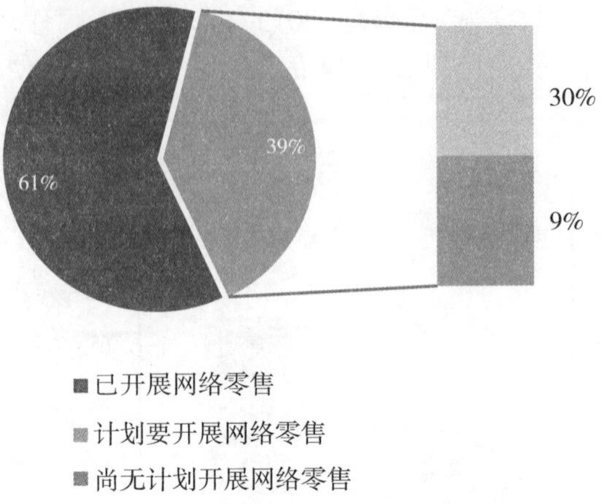

图 7　开展网络零售业务情况

（一）触网更理性，方式更多元

根据中国连锁经营协会发布的 2013 年连锁百强企业为样本进行统计，2013 年开展网络零售业务的百强企业有 67 家，净增 5 家。与前两年相比，增加的数量明显变少，说明传统零售企业对电商的认识更加理性。如果不开网店，实体零售企业面临电商及新型盈利模式的不断冲击；开展网络零售，又不乏已经开设网店的实体零售商停止网上业务的情况。传统企业触网变得更为谨慎。

百强企业开展网络零售的另一个特点是开店方式更多元。例如，国美电器、银泰百货等企业不仅大力打造自己的自建平台，2013 年也分别在天猫和京东开设旗舰店，通过入驻大型电商平台，导入现成的流量，拓展销售渠道。此外，传统零售企业也在 O2O 方面进行积极实践。

（二）布局 O2O 模式，成效尚不显著

2013 年，O2O 模式得到企业的认可和不断尝试。本次调查 43%的企业已经开展了 O2O 业务，57%的企业虽然尚未开展但都表示愿意尝试。大部分开展的是企业内部的 O2O 线上线下销售，65%的企业没有与第三方网站开展 O2O 合作。

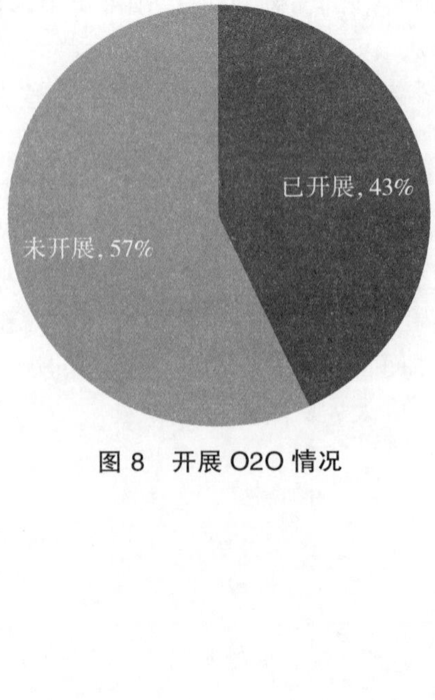

图 8　开展 O2O 情况

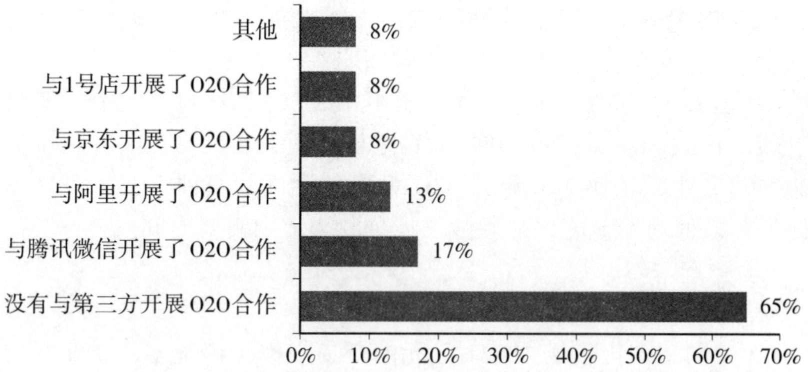

图 9 与第三方电商网站 O2O 合作情况

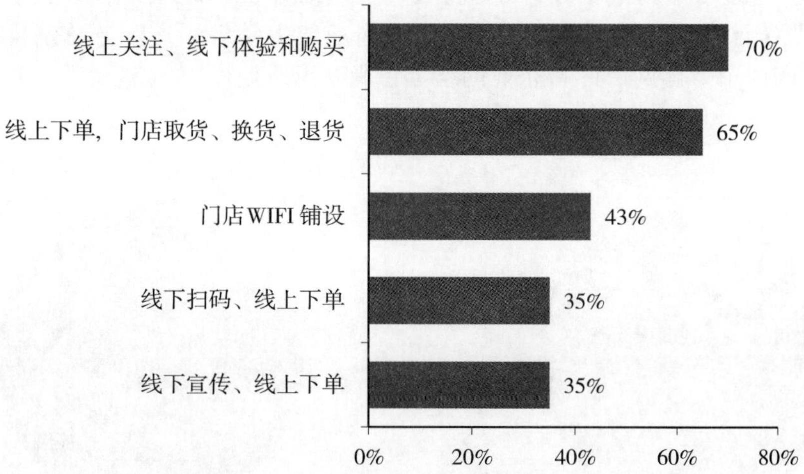

图 10 开展 O2O 商务模式的形式

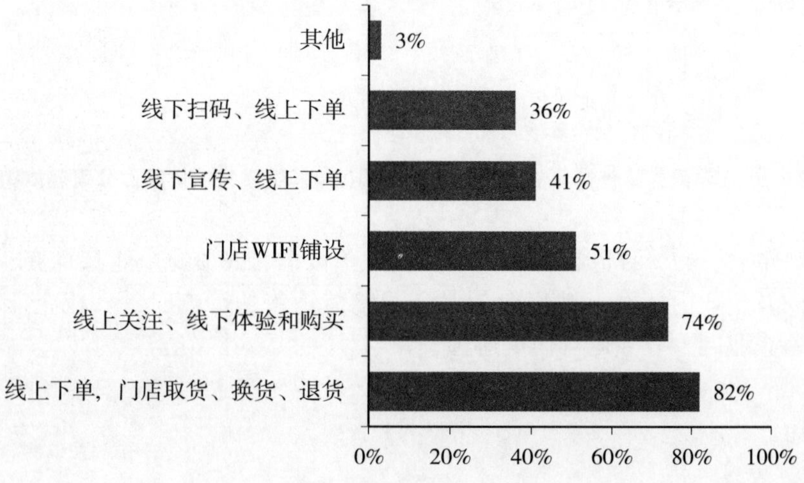

图 11 如果开展 O2O，愿意尝试的形式

大体上，O2O 模式主要有以下几种形式：①线上下单，线下取货、换货、退货；②线下扫码、线上下单；③线上关注、线下体验和购买；④线下宣传、线上下单；⑤利用门店 WIFI 铺设，探索 O2O 模式。调查显示，已开展 O2O 业务的企业中，采用最多的形式是线上关注、线下体验和购买，占 70%；其次为线上下单，线下取货、换货、退货，占到 65%。这两种形式也是企业如果开展 O2O 最愿意尝试的两种方式。但总体上，O2O 模式仍处探索阶段，成效尚不显著，从起步发展到壮大成熟需要时间。

（三）销售规模尚小，处于起步阶段

相较于 2013 年网络零售市场 18851 亿元的交易规模，传统零售企业开展网络零售业务仍然属于起步阶段。调查显示，40%的企业 2013 年网络零售销售规模小于 500 万元，16%的企业在 500 万元到 1000 万元之间，销售额过亿元的企业仅有 12%。

87%的企业 2013 年网络零售销售额占公司整体销售额的比例在 5%以内。从中国连锁经营协会百强统计来看，开展网络零售的百强企业线上销售额占企业总销售的比例仅为 3.7%，这也印证了“触网”零售企业网络零售尚未形成规模。

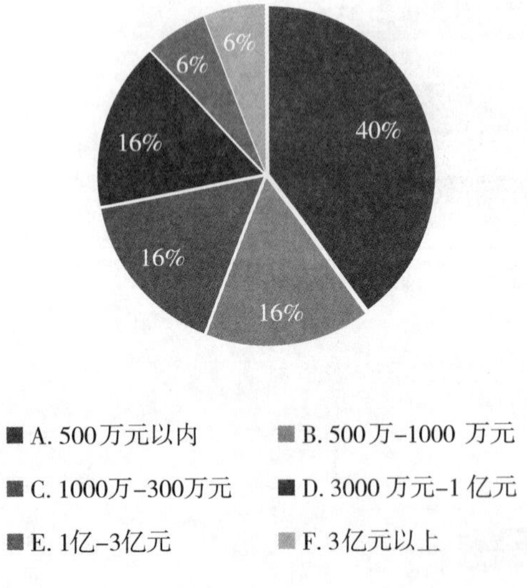

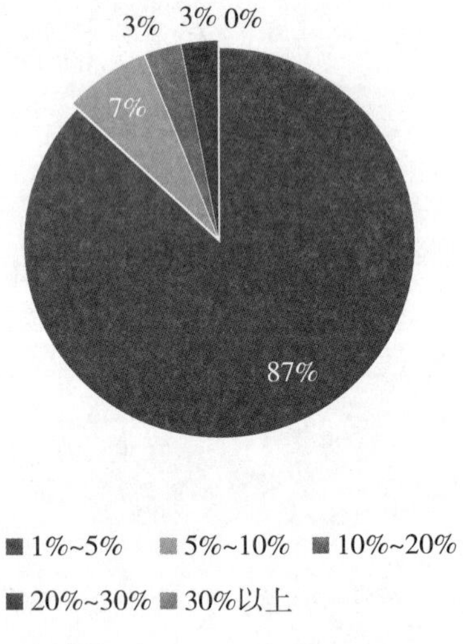

图 12　2013 年网络零售销售额　　图 13　2013 年网络零售销售额占公司整体销售额的比例

从日均订单看，42%的企业日均订单在 100 单以内，26%的企业日均在 100 单到 500 单之间。在问及企业内部网上销售业务对公司整体销售的影响时，六成企业认为影响一般。传统零售企业网上业务运营任重道远。

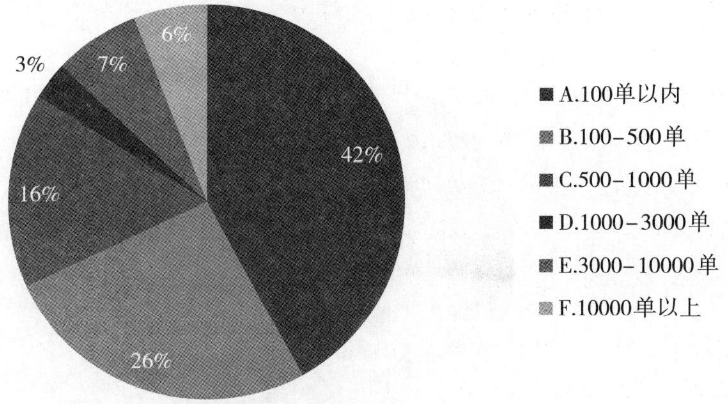

图 14　2013 年网络零售日均订单数

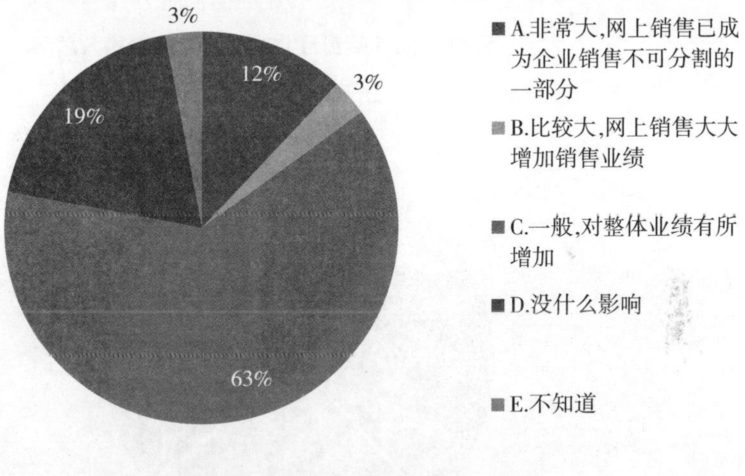

图 15　公司内部网上销售对自身总体销售影响的判断

（四）营运模式保守，尚处探索阶段

1. 投入相对谨慎

大部分开展网络零售业务的传统零售企业都投入不足。调查显示，近五成的企业从开展网络零售业务伊始到目前的投入总额在 500 万元以内，投入小于 2000 万元的企业占比达到 79%，仅有 6%的企业投入过亿元。人员投入上，大部分企业也投入较少，36%的企业在 10 人以内，26%的企业在 10-30 人之间。

实际上，电子商务是集资本和人力于一体的行业，建立购物网站之后的后续投入非常重要，专业运营、营销推广等都需要大量的资金及人员投入。如果后续投入不足，营销推广乏力，将导致网站没有吸引力，点击率下降，就像实体门店吸引顾客能力不足一样。

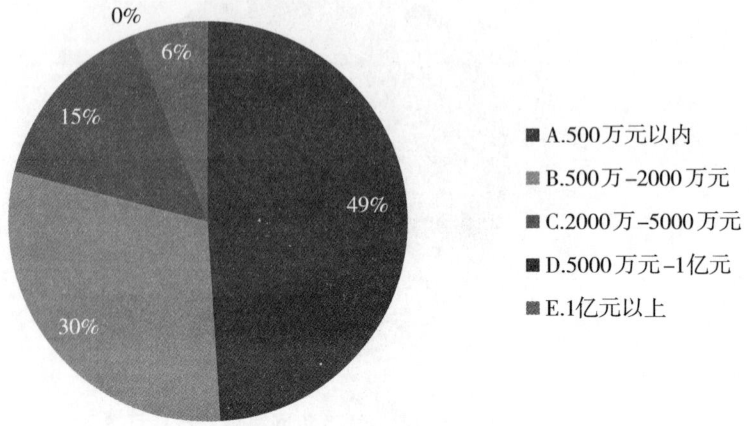

图 16　从开始到目前对电商业务的投入总额

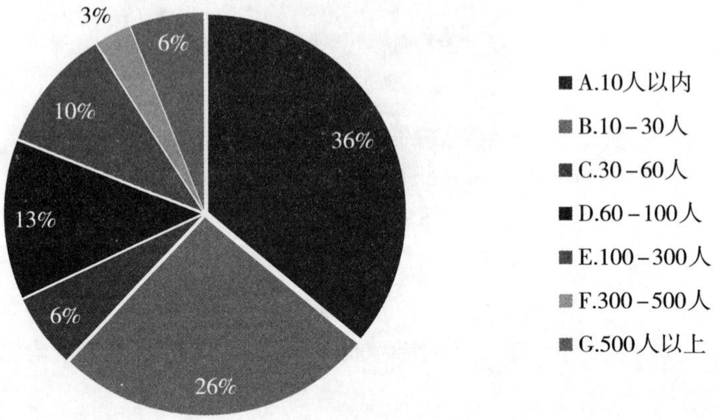

图 17　公司目前从事电子商务的专职人员数量

2. 发展模式以自建平台为主

调查显示，82%的传统零售企业都通过自建平台来开展网络零售业务，其中 50%仅自建平台一种方式，32%的企业选择既自建平台又入驻开放平台，18%的企业仅通过入驻第三方平台来发展网络零售业务。同样地，2013 年开展网络零售的 67 家连锁百强企业大部分也以自建平台为主要模式。其中，仅采用自建平台一种方式的有 51 家，自建平台和入驻第三方平台相结合的有 8 家，仅入驻第三方平台的有 8 家。

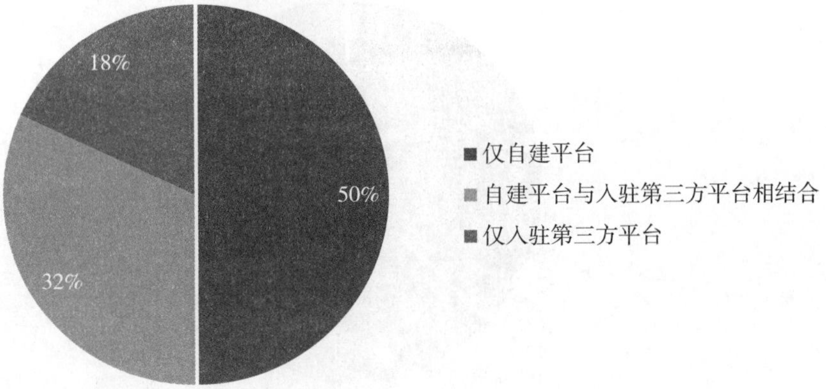

图 18　公司开展电商业务的模式

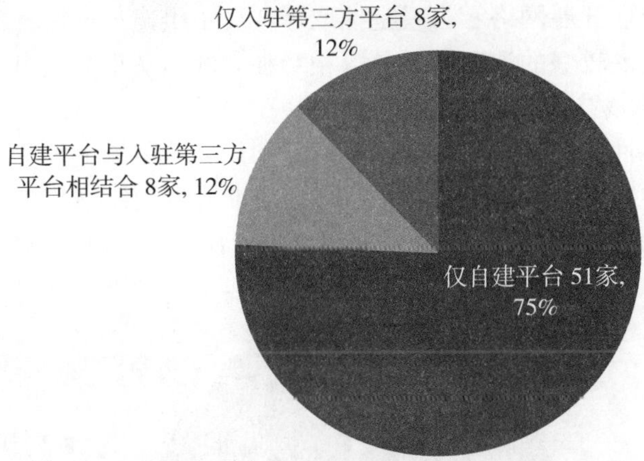

图 19　2013 年连锁百强企业开展电商业务的模式

自建平台是目前传统零售商开展网络零售业务的主要选择。自建平台优势在于相对灵活，可以适应自身业务的需求而变化，把控品牌建设，在购买体验及流程上发挥主导作用，深入了解用户。不足之处在于技术及人员成本高，技术不够专业，开发周期长等。平台商拥有技术、运营、用户资源和互联网营销等多方面的优势，入驻第三方平台开店投入相对较小，小型零售企业或抱有尝试心态的零售商较多采用这种模式。现在，一些传统零售商在探索发展自建平台的同时，也与开放的 B2C 平台合作，导入现成流量，拓展渠道。

3. 治理模式以内部附属部门为主

传统零售企业发展网络零售业务模式保守，依靠传统管理方式管理电商业务，缺乏独立有效的电商治理结构。调查显示，48%的传统零售企业开展网络零售的形式是在总公司内部组建团队合并办公；17%的企业为采取母公司下独立核算的分公司的方式；13%的企业采用公司内独立核算的事业部的组织模式；仅有 22%的企业采用独立注册公司的方式开展网络零售业务。

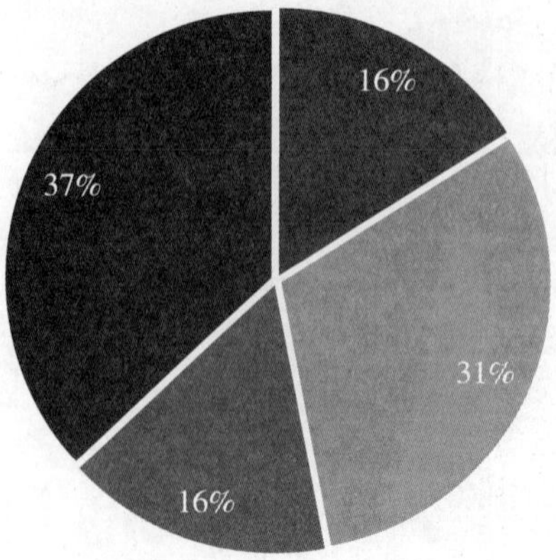

图 20　开展网络零售业务的形式

如果传统零售企业开展网络零售只是抽取一些员工组建电子商务部门，将难以支持企业发展。目前看，发展较好的治理模式是以相对独立的团队来开展电子商务项目。

4. 网购销售的地域范围偏窄

由于互联网的特性，网络购物不会受到时间和地域的限制，消费者可以辐射到实体门店范围之外。但从本次调查结果上看，传统零售企业开展网络零售的销售范围大部分重点面向实体店所覆盖的区域市场，仅有 29%企业全面面向全国市场开展网络零售业务。

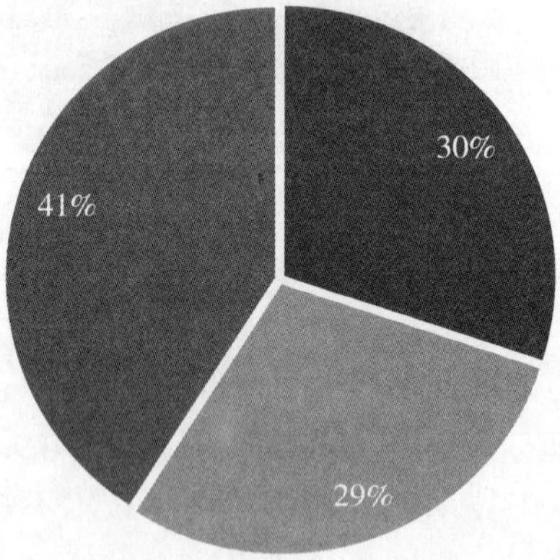

图 21　网络零售业务顾客定位

5. 网上商品经营范围保守

已开展网络零售的传统企业经营单品数相对较少，53%的企业经营单品数在 3000 个以内，其中 22%的企业经营单品数少于 1000 个；19%的企业经营单品数在 3000 到 5000 个之间。

品类配置是零售的核心问题，对于网络零售也不例外。虽然相较于实体店，网页展示商品空间无限，但企业在采购及物流等资源上仍然是有限的，不可能销售所有商品，所以发展网络零售业务应选择能带来最大收益的商品进行销售。调查显示，超市类快消品是传统零售商经营最多的品类，占比为 66%，其次为百货类商品。但是超市商品本身就是低价值、低毛利的商品，其线上线下的价差难以激起消费者的购买欲望。从现实情况看，3C 数码家电、化妆品、服装等类别才是网上经营比较突出的品类。

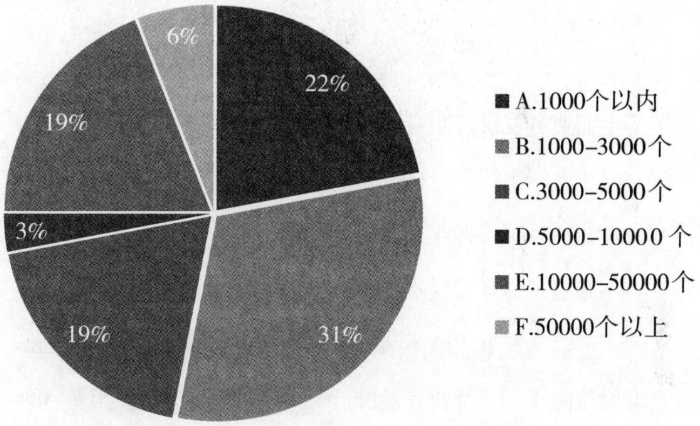

图 22　2013 年公司网络零售的单品（SKU）数

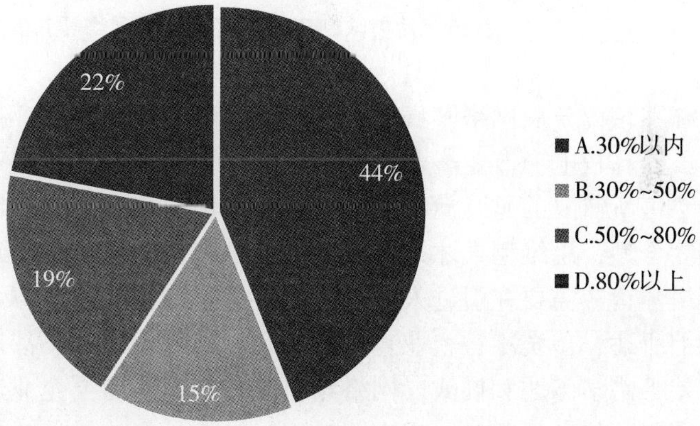

图 23　2013 年网络零售产品与实体店产品重合百分比

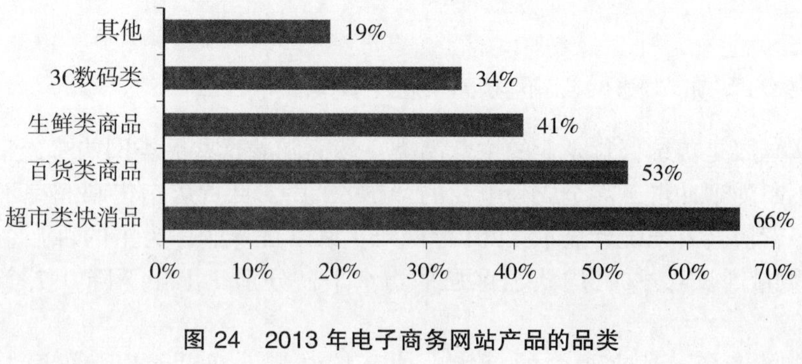

图 24　2013 年电子商务网站产品的品类

（五）高端人才稀缺，制约企业发展

当前，传统零售企业开展网络零售面临的最主要挑战之一是缺乏大量专业人才。调查表明，78%的企业都认为缺乏相应的技术和管理人才是限制其发展网络零售的主要因素。

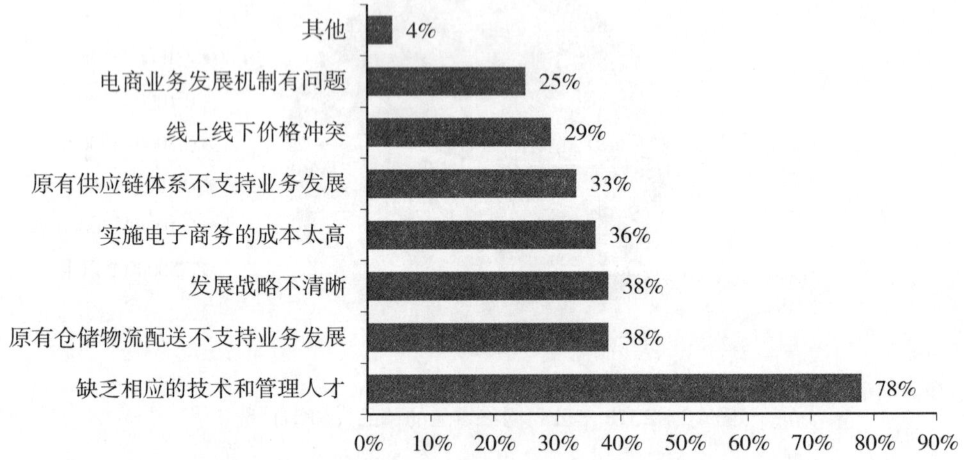

图 25　目前限制实体零售商发展网络零售的主要因素

传统零售商开展网络零售业务在战略层面、经营层面、技术层面都缺乏大量高端专业人才。虽然高校电商专业毕业生源源不断，但却难以和当前市场需求相匹配。传统企业开展网络零售所需要的是既懂得电子商务，又懂得传统企业经营，还能把两者有机结合起来的高端复合型、思维型人才。另外，企业之间挖角严重，导致人才流动性大。传统零售商进军网络零售，需要在引进人才、人才待遇、留住人才等方面进行系统的制度设计。

综上所述，传统零售企业直接网上开店的经营现状不甚理想，面临投资回报率低、盈利前景差等诸多问题和挑战。网络零售业务的建设需要企业进行大量投入，传统零售商涉足网上零售不能盲目跟风，需谨慎对待。

四、不同业态传统零售企业开展网络零售情况分析

（一）传统百货“触网”不力，转型艰难

化妆品、鞋服是传统百货企业的主营品类，然而随着这些品类网购渗透率的攀升，线下百货企业不断受到冲击，甚至成为电商的“试衣间”，百货店销售利润率不断下滑。根据中国连锁经营协会百强统计显示，2013 年，50 家以百货业务为主的百强企业销售增长 9.6%，店铺数量增长 0.4%，均低于百强平均水平，分别比上年下降 0.7 个和 8 个百分点。

面对电商的竞争，越来越多的百货企业开始转型，开设网店，布局 O2O 谋出路。2014 年中国连锁经营协会百强调查公布的 50 家主要百货企业中，有 36 家已经开展网络

零售业务，多为自建平台。然而，大多百货企业“触网”后的运营成绩并不理想。百货店的网络零售转型，并非简单将线下品牌商搬到线上，而是整个经营模式的变革，除了IT技术外，核心是零售技术，即经营产品和服务的能力，而这正是百货店真正欠缺的。根据艾瑞咨询发布的《2014年中国传统百货O2O市场及用户研究报告》显示，2013年中国连锁百货企业线上交易额为39.6亿元，占连锁百货整体交易额的1.1%，仅占整体网购市场交易规模的0.2%。

虽然传统百货企业还在不断加大线上渠道投入与推广，但目前来看，其自建平台的流量与销售额都无法与纯电商抗衡，线上渠道的规模化发展尚需时日。

(二) 传统超市线上竞争同质化

前几年，电商平台的竞争多集中在3C、数码、图书、服装等产品上，对以快消品为优势的传统超市并未造成太大威胁。然而随着各大电商将食品生鲜类商品作为新的突破点，传统超市行业受到的冲击逐渐增大。据中国连锁经营协会百强调查统计，2013年，以经营超市为主的快消品百强企业销售增长8.5%，低于百强平均增幅1.4个百分点。线下超市扩张速度放缓，传统超市也在积极触网。大润发、TESCO乐购、步步高集团、新合作常客隆、长江汇泉等企业纷纷上线，试水电商。但是，除了沃尔玛旗下的1号店经营较为成功外，超市触网鲜有成功案例。2013年年初，华润集团网上商城万家摩尔停运；5月，永辉超市电商网站“半边天”上线不足百日便悄然下线；7月，麦德龙天猫店停业；8月，武汉中商也关闭电商业务。

已经开展网络零售的超市企业，线上业务大多缺乏特色，同质化竞争激烈。其覆盖的品类大多为蔬果生鲜、食品以及日常生活用品，品类不如实体店丰富，价格优势也不明显。传统超市线上线下齐发展尚需时间考验。美国有机商品超市Whole Foods的O2O运营模式也许值得借鉴。Whole Foods发挥互联网的优势与用户建立更紧密的联系：顾客用APP选择美味食谱，再生成购物清单，通过手机搜索最近的Whole Foods超市购物，建立自己的美食档案，在社会化媒体上与朋友分享带动营销。

(三) 便利店电商联手开展O2O

受消费升级、增加服务内容、与电商在商品或物流上结合等因素促进，2013年便利店业态发展良好，销售额占零售行业比重从2%上升至4%。根据商务部典型零售企业统计，2014年一季度便利店销售额同比增长12.8%，营业面积同比增长6.7%，增长势头强劲；便利店开店速度整体较快，从2014年中国连锁经营协会发布的《中国城市便利店发展指数》统计结果看，2013年店铺平均增速为19.5%，普遍高于百货、大型超市的开店速度。

在与电子商务接轨方面，部分便利店选择自营网络商城的形式，如全购便利在线；而大部分便利店选择携手平台电商进行O2O合作，利用自身实体店的规模优势，与电商的流量资源有效对接，实现互利共赢。继山西唐久便利店与京东合作O2O后，河北国大36524也与京东进行战略合作：除国大已有的便利店成为京东的物流站点外，双方还会合作共建物流网络，国大在京东平台上建立“国大36524大卖场”，可进行品类扩充并享受京东的流量资源。此外，快客、良友、每日每夜、人本、美宜佳、中央红、今日便利等众多知名连锁便利店品牌都与电商展开了不同程度上的合作。

（四）家电专业店领跑电商转型

根据商务部零售业发展报告统计显示，专业店销售额增速是仅次于百货店的第二低的业态，且关店现象明显，营业面积呈现负增长。中国连锁经营协会百强统计中，前两名的苏宁、国美 2013 年门店较 2012 年减少近 200 家。专业店正面临持续的多方面的压力，其中之一就是网络零售冲击，传统专业店所经营的家电、3C、服装等都已成为网络上的热门商品，网络零售替代效应明显。一些有实力的专业零售店加速对网络零售及全渠道零售模式的积极转型，力求在未来的竞争环境中保持主导地位。

苏宁易购是传统专业店开展网络零售的典型代表。经过不断发展，相较于其他传统零售企业，苏宁易购已经走在了转型的前列，成为销量仅次于京东的 B2C 网站。2013 年，开放平台成为苏宁易购发展的重点方向。2013 年 9 月，苏宁启动开放平台战略，开放平台业务与采销分离，独立运作，由专门的团队负责。开放平台为入驻商家提供支付、金融、数据、营销、托管、仓储物流、云计算等配套服务。物流体系按照第三方物流的方式进行运营，未来物流将向供应商与其他合作伙伴全面开放；加大 IT 方面的研发投入，未来向合作方开放并提供云服务与系统成套解决方案。

五、传统零售商开展网络零售的对策和建议

（一）优化企业基础能力建设

传统零售商首先需要加强自身商品管理、库存管理等基础能力的建设，以便更好地支持网络零售业务的健康发展。以百货业为例，传统百货店多采取联营模式，对商品的管理权限仅限于品类和品牌，一般不涉及商品乃至单品的深度，对店内商品库存变化掌握不够。

目前，王府井百货积极探索与品牌商进行深度联营，参与部分品牌的商品管理，以加强商品经营管理能力，推进全渠道战略转型。2015 年 1 月开始，首批试点的北京市百货大楼、双安商场就将切换到与供应商同步的商品 SKU 管理模式。

（二）加强企业的信息化建设

美国传统零售商在网络零售领域表现突出，其中一个非常重要的原因就是它们拥有很高的信息化水平。在中国，很多传统零售企业已有的信息技术并不适用电子商务，对接电子商务系统的难度很大，这就需要企业加强投入。调查显示，仅有 52%的企业有完整的客户关系管理系统来统一管理电子商务和门店的客户信息。

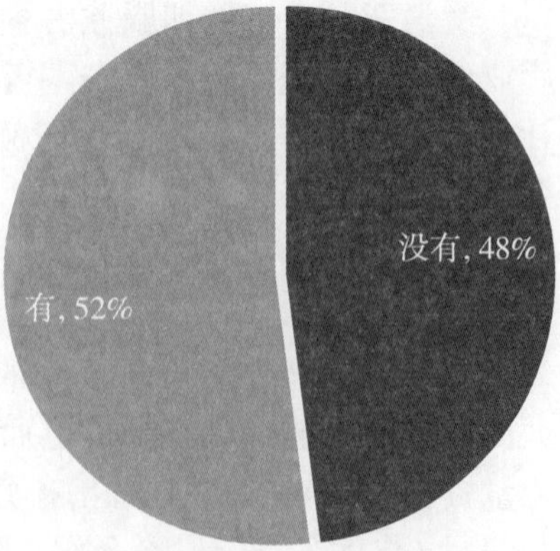

图 26　公司是否有一套完整的客户关系管理系统

目前，移动互联网、云计算、大数据、智能搜索、物联网等新技术层出不穷，而 O2O 模式的流畅运行正是

建立在这些技术基础之上。传统零售企业进行信息化建设可以获得更大的成长空间，将实体零售的产品数据与网络零售上的进行同步管理，提高运营效率。比如打通 IT 平台和 CRM 平台，结合自己的后台数据，对线上会员做优化管理，实现消费者细分和精准营销。信息化建设不是单个 IT 部门能够承担的工作，需要高层的参与和投入。

（三）掌握网络零售的营销方法

在营销手法上，网络零售和传统零售具有很大的差异性。电商企业在营销宣传上要远胜于传统零售商。电子商务营销，依托新兴技术与媒体，营销理论和手段完全不同于传统，对数据的处理和挖掘要求高。而传统零售商对网上消费者消费特点和习惯等行为分析积累不够，在网络营销方面经验明显不足，营销手段缺乏创新。虽然很多传统企业也有微博、微信等官方账号，但是运作好的屈指可数。传统零售企业应该向电商学习，掌握网络零售的营销手法，进行广告宣传及口碑营销，注意微博、微信等新媒体的利用，累积并挖掘消费者数据，实现精准营销。

（四）充分发挥传统企业自身优势

传统零售企业开展网络零售业务可以自建平台，也可以入驻第三方平台，还可以收购市场上已有一定规模的网络零售平台，但不论采取哪种方式“触网”，都可以考虑发挥自身优势。首先，传统企业开展电子商务具有品牌及顾客优势。经过多年经营，传统零售商已在一定程度上拥有品牌信誉、顾客信赖度、社会知名度等优势。其开展线上业务时，会更容易获得既有品牌支持，长期运营积累的大量会员数据，也会有助于拓展网络零售优质用户。王府井百货的电商平台，就是依托实体店积累的品牌优势，通过整合现有品牌资源，将超过 300 个品牌、数万个单品放在网店销售。其次，相较于纯电商企业，传统零售商开展网络零售具有门店规模优势及顾客体验优势，有利于开展 O2O。大中型零售企业连锁门店众多，可以作为线上业务的支撑，成为线下体验中心、售后处理中心、物流站点等，为顾客提供高效、便捷、优质的服务。

（五）线上线下有机整合

传统零售企业开展网络零售业务在线上线下的商品分配、流量分配方面容易产生冲突，需要对线上线下进行有机整合，将线上和线下看成一个整体，协同发展。美国传统零售企业的一些做法可以借鉴。比如沃尔玛、梅西百货、百思买和希尔斯百货等在实体店中增加了网购设施，包括退货中心、提货点、支付柜台，甚至是汽车穿梭客服中心。希望快速取货验货的消费者可以在上班时间下订单，下班后去商场取货，如果不满意，现场即可退换货。在希尔斯百货和 Container Store 这样开通了汽车穿梭中心的商场，消费者甚至无需下车就可享受退换货服务。还有的零售商则开始通过整合线上线下的商品和库存，为消费者提供更便利的购物体验。Nordstrom 允许消费者查询各家门店的库存，如果网上某款产品缺货，消费者可以选择附近有库存的实体店进行配送。

（六）抢占布局移动平台

移动购物市场增速迅猛，发展潜力巨大。传统电商企业纷纷强化移动战略，积极培养用户移动端使用习惯，加大移动端促销力度，寻找更多渠道为移动端引流。传统零售商也应顺应潮流，加强在移动端的布局与推广。本次调查中虽然九成以上的企业都看好移动电子商务的发展，但是真正已开展移动电商业务的仅占 35%，只有 37%的企业建立了手机端移动 APP。不过，85%的企业表示有计划加大移动端技术投入。

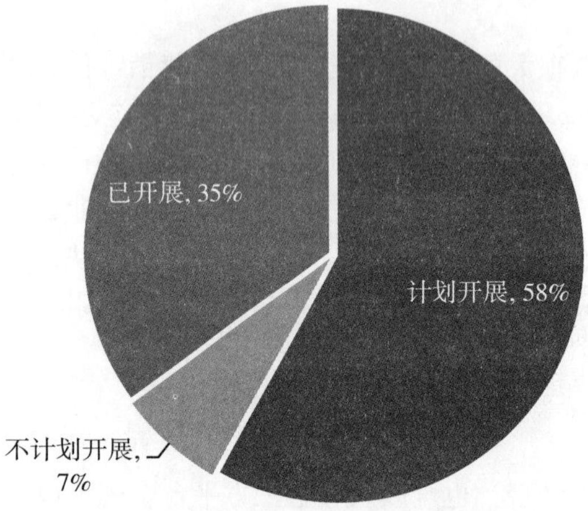

图 27　开展移动电商情况

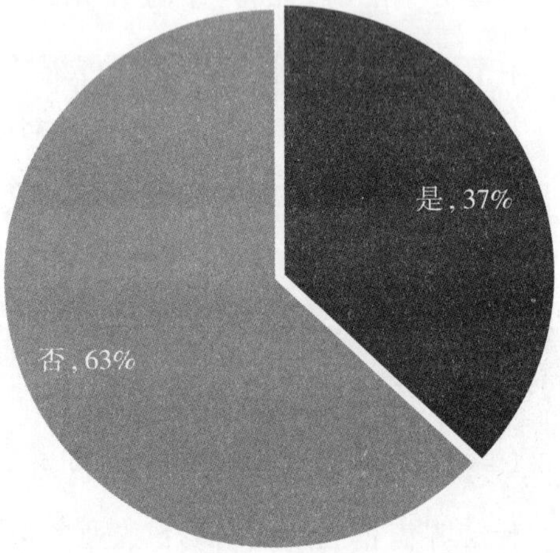

图 28　是否已建立手机移动 APP

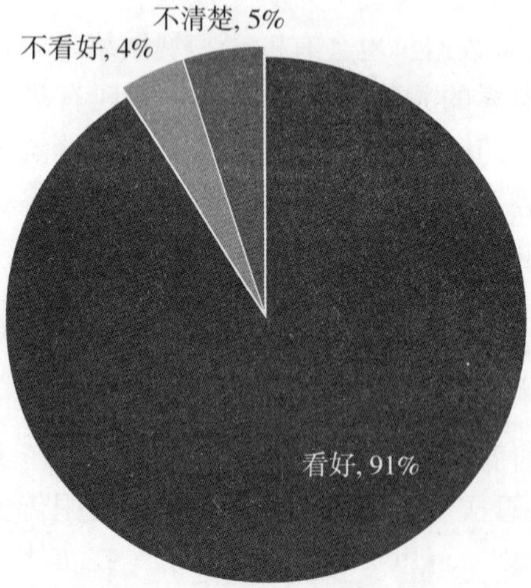

图 29　对移动电商的看法

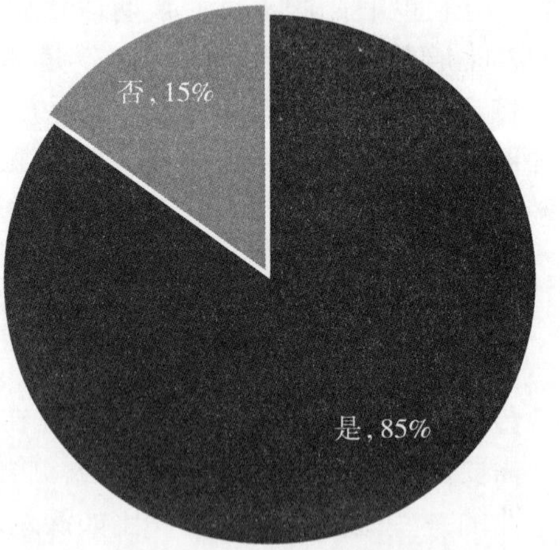

图 30　是否有计划加大移动端技术投入

另外，在大数据时代，传统零售企业应借助移动互联网，通过智能终端收集消费者购物行为数据，对数据进行分析挖掘，清楚了解顾客的消费观、行为偏好和态度，以便实现精准化营销。

（七）积极开拓探索全渠道销售

能够与消费者真正实现对接的全渠道销售是重要的发展方向。实现了全渠道，零售商就可以在实体和网络商店之间无缝转换，消费者的购买行为也不再是简单的线下体验、线上下单，渠道之间的界限会越来越模糊，门店和移动终端的地位将越来越重要。有很多大型零售商已经意识到全渠道零售模式才是零售企业需要的创新，但知易行难，目前基本没有零售商实现了完完全全的“全渠道零售”，在库存、预算、赔偿、销售和采购流程各方面实现完全的整合。传统零售商全渠道销售之路还要进一步探索。

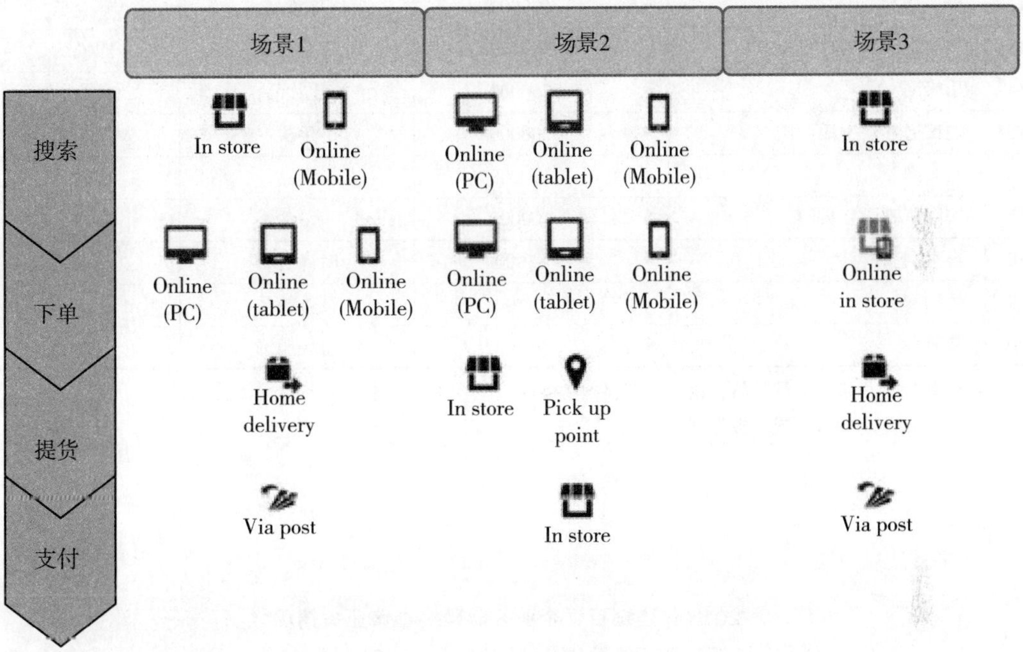

来源：中国连锁经营协会，弘章资本，《美国零售市场研究报告》

图 31 全渠道下的典型消费场景

附 1：

2013 年部分 B2C 购物网站销售规模排名

中国连锁经营协会 2014 年 4 月 21 日发布

序号	B2C 网络购物网站名称	销售规模（万元）	经营范围	类型
1	天猫	* 44100000	综合百货	平台型
2	京东	* 11000000	综合百货	自营为主
3	小米	3160000	手机为主	自营
4	苏宁易购	2189000	综合百货	自营为主
5	亚马逊中国	* 1460000	综合百货	自营为主
6	易迅网	* 1200000	综合百货	自营为主
7	1 号店	* 1154000	综合百货	自营为主
8	唯品会	* 1045000	名品折扣	自营

续表

序号	B2C 网络购物网站名称	销售规模（万元）	经营范围	类型
9	QQ 网购	* 885000	综合百货	平台型
10	凡客	* 850000	服装服饰	垂直型
11	当当网	* 802020	综合百货	平台型
12	聚美优品	* 600000	化妆品	自营
13	国美在线（含库巴网）	325720	综合百货	自营为主
14	乐蜂网	* 250000	化妆品	自营
15	迪信通移动生活商城	* 200000	手机	自营
16	我买网	* 130000	食品	自营为主
17	宏图三胞·慧买网	* 100000	3C	自营
18	银泰网	* 85000	时尚百货	自营为主
19	优购网	* 80000	鞋帽箱包	自营
20	梦芭莎	* 63609	服装服饰	自营为主

注：1. 数字前面带 * 为估计值，由公开资料搜集整理或经行业专家评估确定。
2. 其余为企业自报或年报数据。

附 2：

2013 年连锁百强企业开展网络零售业务情况

中国连锁经营协会　2014 年 4 月 21 日发布

序号	企业简称	网店名称	网址
1	苏宁云商	苏宁易购	http：//www. suning. com
		苏宁红孩子母婴商城	http：//redbaby. suning. com
		苏宁缤购美妆商城	http：//binggo. suning. com
2	国美电器	国美在线	http：//www. gome. com. cn
		国美在线天猫官方旗舰店	http：//gome. tmall. com
		大中电器	http：//www. dazhongdianqi. com. cn
3	沃尔玛	1 号店	http：//www. yhd. com
		山姆会员商店	http：//www. samsclub. cn/home
4	银泰商业	银泰网	http：//www. yintai. com
		银泰百货京东精品旗舰店	http：//yintai. jd. com
		银泰百货天猫精品旗舰店	http：//yintai. tmall. com
5	百胜餐饮集团	肯德基宅急送	http：//www. 4008823823. com. cn
		必胜宅急送	http：//www. 4008123123. com
6	麦当劳	麦乐送 网上订餐	https：//www. 4008-517-517. cn

续表

序号	企业简称	网店名称	网址
7	王府井集团	王府井网上商城	http：//www. wangfujing. com
8	山东省商业集团	银座网	http：//www. yinzuo100. com
		银座食品旗舰店	http：//yinzuoshipin. jd. com
9	大商集团	大商网	http：//www. 66buy. cn
		麦凯乐网上商城	http：//shop. qdmykal. com
10	新世界百货	新世界百货网上商城	http：//www. xinbaigo. com
11	大润发	飞牛网	http：//www. feiniu. com
12	广州屈臣氏	屈臣氏官网商城	http：//www. watsons. com. cn
		屈臣氏天猫旗舰店	http：//watsons. tmall. com
		屈臣氏京东官方旗舰店	http：//watsons. jd. com
13	天虹商场	网上天虹	http：//www. tianhong. cn
14	步步高集团	步步高商城	http：//www. bubugao. com
15	迪信通	迪信通移动生活商城	http：//shop. dixintong. com
16	锦江麦德龙	麦德龙	http：//www. metromall. com. cn
17	武汉武商集团	武商网	http：//www. wushang. com
18	中百集团	中百商网	http：//www. zon100. com
19	利群集团	利群商城	http：//www. liqunshop. com
		利群医药信息网	http：//www. lqyaopin. com
20	中石化销售公司(易捷便利店)	易捷网	http：//www. ejoy365. com
21	南京中央商场	南京中央商场天猫旗舰店	http：//njzysc. tmall. com
		云中央	http：//www. 600280. com
22	联华超市股份有限公司	联华易购	http：//www. lhmart. com
			http：//www. lhok. com
23	上海友谊集团	百联股份网上商城	http：//www. blzoom. com
24	石家庄北国人百	北国如意购	http：//www. ruyigou. cn
25	百盛商业集团	百盛网	http：//www. parkson. com. cn
26	欧尚（中国）	欧尚网购	http：//www. auchan. com. cn/Default. aspx
27	江苏五星电器有限公司	五星电器网上商城	http：//www. 5star. cn
28	合肥百货大楼	百大易商城	http：//www. bdysc. com
29	宏图三胞	宏图三胞 · 慧买网	http：//www. huimai100. com
30	农工商超市（集团）	便利通网	http：//www. chblt. com
31	广百股份	广百荟	http：//www. igrandbuy. com
		广百天猫官方旗舰店	http：//grandbuy. tmall. com
32	家乐园商贸有限公司	家乐园速购	http：//www. subuy. com
33	永旺	永旺网上商城	http：//eshop. qdaeon. com

续表

序号	企业简称	网店名称	网址
34	广州友谊集团	友谊网乐购	http：//mall. cgzfs. com
35	北京首商集团	西单商场 i 购物	http：//www. igo5. com
36	烟台市振华百货集团	振华商城	http：//eshop. zhenshang. com
37	文峰大世界	文峰大世界网上商城	http：//www. wfdsj. com. cn/shop
		爱上文峰	http：//www. iwenfeng. com
38	长春欧亚集团	欧亚 e 购	http：//www. oysd. cn
39	三江购物俱乐部	三江购物网	http：//www. sanjiang. com
40	新一佳	新一佳网上超市	http：//www. xyj-shop. com
		新一佳生活超市淘宝店	http：//xyj365. taobao. com
41	伊藤洋华堂	伊藤洋华堂网络超市	http：//www. yiteng365. com
			http：//shop. iy-cd. com
42	辽宁兴隆大家庭	网上兴隆	http：//www. xlgoo. net
43	邯郸市阳光百货	阳光天天购	http：//www. ygttg. com
44	青岛维客	点点网	http：//www. weeklydd. com
45	一丁集团	一丁集团网上商城	http：//www. itu4. com
46	人人乐	人人乐购网上商城	http：//www. rrlgou. com
47	湖南友谊阿波罗	友阿奥特莱斯	http：//www. 9448. net
48	重庆商社（集团）	世纪购	http：//www. sjgo365. com
49	广东嘉荣超市	喜伴啦啦网上超市	http：//www. sparlala. com
50	徽商集团	农家福农资网上商城	http：//old. hsnjf. com/mallcenter. asp
		徽之尚商城	http：//www. hzsmall. com
51	青岛利客来	立刻送商城	http：//www. shoplikelai. com
52	浙江人本超市	人本网上超市	http：//www. rbcs. cn
53	长沙通程控股	爱尚通程	http：//www. dolton. cn
54	济南华联商厦集团	华联易购	http：//www. hlyigou. com
55	TESCO 乐购	e 乐购	http：//elegou. cn. tesco. com
56	山东新星集团	新星商城	http：//www. xinxing001. com
57	江苏新合作常客隆	常客隆网上商城	http：//www. csckl. com/qjd. php
		家易乐	http：//csckl. com/ytj/pc
58	全福元商业集团	全福元商城	http：//www. qfy365. com
59	山东潍坊百货	小蜜蜂购物网	http：//www. 92xmf. com
		中百天猫官方旗舰店	http：//zhongbai. tmall. com
60	山西省太原唐久超市	唐久京东大卖场	http：//tjcvs. jd. com
61	北京乐语世纪通讯设备	乐语天猫官方旗舰店	http：//funtalk. tmall. com
62	大参林医药集团	大参林大药房天猫旗舰店	http：//dashenlindyf. tmall. com

续表

序号	企业简称	网店名称	网址
63	雄风集团有限公司	雄风电器天猫官方旗舰店	http：//samsungxf. tmall. com
64	阜阳华联集团	华联易购淘宝店	http：//fyhlyg. taobao. com
65	北京莱市口百货	莱百首饰京东网店	http：//caibai. jd. com
66	全家便利店	familymart 全家天猫店	http：//familymart. tmall. com
		全家 FamilyMart 淘宝店	http：//shop101170741. taobao. com
67	家家悦	U 箱超市-家家悦	http：//uxiang. com/index. htm？ cityId＝1314

注：1. 排名参考 Alexa 近三天（2014. 4. 14-2014. 4. 16）的访问量排名。

2. 序号 55-59 搜索不到 Alexa 访问量排名，仅列示。

3. 序号 60-67 为第三方平台开店的企业，未按 Alexa 访问量排名，仅列示。

2013-2014 年中国零售业转型期零供关系发展状况研究报告

一、研究概述

（一）零供关系现状概述

快速发展的互联移动技术，打破了从商业产生以来就延续的传统经营模式，消费者即使足不出户，依然可以购买到他们需要的商品，传统零售商因此受到巨大的挑战，零售行业面临巨大的变革压力。

零供关系也面临着前所未有的挑战。供应商对传统渠道的依赖程度正随着移动互联技术的应用而发生着变化，供应商也可以像零售商一样入驻平台电商，直接与消费者交易。更多渠道的选择，也给零供关系带来理念趋同的新变化。

零售商与供应商不约而同地将关注重点放在“了解顾客需求”和“渠道多样化”上，双方都将战略、供应链和营销合作放在首位，体现了双方一致的理念基础。在经营变革的浪潮中，双方的航向趋于一致。

零售商对与供应商合作的满意度评价平均值为 71. 1 分，比上年的 68. 7 分提升 2. 4 分。供应商对与传统零售商合作的满意度评价为 80. 7 分，对与电商渠道合作的满意度评价为 78. 5 分，两者均高于零售商对供应商的评价。零供互评满意度的不对等也为改进提供了空间。

零售企业对食品类供应商的总体满意度要高于对洗化类供应商的满意度。食品类快消品供应商满意度前三名是可口可乐、康师傅和百事可乐；洗化类快消品供应商满意度前三名是宝洁、联合利华和尤妮佳。

供应商对传统零售渠道的满意度要高于对电商渠道的满意度。传统渠道满意度前三名的零售商是欧尚、沃尔玛和麦德龙；电商渠道满意度前三名是 1 号店、天猫和我买网。

随着现代信息技术的发展，交易透明度的提高，零售市场不合规行为的负面成本会越来越高。在强化核心竞争力、差异化发展、以消费者为核心，辅以兼顾近、远期利益的企业制度，零供关系将在零售业转型升级的浪潮中朝向健康的方向发展。

（二）研究背景、方法和目的

近两年，中国宏观经济增速放缓，进入产业结构调整期。零售行业面临着政策调整带来的消费需求下降、科技创新带来的行业转型、人工房租上涨等一系列外部挑战，也面临控制经营成本、提升供应链效率和提升盈利空间等内部经营压力。据中国连锁经营协会（简称协会）行业调查统计数据显示，2013 年连锁百强企业销售同比增长 9.9%，销售增幅首次出现个位数；2014 年连锁百强销售同比增长 5.1%，是百强统计以来销售增幅最低的一年。房租和人工成本上涨依然较快，2013 年、2014 年百强企业房租费用分别增长 11%、7.0%，人工成本分别增长 18%、7.7%，两项成本的增长均明显高于企业的销售增幅。行业进入整体放缓但相对稳定的发展阶段。

商务部曾在 2012 年启动清理整顿大型零售企业向供应商违规收费全国巡查工作，以促进公平交易，更好地维护市场秩序。在此背景下，2012 年协会组织的零供关系调查表明，终端服务合作是当年度零供双方合作满意度最高的项目，但主要还是停留在低层次的合作阶段。该层面合作的最大特点是投入少、见效快、效果不持久、难以给企业带来可持续发展的驱动力。近年，在零售行业增长放缓，零售商和供应商同样面临宏观经济增速放缓、成本上升的情况下，零供合作关系有哪些新的变化？零售商关注怎样特质的合作伙伴？零供双方筛选出哪些最为满意的合作者？又有怎样的改进建议？为此，协会继续组织零供关系年度调研，并与宝洁公司合作完成本报告。

本报告以问卷调查方式向全国性及区域性零售企业和快消品供应商企业采集一手调研数据，报告中也包含中国连锁经营协会其他调研数据和社会公开数据。

二、工商发展现状

（一）零售企业数量增速最快

从全国统计数据看，零售企业数量增速最快，达到 12.7%，全国零售业限额以上法人企业达到 65921 家。而食品加工业、食品制造业、饮料制造业规模以上工业企业单位数量在 2011 年大幅下降后，2012 年有所回升，但仍未超过 2010 年的数量。这从侧面说明，零售企业的发展空间要大于生产制造类企业。尽管中国商业在过去的二十多年时间里得到了快速发展，但是其主要集中于经济发达和较发达地区，无法充分覆盖三、四线城市。

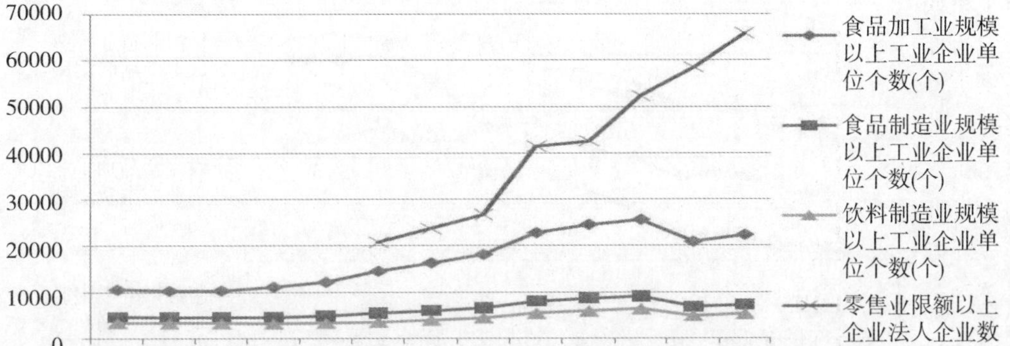

数据来源：《中国统计年鉴》

图 1　各类企业数量（个）

（二）零售与生产企业盈利能力分化

从《中国统计年鉴》数据看，2012 年零售业企业盈利下降，主营利润率为 10.66%，比 2011 年 10.79%略微下降。对比图 2 和图 3 可以看出，零售企业虽然利润率下降，但是相比于私营快消品生产企业，利润率下降幅度较小；而相对于规模以上工业企业，除农副食品类企业，其他两类企业的利润率均有上升。由此也可以判断出，在盈利能力方面，规模以上生产企业（农副食品加工业除外）比限额以上零售企业有优势，而私营类生产企业相对最弱。

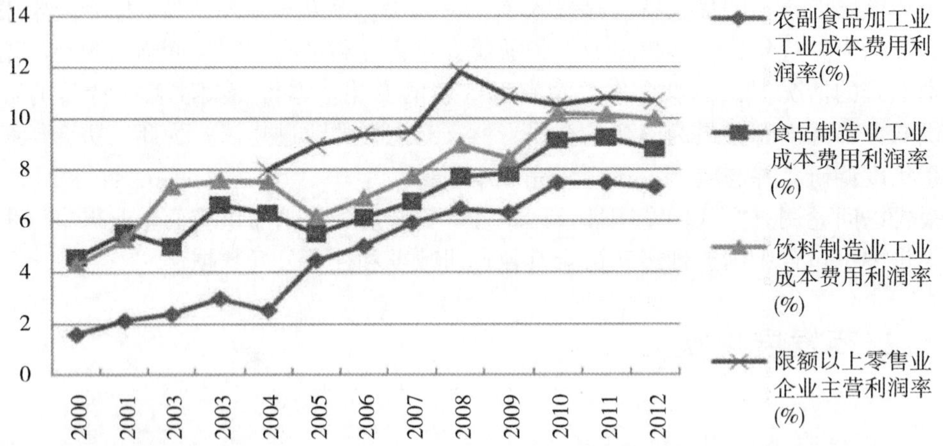

数据来源：《中国统计年鉴》

图 2　私营工业企业与零售业利润率（%）

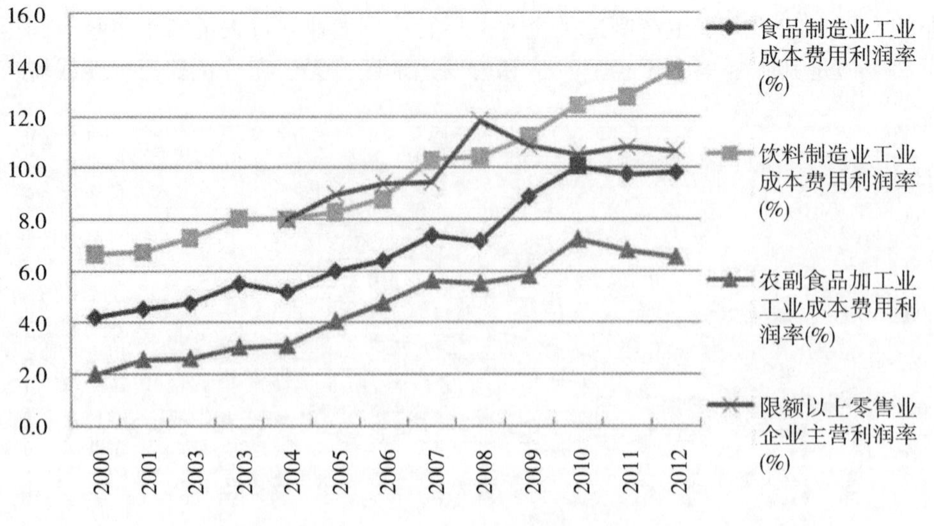

数据来源：《中国统计年鉴》

图 3　规模以上工业企业与零售业利润率（%）

这在市场关系中也得到体现。往往规模以上工业企业产品品牌知名度高，在生产、管理及营销等方面都具有优势，与零售业企业合作过程中往往占有主动权，而私营生产企业产品知名度低，需要零售企业帮助其产品打开销路，生产规模、管理水平、人员素质及营销能力都有待提高，因此在交易中会处于相对劣势，尤其在产品同质化严重的情况下尤其如此。

（三）供应商竞争加剧

体现竞争加剧的指标主要是参与的商品数量。在一定的营业面积内，商品数量越多，或者是商品数量的增长幅度快于营业面积的增长幅度，则意味着单品间竞争越激烈。从表1的数据可以看出，2013年三种业态的样本门店经营单品数都有所上升，但是营业面积不变或增幅低于品项增幅，说明单品竞争加剧。虽然这个数据无法说明具体类别的供应商竞争情况，但从总体供应商层面来看，商品数量的增多，使得原有的陈列空间和仓储空间分配更加紧张，供应商面临更大的压力。协会发布的《中国连锁零售企业经营状况分析报告（2012-2013）》数据显示，2012年大超市和便利店业态已经开始出现单品竞争加剧的情况。

表1　　不同业态样本门店的商品数量和营业面积

业态	单品数（万个）		2013年增幅%	营业面积（万平方米）		2013年增幅%
	2013年	2012年		2013年	2012年	
大型超市样本店铺	3.0	2.9	3.80%	1.1	1.1	-1.10%
超市样本店铺	1.4	1.3	7.70%	0.3	0.3	-5.36%
便利店样本店铺	0.32	0.3	6.60%	1.6	1.6	-1.00%

数据来源：中国连锁经营协会调研数据。

三、工商调研的基本情况

（一）样本情况

本调研调查问卷向零售商和快消品供应商发放，经营区域不限。

1. 零售企业样本情况

本调研收集31家零售企业有效样本，包括世界知名零售企业及国内民营零售企业。其中，60%的企业成立于上个世纪。从业态上看，仅有32%的企业采用单业态经营，按主营业态分类，企业分布如图4所示。

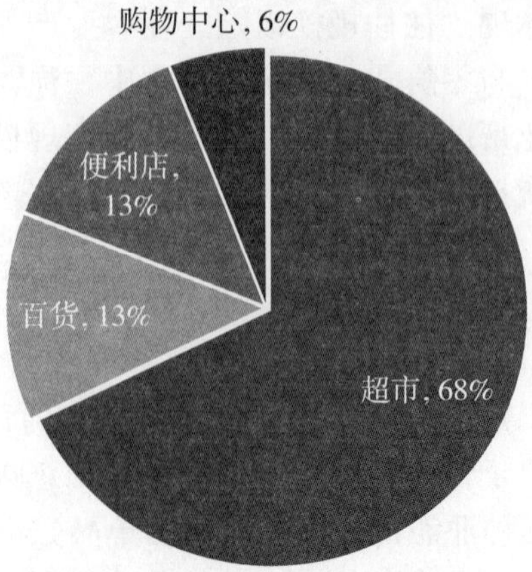

图 4　样本零售企业主营业态分布

2. 供应商样本情况

本调研收集 7 家供应商企业有效样本，经营范围覆盖食品、饮料、洗化等快消品类别，经营规模分布范围从年销售 420 万元到 500 亿元。

（二）零供双方对挑战的重视程度

零供双方对挑战的重视程度方面，本调研选取与企业经营活动相关的、不同角度的 10 个问题考察零售商和供应商，帮助了解彼此对经营的重视焦点，调整合作方式，改进双方工作的不足。

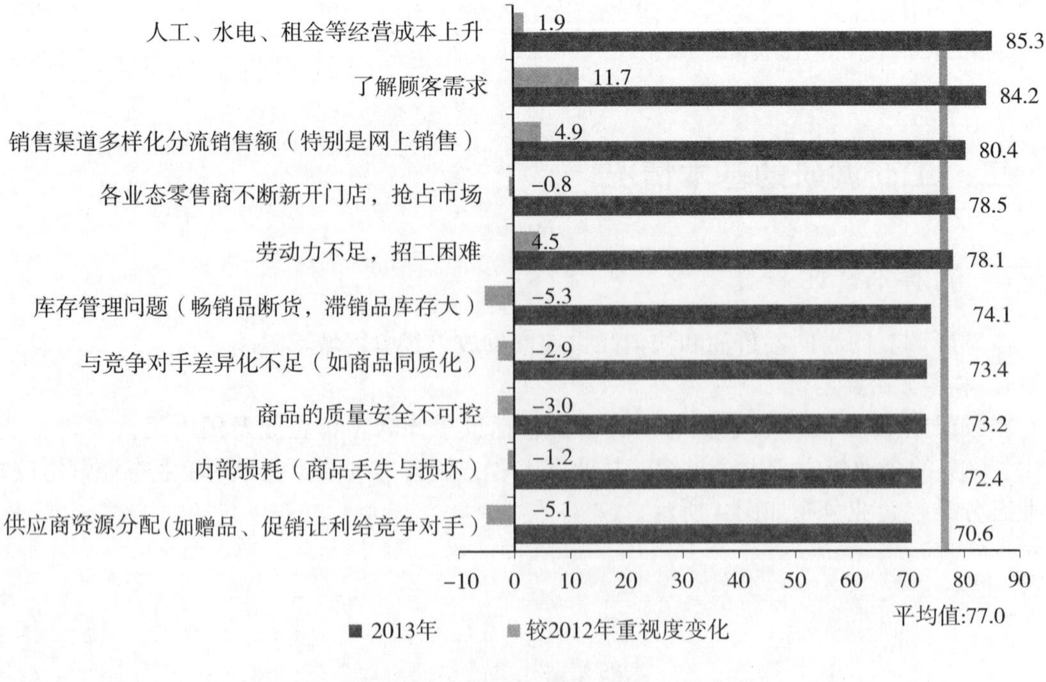

图 5　零售企业对挑战的重视程度（0-100 分）

1. 零售商对挑战的重视程度

随着网络零售及移动应用的兴起，消费者的消费行为逐渐发生改变。越来越多的零售企业为了应对这些变化，开始尝试使用现代移动互联技术，与顾客开展新的经营模式转型的探索中来，其对于经营中的具体问题的关注度也随之发生新的变化。

2012 年，零售商最重视的是经营成本上升、库存管理问题（畅销品断货，滞销品库存大）及各业态零售商不断新开门店。而 2013 年，零售商对于成本上升的重视度依然排名第一，而且还增加了 1.9 分，但是排名第二却变成了解顾客需求，增加了 11.7 分，排名第三的是销售渠道多样化，比上年排名上升 5 位。在零售业面对科技创新带来的转型压力时期，零售企业的关注点明显发生了改变，消费者需求被提升在重要的高度。见图 5。

2. 供应商对挑战的重视程度

从图 6 可以看出，供应商对于产品安全和质量、了解顾客需求及覆盖具有增长潜力的销售渠道最为重视，均高于平均值 90.4。供应商对于零售商自有品牌产品的冲击和避免产品同质化的重视程度低于平均值，而这两方面都属于差异化经营的范畴。

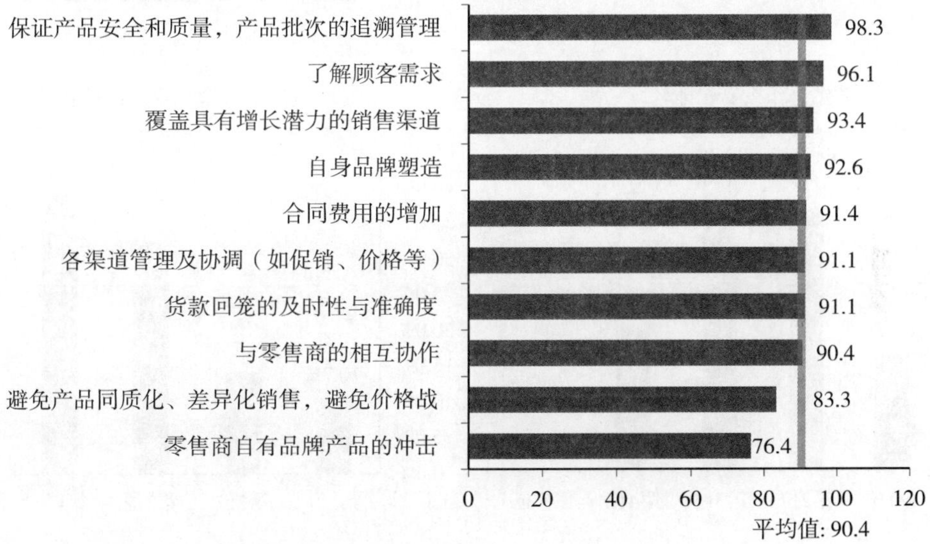

图 6　供应商企业对挑战的重视程度（0–100 分）

随着消费者日益追求健康生活，加之近年来不时爆发的食品安全事件对企业的影响，使得生产商和供应商对产品安全和质量极为关注。而消费者和渠道，一直是供应商赢得竞争的基础和保证。

供应商看似对差异化的问题并不重视，主要有以下两个原因：一是国内零售商的自有品牌商品的市场份额较低，从百强统计调查数据来看，平均低于销售额的 10%，远不能达成对同类商品供应商的威胁；二是供应商已经实施差异化细分产品市场战略，同质化价格战已经不是影响其经营的主要问题。

值得注意的是，不论零售商还是生产商，对于顾客需求和销售渠道多样化，都给予了重点关注。从这一点上来说，零售企业与供应商存在着合作的坚实基础。随着经济发展增速的减缓，新渠道的快速增长，零售商和供应商都面临着行业的转型与升级，零供双方在认识上应该达成共识：即只有形成利益共同体，才能在不断变换的市场竞争环境下增强抵御风险的能力，共同发展。

（三）零售企业对快消品供应商合作的评价

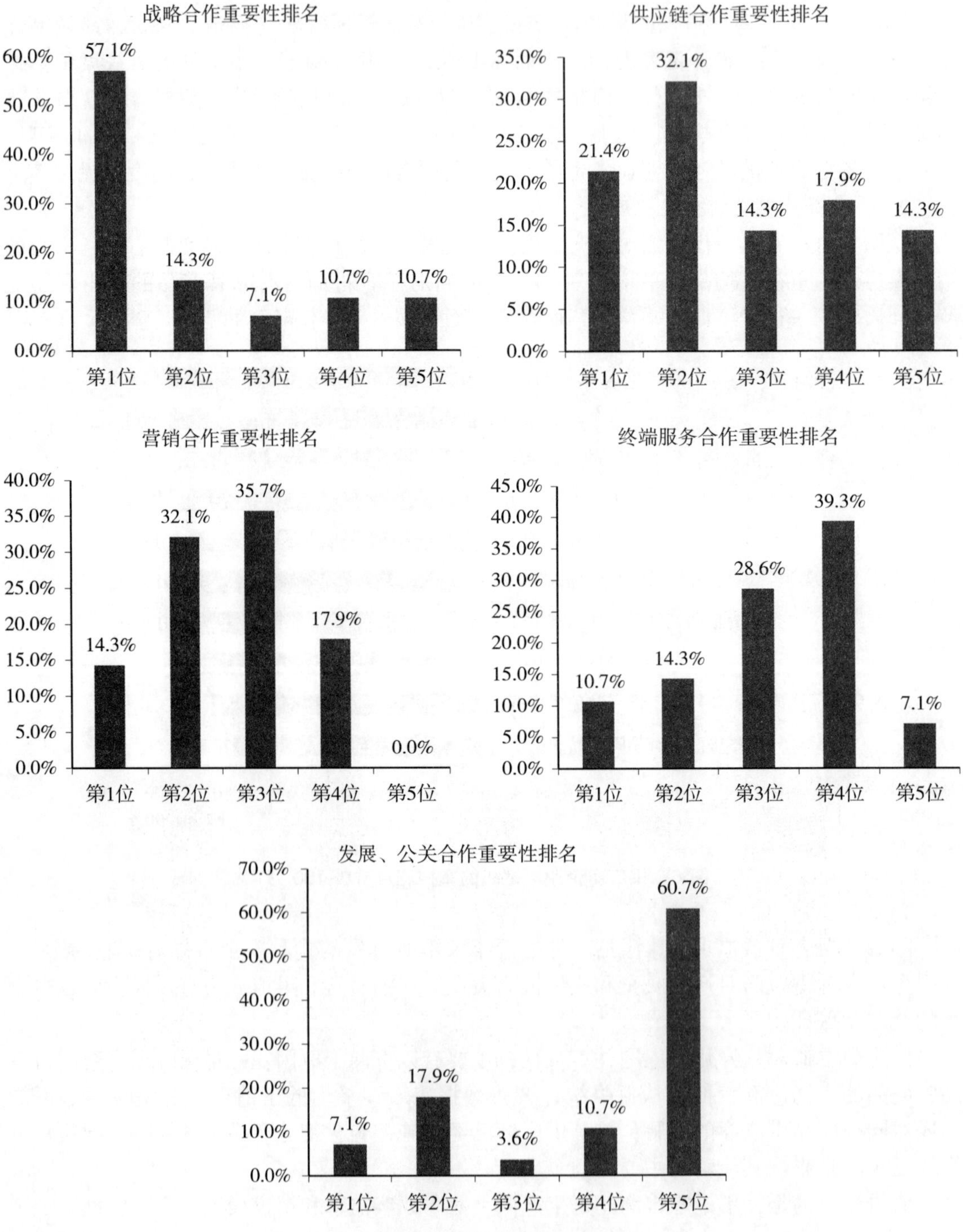

图 7　零售企业对合作重要性评价

零售企业对快消品供应商合作评价方面，本调研从战略合作、营销合作、供应链合作、终端服务合作和发展公关合作五个方面，以零售商的角度，对合作的重要性及满意度进行评价。

1. 零售商对合作五方面的评价

（1）重要性评价。战略、供应链、营销、终端服务和发展公关从企业经营的角度看，很难被割裂开来，因此也无法绝对定义谁是最重要的，不同级别、不同岗位的人对于重要性的判断也会出现差别。图7将问卷中各种意见汇集起来，反映零售企业对各个合作重要性的不同评价。

综合来看，战略、供应链、营销合作被大多数零售企业受访者排在靠前的位置，终端服务次之，发展公关合作排在最后。

（2）满意度评价。围绕以上五个方面，零售企业对与其合作的快速消费品企业进行了满意度评分，分数越高代表满意度越高，满分为100分。从图8可以看出，零售企业对终端服务合作满意度最高，虽然其重要性位于战略与供应链合作之后；而对于营销合作满意度最低，尽管其重要性为大多数企业所认可。

总体来看，零售企业对双方合作的满意度总体较上年有所上升，各合作的满意度排名也与上年没有大的变化，除了供应链合作的满意度由上年的第四位上升为本年度的第三位，反映出双方在供应链合作方面投入的加大。

一般来说，如果受重视程度越高，满意度也应该相应较高。但是比较受重视的营销合作满意度却最低，不太被重视的终端服务合作的满意度最高，表现为典型的知易行难。从营销合作的内容来看，消费者、购物者营销，数字营销和创新性营销都源于近两年网络数字化技术的兴起，对于零售商和供应商来说都比较新，还没有成熟的经验可以复制，因此满意度有待提升。

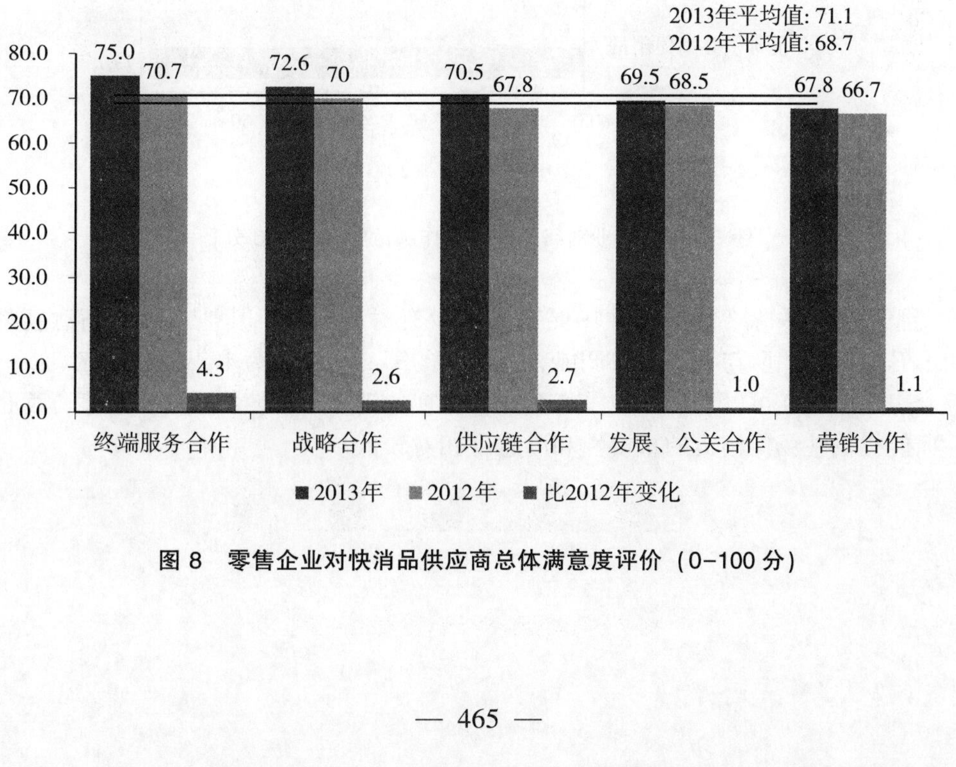

图8　零售企业对快消品供应商总体满意度评价（0–100分）

2. 零售企业对各合作项目满意度分述

（1）终端服务合作。从投票给第 1 位的人数占比来看，销售团队专业素养占比最高，为 42.9%，但是结合投票第 2 位的人数占比，销售团队协调能力和执行能力的重要性则更为靠前，而能提供驻场促销员的重要性最靠后。

表 2　　终端服务合作各子项目重要性排名分布

投票人数占比%＼重要性排名	销售团队与各部门协调能力	销售团队专业素养	销售团队执行能力	能提供驻场促销员
第 1 位	35.7%	42.9%	35.7%	25.0%
第 2 位	28.6%	17.9%	32.1%	10.7%
第 3 位	21.4%	21.4%	28.6%	14.3%
第 4 位	14.3%	17.9%	3.6%	50.0%
合计	100.0%	100.0%	100.0%	100.0%

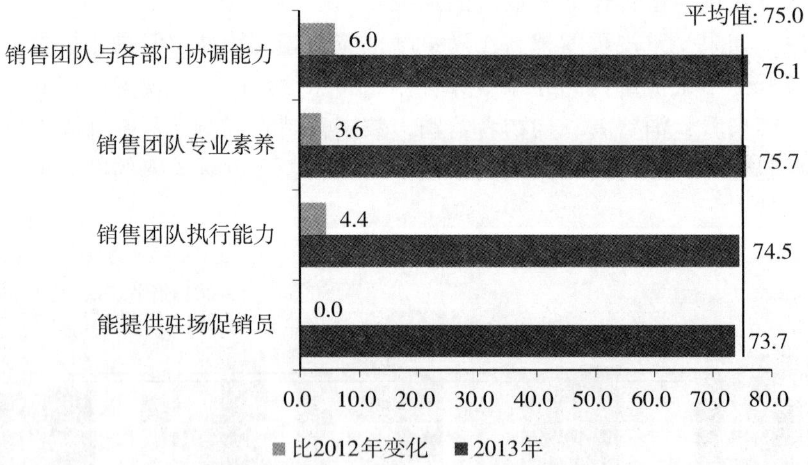

图 9　零售企业对终端服务合作满意度（0-100 分）

终端服务合作中除“能提供驻场促销员”没有对应项外，其他三项的满意度都较上年有所上升。销售团队与各部门协调能力从上年的第二名上升为本年的第一名。

综合表 2 和图 9 可以看出，被零售企业所重视的销售团队的特质在满意度方面也得分较高，而能提供驻场促销员的重要性和满意度相对较低。

① 对洗化类供应商终端服务合作满意度：

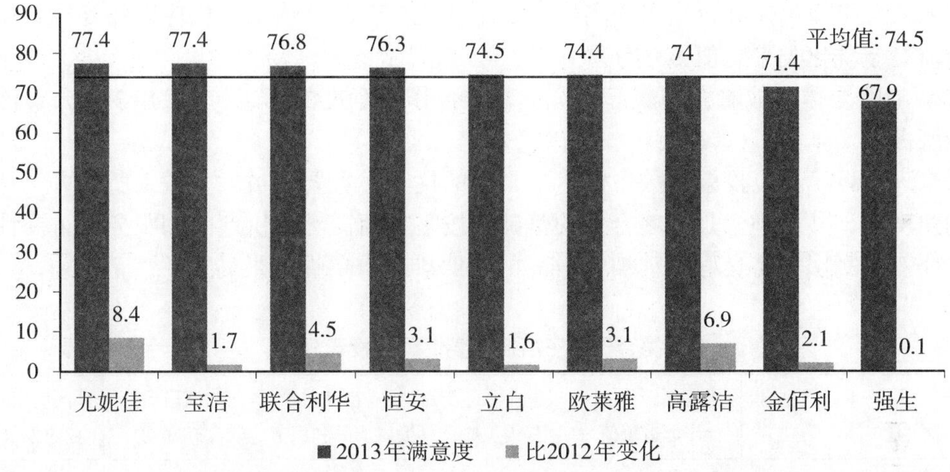

图 10　洗化类快消品供应商终端合作满意度（0–100 分）

从图 10 可以看出，尤妮佳的满意度得分最高，为 77.4 分，其次是宝洁和联合利华。从满意度的改善来看，尤妮佳提升最多，其次是高露洁和联合利华。强生的满意度得分最低，为 67.9 分，低于平均值 74.5 分。从排名来看，2012 年排名第一的宝洁下降为第二名，恒安和立白也已不在前三甲。尤妮佳由原来的倒数第三上升为第一名，联合利华由原来的第四名上升为第一名。

② 对食品类供应商终端服务合作满意度：

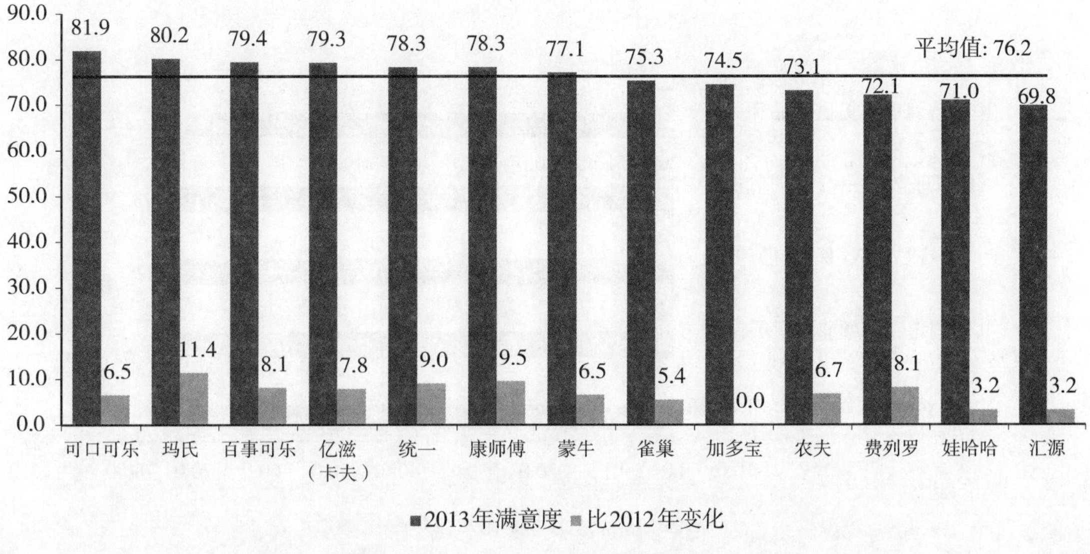

图 11　食品类快消品供应商终端合作满意度（0–100 分）

从图 11 可以看出，可口可乐、玛氏和百事可乐分列前三名。而玛氏是满意度增加最高的企业，其排名从上年的第八位上升到第二位，而亿滋（卡夫）则从原来的第二位下降到第四位，可口可乐和百事可乐名次未发生变化。食品类快消品供应商的终端合作满意度平均值高于洗化类平均值 1.7 分。

（2）战略合作。战略合作满意度位于五个合作满意度的第二位，为 72.6 分，比第一位终端服务少 2.4 分。

共赢理念以第 1 位投票人数占比达 55.2%的优势，重要性被大多数人所认可。从零售企业的角度看，共赢理念是战略合作的基础。按零售商需求提供产品和服务的重要性相对次要，而双方高层保持良好互动被 41.4%的企业排在重要性的最后面。

表 3　　战略合作各子项目重要性排名投票分布

重要性排名 / 投票人数占比%	共赢理念——合作创造价值	根据业态匹配营销策略	按零售商需求提供产品和服务	双方高层保持良好互动	共同制定和回顾业务发展计划
第 1 位	55.2%	13.8%	34.5%	24.1%	17.2%
第 2 位	17.2%	27.6%	34.5%	6.9%	20.7%
第 3 位	13.8%	27.6%	13.8%	13.8%	20.7%
第 4 位	10.3%	20.7%	6.9%	13.8%	27.6%
第 5 位	3.4%	10.3%	10.3%	41.4%	13.8%
合计	100.0%	100.0%	100.0%	100.0%	100.0%

从满意度来看，本年得分高低与上年完全不同。上年排名第一的“根据业态匹配营销策略”本年满意度最低，而上年排名第四的“按零售商需求提供产品和服务”本年升为满意度第一名，满意度提升最多。总体上看，战略合作满意度较上年有所提升。

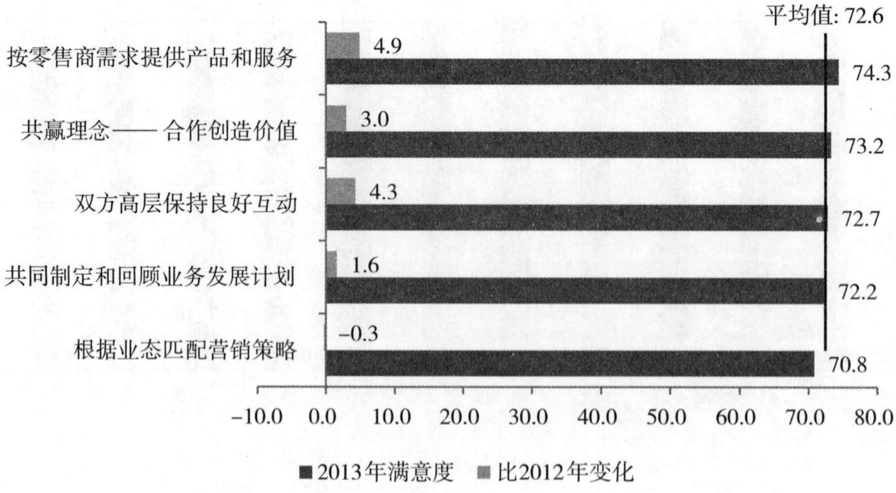

图 12　零售企业对战略合作满意度（0–100 分）

① 对洗化类供应商战略合作满意度：

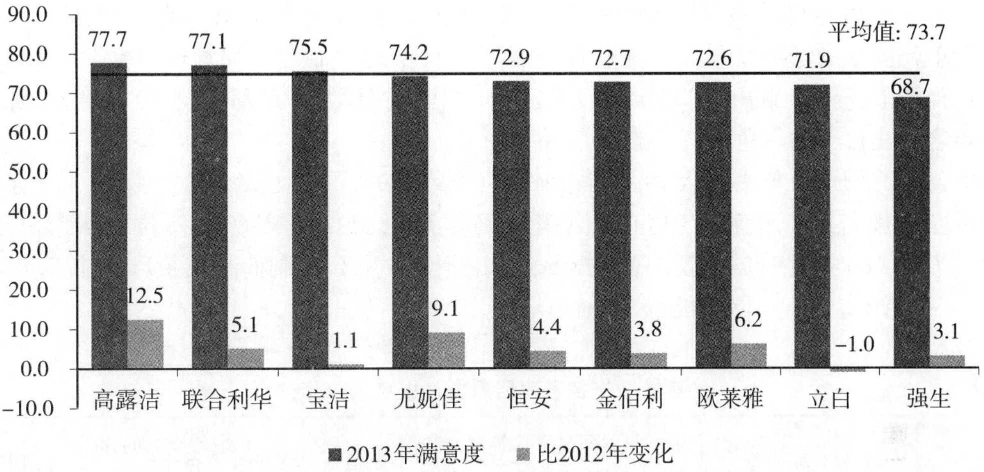

图 13　洗化类快消品供应商战略合作满意度（0-100 分）

可以看出，高露洁、联合利华和宝洁位列前三名。高露洁满意度比上年提升最多，从上年排名第八上升到本年的第一位，联合利华由第三名上升到第二名，宝洁则由第一名下降到第三名。虽然总体来说满意度得到提升，但是企业还是出现分化，立白的满意度出现负增长。

② 对食品类供应商战略合作满意度：

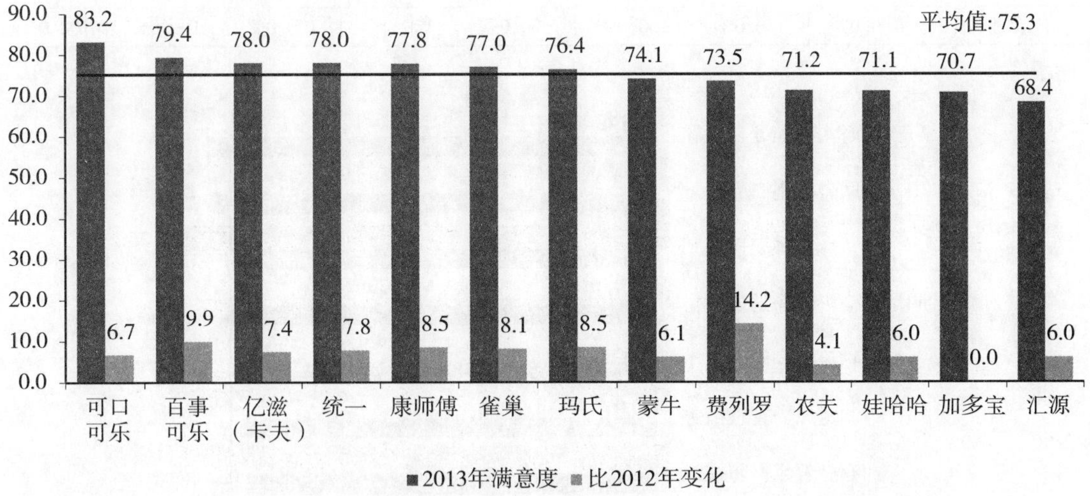

图 14　食品类快消品供应商战略合作满意度（0-100 分）

从图 14 可以看出，可口可乐、百事可乐和亿滋（卡夫）排在前三位。可口可乐连续两年排名第一，百事可乐由上年的第四位上升到本年的第二位，亿滋（卡夫）由上年的第二位下降为本年的第三位。零售商对食品类供应商的满意度平均值高于对洗化类供应商满意度平均值 1.6 分。

(3) 供应链合作。供应链合作一直以来备受关注，而零供双方的业务焦点也集中于此。上年此项中的子项目“新产品合作开发”被替换为“制定品类管理措施”，主要是考虑实际合作中，新产品开发以生产商为主导，零售商主要基于产品的挑选、组合、陈列等来差异化凸显自己的特色，树立自己的品牌形象。

从表 4 的投票人数占比在各个名次和子项的分布来看，比较分散，只有“联合控制商品质量”排名第一位和“共同预测销售确保足量交付”排名第三位的人数占比在 30.0%以上。综合第一位和第二位的投票人数占比，“联合控制商品质量”、“提升配送效率”和“控制物流、仓储等成本”是被认为比较重要的三项。

表 4　　　　供应链合作各子项目重要性排名投票分布

重要性排名 / 投票人数占比%	提升配送效率	及时沟通和处理问题	共同预测销售确保足量交付	控制物流、仓储等成本	信息同步	联合控制商品质量	拥有高效流程防损毁	制定品类管理措施
第 1 位	27.6%	10.3%	17.2%	17.9%	25.0%	42.9%	3.6%	17.9%
第 2 位	24.1%	20.7%	13.8%	17.9%	3.6%	17.9%	21.4%	14.3%
第 3 位	6.9%	13.8%	31.0%	10.7%	10.7%	10.7%	10.7%	21.4%
第 4 位	13.8%	13.8%	6.9%	10.7%	7.1%	7.1%	10.7%	7.1%
第 5 位	20.7%	20.7%	6.9%	3.6%	10.7%	3.6%	3.6%	7.1%
第 6 位	0.0%	13.8%	17.2%	14.3%	7.1%	7.1%	10.7%	7.1%
第 7 位	3.4%	6.9%	0.0%	21.4%	10.7%	3.6%	21.4%	10.7%
第 8 位	3.4%	0.0%	6.9%	3.6%	25.0%	7.1%	17.9%	14.3%
合计	100.0%	100.0%	100.0%	100.0%	100.0%	100.0%	100.0%	100.0%

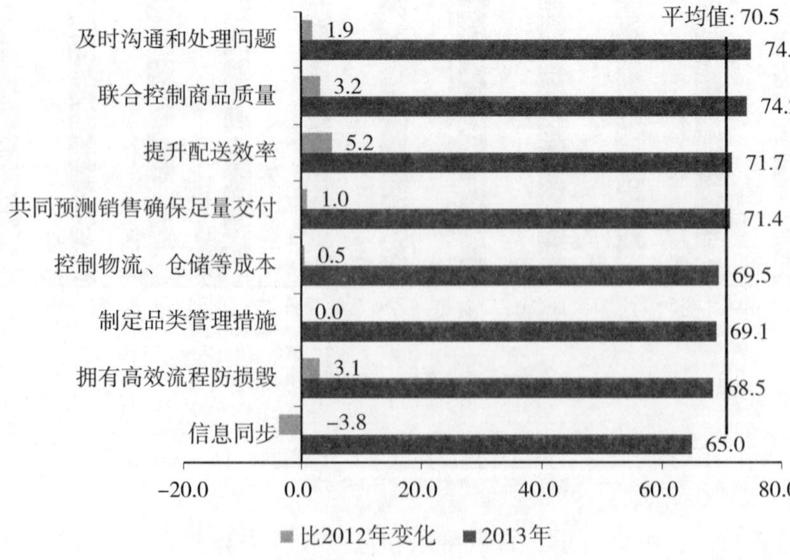

图 15　供应链合作满意度（0-100 分）

相比上年的满意度评分，供应链合作满意度变化不大，“及时沟通和处理问题”与“联合控制商品质量”依然稳坐一、二名，且满意度有所提升。原来排名第三的“共同预测销售确保足量交付”被“提升配送效率”所取代。配送效率的提升，会加快资产周转率，对于低毛利经营的零售行业来说，有利于改善资产收益率。

控制物流、仓储等成本虽然比较受重视，但是满意度却仅排名第五位。由于这一子项目涉及面广，参与方多，难于精确量化，因此实际操作中也难尽人意。

① 对洗化类供应商供应链合作满意度：

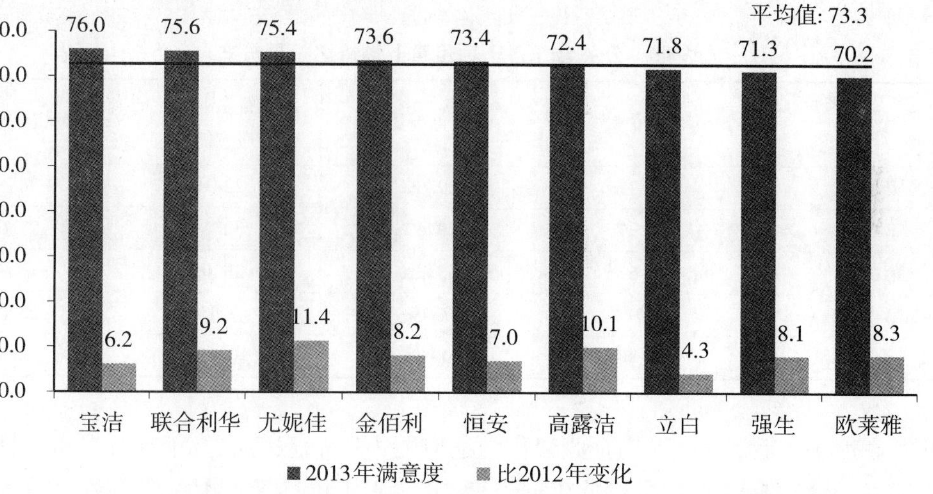

图 16 洗化类快消品供应商供应链满意度（0–100 分）

从图 16 可以看出，宝洁、联合利华和尤妮佳位列前三名。宝洁连续两年保持第一名，联合利华由上年的第三名上升到第二名，尤妮佳由上年的第六名上升到本年的第三名，立白则掉出前三名。虽然宝洁保持了第一名，但是满意度的提升却是前三甲中最低的。

② 对食品类供应商供应链合作满意度：

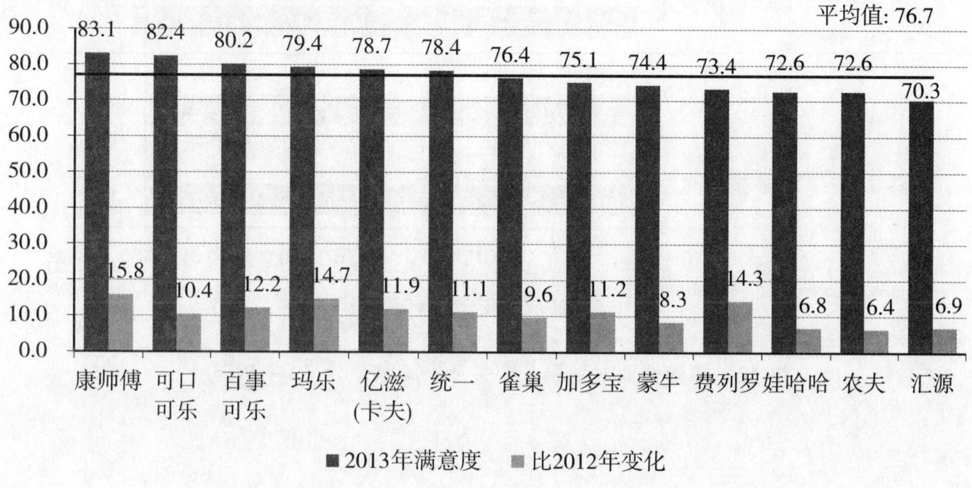

图 17 食品类快消品供应商供应链满意度（0–100 分）

从图 17 可以看出，康师傅、可口可乐和百事可乐分列前三名。康师傅满意度提升最高，从上年的第四名上升到本年的第一名，可口可乐和百事可乐由上年的第一、第二名下降为第二、第三名。整体上看，各个品牌的满意度都较上年有所提升。零售商对食品类供应商的供应链合作平均满意度高于对洗化类供应商平均满意度 3.4 分。

（4）发展、公关合作。从投票人数的分布来看，“对零售企业变化的适应能力”和“产品创新能力”重要性比较靠前，危机处理能力和采用新技术能力重要性比较靠后。这一重要性的分布与上年类似，观点没有发生变化。

表 5　　发展、公关合作各子项目重要性排名投票分布

重要性排名 / 投票人数占比%	采用新技术能力	产品创新能力	对零售企业变化的适应能力	危机处理能力
第 1 位	10.7%	29.6%	32.1%	28.6%
第 2 位	17.9%	29.6%	32.1%	28.6%
第 3 位	28.6%	33.3%	28.6%	17.9%
第 4 位	42.9%	7.4%	7.1%	25.0%
合计	100.0%	100.0%	100.0%	100.0%

从满意度上来看，“对零售企业变化的适应能力”满意度比上年有所提高，排名由原来的第二名上升为第一名。而“危机处理能力”则由第一名下降到第二名。满意度的排名与重要性的顺序基本是匹配的，即重要性靠前的项目相对满意度也较高。虽然“采用新技术能力”依然位列最后，但是满意度有所上升。

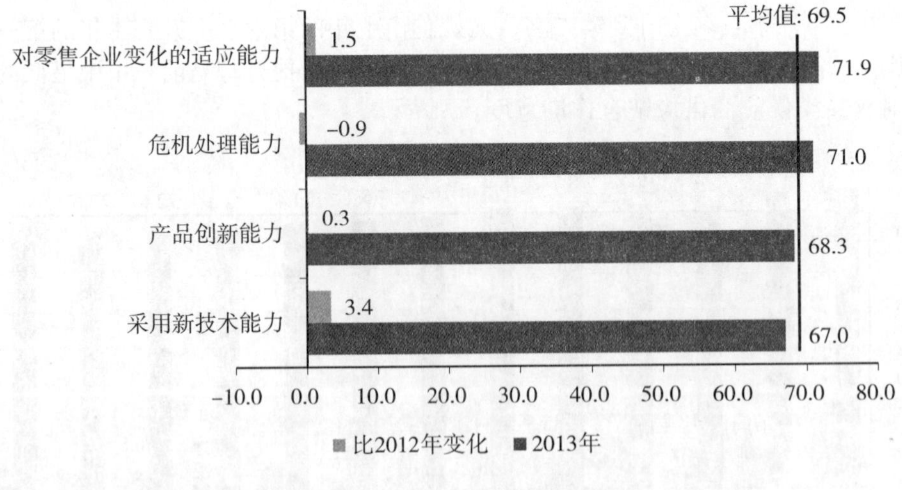

图 18　零售企业对发展、公关合作满意评分（1–100 分）

① 对洗化类供应商发展、公关合作满意度：

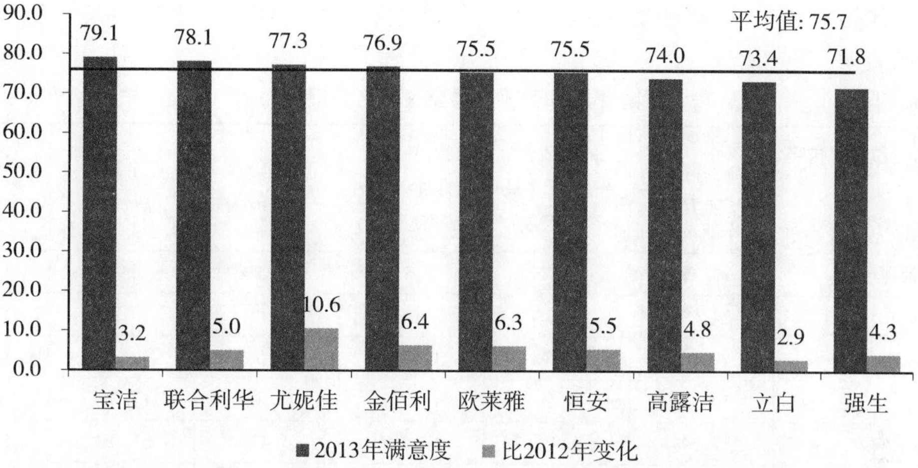

图 19　洗化类快消品供应商发展、公关合作满意度（0–100 分）

从图 19 可以看出，宝洁、联合利华和尤妮佳位列前三名。宝洁和联合利华维持上年第一、第二位的排名，原来的第三名金佰利被尤妮佳所取代，尤妮佳也是满意度上升最高的品牌供应商。

②对食品类供应商发展、公关合作满意度：

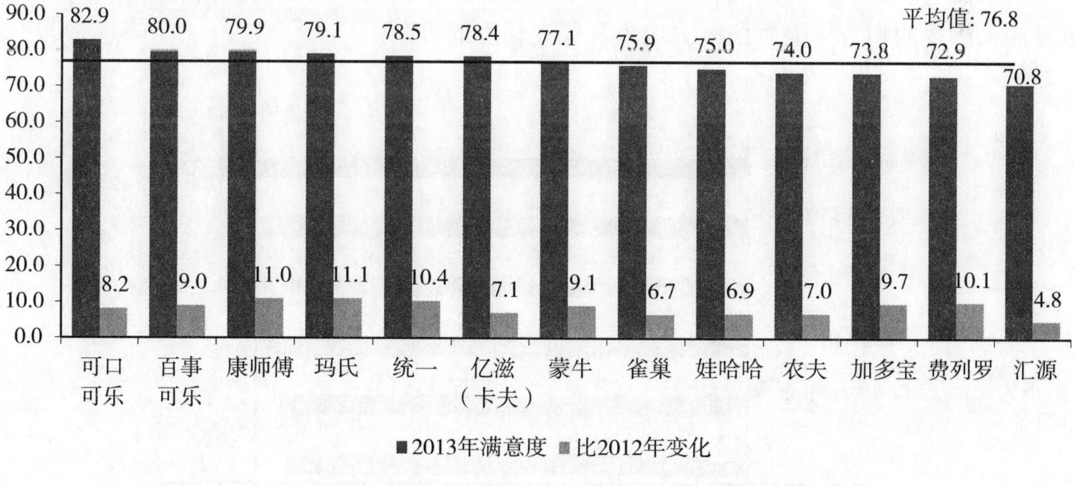

图 20　食品类快消品供应商发展、公关合作满意度（0–100 分）

从图 20 可以看出，可口可乐、百事可乐和康师傅位列前三名。可口可乐连续两年保持第一，百事可乐由上年的第三名上升到本年的第二名，康师傅由上年的第五名上升到第三名。原来的第三名亿滋（卡夫）则跌到本年的第六名。零售商对食品类供应商的发展、公关合作满意度平均值高于对洗化类供应商满意度平均值 1. 1 分。

（5）营销合作。从投票给前三位的人数占比来看，“创新性营销能力”最为零售企业看重，其他依次是“消费者营销能力”、“购物者营销能力”、“数字营销能力”、“数据共享”，最后的是“联合调研消费者”。

表 6　　营销合作各子项目重要性排名投票分布

重要性排名 投票人数占比%	数字营销能力	消费者营销能力（最终使用者）	购物者营销能力（购买者而非使用者）	创新性营销能力	联合调研消费者	数据共享
第 1 位	17. 2%	20. 7%	24. 1%	34. 5%	6. 9%	17. 9%
第 2 位	24. 1%	24. 1%	27. 6%	6. 9%	20. 7%	14. 3%
第 3 位	6. 9%	27. 6%	17. 2%	34. 5%	10. 3%	14. 3%
第 4 位	10. 3%	17. 2%	17. 2%	13. 8%	17. 2%	7. 1%
第 5 位	17. 2%	6. 9%	10. 3%	3. 4%	31. 0%	17. 9%
第 6 位	24. 1%	3. 4%	3. 4%	6. 9%	13. 8%	28. 6%
合计	100. 0%	100. 0%	100. 0%	100. 0%	100. 0%	100. 0%

虽然“创新性营销能力”被大部分人认为最重要，但是其满意度却仅排名第四位，且低于平均值 67. 8 分。“购物者营销能力”、“消费者营销能力”和“数字营销能力”成为满意度排名前三的合作项目。随着科技进步带来的技术创新，消费者消费行为也发生了变化，传统的购物行为被网络、移动购物所分流，运用新技术、覆盖新渠道来满足线上消费者需求成为快消品供应商保有市场占有率、拓展新市场的重要手段，而向多渠道、全渠道发展，满足购物者无缝对接体验成为零售商转型的方向。

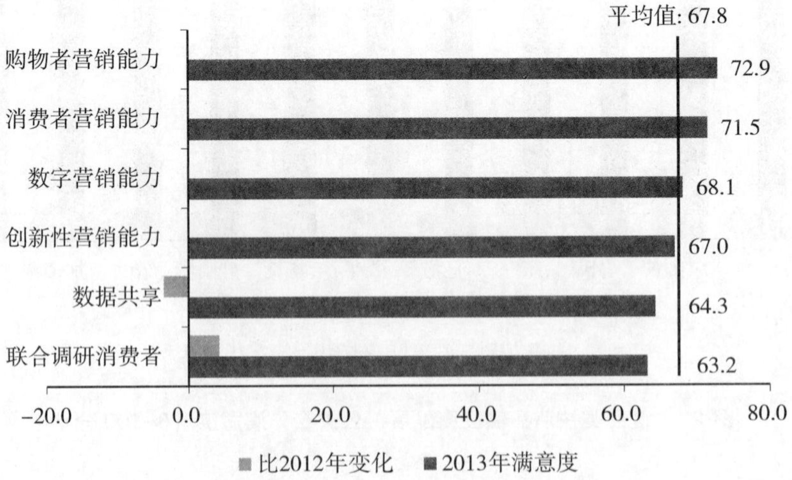

图 21　零售企业对营销合作满意度评分（0-100 分）

① 对洗化类供应商营销合作满意度：

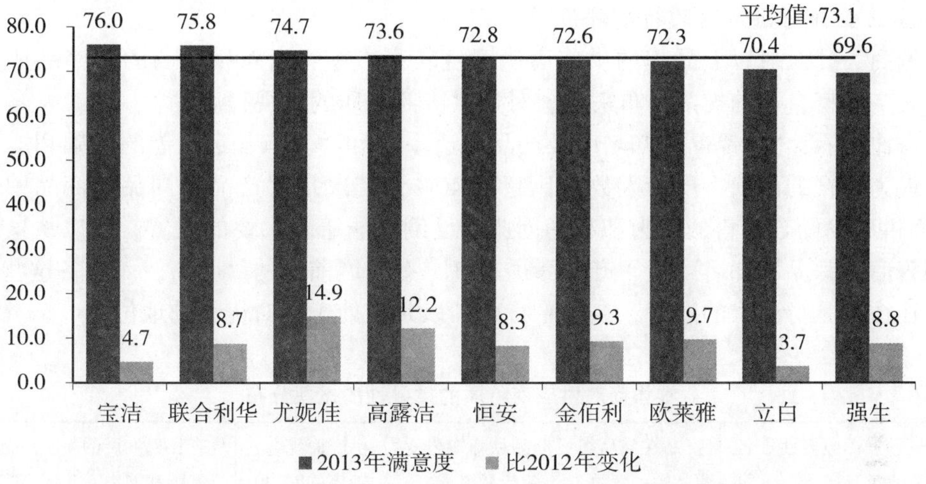

图 22 洗化类快消品供应商营销合作满意度（0–100 分）

从图 22 可以看出，宝洁、联合利华和尤妮佳分列前三名。宝洁和联合利华保持了第一、第二位的排名，立白由上年的第三名跌到本年的第八名，而尤妮佳由上年的第九名上升到本年的第三名。尤妮佳是满意度提升最快的品牌。

②对食品类供应商营销合作满意度：

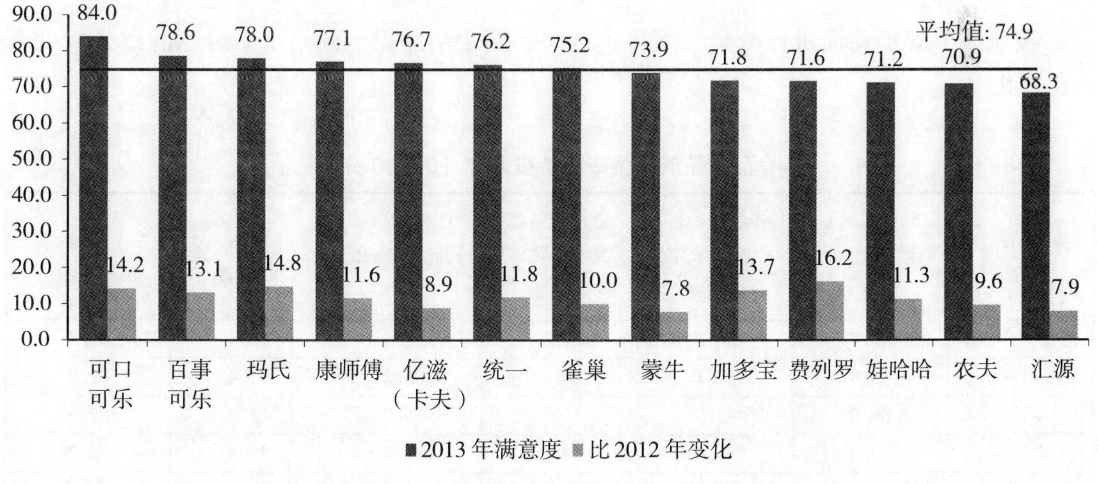

图 23 食品类快消品供应商营销合作满意度（0–100 分）

从图 23 可以看出，可口可乐、百事可乐和玛氏分列头三名。可口可乐保持了第一名的位置，百事可乐由上年的第五位上升到本年的第二位，玛氏由上年的第八位上升到本年的第三位。亿滋（卡夫）和蒙牛由上年的第二、第三位分别跌到本年的第五和第八位。零售商对食品类供应商的营销合作满意度高于对洗化类供应商满意度 1.8 分。

综合以上几方面的合作满意度，可以发现零售企业对食品类快消品供应商的平均满意度要高于对洗化类快消品供应商的平均满意度。洗护类品牌宝洁、联合利华、尤妮佳和高露洁，食品类可口可乐、康师傅、百事可乐和玛氏获得的满意度评价较高。

3. 零售企业对供应商的特质评价

零售商为什么对以上品牌的供应商满意度较高？零售商对供应商的哪些品质更青睐呢？从表7零售企业的投票分布来看，对于供应商特质的重视程度并不一致。从各名次投票人数占比来看，“产品品牌知名度及产品渗透率”和“具有长远发展的基础和能力”是零售商最为重视的两项特质，人数占比超过40%，其次是“产品在同品类商品中的竞争力”，而供应商配合销售的能力和利润创造者反倒是居于较次要的位置。所以从这一点来说，零售商青睐品牌知名度高、产品渗透率高、有发展前景的供应商，而具备这些特征的供应商往往也是行业中的翘楚，在与零售商的谈判中处于相对优势的地位。

表7　　零售商对供应商特质的重要性的投票分布

重要性排名 / 投票人数占比%	产品在同品类商品中的竞争力	产品品牌知名度及产品渗透率	供应商配合销售的能力	具有长远发展的基础和能力	利润创造者
第1位	32.1%	42.9%	17.9%	42.9%	21.4%
第2位	25.0%	17.9%	28.6%	3.6%	14.3%
第3位	28.6%	14.3%	14.3%	7.1%	17.9%
第4位	3.6%	21.4%	17.9%	21.4%	21.4%
第5位	10.7%	3.6%	21.4%	25.0%	25.0%
合计	100.0%	100.0%	100.0%	100.0%	100.0%

按照以上五项特质进行分类，零售企业对不同快消品供应商给出了自己的评分，见表8和表9。

表8　　食品类快消品供应商特质评分（0-100分）

食品类供应商	产品在同品类商品中的竞争力	产品品牌知名度及产品渗透率	配合零售商或电商销售的能力	具有长远发展的基础和能力	利润创造者	综合平均值
亿滋（卡夫）	85.7	86.3	82.3	84.9	76.4	83.1
可口可乐	85.8	87.1	84.4	85.8	71.4	82.9
玛氏	86.0	85.5	80.2	84.7	75.2	82.3
康师傅	83.4	85.6	81.8	84.5	75.8	82.2
雀巢	83.3	84.1	80.9	83.2	76.8	81.7
统一	82.2	83.8	81.0	82.2	77.1	81.2
百事可乐	82.3	84.8	81.1	84.4	71.9	80.9
娃哈哈	79.7	82.6	79.2	80.3	74.6	79.3
蒙牛	80.7	81.9	76.9	80.5	73.9	78.8
加多宝	79.8	82.0	78.5	80.3	72.4	78.6
农夫	79.1	79.6	79.3	79.8	72.9	78.1
费列罗	79.2	79.9	75.0	79.2	73.7	77.4
汇源	77.6	77.7	72.6	75.3	72.5	75.1

从表8的评分可以看出，亿滋（卡夫）、可口可乐和玛氏综合评分名列前三甲，分别为83.1、82.9和82.3分。其实每个品牌的综合得分差距并不大，但是排名第一的亿滋要比排名最后的汇源高出8分，而且排在靠后位置的品牌大多是本土品牌。这也从侧面看出，本土品牌供应商与外资、台资品牌供应商依然存在一定的差距。

表9　　洗化类快消品供应商特质评分（0–100分）

洗化类供应商	产品在同品类商品中的竞争力	产品品牌知名度及产品渗透率	配合零售商或电商销售的能力	具有长远发展的基础和能力	利润创造者	综合平均值
宝洁	83.9	85.5	79.7	80.8	70.1	80.0
尤妮佳	79.8	79.4	78.0	77.8	75.3	78.1
联合利华	77.3	80.5	79.1	80.5	72.2	7.9
恒安	79.2	80.8	77.3	79.0	72.8	77.8
欧莱雅	78.6	80.7	78.3	76.5	72.8	77.4
高露洁	75.7	79.6	76.8	77.8	71.9	76.4
金佰利	76.8	77.0	77.3	77.1	71.5	75.9
立白	76.5	78.9	75.7	75.7	71.0	75.5
强生	74.3	76.7	73.7	72.8	70.2	73.5

从表9可以看出，宝洁、尤妮佳和联合利华综合评分名列前三甲，分别为80.0、78.1和77.9分。与食品类品牌类似，各洗化类品牌的综合得分差距也不大，但是排名第一的宝洁比排名最后的强生要高出6.5分。

4. 零售企业对供应商满意度的排名

本调研不仅考察零售商对合作的满意度，也考察了其对各品牌供应商的满意度。从表10可以看出，除宝洁和联合利华的综合排名没有发生变化外，其他品牌的名次均有调整。尤妮佳上升最多，由上年的第九名上升到本年的第三名，立白下降最多，由上年的第三名下降到本年的第八名。

宝洁虽然总体排名没有变化，但是在子项目的名次上有所下降，除供应链合作和发展、公关合作保持第一名外，其他三项合作均由第一名退至第二或第三名。联合利华虽然综合排名没有变化，但是子项目的排名均有所改善，除发展、公关合作维持第二名外，其他四项都上升一名。

表10　　洗化类快消品供应商各合作项目排名

品牌	综合排名及变化	各项目排名				
		战略合作	营销合作	供应链合作	终端服务合作	发展、公关合作
宝洁	1→	3	2	1	2	1
联合利华	2→	2	1	2	3	2
尤妮佳	9↑3	4	3	3	1	3

续表

品牌	综合排名及变化	各项目排名				
		战略合作	营销合作	供应链合作	终端服务合作	发展、公关合作
高露洁	7↑4	1	4	6	7	7
恒安	4↓5	5	5	5	4	6
金佰利	5↓6	6	6	4	8	4
欧莱雅	6↓7	7	7	9	6	5
立白	3↓8	8	8	7	5	8
强生	8↓9	9	9	8	9	9

注：→代表排名与上年持平，↑6 代表名次上升 6 名，↓1 代表名次下降 1 名，依此类推。

从表 11 可以看出，可口可乐、康师傅和百事可乐综合排名位列前三甲，康师傅由上年的第五位上升到本年的第二位，可口可乐虽然维持了上年的排名，但是供应链合作子项目由上年的第一名下降到第二名，百事可乐在战略合作、营销合作和发展、公关合作三个子项目上排名有提升。

表 11　　　　食品类快消品供应商各合作项目排名

品牌	综合排名及变化	各项目排名				
		战略合作	营销合作	供应链合作	终端服务合作	发展、公关合作
可口可乐	1→	1	1	2	1	1
康师傅	5↑2	3	4	1	6	3
百事可乐	3→	2	2	3	3	2
玛氏	8↑4	7	3	4	2	4
亿滋（卡夫）	2↓5	4	5	5	4	6
统一	6→	5	6	6	5	5
雀巢	4↓7	6	7	7	8	8
蒙牛	7↓8	8	8	9	7	7
加多宝	12↑9	12	9	8	9	11
费列罗	13↑10	9	10	10	11	12
农夫	9↓11	10	12	12	10	10
娃哈哈	10↓12	11	11	11	12	9
汇源	11↓13	13	13	13	13	13

注：→代表排名与上年持平，↑6 代表名次上升 6 名，↓1 代表名次下降 1 名，依此类推。

从以上分析可以看出，食品类品牌供应商的排名变化波动不大，但是洗化类品牌供应商的名次变化较大，尤其是尤妮佳和立白。零售企业对食品类供应商的总体满意度要高于对洗化类供应商的满意度。

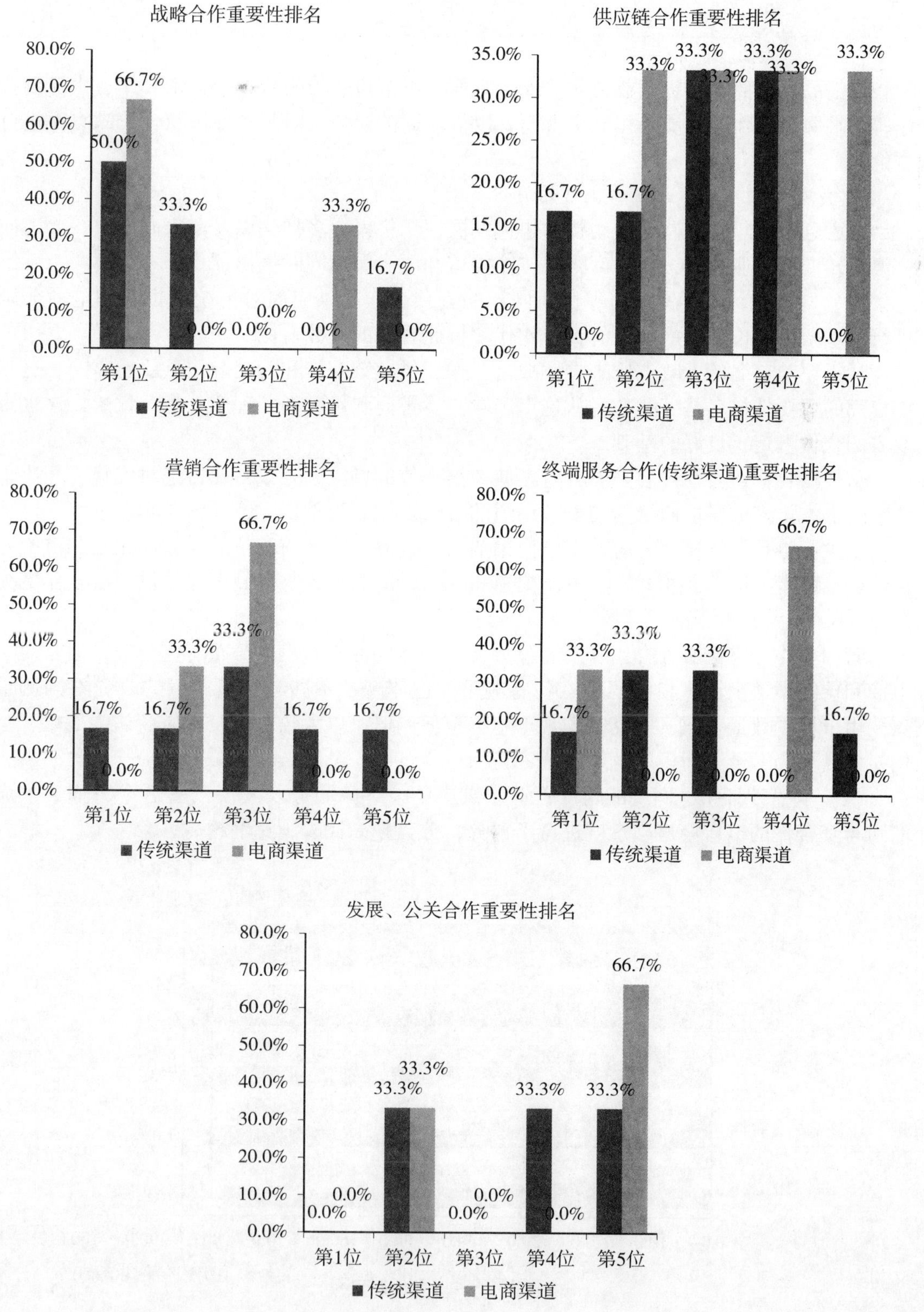

图 24 供应商企业对合作重要性评价人数分布

（四）快消品供应商对零售企业合作的评价

快消品供应商对零售企业合作的评价方面，本调研从战略合作、营销合作、供应链合作、终端服务合作和发展合作五个方面，以供应商的视角，对其重要性及合作满意度进行评价。

1. 快消品供应商对五方面合作的评价

考虑到近两年来，网络移动技术快速发展、销售渠道多样化以及零售商从单一渠道向多渠道转变的行业背景，供应商将对传统渠道和电商渠道同时做出评价。

（1）重要性评价。针对与零售商同样的五项合作，供应商对传统零售商和电商分别进行了重要性评价，每一名次的百分比代表持此看法的人数占比。

从投票前三名的人数占比来看，战略合作、供应链合作和营销合作重要性靠前，这与零售商的重要性排名是一致的，从这点来看，零售商和供应商在理念上是一致的，这也为双方的合作奠定了良好的基础。

从战略合作重要性排名来看，将其放在第一位的供应商人数占比占绝对优势，相比于传统渠道，更多的供应商认为与电商渠道的战略合作更为重要。

从供应链重要性排名来看，将电商渠道与传统渠道排在前三位的人数占比之和占绝对优势，且两者人数占比相同。与电商渠道相比，供应商认为与电商渠道的供应链合作更为重要。

营销合作、终端服务合作和发展公关合作的重要性排名投票分布有些分散，但是对于电商和传统渠道来说，相应的观点各有侧重，也体现了不同经营模式下的业务不同侧重点。由于样本数量有限，所反映的观点不尽全面，但可以大致看出，供应商认为战略、营销对电商更为重要，而供应链对传统零售商更为重要。见图 24。

（2）满意度评价。围绕战略、营销、供应链、终端服务及发展公关五个方面，供应商对与其合作的销售渠道满意度进行了评分，分数越高代表满意度越高。

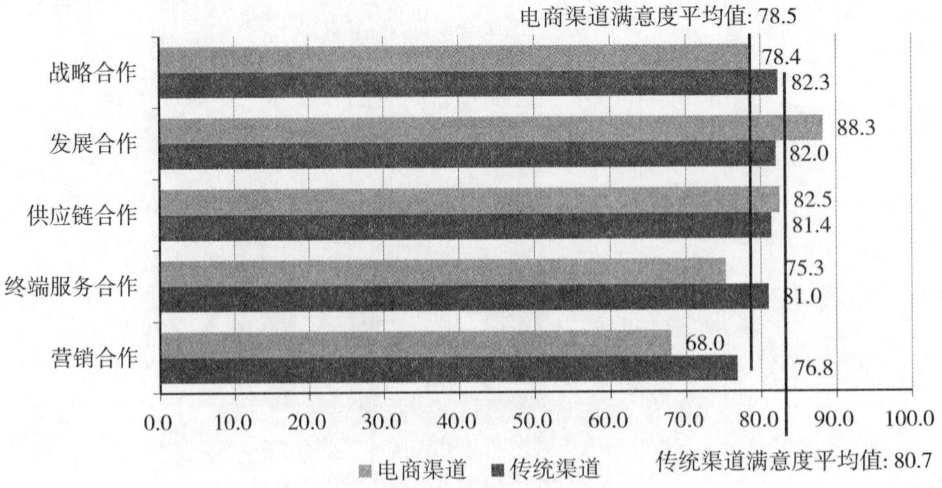

图 25　供应商对零售商的满意度排名（0–100 分）

从图 25 可以看出，供应商对于传统渠道的满意度平均值要略高于对电商渠道的满意度平均值，这与电商渠道作为新兴渠道，与供应商深入合作还需磨合有一定关系。在发展合作与供应链合作方面，电商渠道的满意度要高于传统渠道，在战略合作、终端服务合作和营销合作方面，传统渠道满意度高于电商渠道。

2. 快消品供应商对各子合作项目满意度分述

（1）终端服务合作。针对不同的渠道，终端合作的评价方面也不同。对传统零售商的终端合作评价包括门店运营效率、销售网络覆盖范围、区域市场的绝对优势和某些品类的绝对优势。对电商渠道的终端合作评价包括网站转化率、物流覆盖区域、外网有效引流（友情链接、互动平台等）、促销活动页面设计、界面友好度和某些品类的绝对优势。两者考察的方面存在着差异，这与业务经营模式以及绩效影响因素不同有关。

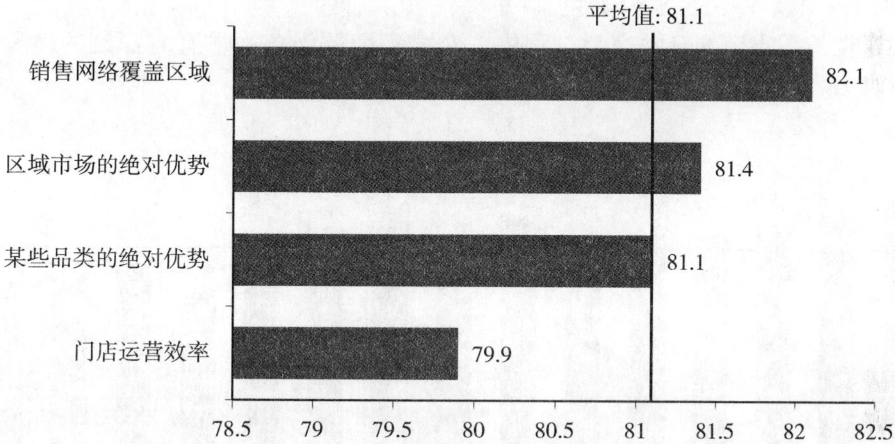

图 26　供应商对传统零售商终端合作满意度（0–100 分）

从图 26 和图 27 可以看出，供应商对传统零售商的终端合作满意度平均值高于对电商的满意度平均值。从供应商的角度来看，传统零售商的门店运营效率有待提升，而电商渠道的外网有效引流（友情链接、互动平台等）能力有待加强。

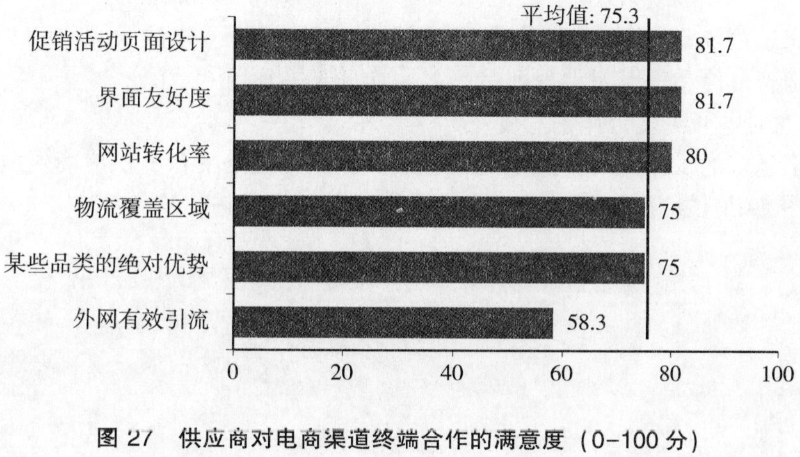

图 27　供应商对电商渠道终端合作的满意度（0–100 分）

随着网络移动技术的快速发展，网络移动销售份额占社会消费品零售总额的比重连年上升，由 2008 年的 1.2%上升到本年的 7.9%。传统零售商面临着巨大的挑战，正逐步探索从传统的单一渠道向多渠道和全渠道经营模式转变，而垂直电商面临垂直渠道与平台扩展并行的考验。作为供应商，也要适应消费方式变化带来的渠道变革和业务操作模式的变化。

提高物流覆盖区域、提升供应链效率、优化顾客体验是电商渠道增加与传统渠道竞争的必修功课。近两年，O2O 成为业内的一大亮点。不仅传统零售商拥抱互联网，电商也开始拥抱传统渠道，解决“最后一公里”生活服务圈覆盖的难题。典型的案例就是京东商城联手太原唐久，将彼此的信息系统、商品系统、供应链系统、服务系统、支付系统和会员体系进行了打通和深度整合，实现优势资源互补。

① 供应商对传统零售商终端合作满意度：

供应商在与零售商的日常交易过程中，对零售商的服务水平有着深刻的体验，图 28 是供应商对 16 家零售商在终端服务方面的评价。

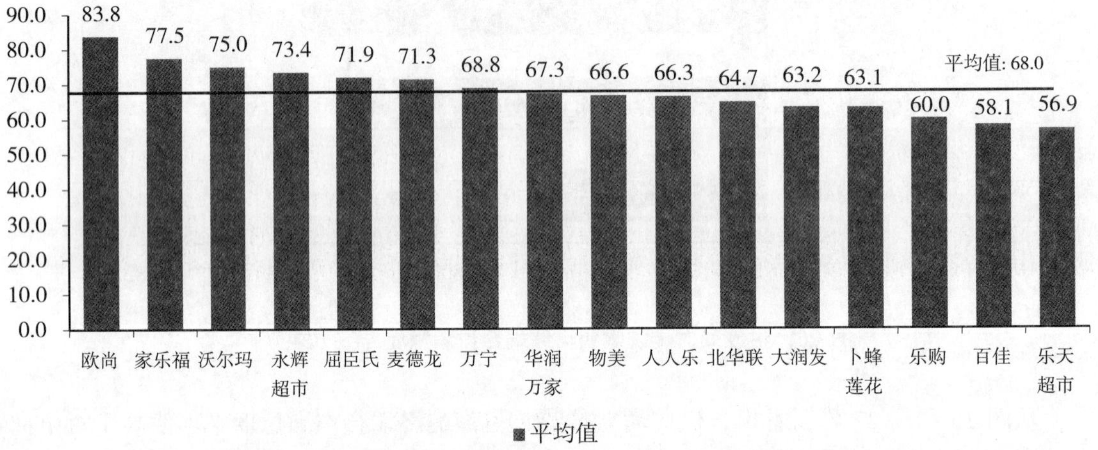

图 28 供应商对传统零售商终端服务合作满意度（0-100 分）

欧尚、家乐福和沃尔玛分获终端服务满意度头三名，分数分别为 83.8、77.5 和 75.0，而乐购、百佳和乐天超市分列后三名，均低于平均值 68.0 分。

② 供应商对电商终端合作满意度：

随着越来越多的供应商与垂直电商合作或直接入驻网络平台，供应商对电商也有了更多的了解。图 29 是供应商对 9 家电商终端合作进行的评价。

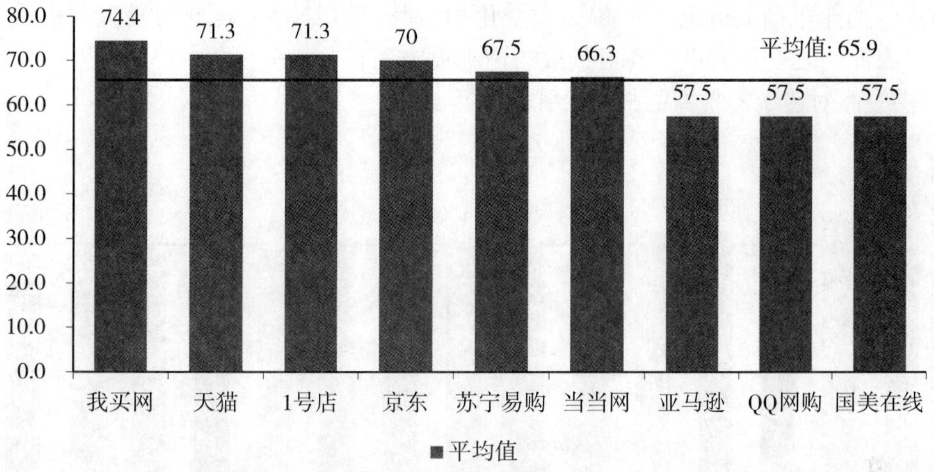

图 29 供应商对电商终端合作满意度（0–100 分）

我买网、天猫和 1 号店分获终端服务满意度第一名和并列第二名，分数分别为 74. 4 和 71. 3，而亚马逊、QQ 网购和国美在线分列后三名，均低于平均值 65. 9 分。

（2）战略合作。传统零售商和电商在战略合作方面的评价问题相同，都包括“共赢理念——合作创造价值”、“清晰的企业发展战略”、“双方高层保持良好互动”和“共同制定和回顾业务发展计划”。

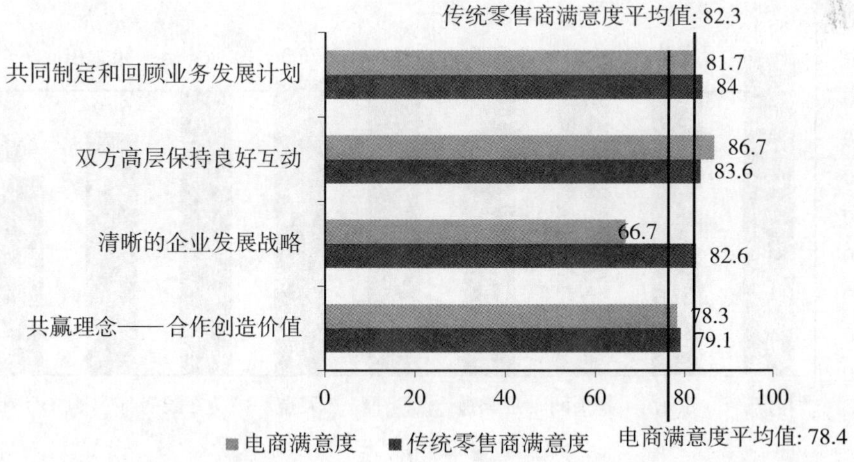

图 30 供应商对零售商（传统和电商）的战略合作满意度（0–100 分）

从图 30 可以看到，电商渠道的“战略合作”满意度平均值要低于传统渠道。虽然大多数供应商认为战略的重要性对于电商渠道要高于传统渠道，但在实际合作中，总体上还是传统渠道满意度略高一筹。电商企业除在“双方高层保持良好互动”方面的满意度高于传统零售商外，在其他三个方面均不如传统零售商。在“共同制定和回顾业务发展计划”、“共赢理念”方面，电商和传统零售商满意度差别不大，但在“清晰的企业发展战略”方面，由于电商渠道也在不断探索变化中，其对自身的发展方向及赢利模式也不十分清晰，因此与之合作的供应商对其战略清晰度方面评分较低。

① 供应商对传统零售商的战略合作满意度：

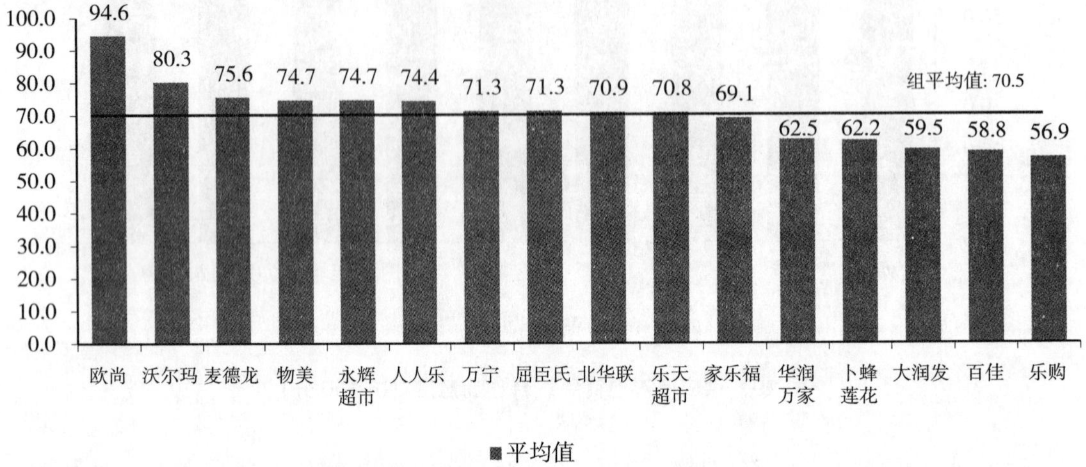

图 31　供应商对传统零售商的战略合作满意度（0–100 分）

从图 31 可以看到，欧尚、沃尔玛和麦德龙分获终端服务满意度头三名，分数分别为 94. 6、80. 3 和 75. 6，而大润发、百佳和乐购分列后三名，均远低于平均值 70. 5 分。

②供应商对电商的战略合作满意度：

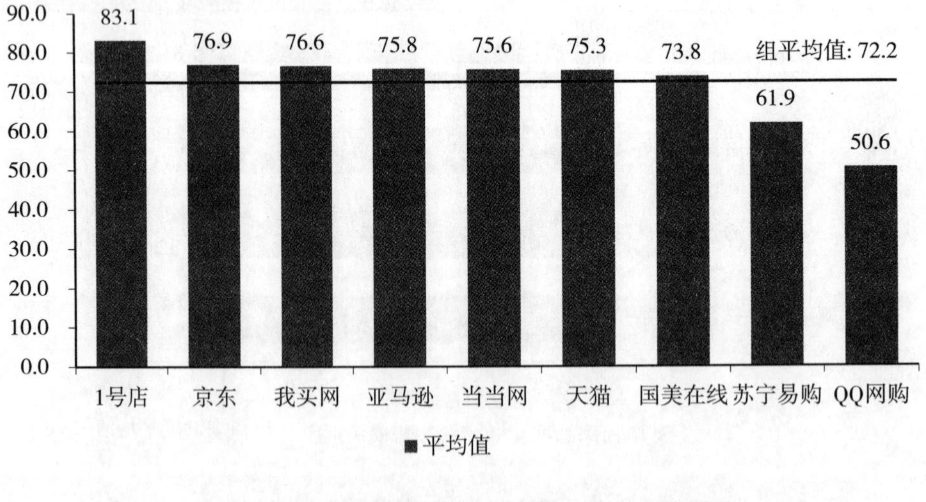

图 32　供应商对电商战略合作满意度（0–100 分）

对于盈利模式尚不十分明确的电商，战略尤为重要，将其传达给合作伙伴以增强彼此合作的信心就更为重要。从图 32 可以看出，1 号店、京东和我买网分获战略合作满意度前三名，分数分别为 83. 1、76. 9 和 76. 6，而国美在线、苏宁易购和 QQ 网购分列后三名。

（3）供应链合作。在供应链合作方面，电商的满意度略高于传统零售商，尤其是在高效防损和合同费用方面。但在及时沟通和处理问题、品类管理能力（商品结构、陈列等）和合理库存及订货频率方面，还需向传统零售商看齐。

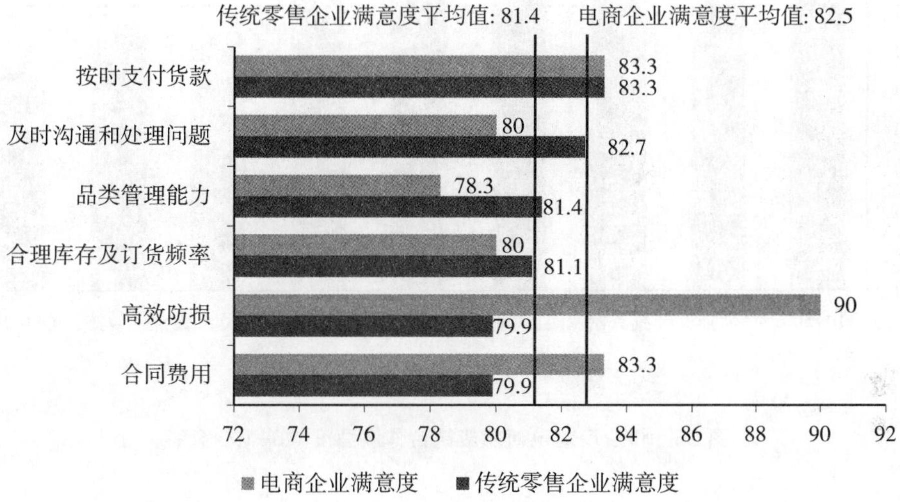

图 33　供应商对零售商（传统和电商）供应链合作满意度（0-100 分）

① 供应商对传统零售商供应链合作满意度：

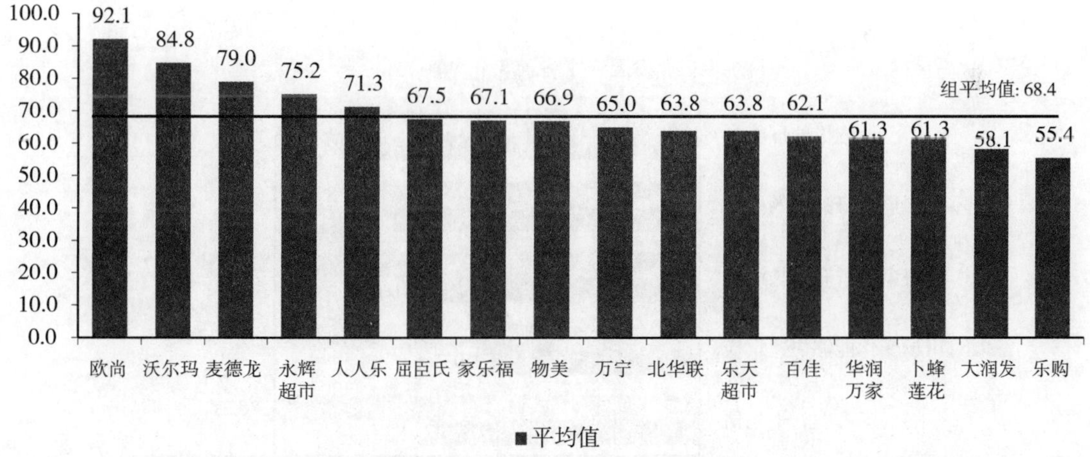

图 34　供应商对传统零售商供应链合作满意度（0-100 分）

从图 34 可以看到，欧尚、沃尔玛和麦德龙分获供应链合作满意度头三名，分数分别为 92. 1、84. 8 和 79. 0，而卜蜂莲花、大润发和乐购分列后三名，均低于平均值 68. 4 分。

②供应商对电商供应链合作满意度：

1 号店、天猫和我买网分获供应链合作满意度前三名，分数分别为 80. 3、78. 2 和 76. 8，而国美在线、苏宁易购和 QQ 网购分列后三名。

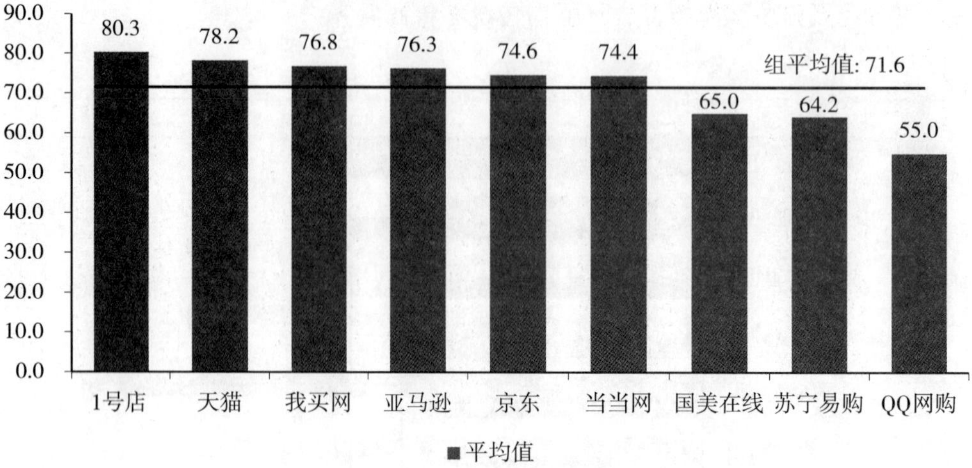

图 35　供应商对电商供应链合作满意度（0-100 分）

（4）发展、公关合作。在发展、公关合作方面，电商的满意度在各子项目上都高于传统零售渠道，尤其是在销售渠道具有成长潜力和对市场变化能够快速反应方面。电商通过应用现代网络移动技术，克服了传统零售渠道时间、空间等物理条件的限制，为零售行业的变革提供了无限的想象空间，颠覆了传统零售行业的市场概念。

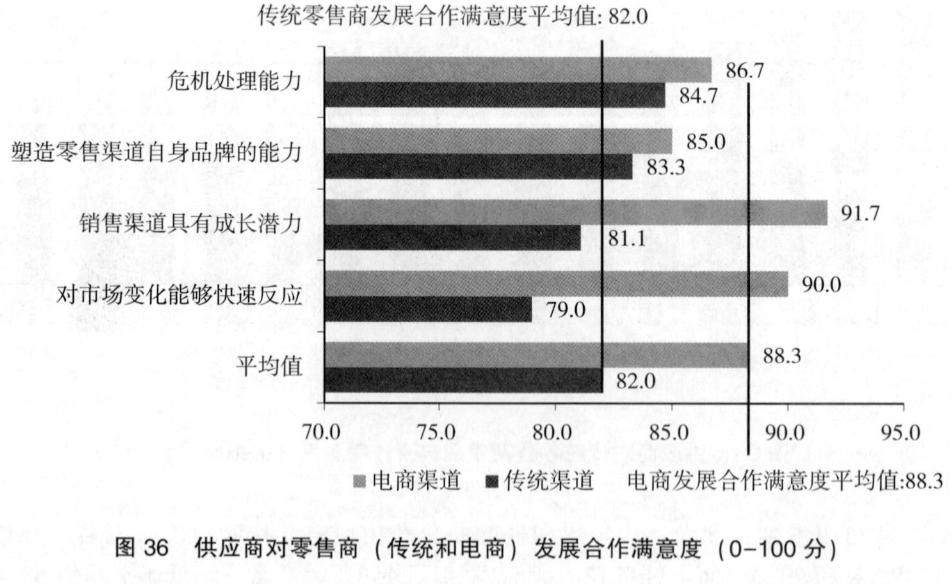

图 36　供应商对零售商（传统和电商）发展合作满意度（0-100 分）

① 供应商对传统零售商发展、公关合作满意度：

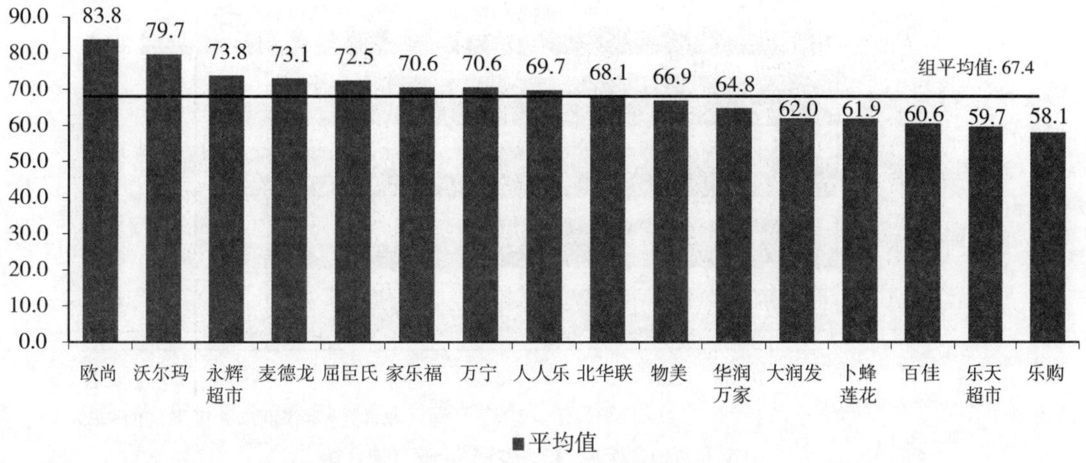

图 37 供应商对传统零售商发展、公关合作满意度（0–100 分）

欧尚、沃尔玛和永辉分获发展、公关合作满意度头三名，分数分别为 83.8、79.7 和 73.8，而百佳、乐天超市和乐购分列后三名，均低于平均值 67.4 分。

②供应商对电商发展、公关合作满意度：

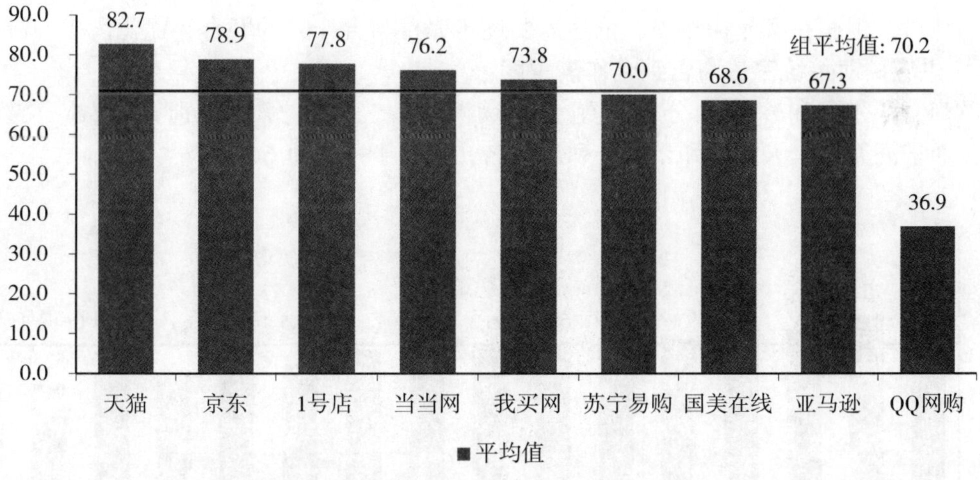

图 38 供应商对电商发展、公关合作满意度（0–100 分）

天猫、京东和 1 号店分获发展、公关合作满意度前三名，分数分别为 82.7、78.9 和 77.8，而国美在线、亚马逊和 QQ 网购分列后三名，低于平均值 70.2 分。

（5）营销合作。在所有合作项目中，供应商对零售商在营销方面的合作满意度最低，电商渠道满意度仅为 68 分，传统渠道满意度为 76.8 分，均低于满意度平均值。

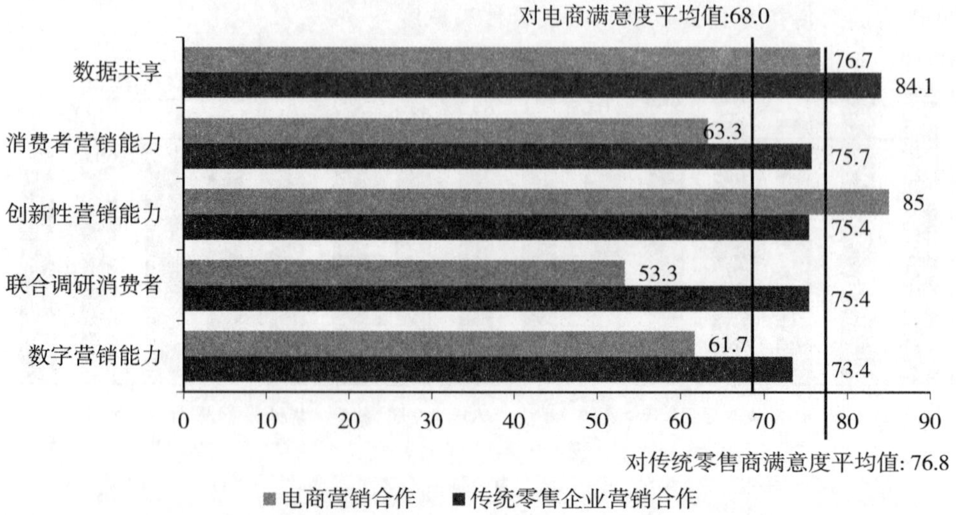

图 39　供应商对零售商（传统和电商）营销合作满意度（0-100 分）

从营销各子项目的满意度来看，电商除了在创新性营销满意度方面高于传统零售商，其他方面的满意度都低于传统零售商。

从以上满意度分析来看，网络零售作为新兴的零售模式，受到了供应商及同业的广泛关注与认可，但是在实际操作中，依然需要逐步完善与合作方的磨合，优化衔接的流程。

① 供应商对传统零售商营销合作满意度：

欧尚、沃尔玛和麦德龙分获营销合作满意度头三名，分数分别为 90.5、75.0 和 70.5，而华润万家、大润发和乐购分列后三名，均低于平均值 64.9 分。

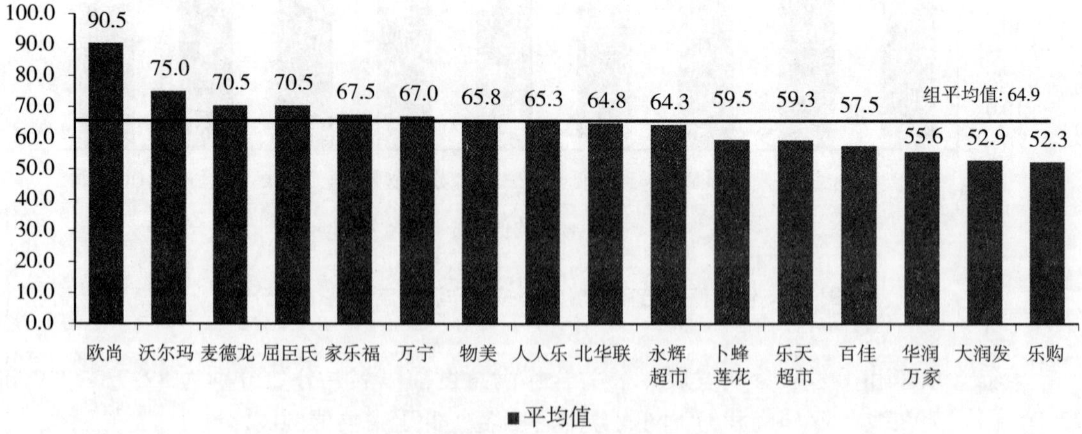

图 40　供应商对传统零售商营销合作满意度（0-100 分）

② 供应商对电商营销合作满意度：

1 号店、我买网和天猫分获供应链合作满意度前三名，分数分别为 77.1、73.0 和 72.4，而苏宁易购、国美在线和 QQ 网购分列后三名，均低于平均值 66.1 分。

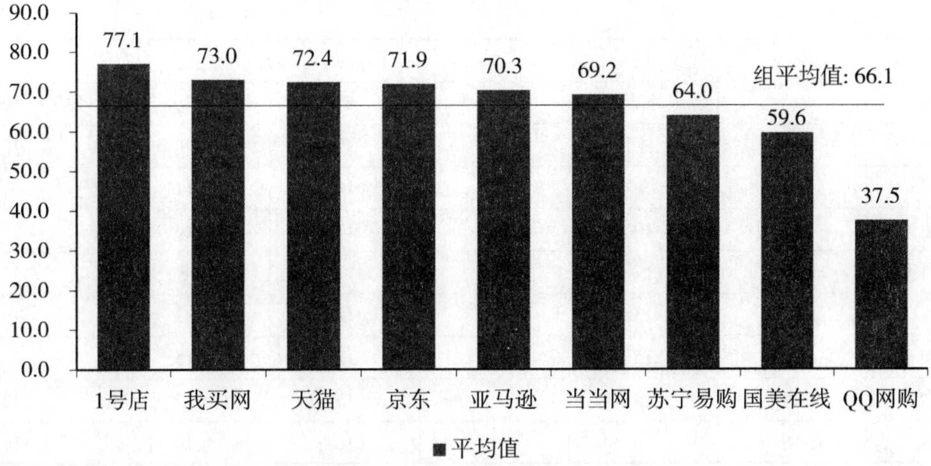

图 41　供应商对电商营销合作满意度（0–100 分）

综合以上五个项目的满意度评价，可以看到，总体上供应商对传统渠道的满意度较高。落实到具体的传统零售渠道，欧美零售商的满意度评价较高，而最高评价与最差评价的分数相差也较悬殊；对于电商渠道来说，内资电商的满意度较高，亚马逊满意度一般，最高评价与最差评价的分数相差也较悬殊。

3. 供应商对零售企业满意度的排名

从表 12 可以看出，欧尚和沃尔玛在合作的各个方面满意度都较高，麦德龙除了终端服务合作和发展公关合作表现稍差外其他都得到供应商的认可。永辉超市在发展公关合作上表现较好，屈臣氏营销表现不错，家乐福的终端服务合作满意度很高。

百佳、大润发和乐购综合满意度排名在倒数后三位，乐天的终端服务和发展公关合作满意度表现也差强人意。作为快消品百强第一名的华润万家，虽然销售规模位列第一，但是在供应商满意度方面表现欠佳；而发展势头良好的大润发，也需要努力提升供应商对其满意度。

表 12　供应商对传统零售商满意度排名

传统零售商	综合排名	各项目排名				
		战略合作	营销合作	供应链合作	终端服务合作	发展、公关合作
欧尚	1	1	1	1	1	1
沃尔玛	2	2	2	2	3	2
麦德龙	3	3	3	3	6	4
永辉超市	4	5	10	4	4	3
屈臣氏	5	8	4	6	5	5
家乐福	6	11	5	7	2	6
人人乐	7	6	8	5	10	8
万宁	8	7	6	9	7	7

续表

传统零售商	综合排名	各项目排名				
		战略合作	营销合作	供应链合作	终端服务合作	发展、公关合作
物美	9	4	7	8	9	10
北华联	10	9	9	10	11	9
乐天超市	11	10	12	11	16	15
华润万家	12	12	14	13	8	11
卜蜂莲花	13	13	11	14	13	13
百佳	14	15	13	12	15	14
大润发	15	14	15	15	12	12
乐购	16	16	16	16	14	16

从表 13 可以看出，1 号店获得的满意度最高，这与 1 号店的经营产品范围与传统超市重合度高有一定关系，其与供应商的合作与操作更类似于传统零售商。

表 13　　　　供应商对电商满意度排名

电　商	综合排名	各项目排名				
		战略合作	营销合作	供应链合作	终端服务合作	发展、公关合作
1 号店	1	1	1	1	3	3
天猫	2	6	3	2	2	1
我买网	3	3	2	3	1	5
京东	4	2	4	5	4	2
当当网	5	5	6	6	6	4
亚马逊	6	4	5	4	7	8
苏宁易购	7	8	7	8	5	6
国美在线	8	7	8	7	9	7
QQ 网购	9	9	9	9	8	9

四、工商合作的经验及建议

零供合作与冲突自有商业活动开始就产生了，即使现在，全世界范围内零供关系也是呈现出矛盾与统一共存的特点，也因此获得了社会各界广泛的关注与争论。但是无论从本次调研结果来看，还是现有的国际经验，在现阶段零售行业经营转型期，零供关系均有其改善的可能。首先，零供双方在主要观念上的认识是统一的。双方都将战略、供应链和营销合作放在首位，这体现了双方具有合作的理念基础。其次，零供双方实现利益的前提是一致的。只有商品最终被消费者购买，零供双方的利益才可以实现，剩下的就是各自获取利益的多少了。最后，随着信息技术的发展，交易透明度的提高，不合规行为的负面成本越来越高，促使企业在交易中采取合规操作。

（一）欧洲零供自律行动经验

欧盟国家的现代零售市场集中度日益提升，以最具代表性的食品类商品销售来说，现代零售市场份额占食品零售总额的份额由2000年最高的法国（占比为71%）上升到2011年最高的荷兰（占比为90%）。日益集中的市场份额也带来了零供交易的冲突。为了减少摩擦，2013年9月，由7家欧盟层级的行业组织发起供应链公平交易倡议《The Supply Chain Initiative》，旨在促进供应链中公平交易行为成为商业交易的基础，并将公平交易原则融入到公司日常的工作中，以产生文化变革。这7家组织分别代表：食品饮料行业（Food Drink Europe）、品牌制造商（AIM）、零售商（包含欧洲零售商圆桌ERRT、欧洲商业联合会Euro Commerce、欧洲企业和独立零售商Euro Coop and Independent Retail Europe）以及农产品贸易商（CELCAA）。

零售商与供应商签署的自律倡议完全是建立在自主、自愿的基础上，提出了“3+7”共10条公平贸易准则。3条基本准则是：消费者利益和可持续性、契约自由和公平交易；7条具体准则是：书面合同、可预见性、遵守合约、信息共享、保守秘密、风险责任、合理要求。由于行为准则是相关利益方亲自参与设计，自愿实施，因此更有利于改善现有交易行为。

从2013年9月提出供应链公平交易倡议（《The Supply Chain Initiative》）以来，目前已有86个集团、657家公司签署了该倡议。

（二）零供合作建议

我国也存在同样的问题，只是由于市场监管法律法规的缺失和不完备，使得零供矛盾的解决缺乏依据。而一旦发生纠纷，弱势的一方担心被报复，往往采取息事宁人的态度。这种回避的做法，不仅损害自身利益，而且助长了不良交易行为，对于企业和行业都是一种伤害。直面零供矛盾，合理解决零供交易问题，在化解的过程中有利于双方改进不足，促进行业提升效率，增加社会福利。

1. 强化核心竞争力

无论是零售商还是供应商，其核心竞争力是企业赢利的根本，也是获取更好交易条件及市场地位的保证。企业应将工作的重心放在提升主营业务竞争力、提升工作效率、降低经营成本、提高服务水平、提升员工的职业素养与专业素养上，集中精力挖掘自身的发展潜力，建设自身的核心竞争力。为眼前蝇头小利而破坏与合作伙伴的良好关系，必定得不偿失。

在移动互联网技术飞速发展的今天，传统零售商面临转型升级的压力，如何利用新技术提高经营效率、提升顾客忠诚度、提高供应链效率、降低经营成本，是每个传统零售企业需要思考并付诸行动的重要课题。对于供应商来说，如何利用新的移动互联技术拓展全新的零售渠道、适应传统零售商的模式转变、协调渠道零售的价格及营销，也是当前亟须解决的问题。每一次技术的变革，都会淘汰一批不适应潮流的企业，只有紧跟时代的变化，提升自身竞争实力，才可能拥抱成功。

2. 差异化发展

通过创新获得市场的超额利润，是企业逐利的要求。但是具体到独立的企业，则又另当别论。由于企业的经营管理者要综合考虑当期利益与长远利益、个人利益与集体利益，加之企业的经营管理制度的设置，往往有些企业不能将重要事项放在正确的位置，为眼前利益而舍本逐末，渐渐丧失竞争的优势，并逐步被淘汰出局。

零售业一直在消费者需求的改变与被满足的循环互动过程中逐渐演变。经过多年发展，我国零售业态呈现出逐步细化的发展态势。供应商与零售商也一直在演变过程中不断调整自身的战略与经营策略，以满足不同客群的消费需求。零售行业演变的过程就是在不断的模仿与差异化的过程中，对原有经营模式不断完善与改变，在竞争中创造生存的真空地带。

3. 以消费者为核心

一件商品是否应该被陈列在货架上亦或是否应该被生产出来，表面看是由零售商和生产供应商决定的，但实际上最终的决定权掌握在消费者手中。销量的大小代表消费者对商品的认可程度，也是对零售商和供应商的回报，越是了解消费者需求，越能够将商品转换为货币，完成获利过程。

零售商提供将商品展示给顾客的渠道，供应商凭借对顾客的了解生产商品；零售商依赖供应商的专业知识及对顾客的了解，供应商依赖零售商的渠道使商品展示在消费者面前，两者共同的老板是消费者。只有服务好消费者，才可能获得利益回报。零售商和供应商应该在以消费者为核心的基础上，紧密合作，通过数据共享及大数据分析，将消费者的购物行为和消费行为结合起来，深入了解其需求，改善消费者体验，提升服务价值，从而实现自身的利益最大化。

4. 设计兼顾近、远期利益的制度

即使明知采取的行动会伤害长远利益，但是缘于近期目标压力，绝大多数人都会毫不犹豫地采取行动。尤其当企业的经营者未必是所有者，作为职业经理人，你会怎样做？零供矛盾必然是以一方的暂时获利而另一方受损而收场，但会为长远的健康发展埋下隐患。要想改善零供双方的关系，不仅仅需要外部健全的法律、经营环境，更要从自身改造做起，建立合理的短期和长期考核激励机制，平衡发展过程中的利益取舍，从制度上保证实际运营符合战略方向。

第四部分　政策法规篇

国家税务总局关于商业零售企业存货损失税前扣除问题的公告

国家税务总局公告2014年第3号

根据《国家税务总局关于发布〈企业资产损失所得税税前扣除管理办法〉的公告》（国家税务总局公告2011年第25号）有关规定，现对商业零售企业存货损失税前扣除问题公告如下：

一、商业零售企业存货因零星失窃、报废、废弃、过期、破损、腐败、鼠咬、顾客退换货等正常因素形成的损失，为存货正常损失，准予按会计科目进行归类、汇总，然后再将汇总数据以清单的形式进行企业所得税纳税申报，同时出具损失情况分析报告。

二、商业零售企业存货因风、火、雷、震等自然灾害，仓储、运输失事，重大案件等非正常因素形成的损失，为存货非正常损失，应当以专项申报形式进行企业所得税纳税申报。

三、存货单笔（单项）损失超过500万元的，无论何种因素形成的，均应以专项申报方式进行企业所得税纳税申报。

四、本公告适用于2013年度及以后年度企业所得税纳税申报。

特此公告。

国家税务总局

2014年1月10日

商务部关于加快发展大众化餐饮的指导意见

大众化餐饮是满足群众日常生活必需餐饮服务的重要服务业态，主要包括早餐、快餐、团餐、特色正餐、地方小吃、社区餐饮、外卖送餐、美食广场、食街排档、农家乐以及相配套的中央厨房、配送、网络订餐等服务形式。目前，我国大众化餐饮已占餐饮市场的80%。随着城乡居民收入水平提高、生活节奏加快以及消费观念的改变，大众化餐饮呈现出巨大的发展潜力和市场空间。加快发展大众化餐饮，是厉行勤俭节约、反对铺张浪费、推动餐饮业回归理性消费的客观要求，是优化餐饮业发展结构、引导高端餐饮转型、提升餐饮业发展水平的有效途径，是保障和改善人民生活、扩大内需、促进就业的现实需要。我国大众化餐饮仍存在着业态种类不够丰富、食品安全保障能力较弱、创新能力不足、服务质量亟待提升、现代化水平有待提高等矛盾和问题，需要着力解决。

为加快发展大众化餐饮，现提出如下意见：

一、总体要求

（一）指导思想。深入贯彻落实党的十八大和十八届二中、三中全会精神，坚持发挥市场配置资源的决定性作用和政府的调节作用，坚持以人为本、服务民生的基本原则，以厉行餐饮节约、反对食品浪费为方向，以法规标准和规划为保障，着力推动餐饮业转变发展方式，优化发展结构，创新发展模式，提升服务质量，增强发展动力，形成方便快捷、卫生安全、经济实惠、营养健康的大众化餐饮服务体系，满足人民群众日益增长的餐饮服务需求。

（二）基本原则。

坚持以人为本。顺应人民群众对餐饮服务的新期待，按照餐饮业遏制铺张浪费、实现转型发展的新要求，丰富大众化餐饮产品，保障餐饮食品安全，发展营养健康餐饮，使人民群众得到满意的餐饮服务。

坚持突出重点。围绕社区、商务区、人口流动集中地区等重点区域建设大众化餐饮服务网络，满足不同层次的餐饮服务需求。

坚持分类指导。针对大众化餐饮的不同特点，统筹协调，分类指导，着力解决市场薄弱环节和企业发展中面临的突出矛盾和问题，营造良好发展环境。

（三）发展目标。调动社会资本参与大众化餐饮服务体系建设的积极性，推动高端餐饮加快转型，实现餐饮业科学发展。力争用5年左右的时间，使餐饮行业现代化水平大幅提高，行业诚信体系初步形成，服务质量明显改善，国际交流合作更加深入，大众化餐饮服务体系更为健全，大众化餐饮占全国餐饮市场的比重提高到85%以上，总体发展水平与人民群众餐饮消费需求基本相适应。

二、构建大众化餐饮服务体系

（四）健全大众化网络。鼓励高端餐饮企业发展大众化餐饮网点，推动餐饮业转型发展。引导餐饮企业在社区、学校、医院、办公集聚区、商圈建设餐饮网点，推动餐饮服务便利化发展。支持机关事业单位食堂和宾馆饭店的餐厅向社会开放，推动餐饮服务的社会化发展。鼓励有条件的城市根据消费需求建设美食街、特色食品街等，推动餐饮业的集聚式发展。

（五）发展大众化消费。引导餐饮企业根据不同群体的消费需求，合理搭配食材，提供健康、营养、适口的餐饮产品。鼓励餐饮企业开发中低档家常菜肴和地方特色食品，调整高中低档菜品的比例，降低人均消费标准，优先供应大众化餐饮服务品种。加快发展面向老年人、中小学生、病人等特定消费群体的餐饮服务。大力发展社区餐饮、外卖送餐服务，满足社区居民、办公集聚区工薪阶层的餐饮需求。规范食街排档，满足进城务工人员餐饮需求。引导餐饮企业发展与商务餐饮、婚寿宴、家庭聚餐、旅游团餐等细分市场相适应的业态，满足不同层次的大众化餐饮需求。

（六）提高大众化供应能力。鼓励餐饮企业建设中央厨房，完善统一采购、统一加工、统一配送体系。支持企业建立原材料生产基地和采购基地，做好农餐对接。支持企业建设、改造食品加工车间和流水生产线，实现餐饮加工工业化和产品生产标准化。支持企业建设冷链与配送系统，配置冷藏、冷冻设施和冷链配送车辆，增强配送能力，向企业的连锁门店，以及机关食堂、学校、医院、便利店、超市等配送餐饮食品。

（七）创新大众化服务模式。鼓励餐饮企业创新服务模式，开展线上线下融合，实现实体店与互联网、移动通信以及微博、微信等社交媒体的合作，发展线上预订、营销、团购、外卖、餐厅索引和评价服务，开发移动支付功能，线下与快递公司合作，及时提供送餐上门服务，完善售后服务的在线服务模式，实现企业经营的网络化。鼓励餐饮企业发展外卖成品和半成品餐、外烩等服务，改造传统生产工艺，改进烹饪技艺。

三、提升大众化餐饮发展水平

（八）提高管理水平。鼓励餐饮企业建立信息化管理系统，完善管理流程，增强管理能力，实现管理信息化。建立餐饮业职业经理人制度，鼓励专业人才参与餐饮企业管理。支持行业组织和餐饮企业加强人才培训，提高行业从业人员的管理能力和服务水平。加强校企合作，建立各层次的餐饮人才保障机制。

（九）加强诚信建设。推进餐饮企业信用制度建设，建立服务质量考核和服务满意评价体系，完善企业信用记录，鼓励符合条件的第三方信用评估服务机构建设数据库，规范开展企业信用评价。加强信用监督和管理，建立黑名单发布制度，建立健全守信激励和失信惩戒机制。推进诚信经营示范建设，树立诚信经营典型，弘扬诚信文化，努力营造良好的社会消费环境。

（十）强化餐饮服务安全。结合行业管理职能，配合相关监管部门做好餐饮食品安全工作。引导餐饮企业认真贯彻执行有关食品安全的法律法规，做好餐饮食品安全宣传教育。配合卫生监督管理部门加强对餐饮服务场所的卫生监管，建立健全餐饮经营卫生规范。配合有关部门做好餐饮场所燃气安全专项治理工作，按照要求切实落实好商务主管部门的工作职责，组织餐饮场所开展燃气使用安全自查工作，主动消除隐患，督促餐饮企业与合法供气企业签订安全供用气合同。鼓励餐饮企业进行厨房卫生系统改造。

（十一）发展健康餐饮。加强餐饮业从业人员营养搭配和膳食平衡知识的普及和培训，推广膳食结构多样化的健康消费模式，全面提高行业营养知识水平。加强营养早餐和快餐食品集中生产、配送、销售体系建设，推动健康餐饮科学发展。鼓励健康营养型餐厅发展，通过宣传健康饮食知识，合理搭配营养菜肴赢得市场。

（十二）加强国际交流合作。加快餐饮国际化进程，鼓励通过参加国际烹饪比赛、国际美食节等活动吸收国外先进的餐饮经营理念和技术，提升中餐国际竞争力。借鉴国外餐饮企业科学管理、节约集约、绿色环保方面的成熟经验和做法，创新商业模式，完善服务方式，增强餐饮企业可持续发展能力。引导有实力的餐饮企业“走出去”，开拓国际餐饮市场。进一步推动将“中华烹饪”纳入世界非物质文化遗产名录。

四、贯彻厉行节约反对浪费要求

（十三）建立长效机制。贯彻落实中央八项规定和《中共中央办公厅 国务院办公厅印发〈关于厉行节约反对食品浪费的意见〉的通知》（中办发［2014］22号）精神，加强组织保障，明确分管领导，完善工作制度。强化厉行节约的监督和约束机制，推进厉行节约各项措施制度化、规范化、长效化。加强督促检查，层层落实，推动厉行节约工作的常态化管理。

（十四）完善工作制度。会同有关部门研究建立餐饮企业反对食品浪费的奖惩制度。鼓励企业对消费者在餐饮消费中注重节约、减少浪费的行为给予奖励。规范餐饮企业促销活动，鼓励企业在确保食品安全和市场经营秩序的前提下，打折销售临近保质期的食品。

（十五）树立节约理念。引导餐饮企业切实做好国内公务接待、会议、培训等公务活动的用餐服务，按照快捷、健康、节约的要求提供简餐和标准化饮食，主要提供家常菜和不同地域通用食品，科学合理安排菜饭数量。鼓励餐饮企业建立提醒提示制度，在店堂、菜单、餐桌等醒目位置使用餐饮节约有关标识；推行商务餐分餐制，发展可选择套餐，多提供小份菜；倡导一料多菜、一菜多味，物尽其用，避免浪费食材；提高餐饮品质，制作合理膳食搭配菜单，配置不同规格盛具，为消费者提供科学的饮食建议；餐后主动帮助打包，不设置最低消费，对节约用餐的消费者给予表扬和鼓励。

（十六）建设节约型餐饮。鼓励餐饮企业在食品生产、流通、消费的各个环节，自觉节能、节水、节材、节地，加强资源综合利用；推广使用节能型设备，采用环保技术，减少使用一次性餐具和用具。餐饮企业不得随意处置餐厨废弃物，应按规定由具备条件的企业进行资源化利用。

五、保障措施

（十七）加强组织领导。各地商务主管部门要将发展大众化餐饮作为落实中央精神、推动餐饮行业转型发展的一项重要任务，长期坚持不懈地抓紧抓好。要加强组织领导，结合实际情况，提出本地区加快发展大众化餐饮的目标任务和工作方案。推动把发展大众化餐饮作为本地服务业发展规划的重点，认真研究推动大众化餐饮发展的政策措施，统筹做好对餐饮业的宏观指导，为大众化餐饮创造良好的法制环境、政策环境和舆论环境。

（十八）健全法规标准体系。各地商务主管部门要结合本地区大众化餐饮业发展的实际情况出台有关实施办法。健全大众化餐饮标准体系，加大标准的实施力度。有条件的地区要建立餐饮业标准化培训、推广、示范中心。

（十九）完善促进政策。各地商务主管部门要在认真落实《国务院关于深化流通体制改革加快流通产业发展的意见》（国发［2012］39号）的基础上，结合实际，创新改革措施，支持大众化餐饮发展。要将大众化餐饮网点纳入社区商业网点配置的内容，健全大众化餐饮服务网络。要会同有关部门，加快制订支持大众化餐饮发展的财政、税收、金融政策，清理不合理收费，减轻企业负担，营造良好发展环境。

（二十）发挥行业协会作用。各地商务主管部门要支持行业协会在加强行业自律、维护企业利益、加强业务交流、倡导餐饮节约、推广先进技术以及人员培训等方面开展工作。行业协会要深入研究市场，加强统计分析工作，积极用好统计数据，及时掌握大众化餐饮发展动态，总结大众化餐饮发展情况和出现的问题，帮助企业解决困难，协力推动大众化餐饮的健康发展。

（二十一）做好宣传推广。各地商务主管部门要不断总结发展大众化餐饮的成功经验和做法，借助新闻媒体，推广先进经验，加强典型引导，在全社会营造支持大众化餐饮发展的良好氛围。

商务部

2014年5月27日

国务院关于促进市场公平竞争维护市场正常秩序的若干意见

国发〔2014〕20 号

各省、自治区、直辖市人民政府，国务院各部委、各直属机构：

按照《中共中央关于全面深化改革若干重大问题的决定》精神、国务院机构改革和职能转变要求，现就完善市场监管体系，促进市场公平竞争，维护市场正常秩序提出以下意见。

一、总体要求

（一）指导思想。以邓小平理论、“三个代表”重要思想、科学发展观为指导，深入学习领会党的十八大、十八届二中、三中全会精神，贯彻落实党中央和国务院的各项决策部署，围绕使市场在资源配置中起决定性作用和更好发挥政府作用，着力解决市场体系不完善、政府干预过多和监管不到位问题，坚持放管并重，实行宽进严管，激发市场主体活力，平等保护各类市场主体合法权益，维护公平竞争的市场秩序，促进经济社会持续健康发展。

（二）基本原则。

简政放权。充分发挥市场在资源配置中的决定性作用，把该放的权力放开放到位，降低准入门槛，促进就业创业。法不禁止的，市场主体即可为；法未授权的，政府部门不能为。

依法监管。更好发挥政府作用，坚持运用法治思维和法治方式履行市场监管职能，加强事中事后监管，推进市场监管制度化、规范化、程序化，建设法治化市场环境。

公正透明。各类市场主体权利平等、机会平等、规则平等，政府监管标准公开、程序公开、结果公开，保障市场主体和社会公众的知情权、参与权、监督权。

权责一致。科学划分各级政府及其部门市场监管职责；法有规定的，政府部门必须为。建立健全监管制度，落实市场主体行为规范责任、部门市场监管责任和属地政府领导责任。

社会共治。充分发挥法律法规的规范作用、行业组织的自律作用、舆论和社会公众的监督作用，实现社会共同治理，推动市场主体自我约束、诚信经营。

（三）总体目标。立足于促进企业自主经营、公平竞争，消费者自由选择、自主消费，商品和要素自由流动、平等交换，建设统一开放、竞争有序、诚信守法、监管有力的现代市场体系，加快形成权责明确、公平公正、透明高效、法治保障的市场监管格局，到2020年建成体制比较成熟、制度更加定型的市场监管体系。

二、放宽市场准入

凡是市场主体基于自愿的投资经营和民商事行为，只要不属于法律法规禁止进入的领域，不损害第三方利益、社会公共利益和国家安全，政府不得限制进入。

（四）改革市场准入制度。制定市场准入负面清单，国务院以清单方式明确列出禁止和限制投资经营的行业、领域、业务等，清单以外的，各类市场主体皆可依法平等进入；地方政府需进行个别调整的，由省级政府报经国务院批准。（发展改革委、商务部牵头负责）改革工商登记制度，推进工商注册制度便利化，大力减少前置审批，由先证后照改为先照后证。（工商总局、中央编办牵头负责）简化手续，缩短时限，鼓励探索实行工商营业执照、组织机构代码证和税务登记证“三证合一”登记制度。（县级以上地方各级人民政府负责）完善节能节地节水、环境、技术、安全等市场准入标准。探索对外商投资实行准入前国民待遇加负面清单的管理模式。（发展改革委、商务部牵头负责）

（五）大力减少行政审批事项。投资审批、生产经营活动审批、资质资格许可和认定、评比达标表彰、评估等，要严格按照行政许可法和国务院规定的程序设定；凡违反规定程序设定的应一律取消。（中央编办、法制办、人力资源社会保障部牵头负责）放开竞争性环节价格。（发展改革委牵头负责）省级人民政府设定临时性的行政许可，要严格限定在控制危险、配置有限公共资源和提供特定信誉、身份、证明的事项，并须依照法定程序设定。（省级人民政府负责）对现有行政审批前置环节的技术审查、评估、鉴证、咨询等有偿中介服务事项进行全面清理，能取消的尽快予以取消；确需保留的，要规范时限和收费，并向社会公示。（中央编办、发展改革委、财政部负责）建立健全政务中心和网上办事大厅，集中办理行政审批，实行一个部门一个窗口对外，一级地方政府“一站式”服务，减少环节，提高效率。（县级以上地方各级人民政府负责）

（六）禁止变相审批。严禁违法设定行政许可、增加行政许可条件和程序；严禁以备案、登记、注册、年检、监制、认定、认证、审定、指定、配号、换证等形式或者以非行政许可审批名义变相设定行政许可；严禁借实施行政审批变相收费或者违法设定收费项目；严禁将属于行政审批的事项转为中介服务事项，搞变相审批、有偿服务；严禁以加强事中事后监管为名，变相恢复、上收已取消和下放的行政审批项目。（中央编办、发展改革委、财政部、法制办按职责分工分别负责）

（七）打破地区封锁和行业垄断。对各级政府和部门涉及市场准入、经营行为规范的法规、规章和规定进行全面清理，废除妨碍全国统一市场和公平竞争的规定和做法，纠正违反法律法规实行优惠政策招商的行为，纠正违反法律法规对外地产品或者服务设定歧视性准入条件及收费项目、规定歧视性价格及购买指定的产品、服务等行为。（发展改革委、财政部、商务部牵头负责）对公用事业和重要公共基础设施领域实行特许经营等方式，引入竞争机制，放开自然垄断行业竞争性业务。（发展改革委牵头负责）

（八）完善市场退出机制。对于违反法律法规禁止性规定的市场主体，对于达不到节能环保、安全生产、食品、药品、工程质量等强制性标准的市场主体，应当依法予以取缔，吊销相关证照。（各相关市场监管部门按职责分工分别负责）严格执行上市公司退市制度，完善企业破产制度，优化破产重整、和解、托管、清算等规则和程序，强化债务人的破产清算义务，推行竞争性选任破产管理人的办法，探索对资产数额不大、经营地域不广或者特定小微企业实行简易破产程序。（证监会、法制办按职责分工分别负责）简化和完善企业注销流程，试行对个体工商户、未开业企业以及无债权债务企业实行简易注销程序。（工商总局负责）严格执行金融、食品药品、安全生产、新闻出版等领域违法人员从业禁止规定。抓紧制订试行儿童老年用品及交通运输、建筑工程等领域违法人员从业禁止规定。（人民银行、银监会、证监会、保监会、食品药品监管总局、安全监管总局、新闻出版广电总局、质检总局、交通运输部、住房城乡建设部等部门按职责分工分别负责）

三、强化市场行为监管

依法规范生产、经营、交易等市场行为，创新监管方式，保障公平竞争，促进诚信守法，维护市场秩序。

（九）强化生产经营者主体责任。国务院有关部门要抓紧推动制修订有关条例，完善消费环节经营者首问和赔偿先付制度，建立企业产品和服务标准自我声明公开和监督制度，建立消费品生产经营企业产品安全事故强制报告制度，修订缺陷产品强制召回制度，建立生态环境损害责任制度，提请国务院审议。（工商总局、质检总局、食品药品监管总局、环境保护部、林业局、法制办按职责分工分别负责）试行扩大食品药品、生态环境、安全生产等领域的责任保险，形成风险分担的社会救济机制和专业组织评估、监控风险的市场监督机制。（保监会牵头负责）

（十）强化依据标准监管。加快推动修订标准化法，推进强制性标准体系改革，强化国家强制性标准管理。（质检总局牵头负责）强制性标准严格限定在保障人身健康和生命财产安全、国家安全、生态环境安全的范围。市场主体须严格执行强制性标准，市场监管部门须依据强制性标准严格监管执法。（各相关市场监管部门按职责分工分别负责）

（十一）严厉惩处垄断行为和不正当竞争行为。依照反垄断法、反不正当竞争法、价格法的有关规定，严肃查处损害竞争、损害消费者权益以及妨碍创新和技术进步的垄断协议、滥用市场支配地位行为；加大经营者集中反垄断审查力度，有效防范通过并购获取垄断地位并损害市场竞争的行为；改革自然垄断行业监管办法，强化垄断环节监管。严厉查处仿冒名牌、虚假宣传、价格欺诈、商业贿赂、违法有奖销售、商业诋毁、销售无合法进口证明商品等不正当竞争行为；依法保护各类知识产权，鼓励技术创新，打击侵犯知识产权和制售假冒伪劣商品的行为。（商务部、发展改革委、工商总局、知识产权局等部门按职责分工分别负责）

（十二）强化风险管理。加强对市场行为的风险监测分析，加快建立对高危行业、重点工程、重要商品及生产资料、重点领域的风险评估指标体系、风险监测预警和跟踪制度、风险管理防控联动机制。（各相关市场监管部门按职责分工分别负责）完善区域产品质量和生产安全风险警示制度。（质检总局、工商总局、安全监管总局按职责分工分别负责）依据风险程度，加强对发生事故几率高、损失重大的环节和领域的监管，防范区域性、行业性和系统性风险。（各相关市场监管部门按职责分工分别负责）

（十三）广泛运用科技手段实施监管。充分利用信息网络技术实现在线即时监督监测，加强非现场监管执法。充分运用移动执法、电子案卷等手段，提高执法效能。（工商总局、质检总局、安全监管总局、食品药品监管总局、环境保护部、文化部、海关总署等部门按职责分工分别负责）利用物联网建设重要产品等追溯体系，形成“来源可查、去向可追、责任可究”的信息链条。（商务部牵头负责）加快完善认定电子签名法律效力的机制。（工业和信息化部、法制办牵头负责）

四、夯实监管信用基础

运用信息公示、信息共享和信用约束等手段，营造诚实、自律、守信、互信的社会信用环境，促进各类市场主体守合同、重信用。

（十四）加快市场主体信用信息平台建设。完善市场主体信用信息记录，建立信用信息档案和交换共享机制。逐步建立包括金融、工商登记、税收缴纳、社保缴费、交通违章、统计等所有信用信息类别、覆盖全部信用主体的全国统一信用信息网络平台。推进信用标准化建设，建立以公民身份号码和组织机构代码为基础的统一社会信用代码制度，完善信用信息征集、存储、共享与应用等环节的制度，推动地方、行业信用信息系统建设及互联互通，构建市场主体信用信息公示系统，强化对市场主体的信用监管。（发展改革委、人民银行牵头负责）

（十五）建立健全守信激励和失信惩戒机制。将市场主体的信用信息作为实施行政管理的重要参考。根据市场主体信用状况实行分类分级、动态监管，建立健全经营异常名录制度，对违背市场竞争原则和侵犯消费者、劳动者合法权益的市场主体建立“黑名单”制度。（工商总局牵头负责）对守信主体予以支持和激励，对失信主体在经营、投融资、取得政府供应土地、进出口、出入境、注册新公司、工程招投标、政府采购、获得荣誉、安全许可、生产许可、从业任职资格、资质审核等方面依法予以限制或禁止，对严重违法失信主体实行市场禁入制度。（各相关市场监管部门按职责分工分别负责）

（十六）积极促进信用信息的社会运用。在保护涉及公共安全、商业秘密和个人隐私等信息的基础上，依法公开在行政管理中掌握的信用信息。拓宽信用信息查询渠道，为公众查询市场主体基础信用信息和违法违规信息提供便捷高效的服务。依法规范信用服务市场，培育和发展社会信用服务机构，推动建立个人信息和隐私保护的法律制度，加强对信用服务机构和人员的监督管理。（发展改革委、人民银行牵头负责）

五、改进市场监管执法

创新执法方式，强化执法监督和行政问责，确保依法执法、公正执法、文明执法。

（十七）严格依法履行职责。行政机关均须在宪法和法律范围内活动，依照法定权限和程序行使权力、履行职责。没有法律、法规、规章依据，市场监管部门不得作出影响市场主体权益或增加其义务的决定；市场监管部门参与民事活动，要依法行使权利、履行义

务、承担责任。（各相关市场监管部门按职责分工分别负责）

（十八）规范市场执法行为。建立科学监管的规则和方法，完善以随机抽查为重点的日常监督检查制度，优化细化执法工作流程，确保程序正义，切实解决不执法、乱执法、执法扰民等问题。（工商总局、质检总局、安全监管总局、食品药品监管总局、环境保护部等部门按职责分工分别负责）完善行政执法程序和制度建设，健全市场监管部门内部案件调查与行政处罚决定相对分离制度，规范执法行为，落实行政执法责任制。建立行政执法自由裁量基准制度，细化、量化行政裁量权，公开裁量范围、种类和幅度，严格限定和合理规范裁量权的行使。行政执法过程中，要尊重公民合法权益，不得粗暴对待当事人，不得侵害其人格尊严，积极推行行政指导、行政合同、行政奖励及行政和解等非强制手段，维护当事人的合法权益。（各相关市场监管部门按职责分工分别负责）推进监管执法职能与技术检验检测职能相对分离，技术检验检测机构不再承担执法职能。（中央编办、质检总局牵头负责）

（十九）公开市场监管执法信息。推行地方各级政府及其市场监管部门权力清单制度，依法公开权力运行流程。公示行政审批事项目录，公开审批依据、程序、申报条件等。（中央编办牵头负责）依法公开监测、抽检和监管执法的依据、内容、标准、程序和结果。除法律法规另有规定外，市场监管部门适用一般程序作出行政处罚决定或者处罚决定变更之日起 20 个工作日内，公开执法案件主体信息、案由、处罚依据及处罚结果，提高执法透明度和公信力。建立健全信息公开内部审核机制、档案管理等制度。（各相关市场监管部门按职责分工分别负责）

（二十）强化执法考核和行政问责。加强执法评议考核，督促和约束各级政府及其市场监管部门切实履行职责。（县级以上地方各级人民政府负责）综合运用监察、审计、行政复议等方式，加强对行政机关不作为、乱作为、以罚代管等违法违规行为的监督。对市场监管部门及其工作人员未按强制性标准严格监管执法造成损失的，要依法追究责任；对市场监管部门没有及时发现、制止而引发系统性风险的，对地方政府长期不能制止而引发区域性风险的，要依法追究有关行政监管部门直至政府行政首长的责任。因过错导致监管不到位造成食品药品安全、生态环境安全、生产安全等领域事故的，要倒查追责，做到有案必查，有错必究，有责必追。不顾生态环境盲目决策，造成严重后果的领导干部，要终身追究责任。（监察部、审计署、法制办按职责分工分别负责）

六、改革监管执法体制

整合优化执法资源，减少执法层级，健全协作机制，提高监管效能。

（二十一）解决多头执法。整合规范市场监管执法主体，推进城市管理、文化等领域跨部门、跨行业综合执法，相对集中执法权。市场监管部门直接承担执法职责，原则上不另设具有独立法人资格的执法队伍。一个部门设有多支执法队伍的，业务相近的应当整合为一支队伍；不同部门下设的职责任务相近或相似的执法队伍，逐步整合为一支队伍。清理取消没有法律法规依据、违反机构编制管理规定的执法队伍。（中央编办牵头负责）

（二十二）消除多层重复执法。对反垄断、商品进出口、外资国家安全审查等关系全国统一市场规则和管理的事项，实行中央政府统一监管。对食品安全、商贸服务等实行分级管理的事项，要厘清不同层级政府及其部门的监管职责，原则上实行属地管理，由市县政府负责监管。要加强食品药品、安全生产、环境保护、劳动保障、海域海岛等重点领域基层执法力量。由基层监管的事项，中央政府和省、自治区政府市场监管部门，主要行使市场执法监督指导、协调跨区域执法和重大案件查处职责，原则上不设具有独立法人资格的执法队伍。设区的市，市级部门承担执法职责并设立执法队伍的，区本级不设执法队伍；区级部门承担执法职责并设立执法队伍的，市本级不设执法队伍。加快县级政府市场监管体制改革，探索综合设置市场监管机构，原则上不另设执法队伍。乡镇政府（街道）在没有市场执法权的领域，发现市场违法违规行为应及时向上级报告。经济发达、城镇化水平较高的乡镇，根据需要和条件可通过法定程序行使部分市场执法权。（中央编办牵头负责）

（二十三）规范和完善监管执法协作配合机制。完善市场监管部门间各司其职、各负其责、相互配合、齐抓共管的工作机制。制定部门间监管执法信息共享标准，打破“信息孤岛”，实现信息资源开放共享、互联互通。（商务部牵头负责）建立健全跨部门、跨区域执法协作联动机制。（各相关市场监管部门按职责分工分别负责）对未经依法许可的生产经营行为，工商行政管理部门和负责市场准入许可的部门要及时依法查处，直至吊销营业执照。（工商总局、负责市场准入许可的部门按职责分工分别负责）

（二十四）做好市场监管执法与司法的衔接。完善案件移送标准和程序，细化并严格执行执法协作相关规定。（各相关市场监管部门按职责分工分别负责）建立市场监管部门、公安机关、检察机关间案情通报机制。市场监管部门发现违法行为涉嫌犯罪的，应当依法移送公安机关并抄送同级检察机关，不得以罚代刑。公安机关作出立案决定的，应当书面通知移送案件的市场监管部门，不立案或者撤销案件决定的，应当书面说明理由，同时通报同级检察机关。公安机关发现违法行为，认为不需要追究刑事责任但依法应当作出行政处理的，要及时将案件移送市场监管部门。（公安部牵头负责）市场监管部门须履行人民法院的生效裁定和判决。对当事人不履行行政决定的，市场监管部门依法强制执行或者向人民法院申请强制执行。（各相关市场监管部门按职责分工分别负责）

七、健全社会监督机制

充分发挥社会力量在市场监管中的作用，调动一切积极因素，促进市场自我管理、自我规范、自我净化。

（二十五）发挥行业协会商会的自律作用。推动行业协会商会建立健全行业经营自律规范、自律公约和职业道德准则，规范会员行为。鼓励行业协会商会制定发布产品和服务标准，参与制定国家标准、行业规划和政策法规。支持有关组织依法提起公益诉讼，进行专业调解。加强行业协会商会自身建设，增强参与市场监管的能力。（民政部牵头负责）限期实现行政机关与行业协会商会在人员、财务资产、职能、办公场所等方面真正脱钩。探索一业多会，引入竞争机制。（发展改革委、民政部牵头负责）加快转移适合由行业协会商会承担的职能，同时加强管理，引导其依法开展活动。（民政部、中央编办牵头负责）

（二十六）发挥市场专业化服务组织的监督作用。支持会计师事务所、税务师事务所、律师事务所、资产评估机构等依法对企业财务、纳税情况、资本验资、交易行为等真实性合法性进行鉴证，依法对上市公司信息披露进行核查把关。（财政部牵头负责）推进检验检测认证机构与政府脱钩、转制为企业或社会组织的改革，推进检验检测认证机构整合，有序放开检验检测认证市场，促进第三方检验检测认证机构发展。（中央编办、质检总局牵头负责）推进公证管理体制改革。（司法部负责）加快发展市场中介组织，推进从事行政审批前置中介服务的市场中介组织在人、财、物等方面与行政机关或者挂靠事业单位脱钩改制。建立健全市场专业化服务机构监管制度。（发展改革委、财政部牵头负责）

（二十七）发挥公众和舆论的监督作用。健全公众参与监督的激励机制，完善有奖举报制度，依法为举报人保密。（各相关市场监管部门按职责分工分别负责）发挥消费者组织调处消费纠纷的作用，提升维权成效。（工商总局牵头负责）落实领导干部接待群众来访制度，健全信访举报工作机制，畅通信访渠道。（信访局牵头负责）整合优化各职能部门的投诉举报平台功能，逐步建设统一便民高效的消费投诉、经济违法行为举报和行政效能投诉平台，实现统一接听、按责转办、限时办结，统一督办，统一考核。（县级以上地方各级人民政府负责）强化舆论监督，曝光典型案件，震慑违法犯罪行为，提高公众认知和防范能力。新闻媒体要严守职业道德，把握正确导向，重视社会效果。严惩以有偿新闻恶意中伤生产经营者、欺骗消费者的行为。（新闻出版广电总局牵头负责）对群众举报投诉、新闻媒体反映的问题，市场监管部门要认真调查核实，及时依法作出处理，并向社会公布处理结果。（各相关市场监管部门按职责分工分别负责）

八、完善监管执法保障

加强制度建设，强化执法能力保障，确保市场监管有法可依、执法必严、清正廉洁、公正为民。

（二十八）及时完善相关法律规范。根据市场监管实际需要和市场变化情况，及时修订完善相关法律法规。梳理取消和下放行政审批项目、加强后续监管措施涉及的法律法规、规章和规范性文件，提出法律修改、废止建议，修改或者废止有关法规、规章和规范性文件。研究技术标准、信用信息和信用报告、备案报告等政府管理方式的适用规则。完善市场监管规范性文件合法性审查机制，健全法规、规章和规范性文件备案审查制度。健全行政复议案件审理机制，推动扩大行政诉讼受案范围。（法制办、各相关市场监管部门按职责分工分别负责）

（二十九）健全法律责任制度。调整食品药品、生态环境、安全生产、劳动保障等领域现行法律制度中罚款等法律责任的规定，探索按日计罚等法律责任形式。扩大市场监管法律制度中惩罚性赔偿的适用范围，依法大幅度提高赔偿倍数。强化专业化服务组织的连带责任。健全行政补偿和赔偿制度，当发生市场监管部门及其工作人员行使职权损害相对人合法权益时，须履行补偿或赔偿责任。（各相关市场监管部门、法制办按职责分工分别负责）

（三十）加强执法队伍建设。在财政供养人员总量不增加的前提下，盘活存量、优化结构，完善待遇、选拔任用等激励保障制度，推动执法力量向基层和一线倾斜。加强执法人员专业培训和业务考核，配备必要的执法装备，提高执法人员综合素质和能力水平。

（财政部、人力资源社会保障部、中央编办按职责分工分别负责）全面落实财政保障执法经费制度，市场监管工作经费和能力建设经费全部纳入各级财政预算予以保障，确保监管执法人员工资足额发放。严格执行“收支两条线”制度，严禁下达罚款任务，严禁收费罚没收入按比例返还等与部门利益挂钩或者变相挂钩。（财政部牵头负责）

九、加强组织领导

促进市场公平竞争，完善市场监管体系是一项系统工程，各地区各部门要高度重视、统一思想、狠抓落实，力求取得实效。

（三十一）加强领导，明确分工。各地区各部门要深刻认识完善市场监管体系工作的重大意义，认真落实本意见提出的各项措施和要求。各级人民政府要建立健全市场监管体系建设的领导和协调机制，加强统筹协调、督促落实，明确部门分工任务。各地区各部门要按照职责分工，结合本地区本部门实际，研究出台具体方案和实施办法，细化实化监管措施，落实和强化监管责任。加强新闻宣传和舆论引导，确保市场运行平稳有序。

（三十二）联系实际，突出重点。要把人民群众反映强烈、关系人民群众身体健康和生命财产安全、对经济社会发展可能造成大的危害的问题放在突出位置，着力加强对重点区域、重点领域、重点环节和重点产品的监管，切实解决食品药品、生态环境、安全生产、金融服务、网络信息、电子商务、房地产等领域扰乱市场秩序、侵害消费者合法权益的问题。

（三十三）加强督查，务求实效。各地区各部门要加强对本意见落实工作的监督检查，推动市场监管体系建设，促进市场公平竞争，维护市场正常秩序。国务院办公厅负责对本意见落实工作的统筹协调、跟踪了解、督促检查，确保各项任务和措施落实到位。

国务院

2014 年 6 月 4 日

交通运输部等十部门关于促进汽车维修业转型升级提升服务质量的指导意见

交运发〔2014〕186 号

各省、自治区、直辖市、新疆生产建设兵团交通运输厅（局、委）、发展改革委、教育厅（委）、公安厅（局）、环境保护厅（局）、住房城乡建设厅（委）、商务厅（委）、工商行政管理局、市场监督管理部门、质量技术监督局、保监局，部属各单位，部内各单位，部管有关社团：

汽车维修业关系到道路交通安全，关系到大气污染防治，关系到社会公众生活质量，关系到汽车产业健康、可持续发展，是重要的民生服务业。近年来，我国汽车维修业取得了长足发展，较好地适应了汽车产业和汽车社会发展、满足了广大消费者的汽车维修需求，但是也存在市场结构不优、发展不规范，消费不透明、不诚信等问题。未来 5 至 10 年，是我国全面建成小康社会的关键时期，汽车维修业将获得更为广阔的发展空间，也必将在服务人民群众平安、便捷、舒适汽车生活方面发挥更大作用。为促进汽车维修业向着现代汽车服务业转型升级、不断提升服务质量，现提出如下指导意见。

一、总体要求

（一）指导思想。深入贯彻落实党的十八大、十八届二中、三中全会以及《国务院关于促进市场公平竞争维护市场正常秩序的若干意见》（国发〔2014〕20 号）精神，以最大限度地服务经济社会发展，不断改善人民群众汽车生活品质为宗旨，以转变行业发展方式、提升行业服务能力和治理体系为主线，尊重市场规律，锐意改革创新，优化市场结构，激发市场活力，推进汽车维修业规范、健康、可持续发展。

（二）基本原则。

1. 公平竞争。坚持市场公平竞争，发挥市场在资源配置中的决定性作用。

2. 自主消费。坚持消费者自由选择、自主消费，保护消费者合法权益，提升便民服务。

3. 依法监管。坚持运用法治思维和法治方式履行市场监管，实行宽进严管，加强事中事后监管。

4. 协同发展。坚持与汽车上下游产业、汽车后市场相关行业协同发展、融合发展。

5. 部门共治。坚持部门联动、齐抓共管、共同治理，推动市场主体自我约束、诚信经营。

（三）总体目标。通过5年左右努力，推动汽车维修业基本完成从规模扩张型向质量效益型的转变，市场发育更加成熟，市场布局更趋完善，市场结构更趋优化，市场秩序更加公平有序，市场主体更加诚信规范，资源配置更加合理高效，对汽车后市场发展引领和带动作用更加显著；基本完成从服务粗放型向服务品质型的转变，为人民群众提供更加诚信透明、经济优质、便捷周到、满意度高的汽车维修和汽车消费服务。

二、促进行业转型升级

（四）鼓励连锁经营，促进市场结构优化。要积极发挥规划引导作用。各地交通运输主管部门要积极会同发展改革、城乡建设、商务主管等部门，按照“因地制宜、合理布局、供需平衡、便民利民”的原则，编制发布本行政区的《汽车维修行业发展规划》，将汽车维修纳入当地经济社会发展总体规划，在城市发展中为汽车维修业提供一定功能空间，增强城市承载功能，促进汽车维修业发展与人民群众维修服务、汽车消费需求相适应。在确保安全、环保生产条件下，鼓励企业在大型社区、公共停车场、客货运输站场周边、高速公路服务区及旅游景点服务区布设连锁网点。对于开办连锁维修网点的，在经营场所所在的地级市主城区或者县、市行政区范围内，可以共享技术负责人和《汽车维修业开业条件》（GB/T16739）规定的大型维修设施设备。

（五）鼓励规模化发展，提升资源配置效率。鼓励骨干、龙头企业通过资本纽带、市场运作等手段，积极开展重组、并购、扩张，不断创新服务模式，延伸企业价值链，实现规模化、集团化发展。鼓励大型企业建立配件集中采购平台、钣喷中心等专业化支持体系，提升企业运作效率和效益。鼓励中小企业在维修装备、维修技术信息共享等方面形成优势互补，壮大发展实力。

（六）鼓励专业化维修，提升业态发展水平。鼓励发展事故汽车、变速器、尾气后处理装置、轮胎、玻璃维修等技术有特长、服务有特色、创造附加值高的专项修理企业，完善汽车安全状况检查、维护等服务内容，不断满足市场多样化、个性化需求。要加强新能源汽车维修服务能力建设，建立健全新能源汽车维修技术标准规范及认证体系，加大维修技术储备、推广力度，加快维修网点建设，不断满足新的市场需求；鼓励新能源汽车生产企业在各大中城市积极拓展特约维修服务网点，开展技术培训和推广，提供必要维修配件保障。要加强营运车辆维修服务能力建设，鼓励公交、大型客货运输企业建立健全专业化的维修机构或部门，为营运车辆提供可靠的维修服务和技术保障。

（七）鼓励品牌化发展，充实行业发展内涵。要按照“政府引导、企业创建、社会满意”的原则，积极推进企业品牌建设。要建立健全行业品牌培育、发展、激励、保护的政策和机制，营造良好的品牌成长环境。要着力扶持、培育一批维修服务质量高、质量信誉优（AAA）的企业尽快成长为地方品牌，提升品牌价值和效应，并逐步向区域、全国扩展，发挥品牌示范保护作用。鼓励企业增强品牌意识，提高品牌创建内生动力；鼓励优质企业依法进行商标注册，加强商标保护，不断提刀品牌价值和形象。鼓励企业积极丌展维修技术人员亮牌服务，打造企业核心竞争力，树立企业品牌和形象。

（八）促进行业安全发展，筑牢行业发展基石。企业要牢固树立“平安汽修”理念，充分认识“平安汽修”是“平安交通”的重要组成部分，建立健全安全生产管理制度，有效落实安全生产主体责任。要加强维修从业人员安全生产作业培训。要建立健全安全操作规程，加强对在用汽车喷烤漆房、举升机等重点维修装备的维护管理，并依据相关标准定期开展安全检查和评价，对安全隐患较大的维修装备要限期整改或更新。各地道路运输管理机构要加强行业安全生产监管，为推进“平安交通”作出贡献。

（九）推广绿色维修作业，促进行业可持续发展。要按照《汽车绿色维修指南》要求，建立健全行业绿色汽修技术和管理体系，促进汽车维修业与现代城市、居民社区有机融合、和谐共处。企业要制定落实环境保护和资源节约的规章制度。要鼓励企业进行绿色汽修设施设备及工艺的升级改造，推广使用符合节能环保要求的新设备、新工艺和新材料，形成维修废弃物和有害排放少、资源利用率高的成套工艺规范。维修企业要做好废机油、制动液、制冷剂、废铅酸蓄电池等废弃物的回收处置，力争 3 年内实现全国一、二类维修企业危险维修废弃物规范处置率达到 95%以上；要加大喷烤漆房废气治理设施建设，避免大气污染。要逐步建立维修企业环境保护责任追究制度。要不断拓展绿色汽修作业的深度和广度，促进绿色汽修常态化、长效化。

（十）实施汽车检测与维护制度，促进行业生态文明建设。交通运输部门要会同环境保护部门，建立实施汽车检测与维护（I/M）制度。要建立健全汽车检测与维护政策标准体系，明确汽车尾气检测站（I 站）和维护站（M 站）的职责、认定标准、统一标识及作业服务流程，制定机动车排放维修技术规范，提升排放维修技术和装备水平，不断提高全社会汽车尾气排放治理能力。各地环保、交通运输部门要结合本地实际，分别选择、扶持一批汽车检测站、维修企业发展成为 I 站和 M 站网点，并定期公示、发布网点信息。经认定的 I 站、M 站网点要在经营场所显著位置悬挂、张贴统一标识，开展规范化检测、维修服务。M 站网点要严格按照汽车尾气排放维修技术规范、汽车维修保养技术手册及车型维修技术资料进行排放控制关键零部件维修，不得任意更换。M 站要向环保部门定期报送汽车尾气维修数据信息。

三、改善提升维修服务

（十一）限制滥用汽车保修条款，保障消费者维修选择权。贯彻落实反垄断法、反不正当竞争法及消费者权益保护法和汽车三包规定，保障消费者的维修消费选择权和汽车产品保修权利。汽车生产及其授权销售、维修企业（包括进口汽车经营企业）应告知消费者按照使用说明书要求正确使用、维护、修理汽车产品，不得限制、干预消费者自主选择维修企业和维修服务，不得以汽车在“三包”期限内选择非授权维修服务为理由拒绝提供维修服务。

（十二）加强行业诚信建设，营造放心修车环境。要发挥消费者监督评价对市场消费的导向作用，建立健全汽车维修质量监测体系。要完善机动车维修企业质量信誉考核办法，积极运用互联网和信息化手段，引入消费者监督评价机制，构建企业经营行为和服务质量动态监管机制及信息化监管平台，用市场信息公开透明和消费者口碑倒逼和推动市场诚信建设，不断提升用户满意度。鼓励行业协会、保险机构和第三方机构参照相关国家和行业标准开展维修服务质量和客户满意度调查，促进企业服务更加规范、优质。各地道路运输管理机构要将消费者、保险机构及第三方机构评价作为企业质量信誉考核的重要内容，建立企业服务质量“黑名单”制度。要加强对考核结果的宣传和应用，积极协调政府机关事业单位用车主管部门、保险监管部门，制定鼓励性政策，推动机关事业单位用车、事故车维修优先选择诚信企业。根据《国务院关于印发社会信用体系建设规划纲要（2014-2020年）的通知》（国发〔2014〕21号）要求，探索建立企业信用制度，将企业经营失范、违规行为纳入企业信用记录，会同社会征信、工商和质检部门定期向社会公布违规情况，并依法严肃处理。

要加强舆论引导和监督，促进社会共同治理。要积极树立、宣传汽车维修行业的典型和标兵，凝聚行业服务精神，展示行业精神风貌。要会同消费者权益保护部门，曝光侵害消费者权益的典型案件和行为，宣传维权知识和手段，提高消费者自我保护和防范意识，促进消费者理性消费。

（十三）强化维修标准化、规范化作业，提升维修服务质量。各地交通运输主管部门和道路运输管理机构要按照《汽车维修业开业条件》（GB/T16739）要求严把市场准入关，确保企业维修能力达标。维修企业要遵照《汽车维护、检测、诊断技术规范》（GB/T18344）等标准及车型维修技术资料开展维修作业，确保维修质量合格。要遵照《机动车维修服务规范》（JT/T816）开展规范化的维修服务，提升维修服务质量和水平。要强化实施维修质量保证体系，督促企业严格执行汽车维修合同管理、“三检”管理、维修竣工合格证和质量保证期等制度，切实保障维修质量合格、过硬。

（十四）广泛开展便民服务，提升行业服务效能。各地交通运输主管部门和道路运输管理机构要结合本地实际，积极组织企业开展服务质量公约、服务质量标准承诺、阳光维修服务等活动，加强行业自律规范，抵制市场不良风气。要结合消费者权益保护日、道路交通安全日、节能宣传周和质量月等公益主题载体，组织开展形式多样的公益服务活动，让汽车维修常识、安全行车知识、消费者维权知识、汽车故障义诊及咨询等公益服务真正走进群众。维修企业要坚持以消费者为中心，不断增强服务意识，创新服务形式，优化服务流程，透明服务信息，提升便民服务能力。鼓励企业提供电话、网络预约服务，提供代用汽车、上门接送车及各类定制化服务，满足消费者时效性和便利化需求；鼓励拓展服务范围和能力，开展“一站式”汽车消费服务，延伸企业价值链；鼓励建立客户服务回访机制。

（十五）建立健全汽车维修救援体系，提供有效出行保障。要按照“统一平台、统一调度、统一服务、快速响应”的原则，合理布设救援网点，逐步建立覆盖全国的汽车维修救援体系。探索设立全国统一的汽车救援服务电话，便于呼救施救。要加强与相关部门协调联动，确保事故救援及时、高效、到位。要建立行业统一的信息服务平台，制定救援企业入网条件、服务规范和收费标准。鼓励符合条件的救援企业和保险机构积极加入救援网络，统一调配运行。救援企业要配备专业化的救援装备和技术人员，加强救援培训，不断提升救援能力。高速公路清障救援服务，要按照国家发展改革委、交通运输部《关于规范高速公路车辆救援服务收费有关问题的通知》（发改价格〔2010〕2204号）有关要求执行。

（十六）建立健全维修质量纠纷调解和投诉处理机制，维护消费者合法权益。各地要按照“渠道畅通、处理及时、技术权威、裁决公正”的原则，建立健全汽车维修质量纠纷调解、投诉处理的工作平台和机制。各地交通运输主管部门可委托第三方的公益性机构，受理维修质量投诉和纠纷调解，提供汽车维修技术咨询，并提供必要的业务经费支持。要公布投诉电话、网站，设立接待服务场所，确保投诉渠道畅通。要公布投诉受理范围、处理流程及处理时效，及时答复处理结果。要不断提高专业技术能力、鉴定能力和纠纷调解水平，依法依规化解各类投诉和纠纷，提升维权成效。要建立投诉举报处理与部门执法的联动机制，道路运输管理机构要依据线索认真调查核实、及时依法处理，并向社会公布处理结果。消费者也可通过 12365 和 12315 投诉举报电话，向质量技术监督、工商部门反映汽车配件质量问题，投诉、举报生产、销售假冒伪劣汽车配件以及欺诈消费者等违法行为，切实保护消费者合法权益。

四、保障措施

（十七）建立实施汽车维修技术信息公开制度。建立实施汽车维修技术信息公开制度，保障所有维修企业平等享有获取汽车生产企业汽车维修技术信息的权利，促进汽车维修市场公平竞争，提升汽车维修质量，确保在用汽车行车安全和尾气排放达标。自 2015 年 1 月 1 日起，汽车生产企业（包括从中国境外进口汽车产品到境内销售的企业）要在新车上市时，以可用的信息形式、便利的信息途径、合理的信息价格，无歧视、无延迟地向授权维修企业和独立经营者（包括独立维修企业、维修设备制造企业、维修技术信息出版单位、维修技术培训机构等）公开汽车维修技术资料。要在汽车产品说明书中明确车辆型式核准证书信息，规定排放维修技术要求，说明排放控制关键零部件生产厂家、型号及有效使用寿命等信息。在 2015 年 12 月 31 日前，汽车生产企业要公开全部已进入《车辆生产企业及产品公告》国产车型以及已获 CCC 认证的国产及进口车型的汽车维修技术信息。

交通运输部将会同环保部、质检总局制定《汽车维修技术信息公开实施办法》，定期组织对汽车生产企业车型维修技术信息公开情况进行抽查。新车型上市 3 个月未能有效公开车型维修技术信息的，撤销该车型有关《公告》和 CCC 认证证书。

（十八）破除维修配件渠道垄断。促进汽车维修配件供应渠道开放和多渠道流通。按照市场主体权利平等、机会平等、规则平等的原则，打破维修配件渠道垄断，鼓励原厂配件生产企业向汽车售后市场提供原厂配件和具有自主商标的独立售后配件；允许授权配件经销企业、授权维修企业向非授权维修企业或终端用户转售原厂配件，推动建立高品质维修配件社会化流通网络。贯彻落实《反垄断法》和《消费者权益保护法》有关规定，保障所有维修企业、车主享有使用同质配件维修汽车的权利，促进汽车维修市场公平竞争，保障消费者的自主消费选择权。鼓励汽车维修配件流通企业发展电子商务，创新流通模式，加深与维修业融合发展。要充分运用物联网技术，建立汽车维修配件追溯体系，保证配件供应渠道公开、透明，实现汽车维修配件可溯源、可追踪，消费者合法权益受到损害时可追偿、可追责。要制定实施汽车维修配件分类及编码规则、汽车维修配件流通规范等技术标准。鼓励建立可追溯配件质量保证保险制度。鼓励发展第三方的汽车维修配件认证机构，强化配件质量和信誉保证。鼓励发展汽车维修配件公益性群体品牌。

（十九）加强维修人才队伍建设。要完善维修从业人员考试内容，增加实际维修操作技能考核，强化车辆安全状况检修能力考核。要强化维修企业关键岗位和工种持证上岗制度，逐步提高技术负责人和质量检验员等关键岗位持证上岗比例。教育部门会同交通运输部门在国家加快发展现代职业教育体系框架下，继续实施汽车维修紧缺人才培养工程、专业技术人员知识更新工程，从源头上提升从业人员技能素质。鼓励本科高校优化完善汽车服务工程等相关专业人才培养方案，加强应用型、复合型人才培养；鼓励职业院校优化完善汽车运用与维修类专业培养体系，培养技术技能型人才。积极加强本科高校、职业院校与企业在“产学研用”等方面的深入合作，推进产教融合，提升毕业生创新能力与实践能力。支持企业工程技术人员到本科高校和职业院校兼职，鼓励企业为本科高校和职业院校师生实习实践提供便利条件。积极推进“双证书”制度。完善职业资格制度，畅通维修技术人员技能提升、职业发展通道；构建汽车维修从业人员诚信评价体系，逐步提升从业人员职业道德水平。加强维修行业高级人才队伍建设，吸引、培养和稳定一批企业职业经理人，建立维修技术专家和人才库，引导维修人才合理流动，稳步扩大行业高级人才队伍规模。鼓励行业协会、汽车保险机构、专业培训机构等社会力量举办维修技术培训和技能大赛，搭建维修技术学习交流网络平台，提升从业人员技能水平。要形成从业人员知识技能水平与薪酬待遇、职业发展相挂钩的激励机制。

（二十）提高维修装备技术水平。鼓励开展汽车维修检测设备第三方安全、环保认证。鼓励行业协会组织对列入《交通运输行业重点监督管理产品目录》的汽车维修检测设备进行评价和推荐，为企业购置、更新维修检测设备提供参照。鼓励企业采购、使用经认证和推荐的维修检测设备。加强维修装备标准和能力建设，鼓励维修装备生产企业加大技术创新，研发生产各类先进适用、机电一体的汽车诊断仪器、维修检测专用设备和工具，不断提升我国汽车维修业及其装备制造业的科技含量和核心竞争力。

（二十一）推进维修行业信息化建设。坚持监管与服务并举、发挥政府和市场两个积极作用的原则，充分运用互联网、大数据、云计算等技术手段，创新机制和模式，积极推进行业信息化建设。要建立覆盖全国的“汽车电子健康档案”系统，为健全汽车维修数据档案、促进汽车三包、二手汽车公平交易和缺陷汽车产品召回提供有效手段和依据。围绕提升行业数字化监管能力，鼓励各地道路运输管理机构建立汽车维修服务质量评价网络平台，督促企业诚信经营、优质服务。鼓励维修企业建立健全维修服务管理信息系统，提升企业管理效率和水平。

（二十二）依法加强维修市场监管。各地交通运输主管部门和道路运输管理机构要依法加强对维修企业经营资质监管，确保企业符合开业许可条件。要建立完善市场退出机制，对安全生产考评不达标的维修企业，要暂停其经营资格，严肃整改；整改仍不达标的，取消其经营资格。要依法查处各类非法经营、无证经营、超范围经营、违法拼装改装及承修报废汽车、盗抢汽车等行为，规范和净化市场环境。汽车维修企业要严格落实维修车辆登记制度，发现拼装、盗抢、肇事逃逸嫌疑车辆的，要及时向公安部门报告；发现同一车型多起同类安全隐患或可能存在产品缺陷的，要及时向交通运输部门报告。

各地交通运输部门要加强汽车维修配件使用的监管，督促企业使用符合标准及 CCC 认证要求的维修配件，对使用以假充真、以次充好、不合格以及不符合 CCC 认证要求的汽车配件产品的，要依法查处，情节严重的，吊销其经营许可，并通报质检部门追究生产者责任。对生产、销售假冒伪劣及不合格汽车配件产品的，由质检、工商部门依法查处。对涉嫌价格垄断等价格违法行为的，由价格主管部门依法处理。对经营者集中达到反垄断申报标准的，要依法向国务院反垄断执法机构申报。对使用假冒伪劣配件维修汽车造成汽车安全隐患，导致道路交通事故的，要依法追究相关维修企业和人员的责任。

（二十三）加大部门政策服务和联合监管。各级交通运输主管部门要切实加强与发改（价格）、公安、环保、商务、工商、质检及保监等部门的沟通协调、信息共享，充分发挥各部门职能作用，形成各市场监管部门间各司其职、各负其责、相互配合、齐抓共管的工作机制，切实维护汽车维修市场经营秩序。各部门要加强政策制定和协作配合，加大政策支持和服务力度，争取将汽车维修业发展纳入地方政府“民生工程”和“民心工程”，为包括汽车维修业在内的汽车后市场规范、健康发展营造良好外部环境，为人民群众满意修车、放心开车、享有高品质汽车生活提供有力保障。

（二十四）加强行业政策标准研究。要加强汽车维修业政策标准的系统性、基础性、前瞻性研究。要研究完善汽车维修业发展战略规划及评价指标体系，为汽车维修业布局规划和发展水平衡量提供客观依据。要加强标准研究和制修订，增强标准规范对行业发展的规范引领作用。各有关部门要密切合作，积极研究出台汽车后市场发展政策，构建完善标准规范体系，提出我国汽车后市场发展评价指数，推动汽车消费规范、健康发展。

（二十五）发挥行业中介组织自律作用。要充分发挥行业协会、商会等中介组织的桥梁纽带、行业自律、服务行业、服务社会的功能和作用。各级行业协会要深入开展调查研究，及时掌握行业和企业的动态，积极回应企业和消费者的诉求。要配合行业主管部门，在行业基础研究、诚信体系建设、服务质量提升、人才队伍建设、技术装备推广、行业文明建设、加强行业自律、履行社会责任以及增强行业凝聚力、弘扬行业正能量等方面发挥积极作用。要在服务行业上下游产业、延伸行业价值链条、促进汽车后市场创新、融合发展等方面积极开拓，有所作为。

交通运输部
发展改革委
教育部
公安部
环境保护部
住房城乡建设部
商务部
工商总局
质检总局
保监委
2014 年 9 月 3 日

国务院办公厅
关于促进内贸流通健康发展的若干意见

国办发〔2014〕51号

各省、自治区、直辖市人民政府，国务院各部委、各直属机构：

近年来，我国国内贸易稳定发展，现代流通方式快速推进，流通产业的基础性和先导性作用不断增强。在当前稳增长促改革调结构惠民生防风险的关键时期，加快发展内贸流通，对于引导生产、扩大消费、吸纳就业、改善民生，进一步拉动经济增长具有重要意义，经国务院批准，现提出如下意见：

一、推进现代流通方式发展

（一）规范促进电子商务发展。进一步拓展网络消费领域，加快推进中小城市电子商务发展，支持电子商务企业向农村延伸业务，推动居民生活服务、休闲娱乐、旅游、金融等领域电子商务应用。在保障数据管理安全的基础上，推进商务领域大数据公共信息服务平台建设。促进线上线下融合发展，推广“网订店取”、“网订店送”等新型配送模式。加快推进电子发票应用，完善电子会计凭证报销、登记入账及归档保管等配套措施。落实《注册资本登记制度改革方案》，完善市场主体住所（经营场所）管理。在控制风险基础上鼓励支付产品创新，营造商业银行和支付机构等支付服务主体平等竞争环境，促进网络支付健康发展。

（二）加快发展物流配送。加强物流标准化建设，加快推进以托盘标准化为突破口的物流标准化试点；加强物流信息化建设，打造一批跨区域物流综合信息服务平台；提高物流社会化水平，支持大型连锁零售企业向社会提供第三方物流服务，开展商贸物流城市共同配送试点，推广统一配送、共同配送等模式；提高物流专业化水平，支持电子商务与物流快递协同发展，大力发展冷链物流，支持农产品预冷、加工、储存、运输、配送等设施建设，形成若干重要农产品冷链物流集散中心。推动城市配送车辆统一标识管理，保障运送生鲜食品、主食制品、药品等车辆便利通行。允许符合标准的非机动快递车辆从事社区配送。支持商贸物流园区、仓储企业转型升级，经认定为高新技术企业的第三方物流和物流信息平台企业，依法享受高新技术企业相关优惠政策。

（三）大力发展连锁经营。以电子商务、信息化及物流配送为依托，推进发展直营连锁，规范发展特许连锁，引导发展自愿连锁。支持连锁经营企业建设直采基地和信息系统，提升自愿连锁服务机构联合采购、统一分销、共同配送能力，引导便利店等业态进社区、进农村，规范和拓展其代收费、代收货等便民服务功能。鼓励超市、便利店、机场等相关场所依法依规发展便民餐点。

二、加强流通基础设施建设

（四）推进商品市场转型升级。加快商品批发市场转型升级，推动专业化提升和精细化改进，拓展商品展示、研发设计、品牌孵化、回收处理等功能，带动产业集群发展。制订全国公益性批发市场发展规划，统筹公益性市场建设，加快形成不同层级、布局合理、便民惠民的公益性市场体系。探索采取设立农产品流通产业发展基金等模式，培育一批全国和区域公益性农产品批发市场。支持全国农产品跨区域流通骨干网络建设，完善产销衔接体系。落实和完善农产品批发市场、农贸市场城镇土地使用税和房产税政策。城区商品批发市场异地搬迁改造，政府收回原国有建设用地使用权后，可采取协议出让方式安排商品批发市场用地。通过加强市场周边道路、停车位、公交停靠站点等交通基础设施规划建设，优化客货运交通组织等有效措施，切实解决城市物流配送存在的通行难、停车难、卸货难等问题。

（五）增加居民生活服务设施投入。优化社区商业网点、公共服务设施的规划布局和业态配置，鼓励建设集社区菜市场、便利店、快餐店、配送站、再生资源回收点及健康、养老、看护等大众化服务网点于一体的社区综合服务中心。将农村市场流通体系建设纳入城镇化规划，培育一批集零售、餐饮、文化、生活、配送等于一体的多功能乡镇商贸中心。整合各类社会资源，建设公益性家政服务网络中心和服务人员供给基地，培育一批员工制家政服务企业，健全养老护小型家政服务人员培训体系，扩大家政服务供给。加快生活性服务业营改增步伐，合理设置生活性服务业增值税税率，加大小微企业增值税和营业税的政策支持力度，进一步促进生活性服务业小微企业发展。尽快完善银行卡刷卡手续费定价机制，取消刷卡手续费行业分类，进一步从总体上降低餐饮业刷卡手续费支出。落实好新建社区商业和综合服务设施面积占社区总建筑面积比例不低于10%的政策。

（六）推进绿色循环消费设施建设。大力推广绿色低碳节能设备设施，推动节能技术改造，在具备条件的企业推广分布式光伏发电，试点夹层玻璃光伏组件等新材料产品应用，培育一批集节能改造、节能产品销售和废弃物回收于一体的绿色市场、商场和饭店。推广绿色低碳采购，支持流通企业与绿色低碳商品生产企业（基地）对接，打造绿色低碳供应链。支持淘汰老旧汽车，加大黄标车淘汰力度，促进报废汽车回收拆解体系建设，推进报废汽车资源综合利用。

三、深化流通领域改革创新

（七）支持流通企业做大做强。推动优势流通企业利用参股、控股、联合、兼并、合资、合作等方式，做大做强，形成若干具有国际竞争力的大型零售商、批发商、物流服务商。加快推进流通企业兼并重组审批制度改革，依法做好流通企业经营者集中反垄断审查工作。鼓励和引导金融机构加大对流通企业兼并重组的金融支持力度，支持商业银行扩大对兼并重组商贸企业综合授信额度。推进流通企业股权多元化改革，鼓励各类投资者参与国有流通企业改制重组，鼓励和吸引民间资本进入，进一步提高利用外资的质量和水平，推进混合所有制发展。

（八）增强中小商贸流通企业发展活力。加快推进中小商贸流通企业公共服务平台建设，整合利用社会服务力量，为中小商贸流通企业提供质优价惠的信息咨询、创业辅导、市场拓展、电子商务应用、特许经营推广、企业融资、品牌建设等服务，力争用三年时间初步形成覆盖全国的服务网络。落实小微企业融资支持政策，推动商业银行开发符合商贸流通行业特点的融资产品，在充分把控行业和产业链风险的基础上，发展商圈融资、供应链融资，完善小微商贸流通企业融资环境。

（九）推进内外贸融合发展。拓展国内商品市场对外贸易功能，借鉴国际贸易通行标准、规则和方式，在总结试点经验的基础上，适当扩大市场采购贸易方式的试点范围，打造一批布局合理、功能完善、管理规范、辐射面广的内外贸结合市场。鼓励具备条件的流通企业“走出去”，建立海外营销、物流及售后服务网络，鼓励外贸企业建立国内营销渠道，拓展国内市场，打造一批实力雄厚、竞争力强、内外贸一体化经营的跨国企业。

四、着力改善营商环境

（十）减少行政审批，减轻企业税费负担。加快推进行政审批制度改革，系统评估和清理涉及内贸流通领域的行政审批、备案等事项，最大限度取消和下放。对按照法律、行政法规和国家有关政策规定设立的涉企行政事业性收费、政府性基金和实施政府定价或指导价的经营服务性收费，实行目录清单管理，不断完善公示制度。加大对违规设立行政事业性收费的查处力度，坚决制止各类乱收费、乱罚款和摊派等行为。进一步推进工商用电同价。鼓励大型商贸企业参与电力直接交易。在有条件的地区开展试点，允许商业用户选择执行行业平均电价或峰谷分时电价。

（十一）创造公平竞争的市场环境。着力破除各类市场壁垒，不得滥用行政权力制定含有排除、限定竞争内容的规定，不得限定或者变相限定单位或者个人经营、购买、使用行政机关指定的经营者提供的商品，取消针对外地企业、产品和服务设定歧视性收费项目、实行歧视性收费标准或者规定歧视性价格等歧视性政策，落实跨地区经营企业总分支机构汇总纳税政策。抓紧研究完善零售商、供应商公平交易行为规范及相关制度，强化日常监管，健全举报投诉办理和违法行为曝光机制，严肃查处违法违规行为。充分发挥市场机制作用，建立和完善符合我国国情和现阶段发展要求的农产品价格和市场调控机制。建立维护全国市场统一开放、竞争有序的长效机制，推进法治化营商环境建设。

（十二）加大市场整治力度。集中开展重点商品、重点领域专项整治行动，完善网络商品的监督抽查、风险监测、源头追溯、质量担保、损害赔偿、联合办案等制度，依法惩治侵权假冒违法行为，促进电子商务健康发展，切实保护消费者合法权益。积极推进侵权假冒行政处罚案件信息公开，建立案件曝光平台。强化对农村市场和网络商品交易的监管。加强行政执法与刑事司法衔接，建立部门间、区域间信息共享和执法协作机制。

（十三）加快推进商务信用建设。建立和完善国内贸易企业信用信息记录和披露制度，依法发布失信企业“黑名单”，营造诚信文化氛围。推动建立健全覆盖线上网络和线下实体店消费的信用评价机制。支持第三方机构开展具有信誉搜索、同类对比等功能的综合评价；鼓励行业组织开展以信用记录为基础的第三方专业评价；引导企业开展商品质量、服务水平、购物环境等内容的消费体验评价。

五、加强组织领导

（十四）加快推进政策落实。各部门要加强协调配合，按照分工要求，切实负起责任，根据本意见抓紧制定贯彻落实工作方案，明确时限要求，确保政策落实到位。地方各级人民政府要根据形势需要和本地实际，统筹协调，落实责任，出台有针对性的配套措施，加大保障力度，形成政策合力。

附件：重点任务分工及进度安排

国务院办公厅

2014 年 10 月 24 日

附件：

重点任务分工及进度安排

序号	工作任务	负责部门	时间进度
1	进一步拓展网络消费领域，加快推进中小城市电子商务发展，支持电子商务企业向农村延伸业务，推动居民生活服务、休闲娱乐、旅游、金融等领域电子商务应用。在保障数据管理安全的基础上，推进商务领域大数据公共信息服务平台建设。促进线上线下融合发展，推广“网订店取”、“网订店送”等新型配送模式	商务部、发展改革委、工业和信息化部、农业部、供销合作总社等（列第一位者为牵头部门，下同）	持续实施
2	加快推进电子发票应用，完善电子会计凭证报销、登记入账及归档保管等配套措施	财政部、发展改革委、税务总局等	持续实施
3	加强物流标准化、信息化建设，提高物流社会化、专业化水平。允许符合标准的非机动快递车辆从事社区配送。鼓励超市、便利店、机场等相关场所依法依规发展便民餐点	商务部、发展改革委、公安部、财政部、住房城乡建设部、交通运输部、邮政局、食品药品监管总局等	持续实施
4	支持商贸物流园区、仓储企业转型升级，经认定为高新技术企业的第三方物流和物流信息平台企业，依法享受高新技术企业相关优惠政策	科技部、发展改革委、财政部、商务部、税务总局等	持续实施
5	推动城市配送车辆统一标识管理，保障运送生鲜食品、主食制品、药品等车辆便利通行	交通运输部、工业和信息化部、商务部、邮政局等	2014 年底前启动
6	制订全国公益性批发市场发展规划，统筹公益性市场建设，加快形成不同层级、布局合理、便民惠民的公益性市场体系	商务部、财政部、发展改革委、国土资源部、住房城乡建设部、环境保护部等	持续实施
7	探索采取设立农产品流通产业发展基金等模式，培育一批全国和区域公益性农产品批发市场。支持全国农产品跨区域流通骨干网络建设，完善产销衔接体系。落实和完善农产品批发市场、农贸市场城镇土地使用税和房产税政策	财政部、发展改革委、商务部、农业部、税务总局、供销合作总社等	2014 年底前启动
8	城区商品批发市场异地搬迁改造，政府收回原国有建设用地使用权后，可采取协议出让方式安排商品批发市场用地	国土资源部、商务部、住房城乡建设部等	持续实施
9	通过加强市场周边道路、停车位、公交停靠站点等交通基础设施规划建设，优化客货运交通组织等有效措施，切实解决城市物流配送存在的通行难、停车难、卸货难等问题	住房城乡建设部、公安部、交通运输部等	持续实施

续表

序号	工作任务	负责部门	时间进度
10	加快生活性服务业营改增步伐，合理设置生活性服务业增值税税率，加大小微企业增值税和营业税的政策支持力度，进一步促进生活性服务业小微企业发展	财政部、税务总局	2014 年底前启动
11	尽快完善银行卡刷卡手续费定价机制，取消刷卡手续费行业分类，进一步从总体上降低餐饮业刷卡手续费支出	发展改革委、人民银行	2014 年底前启动
12	拓展国内商品市场对外贸易功能，借鉴国际贸易通行标准、规则和方式，在总结试点经验的基础上，适当扩大市场采购贸易方式的试点范围，打造一批布局合理、功能完善、管理规范、辐射面广的内外贸结合市场	商务部、发展改革委、财政部、人民银行、海关总署、税务总局、工商总局、质检总局、外汇局等	2014 年底前启动
13	进一步推进工商用电同价。鼓励大型商贸企业参与电力直接交易。在有条件的地区开展试点，允许商业用户选择执行行业平均电价或峰谷分时电价	发展改革委、商务部等	2014 年底前启动
14	着力破除各类市场壁垒，不得滥用行政权力制定含有排除、限定竞争内容的规定，不得限定或者变相限定单位或者个人经营、购买、使用行政机关指定的经营者提供的商品，取消针对外地企业、产品和服务设定歧视性收费项目、实行歧视性收费标准或者规定歧视性价格等歧视性政策，落实跨地区经营企业总分支机构汇总纳税政策	发展改革委、财政部、商务部、税务总局、工商总局等	持续实施
15	抓紧研究完善零售商、供应商公平交易行为规范及相关制度，强化日常监管，健全举报投诉办理和违法行为曝光机制，严肃查处违法违规行为。集中开展重点商品、重点领域专项整治行动。强化对农村市场和网络商品交易的监管。加强行政执法与刑事司法衔接	商务部、法制办、工商总局、质检总局等	持续实施
16	推动建立健全覆盖线上网络和线下实体店消费的信用评价机制	商务部等	2014 年底前启动

国家发改委等七部门关于我国物流业信用体系建设的指导意见

发改运行［2014］2613号

各省、自治区、直辖市及计划单列市发展改革委、经信委（工信委）、交通运输厅（局）、商务厅（局）、质量技术监督局、邮政管理局，各地区铁路监督管理局，民航各地区管理局：

物流业信用体系建设是社会信用体系建设的重要组成部分，是发挥市场在物流资源配置中的决定性作用和强化市场监管的重要基础。为全面贯彻党的十八大、十八届三中全会精神，深入落实《社会信用体系建设规划纲要（2014-2020年）》，提高我国物流业的诚信意识和信用水平，规范市场竞争秩序，实现健康可持续发展，现提出以下意见。

一、充分认识物流业信用体系建设的重要意义

近些年，我国物流业取得了长足发展，但组织化程度依然较低，市场主体“小、散、乱”现象较为突出，部分企业经营管理不规范，违法违规违约现象时有发生，破坏了公平、公正的市场竞争秩序，影响了物流业的健康可持续发展，社会对物流业诚信的认可度总体偏低。建立健全物流业信用体系，可以有效约束和规范企业的经营行为，营造公平竞争、诚信经营的市场环境；有利于建立统一开放、竞争有序的现代物流市场体系，发挥市场在物流资源配置中的决定性作用和更好地发挥政府作用，促进物流业加快转型升级；对于降低社会物流成本，提高物流效率，提升经济运行的质量和效益具有重要意义。

二、加强物流信用服务机构培育和监管

各级政府相关部门要加大对信用服务机构的培育力度，努力营造良好的发展环境，加快形成一批功能互补、规范经营、公平竞争、公正独立的物流信用服务机构。大力引导物流信用服务机构加强自身信用建设，强化内部控制和约束机制建设，明确行为准则和服务规范，坚持公正性和独立性，提升自身公信力。要切实加强物流信用服务机构监管，建立严格的准入与退出机制，制订监管办法，明确监管责任，加强规范管理。

三、推进信用记录建设和共享

大力推进信用记录建设。运输、公安、商务、工商、海关、质检、税务等相关部门要健全信用信息采集机制，在本部门管理信息系统的基础上，及时、准确地记录各类物流企业的基础信息和信用记录，在保障信息安全的前提下向社会信用服务机构有序开放。同时，鼓励社会信用服务机构、行业协会结合物流业实际，发挥自身优势，加强信用记录建设，逐步形成覆盖物流业所有法人单位和个体经营者的信用信息档案。

推动信用信息的整合共享。各地区要对本地区各相关部门的物流信用信息进行整合，建立信用信息交换共享机制，按照共享目录和统一标准，及时交换共享，形成统一的信用信息共享平台。依托国家统一的信用信息共享交换平台，逐步实现全国物流信用信息的互通和共享，消除“信息孤岛”，确保信用信息及时、全面、准确、详实、安全，使物流企业的信用状况透明、可核查，让守信行为得到褒扬，让失信行为无处藏身。信用记录依法应当向社会公开的，要及时公开，并为社会查询提供便利。

四、积极推动信用记录应用

推动物流业信用记录在全社会的广泛应用。积极支持信用服务机构根据物流业特点，对物流信用信息进行深度开发，创新信用产品，满足市场多层次、多样化和专业化的物流信用服务需求。物流相关政府部门要带头在履职过程中使用信用记录和信用报告。同时，要采取措施，引导市场和社会广泛应用信用记录和信用报告，通过宣传、教育、培训、辅导等方式，不断强化信用风险防范意识，逐步形成使用信用记录和信用报告的习惯和机制。

利用信用记录建立企业分类监管制度。针对运输、仓储、代理等不同行业和不同运输方式分别制订信用考核标准，逐步建立行业管理部门和社会信用评价机构相结合，具有监督、申诉和复核机制的综合考核评价体系。根据信用评价结果的差别，对物流行业实行分类监管，有效建立警示企业预警机制、失信企业惩戒机制和严重失信企业淘汰机制，对守信企业实行“绿色通道”，将失信企业列为日常监督、重点监测或抽查的重点，增强监管的针对性和有效性，降低事中事后监管成本。

五、构建守信激励和失信惩戒机制

加强对守信物流企业的激励。运用媒体加大对守信行为的宣传力度，提高守信企业的市场信誉。政府部门和行业协会在市场监管和行业服务过程中，将企业信用作为重要考量因素，对诚实守信者在资质审核、资金支持、物流企业分类评估、行业评优评先等方面给予优先考虑和支持，政府采购要优先购买诚信企业的产品和服务。

建立多种类型互为补充的惩戒机制。推动形成司法性、行政性、行业性、市场性惩戒，对违规失信的物流企业及个体经营者，采取多渠道、多形式、多主体的惩戒方式，实施联合惩戒，提高失信成本，使其“一处失信、处处受限”。强化司法性、行政性惩戒，加强执法部门之间的协调和信息共享，建立联合惩戒方式，对违规失信企业，依法在行政许可、项目核准、信贷投放等方面予以惩戒，将严重失信主体列入行业“黑名单”，直至取消经营资质，吊销营业执照。物流行业组织要制订行业自律规则，对严重失信的行业会员进行行业内通报、谴责或剥夺会员资格，形成行业性惩戒。完善失信信息记录、信用报告和披露制度，对严重和多次失信的企业和个体经营者，予以披露和曝光，使失信者在市场交易中受到制约，降低市场竞争力，发挥好市场惩戒的作用。

六、建立完善物流信用法律法规和标准

大力推动相关法律法规的制修订，使物流信用信息采集、查询、披露、应用、共享、信息安全和主体权益保护等有法可依。根据物流行业特点和政府监管需要，研究制订物流行业信用信息采集分类共享、物流业信用评价指标体系、物流企业诚信管理体系等标准，形成物流业信用建设的标准体系。

七、加强企业诚信制度建设

引导企业加强诚信制度建设。引导物流企业树立诚信经营理念，在生产经营、安全管理、财务管理和劳动用工管理等各环节强化企业自律。督促企业加强信用管理制度建设，设计科学的信用管理流程，落实岗位信用主体责任，建立职工守信褒奖、失信惩戒机制和职工诚信考核评价与自查自纠改进制度，强化企业员工的诚信意识，营造良好的诚信氛围。

八、积极推动形成行业诚信文化

加强物流业诚信文化建设。借助不同类型媒体，采用多种形式，向物流从业者广泛普及与诚信有关的法律法规知识，宣传物流业诚信规范和相关政策，引导企业主动践行诚信经营理念，自觉抵制各类失信行为，鼓励监督举报失信行为，形成崇尚诚信、践行诚信的行业风尚，提升物流业诚信文化软实力。

九、大力推进政务诚信建设

转变政府职能，坚持依法行政。进一步转变物流管理职能和管理方式，逐步减少和取消前置性审批，加强事中事后监管，建立权力清单制度。大力推进政务公开，提高政府部门拟订物流业相关法律法规、规划、政策的透明度，拓宽公众参与渠道，加强对权力运行的社会监督和约束。在运输、仓储、配送、代理等物流各相关领域，探索改革“以罚代管”的监管方式，整合减少执法主体，统一执法标准，规范执法行为，做到有法必依、执法必严、违法必究，坚决杜绝乱收费、乱罚款现象。进一步细化相关法律法规，完善规章制度，减少执法的自由裁量权。

推动政府部门守信践诺。各级政府相关部门要切实落实《物流业发展中长期规划

（2014-2020 年）》等相关规划和政策，探索开展实施成效的后评价工作。对依法与企业签订的物流相关合同和作出的政策承诺要认真履约和兑现，提高政府执行力和公信力。要积极营造公平竞争、统一开放的市场环境，不得滥用行政权力设置市场壁垒和地方保护措施。

十、充分发挥行业协会作用

鼓励物流行业协会积极参与物流业信用体系建设，在信用信息采集、评估、标准制订等方面发挥更大作用。行业协会要积极指导和组织会员单位加强企业信用制度建设，协助政府部门推进物流业信用分类监管工作。要主动开展诚信宣传、教育和交流活动，组织信用建设方面的培训，培养物流从业者的诚信意识，树立一批诚实守信、管理规范、积极履行社会责任、自觉接受社会监督的诚信示范企业。

十一、开展专业物流领域信用建设试点

选择冷链物流、危险品物流、汽车物流等条件相对成熟的物流领域开展信用建设试点，探索信用信息采集分类、信息共享、联合惩戒、分类监管和行业诚信自律等内容，推行信用报告制度，通过专业物流领域的试点为全面推进物流信用体系建设积累经验，形成以点带面的示范效应。

十二、加强物流信用体系建设的组织协调

物流业信用体系建设涉及面广，需要社会多方面的广泛参与和积极配合。要充分发挥全国现代物流工作部际联席会议的作用，积极协调各相关部门各负其责，相互配合，统筹研究推进物流业信用体系建设的各项基础工作，推动物流相关部门加强本行业的信用建设，及时研究解决存在的突出困难和问题。各地政府部门要高度重视，加强统筹，协同推进本地区物流业信用体系建设。

国家发展改革委
交 通 运 输 部
商　　务　　部
国 家 铁 路 局
中国民用航空局
国 家 邮 政 局
国 家 标 准 委
2014 年 11 月 18 日

商务部关于促进中小商贸流通企业健康发展的指导意见

商流通函［2014］919号

各省、自治区、直辖市、计划单列市及新疆生产建设兵团商务主管部门：

为贯彻落实党的十八大和十八届三中、四中全会精神以及《国务院关于进一步支持小型微型企业健康发展的意见》（国发［2012］14号）、《国务院关于扶持小型微型企业健康发展的意见》（国发［2014］52号）和《国务院办公厅关于促进内贸流通健康发展的若干意见》（国办发［2014］51号）要求，进一步深化改革、转变职能，加强公共服务，完善营商环境，解决中小商贸流通企业面临的突出问题，促进企业健康发展，现提出如下指导意见：

一、高度重视中小商贸流通企业工作

中小商贸流通企业分布在批发零售、住宿餐饮、商务服务、居民服务、仓储物流等众多行业，占全国商贸流通企业总数的99.8%，占全国中小企业总数（含个体工商户）的78.5%，从业人员1亿多人，既是活跃市场、便利消费的主体力量，也是吸纳创业、扩大就业的主要渠道，在我国经济和社会发展中具有重要的地位和作用。当前我国经济正处于结构调整的关键时期，下行压力较大，企业面临的各种困难增多，社会就业的结构性矛盾比较突出。解决影响企业健康发展的各类难题，激发中小商贸流通企业发展活力，是扩大供给和内需、创造更多就业机会的重要手段，是商务主管部门加快转变职能、加强公共服务、深化体制改革的重要举措。各地商务主管部门要从稳增长、促改革、调结构、惠民生的高度，充分认识做好这项工作的重要意义，准确把握当前中小商贸流通企业发展面临的新情况、新问题，认真抓好各项政策措施的贯彻落实，加强和完善面向中小商贸流通企业的公共服务，帮助中小商贸流通企业提振信心，稳健经营，提高盈利水平和发展后劲，增强企业的可持续发展能力。

二、总体要求

（一）指导思想。深入贯彻党的十八大和十八届三中、四中全会精神，深化体制改革，转变政府职能，以《国务院关于进一步支持小型微型企业健康发展的意见》、《国务院关于扶持小型微型企业健康发展的意见》和《国务院办公厅关于促进内贸流通健康发展的若干意见》提出的要求和任务为指针，结合商贸流通行业自身特点，全面落实中小商贸流通企业扶持政策，引导和支持服务平台和服务机构为企业提供各类公益性和市场化服务，改善企业发展环境，促进企业持续健康发展。

（二）主要目标。提升中小商贸流通企业的组织化、品牌化、规范化水平，激发企业创新活力，建立完善规范的服务机制，形成优质高效的服务体系，重点解决中小商贸流通企业在资金、市场、人才、管理等方面面临的困难，使中小商贸流通企业生存环境明显改善，发展能力持续增强。

三、主要任务

（一）发展现代流通方式，提高中小企业组织化程度。

扶持培育一批经营模式新、市场接受度高、发展前景好的区域性连锁经营企业。帮助更多的中小商贸流通企业和投资者开展商业特许经营。加快发展自愿连锁，支持大型连锁零售企业、批发企业及各类服务机构为中小商贸流通企业提供联合采购、共同配送服务，降低企业经营成本。

支持第三方物流企业、冷链物流企业和物流信息平台等完善服务功能，为中小商贸流通企业提供质优价适的物流配送等相关服务。加快推动城市共同配送试点，为中小商贸流通企业提供统一配送、集中配送、共同配送服务。鼓励电子商务企业与中小商贸流通企业合作，发展“网订店取”等新型末端配送模式。

引导各类电子商务平台开辟专门通道，制订针对性的优惠政策，为中小商贸流通企业开展网络销售提供便利。鼓励中小商贸流通企业通过互联网社区、媒体和即时通讯工具发展网络营销，增强市场拓展能力。

（二）发展新型营销渠道，提升中小企业品牌化水平。

支持中小商贸流通企业参加商务主管部门主办或引导支持的展会，帮助中小商贸流通企业参加各类展销和促销活动，拓宽营销渠道。鼓励和引导特色商业街、专业市场、购物中心、百货商场、商贸功能区等中小商贸流通企业集聚区完善服务功能，更好地吸引并带动中小商贸流通企业集聚发展。

引导中小商贸流通企业注册并规范使用商标，创建知名商品品牌和服务品牌。发掘、培育、宣传一批知名度和美誉度较高的中小商贸流通企业品牌，组织开展品牌展示、集中宣传等活动，多角度、多渠道宣传推广。支持老字号企业应用现代技术传承发展传统技艺，确保商品质量和服务水平，发挥优秀品牌的示范带动作用。

通过举办地方名特优商品大集等方式，帮助品牌企业与大型流通企业建立长期合作关系，形成稳定的品牌产销链条。建立多部门联合执法机制，加强对中小商贸流通企业的法律维权服务，有条件的地区要在中小商贸流通企业集聚区设立常驻点、投诉点，营造商家安心、消费者放心的消费环境。

（三）健全标准信用体系，引导中小企业规范化发展。

深入推进流通标准化建设，紧密围绕中小商贸流通企业特点和现实需求，区别轻重缓急，有针对性地做好标准制修订工作。加大标准贯彻实施力度，通过行业倡导、媒体宣传、示范引导等多种方式，引导中小商贸流通企业应用标准，实现规范化发展。

加快建设以中小商贸流通企业为主的商务领域企业信用信息数据库，并面向中介机构、金融机构开放，支持行业协会开展会员企业信用评价，大力发展商业保理、信用保险等信用服务业，逐步形成企业守信、专业评信、机构增信、银行授信的中小商贸流通企业信用体系。

大力开展宣传培训，帮助中小商贸流通企业了解并学习使用商业承兑汇票、信用证、信用保险、商业保理等现代信用产品和工具。引导中小商贸流通企业增强风险意识，加强交易对手信用风险管理，降低交易成本，提高交易效率。

四、政策措施

（一）健全服务体系。加快建设中小商贸流通企业公共服务平台，建立健全服务对接、规范、评价和激励机制，调动各类专业服务机构积极性，针对中小商贸流通企业的现实需求提供专业化服务。逐步将内贸流通领域涉企服务职能委托服务平台承担，把服务平台真正打造成内贸流通领域深化改革、转变职能、加强公共服务的重要抓手。逐步将服务范围扩大到所有中小企业的商贸活动，实现与现有中小企业服务体系的有机衔接，互联互通，资源共享，形成促进中小企业发展的工作合力。

（二）加大政策支持。认真落实国家中小企业发展专项资金支持政策，统筹利用各级政府部门的政策资源，积极争取本级财政支持，对促进中小商贸流通企业发展的各项工作给予支持，真正使中小商贸流通企业得到实惠。积极协调财政、税务、发展改革、工业和信息化等部门，推动已经明确的减免税收、降低费用等政策加快落实。加强对政策落实情况的监督评价，及时发现问题，提出改进建议，进一步推动适应企业共性需求、有助于企业突破发展瓶颈的政策出台。

（三）缓解融资困难。支持银行、担保、保险、典当、融资租赁、商业保理等融资机构开发符合商贸流通行业特点的融资产品。鼓励引导中小商贸流通企业集中与商业银行对接，建立长期合作关系，发展互助担保融资、供应链融资、商圈融资。支持物流企业规范开展担保存货管理业务，鼓励大型流通企业、电子商务平台企业向商业银行开放必要的经营数据，引导市场商圈管理机构与商业银行合作开展商铺经营权质押管理，为仓单、应收账款、商铺经营权质押融资发展创造良好环境。推动设立政府主导的中小企业信贷风险补偿基金，用于包括中小商贸流通企业在内的中小企业信用增级，提高商业银行贷款风险容忍度，降低中小商贸流通企业贷款门槛。

（四）完善营商环境。抓紧组织编制当地中小商贸流通企业发展专项规划，全面分析企业发展现状，为企业指明发展方向，引导企业持续健康发展。加强流通法制建设，合理规范大型商业设施建设，清理地区封锁和行业垄断的相关规定，建立健全举报投诉办理机制，依法查处不正当竞争行为，整顿和规范市场秩序，为中小商贸流通企业创造法治化营商环境。

五、组织保障

（一）加强组织领导。各地商务主管部门要定期向党委、政府汇报，将中小商贸流通企业促进工作与本地中小企业总体工作衔接，积极会同工业和信息化、财政等有关部门，抓紧建立促进中小商贸流通企业健康发展的部门协调机制，形成工作合力，推动落实各项政策措施。要建立工作目标责任制和领导负责制，明确牵头部门，指定专人负责，加强分工协作，认真做好促进中小商贸流通企业发展的各项工作。

（二）发挥协会作用。各地商务主管部门要组织行业商协会深入宣传各级政府部门支持中小企业的政策措施，帮助更多的中小企业用好政策、用足政策。指导行业商协会发挥自身服务优势，立足行业特点和企业需求，面向中小商贸流通企业开展专业化、特色化服务，形成自身服务品牌，切实发挥强化行业自律、促进行业发展的重要作用。

（三）强化宣传指导。各地商务主管部门要充分发挥广播电视、报刊杂志、互联网等各类媒体的作用，加大工作宣传力度，营造良好舆论氛围，提升全社会对中小商贸流通企业和服务体系建设工作的认识。商务部将会同有关方面组成联合督查组，对各地促进中小商贸流通企业发展工作开展专项督查，及时总结推广先进做法和成功经验，并对工作成绩突出的地方给予表扬，对工作落实不力的地方予以通报。

商务部

2014 年 11 月 28 日

商务部　环保部　工信部
印发《企业绿色采购指南（试行）》

为进一步推进资源节约型和环境友好型社会建设，引导和促进企业积极履行环境保护责任，建立绿色供应链，实现绿色、低碳和循环发展，我们制定了《企业绿色采购指南（试行）》（以下简称《指南》），现予印发。请各地商务主管部门、环境保护部门、工业和信息化主管部门密切配合，加大宣传力度，做好《指南》的贯彻落实。

商　务　部
环境保护部
工业和信息化部
2014年12月22日

企业绿色采购指南（试行）

第一章　总　则

第一条　根据《环境保护法》、国务院印发的《社会信用体系建设规划纲要（2014-2020年）》和《节能减排“十二五”规划》等有关规定，为推进建设资源节约型、环境友好型社会，充分发挥市场配置资源的决定性作用，促进绿色流通和可持续发展，引导企业积极构建绿色供应链，实施绿色采购，制订本指南。

第二条　本指南所称绿色采购，是指企业在采购活动中，推广绿色低碳理念，充分考虑环境保护、资源节约、安全健康、循环低碳和回收促进，优先采购和使用节能、节水、节材等有利于环境保护的原材料、产品和服务的行为。

本指南所称绿色供应链，是指将环境保护和资源节约的理念贯穿于企业从产品设计到原材料采购、生产、运输、储存、销售、使用和报废处理的全过程，使企业的经济活动与环境保护相协调的上下游供应关系。

第三条 具有供应链上下游供应关系的供应商企业与采购商之间采购原材料、产品和服务，鼓励适用本指南。

用于最终消费的各种产品和服务的采购，以及原材料、制成品、半成品等生产资料的采购，鼓励适用本指南。

鼓励网上采购适用本指南。

第四条 国家鼓励企业建立绿色供应链管理体系，主动承担环境保护等社会责任，自觉实施和强化绿色采购。

各级商务、环境保护、工业和信息化部门指导本地区企业的绿色采购行为和绿色供应链管理。

第二章　采购原则

第五条 企业采购应遵循以下原则：

（一）经济效益与环境效益兼顾。企业在采购活动中，应充分考虑环境效益，优先采购环境友好、节能低耗和易于资源综合利用的原材料、产品和服务，兼顾经济效益和环境效益。

（二）打造绿色供应链。企业应不断完善采购标准和制度，综合考虑产品设计、采购、生产、包装、物流、销售、服务、回收和再利用等多个环节的节能环保因素，与上下游企业共同践行环境保护、节能减排等社会责任，打造绿色供应链。

（三）企业主导与政府引导相结合。坚持市场化运作，以企业为主体，充分发挥企业的主导作用。政府通过制度改革、政策引导、信息公开和促进行业规范等方式，推进企业绿色采购。充分发挥行业协会的桥梁和纽带作用，强化行业自律。

第六条 鼓励企业树立绿色采购理念，将绿色采购理念融入经营战略，贯穿原材料、产品和服务采购的全过程，不断改进和完善采购标准和制度，推动供应商持续提高环境管理水平，共同构建绿色供应链。

第七条 鼓励企业制定和实施具体可行的绿色采购方案，并适时调整和完善。

绿色采购方案应当包括且不限于以下内容：

（一）绿色采购目标、标准；

（二）绿色采购流程；

（三）绿色供应商筛选、认定的条件和程序；

（四）绿色采购合同履行过程中的检验和争议处理机制；

（五）绿色采购信息公开的范围、方式、频次等；

（六）绿色采购绩效的评价；

（七）实施产品下架、召回和追溯制度；

（八）实施绿色采购的其他有关内容。

第八条 鼓励企业要求供应商在产品设计过程中更多采用生态设计技术，以减少环境污染和能源资源消耗，使产品和零部件能够回收循环利用。

鼓励企业围绕企业经营战略和绿色采购目标制定绿色采购标准。

鼓励企业在采购原材料、产品和服务的标准中提出与环境保护相关的要求，体现绿色环保理念，严格按照采购标准进行采购。

第九条　鼓励企业建立产品可追溯体系，建立对采购的产品从原材料到交货的全程跟踪管理。

第十条　鼓励企业完善采购流程，主动参与供应商的产品研发、制造过程，引导供应商通过价值分析等方法减少各种原辅和包装材料用量、用更环保的材料替代、避免或者减少环境污染等。

鼓励企业要求供应商供应产品或原材料符合绿色包装的要求，不使用含有有毒、有害物质作为包装物材料，使用可循环使用、可降解或者可以无害化处理的包装物，避免过度包装；在满足需求的前提下，尽量减少包装物的材料消耗。

第十一条　鼓励企业对所采购的产品或原材料在仓储和物流运输等环节，推行智能化、信息化和便捷化的节约能源和减少污染物排放的措施。

第十二条　鼓励企业对采购的产品和原材料建立废弃物回收处理流程，以实现循环利用或无害化处理。

第十三条　采购商和供应商可以通过以下方式带动全社会绿色消费：

（一）向消费者宣传引导低碳、节约等绿色消费理念，改善消费者的产品选择方式；

（二）发掘消费者绿色需求并在采购过程中予以满足；

（三）建立绿色品牌，提高绿色品牌知名度；

（四）开展“绿色商场”等创建活动，推广门店节能改造，促进环境标志产品和节能产品销售以及废弃电器电子产品回收；

（五）抵制商品过度包装，引导广大消费者积极主动参与绿色消费，减少一次性用品及塑料购物袋的使用。

第三章　采购原材料、产品与服务

第十四条　鼓励企业采购绿色产品。绿色产品至少符合以下条件：

（一）产品设计过程中树立全生命周期理念，充分考虑环境保护，减少资源能源消耗，关注可持续发展；

（二）产品在生产过程中使用更环保的原材料，采用清洁生产工艺，资源能源利用效率高，污染物排放优于相应的排放标准；

（三）产品在使用过程中能源消耗低，不会对使用者造成危害，污染物排放符合环保要求；

（四）产品废弃后可以回收，易于拆卸、翻新，能够安全处置。

鼓励企业采购通过环境标志产品认证、节能产品认证或者国家认可的其他认证的节能环保产品。

第十五条　企业不宜采购以下产品：

（一）不符合商务主管部门防止过度包装及回收促进要求的；

（二）被列入环境保护部制定的《环境保护综合名录》中的“高污染、高环境风险”产品名录的；

（三）产品或所采用的生产工艺、设备被列入工业和信息化部公布的《部分工业行业淘汰落后生产工艺装备和产品指导目录》的；

（四）国家限制或不鼓励生产、采购、使用的其他高耗能、高污染类产品。

第十六条 鼓励企业采购绿色原材料。

绿色原材料选材应优先选用符合环保标准和节能要求的、具有低能耗、低污染、无毒害、资源利用率高、可回收再利用等各种良好性能的材料。

鼓励企业参照本章第十四条、第十五条的内容采购绿色原材料。

鼓励企业在满足有关环境标准、产品质量和安全要求的情况下，优先采购和利用废钢铁、废有色金属、废塑料、废纸、废弃电器电子产品、废旧轮胎、废玻璃、废纺织品等可再生资源作为原材料。

第十七条 鼓励企业采购绿色服务。绿色服务至少需要符合以下条件：

（一）服务内容对环境总体损害的程度很小，污染物排放少、不产生有毒有害或者难处理的污染物，对固体废弃物实现分类收集和合理处置等；

（二）服务内容符合节能降耗的要求，在服务过程中少用资源和能源，对自然资源总体消耗的量较低；

（三）服务内容有益于人类健康。

第四章 选择供应商

第十八条 鼓励企业结合行业特点，借鉴国内外先进经验，制定绿色供应商筛选和认定条件，并通过多种途径公开筛选和认定条件。

第十九条 鼓励企业优先选择具备以下条件的供应商：

（一）根据环境保护部、发展改革委、人民银行、银监会印发的《企业环境信用评价办法（试行）》有关规定及地方关于企业环境信用评价管理规定，被环境保护部门评定为环保诚信企业或者环保良好企业的；

（二）在污染物排放符合法定要求的基础上，自愿与环境保护部门签订进一步削减污染物排放量的协议，并取得协议约定的减排效果的；

（三）自愿实施清洁生产审核并通过评估验收的；

（四）自愿申请环境管理体系、质量管理体系和能源管理体系认证并通过认证的；

（五）因环境保护工作突出，受到国家或者地方有关部门表彰的；

（六）采用的工艺被列入发展改革委发布的《产业结构调整指导目录》鼓励类目录的；

（七）符合工业和信息化部公布的相关行业准入条件的；

（八）及时、全面、准确地公开环境信息，积极履行社会责任，主动接受有关部门和社会公众监督的；

（九）符合有关部门和机构依法提出的采购商应当优先采购的其他条件的。

第二十条 企业不宜选择具有下列任一情形的供应商：

（一）根据《企业环境信用评价办法（试行）》有关规定和地方关于企业环境信用评价管理规定，被环境保护部门评定为环保不良企业；

（二）因环境违法构成环境犯罪的；

（三）因环境违法行为，受到环境保护部门依法处罚、尚未整改完成的；

（四）一年内发生较大以上突发环境事件的；

（五）未达到国家或者地方污染物排放标准、污染物总量控制目标要求或者节能目标要求的；

（六）未依照《清洁生产促进法》规定开展强制性清洁生产审核的；

（七）当年危险废物规范化管理督查考核不达标的；

（八）未按照法律法规规定公开环境信息的；

（九）具有其他违反国家环境保护相关法律法规、标准、政策要求的。

第二十一条　企业在采购合同中，可以明确约定以下内容：

（一）供应商应将其绿色供应链管理的相关信息，及时、准确地通报采购商；

（二）供应商出现本指南第二十条所列情形或者其他环境问题的，采购商可以降低采购份额、暂停采购或者终止采购合同；

（三）因供应商隐瞒环保违法行为，造成采购商损失的，采购商有权依法维护其权益；

（四）供应商通过努力，在技术进步、产品生产、流通销售等方面实现比采购合同约定的环境要求更优的环境绩效的，采购商可以通过适当提高采购价格、增加采购数量、缩短付款期限等方式对供应商予以激励。

第二十二条　鼓励企业建立供应商绩效监控体系，对供应商在环境保护、资源节约、企业社会责任及可持续发展方面进行监督。

鼓励企业建立本企业的绿色供应商数据库，并与行业绿色采购信息平台和数据库实现对接共享。

鼓励企业定期向地方有关部门和其他机构、社会公众报告或者公布绿色采购的成效，接受监督。

第五章　政府引导与行业规范

第二十三条　各地商务、环境保护、工业和信息化部门应当支持和引导采购商建立绿色供应链管理体系，主动承担环境保护社会责任，自觉实施和强化绿色采购，并通过公开绿色承诺等方式，接受社会和政府监督。

第二十四条　各地商务、环境保护、工业和信息化部门应当支持和指导企业绿色采购标准和规范的制定和修订。

第二十五条　各地商务、环境保护、工业和信息化部门应当会同有关部门，向社会公布下列信息并定期更新：

（一）通过有关节能、节水、环境标志、有机、绿色无公害等认证或认定的产品及其供应商的信息；

（二）供应商环境信用评价信息；

（三）行业协会等中介组织、具有代表性的采购商制定的绿色采购规范；

（四）采购商的绿色采购承诺书或者绿色采购协议；

（五）采购商实施绿色采购的典型经验；

（六）有利于推动绿色采购的其他相关信息。

第二十六条　鼓励新闻媒体对推动绿色采购的意义、有效实施绿色采购的企业和完整的绿色供应链进行报道宣传，不断提高公众的环保理念和绿色消费观念。

第二十七条 鼓励行业协会等中介组织建立本行业绿色采购信息平台和绿色原材料、绿色产品、绿色服务以及绿色供应商数据库，供有关企业共享，并接受政府有关部门和机构、社会公众监督。

鼓励行业协会等中介组织加强行业自律，举办有关绿色采购的宣传、培训、推广等活动。

鼓励行业协会等中介组织开展有关绿色采购的国际合作与交流。

第六章 附 则

第二十八条 本指南自 2015 年 1 月 1 日起生效。

第二十九条 中国企业从国外采购原材料、产品和服务，参照适用本指南。

第三十条 各地商务、环境保护、工业和信息化部门可以结合本指南和地方实际情况，制定适合于本地区的企业绿色采购细则。

商务部发布《网络零售第三方平台交易规则制定程序规定（试行）》

商务部令2014年第7号

《网络零售第三方平台交易规则制定程序规定（试行）》已经2014年12月1日商务部第32次部务会议审议通过，现予发布，自2015年4月1日起施行。

部长　高虎城

2014年12月24日

网络零售第三方平台交易规则制定程序规定（试行）

第一条　为了促进网络零售的健康发展，保护依托第三方平台网络零售活动中各主体的合法权益，维护公共利益，加强公共信息服务，根据有关法律法规，制定本规定。

第二条　网络零售第三方平台经营者制定、修改、实施交易规则应当遵守本规定。

第三条　本规定所称交易规则，是指网络零售第三方平台经营者制定、修改、实施的适用于使用平台服务的不特定主体、涉及社会公共利益的公开规则。

本规定所称网络零售第三方平台经营者，是指为其他经营者进行网络零售提供虚拟经营场所及相关服务，且在中华人民共和国境内经营的法人及其他组织。

本规定所称网络零售，是指以互联网为媒介向消费者销售商品或提供经营性服务的行为。

第四条　网络零售第三方平台交易规则的制定、修改、实施应当遵循公开、公平、公正的原则，遵守法律、行政法规，尊重社会公德，不得扰乱社会经济秩序，损害社会公共利益。

第五条　商务部负责建设网络零售第三方平台交易规则备案系统，省、自治区、直辖市商务主管部门（以下称省级商务主管部门）负责网络零售第三方平台交易规则备案等日常管理。

第六条 网络零售第三方平台经营者制定、修改、实施的下列交易规则应按照本规定公示并备案：

（一）基本规则，指网络零售经营者和消费者在第三方平台注册的规则及关于交易成立、有效性和履行的基础性规则。

（二）责任及风险分担规则，指网络零售第三方平台经营者对网络零售经营者和消费者承担民事责任或者免除责任的规则及风险分担的规则。

（三）知识产权保护规则，指保护知识产权以及防止假冒伪劣商品的规则。

（四）信用评价规则，指网络零售第三方平台经营者为交易双方提供信用评价服务，以及收集、记录、披露交易双方信用情况的规则。

（五）消费者权益保护规则，指保护消费者知情权、合理退货权、获得赔偿权等合法权益，保护消费者个人信息及交易记录的规则。

（六）信息披露规则，指网络零售第三方平台经营者对网络零售经营者进行实名登记、审核其法定营业资格的规则。

（七）防范和制止违法信息规则，指网络零售第三方平台经营者防范和制止在其平台上发布违反国家法律法规规定的商品和服务信息、网络广告等规则。

（八）交易纠纷解决规则，指网络零售第三方平台经营者解决与网络零售经营者、消费者之间争议的机制及规则。

（九）交易规则适用的规定，指交易规则适用对象、范围和期限的规定。

（十）交易规则的修改规定，指交易规则变更、修改的程序和方式的规定。

（十一）其他必要的交易规则或与规则相关的措施。

第七条 网络零售第三方平台经营者制定或修改的交易规则，应当在网站主页面醒目位置公开征求意见，并应采取合理措施确保交易规则的利益相关方及时、充分知晓并表达意见，通过合理方式公开收到的意见及答复处理意见，征求意见的时间不得少于七日。

第八条 符合下列情形之一的交易规则，可以不公开征求意见：

（一）为符合法律法规要求修改的交易规则；

（二）根据省级人民政府有关部门要求，为保护消费者权益，需紧急采取措施的交易规则。

第九条 网络零售第三方平台经营者应在交易规则实施前七日在网站醒目位置予以公开，涉及商业秘密的除外。

第十条 网络零售第三方平台经营者制定、修改、实施的交易规则对网络零售经营者和消费者有重大影响的，应制定合理过渡措施。

第十一条 网络零售第三方平台经营者应当主动采取合理的方式保障利益相关方全面、方便地了解所实施的交易规则的内容，并提请其注意有关免除或限制网络零售第三方平台经营者或者利益相关方责任的内容。

网络零售第三方平台经营者应当按照利益相关方的要求，在收到申请之日起七日内以合理方式对交易规则作出说明。

第十二条 网络零售第三方平台经营者应在交易规则实施七日内自行登录网络零售第

三方平台交易规则备案系统，提交本规定所列交易规则、征求的公众意见及意见答复处理情况。

第十三条　网络零售第三方平台经营者对其交易规则进行修改时，应按本规定第十二条的要求将修改部分重新备案。

第十四条　商务主管部门通过网络零售第三方平台交易规则备案系统免费提供已备案交易规则的公开查询服务。

第十五条　任何单位和个人可通过网络零售第三方平台交易规则备案系统向网络零售第三方平台经营者所在地省级商务主管部门举报违反本规定的交易规则。

省级商务主管部门确定举报内容属于本部门职责的应依法及时处理，不属于本部门职责的应及时移送相关部门。

第十六条　国家鼓励行业组织开展行业规范自律，对已备案的交易规则提出意见，建立与网络零售第三方平台经营者的互动机制，推进第三方平台交易规则的标准化与规范化。

第十七条　网络零售第三方平台经营者有下列情形之一的，根据举报，所在地省级商务主管部门可以向其提出行政指导建议书：

（一）未按本规定第十一条提醒利益相关方注意有关免除或者限制责任内容的；

（二）未按本规定备案交易规则的；

（三）备案信息不完整、不真实的。

第十八条　网络零售第三方平台经营者未按本规定制定、修改、实施交易规则的，由所在地省级商务主管部门依据职权责令限期改正，拒不改正的，处以警告，并向社会公布。

第十九条　网络零售第三方平台经营者制定、修改、实施交易规则损害社会公共利益，构成犯罪的，依法追究刑事责任。

第二十条　网络零售第三方平台经营者违反本规定第十二条、第十三条，未备案或提交虚假备案信息的，由所在地省级商务主管部门依据职权责令限期改正，拒不改正的，处以警告，并向社会公布。

第二十一条　商务主管部门及其工作人员违反本规定，拒不履行职责，依法给予处分；构成犯罪的，依法追究刑事责任。

第二十二条　本规定施行之日前已经实施的交易规则，网络零售第三方平台经营者应当在本规定施行之日起六十日内进行备案。

第二十三条　本规定自2015年4月1日起施行。

第五部分　附　录

附录一

中国连锁业终身成就奖

中国连锁业终身奖是连锁经营领域杰出人士的最高荣誉，获奖者是贡献毕生精力于连锁事业，致力于连锁业发展并对行业发展产生重大影响和推动作用的行业领军人物。

2014 年 11 月 6 日，在中国连锁经营协会 2014 年度颁奖晚宴上揭晓了中国连锁业终身成就奖，获奖者是：

马嘉樑　苏果超市有限公司　董事长

曾经获得过此奖的有：
郑万河　北京王府井百货（集团）股份有限公司　董事长
姜俊贤　中国全聚德（集团）股份有限公司　董事会顾问
苏敬轼　百胜餐饮集团中国事业部　主席兼首席执行官

CCFA 2014 中国连锁年度人物

该奖项获奖者是当年度中国零售业重大经济事件的当事者，在业界引起广泛的反响和关注，其努力和创造性的工作，为中国零售业做出了重要且独到的贡献，其引发的经济事件预示着中国零售业的未来趋势。

“CCFA 2014 中国连锁年度人物”评选，由协会秘书处组织评审委员会推荐参评人选，经评委讨论和投票，提出正式候选人名单并提交协会 2014 年度四届三次理事会审议、表决，王俊洲等 7 人得票数过半而当选。名单如下：

姓名	职务	企业名称
王俊洲	总裁	国美电器有限公司
曹和平	董事长	长春欧亚集团股份有限公司
杨文斌	总经理	山西省太原唐久超市有限公司
贾国龙	董事长	北京西贝餐饮管理有限公司
俞　萌	首席执行官	上海锦江都城酒店管理有限公司
车建新	董事长兼 CEO	红星美凯龙家居集团股份有限公司
崔铁雄	董事长	上海城市超市有限公司

2014 年度零售业员工最喜爱的公司

为表彰中国零售行业卓越管理实践典范，并通过对评选结果进行宣传和经验分享，有效提升获奖企业的美誉度和凝聚力，争取社会的广泛认可和支持，对连锁企业人力资源管理水平提升起到积极的促进作用，中国连锁经营协会每年组织本行业开展“员工最喜爱的公司”（原“最佳雇主”）评选活动，已经连续进行了 8 年。2014 年度零售业“员工最喜爱的公司”获奖企业于 2014 年 11 月 6 日在“第十六届中国连锁业会议”上发布并颁奖，获奖名单如下：

序号	企业名称
1	兴隆大家庭商业集团
2	红星美凯龙家居集团股份有限公司
3	苏宁云商集团股份有限公司
4	北京西贝餐饮管理有限公司
5	锦江麦德龙现购自运有限公司
6	王品西提（上海）餐饮有限公司
7	星巴克企业管理（中国）有限公司
8	宏图三胞高科技术有限公司

2014 年度中国特许经营系列奖项

为表彰以特许经营模式发展的优秀特许企业，中国连锁经营协会组织专业评审委员会，每年度对特许企业的品牌维护、体系建设、对加盟商支持等多项指标进行考核、评审，评选出年度中国优秀特许加盟品牌。其目的是宣传优秀特许企业及加盟商的创新意识和敬业精神，倡导诚信、自律、合作、双赢的理念，同时为广大投资者选择理想加盟项目提供资讯和借鉴。2014 年度特许经营奖共设六类奖项，包括：O2O 及网络营销奖、加盟商支持奖、创业贡献奖、加盟人气奖、连锁新锐奖和优秀加盟商奖。

经行业专家、协会与企业代表共同组成的特许经营奖评审委员会严格评审、参评特许企业加盟商电话查访、数据核实，2014 年度中国特许经营奖系列奖项在“2015 中国特许展（上海站）”揭晓并颁奖，获奖名单如下：

1. 2014 年度中国特许经营 O2O 及网络营销奖		
序号	企业名称	品牌
1	上海如家酒店管理有限公司	如家
2	东莞市糖酒集团美宜佳便利店有限公司	美宜佳
3	绝味食品股份有限公司	绝味
4	上海锦江都城酒店管理有限公司	锦江之星
5	山西省太原唐久超市有限公司	唐久
6	上海爱君家庭服务有限公司	爱君
7	杭州住友酒店管理有限公司	布丁酒店
8	东易日盛家居装饰集团股份有限公司	东易日盛
9	琪雅集团有限公司	琪雅
2. 2014 年中国特许经营加盟商支持奖		
序号	企业名称	品牌
1	驰加（上海）汽车用品贸易有限公司	驰加
2	速伯艾特（北京）国际酒店管理有限公司	速 8
3	北京东来顺集团有限责任公司	东来顺
4	苏果超市有限公司	苏果
5	北京能动时代教育科技有限公司	能动英语

续表

序号	企业名称	品牌
6	北京阿博泰克北大青鸟信息技术有限公司	北大青鸟
7	厦门山国饮艺茶业有限公司	山国饮艺
8	石家庄国大酒店经营有限公司	驿家365

3. 2014年中国特许经营创业贡献奖

序号	企业名称	品牌
1	北京福奈特洗衣服务有限公司	福奈特
2	北京埃菲特国际特许经营咨询服务有限公司	21世纪不动产
3	北京翰皇伟业皮革清洁养护连锁服务有限公司	翰皇
4	山西金虎便利连锁股份有限公司	金虎
5	青岛植秀堂养生养颜连锁有限公司	植秀堂
6	福州车友网络科技有限公司（273二手车交易网）	273
7	北京黄记煌餐饮管理有限责任公司	黄记煌

4. 2014年中国特许经营加盟人气奖

序号	企业名称	品牌
1	北京红黄蓝儿童教育科技发展有限公司	红黄蓝
2	上海晨光文具股份有限公司	晨光
3	浙江两岸食品连锁有限公司	两岸咖啡
4	北京元洲装饰有限责任公司	元洲
5	深圳唯美度生物科技有限公司	唯美度
6	杭州快点汽车维修技术开发有限公司	快典漆修
7	广东天福连锁商业集团有限公司	天福
8	北京扎西德勒藏文化传播有限公司	扎西德勒
9	沈阳碰碰凉连锁企业管理有限公司	碰碰凉
10	迪孚时代（北京）国际商业连锁有限公司	DF

5. 2014年中国特许经营连锁新锐奖

序号	企业名称	品牌
1	上海摩提工房食品有限公司	摩提工房
2	上鱼舫（北京）餐饮管理有限公司	上鱼舫
3	杭州英睿大健康管理有限公司	英睿健康会

6. 2014年中国特许经营优秀加盟商奖

序号	企业名称	品牌
1	北京超市发连锁股份有限公司	三环新城店
2		颐东苑店
3	北京东来顺集团有限责任公司	鄂西区域代理
4	北京福奈特洗衣服务有限公司	北京圣福嘉业商贸中心
5		拉萨福奈特洗衣店

续表

序号	企业名称	品牌
6	北京元洲装饰有限责任公司	长春晟豪装饰有限公司（长春元洲加盟公司）
7		保定市方大装饰有限公司
8	驰加（上海）汽车用品贸易有限公司	郑州市二七区诚达汽车精养服务站
9		天津开发区昌鑫汽车服务有限公司
10	大连好月嫂家庭服务有限公司	锦州好月嫂家庭服务有限公司
11		西安好月嫂家政服务有限公司
12	迪孚时代（北京）国际商业连锁有限公司	山东省济南市广场店
13		DF 冰淇淋亚欧商厦店
14	迪欧餐饮管理有限公司	新郑市迪欧咖啡店
15		迪欧中翔广场店
16	广州市富隆酒窖酒业有限公司	富隆酒窖（新疆义君福水商贸有限公司）
17		富隆酒窖（临沂市罗庄区江泉酒业有限公司）
18	杭州快点汽车维修技术开发有限公司	快典漆修（恩施旗峰大道店）
19	杭州住友酒店管理有限公司	西安交通大学东店
20		上海西郊百联店
21	绝味食品股份有限公司	绝味天津奥城店
22		绝味鸭脖河南朝阳路店
23	跨境通宝电子商务股份有限公司	湖南省娄底市春园步行街银街 15-103. 103 号
24		山西省偏关县中大街
25	厦门山国饮艺茶业有限公司	江苏常州钟楼店
26		郑州世纪鑫苑东城店
27	上海联华超级市场发展有限公司	联华万川店
28		华联伟丰店
29		联华共怡店
30	上海联华快客便利有限公司	快客卢胜加盟店
31		快客清溪加盟店（上海市长宁区尚典杂货店）
32	石家庄国大酒店经营有限公司	驿家 365 连锁酒店——河北衡水市榕花北大街店
33	苏果超市有限公司	江苏省高邮市苏果超市三垛加盟店
34		安徽省宿州市泗县文庙苏果加盟店
35	速伯艾特（北京）国际酒店管理有限公司	速 8 酒店福州金山万达店
36		速 8 酒店开封黄河路店
37	浙江凯旋门澳门豆捞控股集团有限公司	溧阳市明亮缘大酒店澳门豆捞分店
38	浙江两岸食品连锁有限公司	山东邹平天兴咖啡中西餐厅
39	中国全聚德（集团）股份有限公司	全聚德淮安店（淮安市聚德餐饮管理有限公司）
40		全聚德盐城店（盐城市中天餐饮管理有限公司）

续表

序号	企业名称	品牌
41	北京红黄蓝儿童教育科技发展有限公司	义乌市稠城智涵亲子早教中心
42		新疆克拉玛依跳动的豆子分园
43	北京嘉和一品餐饮企业管理股份有限公司	嘉和一品延庆妫水北街店
44		嘉和一品花家地店
45	广东天福连锁商业集团有限公司	东莞南城阳光天福
46		高埗欧邓村创业天福
47	四平李连贵饮食服务股份有限公司	北京李连贵熏肉大饼店
48		满洲里李连贵熏肉大饼店
49	北京翰皇伟业皮革清洁养护连锁服务有限公司	翰皇 1349 店
50		翰皇 2272 店
51	山西省太原唐久超市有限公司	太原市平阳路天鑫花园唐久便利店
52		太原市万柏林区旭艳唐久便利店
53	上海如家酒店管理有限公司	如家酒店兰州西站敦煌路店
54		北京健翔桥店
55	沈阳新来福实业有限公司	新来福特许经营北京朝阳区单店西路店
56	北京埃菲特国际特许经营咨询服务有限公司	21 世纪不动产上海东信加盟店
57		21 世纪不动产宁波区域
58	青岛植秀堂养生养颜连锁有限公司	植秀堂淄博博山店
59		植秀堂青岛莱西店

2013 年度中国特许经营系列奖项

为表彰以特许经营模式发展的优秀特许企业，中国连锁经营协会组织专业评审委员会，每年度对特许企业的品牌维护、体系建设、对加盟商支持等多项指标进行考核、评审，评选出年度中国优秀特许加盟品牌。其目的是宣传优秀特许企业及加盟商的创新意识和敬业精神，倡导诚信、自律、合作、双赢的理念，同时为广大投资者选择理想加盟项目提供资讯和借鉴。2013 年度特许经营奖项包括：中国特许经营加盟商支持奖、O2O 及网络营销奖、加盟人气奖、创业贡献奖、新锐奖和 2014 中国特许年纪念奖。获奖名单如下：

1. 2013 年度中国特许经营加盟商支持奖

序号	品牌	企业名称	行业/业态
1	福奈特	北京福奈特洗衣服务有限公司	洗衣
2	M&G 晨光	上海晨光文具股份有限公司	文具专卖
3	联华	上海联华超级市场发展有限公司	超市
4	速 8 酒店	速伯艾特（北京）国际酒店管理有限公司	经济型酒店
5	业之峰	北京业之峰诺华装饰股份有限公司	家装
6	元洲装饰	北京元洲装饰有限责任公司	家装
7	小天鹅	重庆佳永小天鹅餐饮有限公司	火锅店
8	东来顺	北京东来顺集团有限责任公司	火锅店
9	小拇指	杭州小拇指汽车维修科技股份有限公司	汽车养护/维修

2. 2013 年度中国特许经营 O2O 及网络营销奖

序号	品牌	企业名称	行业/业态
1	如家	上海如家酒店管理有限公司	经济型酒店
2	能动英语	北京能动时代教育科技有限公司	培训教育
3	绝味	湖南绝味食品股份有限公司	食品专卖
4	山国饮艺	厦门山国饮艺茶业有限公司	茶叶专卖
5	金虎便利	山西金虎便利连锁股份有限公司	便利店

续表

序号	品牌	企业名称	行业/业态
6	273 二手车交易网	福州车友网络科技有限公司	二手车经纪店
7	锦江都城酒店	上海锦江都城酒店管理有限公司	经济型酒店
8	东方爱婴	北京市东方爱婴咨询有限公司	婴幼儿培训
9	唐久	山西省太原唐久超市有限公司	便利店

3. 2013 年度中国特许经营加盟人气奖

序号	品牌	企业名称	行业/业态
1	中国黄金	中国黄金集团黄金珠宝有限公司	黄金专卖
2	良品铺子	湖北良品铺子食品有限公司	食品专卖
3	摩提工房	上海摩提工房食品有限公司	食品专卖
4	索罗门	中德索罗门自行车（北京）有限责任公司	自行车专卖
5	驿家 365	石家庄国大酒店经营有限公司	经济型酒店
6	快客	上海联华快客便利有限公司	便利店

4. 2013 年度中国特许经营创业贡献奖

序号	品牌	企业名称	行业/业态
1	唯美度	深圳唯美度生物科技有限公司	美容
2	CENTURY 21	北京埃菲特国际特许经营咨询服务有限公司	房屋中介
3	克丽缇娜	克丽缇娜集团	美容
4	翰皇	北京翰皇伟业皮革清洁养护连锁服务有限公司	皮具护理
5	红黄蓝亲子园	北京红黄蓝儿童教育科技发展有限公司	婴幼儿培训
6	北大青鸟	北京阿博泰克北大青鸟信息技术有限公司	IT 培训
7	都市丽人	广东都市丽人实业有限公司	内衣专卖
8	黄记煌	北京黄记煌餐饮管理有限责任公司	火锅店
9	苏果	苏果超市有限公司	超市

5. 2013 年度中国特许经营新锐奖

序号	品牌	企业名称	行业/业态
1	过桥缘	山东过桥缘餐饮业连锁经营有限公司	中式快餐
2	嘉和一品	北京嘉和一品企业管理股份有限公司	中式快餐
3	新来福	沈阳新来福实业有限公司	专业零售
4	林格米蒂英语	北京美语美教育科技有限公司	培训教育
5	妮欧甲艺	上海汉甲艺术美甲有限公司	时尚美甲

6. 2014 中国特许年纪念奖

截至 2013 年，中国特许展已经走过十五年的光辉历程，帮助数以千计的特许加盟品牌拓展连锁版图，打造出众多耳熟能详的知名品牌。十五年 15 届的特许加盟展会吸引了 30 余万投资观众到场参观，数万投资者在展会平台寻找到合适的特许加盟项目，迈出了人生事业的第一步，实现了个人的创业梦想。

为将中国特许展打造成世界同类展会第一品牌，中国连锁经营协会以“中国梦 特许圆”为主题，在 2014 年度推出了“中国特许年”系列活动，其中中国特许展分别在北京、成都、上海、福州四地巡回举办，并对 2014 年参加 4 站展览会的企业颁发“中国特许年纪念奖”，以表彰它们对中国连锁行业的贡献、对中国特许展的支持。获奖名单如下：

企业名称	品牌
百胜餐饮集团中国事业部	肯德基
北京环球天下教育科技有限公司	环球教育
江苏东汇企业征信服务有限公司	东汇
青岛福元运通投资管理有限公司	福元运通
上海浩泽净水科技发展有限公司	浩泽
沈阳碰碰凉连锁企业管理有限公司	碰碰凉
皮个布国际早教中心	皮个布
亿百葩鲜进口食品（上海）有限公司	亿百葩鲜
北京福奈特洗衣服务有限公司	福奈特
北京红黄蓝儿童科技发展有限公司	红黄蓝

CCFA 2014 年度购物中心金百合奖

为表彰购物中心在与连锁品牌合作发展中的突出表现，树立行业标杆，倡导合作双赢，推进购物中心与连锁企业和谐共荣、携手发展，2011 年中国连锁经营协会（CCFA）依托连锁品牌与购物中心合作委员会推出了“CCFA 购物中心金百合奖”年度推选活动，同时组织品牌、餐饮、零售、媒体、地产等业内相关机构的专家组成购物中心金百合奖评委会。目前，购物中心金百合奖系列奖项包括：

金百合—购物中心最具创新力奖

金百合—连锁品牌最佳人气奖

金百合—购物中心优秀管理者奖

金百合—连锁品牌店铺拓展优秀经理人奖

金百合—评委会特别奖

经连锁品牌与购物中心合作委员会委员推选，购物中心金百合奖评委会严格评审，“CCFA 2014 年度购物中心金百合奖”获奖名单如下：

1. 2014 年度金百合购物中心最具创新力奖（5 家）

项目名称	所属公司
福州仓山万达广场	大连万达商业地产股份有限公司
颐堤港购物中心	北京麟联置业有限公司
杭州西溪印象城	深国投商用置业（集团）有限公司
兴隆大奥莱	辽宁兴隆大家庭商业集团
KK MALL	京基集团

2. 2014 年度金百合连锁品牌最佳人气奖（5 家）

品牌名称	所属公司
I DO	恒信玺利实业股份有限公司
屈臣氏	屈臣氏个人用品商店有限公司
万达电影院线	万达电影院线股份有限公司
热风	热风投资有限公司
星巴克	星巴克企业管理（中国）有限公司

3. 2014 年度金百合购物中心优秀管理者奖（9 人）

姓名	职务	所属公司
陈盛兴	福州区域公司总经理	万达商业管理有限公司
张雪东	杭州区域总经理	深国投商用置业（集团）有限公司
张志斐	KK MALL 店总经理	京基集团
曾灿霞	华润置地北京大区商业地产管理部副总经理 北京公司五彩城管理中心总经理	华润置地有限公司
彭炳海	沈阳大悦城总经理	中粮置地商业管理中心
王洪飚	招商总经理	永旺梦乐城（中国）商业管理有限公司
武　斌	营运管理部总经理	银泰商业集团
肖宏伟	成都来福士总经理	凯德中国
杨　涛	区域总经理	步步高商业连锁股份有限公司

4. 2014 年度金百合连锁品牌店铺拓展优秀经理人奖（9 人）

姓名	所属公司	职务	品牌名称
邵　瑾	恒信玺利实业股份有限公司	市场拓展部总监	I DO
甘可腾	屈臣氏个人用品商店有限公司	全国开发总监	屈臣氏
殷　铁	万达电影院线股份有限公司	发展部经理	万达电影院线
徐　豪	热风投资有限公司	拓展经理	热风
邰　临	星巴克企业管理（中国）有限公司	开发经理	星巴克
李　飞	汉堡王（中国）投资有限公司	开发总监	汉堡王
张保平	北京爱慕内衣有限公司	开拓总监	爱慕
王　萍	北京西贝餐饮管理有限公司	开发部总监	西贝
藤原信幸	永旺幻想（中国）儿童游乐有限公司	董事长	莫莉幻想

5. 2014 年 CCFA 金百合评委会特别奖（1 人）

曲德君　大连万达商业地产股份有限公司高级副总裁
　　　　万达商业管理有限公司总经理

2014年度中国便利店奖系列奖项

为树立行业标杆，表彰优秀便利店企业在行业发展中的突出表现，2015年中国连锁经营协会依托便利店专业委员会推出“中国便利店奖”系列奖项评选活动，并组织业内专家组成便利店奖评委会对便利店企业在营运管理、商品销售、加盟合作、互联网营销等经营活动中取得的创新与突破进行考核、评审。本年度便利店系列奖项包括中国便利店大奖、优秀管理奖、单店销售奖、创新奖、O2O实践奖和新锐奖。

经便利店奖评委会严格评审，2014年度中国便利店奖系列奖项在“2015中国便利店大会”上揭晓并颁奖。获奖名单如下：

1. 2014年度中国便利店大奖

企业名称	获奖理由
东莞市糖酒集团美宜佳便利店有限公司	该品牌源自中国大陆第一家连锁超市，本土便利店店铺之王。2014年门店数达6500家，在同行中遥遥领先。在移动互联网时代，不断开展微营销创新，仅微信粉丝就超过240万
上海福满家便利有限公司（中国全家）	全家便利品牌源自日本，其管理传自台湾，其人才来自大陆。2014年其实现门店、销售额双20%的增长；其全国布局战略已经启动。其既是众多本土便利店企业竞争的对手，又是学习的榜样

2. 2014年度中国便利店优秀管理奖

企业名称	获奖理由
上海联华快客便利有限公司	中国最早成立的便利店企业之一，联华快客面临横跨南北五城市的管理压力，依然能与时俱进、开拓创新，在上海主战场保持长久不败的战绩
罗森（中国）投资有限公司	罗森（中国）始终坚持日本式管理理念，其以优质商品和服务赢得消费者信赖，其跨区域发展计划正在逐步实施。其发展速度也许不是行业最快，但其先进管理被行业普遍认同和赞许
四川哦哦超市连锁管理有限公司	作为后来者，WOWO便利在成都这块商家必争之地依然将便利店做得风生水起，其先进管理理念与竞争者形成错位，使成都便利店市场充满活力

3. 2014 年度中国便利店单店销售奖

企业名称	获奖理由
柒一拾壹（北京）有限公司	7-11 北京的门店日均销售 2.2 万元，其中日均销售 3 万元以上、4 万元以上和 5 万元以上门店分别有 30 家、15 家和 3 家，特别是北京东直门店日均销售达到 6 万元

4. 2014 年度中国便利店创新奖

企业名称	获奖理由
山西金虎便利连锁有限公司	金虎便利依托便利店开展多品牌经营，成立快餐、烘焙连锁机构，并自设快餐加工厂和烘焙加工厂。其依托快餐和烘焙加工优势进行便利店商品的优化和嫁接，在便利店中引进快餐和烘焙产品取得良好的效果
哈尔滨中央红集团股份有限公司	中央红以哈尔信健康产业链为依托，以自产有机、原生态食品为主体，打造哈尔信独有的健康产业链生产供给平台。同时开创多种新型增值服务功能、打通线上线下相结合的 O2O 模式，利用服务创新建设城市生活供应链的供应平台

5. 2014 年度中国便利店 O2O 实践奖

企业名称	获奖理由
山西省太原唐久超市有限公司	太原唐久是本土便利店最早实践 O2O 的企业代表，京东大卖场将便利店商品扩充到 2 万种，微信粉丝突破 80 万并开启微商城
北京港佳好邻居连锁便利店有限责任公司	好邻居保持着便利店北京市场门店数量的领先地位，微信营销已成为新常态，微信支付比例已达 5%

6. 2014 年度中国便利店新锐奖

企业名称	获奖理由
武汉东翼今天-Today 便利店	从南宁到武汉，Today 坚持的是中国便利店的梦想，清新时尚的店铺设计，变化多端的营销手段，迎合了年轻消费者的时尚选择，2014 年红杉资本的进入，更为其便利店梦想插上了翅膀
北京全时叁陆伍连锁便利店有限公司	“便利店+吉野家+星巴克”结合体模式，全时将北京的便利店市场的竞争变得愈发激烈，“快餐、饮品、便利、金融、服务”五位一体，全时将一站式生活消费平台的概念推向了更前方
西安每一天便利超市连锁有限公司	4 年的时间，从初创到 350 家店铺的规模，每一天在西部开店速度遥遥领先，完成布局之后引进人才，打造门店质量，将成为其未来的发展重点

2014 年度中国餐饮连锁企业系列奖项

为树立行业标杆，推动餐饮连锁企业在经济转型期深化创新、稳定发展，中国连锁经营协会（CCFA）于 2014 年 5 月在第 13 届中国餐饮业连锁发展战略研讨会上推出“中国餐饮连锁企业系列奖项”，旨在挖掘餐饮企业成长源动力，提升餐饮行业核心竞争力，促进企业在转型期的健康、快速发展。2014 年度餐饮连锁企业系列奖项包括：员工最喜爱的公司、管理创新奖和 O2O 最佳实践奖。获奖名单如下（排名不分先后）：

1. 2014 年度中国餐饮连锁企业员工最喜爱的公司

上海西提餐饮管理有限公司
星巴克企业管理（中国）有限公司
北京西贝餐饮管理有限公司

2. 2014 年度中国餐饮连锁企业管理创新奖

百胜餐饮集团中国事业部
北京嘉和一品企业管理股份有限公司
北京西贝餐饮管理有限公司
重庆佳永小天鹅餐饮有限公司
海南拾味馆餐饮连锁管理有限公司
浙江外婆家餐饮管理有限公司
真功夫餐饮管理有限公司
北京吉野家快餐有限公司
北京金百万餐饮管理有限责任公司
广州拉丁餐厅有限公司
上海世好餐饮管理有限公司
呷哺呷哺餐饮管理有限公司
迪欧餐饮管理有限公司
北京比格餐饮管理有限责任公司
北京好伦哥餐饮有限公司
北京黄记煌餐饮管理有限责任公司
长沙五十七度湘餐饮管理有限公司

3. 2014 年度中国餐饮连锁企业 O2O 最佳实践奖

上海智龙企业管理有限公司

2014 年度中国零售创新奖、创新大奖

零售创新奖获奖者是在当年度中国连锁企业经营活动中取得创新与突破，并成为国内企业可资借鉴的经验和模式，包括模式创新、业态创新、管理创新、技术创新等。零售创新案例采集采取企业申报和业内专家推荐相结合的方式。创新案例评审，由中国连锁经营协会（CCFA）组织专家按评审流程和评分原则进行初评，结合专家对企业的现场深度考察，择优推出“年度零售创新奖”。同时，评审专家根据创新案例对行业发展的引领和启发性，从零售创新奖中择优评出“年度创新大奖”。

零售创新案例将通过《中国零售创新案例集》展现，实现业内最佳实践的有效传播。零售创新大奖将用作中国人民大学商学院 MBA 的教学案例，供未来零售高端管理人才学习和研讨。

2014 年 11 月 6 日，2014 年度中国零售创新奖和创新大奖在“第十六届中国连锁业会议”期间揭晓并颁奖。名单如下：

1. 2014 年度中国零售创新大奖

序号	企业名称	获奖案例
1	国美电器有限公司	国美全渠道零售商战略
2	步步高商业连锁股份有限公司	步步高转型—大平台战略
3	安徽乐城投资股份有限公司	乐城业态创新与实践

2. 2014 年度中国零售创新奖

序号	企业名称	获奖案例
1	华润万家有限公司	合理管控用工人数及工时数，提升商店劳动效率
2	合肥百货大楼集团股份有限公司	传统百货店购物中心化探索
3	红星美凯龙家居集团股份有限公司	“星云”：家居流通行业大数据应用平台
4	上海来伊份股份有限公司	新环境下的休闲零食行业创新
5	宝洁（中国）营销有限公司 & 华润万家有限公司	大数据时代下的供应链协同创新 ——门店智能运作解决方案
6	家乐园集团	家乐园百货自营创新业务——直营运作
7	沃尔玛（中国）投资有限公司	沃尔玛鲜食供应链系统
8	中兴—沈阳商业大厦（集团）股份有限公司	手机支付让购物变得更轻松
9	如家酒店集团 & 捷库动力信息技术有限公司	打造移动智能管理系统，培育“员工、宾客、伙伴”生态圈
10	江苏五星电器有限公司	直面电商竞争　打造新一代蓝色旗舰店

2014年度CCFA十佳金牌店长及金牌店长单项奖

（在第十六届中国连锁业会议上发布并颁奖）

“CCFA金牌店长”是中国零售行业门店店长的最高荣誉。至2014年，该评选活动已连续举办9年，累计评出1120位“金牌店长”。其中，来自85家连锁企业的169位店长荣获2014年度CCFA金牌店长，更有部分“金牌店长”已经走上更高的领导岗位，负责整个企业（区域）更大范围、更重要的工作。

“CCFA十佳金牌店长”是在当年度中国连锁业会议上的“十佳金牌店长现场竞选会”专场，由评委会根据不同业态的门店及其主要经营指标（如平效、人效、净利润率）等综合评分，从“金牌店长”中择优产生。

此外，结合金牌店长所在门店推动绿色运营与消费，挖掘门店降能耗、减费用空间，有效控制成本等情况，2014年度还推出金牌店长单项奖，包括：“节能标兵”、“效率能手”和“盈利先锋”。具体名单如下：

1. 2014年度“CCFA十佳金牌店长”名单

序号	姓名	企业名称
1	贺正红	银泰商业（集团）有限公司
2	李志坚	贵州合力商业投资集团
3	刘学东	北京超市发连锁股份有限公司
4	李　飞	欧尚（中国）投资有限公司
5	郑洪艳	永辉超市股份有限公司
6	杨　迁	步步高商业连锁股份有限公司
7	任玉晓	华地国际控股有限公司
8	黄嘉幸	江苏五星电器有限公司
9	宋玉姐	上海城市超市有限公司
10	袁志文	湖南家润多超市有限公司

2. 2014 年度 CCFA 金牌店长单项奖名单

（1）"节能标兵奖"

序号	姓名	企业名称
1	都　渊	利群集团城阳购物广场有限公司
2	阙春秀	重庆中百仓储超市公司
3	钱安辉	华润万家有限公司

（2）"效率能手"

序号	姓名	企业名称
1	严伙燕	广东万宁连锁商业有限公司
2	王　霞	国美电器有限公司

（3）"盈利先锋"

序号	姓名	企业名称
1	秦　卉	联盛商业连锁股份有限公司
2	张　宽	北京港佳好邻居连锁便利店有限责任公司

2014 年度 CCFA 零售业防损之星、防损优秀管理者

为表彰在连锁零售企业中做出突出贡献的优秀防损人员，推进中国零售业防损水平的不断提高，中国连锁经营协会连续 7 年组织开展了“零售业防损之星”、“零售业防损优秀管理者”评选活动。按照评奖程序和原则，由协会资产保护（防损）委员会专家委员审核评分，并结合“2014 年资产保护与防损高峰论坛”参会代表现场投票评选，岳晓阳等 10 人荣获“2014 年度 CCFA 零售业防损之星”，方绳敏等 10 人荣获“2014 年 CCFA 零售业防损优秀管理者”。

1. 2014 年度 CCFA 零售业防损之星

姓名	职务	企业名称
岳晓阳	总监	安徽百大合家福连锁超市股份有限公司
朱妙婷	高级培训发展经理	沃尔玛（中国）投资有限公司
马　军	经理	华润苏果超市有限公司
宋　伟	防损总监	陕西华润万家生活超市有限公司
钱丁悦成	监察部经理	上海易迅电子商务发展有限公司
魏　凯	区域防损处长	宝鸡商场有限公司
任艳艳	防损处经理	河北省邯郸市阳光超市有限公司
万运春	调查经理	唯品会（中国）有限公司
崔彦敏	防损部 区域经理	北京物美商业集团有限责任公司
杨晓琳	店长	重庆百货大楼股份有限公司

注：排名不分先后。

2. 2014 年 CCFA 零售业防损优秀管理者

姓名	职务	企业名称
方绳敏	主管	安徽省徽商红府连锁超市有限责任公司
刘　强	经理	河北美食林商贸集团有限公司
瞿　杰	损耗预防总监	人人乐连锁商业集团股份有限公司
张正华	安防总监	十堰市新合作超市有限公司
祁　伟	防损副经理	秦皇岛广缘商业连锁有限公司
邱瑞华	保安经理	家乐园商贸有限公司
刘先武	损控主办	浙江人本超市有限公司
汤安民	营运防损经理	广州易初莲花连锁超市有限公司
王学鹏	防损经理	永旺商业有限公司
邢慧勇	经理	北京华联综合超市股份有限公司呼和浩特分公司

注：排名不分先后。

2014 年度中国连锁业最佳（优秀）O2O 案例

在目前中国经济转型期，无论是传统零售企业，还是电子商务企业，都在积极探索新的 O2O 发展模式。为鼓励和宣传国内连锁企业在 O2O 创新发展方面的努力和贡献，推动零售业电子商务的发展，中国连锁经营协会于 2014 年组织开展了“连锁业优秀 O2O 案例”和“连锁业最佳 O2O 案例”评选活动，在“2014 中国连锁业 O2O 大会”上揭晓并颁奖。名单如下：

1. 2014 年度中国连锁业最佳 O2O 案例奖

案例名称	获奖企业
深入推进实践 O2O 模式，引领零售业转型升级	苏宁云商集团股份有限公司
天虹——全渠道零售下的 O2O 标杆	天虹商场股份有限公司
以本地化和差异化打造 O2O 全渠道电商	步步高商业连锁股份有限公司
传统零售商转型，实体店与电商融合	太原唐久超市有限公司
淘宝银泰手机淘宝生活节	淘宝

注：排名不分先后。

2. 2014 中国连锁业优秀 O2O 案例奖

案例名称	获奖公司
中国乡镇 O2O 服务平台创新领袖	汇通达网络有限公司
O2O 的探路者，试水电商新模式	湖南绝味食品股份有限公司
O2O 战略之爱尚通程微信平台的道与术	长沙通程控股股份有限公司爱尚通程网上商城
全国吃货总动员，“O2O 营销”进行时	呷哺呷哺餐饮管理有限公司
“全触点、多平台”O2O 活动	星创视界 Novavison
用 O2O 模式连通商户和消费者的真实需求	商圈网电子商务有限公司
携手腾讯微生活布局移动 O2O 领域	宏图三胞高科技术股份有限公司
粉丝经济和平台融合打通 O2O 路径	湖南友谊阿波罗商业股份有限公司
传统零售企业与 O2O 的携手共进	上海来伊份股份有限公司
微店提升竞争力——承德商战一瞥	承德宽广超市集团有限公司

注：排名不分先后。

2011-2015 年零售业“低碳示范商店”

为推动零售业节能降耗工作的普及与深化，中国连锁经营协会（CCFA）于 2010 年启动零售业“低碳示范商店”项目，旨在通过最佳实践展示和宣传，有效推进零售企业节能减排。自 2011 年推出首批“低碳示范商店”，至 2015 年 9 月，协会在数据调查的基础上，不断完善“低碳示范商店”评价机制，引入“碳排放数据指标体系”，严格按照“低碳示范商店”考评分值体系评审，共完成 6 批 CCFA“低碳示范商店”推选工作，得到政府相关部门、业界和企业的充分肯定和积极响应。

“低碳示范商店”是指使用节能降耗管理技术和设施设备，在减少碳排放，降低经营费用，承担社会责任等方面取得成效的零售门店。推选“低碳示范商店”，主要考察和评审连锁企业申报门店的“单位面积耗电量”、“万元营业额能耗量、耗水量”以及“节能器具应用”、“员工节能环保培训”、“所经营的环保节能产品”等核心指标，并将不同业态分类进行评定，最终依据汇总得分择优推选。

2011-2015 年，共有 6 批①、53 家零售企业的 179 家门店获得“低碳示范商店”称号，地域覆盖全国 24 个省（自治区、直辖市）的 65 个城市。第 6 批“低碳示范商店”名单如下：

大型超市（20 家）

华润万家有限公司侨香店
华润万家有限公司横岗店
华润万家有限公司香格店
康成投资（中国）有限公司奉贤店
康成投资（中国）有限公司国贸店
康成投资（中国）有限公司市中店
康成投资（中国）有限公司华漕店
锦江麦德龙现购自运有限公司上海普陀商场
山西美特好连锁超市股份有限公司三墙路店
山西美特好连锁超市股份有限公司鄂尔多斯北国新天地店
山西美特好连锁超市股份有限公司铜锣湾店
南京天元东路（城市之光）购物广场

① 注：前 5 批“低碳示范商店”名单见《2014 中国连锁经营年鉴》。

北京沃尔玛百货有限公司建国路分店
沃尔玛深国投百货有限公司深圳中山分店
北京沃尔玛百货有限公司望京分店
满庭芳百货商业发展有限公司成都玉林店
上海浦东好又多超市有限公司田林分店
北京物美商业集团股份有限公司华天大卖场店
中百仓储沿港路购物广场
重庆商社新世纪百货连锁经营有限公司大渡口商都

百货店（4 家）
百盛复兴门店
北京华冠商业经营股份有限公司城关店
北京华冠商业经营股份有限公司购物中心店
银座集团股份有限公司东营银座商城

社区购物中心（3 家）
安徽百大合家福购物中心
天虹商场股份有限公司坂田店
天虹商场股份有限公司横岗松柏商场

超市、便利店（3 家）
广州百佳超级市场有限公司假日广场分店
安徽徽商红府连锁超市有限责任公司宿州路店
全家淮海中路三店

专业店（10 家）
永乐（中国）电器销售有限公司上海共和店
永乐（中国）电器销售有限公司上海七宝店
北京大中电器中塔店
黑龙江黑天鹅家电有限公司南岗店
红星美凯龙重庆江北商场
红星美凯龙成都金牛商场
哈尔滨苏宁云商销售有限公司西大直街店
石家庄苏宁云商商贸有限公司西美大厦店
中山苏宁云商商贸有限公司中山大信店
宜家天津商场

附录二

2014 年中国连锁百强名单

CCFA 2015 年 4 月 21 日发布

序号	企业名称	2014 年销售（万元）	销售增长率%	2014 年门店总数（个）	门店增长率%	备注	
1	国美电器有限公司	14348266	7. 6%	1698	7. 1%		★
2	苏宁云商集团股份有限公司	* 14276100	3. 5%	1696	4. 3%	①	★
3	华润万家有限公司	10400000	12. 6%	4127	7. 6%	②	★
	其中：华润苏果	3342400	-1. 3%	2103	-0. 3%		
4	康成投资（中国）有限公司（大润发）	8567000	6. 9%	304	15. 2%		★
5	沃尔玛（中国）投资有限公司	7237558	0. 2%	411	1. 0%	③	★
6	山东省商业集团有限公司	6392336	4. 6%	638	11. 0%		☆
7	联华超市股份有限公司	6175076	-10. 3%	4325	-6. 0%	④	★
8	重庆商社（集团）有限公司	6148418	2. 0%	335	2. 8%		★
9	上海百联集团股份有限公司	* 5986000	1. 2%	4400	-6. 4%	⑤	☆
10	百胜餐饮集团中国事业部	5070000	1. 0%	6600	10. 0%		★
11	家乐福（中国）管理咨询服务有限公司	4572212	-2. 1%	237	0. 4%		★
12	永辉超市股份有限公司	* 4300000	22. 6%	337	15. 4%		★
13	大商股份有限公司	* 3768000	-4. 6%	200	3. 1%		★
14	武汉武商集团股份有限公司	3400003	10. 8%	98	-2. 0%		★
15	长春欧亚集团股份有限公司	3232232	14. 3%	81	8. 0%		★
16	中百控股集团股份有限公司	3221803	9. 9%	1037	2. 1%		★
17	石家庄北国人百集团有限责任公司	3213628	6. 5%	102	8. 5%		
18	宏图三胞高科技术有限公司	3035024	10. 1%	572	12. 2%		★
19	农工商超市（集团）有限公司	2938187	-2. 1%	2566	-3. 0%		★
20	海航商业控股有限公司	2790000	5. 7%	507	5. 2%		★
21	步步高集团	2703795	27. 6%	525	18. 0%	⑥	★
22	万达百货有限公司	2559996	65. 2%	99	32. 0%		★
23	天虹商场股份有限公司	2338992	6. 2%	67	8. 1%		★
24	利群集团股份有限公司	2307900	0. 9%	600	3. 4%		★
25	烟台市振华百货集团股份有限公司	2306100	6. 6%	111	-1. 8%		☆
26	北京物美商业集团股份有限公司	2196447	11. 3%	565	3. 3%	⑦	
27	文峰大世界连锁发展股份有限公司	2170674	4. 8%	879	-4. 6%		★

续表

序号	企业名称	2014年销售（万元）	销售增长率%	2014年门店总数（个）	门店增长率%	备注
28	北京王府井百货（集团）股份有限公司	2166596	-6.0%	28	3.7%	★
29	江苏五星电器有限公司	2100000	-21.1%	184	-2.6%	★
30	山东家家悦投资控股有限公司	2094516	10.2%	608	1.2%	★
31	百盛商业集团有限公司	* 1944944	-4.2%	57	-1.7%	☆
32	锦江麦德龙现购自运有限公司	1890000	8.0%	81	11.0%	★
33	银泰商业（集团）有限公司	1831852	0.8%	47	30.6%	★
34	乐天超市有限公司	* 1800000	16.1%	123	11.8%	★
35	金鹰国际商贸集团（中国）有限公司	1725746	-8.2%	29	7.4%	★
36	郑州丹尼斯集团	1720000	21.1%	226	24.9%	
37	中石化易捷销售有限公司	1713019	28.3%	23730	1.3%	★
38	北京迪信通商贸股份有限公司	1690279	12.1%	1484	1.3%	★
39	安徽省徽商集团有限公司	1670609	-0.4%	2160	-6.5%	★
40	新一佳超市有限公司	1650301	-3.0%	110	-5.2%	★
41	欧尚（中国）投资有限公司	1650000	5.1%	68	15.3%	★
42	山东潍坊百货集团股份有限公司	1638966	8.3%	600	5.3%	★
43	广州屈臣氏个人用品商店有限公司	* 1638136	14.0%	2088	23.3%	★
44	合肥百货大楼集团股份有限公司	1600000	-2.1%	176	-7.4%	⑧ ★
44	北京华联综合超市股份有限公司	* 1600000	8.8%	145	3.6%	△
46	辽宁兴隆大家庭商业集团	1544693	9.6%	37	5.7%	★
47	武汉中商集团股份有限公司	1492240	8.7%	49	-5.8%	★
48	北京京客隆商业集团股份有限公司	* 1422535	3.5%	285	21.8%	★
49	新华都购物广场股份有限公司	1406160	3.0%	122	3.4%	★
50	北京首商集团股份有限公司	1384886	-1.6%	18	5.9%	★
51	卜蜂莲花	1378203	0.2%	77	0.0%	★
52	江苏华地国际控股集团有限公司	1328734	-0.9%	47	2.2%	★
53	人人乐连锁商业集团股份有限公司	1279645	-2.2%	117	-8.6%	★
54	北京菜市口百货股份有限公司	1212121	-10.8%	19	18.8%	
55	北京乐语世纪科技集团有限公司	1168686	0.3%	2168	-8.9%	⑨ ★
56	麦当劳（中国）有限公司	* 1150000	11.7%	2100	20.0%	★
57	广州市广百股份有限公司	1134911	-0.6%	27	-3.6%	★
58	东莞市糖酒集团美宜佳便利店有限公司	1099365	71.1%	6390	14.5%	⑩ ★
59	茂业国际控股有限公司	* 1076414	-5.4%	41	2.5%	
60	宜家家居	1021956	24.4%	16	14.3%	★
61	中国石油销售公司（昆仑好客便利店）	988000	-5.7%	15000	7.1%	★
62	永旺（中国）投资有限公司	976537	11.4%	50	13.6%	★

续表

序号	企业名称	2014 年销售（万元）	销售增长率%	2014 年门店总数（个）	门店增长率%	备注
63	新疆友好集团	* 966000	-14.0%	61	5.2%	★
64	山东新星集团有限公司	910918	-5.5%	586	-10.4%	★
65	成都红旗连锁股份有限公司	881249	6.6%	1577	8.0%	★
66	南京中央商场（集团）股份有限公司	* 800760	-8.9%	15	50.0%	
67	济南华联商厦集团股份有限公司	797876	11.5%	41	51.9%	☆
68	银川新华百货商业集团股份有限公司	* 797600	3.2%	228	8.6%	
69	湖南友谊阿波罗控股股份有限公司	776480	-1.5%	11	0.0%	★
70	伊藤洋华堂（中国）	727178	0.1%	12	-14.3%	★
71	北京翠微大厦股份有限公司	715000	35.5%	8	60.0%	★
72	山西美特好连锁超市股份有限公司	656037	17.8%	130	46.1%	★
73	山东全福元商业集团有限责任公司	651400	19.9%	267	19.2%	★
74	信誉楼百货集团有限公司	640000	30.6%	18	12.5%	★
75	邯郸市阳光百货集团总公司	611000	1.5%	175	2.9%	★
76	一丁集团股份有限公司	562070	17.0%	363	-5.0%	★
77	阜阳华联集团股份有限公司	550116	6.1%	795	1.1%	★
78	家乐园商贸有限公司	533021	5.0%	44	0.0%	★
79	青岛维客集团股份有限公司	530500	5.3%	10	0.0%	★
80	青岛利客来集团股份有限公司	525839	14.3%	431	0.9%	★
81	大参林医药集团股份有限公司	516000	11.0%	1600	14.3%	★
82	湖南佳惠百货有限责任公司	510370	5.2%	247	2.1%	★
83	北京华冠商业经营股份有限公司	507926	12.1%	273	-3.2%	★
84	长沙通程控股股份有限公司	502552	-0.3%	77	5.5%	
85	三江购物俱乐部股份有限公司	487046	-5.2%	154	2.7%	★
86	浙江人本超市有限公司	486734	5.8%	1693	4.4%	★
87	雄风集团有限公司	438795	10.5%	135	-10.0%	★
88	北京超市发连锁股份有限公司	437051	1.7%	155	8.4%	★
89	全家便利店	420000	13.5%	1281	20.4%	★
90	广州友谊集团股份有限公司	392016	-17.8%	6	0.0%	★
91	百佳超市（中国区）	392012	4.3%	70	7.7%	★
92	十堰市新合作超市有限公司	390585	4.0%	2236	4.0%	△
93	江苏新合作常客隆连锁超市有限公司	380441	6.1%	1029	1.3%	★
94	山西省太原唐久超市有限公司	355360	1.9%	1340	7.2%	★
95	加贝物流股份有限公司	330000	-7.0%	350	-1.1%	★
96	中国全聚德（集团）股份有限公司	327624	-0.5%	99	3.1%	★
97	浙江华联商厦有限公司	327500	-3.0%	78	-7.1%	

续表

序号	企业名称	2014 年销售（万元）	销售增长率%	2014 年门店总数（个）	门店增长率%	备注	
98	新世界百货中国有限公司	* 323900	-1.4%	43	0.0%	⑪	
99	河南大张实业有限公司	318000	22.0%	56	1.8%		★
100	心连心集团有限公司	314799	15.4%	48	0.0%		★
	合计	209637552	5.1%	107366	4.2%		

注：1. ★ 表示为中国连锁经营协会会员企业，☆ 表示其下属公司为协会会员企业，△ 表示其母公司为协会会员企业。

2. 数字前面带 * 为估计值。

3. 百强统计采用销售规模口径，包括门店含税销售额和企业批发含税销售额，其中门店包括直营店、加盟店、以公司品牌输出管理的连锁店。销售规模的统计不包括内部交易、企业的批发市场交易额、汽车、加油站及农资等生产资料销售额。

4. 以特许加盟为主的企业（销售规模或门店数量）不列入本表。

5. 部分企业数据说明：

① 苏宁云商集团股份有限公司为苏宁控股集团下属公司。苏宁控股集团 2014 年含税销售规模为 2735.76 亿元。

② 华润万家有限公司销售额中包含特易购乐购（中国）投资有限公司 2014 年 6 月 1 日至 12 月 31 日的销售额。

③ 沃尔玛（中国）投资有限公司销售额不包含 1 号店的销售额。

④ 联华超市股份有限公司销售额中包含家乐福上海地区门店的销售金额。联华超市股份有限公司与上海百联集团股份有限公司存在股权投资关系。

⑤ 去年以上海友谊集团股份有限公司上榜。公司名称由“上海友谊集团股份有限公司”变更为“上海百联集团股份有限公司”，2014 年 7 月 31 日完成工商登记。其合并报表中包含联华超市股份有限公司。

⑥ 销售额中包含浙江供销超市有限公司，去年以物美控股集团上百强榜。

⑦ 步步高集团销售中不包含广西南城百货的数据。

⑧ 合肥百货大楼集团股份有限公司数据不包括批发市场交易额。

⑨ 被三胞集团收购，与宏图三胞高科技术有限公司没有股权投资关系。

⑩ 美宜佳因批发与加盟销售有重复计算，剔除此部分，实际销售规模为 768408 万元。

⑪此估计值根据新世界百货中国有限公司中报及年报中的收益计算得出。新世界百货中国有限公司实际含税销售收入约 138 亿元人民币，销售增长率为-5.1%，自有店家数 39 家，增长率 0%。

2014 年中国快速消费品连锁零售百强名单

CCFA 2015 年 4 月 21 日发布

序号	企业名称	2014 年销售（万元）	销售增长率%	2014 年门店总数（个）	门店增长率%	备注	
1	华润万家有限公司	10400000	12.6%	4127	7.6%	①	★
2	康成投资（中国）有限公司（大润发）	8567000	6.9%	304	15.2%		★
3	沃尔玛（中国）投资有限公司	7237558	0.2%	411	1.0%	②	★
4	联华超市股份有限公司	6175076	-10.3%	4325	-6.0%		★
5	家乐福（中国）管理咨询服务有限公司	4572212	-2.1%	237	0.4%		★
6	永辉超市股份有限公司	* 4300000	22.6%	337	15.4%		★
7	农工商超市（集团）有限公司	2938187	-2.1%	2566	-3.0%		★
8	海航商业控股有限公司	2790000	5.7%	507	5.2%		★
9	步步高集团	2703795	27.6%	525	18.0%	③	★
10	北京物美商业集团股份有限公司	2196447	11.30%	565	3.3%		★
11	文峰大世界连锁发展股份有限公司	2170674	4.8%	879	-4.6%		★
12	山东家家悦投资控股有限公司	2094516	10.2%	608	1.2%		★
13	中百仓储超市有限公司	1977637	8.2%	256	-3.0%		★
14	锦江麦德龙现购自运有限公司	1890000	8.0%	81	11.0%		★
15	乐天超市有限公司	* 1800000	16.1%	123	11.8%		★
16	中石化易捷销售有限公司	1713019	28.3%	23730	1.3%		★
17	新一佳超市有限公司	1650301	-3.0%	110	-5.2%		★
18	欧尚（中国）投资有限公司	1650000	5.1%	68	15.3%		★
19	广州屈臣氏个人用品商店有限公司	* 1638136	14.0%	2088	23.3%		★
20	北京华联综合超市股份有限公司	* 1600000	8.8%	145	3.6%		△
21	武汉武商量贩连锁有限公司	1424379	5.5%	88	-4.3%		★
22	北京京客隆商业集团股份有限公司	* 1422535	3.5%	285	21.8%		★
23	新华都购物广场股份有限公司	1406160	3.0%	122	3.4%		★
24	卜蜂莲花	1378203	0.2%	77	0.0%		★
25	人人乐连锁商业集团股份有限公司	1279645	-2.2%	117	-8.6%		★
26	世纪华联超市连锁（江苏）有限公司	1254045	27.0%	3226	19.3%		★
27	东莞市糖酒集团美宜佳便利店有限公司	1099365	71.1%	6390	14.5%		★
28	中国石油销售公司（昆仑好客便利店）	988000	-5.7%	15000	7.1%		★
29	永旺（中国）投资有限公司	976537	11.4%	50	13.6%		★
30	成都红旗连锁股份有限公司	881249	6.6%	1577	8.0%		★
31	重庆百货大楼股份有限公司（超市事业部）	797071	-2.4%	153	3.4%		△
32	山东潍坊百货集团股份有限公司（快消部分）	785547	5.9%	86	-7.5%		★
33	石家庄北国人百集团有限责任公司（超市业态）	734585	4.2%	34	17.2%		

续表

序号	企业名称		2014年销售（万元）	销售增长率%	2014年门店总数（个）	门店增长率%	备注
34	伊藤洋华堂（中国）		727178	0.1%	12	-14.3%	★
35	武汉中商平价超市连锁有限责任公司		707507	8.4%	37	-7.5%	△
36	山西美特好连锁超市股份有限公司		656037	17.8%	130	46.1%	★
37	山东全福元商业集团有限责任公司		651400	19.9%	267	19.2%	★
38	阜阳华联集团股份有限公司		550116	6.1%	795	1.1%	★
39	中百控股集团中百超市有限公司		533605	17.5%	726	4.0%	★
40	青岛利客来集团股份有限公司		525839	14.3%	431	0.9%	★
41	湖南佳惠百货有限责任公司		510370	5.2%	247	2.1%	★
42	北京华冠商业经营股份有限公司		507926	12.1%	273	-3.2%	★
43	三江购物俱乐部股份有限公司		487046	-5.2%	154	2.7%	★
44	浙江人本超市有限公司		486734	5.8%	1693	4.4%	★
45	济南华联超市有限公司		478926	11.6%	36	63.6%	★
46	北京超市发连锁股份有限公司		437051	1.7%	155	8.4%	★
47	全家便利店		420000	13.5%	1281	20.4%	★
48	百佳超市（中国区）		392012	4.3%	70	7.7%	★
49	十堰市新合作超市有限公司		390585	4.0%	2236	4.0%	△
50	江苏新合作常客隆连锁超市有限公司		380441	6.1%	1029	1.3%	★
51	山西省太原唐久超市有限公司		355360	1.9%	1340	7.2%	★
52	加贝物流股份有限公司		330000	-7.0%	350	-1.1%	★
53	浙江华联商厦有限公司		327500	-3.0%	78	-7.1%	
54	河南大张实业有限公司		318000	22.0%	56	1.8%	★
55	心连心集团有限公司		314799	15.4%	48	0.0%	★
56	河北惠友商业连锁发展有限公司		300000	0.0%	56	12.0%	★
57	安徽百大合家福连锁超市股份有限公司		294719	-2.5%	126	8.6%	△
58	烟台振华量贩超市有限公司		293600	3.0%	87	4.8%	★
59	河北国大连锁商业有限公司		283941	26.9%	1040	11.2%	★
60	青岛维客集团股份有限公司（超市部分）		282442	7.8%	7	0.0%	★
61	山东贵诚集团购物中心有限公司		280475	7.0%	233	22.0%	★
62	广东壹加壹商业连锁有限公司		254582	-10.3%	44	4.8%	★
63	长春欧亚超市连锁经营有限公司		254512	16.1%	64	23.1%	△
64	廊坊市明珠商业企业集团有限公司		233460	-4.4%	11	0.0%	★
65	山东新合作超市连锁有限公司	*	220000	5.3%	360	7.1%	
66	云南健之佳健康连锁店股份有限公司		195000	14.0%	1137	10.9%	★
67	浙江凯虹集团有限公司		195000	5.4%	17	6.3%	★
68	河北承德宽广超市集团有限公司		193866	17.3%	22	15.8%	★
69	联盛商业连锁股份有限公司		187368	8.6%	28	3.7%	★
70	江苏欢乐买商贸股份有限公司		185752	5.0%	129	35.8%	★
71	大同市华林有限责任公司		185000	-7.7%	11	10.0%	★
72	天津泰达易买得超市有限公司	*	180000	-20.0%	10	-33.3%	★

续表

序号	企业名称	2014 年销售（万元）	销售增长率%	2014 年门店总数（个）	门店增长率%	备注	
73	包头市永盛成百货有限责任公司	179800	5.9%	62	29.2%		★
74	华联集团吉买盛购物中心有限公司	174258	1.5%	23	21.1%		★
75	大连金玛超市连锁有限公司	171317	29.0%	1024	0.2%		★
76	重庆重客隆超市连锁有限责任公司	* 169720	0.1%	120	0.0%		
77	安徽省台客隆连锁超市有限责任公司	165457	15.6%	50	16.3%		★
78	河北美食林商贸集团有限公司	160000	9.2%	30	30.4%		★
79	新疆好家乡超市有限公司	157588	3.5%	16	33.3%		★
80	天津劝宝超市有限责任公司	156987	1.4%	502	-25.6%		★
81	安徽省徽商红府超市连锁超市有限责任公司	149000	10.4%	35	0.0%		△
82	秦皇岛兴龙广缘商业连锁有限公司	137500	5.8%	39	14.7%		★
83	家乐园商贸有限公司（超市部分）	133255	5.0%	16	0.0%		★
84	安宁市金方商业集团有限责任公司	130000	0.0%	17	0.0%		★
85	山东统一银座商业有限公司	129443	0.9%	195	1.0%		★
86	胜利油田胜大超市	125441	1.8%	130	-1.5%		★
87	成都舞东风超市连锁有限责任公司	123997	4.2%	590	7.7%		★
88	柒一拾壹（北京）有限公司	122319	15.1%	175	16.7%		★
89	山东圣豪商业有限公司	120000	33.3%	11	22.2%		★
90	上海良友金伴便利连锁有限公司	118700	5.7%	497	-1.0%		★
91	天津市津工超市有限责任公司	115979	-5.8%	333	-3.8%		★
92	邯郸市阳光百货集团总公司（阳光超市）	112154	7.2%	23	9.5%		△
93	道里菜市场集团	109516	0.5%	151	2.7%	④	☆
94	安徽金华联投资股份有限公司	101059	-5.4%	41	0.0%		★
95	北京首航国力商贸有限公司	100400	-0.8%	47	6.8%		★
96	山西吉隆斯商贸股份有限公司	98706	-3.1%	32	-5.9%		★
97	唐山瑞莎实业集团有限公司	97047	-3.0%	45	-6.3%		★
98	上海捷强烟草糖酒（集团）连锁有限公司	93527	-7.3%	271	-0.7%		
99	四川德惠商业股份有限公司	92180	-11.1%	50	-2.0%		★
100	广西利客隆超市有限公司	73369	-9.1%	46	-19.3%		★
	合计	102618748	6.5%	88594	5.0%		

注：1. ★ 表示为中国连锁经营协会会员企业，☆ 表示其下属公司为协会会员企业，△ 表示其母公司为协会会员企业。

2. 数字前面带 * 为估计值。

3. 百强统计采用销售规模口径，包括门店含税销售额和企业批发含税销售额，其中门店包括直营店、加盟店和以公司品牌输出管理的连锁店。销售规模的统计不包括内部交易、企业的批发市场交易额、汽车、加油站及农资等生产资料销售额。

4. 以特许加盟为主的企业（销售规模或门店数量）不列入本表。

5. 部分企业数据说明：

① 华润万家有限公司销售额中包含特易购乐购（中国）投资有限公司 2014 年 6 月 1 日至 12 月 31 日的销售额。

② 沃尔玛（中国）投资有限公司销售额不包含 1 号店的销售额。

③ 步步高集团销售中不包含广西南城百货的数据。

④ 去年以哈尔滨联强商业发展有限公司入选，排第 98 名。

2014 年中国特许经营连锁 100 强名单

序号	行业	业态	企业名称	品牌	2014 年销售规模（万元）	2014 年门店总数（个）	加盟店数（个）
1	综合零售	超市	联华超市股份有限公司	联华	6175076	4325	2673
2		超市	苏果超市有限公司	苏果	3342400	2103	646
3		超市	世纪华联超市连锁（江苏）有限公司	世纪华联	1254045	3226	460
4		便利店	东莞市糖酒集团美宜佳便利店有限公司	美宜佳	768408	6390	6388
5		便利店	浙江人本超市有限公司	十足、之上	486734	1693	147
6		便利店	中国便利店（开曼岛）控股有限公司	全家	420000	1281	864
7		便利店	山西省太原唐久超市有限公司	唐久	355360	1340	1250
8		便利店	河北国大连锁商业有限公司	国大 36524	283941	1040	944
9		便利店	上海联华快客便利有限公司	快客	239727	1801	960
10		便利店	广东上好便利店有限公司	上好	196700	2071	2059
11		便利店	广东天福连锁商业集团有限公司	天福	162791	2568	2557
12		便利店	罗森（中国）投资有限公司	LAWSON	100000	508	243
13		便利店	山西金虎便利连锁股份有限公司	金虎便利	93159	849	681
14	食品零售	茶叶	中国茶叶有限公司（新名称）	中茶	140000	400	350
15		茶叶	北京张一元茶叶有限责任公司	张一元	120000	271	218
16		茶叶	北京吴裕泰茶业股份有限公司	吴裕泰	62000	395	347
17		茶叶	厦门山国饮艺茶业有限公司	山国饮艺	33466	561	533
18		酒	广州市富隆酒窖酒业有限公司	富隆	49957	258	200
19		营养保健品	獐子岛集团股份有限公司	獐子岛	266221	294	249
20		营养保健品	厦门市双丹马实业发展有限公司	燕之屋	50000	276	268
21		营养保健品	北京百花蜂业科技发展股份公司	百花	22100	400	390
22		风味食品	北大荒营销股份有限公司	北大荒绿野	409000	330	325
23		风味食品	湖南绝味食品股份有限公司	绝味	301299	6187	6028
24		风味食品	湖北良品铺子食品有限公司	良品铺子	214253	1384	542
25		风味食品	上海摩提工房食品有限公司	摩提工房	32486	818	618
26		风味食品	南京桂花鸭（集团）有限公司	桂花鸭	31300	350	310

续表

序号	行业	业态	企业名称	品牌	2014年销售规模（万元）	2014年门店总数（个）	加盟店数（个）
27	非食品零售	化妆品	琪雅集团有限公司	琪雅	71500	5219	519
28		化妆品	广州康缇企业管理有限公司	康缇	38000	257	137
29		化妆品	深圳唯美度生物科技有限公司	唯美度	29000	3877	3870
30		饰品	哎呀呀饰品连锁股份有限公司	哎呀呀	35895	3108	3100
31		黄金珠宝	中国黄金集团黄金珠宝有限公司	中国黄金	5070000	2064	1991
32		家居用品	特百惠（中国）有限公司	特百惠	160000	4900	4886
33		文具	上海晨光文具股份有限公司	晨光	529799	4876	4826
34		农资	吉峰农机连锁股份有限公司	吉峰	396876	1438	1225
35		农资	安徽徽商农家福有限公司	农家福	349653	2087	1982
36		工艺品	◆重庆谭木匠工艺品有限公司	谭木匠	298269	1449	1449
37		眼镜	福州宝岛眼镜有限公司	康明宝岛	13980	465	456
38		通讯	北京迪信通商贸股份有限公司	迪信通	1690279	1484	602
39	餐饮	中式正餐	中国全聚德（集团）股份有限公司	全聚德	327624	104	76
40		中式正餐	陕西阿瓦山寨品牌投资有限公司	阿瓦山寨	167433	236	230
41		中式正餐	湖南韶山毛家饭店发展有限公司	毛家	143000	254	249
42		中式正餐	北京便宜坊烤鸭集团有限公司	便宜坊	66834	59	28
43		中式快餐	永和大王	永和大王	176597	314	17
44		中式快餐	上海世好餐饮管理有限公司	吉祥馄饨	103226	2600	2294
45		中式快餐	四平李连贵饮食服务股份有限公司	李连贵	62647	265	248
46		中式快餐	北京嘉和一品企业管理股份有限公司	嘉和一品	36259	101	35
47		中式快餐	马兰拉面快餐连锁有限责任公司	马兰	25694	120	31
48		火锅	内蒙古小尾羊餐饮连锁有限公司	小尾羊	392810	298	264
49		火锅	浙江凯旋门澳门豆捞控股集团有限公司	澳门豆捞	310249	340	89
50		火锅	北京黄记煌餐饮管理有限责任公司	黄记煌	292121	492	102
51		火锅	重庆德庄实业（集团）有限公司	德庄	261622	534	482
52		火锅	北京东来顺集团有限责任公司	东来顺	199278	158	132
53		火锅	陕西一尊餐饮管理有限公司	一尊皇牛	136973	164	101
54		西式快餐	百胜餐饮集团中国事业部	肯德基	5070000	6600	500
55		西式快餐	◆麦当劳（中国）有限公司	麦当劳	1150000	2100	NA
56		西式快餐	天津顶巧餐饮服务咨询有限公司	德克士	866210	2277	2148
57		西式快餐	巴贝拉意式休闲餐厅	巴贝拉	100000	138	80
58		西式快餐	北京比格餐饮管理有限责任公司	比格	65574	140	99
59		西式快餐	上海棒约翰餐饮管理有限公司	棒约翰	50518	166	61
60		西式快餐	北京好伦哥餐饮有限公司	好伦哥	33196	132	84

续表

序号	行业	业态	企业名称	品牌	2014 年销售规模（万元）	2014 年门店总数（个）	加盟店数（个）
61	餐饮	西式正餐	广州市绿茵阁餐饮连锁有限公司	绿茵阁	48781	104	80
62		咖啡	浙江两岸食品连锁有限公司	两岸咖啡	365896	752	623
63		咖啡	迪欧餐饮管理有限公司	迪欧	152379	678	646
64		咖啡	青岛耶士咖啡有限公司	SPR COFFEE	9233	300	299
65		休闲饮品	沈阳碰碰凉连锁企业管理有限公司	碰碰凉	74750	750	730
66		休闲饮品	上海快乐柠檬餐饮管理有限公司	快乐柠檬	43883	504	419
67		休闲饮品	迪乎时代(北京)国际商业连锁有限公司	DF	19680	505	440
68	经济型酒店	经济型酒店	如家酒店集团	如家	2142420	2609	1695
69		经济型酒店	铂涛酒店集团	7 天	1028114	2331	1833
70		经济型酒店	上海锦江都城酒店管理有限公司	锦江之星	639159	968	701
71		经济型酒店	华住酒店集团	汉庭	526522	1995	1384
72		经济型酒店	速伯艾特(北京)国际酒店管理有限公司	速 8 酒店	371032	688	675
73	培训教育	英语培训	优能中学教育	优能教育	250000	600	NA
74		IT 培训	北京阿博泰克北大青鸟信息技术有限公司	北大青鸟	197379	168	166
75		婴幼儿培训	北京红黄蓝儿童教育科技发展有限公司	红黄蓝	199151	1008	892
76		婴幼儿培训	金宝贝(天津)教育信息咨询有限公司	金宝贝	97000	240	235
77		婴幼儿培训	北京市东方爱婴咨询有限公司	东方爱婴	45843	578	562
78	洗衣护理	洗衣	北京福奈特洗衣服务有限公司	福奈特	75000	1217	1075
79		洗衣	四川布兰奇洗业有限公司	布兰奇	50359	1086	1080
80		洗衣	北京荣昌科技服务有限责任公司	伊尔萨	36648	708	567
81		洗衣	上海象王洗衣有限公司	象王	21600	540	526
82		皮具护理	北京翰皇伟业皮革清洁养护连锁服务有限公司	翰皇	60400	3020	3006
83	房屋中介&装修	房屋中介	北京埃菲特国际特许经营咨询服务有限公司	21 世纪不动产	122199	857	745
84		家装	东易日盛家居装饰集团股份有限公司	东易日盛	188001	213	88
85		家装	北京业之峰装饰有限公司	业之峰	127050	256	132
86		家装	北京元洲装饰有限责任公司	元洲	126000	251	173
87	汽车后市场	汽车养护/维修	驰加（上海）汽车用品贸易有限公司	驰加	492634	1130	1123
88		汽车养护/维修	广州华胜企业管理服务有限公司	华胜	81266	82	27
89		汽车养护/维修	博世汽车技术服务（北京）有限公司	博世车联	80000	80	78

续表

序号	行业	业态	企业名称	品牌	2014 年销售规模（万元）	2014 年门店总数（个）	加盟店数（个）
90	汽车后市场	汽车维护/维修	杭州小拇指汽车维修科技股份有限公司	小拇指	55200	710	704
91		二手车经纪店	福州车友网络科技有限公司	273	46586	736	708
92	美容休闲健身	美容	克丽缇娜上海贸易有限公司	克丽缇娜	66965	3577	3575
93		美容	青岛植秀堂养生养颜连锁有限公司	植秀堂	22116	240	234
94		健身	青岛英派斯健康管理有限公司	英派斯	35085	155	138
95		足疗	南京足生堂企业管理有限公司	足生堂	192269	612	603
96	其他服务	影楼	重庆金夫人实业有限公司	金夫人	200000	240	210
97		家政服务	北京华夏中青家政服务有限公司	华夏中青	14395	360	333
98		家政服务	上海爱君家庭服务有限公司	爱君	10741	384	344
99		广告	北京亿邦联合广告有限公司	亿邦	121521	1314	1298
100		宠物	北京派多格宠物用品有限公司	派多格	52000	1605	1600
	合计				42820796	124086	97068

数据来源：1. 企业填报的《2014 年度连锁企业基本情况调查表》。

2. 标注◆为估计值或上市企业年报。

2014 年中国主要连锁百货企业经营情况

CCFA 2015 年 4 月 21 日发布

序号	企业名称	2014 年销售（万元）	销售增长率%	2014 年百货及购物中心门店（个）	门店增长率%	备注	
1	银座集团股份有限公司	3502814	2.6%	——	——		★
2	长春欧亚集团股份有限公司（百货、购物中心）	2977720	14.2%	31	0.0%		★
3	万达百货有限公司	2559996	65.2%	99	32.0%		★
4	大商股份有限公司（百货部分）	* 2263000	-5.6%	200	——		★
5	北京王府井百货（集团）股份有限公司	2166596	-6.0%	28	-3.4%		★
6	重庆百货大楼股份有限公司（百货部分）	2099421	-6.6%	54	1.9%		★
7	上海百联集团股份有限公司（百货部分）	* 2045000	2.6%	40	——		☆
8	烟台市振华百货集团股份有限公司（百货部分）	2012500	7.1%	33	3.1%	①	☆
9	武汉武商集团股份有限公司（购物中心）	1975624	15.0%	10	25.0%		★
10	百盛商业集团有限公司	* 1944944	-4.2%	57	-1.7%		☆
11	银泰商业（集团）有限公司	1831852	0.8%	47	30.6%		★
12	金鹰国际商贸集团（中国）有限公司	1725746	-8.2%	29	7.4%		★
13	辽宁兴隆大家庭商业集团	1544693	9.6%	28	7.7%		★
14	北京首商集团股份有限公司	1384886	-1.6%	18	5.9%		★
15	天虹商场股份有限公司（百货部分）	* 1263600	5.2%	67	8.1%		★
16	石家庄北国人百集团有限责任公司（百货部分）	1221927	-6.7%	16	6.7%		
17	北京菜市口百货股份有限公司	1212121	-10.8%	19	18.8%		
18	利群集团股份有限公司（百货部分）	* 1200000	14.3%	43	7.5%		★
19	广州市广百股份有限公司	1134911	-0.6%	25	0.0%		★
20	合肥百货大楼集团股份有限公司（百货部分）	* 1105000	-4.9%	21	16.7%		★
21	安徽商之都股份有限公司	1091548	-3.6%	15	0.0%		★
22	茂业国际控股有限公司	* 1076414	-5.4%	41	2.5%		
23	南京中央商场（集团）股份有限公司	* 800760	-8.9%	15	50.0%		
24	济南华联商厦集团股份有限公司	797876	11.5%	5	0.0%		☆
25	银川新华百货商业集团股份有限公司	* 797600	3.2%	——	——		△
26	湖南友谊阿波罗控股股份有限公司	776480	-1.5%	8	0.0%		★
27	武汉中商百货连锁有限责任公司	718002	11.8%	10	11.1%		△

续表

序号	企业名称	2014 年销售（万元）	销售增长率%	2014 年百货及购物中心门店（个）	门店增长率%	备注	
28	北京翠微大厦股份有限公司	715000	35.5%	8	60.0%	②	★
29	杭州解百集团股份有限公司	* 710000	-9.0%	4	0.0%		
30	信誉楼百货集团有限公司	640000	30.6%	18	12.5%		★
31	文峰大世界连锁发展股份有限公司（百货部分）	* 632000	3.9%	14	0.0%		★
32	广州友谊集团股份有限公司	392016	-17.8%	6	0.0%		★
33	邯郸市阳光百货集团总公司（百货部分）	343527	-0.3%	11	22.2%		★
34	新世界百货中国有限公司	* 323900	-1.4%	43	4.9%	③	
35	南宁百货大楼股份有限公司	* 290000	-8.8%	17	0.0%		
36	北京城乡贸易中心股份有限公司	* 259630	-9.8%	4	0.0%		
37	深圳岁宝百货有限公司	255462	-7.1%	17	-10.5%		★
38	青岛维客集团股份有限公司（百货部分）	248158	2.6%	3	0.0%		★
39	成商集团股份有限公司	* 241806	-6.6%	10	0.0%		
40	唐山百货大楼集团八方购物广场有限责任公司	232645	1.0%	5	0.0%		★
41	南京新街口百货商店股份有限公司	* 222378	-3.9%	3	0.0%		
42	武汉中百百货有限责任公司	214559	9.4%	11	22.2%		△
43	上海徐家汇商城股份有限公司	* 214263	-12.7%	——	——		
44	深圳市百佳华百货有限公司	203928	-1.7%	10	11.1%		★
45	大连友谊（集团）股份有限公司（百货部分）	* 198000	——	6	20.0%		
46	家乐园商贸有限公司（百货部分）	197218	5.0%	18	0.0%		★
47	福建东百集团股份有限公司	* 194000	-18.6%	5	——		
	合计	49959520	2.7%	1172	8.8%		

注：1. ★ 表示为中国连锁经营协会会员企业，☆ 表示其下属公司为协会会员企业，△ 表示其母公司为协会会员企业。

2. 数字前面带 * 为估计值。

3. 百强统计采用销售规模口径，包括门店含税销售额和企业批发含税销售额，其中门店包括直营店、加盟店、以公司品牌输出管理的连锁店。销售规模的统计不包括内部交易、企业的批发市场交易额、汽车、加油站及农资等生产资料销售额。

4. 本表是以百货经营为主的企业排名，购物中心被归入百货部分。百货部分的销售额和门店数有直接取自企业填报的数据，也有从年报中按照主营业务分类取其中比例进行的分拆。

5. 部分企业数据说明：

① 其销售中包含家电和地产部分，无法分拆。

② 北京翠微大厦股份有限公司包含原甘家口百货的销售。

③ 此估计值根据新世界百货中国有限公司中报及年报中的收益计算得出。新世界百货中国有限公司实际含税销售收入约 138 亿元人民币，销售增长率为-5.1%，自有店家数 39 家，增长率 0%。

2014 年中国主要连锁便利店企业发展情况

CCFA 2015 年 4 月 21 日发布

序号	企业名称	品牌	2014 年门店数（个）	门店增长率%	备注	
1	中石化易捷销售有限公司	易捷	23730	1.8%		★
2	中国石油销售公司（昆仑好客便利店）	昆仑好客	15000	7.1%		★
3	东莞市糖酒集团美宜佳便利店有限公司	美宜佳	6390	14.5%		★
4	广东天福连锁商业集团有限公司	天福	2568	11.7%		★
5	浙江供销超市有限公司	供销便利、家连便利	2125	0.1%		★
6	广东上好便利店有限公司	上好	2070	21.6%		★
7	上海联华快客便利有限公司	快客	1719	-9.8%		★
8	农工商超市（集团）有限公司	可的、好德	* 1658	-2.5%		★
9	成都红旗连锁股份有限公司	红旗连锁	1577	8.0%		★
10	浙江十足商贸有限公司	十足、之上	1557	4.4%		★
11	苏果超市有限公司	苏果、好的	1342	12.7%		★
12	山西省太原唐久超市有限公司	唐久便利	1340	7.2%		★
13	全家便利店	全家	1281	20.4%		★
14	柒一拾壹便利店	7-Eleven	1098	——		★
15	河北国大连锁商业有限公司	36524	1040	16.2%		★
16	湖南佳宜企业管理有限公司	佳宜	853	——		★
17	山西金虎便利连锁股份有限公司	金虎便利、早早便利、语果生鲜便利	768	9.6%		★
18	中百控股集团中百超市有限公司	中百	726	4.0%		★
19	成都舞东风超市连锁有限责任公司	舞东风	720	31.4%		★
20	喜士多（C-store）便利店	喜士多	* 600	0.2%		
21	罗森（中国）投资有限公司	LAWSON	508	30.6%		★
22	上海良友金伴便利连锁有限公司	良友金伴 LIANGYOU	497	-1.0%		★
23	山东潍坊百货集团股份有限公司	中百	491	7.4%		★
24	中山市及时便利连锁有限公司	及时	453	——		★
25	厦门见福连锁管理有限公司	FOOK 见福便利	400	60.0%		★
26	北京物美商业集团股份有限公司	物美便利店	397	19.2%	①	△
27	青岛利客来集团股份有限公司	利客来	384	0.0%		★
28	西安每一天便利超市连锁有限公司	everyday	357	69.2%		★
29	四川哦哦超市连锁管理有限公司	WOWO	350	8.4%		★
30	天津市津工超市有限责任公司	津工超市	333	-4.9%		★

续表

序号	企业名称	品牌	2014 年门店数（个）	门店增长率%	备注	
31	哈尔滨中央红集团股份有限公司	中央红小月亮	324	7.3%		★
32	惠州市快迪便利店管理有限公司	快迪	320	6.7%		★
33	江苏新合作常客隆连锁超市有限公司	常客隆	264	——		★
34	北京港佳好邻居连锁便利店有限责任公司	Hi-24 好邻居	250	13.6%		★
35	呼和浩特市利冠商贸有限责任公司（利客连锁便利）	利客	232	65.7%		★
36	云南健之佳健康连锁店股份有限公司	之佳便利	217	8.5%	②	★
37	步步高集团	汇米巴	216	32.5%		★
38	湖南千惠商贸连锁有限公司	千惠	216	——		★
39	山东统一银座商业有限公司	统一银座	195	1.0%		★
40	新疆乌鲁木齐好幸福超市有限公司	每日每夜	191	27.3%		★
41	苏州怡家乐超市有限公司	怡家乐	180	——		★
42	青岛友客便利连锁管理有限公司	友客	175	——		★
43	郑州丹尼斯集团	丹尼斯 全日鲜	165	35.2%		
44	临汾乐客便利超市连锁有限公司	乐客	156	0.6%		★
45	道里菜市场集团	乐买	144	1.4%		☆
46	福建省易太便利连锁有限公司	易太便利店	130	0.0%		★
47	徐州悦客企业管理有限公司	悦客便利	127	41.1%		★
48	山东家家悦投资控股有限公司	家家悦	117	3.5%		★
49	雄风集团有限公司	雄风超市连锁	116	-5.7%		★
50	青岛利群便利连锁发展有限公司	利群	116	-24.2%		△
51	宜昌市北山超市有限责任公司	北山便利	114	-2.6%		★
52	新疆八点半贸易有限公司	八点半	112	6.7%		★
53	大连太阳系便利店连锁经营有限公司	太阳系	101	5.2%		★
54	北京全时叁陆伍连锁便利店有限公司	全时	100	100.0%		★
55	武汉今天梦想 Today 便利店	Today	90	——		★
	合计		76700	7.8%		

注：1. ★ 表示为中国连锁经营协会会员企业，☆ 表示其下属公司为协会会员企业，△ 表示其母公司为协会会员企业。

2. 数字前面带 * 为估计值。

3. 本表中包含了部分与便利店业态相近的其他小型零售店，如小型社区超市。

4. 部分企业数据说明：

① 去年以物美控股集团有限公司参加排名。

② 去年以云南之佳便利店有限公司上榜，排第 36 名。

2014 年主要外资连锁企业经营情况

CCFA 2015 年 4 月 21 日发布

序号	企业名称	2014 年销售（万元）	销售增长率%	2014 年门店总数（个）	门店增长率%	备注	
1	康成投资（中国）有限公司（大润发）	8567000	6.9%	304	15.2%		★
2	沃尔玛（中国）投资有限公司	7237558	0.2%	411	1.0%	①	★
3	百胜餐饮集团中国事业部	5070000	1.0%	6600	10.0%		★
4	家乐福（中国）管理咨询服务有限公司	4572212	-2.1%	237	0.4%		★
5	百盛商业集团有限公司	* 1944944	-4.2%	57	-1.7%		☆
6	锦江麦德龙现购自运有限公司	1890000	8.0%	81	11.0%		★
7	乐天超市有限公司	* 1800000	16.1%	123	11.8%		★
8	郑州丹尼斯集团	1720000	21.1%	226	24.9%		
9	欧尚（中国）投资有限公司	1650000	5.1%	68	15.3%		★
10	广州屈臣氏个人用品商店有限公司	* 1638136	14.0%	2088	23.3%		★
11	卜蜂莲花	1378203	0.2%	77	0.0%		★
12	麦当劳（中国）有限公司	* 1150000	11.7%	2100	20.0%		★
13	宜家家居	1021956	24.4%	16	14.3%		★
14	永旺（中国）投资有限公司	976537	11.4%	50	13.6%		★
15	伊藤洋华堂（中国）	727178	0.1%	12	-14.3%		★
16	全家便利店	420000	13.5%	1281	20.4%		★
17	百佳超市（中国区）	392012	4.3%	70	7.7%		★
18	新世界百货中国有限公司	* 323900	-1.4%	43	0.0%	②	
19	天津泰达易买得超市有限公司	* 180000	-20.0%	10	-33.3%		★
	合计	42659636	4.5%	13854	13.9%		

注：1. ★ 表示为中国连锁经营协会会员企业，☆ 表示其下属公司为协会会员企业，△ 表示其母公司为协会会员企业。

2. 数字前面带 * 为估计值。

3. 百强统计采用销售规模口径，包括门店含税销售额和企业批发含税销售额，其中门店包括直营店、加盟店、以公司品牌输出管理的连锁店。销售规模的统计不包括内部交易、企业的批发市场交易额、汽车、加油站及农资等生产资料销售额。

4. 部分企业数据说明：

① 沃尔玛（中国）投资有限公司销售额不包含 1 号店的销售额。

② 此估计值根据新世界百货中国有限公司中报及年报中的收益计算得出。新世界百货中国有限公司实际含税销售收入约 138 亿元人民币，销售增长率为-5.1%，自有店家数 39 家，增长率 0%。

2014 年部分 B2C 购物网站销售规模排名

CCFA 2015 年 4 月 21 日发布

序号	B2C 网络购物网站名称	2014 年销售（万元）	经营范围	类型	备注
1	天猫	* 76300000	综合百货	平台型	
2	京东	26020000	综合百货	自营为主	
3	小米	* 7430000	手机为主	自营	
4	苏宁易购	2579100	综合百货	自营为主	
5	唯品会	* 2355600	名品折扣	自营	①
6	亚马逊中国	* 1930000	综合百货	自营为主	
7	1 号店	* 1800000	综合百货	自营为主	
8	当当网	* 1424300	综合百货	平台型	
9	易迅网	* 1415000	综合百货	自营为主	
10	国美在线	770380	综合百货	自营为主	

注：1. 数字前面带 * 为估计值，由公开资料搜集整理或经行业专家评估确定。

2. 其余为企业自报或年报数据。

3. 部分企业数据说明：

① 此数据为净营业收入。

中国连锁零售行业报告相关指标说明

经营指标

◇ 客单价（元）$=\dfrac{\text{销售额}}{\text{交易次数}}$

◇ 单品销售额$=\dfrac{\text{销售总额}}{\text{单品数}}$

◇ 地均交易次数$=\dfrac{\text{年交易次数}}{\text{营业面积}}$

◇ 地均费用额 $=\dfrac{(\text{可控费用}+\text{不可控费用})}{\text{营业面积}}$

◇ 人均营业面积$=\dfrac{\text{营业面积}}{\text{员工人数}}$

效率指标

◇ 人均劳效（人效、劳效）$=\dfrac{\text{销售总额}}{\text{员工总数}}$

◇ 地效或平效$=\dfrac{\text{销售总额}}{\text{营业面积}}$

◇ 存货周转次数$=\dfrac{\text{总销售额}}{\dfrac{(\text{期初库存}+\text{期末库存})}{2}}$

◇ 毛利存货周转回报率$=$毛利率$\times$存货周转次数

$$=\dfrac{\text{毛利额}}{\text{平均存货}}$$

◇ 地均单品数$=\dfrac{\text{单品总数}}{\text{营业面积}}$

费用指标

◇ 费用率（%）$=\frac{\text{店铺费用总额}}{\text{销售总额}}$

◇ 费用总额=人工成本总额+可控费用总额+不可控费用总额

◇ 平均人工成本（万元）$=\frac{\text{人工成本总额}}{\text{员工总数}}$

人工成本包括：员工工资、福利费

◇ 人工费用率（%）$=\frac{\text{人工成本总额}}{\text{销售总额}}$

◇ 可控费用率（%）$=\frac{\text{可控费用总额}}{\text{销售总额}}$

可控费用包括：水电、包装、办公、差旅、保安、所有经营费用。

◇ 不可控费用率（%）$=\frac{\text{不可控费用总额}}{\text{销售总额}}$

不可控费用包括：租金、折旧、利息、开办费摊销。

其中，销售额均为含税销售额，人均相关指标均以企业正式员工数为基数。

附录三

中国连锁经营协会简介

中国连锁经营协会于 1997 年在民政部注册成立，是连锁经营领域唯一的全国性行业组织。目前，拥有企业会员 1000 多家，连锁店铺超过 32.4 万个，包括本土和跨国零售商、特许加盟企业、供应商等。其中，零售会员企业 2014 年销售额达到 3 万亿元人民币，约占社会消费品零售总额的 11.4%。

协会的团体会员涵盖了零售、餐饮、服务等行业中的 70 多个业态、业种，企业主要为国内知名和在华外资连锁公司、重要供应商及相关中介组织。

协会以推动连锁经营事业在中国的发展为己任，本着**“引导行业、服务会员、回报社会、提升自我”**的理念，以会员服务为核心，代表行业利益，参与政策制定与协调，维护行业和会员合法权益，搭建业内交流与合作平台，提供各项促进企业发展的服务内容。主要包括：

政策协调。为企业与政府之间沟通搭建平台，通过政策建议、标准制定、信用体系建设等为行业发展创造良好环境。

企业合作。以中国连锁业大会、中国零售业博览会 CHINA SHOP、中国特许加盟大会、中国特许展 CHINA FRANCHINISE EXPO 等活动为平台，推动行业合作交流与发展。

行业培训。整合行业企业优质培训资源，通过连锁企业大学联盟交流平台，以及从业人员认证培训体系，帮助企业提升管理人员业务水平，培养企业实用专业人才。

资讯整合。通过协会网站、电子通讯和《连锁》月刊、《便利店》季刊等传递各行业资讯，使企业及时把握行业发展脉搏。同时，保持与中央、地方媒体的紧密合作。

国际交流。作为 WFC、APFC 成员国，与世界 50 多个国家在零售连锁和特许经营等方面建立了紧密联系，积极推动国际化交流。

行业研究。通过行业统计和专项调查，发布多项报告，为政府和企业提供涉及行业发展现状和趋势等方面的调研服务，为企业决策提供依据。

行业自律。以《中国连锁经营协会章程》、《连锁超市行业道德规范》、《商业特许经营管理条例》为准则，规范企业经营行为，促进行业健康发展。

网络平台

中国连锁经营协会网站 www.ccfa.org.cn

中国连锁经营行业专业资讯平台。主要内容包括海内外行业热点及重要事件、会员动态、协会活动资讯，政策法规与标准，行业数据与调研报告、连锁零售百强及特许连锁百强，行业荣誉，连锁零售及特许加盟展览、连锁各类专业会议，连锁品牌展示、特许体系评定、加盟投资项目推介及专家咨询服务，连锁专业书刊资料、连锁零售与管理精品课程、校企合作，以及零供合作信息平台、会员查询等。

中国连锁经营协会英文网站 www. chinaretail. org

中国连锁经营行业对外交流的全英文专业资讯平台。主要内容包括国内连锁行业热点及重要事件、相关专业活动资讯，政策与法规、行业数据与调研报告，连锁专业书刊资料等。

中国特许展网站 www. chinafranchiseexpo. com

中国特许展（China Franchise Expo）相关信息的展示平台。中国特许展网站与中国特许加盟展览会为特许加盟品牌一同打造线上、线下齐动招商、推广平台，是创业者了解特许品牌信息、掌握品牌动态、约见特许总部的最佳渠道。

中国零售业博览会网站 www. chinashop. cc

中国零售业博览会（The China Retail Trade Fair）相关信息的展示平台。中国零售业博览会由中国连锁店展览会 CHINA SHOP 提升形成，是国际零售业界最具影响和规模的专业展会之一，是海内外零售商、IT 技术供应商、商用设备供应商、商品供应商、地产商、品牌商等各类展商了解 CHINA SHOP 最新信息、展商动态，以及产品展示等又一交流、推广的平台。

中国连锁经营协会网上培训平台 www. ccfaedu. com

中国连锁企业大学（培训中心）联盟是基于行业及企业需求，为更好挖掘和利用现有培训资源，由中国连锁经营协会于 2014 年 5 月搭建上线的全新网上行业培训平台。该平台区别于其他仅提供通用类课程的网站，其特征是深耕连锁零售领域内的通用课和专业课，同时结合协会自身优势的专业会议和专业委员会资源所构架的零售和特许行业优质课程，为业内企业提供高效、可选择、可共同使用的课程平台，以利推动行业人才体系的建立。

零售商供应商公平合作信息平台 www. lgpt. ccfa. org. cn

零供信息平台是基于维护零售商、供应商公平交易和有序竞争，更好地履行社会责任，由中国连锁经营协会于 2009 年 7 月联合中国水产流通与加工协会、中国果品流通协会、中国蔬菜流通协会、中国调味品协会、中国电子视像行业协会等五家相关行业协会发起《零售商供应商公平合作促销倡议书》，并在商务部主管司局支持下，为贯彻实施《倡议书》，由中国连锁经营协会组织搭建的零供公平合作交流信息平台，以期形成更广泛的行业自律及其影响。

超市商品证照核验平台 www. ccvs. com. cn

2014 年 10 月，在国家食品药品监督管理总局和商务部的指导和支持下，中国连锁经营协会组织建立了超市商品证照核验平台，以期简化超市商品索票验照流程，共享商品证照核验及高危商品预警信息，建立商品质量检测制度和供应商信息等级评价机制。

超市食品安全网 www. food-safety. cn

超市食品安全网是目前国内唯一针对超市食品安全工作开办的非赢利性网站，内容包括零售企业中高层管理人员关注重点、消费者关注、行业动态及政策信息等，是业内人士交流互动的良好平台。

电子刊物

微信订阅号：CCFA 2014
（零售精彩观点、连锁先进理念、行业最新资讯、业界鲜活经验）
行业动态（周讯）
CCFA English Brief（半月刊）
CIO 通讯（周刊）
行业要情（不定期）
食品安全简讯（不定期）
标准化通讯（不定期）
展会动态 EDM（不定期）

固定刊物

《连锁》月刊，是中国连锁经营协会的会刊，自 1998 年创刊以来，陪伴和记录了中国连锁业成长全过程。《连锁》旨在报道业内动态，传递和解读国家相关政策，剖析业内热点，发布权威分析报告，刊登富有实用性的管理与新技术前沿知识，讲述连锁精英的财富故事，介绍优秀企业的成功之道，及时传递海外讯息……《连锁》已成为业界人士和企业管理人员了解行业动态，获取相关知识的首选刊物。

《中国连锁经营年鉴》首次出版于 2000 年，由中国连锁经营协会编撰，是记录中国连锁业年度发展脉络和轨迹，汇集行业相关数据、调研报告和案例的重要载体。它涵盖了国内超级市场、便利店、专业店、专卖店、百货店、购物中心、家居中心、特许经营等各种零售业态和营销方式的发展状况以及国际连锁业发展概况，既有国内以及各地区连锁业发展总体水平的纵向比较资料，也有与国际同行业发展的横向比较信息，还包括了相关的政策法规，是反映中国连锁业发展全貌的编年体调研报告型工具书。

《便利店》季刊，2013 年创刊，由中国连锁经营协会编撰，是国内便利店业态唯一的专业性刊物。《便利店》采用活泼时尚的卡通插图和漫画排版，通过简单、简短、易懂的文字编排，讲述国内外领先便利店企业的先进管理理念和成熟运营技术；《便利店》内容丰富、坚持原创，对便利店企业管理者具有很强的指导性和实操性，也是门店培训学习的补充教材。

《特许经营》季刊，是中国连锁经营协会为帮助企业及时了解特许经营相关政策，掌握国内外特许经营最新发展动态，分享特许经营先进经验和典型案例精编而成，自 2011 年 2 月发行，发送对象为国家和地方商务主管部门、特许会员及特许经营备案企业、院校、媒体、其他相关部门和机构。

会员服务

信息及宣传服务

1. 获赠《连锁》月刊。
2. 获取《行业电子简讯》，第一时间了解业内动态。
3. 获取协会官网 www. ccfa. org. cn 登陆密码，浏览会员专属信息。
4. 每年获赠数份专题调研报告。
5. 获得协会官网 www. ccfa. org. cn 品牌展示、招募加盟的机会。
6. 获得协会行业荣誉、排行等相关证明及品牌推荐的机会。

交流研讨

1. 组织会员间交流，为会员提供同业及异业合作的机会。
2. 获得协会多项专业研讨活动优惠或免费参加名额（以活动通知为准）。
3. 获得协会大型综合性会议主会场优惠或免费参加名额（以大会通知为准）。
4. 特许企业可为加盟商指导并免费获得加盟商网上培训。

政府关系与政策协调服务

地区连锁协会名录

协会名称	电话	传真	地址	邮编
北京市连锁经营协会	010-62262236	010-62262236	北京市海淀区北三环西路明光北里2号	100088
天津市连锁经营协会	022-23023836	022-23023836	天津市河西区永安道越秀路德恩里7号楼1门504	300204
山西省连锁经营协会	0351-3085385	0351-3085385	山西省太原市杏花岭区北大街128号安金丽园小区1号楼2单元1803室	030002
秦皇岛连锁经营协会	0335-3980067	0335-7070707	河北省秦皇岛市海港区红旗路97号	
黑龙江省连锁经营协会	0451-55533610	0451-55533610	黑龙江省哈尔滨市南岗区汉广街41号310	150080
辽宁省连锁经营协会	024-31078878		辽宁省沈阳市和平区太原南街16号2518室	110005
沈阳市连锁经营协会	024-22722104	024-31871201	辽宁省沈阳市沈河区市府大路260号（沈阳市服务业委员会消费促进处）	110013
大连市连锁经营协会	0411-84600529	0411-84600509	辽宁省大连市沙河口区联合路联兴巷21号301-302室	116021
上海连锁商业协会	021-62717620	021-62717621	上海市静安区新闸路945号3楼309A	200041
济南市连锁经营协会	0531-87082902	0531-87082929	山东省济南市经二路571号济南华联商厦10楼	250021
浙江省连锁经营协会	0571-85118056	0571-85211055	浙江省杭州市马塍路3号5楼526室	310007
绍兴市连锁经营行业协会	0575-88617766	0575-5250308	浙江省绍兴市延安东路173号	312000
温州市超市经济促进会	0577-88353730	0577-88353730	浙江省温州市鹿城区下吕浦锦园1幢903室	325000
金华市连锁经营协会	0579-82302508	0579-82302508	浙江省金华市胜利北街530号1#211室	321017
安徽商业联合会零售商业委员会	0551-62658284	0551-62658284	安徽省合肥市长江中路136号青云楼6楼	230001

续表

协会名称	电话	传真	地址	邮编
安徽省连锁经营协会	0551-62621143	0551-62620755	安徽省合肥市庐江路 70 号二楼西	230001
合肥市连锁协会	0551-2687015	0551-2679680	安徽省合肥市长江中路 150 号合肥百货大楼	230001
福建省连锁经营协会	0591-87278835	0591-88070518	福建省福州市中山路 23 号建发大厦 1 楼	350003
厦门市商业联合会连锁经营同业公会	0592-2281107	0592-2220084	福建省厦门市思明区厦禾路 839 号汇成商业中心 1401 室	361012
泉州市连锁经营协会	0595-22775444	0595-22777449	福建省泉州市鲤城区崇福路 71 号	362000
河南省商业行业协会	0371-65529655	0371-65529655	河南省郑州市文化路任寨北街 2 号	450012
湖南省连锁经营协会	0731-84131132	0731-84131132	湖南省长沙市五一大道 98 号省商务厅 3 号办公楼 213 室	410011
长沙市零售商业行业协会	0731-89988777	0731-89988777	湖南省长沙市岳麓区银杉路 382 号（千君醉柴房旁）	410013
武汉连锁经营协会	027-85778278	027-85550086	湖北省武汉市江汉区香江路 11 号	430015
广东省连锁经营协会	020-38483951	020-38483953	广东省广州市天河区龙口东路 363 号宝供大厦 15 楼	510630
广州连锁经营协会	020-86474182	020-86474182	广东省广州市环市西路 68 号广州市社会组织培育基地 901 室	510160
深圳市零售商业行业协会	0755-83593275	0755-82945078	广东省深圳市南山区东滨路南油文化广场三楼 24#	518054
东莞市零售行业协会	0769-22303198	0769-22477265	广东省东莞市东城中路美新家居中心六楼 F603	523129
珠海市商业连锁经营行业协会	0756-2639169	0756-8621979	广东省珠海市新香洲旺角百货 B 区 58 号铺	519070
柳州连锁经营协会	0772-3605353	0772-2836800	广西柳州市解放北路 26 号一楼	545001
重庆市连锁经营协会	023-63896999	023-63631119	重庆市中山四路 83 号附 2 号市委机关文印中心 7 楼	400015
四川省连锁商业协会	028-89688800	028-84365978	四川省成都市成华区玉双路 7 号 F 楼 207 室	610056
昆明市连锁经营协会	0871-65716625	0871-65711330	云南省昆明市一二一大街 298 号	650092
西安连锁经营协会	029-86786543	029-86786543	陕西省西安市经开凤城九路白桦林居沁园 A305 室	710007

部分开设连锁经营相关专业高等院校名录

序号	院校名称	电话	地址	邮编
1	北京财贸职业学院	010-51675589	北京市通州区北关大街 88 号	101101
2	首钢工学院	010-59805931	北京市石景山区晋元庄路 6 号	100041
3	北京城市学院	010-62322636	北京市海淀区北四环中路 269 号	100083
4	北京开放大学	010-82192060	北京市海淀区皂君庙甲 4 号	100081
5	北京市商业学校	010-81761644	北京市昌平区北七家镇曹八西路 28 号	102209
6	北京市昌平职业学校	010-69732142	北京市昌平区沙河镇松兰堡	102206
7	北京商贸学校	010-60222670	北京市大兴区西红门路 14 号	100162
8	天津滨海职业学院	022-25217659	天津市塘沽区庐山道 1101 号	300451
9	天津交通职业学院	022-87912745	天津市西青区西青道 269 号	300110
10	天津青年职业学院	022-23627638	天津市南开区水上公园西路 43 号	300191
11	天津市第一商业学校	022-84941344	天津市河东区津塘路 129 号	300180
12	天津市劳动经济学校	022-87973324	天津市西青区杨柳青镇青沙路 6 号	300380
13	石家庄职业技术学院	0311-85333898	河北省石家庄市中山西路长兴街 12 号	500081
14	秦皇岛职业技术学院	0335-5926633	河北省秦皇岛市北戴河区联峰北路 90 号	66100
15	石家庄信息工程职业学院	0311-85327378	河北省石家庄市裕华区信工路 18 号	500035
16	邢台现代职业学校	0319-7336727	河北省邢台市桥西区文苑北路 999 号	54099
17	山西财贸职业技术学院	0351-7975099	山西省太原市武宿民航南路 26 号	030031
18	山西职业技术学院	0351-7015378	山西省太原市龙堡街 15 号	30032
19	山西省财政税务专科学校	0351-6580827	山西省太原市万柏林区千峰南路 25 号	300024
20	内蒙古商贸职业学院	0471-5225590	内蒙古呼和浩特市赛罕区巴彦镇大学城	10070
21	牡丹江大学	0453-6596446	黑龙江省牡丹江市爱民区西地明街 60 号	157011
22	黑龙江商业职业学院	0453-6575157	黑龙江省牡丹江市爱民区西圣林街 15 号	157011
23	黑龙江职业学院	0451-87502072	黑龙江省哈尔滨市南岗区学府路 7 号	150080
24	黑龙江生态工程职业学院	0451-82470086	黑龙江省哈尔滨市利民经济开发区学院路 77 号经济贸易系	150025
25	黑龙江农垦科技职业学院	0451-53980677	黑龙江省哈尔滨宾西经济开发区大学城 1 号	150431
26	哈尔滨职业技术学院	0451-86636834	黑龙江省哈尔滨市香坊区哈平路 217 号	150081
27	大庆职业学院	0459-5874463	黑龙江省大庆市萨尔图区火炬北二路（职院 C 区）	163255
28	哈尔滨市第一职业高级中学	0451-88364903	黑龙江省哈尔滨市道外区南极街 76 号	150020
29	辽宁商贸职业学院	024-88496645	辽宁省沈阳市东陵区东大营街 11 号	110161

续表

序号	院校名称	电话	地址	邮编
30	辽宁轻工职业学院	0411-87667331	辽宁省大连市金州新区城南路15号	116100
31	大连职业技术学院	0411-82140029	辽宁省大连市甘井子区夏泊路100号	116035
32	上海商学院	021-67105449	上海市徐汇区中山西路2271号	200235
33	上海思博职业技术学院	021-68029255	上海市浦东新区惠南城南路1408号	201300
34	上海立达职业技术学院	021-57800842	上海市松江区车亭公路1788号	201609
35	上海工会管理职业学院	021-57468110	上海市奉贤区南亭公路	201415
36	上海市商业学校	021-36030767	上海市闸北区共和新路1458号	200072
37	上海商贸旅游学校	021-63527646	上海市贵州路189号	200001
38	江苏经贸职业技术学院	025-52710763	江苏省南京市江宁区江宁大学城龙眠大道180号	211168
39	南京城市职业学院	025-85395037	江苏省南京市江宁区武夷花园71-203	211100
40	南京铁道职业技术学院	025-68533085	江苏省南京市浦口区珍珠南路65号经贸学院	210031
41	南京旅游职业学院	025-68576873	江苏省南京市江宁区月华西路1号	211100
42	无锡商业职业技术学院	0510-83273632	江苏省无锡市钱胡公路809号	214153
43	无锡职业技术学院	0510-68753059	江苏省无锡市中南路258号	214024
44	苏州农业职业技术学院	0512-65518086	江苏省苏州市姑苏区西园路279号	215008
45	山东商业职业技术学院	0531-86335457	山东省济南市历城区旅游路4516号	250103
46	山东经贸职业学院	0536-2600150	山东省潍坊市青年路2798号	261011
47	山东女子学院	0531-86526882	山东省济南市长清大学科技园大学路2399号	250300
48	山东商务职业学院	0535-5923013	山东省烟台市莱山区金海路1001号	264670
49	济南职业学院	0531-88792021	山东省济南市历下区舜耕路12号	250103
50	青岛酒店管理学院	0532-86051595	山东省青岛市李沧区九水东路599号	266100
51	威海职业学院	0631-5700799	山东省威海初村北海科技新城	264210
52	潍坊职业学院	0536-8527166	山东省潍坊市东风东街243号	261041
53	山东省潍坊商业学校	0536-8903782	山东省潍坊市潍城区仓南街69号	261011
54	临沂市兰山区职业中等专业学校	0539-3597006	山东省临沂市兰山区成才路16号	276000
55	日照职业技术学院	0633-8172606	山东省日照市烟台北路16号	276826
56	浙江商业职业技术学院	0571-58108201	浙江省杭州市滨江区滨文路471号	310053
57	浙江经贸职业技术学院	0571-86929741	浙江省杭州市下沙高教园东区学林街280号	310018
58	浙江工商职业技术学院	0574-87422633	浙江省宁波市机场路1988号	315012
59	浙江纺织服装职业技术学院	0574-86329137	浙江省宁波市江北区风华路495号	315211
60	杭州市开元商贸职业学校	0571-85378375	浙江省杭州市下城区朝晖路169号开元商贸施家桥校区	310004
61	杭州科技职业技术学院	0571-88935118	浙江省杭州市富阳高科路198号工商学院	311402
62	杭州万向职业技术学院	0571-87171816	浙江省杭州市西湖区花坞路3号	310023

续表

序号	院校名称	电话	地址	邮编
63	杭州市萧山区第二中等职业学校	0571-83869663	浙江省杭州市萧山区蜀山街道潘水璐 588 号	311227
64	温州科技职业学院	0577-88412868	浙江省温州市瓯海区六虹桥路 1000 号	325006
65	湖州职业技术学院	0572-2363631	浙江省湖州市现代教育园区学府路 299 号	313000
66	临海市中等职业技术学校	0576-89115857	浙江省临海市大洋西路 305 号	317000
67	临安市中等职业技术学校	0571-63717384	浙江省杭州市临安市苕溪北路 1 号	311300
68	安徽商贸职业技术学院	0553-5971077	安徽省芜湖市弋江区文昌西路 24 号工商系	241002
69	安徽财贸职业技术学院	0551-63865013	安徽省合肥市翡翠路 900 号	230601
70	安徽工商职业学院	0551-5658130	安徽省合肥市庐阳区北二环砀山路 233 号	230041
71	安徽国际商务职业学院	0551-5664601	安徽省合肥市双凤工业园（凤麟大道与工业大道交口）	231131
72	徽商职业学院	0551-8580973	安徽省合肥市紫蓬山风景区徽商职业学院紫蓬校区	230022
73	亳州职业技术学院	0558-5587007	安徽省亳州市药都路 1625 号	236800
74	马鞍山职业技术学院	0555-2765031	安徽省马鞍山市霍里山中路 328 号	243031
75	安徽省阜阳商业学校	0558-2210908	安徽省阜阳市颍州区沙河路 34 号	236000
76	安徽省桐城望溪高级职业技术学校	0556-6699574	安徽省桐城市区同安北路 171 号	231400
77	芜湖市职业教育中心	0553-3832626	安徽省芜湖市康复路 1 号	241000
78	岳西县职业技术教育中心	0556-2186037	安徽省岳西县天堂镇天堂西路 123 号	246604
79	宣城市机械电子工程学校	0563-6050866	安徽省广德县宣城市机械电子工程学校	242200
80	安徽材料工程学校	0563-4183966	安徽省宁国市环城南路 314 号	242300
81	江西旅游商贸职业学院	0791-83771925	江西省南昌市经济开发区丁香路 1 号	330100
82	福建信息职业技术学院	0591-83505900	福建省福州市仓山区螺洲镇杜园 118 号	350000
83	福建农业职业技术学院	0591-83114062	福建省福州市仓山区上三路 190 号	350007
84	福建船政交通职业学院	0591-83896320	福建省福州市仓山区首山路 116 号	350007
85	厦门东海职业技术学院	0592-7269211	福建省厦门市同安区五显镇五显中路 280 号	263000
86	漳州职业技术学院	5962660579	福建省漳州市大学路 1 号	363000
87	福建商业高等专科学校	0591-87863295	福建省福州市鼓楼区黄埔 19 号	350012
88	福建经贸学校	0595-22792785	福建省泉州市丰泽区北峰拒洪社区马家坡	362000
89	福建省南平市农业学校	0599-5627861	福建省建阳市东桥东路 78 号	354200
90	南平市武夷旅游商贸学校	0599-5622835	福建省建阳市曼头山路 29 号	354200
91	福建省福州财政金融职业中专学校	0591-83258700	福建省福州市台江区苍霞路 35 号	350009
92	福建省龙岩华侨职业中专学校	0595-22797569	福建省龙岩市新罗区龙川北路 9 号	350009

续表

序号	院校名称	电话	地址	邮编
93	河南经贸职业学院	0371-86661262	河南省郑州市龙子湖北路与博学路交叉口	450000
94	漯河职业技术学院	0395-5983550	河南省漯河市汇源区长江路中段经管系	462000
95	开封大学	0378-3655668	河南省开封市大梁路	475004
96	河南化工职业学院	0377-64350216	河南省郑州市中原区郑上路 548 号	450000
97	河南工业职业技术学院	0377-63270168	河南省南阳市孔明路 666 号	473000
98	河南商业高等专科学校	0371-63515836	河南省郑州市文化路英才街 2 号工商系	450045
99	河南省轻工业学校	0371-65319717	河南省郑州市二七区嵩山路南段	450006
100	河南省工业学校	0371-63399090	河南省郑州市文化路 78 号	450002
101	河南机电高等专科学校	0373-3392891	河南省新乡市红旗区平原路东段	453000
102	武汉商贸职业学院	027-81627276	湖北省武汉市东湖新技术开发区光谷二路 225 号	430205
103	武汉信息传播职业技术学院	027-81801004	湖北省武汉市江夏庙山经济开发区江夏大道 33 号	430223
104	武汉软件工程职业学院	027-81655809	湖北省武汉市东湖新技术开发区光谷大道 117 号	430205
105	湖北轻工职业技术学院	027-87156382	湖北省武汉市洪山区石牌岭轻校路	430070
106	武昌职业学院	027-81335020	湖北省武汉市江夏区五里界中洲大道特 1 号	430202
107	武汉市第一商业学校	027-85792891	湖北省武汉市江岸区江汉北路 106 号	430022
108	武汉市供销商业学校	027-87284979	湖北省武汉市武昌南湖周家湾特 1 号	430064
109	湖南商学院	0731-88688195	湖南省长沙市岳麓大道 569 号	410205
110	湖南科技职业学院	0731-85603802	湖南省长沙市雨花区井湾路 784 号	410004
111	湖南商务职业技术学院	0731-88116092	湖南省长沙市雷锋大道 335 号湖南商务职业技术学院经贸系	410205
112	湖南网络工程职业学院	0731-82821936	湖南省长沙市青园路 168 号湖南广播电视大学	410007
113	长沙职业技术学院	0731-82434621	湖南省长沙市岳麓区雷锋镇正兴路 157	410217
114	长沙商贸旅游职业技术学院	0731-89768695	湖南省长沙市韶山南路 578	410004
115	广东农工商职业技术学院	020-82346283	广东省广州市天河区粤垦路 198 号	510507
116	广州工程技术职业学院	020-87610212	广东省广州市越秀区环市东路 465 号	510075
117	北京师范大学珠海分校	0756-6126393	广东省珠海市香州区	519000
118	广东机电职业技术学院	020-61362193	广东省广州市白云区同和蟾蜍石东路 2 号	510515
119	广东岭南职业技术学院	020-22305130	广东省广州市天河区大观路 492 号（科学城入口）	510663
120	广州市商贸职业学校	020-34347127	广东省广州市荔湾区珠江桥中东海北路 21 号	510163
121	广州市旅游商务职业学校	020-84302391	广东省广州市海珠区新滘西路 9 号	510280
122	广西经贸职业技术学院	0771-5713761	广西南宁市青山路 14 号	530021
123	广西职业技术学院	0771-4213851	广西南宁市江南区明阳工业园	530226
124	广西工商职业技术学院	0771-3182092	广西南宁市鹏飞路 15 号	530007
125	广西国际商务职业技术学院	0771-3276906	广西南宁市大学东路 168 号	530007
126	南宁职业技术学院	0771 2029337	广西南宁市大学西路 169 号	530008

续表

序号	院校名称	电话	地址	邮编
127	南宁学院	0771-5900955	广西南宁市龙亭路 8 号	530000
128	柳州职业技术学院	0772-3155106	广西柳州市社湾路 28 号	545006
129	海南省商业学校	0898-68621790	海南省海口市秀英区秀英大道 6 号	570311
130	海南经贸职业技术学院	0898-65730107	海南省海口市桂林洋高校区	571127
131	重庆工商职业学院	023-42860125	重庆市合川区高校园区思源路 15 号	400052
132	重庆商务职业学院	023-61691053	重庆市沙坪坝区大学城中路 81 号	400036
133	重庆城市管理职业学院	023-86968805	重庆市沙坪坝区虎溪重庆大学城	401331
134	四川商务职业学院	028-61935332	四川省成都市温江区和盛镇和盛大道 88 号	611131
135	四川信息职业技术学院	0839-3352503	四川省广元市利州区学府路 265 号	608040
136	成都工业学院	028-87747485	四川省成都市金牛区抚琴西路	610031
137	成都职业技术学院	028-85321186	四川省成都市高新区益州大道北段 15 号	610041
138	成都纺织高等专科学校	028-87846429	四川省成都市犀浦泰山南街 186 号	611731
139	宜宾县柳加职业中学校	0831-6730166	四川省宜宾县柳加镇职中街 50 号	644605
140	四川省成都市财贸职业高级中学	028-87770327	四川省成都市金牛区西安路枣子巷 26 号	610072
141	贵州省商业学校	0851-5975503	贵州省贵阳市南明区花果园沙坡路 124 号	550003
142	贵州商业高等专科学校	0851-8128050	贵州省贵阳市盐务街 55 号	550004
143	云南交通职业技术学院	0871-63350021	云南省昆明市呈贡大学城	650101
144	昆明冶金高等专科学校	0871-6050723	云南省昆明市学府路 388 号	650033
145	云南省邮电学校	0871-67354363	云南省昆明市小板桥义路村	650214
146	陕西财经职业技术学院	029-33732188	陕西省咸阳市文林路 1 号	712000
147	陕西工业职业技术学院	029-33152154	陕西省咸阳市文汇西路 12 号	712000
148	陕西国防工业职业技术学院	029-81480091	陕西省西安市户县人民路 8 号	710300
149	杨凌职业技术学院	029-87073075	陕西省杨凌佑仁路 5 号	712100
150	甘肃交通职业技术学院	0931-7666911	甘肃省兰州市安宁区邱家湾 128 号	730070
151	兰州职业技术学院	0931-7658812	甘肃省兰州市城关区雁儿湾路 191 号	730070
152	乌鲁木齐职业大学	0991-2608271	新疆乌鲁木齐市幸福路 273 号	830002